RECUEIL COMPLET

DES

TRAVAUX PRÉPARATOIRES

DU

CODE CIVIL.

IMPRIMERIE D'HIPPOLYTE TILLIARD,
RUE SAINT-HYACINTHE-SAINT-MICHEL, N° 30.

RECUEIL COMPLET

DES

TRAVAUX PRÉPARATOIRES

DU

CODE CIVIL,

COMPRENANT, SANS MORCELLEMENT; 1° LE TEXTE DES DIVERS PROJETS ;
2° CELUI DES OBSERVATIONS DU TRIBUNAL DE CASSATION ET DES TRIBUNAUX
D'APPEL; 3° TOUTES LES DISCUSSIONS PUISÉES LITTÉRALEMENT TANT DANS LES
PROCÈS-VERBAUX DU CONSEIL-D'ÉTAT QUE DANS CEUX DU TRIBUNAT, ET
4° LES EXPOSÉS DE MOTIFS, RAPPORTS, OPINIONS ET DISCOURS TELS QU'ILS
ONT ÉTÉ PRONONCÉS AU CORPS LÉGISLATIF ET AU TRIBUNAT ;

PAR P. A. FENET,

AVOCAT A LA COUR ROYALE DE PARIS.

TOME PREMIER.

PARIS,

VIDECOQ, LIBRAIRE, PLACE DU PANTHÉON, 6,
PRÈS L'ÉCOLE DE DROIT.

1836.

TABLE GÉNÉRALE

DES MATIÈRES CONTENUES DANS LE RECUEIL COMPLET
DES TRAVAUX PRÉPARATOIRES DU CODE CIVIL.

TOME PREMIER.

Précis historique sur la confection du code civil. Page xxxv
Rapport fait à la Convention nationale, par Cambacérès, au nom du comité de législation, sur le premier projet de code civil. 1
Premier projet de Cambacérès. 17
Rapport fait à la Convention nationale, sur le deuxième projet de Code civil, par Cambacérès, au nom du comité de législation. 99
Deuxième projet de Cambacérès. 110
Discours préliminaire prononcé par Cambacérès au Conseil des Cinq-Cents, lors de la présentation du troisième projet de Code civil, faite au nom de la commission de la classification des lois. 140
Troisième projet de Cambacérès. 178
Idées préliminaires sur le projet de Jacqueminot. 327
Projet de Code civil présenté par Jacqueminot, au nom de la section de législation, à la commission législative du Conseil des Cinq-Cents. 333
Discours préliminaire prononcé par Portalis, le 24 thermidor an 8, lors de la présentation du projet arrêté par la commission du gouvernement. 463

TOME DEUXIÈME.

Projet de Code civil présenté le 24 thermidor an 8 par la commission du gouvernement. Page 3
Observations du tribunal de cassation sur le projet présenté par la commission du gouvernement. 415

TOME TROISIÈME.

No. 1er. Rapport fait au tribunal d'appel, séant à Agen, par MM. Maraud, Lafontan, Miquel et Tartanac, juges au même tribunal, sur le projet de la commission. Page 3

N°. 2. Observations du tribunal d'appel séant à Aix. Page 26
N°. 3. Observations du tribunal d'appel séant à Ajaccio. 118
N°. 4. Observations du tribunal d'appel séant à Amiens. 124
N°. 5. Observations présentées au gouvernement par les commissaires du tribunal d'appel séant à Angers. 142
N°. 6. Observations du tribunal d'appel séant à Besançon. 155
N°. 7. Observations proposées par le tribunal d'appel séant à Bordeaux. 176
N°. 8. Observations du tribunal d'appel séant à Bourges. 206
N°. 9. Observations du tribunal d'appel séant à Bruxelles. 255
N°. 10. Observations présentées par le tribunal d'appel séant à Caen. 395
N°. 11. Observations du tribunal d'appel séant à Colmar. 464
N°. 12. Observations des commissaires nommés par le tribunal d'appel séant à Dijon. 494
N°. 13. Observations du tribunal d'appel séant à Douai. 506
N°. 14. Observations présentées par la commission nommée par le tribunal d'appel séant à Grenoble. 528
N°. 15. Observations présentées par la commission nommée par le tribunal d'appel séant à Liège. 617

TOME QUATRIÈME.

N°. 16. Observations du tribunal d'appel séant à Limoges. Page 3
N°. 17. Observations présentées par les commissaires nommés par le tribunal d'appel de Lyon. 27
N°. 18. Observations du tribunal d'appel séant à Metz. 350
N°. 19. Observations faites par les membres de la commission nommée par le tribunal d'appel séant à Montpellier. 419
N°. 20. Observations du tribunal d'appel séant à Nancy. 589

TOME CINQUIÈME.

N°. 21. Observations du tribunal d'appel séant à Nismes. Page 3
N°. 22. Observations des membres composant la commission du tribunal d'appel séant à Orléans. 29
N°. 23. Observations des commissaires du tribunal d'appel séant à Paris. 91
N°. 24. Observations sur différens titres ou articles du projet, présentées au gouvernement par la commission du tribunal d'appel du département de la Vienne, séant à Poitiers, rédigées en présence et de l'avis des membres du tribunal. 291

N°. 25. Observations du tribunal d'appel établi à Rennes. Page 319

N°. 26. Observations du tribunal d'appel séant à Riom, délibérées en séance générale, et rédigées par la commission nommée conformément à la lettre du ministre de la justice, pour examiner le projet de Code civil, composé par ordre du gouvernement, et faire sur les articles qui le composent, les observations qui seraient jugées convenables. 408

N°. 27. Observations arrêtées par le tribunal d'appel séant à Rouen, d'après et sur le rapport de la commission. 455

N°. 28. Observations du tribunal d'appel séant à Toulouse. 554

TOME SIXIÈME.

TITRE PRÉLIMINAIRE. — De la publication des effets et de l'application des lois en général.

Première discussion du Conseil d'Etat.

Procès-verbal de la séance du 4 thermidor an 9. Page 3
— du 6 thermidor. 16
— du 14 thermidor. 17
— du 4 fructidor. 26
— du 24 brumaire an 10. 31

Les Consuls arrêtent que le projet sera présenté au Corps-législatif. 32

Présentation au Corps-législatif.

Exposé des motifs par M. Portalis. 33
Le Corps-législatif arrête que la communication officielle sera faite. 52

Communication officielle au Tribunat.

Rapport fait en assemblée générale des tribuns par M. Andrieux, au nom de la commission spéciale. ibid.
La discussion s'ouvrit au tribunat le 18 frimaire an 10. 68
Opinion prononcée par le tribun Chazal, contre le projet. ibid
Opinion du tribun Démeunier, pour le projet. 80
Opinion du tribun Ludot, pour le projet. 94
Opinion du tribun Thiessé, contre le projet. 112
Opinion du tribun Huguet, pour le projet. 126
Opinion du tribun Maillia-Garrat, contre le projet. 143
Opinion du tribun Curée, pour le projet. 170

Opinion du tribun Costé, contre le projet. Page	177
Opinion du tribun Favart, contre le projet.	189
Opinion du tribun Lahary, pour le projet.	195
Opinion du tribun Portiez (de l'Oise) pour le projet.	221
La discussion fut fermée dans la séance du 21 frimaire an 10, et le Tribunat émit un vœu de rejet, qu'il fit porter au Corps-législatif.	230

Discussion devant le Corps-législatif.

Discours prononcé par M. Andrieux, l'un des orateurs du Tribunat.	ibid.
Discours prononcé par le conseiller d'état Portalis, l'un des orateurs du gouvernement.	243
Discours prononcé par le tribun Thiessé, l'un des orateurs du Tribunat.	273
Discours prononcé par le conseiller d'état Boulay, l'un des orateurs du gouvernement.	295
Discours prononcé par le tribun Favart, l'un des orateurs du Tribunat.	310
Discours prononcé par le conseiller d'état Berlier, l'un des orateurs du gouvernement.	320
Le Corps-législatif rejette le projet.	337

Communication officieuse.

Ce même projet est présenté à la section de législation du Tribunat, aussitôt après l'organisation des communications officieuses.	338
Procès-verbal contenant les observations de la section.	ibid.

Rédaction définitive du Conseil d'état.

Procès-verbal de la séance du 29 vendémiaire an 11.	343
Le gouvernement arrête que le projet sera présenté au Corps-législatif le 4 ventose an 11.	344

Présentation au Corps-législatif.

Exposé des motifs par le conseiller d'état Portalis.	ibid.

Communication officielle au Tribunat.

Rapport fait par le tribun Grenier au nom de la section de législation.	363
Le Tribunat émet un vœu d'adoption.	378

DES MATIÈRES.

Discussion devant le Corps-législatif.

Discours prononcé par le tribun Faure, l'un des orateurs chargés
de présenter le vœu du Tribunat. Page 379
Le Corps-législatif adopte. 390

TOME SEPTIÈME.

LIVRE PREMIER. — *Des Personnes.*

TITRE PREMIER. — De la jouissance et de la privation des droits civils.

Première discussion du Conseil d'état.

Procès-verbal de la séance du 6 thermidor an 9. Page 3
— du 14 thermidor. 24
— du 16 thermidor. 42
— du 24 thermidor. 69
Rapport fait par Rœderer, dans la séance du Conseil d'état du 24 thermidor, sur le droit d'aubaine et sur les autres droits de même nature. *ibid.*
Procès-verbal de la séance du 26 thermidor. 92
— du 4 fructidor. 124
— du 28 brumaire an 10. 134
Les consuls arrêtent que le projet sera présenté au Corps-législatif 137

Présentation au Corps-législatif.

Exposé des motifs par M. Boulay. *ibid.*
Le Corps-législatif arrête que le projet sera transmis au Tribunat. 153

Communication officielle au Tribunat.

Rapport fait par M. Siméon, à l'assemblée générale, sur le chapitre 1er de la jouissance des droits civils. *ibid.*
Rapport fait par M. Thiessé, sur la partie relative à *la privation des droits civils.* 169
La discussion s'ouvrit au Tribunat le 29 frimaire an 10. 195
Opinion du tribun Delpierre, pour le projet. 196
Opinion du tribun Boissy-d'Anglas, contre le projet. 221
Opinion du tribun Grenier, pour le projet. 233
Opinion du tribun Ganilh, contre le projet. 261
Opinion du tribun Roujoux, pour le projet. 284

Opinion du tribun Gillet (de Seine-et-Oise) contre le projet. 301
Opinion du tribun Ludot, pour le projet. 322
Opinion du tribun J.-P. Chazal contre le projet. 345
Opinion du tribun Carion-Nisas, pour le projet. 360
Opinion du tribun Sédillez, pour le projet. 375
Opinion du tribun Malherbe, contre le projet. 383
Opinion du tribun Curée, pour le projet. 416
Opinion du tribun Faure contre le projet. 427
Opinion du tribun Huguet, pour le projet. 449
Opinion du tribun Saint-Aubin, contre le projet. 466
Opinion du tribun Mallarmé, pour le projet. 519
Opinion du tribun M.-J. Chénier, contre le projet. 535
Opinion du tribun Mouricault, pour le projet. 546
Opinion du tribun Mathieu, contre le projet. 572
La discussion fut fermée dans la séance du 11 nivose an 10, et le Tribunat émit un vœu de rejet. 590

Communication officieuse.

Le même projet est, après l'organisation des communications officieuses, représenté à la section de législation du Tribunat. 591
Procès-verbal contenant les observations de la section. *ibid.*

Discussion nouvelle du Conseil d'état.

Procès-verbal de la séance du 6 brumaire an 11. 605
— du 20 brumaire an 11. 617

Rédaction définitive du Conseil d'état.

Procès-verbal de la séance du 4 frimaire an 11. 621
Le gouvernement arrête que le projet sera présenté au Corps-législatif. 626

Présentation au Corps-législatif.

Exposé des motifs par le conseiller d'état Treilhard. *ibid.*

Communication officielle au Tribunat.

Rapport fait par le tribun Gary. 641
Le Tribunat émet un vœu d'adoption. 642

Discussion devant le Corps-législatif.

Discours prononcé par M. Gary. *ibid.*
Le Corps-législatif adopte. 664

TOME HUITIÈME.

TITRE SECOND. — Des actes de l'état-civil.

Première discussion du Conseil d'état.

Procès-verbal de la séance du 6 fructidor an 9. Page	3
— du 14 fructidor.	26
— du 24 fructidor.	51
— du 8 brumaire an 10.	60
— du 12 brumaire.	64
— du 28 brumaire.	66
— du 2 frimaire.	67
Les consuls arrêtent que le projet sera présenté au Corps-législatif.	80

Présentation au Corps-législatif.

Exposé des motifs par M. Thibaudeau.	ibid.

Communication officielle au Tribunat.

Rapport fait par le tribun Duchesne, pour l'adoption du projet.	98
La discussion s'ouvrit au Tribunat le 4 nivose an 10.	97
Opinion du tribun Benjamin-Constant, contre le projet.	121
Opinion du tribun J.-A. Perreau, pour le projet.	140
Opinion du tribun Roujoux, pour le projet.	152
Opinion du tribun Duveyrier, pour le projet.	155
Opinion du tribun Siméon, pour le projet.	178
Opinion du tribun Caillemer, contre le projet.	186
Tableau analytique des conséquences de l'article 60 du projet, par le tribun Sedillez.	189
Opinion du tribun Andrieux, pour le projet.	193
Opinion du tribun Grenier, contre le projet.	198
Opinion du tribun Huguet, pour le projet.	207
Opinion du tribun Duchesne, sur le projet.	210
Opinion du tribun Parent-Réal, contre le projet.	218
Seconde opinion du tribun Benjamin-Constant, contre le projet.	227
Seconde opinion du tribun Siméon, pour le projet.	243
Le Tribunat émet un vœu d'adoption.	249
Retrait du projet par le gouvernement.	ibid.

Communication officieuse.

Le même projet est communiqué, le 7 messidor an 10, à la section de législation du Tribunat.	ibid.

Procès-verbal contenant les observations de la section. Page 250

Rédaction définitive du Conseil d'état.

Procès-verbal de la séance du 22 fructidor an 10. 256
Le gouvernement arrête que le projet sera présenté au Corps-législatif le 9 ventôse an 11. 270

Présentation au Corps-législatif.

Exposé des motifs, par le conseiller d'état Thibaudeau. *ibid.*

Communication officielle au Tribunat.

Rapport fait par le tribun Siméon. 286
Le Tribunat émet un vœu d'adoption. 303

Discussion devant le Corps-législatif.

Discours prononcé par le tribun Chabot (de l'Allier). *ibid.*
Le Corps-législatif adopte. 320

TITRE TROISIÈME. — Du domicile.

Discussion du Conseil d'état.

Procès-verbal de la séance du 16 fructidor an 9. 321
— du 12 frimaire an 10. 342

Communication officieuse.

Procès-verbal contenant les observations de la section de législation du Tribunat. 343

Rédaction définitive du Conseil d'état.

Procès-verbal de la séance du 4 frimaire an 11. 344
Le gouvernement arrête que le projet sera présenté au Corps-législatif le 11 ventose an 11. 345

Présentation au Corps-législatif,

Exposé des motifs par M. Emmery. 346

Communication officielle au Tribunat.

Rapport fait par le tribun Mouricault. 349
Le Tribunat émet un vœu d'adoption. 359

Discussion devant le Corps-législatif.

Discours prononcé par le tribun Malherbe, l'un des orateurs du Tribunat. *ibid.*
Le Corps-législatif adopte. 364

TITRE QUATRIÈME. — Des Absens.

Discussion du Conseil d'état.

Procès-verbal de la séance du 16 fructidor an 9. Page	365
— du 24 fructidor.	377
— du 4 frimaire an 10.	403
— du 12 frimaire.	426

Communication officieuse.

Procès-verbal contenant les observations de la section de législation du Tribunat.	432

Rédaction définitive du Conseil d'état.

Procès-verbal de la séance du 22 vendémiaire an 11.	437
Le gouvernement arrête que le projet sera présenté au Corps-législatif le 12 ventôse an 11.	442

Présentation au Corps-législatif.

Exposé des motifs par M. Bigot-Préameneu.	443

Communication officielle au Tribunat.

Rapport fait par M. Leroy (de l'Orne).	463
Le Tribunat émet un vœu d'adoption.	475

Discussion devant le Corps-législatif.

Discours prononcé par le tribun Huguet (de la Seine).	*ibid.*
Le Corps-législatif adopte.	490

TOME NEUVIÈME.

TITRE CINQUIÈME. — Du Mariage.

Discussion du Conseil d'état.

Procès-verbal de la séance du 26 fructidor an 9. Page	3
— du 4 vendémiaire an 10.	26
— du 5 vendémiaire.	48
— du 14 vendémiaire.	79
— du 6 brumaire.	81
— du 24 frimaire.	97

Communication officieuse.

Procès-verbal contenant les observations de la section de législation du Tribunat.	118

Rédaction définitive du Conseil d'état.

Procès-verbal de la séance du 6 brumaire an 11.	126

Le gouvernement arrête que le projet sera présenté au Corps-législatif le 16 ventose an 11. 138

Présentation au Corps-législatif.

Exposé des motifs, par le conseiller d'état Portalis. *ibid.*

Communication officielle au Tribunat.

Rapport fait par le tribun Gillet. 182
Le Tribunat émet un vœu d'adoption. 195

Discussion devant le Corps-législatif.

Discours prononcé par M. Boutteville. 196
Le Corps-législatif adopte. 212

MÊME TITRE. — Des Actes respectueux.

Discussion du Conseil d'état.

Procès-verbal de la séance du 21 pluviose an 12. 213
— du 24 pluviose. 223

Communication officieuse au Tribunat.

Procès-verbal contenant les observations de la section de législation du Tribunat. 225

Rédaction définitive du Conseil d'état.

Procès-verbal de la séance du 5 ventose an 12. *ibid.*
Le gouvernement arrête que le projet sera présenté au Corps-législatif le 15 ventose an 12. 226

Présentation au Corps-législatif.

Exposé des motifs par M. Bigot-Préameneu. *ibid.*

Communication officielle au Tribunat.

Rapport fait par M. Gillet, au nom de la section de législation. 235
Le Tribunat émet un vœu d'adoption. 241

Discussion devant le corps législatif.

Discours prononcé par le tribun Gillet. *ibid.*
Le Corps-législatif adopte. 247

TITRE SIXIÈME. — Du Divorce.

Discussion du Conseil d'état.

Procès-verbal de la séance du 14 vendémiaire an 10. 248
— du 16 vendémiaire. 278

Procès-verbal de la séance du 24 vendémiaire an 10. Page 298
— du 26 vendémiaire. 328
— du 4 brumaire. 350
— du 6 nivose. 372
— du 14 nivose. 388
— du 16 nivose. 411
— du 22 fructidor. 422

Communication officieuse.

Procès-verbal contenant les observations de la section de législation du Tribunat. 432

Rédaction définitive du Conseil d'état.

Procès-verbal de la séance du 20 brumaire an 11. 450
Le gouvernement arrête que le projet sera présenté au Corps-législatif le 18 ventose an 11. 468

Présentation au Corps-législatif.

Exposé des motifs, par Treilhard. *ibid.*

Communication officielle au Tribunat.

Rapport fait par M. Savoie-Rollin. 490
La discussion s'ouvre le 28 ventose an 11. 510
Opinion du tribun Carion-Nisas, sur le projet. *ibid.*
Le Tribunat émet un vœu d'adoption. 541

Discussion devant le Corps-législatif.

Discours prononcé par le tribun Gillet. *ibid.*
Discours prononcé par M. Treilhard. 556
Le Corps-législatif adopte. 564

TOME DIXIÈME.

TITRE SEPTIÈME. — de la Paternité et de la Filiation.

Discussion du Conseil d'état.

Procès-verbal de la séance du 14 brumaire an 10. Page 3
Précis présenté par M. Fourcroy, sur l'époque de la naissance humaine, et sur les naissances accélérées et tardives. 13
Procès-verbal de la séance du 16 brumaire an 10. 28
— du 24 brumaire. 45
— du 26 brumaire. 71

Procès-verbal de la séance du 12 frimaire an 10. Page 96
— du 29 fructidor. 102

Communication officieuse.

Procès-verbal contenant les observations de la section de législation du Tribunat. 115

Rédaction définitive du Conseil d'état.

Procès-verbal de la séance du 13 brumaire an 11. 126
Le gouvernement arrête que le projet sera présenté au Corps-législatif le 18 ventose an 11. 134

Présentation au Corps-législatif.

Exposé des motifs, par M. Bigot-Préameneu. 135

Communication officielle au Tribunat.

Rapport fait par le tribun Lahary, au nom de la section de législation. 159
Le Tribunat émet un vœu d'adoption. 201

Discussion devant le Corps-législatif.

Discours prononcé par le tribun Duveyrier. 202
Le Corps-législatif adopte. 246

TITRE HUITIÈME. — De l'Adoption et de la Tutelle officieuse.

Discussion du Conseil d'état.

Procès-verbal de la séance du 6 frimaire an 10. 247
— du 14 frimaire. 276
— du 16 frimaire. 304
— du 4 nivose. 328
— du 27 brumaire an 11. 359
— du 11 frimaire. 374
— du 18 frimaire. 388

Communication officieuse.

Procès-verbal contenant les observations de la section de législation du Tribunat. 403

Rédaction définitive du Conseil d'état.

Procès-verbal de la séance du 5 ventose an 11. 413
Le gouvernement arrête que le projet sera présenté au Corps-législatif le 21 ventose an 11. 419

Présentation au Corps-législatif.

Exposé des motifs, par M. Berlier. Page	420

Communication officielle au Tribunat.

Rapport fait par le tribun Perreau.	436
Le Tribunat émet un vœu d'adoption.	455

Discussion devant le Corps-législatif.

Discours prononcé par le tribun Gary.	ibid.
Le corps législatif adopte.	478

TITRE NEUVIÈME. — De la puissance paternelle.

Discussion du Conseil d'état.

Procès-verbal de la séance du 26 frimaire an 10.	479
— du 8 vendémiaire an 11.	488

Communication officieuse.

Procès-verbal contenant les observations de la section de législation du Tribunat.	503

Rédaction définitive du Conseil d'état.

Procès-verbal de la séance du 20 brumaire an 11.	506
Le gouvernement arrête que le projet sera présenté au Corps-législatif le 23 ventose an 11.	511

Présentation au Corps-législatif.

Exposé des motifs, par M. Réal.	ibid

Communication officielle au Tribunat.

Rapport fait par le tribun Vesin.	524
Le Tribunat émet un vœu d'adoption.	533

Discussion devant le Corps-législatif.

Discours prononcé par le tribun Albisson.	ibid.
Le Corps-législatif adopte.	543

TITRE DIXIÈME. — De la minorité, de la tutelle et de l'émancipation.

Discussion du Conseil d'état.

Procès-verbal de la séance du 26 frimaire an 10.	544
— du 22 vendémiaire an 11.	566

Procès-verbal de la séance du 15 ventose an 12.   Page   56
— du 19 ventose.   70

Communication officieuse.

Procès-verbal contenant les observations de la section de législation du Tribunat.   72

Rédaction définitive du Conseil d'état.

Procès-verbal de la séance du 26 ventose an 12.   *ibid.*
Le gouvernement arrête que le projet sera présenté au Corps-législatif le 28 ventose an 12.   73

Présentation au Corps-législatif.

Exposé des motifs, par M. Portalis.   *ibid.*

Communication officielle au Tribunat.

Le rapport a été fait par M. Jaubert, auteur du discours au Corps-législatif.
Le Tribunat émet un vœu d'adoption.   75

Discussion devant le Corps-législatif.

Discours prononcé par le tribun Jaubert.   *ibid.*
Le Corps-législatif adopte.   76

TITRE DEUXIÈME. — De la Propriété.

Discussion du Conseil d'état.

Procès-verbal de la séance du 20 vendémiaire an 12.   77
— du 27 vendémiaire.   84
— du 4 brumaire.   91

Communication officieuse.

Procès-verbal contenant les observations de la section de législation du Tribunat.   98

Rédaction définitive du Conseil d'état.

Procès-verbal de la séance du 14 nivose an 12.   102
Le gouvernement arrête que le projet sera présenté au Corps-législatif le 26 nivose an 12.   111

Présentation au Corps-législatif.

Exposé des motifs, par M. Portalis.   112

DES MATIÈRES.

Communication officielle au Tribunat.

Rapport fait par le tribun Faure. Page 134
Le Tribunat émet un vœu d'adoption. 152

Discussion devant le Corps-législatif.

Discours prononcé par le tribun Grenier. 153
Le corps législatif adopte. 165

TITRE TROISIÈME. — De l'Usufruit, de l'usage et de l'habitation.

Discussion du Conseil d'état.

Procès-verbal de la séance du 27 vendémiaire an 12. 167
— du 4 brumaire. 185

Communication officieuse.

Procès-verbal contenant les observations de la section de législation du Tribunat. 195

Rédaction définitive du Conseil d'état.

Procès-verbal de la séance du 14 nivose an 12. 201
Le gouvernement arrête que le projet sera présenté au Corps-législatif le 28 nivose an 12. 211

Présentation au Corps-législatif.

Exposé des motifs, par M. Galli. 212

Communication officielle au Tribunat.

Rapport fait par le tribun Perreau. 218
Le Tribunat émet un vœu d'adoption. 228

Discussion devant le Corps-législatif.

Discours prononcé par le tribun Gary. *ibid.*
Le Corps-législatif adopte. 243

TITRE QUATRIÈME. — Des servitudes ou services fonciers.

Discussion du Conseil d'état.

Procès-verbal de la séance du 4 brumaire an 12. 245
— du 11 brumaire. 269

Communication officieuse.

Procès-verbal contenant les observations de la section de législation du Tribunat. 281

Rédaction définitive du Conseil d'état.

Procès-verbal de la séance du 14 nivose an 12. 290

I.   b

Le gouvernement arrête que le projet sera présenté au Corps-législatif le 29 nivose an 12. Page 303

Présentation au Corps-législatif.

Exposé des motifs, par M. Berlier. *ibid*

Communication officielle au Tribunat.

Rapport fait par le tribun Albisson. 315
Le Tribunat émet un vœu d'adoption. 331

Discussion devant le Corps-législatif.

Discours prononcé par le tribun Gillet. *ibid.*
Le Corps-législatif adopte. 340

TOME DOUZIÈME.

LIVRE TROISIÈME. — *Des différentes manières dont on acquiert la propriété.*

DISPOSITIONS GÉNÉRALES — ET TITRE PREMIER. — Des successions.

Discussion du Conseil d'état.

Procès-verbal de la séance du 9 nivose an 11.	Page	3
— du 2 nivose.		21
— du 9 nivose.		35
— du 16 nivose.		49
— du 23 nivose.		56
— du 5 ventose.		83

Communication officieuse.

Procès-verbal contenant les observations de la section de législation du Tribunat. 95

Rédaction définitive du Conseil d'état.

Procès-verbal de la séance du 15 germinal an 11. 106
Le gouvernement arrête que le projet sera présenté au Corps-législatif le 19 germinal an 11. 136

Présentation au Corps-législatif.

Exposé des motifs, par M. Treilhard. *ibid.*

Communication officielle au Tribunat.

Rapport fait par M. Chabot (de l'Allier). 161
Le Tribunat émet un vœu d'adoption. 214

Discussion devant le Corps-législatif.

Discours prononcé par le tribun Siméon. Page 215
Le Corps-législatif adopte. 243

TITRE DEUXIÈME. — Des donations entre-vifs et des testamens.

Discussion du Conseil d'état.

Procès-verbal de la séance du 30 nivose an 11. 244
— du 7 pluviose. 260
— du 14 pluviose. 275
— du 21 pluviose. 299
— du 28 pluviose. 319
— du 5 ventose. 332
— du 12 ventose. 349
— du 19 ventose. 370
— du 26 ventose. 381
— du 27 ventose. 383
— du 3 germinal. 417

Communication officieuse.

Procès-verbal contenant les observations de la section de législation du Tribunat. 440

Rédaction définitive du Conseil d'état.

Procès-verbal de la séance du 24 germinal an 11. 469
Le gouvernement arrête que le projet sera présenté au Corps-législatif le 2 floréal an 11. 508

Présentation au Corps-législatif.

Exposé des motifs par M. Bigot-Préameneu. ibid.

Communication officielle au Tribunat.

Rapport fait par M. Jaubert. 575
Observations présentées par le tribun Sédillez. 623
Le Tribunat émet un vœu d'adoption. 627

Discussion devant le Corps-législatif.

Discours prononcé par le tribun Favard. ibid.
Le Corps-législatif adopte. 647

TOME TREIZIÈME.

TITRE TROISIÈME. — Des Contrats et des obligations conventionnelles en général.

Discussion du Conseil d'état.

Procès-verbal de la séance du 11 brumaire an 12. Page 3

Procès-verbal de la séance du 18 brumaire. Page 67
— du 25 brumaire. 80
— du 2 frimaire. 111
— du 16 frimaire. 121

Communication officieuse.

Procès-verbal contenant les observations de la section de législation du Tribunat. 143

Rédaction définitive du Conseil d'état.

Procès-verbal de la séance du 5 pluviose an 12. 170

Le gouvernement arrête que le projet sera présenté au Corps-législatif le 7 pluviose an 12. 215

Présentation au Corps-législatif.

Exposé des motifs, par M. Bigot-Préameneu. *ibid.*

Communication officielle au Tribunat.

Rapport fait par le tribun Favard, sur les quatre premiers chapitres. 312

Rapport fait par le tribun Jaubert, sur le chapitre V, *de l'extinction des obligations.* 338

Rapport fait par M. Jaubert, sur le chapitre VI, *de la preuve des obligations et de celle du paiement.* 376

Le Tribunat émet un vœu d'adoption. 413

Discussion devant le Corps-législatif.

Discours prononcé par le tribun Mouricault. *ibid.*

Le Corps-législatif adopte. 449

TITRE QUATRIÈME. — Des Engagemens qui se forment sans convention.

Discussion du Conseil d'état.

Procès-verbal de la séance du 2 frimaire an 12. 450
— du 16 frimaire. 456

Communication officieuse.

Procès-verbal contenant les observations de la section de législation du Tribunat. 457

Rédaction définitive du Conseil d'état.

Procès-verbal de la séance du 5 pluviose an 12. 460

Le gouvernement arrête que le projet sera présenté au Corps-législatif le 9 pluviose an 12. 463

Présentation au Corps-législatif.

Exposé des motifs, par M. Treilhard. 464

Communication officielle au Tribunat.

Rapport fait par M. Bertrand de Greuille, Page	468
Le Tribunat émet un vœu d'adoption.	4-8

Discussion devant le Corps-législatif.

Discours prononcé par le tribun Tarrible.	ibid.
Le Corps-législatif adopte.	491

TITRE CINQUIÈME. — Du contrat de mariage et des droits respectifs des époux.

Discussion du Conseil d'état.

Procès-verbal de la séance du 6 vendémiaire an 12.	492
— du 13 vendémiaire.	548
— du 4 brumaire.	576

Communication officieuse.

Procès-verbal contenant les observations de la section de législation du Tribunat.	604

Rédaction définitive du Conseil d'état.

Procès-verbal de la séance du 21 nivôse an 12.	622
Le gouvernement arrête que le projet sera présenté au Corps-législatif le 10 pluviose an 12.	669

Présentation au Corps-législatif.

Exposé des motifs par M. Berlier.	ibid.

Communication officielle au Tribunat.

Rapport fait par M. Duveyrier.	688
Opinion prononcée par le tribun Carion-Nisas.	767
Opinion prononcée par le tribun Albisson.	789
Le Tribunat émet un vœu d'adoption.	803

Discussion devant le Corps-législatif.

Discours prononcé par le tribun Siméon.	ibid.
Le Corps-législatif adopte.	831

TOME QUATORZIÈME.

TITRE SIXIÈME. — De la Vente.

Discussion du Conseil d'état.

Procès-verbal de la séance du 30 frimaire an 12. Page	3
— du 9 nivôse.	44

Procès-verbal de la séance du 21 nivose an 12. Page 45
— du 7 pluviose. 62
— du 12 pluviose. 78

Communication officieuse.

Procès-verbal contenant les observations de la section de législation du Tribunat. 85

Rédaction définitive du Conseil d'état.

Procès-verbal de la séance du 3 ventose an 12. 91
Le gouvernement arrête que le projet sera présenté au Corps-législatif le 7 ventose an 12. 108

Présentation au Corps-législatif.

Exposé des motifs par M. Portalis. *ibid.*

Communication officielle au Tribunat.

Rapport fait par le tribun Faure. 150
Le Tribunat émet un vœu d'adoption. 180

Discussion devant le Corps-législatif.

Discours prononcé par le tribun Grenier. *ibid.*
Le Corps-législatif adopte. 206

TITRE SEPTIÈME. — De l'Échange.

Discussion du Conseil d'état.

Procès-verbal de la séance du 9 nivose an 12. 207
— du 28 nivose. 208

Communication officieuse.

Procès-verbal contenant les observations de la section de législation du Tribunat. *ibid.*

Rédaction définitive du Conseil d'état.

Procès-verbal de la séance du 5 ventose an 12. 209
Le gouvernement arrête que le projet sera présenté au Corps-législatif le 8 ventose an 12. *ibid.*

Présentation au Corps-législatif.

Exposé des motifs par M. Bigot-Préameneu. 210

Communication officielle au Tribunat.

Rapport fait par le tribun Faure. 213
Le Tribunat émet un vœu d'adoption. 216

Discussion devant le Corps-législatif.

Le tribun Faure a prononcé pour discours son rapport au Tribunat. Page 216
Le Corps-législatif adopte. *ibid.*

TITRE HUITIÈME. — Du Contrat de louage.

Discussion du Conseil d'état.

Procès-verbal de la séance du 9 nivose an 12. 217
— du 14 nivose. 255
— du 28 nivose. 267
— du 7 pluviose. 268

Communication officieuse.

Procès-verbal contenant les observations de la section de législation du Tribunat. 278

Rédaction définitive du Conseil d'état.

Procès-verbal de la séance du 5 ventose an 12. 292
Le gouvernement arrête que le projet sera présenté au Corps-législatif le 9 ventose an 12. 310

Présentation au Corps-législatif.

Exposé des motifs, par M. Galli. *ibid.*

Communication officielle au Tribunat.

Rapport fait par le tribun Mouricault. 320
Le Tribunat émet un vœu d'adoption. 349

Discussion devant le Corps-législatif.

Discours prononcé par le tribun Jaubert. *ibid.*
Le Corps-législatif adopte. 358

TITRE NEUVIÈME. — Du Contrat de société.

Discussion du Conseil d'état.

Procès-verbal de la séance du 14 nivose an 12. 359

Communication officieuse.

Procès-verbal contenant les observations de la section de législation du Tribunat. 380
Addition à ce procès-verbal. 382

Rédaction définitive du Conseil d'état.

Procès-verbal de la séance du 5 ventose an 12. 385

Le gouvernement arrête que le projet sera présenté au Corps-législatif le 10 ventose an 12. Page 393

Présentation au Corps-législatif.

Exposé des motifs par M. Treilhard. ibid.

Communication officielle au Tribunat.

Rapport fait par M. Boutteville. 405
Le Tribunat émet un vœu d'adoption. 418

Discussion devant le Corps-législatif.

Discours prononcé par le tribun Gillet. ibid.
Le Corps-législatif adopte. 424

TITRE DIXIÈME. — Du Prêt.

Discussion du Conseil d'état.

Procès-verbal de la séance du 7 pluviose an 12. 425

Communication officieuse.

Procès-verbal contenant les observations de la section de législation du Tribunat. 440

Rédaction définitive du Conseil d'état.

Procès-verbal de la séance du 10 ventose an 12. 444
Le gouvernement arrête que le projet sera présenté au Corps-législatif le 11 ventose an 12. 449

Présentation au Corps-législatif.

Exposé des motifs, par M. Gally. ibid.

Communication officielle au Tribunat.

Rapport fait par le tribun Boutteville. 456
Le Tribunat émet un vœu d'adoption. 464

Discussion devant le Corps-législatif.

Discours prononcé par le tribun Albisson. 465
Le Corps-législatif adopte. 476

TITRE ONZIÈME. — Du Dépôt et du Sequestre.

Discussion du Conseil d'état.

Procès-verbal de la séance du 28 nivose an 12. 477

Communication officieuse.

Procès-verbal contenant les observations de la section de législation du Tribunat. 494

Rédaction définitive du Conseil d'état.

Procès-verbal de la séance du 10 ventose an 12. Page 497
Le gouvernement arrête que le projet sera présenté au Corps-législatif le 18 ventose an 12. 503

Présentation au Corps-législatif.

Exposé des motifs par M. Réal. 504

Communication officielle au Tribunat.

Le rapport est le même que le discours prononcé devant le Corps-législatif par M. Favard. 509
Le Tribunat émet un vœu d'adoption. *ibid.*

Discussion devant le Corps-législatif.

Discours prononcé par le tribun Favard. 510
Le Corps-législatif adopte. 521

TITRE DOUZIÈME. — Des Contrats aléatoires.

Discussion du Conseil d'état.

Procès-verbal de la séance du 5 pluviose an 12. 522
— du 7 pluviose. 526

Communication officieuse.

Procès-verbal contenant les observations de la section de législation du Tribunat. 528

Rédaction définitive du Conseil d'état.

Procès-verbal de la séance du 10 ventose an 12. 531
Le gouvernement arrête que le projet sera présenté au Corps-législatif le 14 ventose an 12. 534

Présentation au Corps-législatif.

Exposé des motifs, par M. Portalis. 535

Communication officielle au Tribunat.

Rapport fait par le tribun Siméon. 548
Le Tribunat émet un vœu d'adoption. 556

Discussion devant le Corps-législatif.

Discours prononcé par le tribun Duveyrier. *ibid.*
Le Corps-législatif adopte. 567

TABLE GÉNÉRALE

TITRE TREIZIÈME. — Du Mandat.

Discussion du Conseil d'état.

Procès-verbal de la séance du 5 pluviose an 12. Page	568

Communication officieuse.

Procès-verbal contenant les observations de la section de législation du Tribunat.	575

Rédaction définitive du Conseil d'état.

Procès-verbal de la séance du 3 ventose an 12.	579
Le gouvernement arrête que le projet sera présenté au Corps-législatif le 12 ventose an 12.	583

Présentation au Corps-législatif.

Exposé des motifs, par M. Berlier.	584

Communication officielle au Tribunat.

Rapport fait par le tribun Tarrible.	590
Le Tribunat émet un vœu d'adoption.	604

Discussion devant le corps-législatif.

Discours prononcé par le tribun Bertrand de Greuille.	605
Le Corps-législatif adopte.	614

TOME QUINZIÈME ET DERNIER.

TITRE QUATORZIÈME. — Du Cautionnement.

Discussion du Conseil d'état.

Procès-verbal de la séance du 16 frimaire an 12. Page	3
— du 23 frimaire.	16
— du 30 frimaire.	24

Communication officieuse.

Procès-verbal contenant les observations de la section de législation du Tribunat.	27

Rédaction définitive du Conseil d'état.

Procès-verbal de la séance du 7 pluviose an 12.	31
Le gouvernement arrête que le projet sera présenté au Corps-législatif le 13 pluviose an 12.	37

Présentation au Corps-législatif.

Exposé des motifs, par M. Treilhard.	ibid.

Communication officielle au Tribunat.

Rapport fait par le tribun Chabot (de l'Allier.)	Page 47
Opinion du tribun Goupil-Préfeln, contre le projet.	60
Réponse faite par le tribun Chabot (de l'Allier.)	68
Le Tribunat émet un vœu d'adoption.	72

Discussion devant le Corps-législatif.

Discours prononcé par le tribun Lahary.	ibid.
Le Corps-législatif adopte.	90

TITRE QUINZIÈME. — Des Transactions.

Discussion du Conseil d'état.

Procès-verbal de la séance du 15 ventose an 12.	91

Communication officieuse.

Procès-verbal contenant les observations de la section de législation du Tribunat.	100

Rédaction définitive du Conseil d'état.

Procès-verbal de la séance du 22 ventose an 12.	ibid.
Le Gouvernement arrête que le projet sera présenté au Corps-législatif le 24 ventose an 12.	103

Présentation au Corps-législatif.

Exposé des motifs, par M. Bigot-Préameneu.	ibid.

Communication officielle au Tribunat.

Rapport fait par le tribun Albisson.	113
Le Tribunat émet un vœu d'adoption.	125

Discussion devant le Corps-législatif.

Discours prononcé par le tribun Gillet.	ibid.
Le Corps-Législatif adopte.	129

TITRE SEIZIÈME. — De la Contrainte par corps en matière civile.

Discussion du Conseil d'état.

Procès-verbal de la séance du 16 frimaire an 12.	130
— du 30 frimaire.	150

Communication officieuse.

Procès-verbal contenant les observations de la section de législation du Tribunat.	152

Rédaction définitive du Conseil d'état.

Procès-verbal de la séance du 7 pluviose an 12. Page 154
Le Gouvernement arrête que le projet sera présenté au Corps législatif le 12 pluviose an 12. 157

Présentation au Corps-législatif.

Exposé des motifs par M. Bigot-Préameneu. *ibid.*

Communication officielle au Tribunat.

Rapport fait par le tribun Gary. 170
Le Tribunat émet un vœu d'adoption. 185

Discussion devant le Corps-législatif.

Discours prononcé par le tribun Goupil Préfeln. 186
Le Corps-législatif adopte. 191

TITRE DIX-SEPTIÈME. — Du Nantissement.

Discussion du Conseil d'état.

Procès-verbal de la séance du 10 ventose an 12 192

Communication officieuse.

Procès-verbal contenant les observations de la section de législation du Tribunat. 198

Rédaction définitive du Conseil d'état.

Procès-verbal de la séance du 19 ventose an 12. 199
Le gouvernement arrête que le projet sera présenté au Corps-législatif le 22 ventose an 12. 203

Présentation au Corps-législatif.

Exposé des motifs, par M. Berlier. *ibid.*

Communication officielle au Tribunat.

Le rapport prononcé par M. Gary est identique avec son discours devant le Corps-législatif. 212
Le tribunat émet un vœu d'adoption. *ibid.*

Discussion devant le Corps-législatif.

Discours prononcé par le tribun Gary. 213
Le Corps-législatif adopte. 222

TITRE DIX-HUITIÈME. — Des Priviléges et Hypothèques.

Discussion du Conseil d'état.

Procès-verbal de la séance du 7 pluviose an 12.	Page	223
— du 12 pluviose.		ibid.
— du 19 pluviose.		304
— du 3 ventose.		326
— du 5 ventose.		359
— du 10 ventose.		378
— du 12 ventose.		391
— du même jour.		395

Communication officieuse.

Procès-verbal contenant les observations de la section de législation du Tribunat. 412

Rédaction définitive du Conseil d'état.

Procès-verbal de la séance du 22 ventose an 12. 418

Le gouvernement arrête que le projet sera présenté au Corps-législatif le 24 ventose an 12. 448

Présentation au Corps-législatif.

Exposé des motifs, par M. Treilhard. ibid.

Communication officielle au Tribunat.

Rapport fait par le tribun Grenier. 477

Observations contre le système de la publicité des hypothèques par le tribun Huguet. 510

Le tribunat émet un vœu d'adoption. 524

Discussion devant le Corps-législatif.

Le discours prononcé par le tribun Grenier est identique avec son rapport au tribunat. ibid.

Le Corps-législatif adopte. ibid.

TITRE DIX-NEUVIÈME. — De l'Expropriation forcée et des ordres entre les Créanciers.

Discussion du Conseil d'état.

Procès-verbal de la séance du 12 ventose an 12. 525

— du même jour. 528

Communication officieuse.

Procès-verbal contenant les observations de la section de législation du Tribunat. 529

TABLE GÉNÉRALE

Rédaction définitive du Conseil d'état.

Procès-verbal de la séance du 22 ventose an 12. Page 530
Le gouvernement arrête que le projet sera présenté au Corps-législatif le 24 ventose an 12. 533

Présentation au Corps-législatif.

Exposé des motifs par M. Treilhard. *ibid.*

Communication officielle au Tribunat.

Le rapport fait par le tribun Lahary est identique avec son discours au Corps-législatif. 535
Le Tribunat émet un vœu d'adoption. *ibid.*

Discussion devant le Corps-législatif.

Discours prononcé par le tribun Lahary. *ibid.*
Le Corps-législatif adopte. 548

TITRE VINGTIÈME. — De la Prescription.

Discussion du Conseil d'état.

Procès-verbal de la séance du 7 pluviose an 12. 549

Communication officieuse.

Procès-verbal contenant les observations de la section de législation du Tribunat. 561

Rédaction définitive du Conseil d'état.

Procès-verbal de la séance du 12 ventose an 12. 564
Le gouvernement arrête que le projet sera présenté au Corps-législatif le 17 ventose an 12. 572

Présentation au Corps-législatif.

Exposé des motifs par M. Bigot-Préameneu. 573

Communication officielle au Tribunat.

Le rapport fait par le tribun Savoie-Rollin n'a point été déposé, et n'a jamais été imprimé. 602
Le tribunat émet un vœu d'adoption. *ibid.*

Discussion devant le Corps-législatif.

Discours prononcé par le tribun Goupil-Préfeln. 603
Le Corps-législatif adopte. 611

FIN DE LA TABLE.

PRÉCIS HISTORIQUE

SUR

LA CONFECTION DU CODE CIVIL.

Les matériaux qui ont servi à l'édifice de notre législation moderne, offrent au jurisconsulte le plus solide fondement de toute bonne interprétation ; ils présentent à l'historien, au publiciste, de précieux monumens historiques. Des publications séparées et incomplètes des travaux préparatoires du Code civil, ont été entreprises à différentes époques ; elles offraient, sans doute, une grande utilité ; mais, à la difficulté de se les procurer, se joignait l'embarras de consulter, en même temps, plusieurs recueils. Tous ces élémens ont été réunis dans l'ouvrage que nous publions aujoud'hui, et, pour mettre à même de les suivre avec fruit et avec facilité, nous allons expliquer d'abord ce que chacune des assemblées qui se sont succédées, a fait pour la confection du Code civil.

ASSEMBLÉE NATIONALE CONSTITUANTE.

Une infinité de lois diverses régissaient la France avant 1789 ; l'État semblait n'être alors qu'une société de sociétés, et pendant long-temps un retour à l'uniformité sembla impossible, parce que chacun considérait comme des privilèges indestructibles, les stipulations que sa province, au moment où elle s'était unie au même empire, avait faites pour le maintien de la coutume qui lui était particulière.

Tous les obstacles disparurent à la révolution ; aussi l'assemblée constituante posa-t-elle les bases de la réforme.

Elle décréta, dans sa séance du 5 juillet 1790, « que » les lois civiles seraient revues et réformées par les » législateurs, et qu'il serait fait un code général de » lois simples, claires et appropriées à la constitution. »

Cette disposition a été répétée ensuite dans la constitution de 1791, en ces termes : « Il sera fait un Code de » lois civiles, communes à tout le royaume. »

Les grands travaux de l'assemblée empêchèrent qu'elle ne se livrât aux détails d'exécution; le soin de composer le Code fut légué aux assemblées suivantes.

ASSEMBLÉE LÉGISLATIVE.

Cette assemblée, qui commença à exister le 1er octobre 1791, créa dans son sein un comité de législation civile et criminelle pour remplacer le comité de jurisprudence que la constituante avait eu; et, dès le 16 octobre, elle invita, par une adresse, tous les citoyens et même les étrangers à lui communiquer leurs vues sur la formation du nouveau Code.

CONVENTION NATIONALE.

La convention succéda, le 21 septembre 1792, à l'assemblée législative; elle réunit en elle-même tous les pouvoirs, et se divisa en seize comités, dont un de législation.

Aux termes d'un décret rendu le 24 juin 1793, elle comprit dans son acte constitutionel un article par lequel elle dit : « Que le Code des lois civiles et criminelles » serait uniforme pour toute la république », et, dès le lendemain, elle décréta que son comité de législation serait tenu de lui présenter, sous un mois, un projet de Code civil.

L'importance du travail rendait difficile la tâche imposée au comité. Cependant un membre vint dans la séance du 7 août annoncer à la Convention que le Code était rédigé, et il demanda à en faire lecture le vendredi suivant.

Cette lecture eut lieu au jour indiqué, (le 9 août) et l'assemblée en ordonna l'impression (1), la distribution et l'ajournement.

Dès le 22, la Convention commença la discussion (*a*);

---

(1) Ce projet est le premier de Cambacérès. Voyez pages 1 et suivantes de ce volume.

(*a*) DISCUSSION DU 1ᵉʳ PROJET DE CAMBACÉRÈS DEVANT LA CONVENTION NATIONALE.

(*Séance du matin, 22 août* 1793.) — Hérault, président.

Le rapporteur du comité de législation fait lecture des articles du titre 1ᵉʳ du livre I du projet de Code civil; huit articles sont décrétés.

Les huit premiers articles du titre II, sur le mariage, ont été décrétés.

L'art. IX a été rejeté par la question préalable après une mûre discussion, et on y a substitué un autre article.

L'art. X, jusques et compris l'art. XII, ont été adoptés.

On a retranché dans l'art. XIII les expressions suivantes : « Dans ces deux cas » le mariage ne peut plus avoir lieu qu'à la majorité accomplie. »

Les articles XIV, jusques et compris l'article XIX et dernier de ce titre, ont été décrétés.

Les deux premiers articles du titre III, des droits des époux, ont été décrétés.

Les articles III et IV ont été rejetés; on y a substitué d'autres dispositions.

(*Séance du 23 août* 1793.) — Danton, président.

On reprend la discussion du projet de Code civil : le rapporteur du comité de législation donne lecture de l'article V, devenu le IVᵉ du titre III de ce projet, portant que

« La loi défend aussi de stipuler aucune restriction à la faculté du divorce. »

Un membre demande que cet article soit rayé comme inutile et formant un pléonasme.

Cette proposition est mise aux voix et décrétée.

Par l'article VI (devenu le V) le rapporteur propose de décréter que

« L'acte qui contient les conditions du mariage, doit le précéder et être revêtu » des formes authentiques. »

Cet article est combattu par plusieurs membres, et la priorité est accordée à la proposition suivante, qui est décrétée.

« Les conditions du mariage pourront être faites sous les signatures privées des parties, à la charge de faire enregistrer l'acte, et de le déposer chez un officier public dans le délai de. . . . . Quant aux parties qui ne sauront point écrire, les conditions de leur mariage seront rédigées par un officier public. »

L'article VII, devenu le VIᵉ, est décrété en ces termes :

elle continua de s'en occuper les 23, 24, 26, 30 et 31 août, 4, 7, 11, 12, 13, 14, 17 et 23 septembre, 4, 9,

« La volonté des époux est seule nécessaire pour la formation de cet acte : en cas de minorité seulement, les père et mère ou tuteur y concourent. »

L'article VIII, devenu le VII, portant que,

» S'il y a constitution de dot, elle n'emportera point hypothèque. »

Est combattu, amendé et décrété dans les termes suivans :

« S'il y a constitution de dot, elle emportera hypothèque du jour de l'enregistrement du contrat. »

L'article IX, devenu le VIIIe, et l'article X, devenu le IXe, sont proposés et décrétés en ces termes :

« A défaut de convention, les droits des époux sont réglés par la loi ;

» Les sommes en numéraire, les effets mobiliers de quelque nature qu'ils soient, appartenant aux époux à l'instant de leur union, les fruits de leur industrie, ceux de leurs immeubles, les successions mobilières qui leur adviendront pendant leur mariage, leur deviennent communs. »

Le rapporteur présente à la discussion l'article XI conçu en ces termes :

« Les époux ont et exercent un droit égal pour l'administration de leurs biens. »

Plusieurs membres s'élèvent contre cet article ; d'autres le soutiennent.

On propose enfin d'ajourner la question à trois jours.

Cette proposition est adoptée, et la Convention ajourne également, en même-temps les quatre articles suivans.

(*Séance du 24 août* 1793.) — Robespierre, président.

On reprend la discussion sur le Code civil.

Le rapporteur observe que l'ajournement de l'article XI, sur l'administration commune, entraîne celui des quatre articles suivans. Il passe en conséquence au troisième paragraphe, et le premier article est adopté en ces termes :

« En cas de divorce, chacun des époux reprend la jouissance et la disposition de son bien ; il prend une part égale dans les biens de la communauté. »

Les articles XVII et XVIII étaient aussi présentés.

XVII. « Si les époux ont des enfans, et que l'un d'eux en demeure chargé, il retient une partie des revenus de l'autre pour les élever.

XVIII. « Cette portion de revenus est réglée par un conseil de famille, et proportionnellement au nombre des enfans. »

Un membre pense qu'il faut seulement obliger celui qui ne garde point les enfans, à contribuer à leur entretien, et que les fonds nécessaires pour cet objet doivent être réglés à l'amiable entre les époux, et, en cas de difficulté, par un conseil de famille.

Cette proposition est adoptée, et la rédaction des deux articles est fixée en ces termes :

XVII. « Si les époux ont des enfans, et que l'un d'eux en demeure chargé, l'autre contribuera sur ses revenus à leur éducation et à leur entretien.

XVIII. « Cette contribution sera réglée entre les époux : en cas de difficulté, elle le sera par un conseil de famille, proportionnellement à la fortune et au nombre des enfans. »

L'article XIX était ainsi conçu :

« Toute stipulation d'avantage réciproque entre les époux est anéantie par le divorce.

» En cas d'avantage singulier, il n'est perdu par l'époux à qui il était fait, qu'autant que la demande en divorce est formée par lui. »

Un membre trouve cet article dangereux, en ce qu'un époux de mauvaise foi pourrait se divorcer sans aucun des motifs énoncés dans la loi, mais uniquement pour conserver tous les avantages qu'il tiendrait de l'autre, en formant un nouveau mariage. Il pense que le demandeur en divorce, obtenu sans motif, doit être privé de tout avantage singulier.

12, 13, 14, 17, 18, 23, 24, 26, 27 et 28 octobre, et enfin pour les articles d'appendice le 9 nivose an II.

Un autre membre va plus loin encore ; il demande qu'au moment où l'union conjugale est rompue, tous les avantages réciproques cessent avec elle.

Cette proposition est adoptée ; en conséquence l'assemblée rejette la deuxième partie de l'article, et décrète la première en ces termes :

« Toute stipulation d'avantage singulier ou réciproque entre les époux est anéantie par le divorce. »

L'article XX est ajourné.

Le quatrième paragraphe est soumis à la discussion, et les articles XXI, XXII et XXIII sont ainsi adoptés :

XXI. « A la mort de l'un des époux, le survivant est tenu de faire inventaire des biens possédés en commun, s'il y a des héritiers mineurs ou absens.

XXII. « S'il y a des enfans du mariage, dissous par la mort, ils héritent immédiatement de l'époux décédé.

XXIII: « Si les enfans sont mineurs, l'époux survivant jouit du revenu de leurs biens jusqu'à leur majorité ou mariage, à charge de les élever. »

On lit l'article XXIV.

Plusieurs membres veulent que, par le fait même de la mort, les héritiers puissent se saisir des biens, afin que la mauvaise volonté de l'époux survivant ne puisse leur faire éprouver ni retard ni difficulté.

L'assemblée adopte cette proposition, et l'article est rédigé comme il suit :

« Les biens du défunt appartiennent aux héritiers appelés par la loi. »

Les articles XXV et XXVI sont ainsi présentés :

XXV. « L'époux survivant nécessiteux a droit à la jouissance du tout ou partie des biens de l'époux décédé.

XXVI. « La quotité de cette jouissance est réglée par un conseil de famille, dans la proportion des besoins de l'époux et de ceux des enfans. »

Un membre pense que le survivant nécessiteux n'a droit qu'à une pension alimentaire.

Sur cette observation, l'assemblée adopte les deux articles en ces termes :

XXV. « L'époux survivant nécessiteux a droit à des secours sur les biens de l'époux décédé.

XXVI. « La quotité des secours est réglée par un conseil de famille, dans la proportion des besoins de l'époux et de ceux des enfans. Ces secours cessent avec les besoins.

Les articles XXVII et XXIX sont rejetés.

L'article XXVIII est décrété en ces termes :

XXVIII. « Les hommes et femmes veufs ou divorcés, qui, ayant enfans, se remarieront, ne pourront rien conférer en propriété à leur nouvel époux.

» Tout avantage demeure en ce cas restreint à un revenu égal à celui que donne une part d'enfant. »

L'article XXX est décrété comme il suit :

« Si les époux en secondes noces sont l'un et l'autre veufs ou divorcés avec enfans, ils ne seront admis à contracter un nouveau mariage, qu'en justifiant d'un inventaire mutuel rédigé dans les formes prescrites par la loi. »

Le rapporteur soumet à la discussion le titre IV.

Les huit premiers articles sont adoptés sans discussion : suivent ces articles.

TITRE IV. — Des Enfans.

Article 1er. « Les enfans appartiennent au père que le mariage désigne.

II. « Cependant celui qui naît six mois seulement après le mariage, peut être désavoué par le mari de sa mère dans le mois qui suivra sa naissance.

» Si le mari est absent lors de la naissance, il aura un mois après son retour pour faire ce désaveu.

III. « L'enfant n'a aucune part à la succession de l'époux de sa mère, lorsqu'il vient au monde dans le onzième mois après la mort du mari.

Dans la séance du 28 octobre, elle rendit, sur la proposition d'un membre du comité de législation, le décret suivant :

IV. « L'absence d'un époux, telle qu'il ne puisse être présumé père de l'enfant, donne lieu à le désavouer.

» Le divorce est censé avoir commencé le premier jour de l'absence du mari.

V. « Celui qui ne connaît pas ses parens est appelé orphelin, comme celui qui les a perdus.

VI. « L'enfant d'une femme non mariée a pour père celui qui le reconnaît dans les formes prescrites par la loi.

VII. « Le père qui a reconnu un enfant lui donne son nom, et doit contribuer avec sa mère à la nourriture, à l'éducation et à l'entretien de cet enfant.

» Chacun d'eux y subvient en proportion de ses facultés.

VIII. « La reconnaissance doit être faite devant les officiers publics chargés de recevoir les preuves d'état ; elle doit être confirmée par l'aveu de la mère dans le même acte, ou dans un autre acte authentique, et la reconnaissance du père ne peut jamais avoir d'effet sans cet aveu. »

On livre à la discussion l'article IX, ainsi conçu :

IX. « Nul enfant ne peut être reconnu valablement par un père engagé dans le lien du mariage, à l'époque de la conception, à moins qu'il n'épouse la mère après la dissolution de ce mariage, et avant la naissance de l'enfant. »

Un membre pense que si le mariage du père et de la mère a lieu, l'enfant adultérin peut être reconnu même après sa naissance.

Le rapporteur lui oppose le respect dû aux mœurs et la nécessité de conserver les mariages.

Un autre membre soutient qu'il n'est point contraire aux mœurs de permettre au père d'un enfant adultérin de le légitimer par un mariage subséquent : selon lui, cette interdiction n'arrêterait pas son libertinage, et l'empêcherait de réparer l'honneur d'une femme, et de devenir lui-même un vertueux père de famille.

Plusieurs membres trouvent l'article obscur ; ils en demandent l'ajournement. Adopté.

La rédaction des articles X et XI est fixée en ces termes :

X. « L'acte de mariage peut contenir la reconnaissance des enfans que les deux époux ont eu ensemble, tandis qu'ils n'étaient pas engagés dans un autre mariage. »

XI. « La reconnaissance faite pendant la grossesse, au moment de la naissance, ou à toute autre époque de la vie des pères et mères, sera valable lorsqu'elle réunira les caractères et conditions ci-dessus exprimés. »

La dernière disposition de l'article XII est rejetée ; la première adoptée en ces termes :

XII. « La loi n'admet pas les recherches de la paternité non avouée. »

Les autres articles de ce titre sont adoptés sans réclamation : suivent les articles.

XIII. « Lorsque l'enfant n'est pas reconnu par son père, la mère est chargée seule de remplir les devoirs de la nature envers lui.

» Alors il porte le nom de sa mère.

XIV. « S'il arrivait qu'une mère voulût se soustraire à l'accomplissement de ses devoirs, elle y serait contrainte : la loi appelle sur elle la vigilance des officiers publics.

XV. « L'enfant mort dans le sein de sa mère ne recueille ni ne transmet aucun droit.

XVI. « L'existence de l'enfant n'est reconnue par la loi que du moment de sa naissance.

» Lorsqu'il s'agit de ses intérêts, il est considéré comme vivant depuis l'instant où il a été conçu.

XVII. « L'état des enfans est le même, soit que les solennités légales aient précédé leur naissance, soit qu'il ne se trouve acquis que par les moyens ci-dessus exprimés.

Le rapporteur livre à la discussion des articles d'appendice au titre IV ; le premier de ces articles était ainsi conçu :

SUR LA CONFECTION DU CODE CIVIL.

« Art. 1ᵉʳ. Le comité de législation est autorisé à faire
» imprimer, dans le plus bref délai, le projet de Code

« Les enfans actuellement existans, nés hors le mariage, et dont la filiation sera prouvée, seront admis aux successions de leur père et mère, ouvertes depuis le 14 juillet 1789, ou qui s'ouvriront à l'avenir. »

Un membre veut que les enfans naturels rentrent dans tous leurs droits : il demande en conséquence que l'époque du 14 juillet, fixée par l'article, soit reculée à 30 ans au-delà.

Un autre membre s'oppose à ces propositions ; ce serait, selon lui, bouleverser les propriétés dont on a juré le respect.

Un autre membre soutient que l'article du comité est inadmissible et déraisonnable ; que l'enfant naturel qui n'est point reconnu par son père devant un officier public, ne doit point jouir de ses biens, parce que l'intention présumée du père n'était point de le reconnaître, et que d'ailleurs on n'a rien ôté à un enfant qui n'avait rien.

L'assemblée renvoie les articles de l'appendice et toutes les propositions à l'examen du comité.

(*Séance du 26 août 1793.*) — Robespierre, président.

L'on reprend la discussion sur le Code civil.

Le titre 5, intitulé : *Des rapports entre les pères et mères et les enfans*, est lu. L'article I est adopté. L'article II est amendé, et l'on renvoie au comité d'instruction publique l'examen de cette partie de l'article concernant les devoirs des parens relativement à l'éducation. L'article III a été rédigé d'une manière différente. Les articles IV, V, VII et VIII ont été décrétés. L'article IX a été amendé et rédigé d'une autre manière.

Le titre 6 du divorce a été lu ; les deux premiers articles ont été décrétés.

Le 3ᵉ a été amendé. Les articles IV et V ont été décrétés. L'article VI a été décrété avec un amendement.

Ces divers articles seront insérés dans le procès-verbal de la séance, où l'on fera la lecture définitive du Code civil.

(*Séance du 30 août 1793.*) — Même président.

On reprend ensuite la discussion du Code civil, qui est continuée depuis l'article XV du titre 6, paragraphe 2 jusqu'à l'article XIX du titre 7.

Ces divers articles seront insérés dans le procès-verbal de la séance, où l'on fera la lecture définitive du Code civil.

(*Séance du 31 août 1793.*) — Même président.

On reprend la discussion sur le Code civil ; plusieurs articles sont décrétés.

(*Séance du 4 septembre 1793.*) — Même président.

On a repris la discussion sur le Code civil, dont divers articles ont été décrétés.

Ces divers articles seront insérés dans le procès-verbal de la séance, où l'on fera la lecture définitive du Code civil.

(*Séance du 7 septembre 1793.*) — Billaud-Varenne, président.

La discussion sur le Code civil est reprise.

Le rapporteur propose la nouvelle rédaction du paragraphe 5 de l'article II du titre 1ᵉʳ. du livre 2 ; elle est adoptée en ces termes :

« Les rivières, tant navigables que non navigables et leurs lits ;
» Les bords des rivières navigables. »

Le surplus de cet article est adopté, en ajoutant au dernier paragraphe « ce qui a été confisqué, tant sur les émigrés que sur les personnes condamnées pour délits contre-révolutionnaires. »

Les articles III, IV, V, VI, VII et suivans ont été adoptés.

» civil en y rapportant les changemens qui ont été dé-
» crétés.

Le rapporteur fait lecture de l'article IX ainsi conçu :
« Le gibier, etc., etc. »
Cet article est combattu par deux considérations ; la première que, d'après sa disposition, on pourrait croire qu'il est dérogé à la loi qui défend de chasser sur le terrain d'autrui, ce qui n'est pas dans les principes de la Convention nationale ; la deuxième, qu'il est de l'intérêt public de restreindre au propriétaire du fond, le droit de prendre et tuer le gibier qui s'y trouve ; en conséquence, la question préalable est réclamée, mise aux voix et adoptée.

D'après cette détermination, le rapporteur propose de retirer les articles X, XI, XII, XIII et XIV.

Cette proposition est décrétée.

Un membre réclame, et demande que la Convention prononce sur les articles XIII et XIV, soit pour les adopter, soit pour les rejeter, afin de prévenir les difficultés qui pourraient s'élever sur les trésors trouvés. Le rapporteur observe que le principe adopté par la Convention, relativement au gibier, nécessite le rejet de la distinction proposée par les articles XIII et XIV, et que les trésors, comme le gibier, doivent appartenir au propriétaire du fonds.

D'après cette observation, la Convention passe à l'ordre du jour sur la réclamation ci-dessus.

Les articles XV, XVI et XVII sont admis.

Le décret rendu, un membre a demandé qu'on y ajoutât : *les navires qui, dans l'ancienne jurisprudence, étaient réputés immeubles*. Cette proposition est combattue, par le motif que c'était une inconséquence, dans l'ancien droit, d'immobiliser les navires, tandis que les bateaux y étaient considérés comme meubles.

En conséquence, l'ordre du jour est mis aux voix et adopté.

Les articles XVIII, XIX, XX, XXI et XXII ont été admis.

On a continué la discussion sur le titre 2 ; tous les articles ont été adoptés, jusqu'au 13e inclusivement.

Ces divers articles seront insérés dans le procès-verbal de la séance où l'on fera la lecture définitive du Code civil.

(*Séance du* 11 *septembre* 1793.) — Billaud-Varenne, président.

La discussion sur le Code civil est reprise ; plusieurs articles sont décrétés.

Un membre demande que tous les biens, dont tous les mineurs nobles et non mariés sont en possession, soient soumis à l'égalité de partage entre tous les cohéritiers légitimes et naturels, lors de l'époque de l'hoirie, nonobstant toutes substitutions, transactions et renonciations quelconques.

Cette proposition est renvoyée aux comités de législation et d'aliénation.

(*Séance du* 12 *septembre* 1793.) — Billaud-Varenne, président.

Le grand ordre du jour a fait remettre à la discussion la suite des articles du Code civil sur les droits d'usufruit et d'usage.

Plusieurs articles ont été décrétés tels qu'ils ont été recueillis par le rapporteur, pour être rapportés dans le procès-verbal du jour de la lecture générale.

Dans le cours de cette discussion, un membre a proposé la suppression du droit de suite, en vertu duquel le propriétaire d'un arbre avait la faculté d'aller sur le fonds de son voisin pour cueillir le fruit ; sa proposition est admise en principe, et renvoyée au comité de législation, pour être insérée dans le Code rural.

(*Séance du* 13 *septembre* 1793.) — Billaud-Varenne, président.

On reprend la discussion sur le Code civil ; plusieurs articles sont décrétés, et l'insertion au procès-verbal est renvoyée à la date de la séance où il sera donné une lecture nouvelle de la loi entière, telle qu'elle sera adoptée.

(*Séance du* 14 *septembre* 1793.) — Même président.

La discussion sur le Code civil est reprise ; les articles XXII, XXIII et XXIV, du titre 3 sont adoptés.

SUR LA CONFECTION DU CODE CIVIL.   xliij

» 2. Trois jours après l'impression et la distribution
» du projet de Code, il en sera fait une nouvelle lecture.

(*Séance du 17 septembre* 1793.) — Même président.

On reprend la suite de la discussion sur le Code civil ; plusieurs articles relatifs aux donations sont décrétés, ainsi qu'ils seront rapportés dans le procès-verbal du jour de la lecture définitive.

(*Séance du 23 septembre* 1793, *au matin.*) — Cambon, président.

Le comité de législation présente à l'assemblée la suite du Code civil ; plusieurs articles relatifs aux successions ont été discutés et décrétés tels qu'ils ont été recueillis par le rapporteur, pour être insérés dans le procès-verbal de la séance de la lecture définitive.

(*Séance du 4 octobre* 1793.) — Charlier, président.

On reprend la suite de la discussion sur le Code civil. Plusieurs articles relatifs aux rapports en matière de succession sont décrétés, tels qu'ils sont recueillis par le rapporteur, pour être présentés lors de la lecture définitive.

Séance du 9 octobre 1793. (18e. *jour du* 1er *mois, an* 2.) — Même président.

On passe au grand ordre du jour.
L'ordre du jour amenait la discussion sur le Code civil ; on demande qu'on ne puisse jamais interrompre les jours qui étaient consacrés à cette discussion.
Le rapporteur monte en conséquence à la tribune, et plusieurs articles sont décrétés pour être insérés dans le procès-verbal de la séance définitive.
On fait une proposition incidente. Elle tendait à faire décréter que les ci-devant religieux et religieuses sont habiles à recueillir la succession de leurs parens, à compter du jour où la liberté leur a été rendue.
Cette proposition a été rejetée.
Une seconde proposition est faite par amendement ; et sur cette proposition,
« La Convention nationale décrète que les ci-devant religieux et religieuses seront admis à partager dans les successions à échoir, à compter de ce jour, concurremment avec les autres co-héritiers, à la charge que leur traitement diminuera en proportion du revenu qu'ils prendront dans lesdites successions.

Séance du 12 octobre 1793. (21e *jour du* 1er. *mois, an* 2.) — Charlier, président.

Le rapporteur, au nom du comité de législation, continue la lecture du projet du Code civil, dont plusieurs articles ont été décrétés, et seront réunis aux dispositions qui doivent composer ce Code, conformément aux notes que le rapporteur a conservées des divers amendemens qui ont été adoptés.

Séance du 13 octobre 1793. (22e. *jour du* 1er. *mois, an* 2.) — Charlier, président.

La discussion sur le Code civil est reprise. Plusieurs articles sont décrétés, et qui en feront partie d'après la rédaction qui en sera présentée de nouveau par le rapporteur, conformément aux notes qu'il en a conservées.
La proposition est faite, que toutes les successions ouvertes depuis le 14 juillet 1789, comme celles qui s'ouvriront pour l'avenir en ligne directe, soient sujettes à l'égalité de partage entre tous les co-héritiers, nonobstant toutes donations entre-vifs, et toutes dispositions testamentaires, qui demeurent annulées.
Cette proposition, après avoir été soutenue par quelques membres, et combattue par d'autres, est décrétée par la Convention nationale.
Un membre demande que toutes les successions dévolues aux mineurs actuels, et non mariés, soient, à dater de ce jour, sujettes à rapport, pour être partagées entre tous les héritiers et leurs représentans, nonobstant toutes substitutions et transactions quelconques.
Cette proposition est renvoyée au comité de législation.

» 3. Le Code civil sera promulgué aussitôt qu'il aura
» été définitivement décrété. »

Séance du 14 octobre 1793, (23ᵉ. jour du 1ᵉʳ. mois , an 2.) — Même président.

On reprend la discussion du Code civil ; et on en décrète plusieurs articles qui seront rapportés au procès-verbal du jour, qui contiendra la lecture de la rédaction générale et définitive.

Séance du 15 octobre 1793. (24ᵉ. id.) — Même président.

On passe à la discussion du Code civil. Plusieurs articles sont décrétés pour être insérés dans la séance où le Code entier sera définitivement relu.

Séance du 18 octobre 1794. (27ᵉ. id.) — Même président.

On continue la discussion du Code civil. Plusieurs articles sont décrétés ; la rédaction en est renvoyée à la relute définitive.

Séance du 23 octobre 1793. (3ᵉ. jour du 2ᵉ. mois , an 2.) — Moïse-Bayle président.

On reprend la discussion sur le Code civil. Plusieurs articles ont été décrétés sur les baux à ferme.

Séance du 4 brumaire an II (24 octobre 1793.) — Moyse-Bayle, président.

L'assemblée reprend ensuite la discussion sur le Code civil, et en décrète un grand nombre d'articles.

(Séance du 5 brumaire an 2.) — Même président.

Un rapporteur, au nom du Comité de législation, présente à la Convention nationale, plusieurs articles d'appendice du deuxième livre du Code civil ; après quelques discussions et amendemens, ces articles sont décrétés ainsi qu'il suit :

« La Convention nationale, après avoir entendu le rapport de son Comité de législation, décrète ce qui suit :

» Art. Iᵉʳ. Est réputée non écrite toute clause impérative ou prohibitive, insérée dans les actes passés même avant le décret du 5 septembre 1791, lorsqu'elle est contraire aux lois et aux mœurs, lorsqu'elle porte atteinte à la liberté religieuse du donataire, de l'héritier ou du légataire, lorsqu'elle gêne la liberté qu'il a, soit de se marier, ou remarier même avec des personnes désignées, soit d'embrasser tel état, emploi ou profession, ou lorsqu'elle tend à le détourner de remplir les devoirs imposés, et d'exercer les fonctions déférées par les lois aux citoyens.

II. « Les avantages stipulés entre les époux encore existans, soit par leur contrat de mariage, soit par des actes postérieurs, ou qui se trouveraient établis dans certains lieux, par les coutumes, statuts ou usages, auront leur plein et entier effet ; néanmoins, s'il y a des enfans de leur union, ces avantages, au cas qu'ils consistent en simple jouissance, ne pourront s'élever au-delà de la moitié du revenu des biens délaissés par l'époux décédé ; et s'ils consistent en des dispositions de propriété, soit mobilière, soit immobilière, ils seront restreints à l'usufruit des choses qui en sont l'objet, sans qu'ils puissent jamais excéder la moitié du revenu de la totalité des biens.

III. « La même disposition aura lieu à l'égard des institutions, dons ou legs faits dans les actes de dernière volonté, par un mari à sa femme, ou par une femme à son mari, dont les successions sont ouvertes depuis la promulgation de la loi du 7 mars dernier.

IV. « Les ci-devant religieux et religieuses sont appelés à recueillir les successions qui leur sont échues à compter du 14 juillet 1789.

V. « Les pensions attribuées par les décrets des représentans du peuple aux ci-devant religieux et religieuses diminueront en proportion des revenus qui leur sont échus ou qui leur écherront par succession.

« Les revenus sont évalués, pour cet effet, au denier vingt des capitaux.

VI. « Les ci-devant religieux et religieuses qui ont émis leurs vœux avant l'âge

Puis elle créa, le 3 novembre, une commission de six membres qu'elle chargea de réviser et retoucher

requis par les lois, sont réintégrés dans tous leurs droits, tant pour le passé que pour l'avenir ; ils peuvent les exercer comme s'ils n'avaient jamais été engagés dans les liens du régime monastique. Les actes de dernière volonté qu'ils auraient pu faire avant leur profession sont anéantis.

VII. « Lorsque les ci-devant religieux et religieuses viendront à succéder en vertu des articles V et VI ci-dessus, concurremment avec d'autres cohéritiers, les dots qui leur auront été fournies lors de leur profession par ceux à qui ils succéderont, seront imputées sur leur portion héréditaire : les rentes ou pensions qui auront été constituées aux ci-devant religieux et religieuses, par ceux à qui ils succèdent, demeureront éteintes.

VIII. « Les enfans et descendans ne pourront prendre part aux successions de leurs pères, mères ou autres ascendans, sans rapporter les donations qui leur ont été faites par ceux-ci, antérieurement au 14 juillet 1789; sans préjudice néanmoins de l'exécution des coutumes qui assujétissent les donations à rapport, même dans le cas où les donataires renoncent à la succession du donateur.

IX. « Les successions des pères, mères ou autres ascendans, et des parens collatéraux, ouvertes depuis le 14 juillet 1789, et qui s'ouvriront à l'avenir, seront partagées également entre les enfans, descendans ou héritiers en ligne collatérale, nonobstant toutes lois, coutumes, usages, donations, testamens et partages déjà faits. En conséquence, les enfans, descendans et héritiers en ligne collatérale, ne pourront, même en renonçant à ces successions, se dispenser de rapporter ce qu'ils auront eu à titre gratuit, par l'effet des donations que leur auront faites leurs ascendans ou leurs parens collatéraux, postérieurement au 14 juillet 1789.

X. « Les donations et dispositions faites par contrat de mariage, en ligne collatérale, sont seules exceptées de l'article précédent.

XI. « Les dispositions de l'article IX ci-dessus, ne font point obstacle, pour l'avenir, à la faculté de disposer du dixième de son bien si on a des héritiers en ligne directe, ou du sixième, si l'on n'a que des héritiers collatéraux, au profit d'autres que les personnes appelées par la loi au partage des successions.

XII. « Toutes dispositions entre-vifs ou à cause de mort, faites par des pères ou mères encore vivans, au préjudice de leurs enfans et en faveur de leurs collatéraux ou d'étrangers, sont nulles et de nul effet.

XIII. « Sont pareillement nulles et de nul effet toutes dispositions entre-vifs ou à cause de mort, faites par des parens collatéraux, au préjudice de leurs héritiers présomptifs, en faveur d'autres collatéraux ou d'étrangers, depuis le 14 juillet 1789.

XIV. « Le mariage d'un des héritiers présomptifs, soit en ligne directe, soit en ligne collatérale, ni les dispositions contractuelles faites en le mariant, ne pourront lui être opposées pour l'exclure du partage égal, à la charge par lui de rapporter ce qui lui aura été donné ou payé lors de son mariage.

XV. « Dans toutes les successions ouvertes depuis le 14 juillet 1789 les dispositions des coutumes qui excluent la représentation en ligne directe, dans quelque degré que ce soit, et celles qui l'excluent en ligne collatérale au désavantage des neveux et nièces, seront sans effet.

XVI. « Dans les partages et rapports qui seront faits en exécution des articles précédens, il ne sera fait aucune restitution ni rapports des fruits et intérêts qui, avant la promulgation de la présente loi, auront été perçus en vertu des lois, coutumes et dispositions auxquelles il a été ci-dessus dérogé. »

(*Séance du 6 brumaire an 2.*) — Moyse-Bayle, président.

Le rapporteur du Code civil reprend la discussion du titre sur la communauté de biens entre mari et femme : plusieurs articles sont décrétés, pour être rapportés au procès-verbal qui contiendra la refonte entière du Code civil.

(*Séance du 7 brumaire an 2.*) — Même président.

On reprend la discussion sur le Code civil ; plusieurs articles sont décrétés.

le Code civil présenté par le comité de législation (1).

Enfin, après avoir par décret du 28 frimaire an II, ordonné qu'incontinent le Code entier serait remis à l'impression pour servir de projet comparatif avec le travail que la commission de révision devait lui soumettre incessamment, elle décida qu'il serait distribué sous trois jours.

La présentation du nouveau projet ne fut faite par le comité de législation que le 23 fructidor an II (2).

L'assemblée décréta de suite qu'il serait imprimé avec le discours du rapporteur, et ajourna la discussion jusqu'après la distribution.

La France appelait de tous ses vœux l'instant où elle pourrait voir achever ce grand ouvrage; et après une suspension assez longue, diverses provinces adressèrent à la Convention l'invitation de hâter l'examen du projet.

L'assemblée prit, dans la séance du 28 brumaire an III, la résolution d'ouvrir la discussion le 11 frimaire, et de de la continuer les duodi, sextidi et nonidi de chaque décade; mais cette discussion ne fut

(*Séance du* 9 *nivose an* 2.) — Couthon, président.

On reprend la discussion sur les articles d'appendice au Code civil; les articles adoptés seront portés au décret général.
Un membre demande que tous les biens dévolus à des mineurs non-mariés, quelle que soit l'époque de l'ouverture des successions, soient partagés également.
Cette proposition est appuyée et discutée.
On demande la question préalable; la Convention l'adopte, motivée sur ce que la loi n'a point d'effet sur les successions échues avant 1789.

---

(1) Cette commission fut composée de MM. Couthon, Montaut, Meaulle, Seconds, Richard et Raffron, sur la présentation du comité de salut public.

(2) Ce projet est le deuxième de Cambacérès. Voyez pages 99 et suivantes de ce volume.

entamée que le 16, et continuée seulement le 19 (*b*).

Le premier projet avait été repoussé comme trop compliqué, on voulait des conceptions plus simples et plus philosophiques. Le second mérita le reproche contraire, il fut écrit, en quelque sorte, en style lapidaire. La Convention reconnut, de suite, qu'il était trop concis, et présentait plutôt la table des matières qu'un Code de lois civiles, et elle en suspendit l'examen. Elle décida, d'abord, le 9 fructidor, que sur la présentation du comité

(*b*) DISCUSSION DU 2ᵉ PROJET DEVANT LA CONVENTION NATIONALE.

(*Séance du* 16 *frimaire an* 3.) — Baudin (des Ardennes), président.

Le rapporteur du Comité de législation a la parole, et présente, au nom de ce Comité, le projet de loi du Code civil; les articles Iᵉʳ et II sont adoptés comme il suit :

TITRE PREMIER. — *Dispositions générales.*

Article Iᵉʳ. « Les Français exercent leurs droits politiques selon le mode déterminé par la constitution.

II. « Les lois qui organisent les pouvoirs constitués, forment leur droit public.

» Celles qui règlent les rapports des citoyens entre eux, composent leur droit privé. »

On lit l'article III ainsi conçu :

« Le droit privé embrasse l'état des personnes, les propriétés, les transactions sociales. »

Un membre demande que, dans cet article, on substitue les mots *conventions sociales*, à ceux *transactions sociales.*

Un autre membre demande qu'on dise *le droit civil* et non *le droit privé.*

Ces amendemens sont rejetés, et l'article III adopté, tel qu'il est proposé par le rapporteur, ainsi qu'il suit :

III. « Le droit privé embrasse
» L'état des personnes,
» Les propriétés,
» Les transactions sociales. »

Un membre demande qu'à ces mots, état civil, (article IV) on ajoute *et le décès des citoyens.*

Le rapporteur observe que par les mots, *état civil*, on entend toutes les manières d'être du citoyen.

En conséquence, l'amendement est rejeté, et l'article adopté comme il suit :

IV. « Le citoyen appartient à la patrie.

» Les actes qui constatent son état civil, sont inscrits sur des registres publics. »

Le rapporteur lit l'article V.

Un membre propose de déclarer formellement que les étrangers sont capables de tous les *actes civils.*

On observe que le mot *civil* est absolument inutile, et qu'il ne s'agit que de droits civils dans un Code civil. La question préalable sur l'amendement est adoptée, et l'article décrété ainsi qu'il suit :

V. « Les étrangers, pendant leur résidence en France, sont soumis aux lois de la république.

» Ils sont capables de tous les actes qu'elles admettent. »

L'article VI est également adopté.

TITRE II. — *De la paternité et de la filiation.*

VI. « L'enfant a pour père,
» Celui que le mariage désigne,

de législation, une commission de sept membres serait nommée pour réviser de nouveau et coordonnner le Code décrété; puis, dans sa séance du 23, elle chargea de ce soin la commission des onze, à laquelle furent adjoints les représentans Cambacérès et Merlin de Douai.

Ici finissent les travaux de la Convention sur le Code civil, et nous allons passer à ceux qui eurent lieu sous le Directoire.

» Ou celui qui le reconnaît dans les formes prescrites,
» Ou celui qui l'adopte.
VII. « Celui qui est né dans le dixième mois de la dissolution du mariage, n'est point l'enfant du mari décédé ou divorcé. »

Des membres demandent à dix mois, après la mort du père, le terme du délai : d'autres désirent que le terme légal soit de neuf mois et demi.

Après une assez longue discussion, cette dernière proposition est adoptée; en conséquence, l'article VII, ainsi amendé, est décrété comme il suit :
VII. « Celui qui est né dans les neuf mois et demi de la dissolution du mariage n'est point enfant du mari décédé ou divorcé. »

Séance du 19 frimaire, an III.—Reubell, président.

On réclame de toutes parts l'ordre du jour, et que la discussion sur le Code civil soit ouverte.
Adopté.
Le rapporteur propose deux rédactions pour l'article septième :
L'une, pour compter le temps de la grossesse par mois, et l'autre, par jour.
Un membre demande que la rédaction qui compte par jour soit adoptée.
La Convention nationale adopte cette proposition, et décrète l'article en ces termes :
VII. « Celui qui est né deux cent quatre-vingt-cinq jours après la dissolution du mariage, n'est point l'enfant du mari décédé ou divorcé. »
Il propose l'article VIII, qui est décrété sans réclamation, ainsi que l'article IX.
VIII. « L'enfant d'une femme non mariée ne peut être reconnu que par l'homme qui n'était pas marié deux cent quatre-vingt-cinq jours avant la naissance de cet enfant.
IX. « Toute reconnaissance est sans effet, si elle n'est confirmée par l'aveu de la mère, quand elle peut le donner. »
Il propose l'article X.
Un membre prétend que cet article, tel qu'il est rédigé, présente des inconvéniens graves; qu'il exposerait une mère à être chargée seule de son enfant, tandis que le père s'en débarrasserait par une dénégation; il en demande le renvoi au Comité pour y être examiné de nouveau.
Un membre combat cette proposition; il pense que l'on doit exiger des preuves de paternité écrites; qu'il serait contraire aux bonnes mœurs, de donner trop de latitude aux recherches inquisitoriales de la paternité : il demande en conséquence que l'article soit adopté tel qu'il est.
Le rapporteur fait sentir aussi, par des observations lumineuses, la nécessité d'adopter cet article tel qu'il est proposé par le comité; en conséquence l'article X est décrété en ces termes :
X. « La loi n'admet pas la recherche de la paternité non avouée.
» Elle réserve à l'enfant méconnu par sa mère la faculté de prouver contre elle sa filiation. »

DIRECTOIRE EXÉCUTIF.

La Convention nationale fut remplacée, le 4 brumaire an IV, par un Directoire exécutif composé de cinq membres et deux conseils législatifs, l'un sous le nom de conseil des Anciens, et l'autre sous le nom de Conseil des Cinq-cents.

La préparation des lois appartenait à ce dernier conseil, elles devaient être soumises ensuite à l'approbation du conseil des Anciens, et le Directoire était chargé de leur exécution.

Il fut créé dans le conseil des Cinq-cents pour classer et simplifier les lois, une commission qui se livra, de suite, aux travaux du Code, et fit annoncer à l'assemblée, dans la séance du 24 prairial an IV, que le projet était prêt à être présenté. Le membre qui parlait en son nom, dit en le déposant, qu'en le rédigeant la commission n'avait pas perdu de vue cette idée salutaire, qu'il faut considérer la république avant le citoyen, et le citoyen avant l'homme, qu'elle n'avait pas la présomption de croire qu'elle eût fait un ouvrage complet, mais que du moins elle n'avait rien négligé afin de résoudre beaucoup de doutes et de laisser peu de difficultés à craindre, que c'était à l'expérience et à l'observation à compléter ce projet, et que dans cette vue, la commission demandait qu'il y eût un délai considérable entre la distribution du projet de Code et l'ouverture de la discussion.

Il proposa un projet d'arrêté qui fut adopté en ces termes :

« Le conseil des Cinq-cents, après avoir entendu le
» rapport de la commission, de la classification des lois,
» arrête :

» Le projet de Code civil et le discours qui le précède
» seront imprimés. (1)

» A compter du 15 thermidor prochain, la discussion
» s'ouvrira sur les divers titres de ce code, qui seront
» successivement présentés au conseil en forme de pro-
» jets de résolutions (2). »

Au 10 vendémiaire an V, la discussion du projet n'a-
vait pas encore commencé : un membre fit sentir la nécessité de s'en occuper incessamment, et le lendemain,
la commission de la classification des lois, présenta
l'arrêté suivant, qui fut adopté.

» Le conseil des Cinq-cents, sur la proposition de la
» commission de la classification des lois, arrête :

» Art. 1er. Le conseil délibérera selon les formes
» prescrites par l'article 77 de la constitution, et dans

---

(1) Ce projet est le troisième de Cambacérès; voyez pages 140 et suivantes de ce volume.

(2) Le conseil des anciens ne pouvait corriger les résolutions qui lui étaient présen-tées; et afin de prévenir, dans une matière aussi importante que le Code civil, la né-cessité de rejeter un bon projet pour quelques articles vicieux, un membre de ce conseil proposa, par une motion d'ordre, d'accorder à chacun de ceux qui, dans l'assemblée, pourraient avoir des observations à faire sur le projet, le droit de les faire imprimer.

« Le Code civil, dit-il, n'aura pas une durée éphémère; c'est pour une longue
» suite de siècles que le législateur va travailler : il est donc nécessaire de l'élaborer
» avec soin. On reconnaît dans le projet qui a été présenté l'ouvrage du génie; mais
» un examen approfondi peut y faire apercevoir des omissions à réparer, des erreurs
» à faire disparaître; il faut appeler le secours des lumières, et surtout ne pas s'ex-
» poser à perdre les observations des membres qu'un défaut d'habitude éloigne de
» la tribune. »

Dans la séance du 26 messidor an 4, une commission fut chargée de faire un rap-port sur cette proposition; mais l'ordre du jour fut ensuite invoqué dans la séance du 23 thermidor suivant.

Ce rejet ne causa pas du tout de préjudice, car, ainsi qu'on le voit dans la suite, aucune résolution sur le Code ne fut portée au conseil des Anciens.

» l'ordre ci-après déterminé (1) sur les titres concernant
» l'état des personnes, les donations et les successions,
» du projet de Code civil, qui a été présenté le 24 prairial
» an IV, imprimé par ordre du conseil et distribué à
» chacun de ses membres.

» Art. 2. Ces titres seront mis à la discussion ainsi qu'il
» suit :

» 1° Le titre de la paternité et de la filiation;
» 2° Le titre des donations,
» 3° Le titre des successions;
» 4° Le titre du mariage;
» 5° Le titre du divorce;
» 6° Le titre des droits des époux;
» 7° Le titre des mineurs et de la tutelle;
» 8° Le titre des majeurs et de l'interdiction;
» 9° Le titre des formes des actes de l'état civil;
» 10° Le titre des absens.

» Art. 3. Le 15 du mois de frimaire courant, il sera fait une première lecture des titres dénommés en l'article précédent.

» Art. 4. La deuxième et la troisième lecture seront
» faites, s'il y a lieu, après un intervalle de dix jours
» entre chacune d'elles. »

» Art. 5. Lorsque les articles contenus dans ces divers

---

(1) *Constitution de fructidor an 3; article 77.*

Aucune proposition ne peut être délibérée ni résolue dans le conseil des Cinq-cents, qu'en observant les formes suivantes :

Il se fait trois lectures de la proposition, l'intervalle entre deux de ces lectures ne peut être moindre de dix jours.

La discussion est ouverte après chaque lecture, et néanmoins, après la première ou la seconde, le conseil des Cinq-cents peut déclarer qu'il y a lieu à l'ajournement, et qu'il n'y a pas lieu à délibérer.

Toute proposition doit être imprimée et distribuée deux jours avant la seconde lecture.

Après la troisième lecture le conseil des Cinq-cents décide s'il y a lieu ou non à l'ajournement.

» titres auront été délibérés et résolus, il sera formé des
» résolutions séparées pour chacun des titres.

» La commission placera dans ces résolutions les dis-
» positions qui auront de la connexité entre elles, et qui
» pourront s'éclaircir par leur rapprochement.

» Art. 6. Aucun amendement, aucun sous-amende-
» ment, à des articles du projet, ne sera définitivement
» adopté que sur le rapport de la commission, à laquelle
» se réunira le membre qui aura proposé l'amendement
» ou le sous-amendement.

» Art. 7. Les séances des tridi, sextidi et nonidi de
» chaque décade seront destinées, au grand ordre du
» jour, à la discussion des titres du projet du Code civil. »

Conformément à cet arrêté, les deux premières lectures eurent lieu les 15 et 29 frimaire an V, et la troisième se fit le 27 nivose suivant.

Un membre de la commission de la classification des lois présenta, au nom de cette commission, les titres à discuter le 3 pluviose, jour indiqué pour cet objet, lors de la dernière lecture; on mit aux voix la question de l'ajournement constitutionnel, et après avoir décidé qu'il n'y avait pas lieu à ajourner, le conseil déclara que le sextidi suivant il discuterait les différens titres du projet, dans l'ordre de leur présentation.

Le conseil commença la discussion dans sa séance du 9 pluviose, et elle ne fut continuée que dans celle du 8 ventose (c).

(c) DISCUSSION DEVANT LE CONSEIL DES CINQ CENTS, SUR LE 3ᵉ PROJET DE CAMBACÉRÈS.

(*Séance du 9 pluviose an 5.*) — Riou président.

On ouvre la discussion sur le projet du Code civil; le Conseil arrête qu'elle commencera par le titre 2, de la *paternité et filiation*.

Le rapporteur retrace la théorie des matières contenues dans ce titre, ainsi que les principes exposés dans le discours préliminaire qui précède le projet de la commission dont il est l'organe.

SUR LA CONFECTION DU CODE CIVIL. liij

Une nouvelle réimpression du projet présenté par Cambacérès, fut décrétée le 1er prairial an VI ; et déjà ce décret allait être exécuté, quand, le surlendemain, on fit remarquer au conseil combien il était nécessaire d'at-

Il prie le Conseil de ne pas perdre de vue que tout est lié dans ce système ; qu'on a signalé l'homme par les deux relations qu'il apporte en naissant, celles qu'il a avec les deux auteurs de ses jours. De là les motifs pour réunir dans le même titre les dispositions relatives aux enfans nés dans le mariage, celles qui concernent les enfans nés hors le mariage, et les dispositions sur l'adoption, véritable paternité civile, qu'il ne faut pas trop séparer de la paternité naturelle.

Le rapporteur ajoute que la première section de ce titre est employée, 1° à rappeler et consacrer une règle reconnue par toutes les nations policées, qui fait résulter du mariage la présomption de la paternité, *Pater is est quem nuptiæ demonstrant;*

2° A déterminer les exceptions de cette règle ;

3° A fixer les principes et à résoudre les questions qui s'élèvent relativement aux naissances précoces ou tardives.

Il donne ensuite lecture de deux premiers articles, qui sont ainsi conçus :

N° 105. « L'enfant a pour père celui que le mariage désigne, ou celui qui le reconnaît dans les formes prescrites, ou celui qui l'adopte. »

N° 106. « L'enfant qui n'est pas né, peut être reconnu ; il ne peut être adopté. »

La première partie du n° 105 est mise aux voix, et adoptée en ces termes : *L'enfant a pour père celui que le mariage désigne.*

Le Conseil ajourne le surplus de ces deux articles pour être discuté lorsqu'on en viendra au paragraphe de l'adoption.

Le rapporteur passe aux numéros 107 et 108, du paragraphe premier, conçus en ces termes : « La présomption de paternité, résultant du mariage, cesse lorsqu'il » est établi par les circonstances du fait que l'époux n'est pas le père de l'enfant » né durant le mariage.

» Le précédent article ne reçoit son application que dans le cas où l'éloignement » des époux est tel, qu'il y a impossibilité physique des approches du mari. »

Un membre trouve cette disposition trop vague : il observe que l'*impossibilité physique* peut être envisagée sous des faces infiniment diverses. Il demande qu'elle soit déterminée de manière à établir une règle certaine et générale pour les tribunaux, qui, autrement, se trouveraient livrés à l'incertitude et à l'arbitraire.

Le rapporteur répond que la commission s'est convaincue, par ses méditations, que les circonstances qui peuvent donner lieu à l'impossibilité physique sont variables à l'infini, et se présentent sous des aspects si différens et si multipliés, qu'il est impossible au législateur de donner sur ce point une règle précise aux tribunaux.

Ici, ajoute l'orateur, se fait particulièrement sentir le besoin d'un jury en matière civile. En attendant que le temps et l'expérience rassemblent des lumières suffisantes sur la possibilité de cette institution, la commission a pensé qu'il y aurait trop d'inconvéniens et de dangers à circonscrire les tribunaux dans un cercle borné de circonstances, tandis qu'on ne peut poser les bornes de leurs diversités, et qu'en cette matière il y avait moins à craindre de l'arbitraire du juge que de l'arbitraire de la loi.

Les jurisconsultes avaient établi trois distinctions : 1°. l'impossibilité physique; 2°. l'impossibilité morale ; 3°. l'indivisibilité des preuves. La commission s'est convaincue que l'honneur du mariage, l'état des enfans et les bonnes mœurs, exigeaient que l'on écartât pour toujours, et l'impossibilité morale, et l'indivisibilité des preuves, pour n'admettre contre la présomption de paternité que la seule impossibilité physique des approches du mari à raison de l'éloignement.

Quant à la rédaction des deux premiers numéros de ce paragraphe, le rapporteur croit qu'ils peuvent être énoncés d'une manière plus claire et plus précise, en retranchant la disposition qui ne fait connaître l'impossibilité physique que dans

tendre la solution sur le mode qui serait suivi dans la délibération ; on lui fit observer qu'une commission étant chargée de présenter la série des propositions fondamentales à adopter en premier lieu, il se trouvait évident que

l'éloignement des deux époux, Il propose de les réunir en un seul qui serait conçu en ces termes : *La présomption de la paternité, résultante du mariage, cesse quand il y a impossibilité physique que l'enfant soit engendré du mari.*
L'article ainsi rédigé est mis aux voix et adopté par le conseil.

Un autre membre demande la parole sur la discussion en général ; il pense qu'elle serait plus fructueuse et amènerait de plus prompts résultats, si d'abord la commission posait isolément des principes généraux, lesquels étant une fois adoptés, les dispositions corelatives en découleraient naturellement, et en seraient les conséquences, sur l'adoption desquelles il serait facile de réunir les opinions. Il voudrait que l'on posât un certain nombre de questions. Par exemple, y aura-t-il puissance paternelle ? Y aura-t-il adoption ? etc.

Le rapporteur répond en faisant l'historique du sort qu'ont éprouvé les deux projets de Code civil que la Convention nationale exigea, et qui lui furent présentés. Le premier fut repoussé comme trop compliqué, se ressentant de l'habitude des légistes et des maximes du palais. On voulut des conceptions plus simples et plus philosophiques. Une nouvelle commission travailla sur ce nouveau plan ; son ouvrage fut écrit en quelque sorte en style lapidaire ; mais on reconnut qu'il était trop concis, et qu'il présentait plutôt la table des matières qu'un Code de lois civiles.

La commission de la classification des lois a cherché à éviter l'un et l'autre de ces écueils ; après avoir posé les principes, elle y adapte les conséquences, comme autant de corollaires qui en dérivent ; non qu'elle se flatte d'avoir prévu tous les cas dans une matière où la bizarrerie des circonstances triomphe presque toujours de la prévoyance du législateur.

Il observe qu'une nouvelle série de propositions, loin d'amener des résultats, ne ferait qu'éloigner encore le bienfait si impatiemment attendu d'une législation civile, dont la législature actuelle veut avoir au moins la gloire de commencer l'édifice.

D'après ces observations, le conseil passe à l'ordre du jour sur la proposition du préopinant, et ajourne la suite de la discussion à tridi prochain.

(Aucune discussion n'eut lieu le 13 pluviose ; le 6 ventose on arrêta qu'elle serait continuée dans la séance du lendemain. Elle ne fut cependant reprise que le 8.)

(*Séance du 8 ventose an 5.*) — P. A. Laloi, président.)

L'ordre du jour appelle la reprise de la discussion du projet du Code civil.

Le rapporteur, avant d'entrer en matière, soumet au conseil quelques observations préliminaires ; elles ont pour objet d'établir que les travaux qu'il fera avant la fin de la présente session, et la préoccupation des circonstances ne permettent point au conseil de réaliser l'intention où il est de résoudre le projet du Code civil : en conséquence, il propose au conseil de se borner, quant à présent, aux seuls objets qui ne peuvent être différés plus long-temps, tels que la loi sur les enfans nés hors mariage, sur le divorce, les successions et la mise en activité des lois de l'adoption, dont une commission serait chargée de présenter incessamment les projets.

Ces propositions mises aux voix, sont adoptées par le conseil, qui charge la commission de la classification des lois de lui présenter les rapports qui viennent d'être indiqués.

On reprend la discussion sur la successibilité des enfans naturels.

Le conseil, après avoir entendu plusieurs orateurs, qui ont parlé les uns pour, les autres contre le projet de la commission, ajourne à demain la suite de la discussion.

la réimpression pourrait devenir sans objet, par suite des changemens ou modifications qu'il était loisible à la commission ou au conseil d'apporter au plan proposé.

En conséquence l'assemblée prit l'arrêté suivant :

« La réimpression du Code civil est ajournée jusqu'après
» le rapport que doit faire la commission de la classi-
» fication des lois sur la série des questions qu'elle doit
» présenter au conseil pour parvenir à une discussion
» méthodique et prompte de ce Code. »

On n'attendit pas long-temps ce rapport; un membre de la commission de classification vint le prononcer dans la séance du 4 prairial, et il donna lieu à la décision qui suit :

« Le conseil des Cinq-cents arrête que la commission
» de la classification des lois lui présentera incessam-
» ment des projets de résolution séparés, concernant les
» différentes parties de la législation dont la réunion doit
» former un Code civil, en embrassant successivement
» ce qui est relatif à l'état des personnes, aux biens et aux
» moyens d'acquérir, aux conventions et aux successions,
» et qu'il y sera délibéré dans le même ordre après l'im-
» pression et la distribution. »

La commission de la classification des lois n'eut pas le temps de remplir le vœu de ce dernier arrêté, elle fut supprimée le 13 messidor et remplacée par six nouvelles commissions; l'une d'elles, sous le nom de commission des lois civiles fut chargée de mettre en ordre et de réduire toutes les lois qui devaient composer le Code. Le conseil des Cinq-cents avait pensé trouver dans ce changement un moyen d'arriver plus vite à l'achèvement du Code; mais une année s'écoula presque entièrement sans qu'il pût connaître où en étaient les travaux de la dernière commission.

Ce peu de succès donna lieu à une motion d'ordre (1) par laquelle on demanda « 1° que le projet présenté en l'an IV par Cambacérès au nom d'une commission spéciale fût imprimé et distribué aux nouveaux

---

(1) MOTION D'ORDRE AU CONSEIL DES CINQ-CENTS,

Faite, par Lucas Bourgerel, le 8 prairial an 7, sur l'établissement du Code civil.

Représentans, au milieu des opérations importantes que l'intérêt du peuple vous commande, il est un objet trop long-temps retardé, et sur lequel vos travaux, vos méditations doivent particulièrement se fixer. Je veux parler d'un Code civil. Une constitution républicaine assure les droits politiques des Français ; mais nous devons tous être convaincus que cette constitution n'aura d'appui solide que lorsqu'elle sera soutenue par un code de lois, qui règlant les intérêts civils de tous les membres de la société, lieront les citoyens entre eux, comme ils le sont au gouvernement par les lois constitutives de la république.

Dans l'état où est la jurisprudence française, nos droits civils sont incertains ; ils sont renfermés dans une foule de lois tellement multipliées, que dans mille circonstances, l'homme le plus appliqué peut à peine savoir à laquelle de ces lois il doit se rapporter.

Les citoyens peu instruits sont tous les jours balottés par les suppôts de la chicane, parce qu'ils n'ont aucune base fixe pour terminer les discussions que fait naître la diversité d'intérêt.

Ceux qui se livrent aux honorables fonctions de défenseurs officieux, s'ils sont amis de la justice et de la vérité, craignent à chaque instant de compromettre les intérêts qui leur sont confiés par la difficulté qu'ils éprouvent de connaître les lois.

Les magistrats, chargés du pénible emploi de rendre la justice, tremblent lorsqu'ils prononcent l'application d'une loi, dans la crainte qu'elle ne soit réformée ou modifiée par d'autres lois qui peuvent leur être inconnues. Il faut non-seulement qu'ils puisent leur décision dans les lois créées sous le gouvernement républicain; mais ils sont encore obligés de recourir aux anciennes ordonnances, fruit du despotisme monarchique. N'est-il pas étonnant que dans l'an 7 de la république, on soit encore dans la nécessité de compiler le Code des lois de la monarchie, et que des juges républicains soient forcés de chercher dans une pareille source les règles de leurs décisions?

La chicane, la mauvaise foi, toujours actives, profitent de cette confusion dans nos lois, pour tromper les citoyens, pour surprendre même la religion des magistrats. A la faveur de ce désordre, il s'établit auprès des tribunaux une nuée de défenseurs qui se qualifient d'officieux; mais dont plusieurs, plus avides et moins instruits que les praticiens de l'ancien régime, jettent leurs malheureux clients dans des procès ruineux. Enfin le dédale inévitable de nos lois civiles est un vaste champ où la chicane, la mauvaise foi, l'ignorance et la cupidité font d'amples moissons aux dépens de nos concitoyens.

Ces abus révoltans subsisteront jusqu'à ce que le Corps-législatif ait rédigé un Code civil; car c'est la multiplicité; c'est l'incohérence de nos lois actuelles qui fait naître et qui entretient les contestations; les citoyens sont entraînés comme malgré eux dans des discussions sur lesquelles souvent chacune des parties voit son droit fondé sur une décision du législateur; dans ces circonstances trop fréquentes, les juges eux-mêmes sont sans guide, et l'arbitraire prend dans la conscience des magistrats la place qu'y devrait occuper la loi.

Il est de l'intérêt de tous les citoyens que des lois claires et précises déterminent leurs droits civils. C'est à vous, citoyens législateurs, qu'il appartient de procurer au peuple français ces lois, sans lesquelles il ne peut exister que troubles et désordres dans la société. C'est de bonnes lois qui régleront les intérêts des citoyens, que vous attacherez plus fortement le peuple au gouvernement républicain ; c'est par de bonnes lois que vous ferez disparaître mille prétextes de dissention et de mé-

» membres du Conseil, et qu'on y joignit l'impression des
» travaux faits en l'an VI, sur cette matière par la com-
» mission; 2° Que la commission créée en l'an VI fût con-
» tinuée, qu'il lui fût adjoint des membres en remplace-

contentement; enfin, c'est par de bonnes lois, fondées sur les principes du gouvernement, sur les opinions et sur les mœurs nécessaires à un peuple républicain, que vous parviendrez sûrement à former l'opinion publique, qui fait la force d'un gouvernement représentatif.

La nécessité d'un Code civil a été profondément sentie par tous les membres du Corps législatif, depuis la mise en activité de la constitution. En l'an 4, le citoyen Cambacérès, alors membre du Conseil, présenta un projet de Code civil au nom d'une commission spéciale. Je ne sais par quelle fatalité ce projet n'a pas même été examiné; on a sans doute cru en présenter un meilleur, et dans cet espoir, il a été créé, pour le même objet, des commissions en l'an 5 et en l'an 6 : jusqu'à présent on n'a pas pu connaître le résultat de leurs travaux.

Plusieurs des membres de la commission formée en l'an 6 sont sortis du conseil, il sera nécessaire de les remplacer; mais seront-ils plus heureux que ceux qui les ont précédés? ou plutôt ce changement annuel des commissions ne rend-t-il pas presque impossible le travail important qui leur est confié? chaque nouveau membre apporte de nouvelles idées dans la commission. On abandonne ainsi le travail de l'ancienne commission pour en faire un nouveau, qui sera encore réformé par les commissions qui se succéderont. Ainsi, avec le désir qu'ont tous les membres de ces commissions de présenter un travail plus parfait que celui de leurs prédécesseurs, il en résulte que chaque année s'écoule sans qu'il y ait rien de déterminé; et avec cette méthode le Corps-législatif ne réussira jamais à créer un Code civil : l'expérience des années cinq et six en est la preuve.

Pour parvenir au but que vous désirez, citoyens représentans, et pour satisfaire les vœux du peuple français, je pense que le conseil doit se déterminer à soumettre à la discussion le projet présenté en l'an 4 par le citoyen Cambacérès, au nom d'une commission spéciale. Si ce projet, quoiqu'il soit le fruit des méditations d'une commission composée de législateurs éclairés, parmi lesquels on compte nos collègues Berlier, Oudot et Guillemot, n'a pas toute la perfection qu'on peut désirer : au moyen de la discussion dont il sera l'objet, le conseil parviendra à y faire les additions et les rectifications qui seront jugées nécessaires. En y joignant les travaux qui ont sans doute été faits pendant l'an 6 par la commission, le conseil aura des matériaux suffisans pour compléter ce grand ouvrage.

En adoptant ce mode de travail, la session actuelle ne s'écoulera pas, comme les précédentes, sans avoir donné au peuple français un code qui lui servira de guide pour régler ses intérêts privés, et qui acquerra au Corps-législatif de nouveaux droits à la reconnaissance publique.

En conséquence, je demande,

1° Que le projet de Code civil, présenté au conseil en l'an 4, par le citoyen Cambacérès, au nom d'une commission spéciale, soit imprimé et distribué aux membres du conseil; qu'on y joigne l'impression des travaux faits en l'an 6, sur cette matière, par la commission;

2° Que la commission créée en l'an 6 soit continuée : qu'il lui soit adjoint des membres en remplacement de ceux qui sont sortis du conseil;

3° Que la commission soit chargée de présenter à la délibération du conseil, six décades après l'impression, et la distribution du projet précité, ce même projet, avec les observations que la commission croira devoir ajouter pour son perfectionnement;

4° Qu'une fois la discussion commencée, le conseil la continue pendant les séances des 4 et 8 de chaque décade.

Signé POURET, VISCROAY, BOULAY-PATY, CURÉE.

» ment de ceux qui étaient sortis du Conseil; 3° Que la
» commission fût chargée de présenter à la délibération
» du Conseil, six décades après l'impression et la distribu-
» tion du projet précité, ce même projet avec les obser-
» vations que la commission croirait devoir ajouter pour
» son perfectionnement; 4° Qu'une fois la discussion
» commencée, le Conseil la continuât pendant les séances
» des 4 et 8 de chaque décade. »

La commission fut complétée dans la même séance, et chacun de ses membres fit des efforts pour réparer le temps qui avait été perdu; déjà plusieurs titres du Code étaient prêts à paraître devant l'assemblée, quand les événemens des 18 et 19 brumaire survinrent. Nous allons passer à ce qui a eu lieu postérieurement.

COMMISSION CONSULAIRE EXÉCUTIVE. — COMMISSIONS LÉGISLATIVES.

Le 19 brumaire an VIII changea une nouvelle fois la face du gouvernement.

Une commission consulaire exécutive remplaça provisoirement le Directoire.

Les deux conseils s'ajournèrent au 1er ventose suivant, et, avant de se séparer, ils créèrent chacun une commission composée de vingt-cinq membres, pour statuer avec la proposition formelle et nécessaire de la commission consulaire exécutive sur tous les objets urgens, de police, de législation et de finance, et pour préparer un Code civil.

Les commissions des deux conseils se divisèrent chacune en sections; celle des Anciens eut une section du Code civil, dont firent partie MM. Cornudet, Goupil-Prefeln, Porcher, Vernier et Vimar; celle des Cinq-cents eut une section de législation, Code civil et police, qui fut composée de MM. Jacqueminot, Girot-Pouzol, Gaudin, Bara, Thiessé, Cholet, Ludot et Villetard.

Un membre de la section de législation et du Code civil, créée par la commission du conseil des Cinq-cents, vint, dans la séance du 28 brumaire, exposer à cette commission « que les membres de la section avaient senti redou-
» bler leur zèle en envisageant l'étendue et l'importance
» du travail qui leur était confié; que pour en accélérer la
» confection ils s'étaient distribués les matières, dont
» chacun d'eux devait particulièrement s'occuper; mais
» qu'ils avaient en même temps reconnu qu'il leur serait
» impossible de parvenir à terminer, dans le court délai
» de l'ajournement du Corps-législatif, un ouvrage d'une
» aussi longue haleine, s'ils n'étaient assistés par des col-
» laborateurs éclairés, qui pussent leur faciliter les re-
» cherches, discuter avec eux les points difficiles et dou-
» teux, s'occuper à mettre dans la rédaction des diverses
» dispositions législatives, la clarté et la simplicité né-
» cessaires pour que tous les citoyens pussent en saisir
» facilement le sens; diviser et mettre en ordre le résul-
» tat de leur travail de manière à en former un ensemble
» digne d'être offert à la grande nation qui l'attendait avec
» tant d'impatience.

» Que les membres de la section s'étaient mutuelle-
» ment fait part de leurs idées à ce sujet et avaient pris
» l'avis du ministre de la justice, dont les lumières et la
» vaste étendue de connaissances en cette partie étaient si
» généralement connues, tant par ses travaux ordinaires
» que par le projet de Code civil qu'il avait déjà présenté
» lui-même au Corps-législatif; le résultat de ces di-
» verses conférences avait été que, pour aider la section
» entière dans le travail qu'elle ferait en commun, il

» conviendrait de lui adjoindre trois jurisconsultes des
» plus éclairés; afin de discuter avec ses membres les
» points les plus épineux et tous ceux qui présentaient
» des doutes difficiles à résoudre; que chacun des mem-
» bres de la section devait avoir également besoin de
» s'adjoindre un collaborateur pour s'occuper, de concert
» avec lui, du travail particulier dont il était chargé ;
» qu'il devait être aussi nécessaire d'inviter les ministres
» de la guerre, de la marine et des finances à indiquer, les
» deux premiers, un officier civil ou militaire expérimenté,
» et le troisième, un administrateur qui connut parfaite-
» ment tout ce qui était relatif au régime forestier pour
» aider, de leurs lumières et de leurs connaissances, tant
» les membres de la section chargés de ces diverses par-
» ties de la législation, que la section entière, s'il y avait
» lieu.

» Il proposa, en conséquence, et la commission arrêta :
» 1°. Que les membres de la section se concerteraient
» avec le ministre de la justice pour le choix de trois ju-
» risconsultes des plus éclairés et des plus affectionnés
» à la république, pour coopérer aux travaux généraux
» de la section, après avoir été préalablement agréés par
» la commission.

» 2°. Que chacun des membres de la section pourrait
» s'adjoindre un collaborateur à son choix pour travailler,
» de concert avec lui, à la partie de la législation dont il
» était spécialement chargé.

» 3°. Que, pour conserver à la commission et à chacun
» de ses membres la plus entière liberté de prendre,
» conserver ou changer, suivant qu'ils le jugeraient né-
» cessaire à la perfection et à l'avancement de leurs tra-
» vaux, les adjoints et collaborateurs, ainsi choisis, ils
» seraient pris en dehors du Corps-législatif.

» 5°. Que les ministres de la guerre, de la marine et
» des finances sont invités à indiquer, les deux premiers,
» un officier civil ou militaire des plus instruits dans tout
» ce qui a rapport à la guerre et à la marine, et le troi-
» sième un administrateur parfaitement éclairé dans ce
» qui est relatif au régime forestier pour aider, de leurs
» lumières et de leurs connaissances, les membres de la
» section chargés de préparer le travail sur ces diverses
» parties de la législation, et en conférer avec la section
» entière lorsqu'ils y seront appelés. »

La section, de concert avec le ministre de la justice, choisit MM. Tronchet, Crassous et Vermeil pour l'aider dans la confection du Code, et son choix fut confirmé par la commission dans la séance du 1er frimaire.

Dans celle du 15, chacun des membres de la section de législation fut autorisé à faire imprimer, au nombre de trois exemplaires, les différens titres qu'il avait à rédiger, à mesure qu'il les aurait achevés; et enfin, par un dernier arrêté du 25 frimaire, la commission autorisa ceux de ses membres qui auraient quelque travail prêt ou non encore terminé relatif au Code civil, à le livrer à l'impression, même après que la commission serait dissoute.

C'est en conséquence de cet arrêté que M. Jacqueminot, au nom de la section de législation, a présenté, le 30 frimaire an VIII, les projets de différens titres du Code que nous rapportons en ce volume (1).

CONSULAT. — CORPS-LÉGISLATIF ET TRIBUNAT.

La constitution du 22 frimaire an VIII organisa, d'une manière définitive, le système de gouvernement qui avait été ébauché dans la séance du 19 brumaire.

(1) Voyez le projet, page 327 et suivantes.

Elle nomma trois consuls auxquels elle donna le pouvoir exécutif, avec le droit de proposer les lois rédigées par le conseil-d'état sous leur direction ; un corps législatif fut établi pour prononcer les décrets, et elle fonda un tribunat pour les examiner et discuter. Il y eut enfin un sénat conservateur, chargé du maintien de la constitution.

Cette constitution fut mise en vigueur le 4 nivose an VIII, jour auquel les commissions législatives cessèrent d'exister.

Bonaparte, placé à la tête du gouvernement par sa qualité de premier consul, voulut que de suite on reprît les travaux des codes.

Il fit rendre le 24 thermidor l'arrêté qui suit :

« Les consuls de la république arrêtent :

» Art. 1er Le ministre de la justice réunira dans la mai-
» son du ministère, MM. Tronchet, président du Tri-
» bunal de cassation, Bigot-Préameneu, commissaire du
» gouvernement près ce Tribunal, et Portalis, commis-
» saire au conseil des prises, pour y tenir des confé-
» rences sur la rédaction du Code civil.

» Art. 2, il appellera à ces conférences M. Malleville,
» membre du Tribunal de cassation, lequel remplira les
» fonctions de secrétaire rédacteur.

» Art. 3. Le ministre de la justice remettra, à l'ouver-
» ture des conférences, les trois projets de Code civil,
» rédigés par ordre de la Convention nationale, et celui
» qui a été présenté par la section de législation des com-
» missions législatives.

» Art. 4. MM. Tronchet, Bigot et Portalis compare-
» ront l'ordre suivi dans la rédaction des projets du Code
» civil, publiés jusqu'à ce jour, et détermineront le plan
» qu'il leur paraîtra le plus convenable d'adopter.

» Art. 5. Ils discuteront ensuite, dans l'ordre des di-
» visions qu'ils auront fixées, les principales bases de la
» législation en matière civile.

» Art. 6. Ce travail sera terminé dans la dernière dé-
» cade de brumaire an 9, et présenté à cette époque
» aux consuls, par le ministre de la justice.

» Art. 7. MM. Tronchet, Bigot-Préameneu et Portalis
» assisteront aux séances du conseil-d'état, dans lesquelles
» la discussion sur le Code civil aura lieu. »

La commission nommée répondit aux désirs du gouvernement, et voici comment M. Malleville a rendu compte de ses travaux; « M. Abrial, alors ministre de la
» justice, en nous communiquant l'arrêté, nous annonça
» que le premier consul, demandait que cet ouvrage fut
» achevé le plus promptement possible. Nous nous em-
» pressâmes de remplir ce vœu; l'ordre des titres fût
» bientôt convenu, les matières partagées, les jours de
» réunions fixés chez M. Tronchet, notre digne président,
» pour l'examen de l'ouvrage de chaque commissaire,
» et, à force de travail, nous parvînmes à faire un Code
» civil en quatre mois; il fut achevé d'imprimer le 1er plu-
» viose an IX. »

Le projet (1), précédé d'un discours fort remarquable de M. Portalis (2), fut apporté au gouvernement.

Les consuls sentirent combien il importait de s'entourer du plus grand nombre de lumières possible, aussi, avant de soumettre le travail de la commission au conseil-d'état; ils appelèrent les observations du Tribunal de cassation et de tous les tribunaux d'appel de France : le projet leur fut envoyé.

Presque tous les tribunaux ont adressé des observa-

---

(1) Nous le donnons tome II de ce livre, pages 3 et suivantes.
(2) Il est rapporté pages 463 et suivantes de ce volume.

tions que le gouvernement a fait imprimer (1), et qui ont servi à donner dans le sein du conseil-d'état de grandes améliorations au projet.

Avant de faire connaître les travaux subséquens, des observations soumises par les tribunaux, nous allons entrer dans quelques détails sur la composition, les opérations et communications respectives des autorités qui alors ont concouru à la formation du Code.

Le conseil-d'état, chargé par la constitution de rédiger les projets de lois sous la direction des consuls, était divisé en cinq sections, une de législation (2), une de l'intérieur, une des finances, une de la guerre et une de la marine.

Chaque section était présidée par celui de ses membres que la liste trimestrielle de service désignait.

Lorsque le premier consul voulait que le conseil-d'état s'occupât d'une loi à faire, la section dans laquelle la matière rentrait était chargée de la préparer; l'élaborer l'amender et la rédiger en projet, et dès qu'elle avait terminé son travail, le président de cette section devait l'apporter au chef du gouvernement, qui le renvoyait ensuite à l'assemblée générale du conseil, où il prenait rang pour être discuté.

L'assemblée du conseil-d'état ne pouvait se former que sur la convocation du premier consul qui la présidait toujours, ou bien était remplacé par l'un des deux autres consuls, sous le consulat et sous l'empire par un des grands dignitaires.

---

(1) Les observations du Tribunal de cassation sont rapportées au tome II de ce livre, pages 415 et suivantes, et celles des tribunaux d'appel sont imprimées dans leur ordre alphabétique, et occupent les tomes III, IV, et V.

(2) Cette section était composée, lors de la discussion du Code civil, de MM. Boulay (de la Meurthe), Berlier, Emmery, Portalis, Réal et Thibaudeau.

Un membre de la section, qui avait préparé le projet de loi, en donnait lecture, et en faisait le rapport, après quoi l'impression était souvent ordonnée ; le projet était ensuite discuté, et quand il y avait été fait des amendemens, le président ordonnait le renvoi à la section pour une nouvelle rédaction, qui était également imprimée et discutée : on n'allait aux voix sur l'adoption ou le rejet qu'après avoir entièrement épuisé la discussion.

La rédaction définitive était toujours portée au premier consul, qui conservait le droit d'en faire usage telle qu'elle était ou de la changer, de la présenter au Corps-législatif ou de ne pas le faire. Lorsqu'il se décidait à faire la proposition, il prenait un arrêté en ces termes :

« Le gouvernement de la république arrête que le pro-
» jet de loi présenté par le conseil-d'état, concernant
» . . . . . sera proposé au Corps-législatif le. . . . . .

» Le premier consul nomme pour le porter et pour
» en soutenir la discussion MM. . . . ., conseillers
» d'état.

» Le gouvernement, pense que la discussion sur le
» projet, doit s'ouvrir le . . . . »

Trois membres du conseil étaient ordinairement désignés pour porter le projet au Corps-législatif, et le premier nommé exposait les motifs.

Trois expéditions étaient par eux déposées sur le bureau.

Sur l'une d'elles, mention était faite de la proposition de la loi, et elle était remise, signée du président et des secrétaires, à l'orateur ou aux orateurs qui avaient apporté le projet.

Une autre était déposée aux archives du Corps-législatif.

Et la troisième était adressée sans délai, par le Corps-législatif, au Tribunat en conséquence d'un arrêté qu'il prenait toujours à ce sujet.

Avant de discuter en assemblée générale, le Tribunat au commencement du Consulat, nommait toujours pour examiner chaque projet et lui faire un rapport, une commission spéciale qui ensuite était dissoute. Mais après l'arrêté du 11 germinal an X, confirmé par un sénatus-consulte du 16 thermidor suivant, aux termes duquel tous ses membres furent divisés en trois sections permanentes : une de législation, une de l'intérieur et une des finances, le rapport fut toujours fait par la section que la matière regardait.

La discussion s'ouvrait entre tous les membres de l'assemblée et lorsqu'elle était épuisée, le Tribunat émettait un vœu qu'il faisait porter au jour désigné par le gouvernement, dans l'assemblée du Corps-législatif, où il était défendu par trois tribuns choisis pour cet objet.

Le Corps-législatif, sans avoir pris aucune part à la discussion, rendait son décret d'adoption ou de rejet sur le projet soumis, après qu'il avait été discuté devant lui contradictoirement entre les trois orateurs du gouvernement et les trois orateurs du Tribunat, et avoir entendu au moins une fois chacun de ces orateurs, s'il le demandait.

Le Tribunat en assemblée générale, ne pouvait faire subir aux projets qui lui étaient présentés, aucune modification, aucun changement, sans qu'ils en entraînassent le rejet. Le vœu par lui émis en l'an X, sur les premiers titres du Code, fit sentir au gouvernement la nécessité de prendre une autre marche que celle suivie jusqu'alors.

Après avoir retiré les projets présentés, les consuls déterminèrent le Tribunat à se diviser en sections, et ils rendirent de leur côté, le 18 germinal an X, un arrêté en ces termes :

« Art. 1ᵉʳ. Dans le cas où le gouvernement jugera utile
» de donner en communication préalable à une section
» du Tribunat, la rédaction d'un projet de loi arrêté au
» Conseil d'état, le secrétaire-général du Conseil d'état
» adressera par un messager d'état, l'extrait des registres
» des délibérations au président de la section du Tri-
» bunat que concernera le projet.

» Art. 2. Les conférences qui pourront avoir lieu entre
» les membres nommés à cet effet par les sections du
» Tribunat, et les conseils d'état que le gouvernement
» jugera à propos d'y appeler, seront présidées par un
» consul. »

A partir de cette époque les projets du Code furent toujours adressés à la section de législation du Tribunat, après avoir été arrêté au conseil-d'état; avant la rédaction définitive soumise au Corps-législatif, cette section en faisait l'examen, et consignait dans un procès-verbal les observations et les amendemens dont elle les croyait susceptibles pour être transmis à la section du conseil qui avait rédigé le projet.

Quant la section du conseil-d'état n'admettait pas les observations du Tribunat, il s'engageait entre elle et la section du Tribunat, une conférence sous la présidence de l'archi-chancelier, dans laquelle on tâchait de s'entendre.

L'assemblée générale du conseil, examinait ensuite les observations respectives, et adoptait sa rédaction définitive qu'elle transmettait comme auparavant au Corps-législatif, avec l'exposé des motifs.

Nous revenons maintenant aux travaux qui ont eu lieu sur le Code civil, après la réception des observations présentées par les tribunaux de cassation et d'appel.

Ces observations, une fois transmises à la section de législation du conseil-d'état, furent examinées par elle avec le plus grand soin, pour servir au travail qui lui était dévolu.

Bonaparte se fit rendre compte, dans la séance du conseil, du 28 messidor an IX, de l'état de ce travail; et, d'après les explications données au nom de la section, par M. Portalis, il fut arrêté :

« 1°. Que le projet de Code civil serait divisé en au-
» tant de lois séparées que la matière pourrait en com-
» porter;

» 2°. Que les dispositions du livre préliminaire qui
» appartenaient à la législation, seraient rédigées en un
» seul projet de loi;

» 3°. Qu'elle présenterait sans délai la division en pro-
» jets de loi des dispositions du livre premier, intitulé :
» *Des personnes*, et que ces projets de loi seraient aussi-
» tôt imprimés, distribués et discutés à la séance qui
» suivrait la distribution. »

Il fut également arrêté, sur la proposition du consul Cambacérès, 1° que dans la rédaction on emploierait toujours le futur; 2° que la discussion serait analysée dans le procès-verbal, et imprimée pour être distribuée au Sénat conservateur, au Corps-législatif, au Tribunat, au Tribunal de cassation.

Division du projet de Code civil en projets de loi.

M. Portalis, au nom de la section de législation, annonça dans la séance du conseil d'état, du 4 thermidor, que la section, d'après le renvoi qui lui avait été fait dans la dernière séance (celle du 28 messidor), s'était occupée de diviser le premier livre du Code civil en autant de projets de loi que les matières qu'il renfermait pouvaient en comporter, et qu'elle l'avait partagé en neuf projets, ainsi qu'il suit :

1ᵉʳ *Projet.* Des personnes qui jouissent des droits civils, et de celles qui n'en jouissent pas.

2ᵉ *Projet.* Des actes destinés à constater l'état civil.

3ᵉ *Projet.* Du domicile et de l'absence.

4ᵉ *Projet.* Du mariage.

5ᵉ *Projet.* Du divorce.

6ᵉ *Projet.* De la paternité, de la filiation et de l'adoption.

7ᵉ *Projet.* De la puissance paternelle.

8ᵉ *Projet* De la minorité, de la tutelle et de l'émancipation.

9ᵉ *Projet.* De la majorité et de l'interdiction.

(Le procès-verbal de la séance continue ainsi :)

» LE PREMIER CONSUL met en délibération l'ordre proposé.

» M. TRONCHET ne trouve aucun inconvénient à suivre l'ordre proposé par la section. Cet ordre est conforme, dit-il, à la marche naturelle des idées ; c'est celui du projet de Code civil.

» LE PREMIER CONSUL dit que la division ne peut être bonne qu'autant qu'elle est telle, que le rejet ou la modification des lois postérieurement présentées ne réagit pas sur les lois d'abord adoptées, et n'en change pas la nature.

» M. PORTALIS pense que, dans l'ordre proposé, cet effet n'est pas à craindre. Le premier projet de loi n'a rien de commun avec les autres. La matière du mariage a, sans doute, quelque connexité avec celle du divorce ; mais les règles sur les capacités et sur les formes du mariage en sont indépendantes. Les causes et les formes du divorce ne sont pas liées aux dispositions sur la puissance paternelle; et ces dernières dispositions ne se rattachent pas à celles qui règlent la matière de la minorité et des tutelles.

» M. TRONCHET ajoute à ces observations, que le Corps-législatif, ayant depuis long-temps sous les yeux le projet de Code civil, et en connaissant la marche, proposerait ses doutes s'il s'apercevait qu'un des projets de loi dût avoir de l'influence sur le sort des autres.

» LE PREMIER CONSUL ne voit que trois grandes divisions dans les lois civiles relatives aux personnes : elles tendent toutes ou à fixer l'état que chacun a dans la société civile, ou à régler les rapports entre les époux, ou à régler ceux qui existent entre les pères et les enfans. Peut-être cette division par masses serait-elle plus simple et plus naturelle que la division proposée.

» M. PORTALIS dit que l'on peut concilier l'idée du premier consul avec le mode de division proposé, en présentant à la fois les divers projets relatifs à des matières que l'on regarde comme dépendantes ou connexes.

» LE PREMIER CONSUL justifie par un exemple la nécessité de présenter des masses ; il prend au hasard les articles 1, 2 et 3 du titre V.

Il fait observer que ces mots, *le contrat de mariage peut néanmoins être résolu avant la mort de l'un des deux époux, dans les cas ou pour les causes déterminés par la loi*, appellent évidemment la discussion sur le divorce.

» LE CONSUL CAMBACÉRÈS est d'avis que les définitions contenues dans ces articles, et les définitions en général, ne doivent pas être placées dans les lois : tout ce qui est doctrine appartient à l'enseignement du droit et aux livres des jurisconsultes.

Au surplus, il pense que la discussion deviendrait trop embarrassée si l'on se bornait à ne former du livre Ier que trois grandes divisions ; il importe de mieux ménager les points de repos pour soulager l'attention.

» M. Boulay propose de discuter les projets dans l'ordre que leur a donné la section, parce que ce sera la discussion même qui éclairera sur le classement des dispositions ; peut-être convaincra-t-elle qu'il ne faut qu'une loi unique.

» Le premier consul dit que la section doit surtout s'attacher à éviter l'arbitraire dans ses divisions, et ne les puiser que dans l'essence des choses ; il la charge de peser les observations qui viennent d'être faites, et de faire un nouveau rapport.

Dans la séance du 24 brumaire an X, on s'occupa de nouveau de l'ordre à suivre dans les délibérations.

Le procès-verbal du Conseil est ainsi conçu :

« Le premier consul met en délibération l'ordre dans lequel les divers projets de loi qui doivent former le Code civil seront présentés. »

» M. Boulay dit qu'il avait été convenu que le livre Ier du Code civil formerait dix projets de loi, lesquels seraient ainsi divisés :

1er *Projet*. De la publication, des effets et de l'application des lois en général.

2e *Projet*. Des personnes qui jouissent des droits civils, et de celles qui n'en jouissent pas.

3e *Projet*. Des actes destinés à constater l'état civil.

4e *Projet*. Du domicile et de l'absence.

5ᵉ *Projet.* Du mariage.

6ᵉ *Projet.* Du divorce.

7ᵉ *Projet.* De la paternité, de la filiation et de l'adoption.

8ᵉ *Projet.* De la puissance paternelle.

9ᵉ *Projet.* De la minorité, de la tutelle et de l'émancipation.

10ᵉ *Projet.* De la majorité et de l'interdiction.

» Le premier consul propose de réduire toutes les matières à cinq projets, savoir :

1ᵉʳ *Projet.* La publication, les effets, et l'application des lois en général.

2ᵉ *Projet.* L'état des personnes.

Ce projet comprendrait la matière du mariage, celle du divorce, celle de la paternité, de la filiation et de l'adoption, celle de la puissance paternelle, celle de la minorité, de la tutelle et de l'émancipation, celle de la majorité et de l'interdiction.

3ᵉ *Projet.* Les actes destinés à constater l'état civil.

4ᵉ *Projet.* Le domicile.

5ᵉ *Projet.* Les absens.

» M. Maleville dit que si l'on voulait renfermer dans un seul projet de loi tout ce qui concerne l'état des personnes, il faudrait ne faire qu'un seul titre de tout le livre Iᵉʳ, car il est destiné en entier à régler cet état, sauf ce qui est dit des lois en général, et qui n'est que le préliminaire du Code. Mais l'on ne peut pas présenter des projets en si grande masse, et quoique toutes les matières traitées dans le livre Iᵉʳ aient un objet commun ; il faut nécessairement, pour laisser des momens de repos à l'esprit du lecteur et à l'attention du Corps-législatif, diviser ces matières en plusieurs titres, et classer, sous chacun d'eux, celles qui ont le plus de connexité entre elles.

Le projet de la section paraît à M. Maleville remplir cet objet, sauf qu'on pourrait placer sous le même titre le mariage et le divorce, celui-ci n'étant qu'un moyen de dissoudre l'autre, et sous un seul autre titre encore, la puissance paternelle avec la paternité et l'adoption, qui sont la cause de cette puissance.

La suite de la discussion fut ajournée.

Par une délibération prise dans la séance du 6 thermidor an IX, on avait décidé que l'on continuerait de suivre les divisions indiquées par le projet de Code civil; qu'il serait rédigé un projet de loi pour réunir en un seul corps les diverses lois qui seraient décrétées, et pour donner à tous les articles du Code civil une série unique de numéros. Mais, le premier consul s'arrêta de nouveau le 28 brumaire an X sur la division du projet de loi.

Il mit d'abord en délibération la question générale de savoir quelle division on donnerait aux diverses lois dont la réunion devait former le Code civil.

Le Conseil adopta,

Que la division en chapitres serait retranchée de tous les projets ;

Que chaque projet, si la matière le comportait, serait divisé en titres ;

Que les titres pourraient être divisés en sections lorsque le classement des dispositions qu'ils renfermaient l'exigerait;

Que les projets entiers, leurs titres et leurs sections seraient divisés en articles ;

Que tous les articles des divers projets porteraient une série unique de numéros.

Forme et impression des procès-verbaux.

Le premier consul mit en délibération, dans la séance du 24 brumaire an X, la question de savoir si la partie des procès-verbaux qui contenait la discussion du projet du Code civil serait imprimée.

(Le procès-verbal s'exprime ainsi :)

» M. THIBAUDEAU pense qu'on pourrait suppléer à cette impression par un exposé dans lequel les orateurs du gouvernement présenteraient les divers systèmes et les divers projets qui ont été proposés, et les raisons qui les ont fait rejeter, adopter ou modifier.

» LE CONSUL CAMBACÉRÈS dit que l'impression du procès-verbal a été trop solennellement annoncée, et est trop universellement attendue, pour qu'il soit possible de ne pas le publier.

Un simple résumé n'aurait pas les mêmes avantages que la publication du procès-verbal; car, il est impossible que les orateurs ne laissent rien échapper, et même la crainte de trop s'étendre leur ferait supprimer les détails dans une matière qui exigerait, au contraire, encore plus de développemens.

» M. THIBAUDEAU observe qu'il faudrait du moins trouver un moyen de pourvoir à l'inconvénient, résultant de ce qu'un projet de loi a été discuté dans plusieurs séances ; autrement le lecteur sera forcé de parcourir plusieurs procès-verbaux, et de faire un travail pour saisir la suite de la discussion de chaque matière.

» M. ROEDERER voudrait qu'on donnât au procès-verbal la forme des procès-verbaux des conférences tenues sur les ordonnances de 1667 et 1670 ; que d'abord on énonçât l'article présenté originairement ; qu'on relatât les objections par lesquelles il a été combattu, les amendemens proposés, les motifs qui ont fait admettre les uns et rejeter les autres ; qu'on fît apercevoir ce que les rédacteurs du projet de loi ont voulu obtenir, ce qu'ils ont voulu éviter; cette forme serait plus utile que le tableau fidèle et historique de la discussion; il faut même prendre garde que Louis XIV ne prenait pas part à la discussion de l'ordonnance de 1667, et qu'au contraire le premier magistrat de la république concourt à la discussion du Code civil; on ne peut donc mettre trop de circonspection dans la manière dont on le fait parler.

» Le premier consul dit que les conférences tenues sur les ordonnances de 1667 et 1670 étaient d'une nature différente; elles étaient établies entre un petit nombre de personnes très-versées dans la science du droit, et ne portaient que sur une matière unique. Les conférences du conseil-d'état, au contraire, portent sur toutes les matières qui règlent le droit civil; elles n'ont pas lieu exclusivement entre des jurisconsultes; il est donc inévitable qu'on y rencontre plus de choses vagues que dans les procès-verbaux dont parle M. Rœderer, peut-être même trouverait-on des divagations et des frottemens dans ces derniers, si on n'en avait sous les yeux le tableau purement historique; mais, dans les procès-verbaux du conseil-d'état, ce n'est pas là un inconvénient. Que les jurisconsultes consommés revoyent avec soin la rédaction de leurs opinions; la réputation qu'ils ont justement acquise exige qu'ils ne laissent rien paraître qui ne soit digne d'eux; mais ceux qui ne sont pas obligés de posséder la science des lois, ceux qui n'apportent dans la discussion qu'un esprit droit et l'intention de trouver le bien, doivent attacher moins d'importance à ce qu'ils ont dit.

» M. Tronchet dit qu'un procès-verbal n'est que le récit

exact de ce qui s'est passé; ainsi, si l'on se décide à faire paraître les procès-verbaux, il faut qu'ils ne soient que le tableau exact et fidèle des séances. Personne ne s'étonnera que des opinans, qui ne sont pas obligés de posséder la science des lois, et qui délibèrent cependant sur des matières difficiles, soient tombés dans quelques divagations; il peut être utile même qu'on connaisse les objections moins solides, qui ont pu être faites, et qu'on voie comment elles ont été écartées.

Quant à la difficulté de retrouver la suite de chaque discussion, elle peut être facilement levée par des tables et par d'autres moyens; la discussion qui a eu lieu au conseil-d'état ne peut avoir le même caractère que celle des ordonnances de 1667 et 1670; laquelle, étant établie entre cinq personnes seulement, et entre cinq personnes instruites, devait nécessairement être plus serrée.

» M. PORTALIS dit qu'un procès-verbal fait dans la forme que propose M. Rœderer, ne serait plus un procès-verbal, mais un ouvrage, puisqu'il ne présenterait pas les opinions originales des délibérans : cet ouvrage d'ailleurs serait peut-être moins exécutable pour la vaste discussion du projet du Code civil, qu'il ne l'a été pour les ordonnances de 1667 et 1670, dont la discussion était renfermée dans le cadre bien plus étroit de la procédure.

» LE CONSEIL maintient la forme dans laquelle les procès-verbaux sont rédigés (1), et arrête qu'après avoir été revus par les membres qui ont pris part à la discussion, ils seront imprimés, pour être distribués au Sénat conservateur, au Corps-législatif, au Tribunat et au Tribunal de cassation.

(1) Le conseil avait arrêté le 6 thermidor an IX qu'il ne serait plus fait lecture en séance de la partie des procès-verbaux relative à la discussion du Code ; mais qu'elle serait déposée au secrétariat, où chaque membre pourrait aller prendre connaissance de la rédaction de son opinion, et y faire les rectifications qu'il jugerait convenable

Le premier consul avait annoncé, à la fin de la séance du 4 thermidor an IX, que la discussion du Code aurait lieu les 4 et 6 de chaque décade.

On commença l'examen du premier projet, celui de la publication, des effets et de l'application des lois en général (1), dans la séance du 4.

Il fut continué d'être discuté les 6, 14 thermidor et 4 fructidor an IX et le 24 brumaire an X, présenté au Corps-législatif le 3 frimaire, communiqué de suite officiellement au Tribunat, examiné dans cette assemblée les 12, 18, 19 et 21, et rejeté par elle dans cette dernière séance; après avoir entendu les orateurs du conseil et ceux du Tribunat, le Corps-législatif a rendu ensuite un décret de rejet le 24 frimaire.

Le 2e *Projet*, celui de la jouissance et de la privation des droits civils (2) fut examiné dans le sein du Conseil les 6, 14, 16, 24, 26 thermidor et 4 fructidor an IX, et le 28 brumaire an X, présenté au Corps-législatif le 11 frimaire, communiqué de suite officiellement au Tribunat, qui le discuta les 25, 27 et 29 frimaire, 1, 2, 3, 4, 5, 8, 9 et 11 nivose, et émit dans cette dernière séance un vœu de rejet sur lequel le Corps-législatif n'eut pas le temps de statuer avant le retrait.

Le 3e *Projet*. Celui des actes de l'état civil (3) fut examiné au conseil-d'état les 6, 14 et 24 fructidor an IX, 8, 12 et 28 brumaire et le 2 frimaire an X, présenté au Corps-législatif le 21 frimaire, transmis de suite officiellement au Tribunat, qui s'en occupa les 2, 4, 5, 6 et 7 nivose, et n'eut pas le temps avant le retrait de transmettre son vœu d'adoption au Corps-législatif.

Plusieurs autres titres étaient déjà prêts à être pré-

(1) Tome VI de cet ouvrage.
(2) Tous les travaux préparatoires de ce titre sont dans le tome VII.
(3) Voyez pour ceux-ci le tome VIII.

sentés; mais, dès que Bonaparte vit la tournure que prenait la discussion, il résolut de discontinuer les travaux du Code, et il adressa, le 12 nivose, au Corps-législatif le message suivant :

« Législateurs, le gouvernement a arrêté de retirer les » projets de loi du Code civil, etc.

» C'est avec peine qu'il se trouve obligé de remettre à » une autre époque, les lois attendues avec tant d'intérêt « par la nation; mais il s'est convaincu que le temps n'est » pas venu où l'on portera dans ces grandes discussions, » le calme et l'unité d'intention qu'elles demandent. »

L'interruption causée par ce message, eut une durée de plus de six mois.

Pendant cet intervalle, les communications officieuses au Tribunat, furent organisées (1). Et le gouvernement, qui avait profité de l'interruption pour éliminer du Tribunat tous les membres qui lui portaient ombrage, put alors reprendre sans difficulté la suite de ces importantes discussions.

Tous les titres dont le travail avait été terminé par le le Conseil, avant le message du 12 nivose, furent transmis à la section de législation du Tribunat, qui commença à les examiner le 19 messidor; et, dans la séance du conseil-d'état, du 22 fructidor, le consul Cambacérès, dit : « Que conformément à l'arrêté pris par le gouver- » nement et au vœu manifesté par le Tribunat, il avait » été ouvert, en sa présence, des conférences sur le projet » de Code civil; que les titres concernant la publication, » les effets et l'application des lois en général, les droits » civils, les actes de l'état civil, le domicile, les absens » et le mariage y avaient été discutés; que la dernière ré-

---

(1) Cette organisation résulte des arrêtés des 11 et 18 germinal

» daction de ces projets serait présentée de nouveau au
» conseil-d'état, pour y être définitivement arrêtée ; que
» la discussion des titres, qui n'avaient pas été examinés
« par le Conseil, serait également reprise. »

La rédaction de tous ces titres, fut arrêtée définitivement en assemblée générale du conseil-d'état, et la discussion des autres parties du Code fut continuée sans interruption.

Nous avons textuellement rapporté pour chaque titre (1), 1° les divers procès-verbaux contenant le projet et sa discussion dans le sein du conseil-d'état, ainsi que celui qui contient la rédaction dernière, communiquée officieusement à la section de législation du Tribunat (2);

(1) Ces élémens se trouvent, savoir :
Pour le titre préliminaire, au tome 6.
Pour le titre 1ᵉʳ du livre 1ᵉʳ, au tome 7.
Pour le titre 2, au tome 8.
Pour le titre 3, *idem.*
Pour le titre 4, *idem.*
Pour le titre 5, au tome 9.
Pour le titre 6, *idem.*
Pour le titre 7, au tome 10.
Pour le titre 8, *idem.*
Pour le titre 9, *idem.*
Pour le 10, *idem.*
Pour le titre 11, *idem.*
Pour le titre 1ᵉʳ du livre 2, au tome 11.
Pour le titre 2, *idem.*
Pour le titre, 3 *idem.*
Pour le titre 4, *idem.*
Pour les dispositions générales et le titre 1ᵉʳ du livre 3, au tome 12.

Pour le titre 2, *idem.*
Pour le titre 3, au tome 13.
Pour le titre 4, *idem.*
Pour le titre 5, *idem.*
Pour le titre 6, tome au 14.
Pour le titre 7, *idem.*
Pour le titre 8, *idem.*
Pour le titre 9, *idem.*
Pour le titre 10, *idem.*
Pour le titre 11, *idem.*
Pour le titre 12, *idem.*
Pour le titre 13, *idem.*
Pour le titre 14, au tome 15 et dernier.
Pour le titre 15, *idem.*
Pour le titre 16, *idem.*
Pour le titre 17, *idem.*
Pour le titre 18, *idem.*
Pour le titre 19, *idem.*
Pour le titre 20 et dernier, *idem.*

(2) Non-seulement nous reproduisons les procès-verbaux du Conseil, tels qu'ils existent et tels qu'ils ont été rédigés par le secrétaire-général, mais encore nous rapportons en note les observations du premier Consul, qui ont été recueillies et publiées par M. Thibaudeau, dans les Mémoires sur le Consulat, telles qu'il les a données.

2° le procès-verbal des observations faites par cette section; 3° la nouvelle discussion au conseil-d'état, qui eut lieu au sujet des observations du Tribunat et le procès-verbal de la rédaction définitive; 4° la présentation et l'exposé des motifs au Corps-législatif; 5° la communication officielle au Tribunat, le rapport et tous les discours ou opinions prononcés dans l'assemblée générale, ainsi que le vœu de cette assemblée; et 6° tous les discours prononcés, tant par les tribuns que par les membres du conseil-d'état devant le Corps-législasif, et enfin le décret.

Classement des lois qui forment le Code.

Lorsque tous les titres furent adoptés, le premier consul chargea la section de législation de présenter un projet pour classer les diverses lois qui devaient former le Code civil, et donner une série unique de numéros aux articles. (*Procès-verbal de la séance du 15 ventose an XII.*)

Discussion du Conseil-d'état.

Le conseil-d'état s'est occupé de cet objet dans sa séance du 17 ventose an XII, et voici le texte du procès-verbal dressé à cet égard.

» M. BIGOT-PRÉAMENEU dit que la section de législation s'est occupée du projet de loi qu'elle a été chargée de présenter sur le classement des lois qui doivent former le Code civil, et sur le numérotage des articles, et qu'elle le soumettra incessamment à la discussion.

La section a reconnu qu'il sera nécessaire de faire disparaître dans la nouvelle édition qui sera publiée, quelques fautes purement typographiques, qui déparent les articles, et même en altèrent quelquefois le sens.

»Le consul Cambacérès dit que la correction des fautes et des erreurs est de droit, et qu'il est inutile d'en parler dans le projet de loi. Il n'en serait pas de même, sans doute, si l'on voulait faire quelques changemens au fond des dispositions; alors il faudrait les présenter à la sanction du Corps-législatif : mais une révision générale aurait de graves inconvéniens. On remettrait en question tout ce qui a été décidé : on en reviendrait à refaire le Code civil tout entier; et, indépendamment du retard qu'entraînerait ce travail, il n'aurait d'autre effet que de substituer à des dispositions arrêtées après un mûr examen, des dispositions dont tout le mérite peut-être serait d'être nouvelles, et qui n'auraient pas plus que les dispositions réformées, reçu la sanction du temps et de l'expérience.

M. Maleville dit qu'il y a une sanction à mettre à la fin du Code civil, mais que cette sanction exige un profond examen.

Comme ce Code ne renferme pas toutes les décisions justes et raisonnables que l'on trouve dans les lois romaines, les ordonnances et les coutumes, il s'ensuivrait que si on abrogeait toutes ces lois pour ne donner aux juges d'autre règle que le Code, on serait livré à l'arbitraire pour une infinité de contestations.

Mais, d'autre part aussi, si on laisse subsister ensemble et ce Code et ces lois, en abrogeant seulement ce que ces lois ont de contraire au Code, on n'aura fait qu'ajouter à cette immense législation dont nous étions accablés.

M. Maleville pense qu'il faudrait, dans un article final, abroger toutes les lois contraires aux dispositions du Code, et ajouter que celles qui, sans y être contraires, statuent sur des matières qui sont l'objet des titres du Code, cesseront d'avoir force de loi, et ne pourront plus être citées que comme raison écrite.

Le consul Cambacérès ne trouve d'autre inconvénient à la première de ces deux propositions, que de surcharger le Code d'un article inutile; car c'est un principe incontestable, que les lois nouvelles dérogent aux lois anciennes.

Mais la seconde proposition aurait des suites fâcheuses. Il est impossible que le Code civil contienne la solution de toutes les questions qui peuvent se présenter. Dèslors, on ne doit pas priver les tribunaux de l'avantage de puiser leurs décisions dans d'autres autorités.

M. Maleville dit que si les lois anciennes conservaient leur force dans les dispositions non rappelées, le Tribunal de cassation serait obligé d'en venger l'infraction, en anéantissant les jugemens qui les blessent.

Le consul Cambacérès répond qu'il n'y aura infraction à la loi que lorsque la disposition méconnue par les tribunaux, se trouvera rappelée dans le Code civil.

Il ajoute qu'au surplus cette discussion est prématurée, qu'il faut attendre que la section ait achevé son travail, et que son projet soit imprimé.

Le travail fut présenté dans la séance du 19 ventose; en voici le procès-verbal.

M. Bigot-Préameneu présente le projet de loi sur la réunion des lois civiles en un seul corps de lois sous le titre de *Code civil*.

Il est ainsi conçu :

Art. 1er. « Seront réunies en un seul corps de lois, sous » le titre de *Code civil*, les lois suivantes ; savoir :

» 1°. La loi du 14 ventose an XI. Sur la publication,
» les effets et l'application des lois en général.

» 2°. Loi du 17 ventose an XI. Sur la jouissance et la
» privation des droits civils.

» 3°. Loi du 20 ventose an XI. Sur les actes de l'état
» civil.

» 4°. Loi du 23 ventose an XI. Sur le domicile.

» 5°. Loi du 24 ventose an XI. Sur les absens.

» 6°. Loi du 26 ventose an XI. Sur le mariage.

» 7°. Loi du 30 ventose an XI. Sur le divorce.

» 8°. Loi du 2 germinal an XI. Sur la paternité et la
» filiation.

» 9°. Loi du 2 germinal an XI. Sur l'adoption et la tu-
» telle officieuse.

» 10°. Loi du 3 germinal an XI. Sur la puissance pater-
» nelle.

» 11°. Loi du 5 germinal an XI. Sur la minorité, la tu-
» telle et l'émancipation.

» 12°. Loi du 8 germinal an XI. Sur la majorité, l'in-
» terdiction et le conseil judiciaire.

» 13°. Loi du 4 pluviose an XII. Sur la distinction des
» biens.

» 14°. Loi du 6 pluviose an XII. Sur la propriété.

» 15°. Loi du 9 pluviose an XII. Sur l'usufruit, l'usage
» et l'habitation.

» 16°. Loi du 10 pluviose an XII. Sur les servitudes ou
» services fonciers.

» 17°. Loi du 29 germinal an XI. Sur les successions.

» 18°. Loi du 13 floréal an XI. Sur les donations entre-
» vifs et les testamens.

» 19°. Loi du 17 pluviose an XII. Sur les contrats ou
» les obligations conventionnelles en général.

» 20°. Loi du 19 pluviose an XII. Sur les engagemens qui se forment sans convention.

» 21°. Loi du 20 pluviose an XII. Sur le contrat de ma-
» riage et les droits respectifs des époux.

» 22°. Loi du 15 ventose an XII. Sur la vente.

» 23°. Loi du 16 ventose an XII. Sur l'échange.

» 24°. Loi du 16 ventose an XII. Sur le contrat de
» louage.

» 25°. Loi du 17 ventose an XII. Sur le contrat de société.

» 26°. Loi du 18 ventose an XII. Sur le prêt.

» 27°. Loi du   an XII. Sur le dépôt et le sé-
» questre.

» 28°. Loi du 19 ventose an XII. Sur les contrats aléatoires.

» 29°. Loi du   an XII. Sur le nantissement.

» 30°. Loi du 19 ventose an XII. Sur le mandat.

» 31°. Loi du 24 pluviose an XII. Sur le cautionnement.

» 32°. Loi du   an XII. Sur les transactions.

» 33°. Loi du 23 pluviose an XII. Sur la contrainte par
» corps en matière civile.

» 34°. Loi du   an XII. Sur les privilèges et
» hypothèques.

» 35°. Loi du   an XII. Sur l'expropriation
» forcée et les ordres entre les créanciers.

» 36°. Loi du   an XII. Sur la prescription.

Art. 2. » Les six articles dont est composée la loi du
» 12 mars 1804, concernant les actes respectueux à faire
» par les enfans, aux pères et mères, aïeuls et aïeules,
» dans les cas où ils sont prescrits, seront insérés au titre
» *du Mariage*, à la suite de l'article qui se trouve main-
» tenant au n° 151.

Art. 3. » Sera insérée au titre *de la Distinction des*

» *biens*, à la suite de l'article qui se trouve maintenant au
» n° 529, la disposition contenue en l'article qui suit, etc.
(*C'est l'art.* 530.)

Art. 4. « Le Code civil sera divisé en trois livres : le
» premier livre sera composé des douze premières lois ;
» le second des quatre suivantes ; et le troisième des vingt
» dernières ; le tout dans l'ordre qu'elles sont énoncées
» en l'article 1er. ci-dessus.

» Chaque livre sera divisé en autant de titres qu'il y a
» de lois qui doivent y être comprises.

Art. 5. « Il n'y aura, pour tous les articles du Code
» civil, qu'une seule série de numéros.

Art. 6. « Le Code civil est exécutoire dans tout le ter-
» ritoire français, en vertu de la promulgation faite ou
» à faire de chacune des lois qui le composent ; et, à comp-
» ter du jour où cette promulgation est réputée connue,
» les lois romaines, les ordonnances, les coutumes géné-
» rales ou locales, les statuts, les réglemens, cessent d'a-
» voir force de loi générale ou particulière, dans les ma-
» tières qui sont l'objet de ce Code.

L'article 1er est discuté.

LE CONSUL CAMBACÉRÈS propose de rédiger ainsi la première partie de cet article : « Seront réunies en un seul
» corps de lois, sous le titre de *Code civil des Français*,
» les lois qui suivent : »

Cette rédaction est adoptée.

L'article 2 est adopté.

(La discussion sur l'article 3, concerne les rentes foncières, et est rapportée à la fin du titre de la distinction
des biens) (1).

L'article 4 est adopté.

(1) Voyez tome XI.

L'article 5 est adopté.

L'article 6 est discuté.

Le consul Cambacérès propose une addition.

Il est évident, dit-il, que les lois qui entreront dans le Code civil, doivent continuer à avoir leur exécution, à compter du jour où elles ont été réputées publiées. Cependant, la nouvelle publication qui va être faite du Code civil, pourrait laisser quelques doutes sur ce point. Il paraît donc nécessaire d'exprimer formellement que la disposition de l'article 1er ne change pas l'époque à laquelle les lois comprises dans le Code civil sont devenues exécutoires.

Cette proposition est adoptée.

En conséquence, M. Bigot-Préameneu propose, et le Conseil adopte l'article suivant, qui sera placé avant l'article 6.

« La disposition de l'article 1er n'empêche pas que cha-
» cune des lois qui y sont énoncées, n'ait son exécution
» du jour qu'elle a dû l'avoir, en vertu de sa promulga-
» tion particulière. »

Le consul Cambacérès reprend, et dit qu'il est sans difficulté que les dispositions nouvelles font tomber les dispositions antérieures; mais qu'il serait utile de réduire l'article 6 à ces termes, afin de laisser aux lois anciennes leur autorité, par rapport aux questions et aux cas qui ne se trouveraient pas décidés par le Code civil. On ne peut se dissimuler, en effet, qu'il est au-dessus de la prévoyance humaine, de tout embrasser dans les lois. C'est donc un avantage de ne pas ôter aux tribunaux le secours qu'ils peuvent trouver dans les lois antérieures pour se fixer, lorsque le Code civil ne leur offrira point de lumières. Déjà même, au titre des *services fonciers*, du *louage*, des *conventions en général*, et dans quelques autres, on a été forcé de renvoyer aux lois anciennes, sur les développemens et l'application de diverses dispositions du Code civil.

A la vérité, les gens de loi seront forcés de faire des études plus étendues; mais c'est plutôt là un avantage qu'un inconvénient. La nouvelle loi sur l'enseignement du droit le suppose, car elle oblige d'étudier le droit romain.

M. Bigot-Préameneu dit que, si on laissait aux lois antérieures leur force, il en résulterait des procès, même sur les cas prévus par le Code civil, dont les dispositions deviendraient moins décisives.

Dans les cas non prévus, on ne peut laisser au droit romain la force qu'il avait dans les pays de droit écrit, sans introduire dans le tribunal de cassation une grande diversité de principes et de jurisprudence. Il serait forcé de prononcer la cassation du jugement rendu par certains tribunaux, parce qu'ils auraient contrevenu au droit romain, qui faisait loi dans leur ressort; tandis que la même décision ne donnerait pas ouverture à la cassation, lorsqu'elle aurait été rendue par d'autres tribunaux auxquels le droit romain a toujours été étranger.

Le droit romain aura toujours partout l'autorité de la raison écrite, et, renfermé dans ces limites, il n'en sera que plus utile, en ce que, dans l'usage, on pourra n'employer que les maximes d'équité qu'il renferme, sans être forcé de se servir des subtilités et des erreurs qui s'y mêlent quelquefois; mais il faut que, sur aucun point de la république, il ne fournisse des moyens de cassation.

Le consul Cambacérès consent à ce que l'infraction aux lois anciennes ne donne pas ouverture à cassation, pourvu qu'on ne refuse pas d'ailleurs, aux juges, la faculté de les prendre pour guide.

L'article est adopté dans ce sens.

LE CONSUL ordonne que le projet de loi qui vient d'être arrêté par le conseil, sera communiqué officieusement, par le secrétaire-général du Conseil-d'Etat, à la section de législation du Tribunat, conformément à l'arrêté du 18 germinal an 10.

Observation de la section du Tribunat.

Par suite de la communication officieuse, le projet fut examiné dans la séance du 22 ventose an XII, par la section de législation du Tribunat, qui a proposé de placer la loi du *nantissement*, immédiatement avant celle sur les privilèges et hypothèques. L'affinité qui existe entre ces deux matières, dit-elle, exige ce rapprochement sollicité par l'ordre naturel des idées.

Et, à l'art. 4, au lieu de : *le tout dans l'ordre qu'elles sont énoncées*, elle proposa de dire : *dans le même ordre*.

Rédaction définitive du Conseil-d'Etat.

(*Procès-verbal de la séance du 26 ventose an XII.*)

M. BIGOT-PRÉAMENEU, d'après la conférence tenue avec le Tribunat, présente la rédaction définitive du projet de loi sur la réunion des lois civiles en un seul corps, sous le titre de *Code civil des Français*.

Le Conseil l'adopte en ces termes :

Art. 1er. « Seront réunies en un seul corps de lois,
» sous le titre de *Code civil des Français*, les lois qui suivent, savoir :

« 1°. Loi du 14 ventose an XI, sur la publication, les
« effets et l'application des lois en général.

» 2°. Loi du 17 ventose an XI, sur la jouissance et la
» privation des droits civils.
» 3°. Loi du 20 ventose an XI, sur les actes de l'état civil
» 4°. Loi du 23 ventose an XI, sur le domicile.
» 5°. Loi du 24 ventose an XI, sur les absens.
» 6°. Loi du 26 ventose an XI, sur le mariage.
» 7°. Loi du 30 ventose an XI, sur le divorce.
» 8°. Loi du 2 germinal an XI, sur la paternité et la filiation.
» 9°. Loi du 2 germinal an XI, sur l'adoption et la tutelle officieuse.
» 10°. Loi du 3 germinal an XI, sur la puissance pa-
» ternelle.
» 11°. Loi du 5 germinal an XI, sur la minorité, la
» tutelle et l'émancipation.
» 12°. Loi du 8 germinal an XI, sur la majorité, l'in-
» terdiction et le conseil judiciaire.
» 13°. Loi du 4 pluviose an XII, sur la distinction des
» biens.
» 14°. Loi du 6 pluviose an XII, sur la propriété.
» 15°. Loi du 9 pluviose an XII, sur l'usufruit, l'usage
» et l'habitation.
» 16°. Loi du 10 pluviose an XII, sur les servitudes
» ou services fonciers.
» 17°. Loi du 29 germinal an XI, sur les successions.
» 18°. Loi du 13 floréal an XI, sur les donations entre-
» vifs et les testamens.
» 19°. Loi du 17 pluviose an XII, sur les contrats ou
les obligations conventionnelles en général.
» 20°. Loi du 19 pluviose an XII, sur les engagemens
» qui se forment sans convention.
» 21°. Loi du 20 pluviose an XII, sur le contrat de
» mariage, et les droits respectifs des époux.

» 22°. Loi du 15 ventose an XII, sur la vente.

» 23°. Loi du 16 ventose an XII, sur l'échange.

» 24°. Loi du 16 ventose an XII, sur le contrat de
» louage.

» 25°. Loi du 17 ventose an XII, sur le contrat de
» société.

» 26°. Loi du 18 ventose XII, sur le prêt.

» 27°. Loi du 23 ventose an XII, sur le dépôt et le
» séquestre.

» 28°. Loi du 19 ventose an XII, sur les contrats aléa-
» toires.

» 29°. Loi du 19 ventose an XII, sur le mandat.

» 30°. Loi du 24 pluviose an XII, sur le cautionne-
» ment.

» 31°. Loi du 29 ventose an XII, sur les transactions.

» 32°. Loi du 23 pluviose an XII, sur la contrainte
» par corps en matière civile.

» 33°. Loi du 25 ventose an XII, sur le nantissement.

» 34°. Loi du 28 ventose an XII, sur les privilèges et
hypothèques.

» 35°. Loi du 28 ventose an XII, sur l'expropriation
» forcée et les ordres entre les créanciers.

» 36°. Loi du 24 ventose an XII, sur la prescription.

Art. 2. « Les six articles dont est composée la loi du
» 21 du présent mois, concernant les actes respectueux
» à faire par les enfans aux pères et mères, aïeuls et
» aïeules, dans les cas où ils sont prescrits, seront in-
» sérés au titre du *Mariage*, à la suite de l'article qui se
» trouve maintenant au N° 151.

Art. 3. « Sera insérée au titre de la *Distinction des*
» *biens*, à la suite de l'article qui se trouve maintenant

» au N° 529, la disposition contenue en l'article qui
» suit, etc.

Art. 4. « Le Code civil sera divisé en un titre prélimi-
» naire et en trois livres.

» La loi du 14 ventose an XI, sur la *Publication, les
» effets et l'application des lois en général*, est le titre
» préliminaire.

» Le livre premier sera composé des onze lois sui-
» vantes, sous le titre des *Personnes*.

« Le second livre sera composé des quatre lois sui-
» vantes, sous le titre des *Biens et des différentes modifi-
» cations de la propriété*.

» Le troisième livre sera composé des vingt dernières
» lois, sous le titre des *différentes manières dont on ac-
» quiert la propriété*.

» Chaque livre sera divisé en autant de titres qu'il y a
» de lois qui doivent y être comprises.

Art. 5. » Il n'y aura, pour tous les articles du Code
» civil, qu'une seule série de numéros.

Art. 6. « La disposition de l'article premier n'empêche
» pas que chacune des lois qui y sont énoncées, n'ait son
» exécution, du jour qu'elle a dû l'avoir en vertu de sa
» promulgation particulière.

Art. 7. » A compter du jour où ces lois sont exécu-
» toires, les lois romaines, les ordonnances, les cou-
» tumes générales ou locales, les statuts, les règlemens,
» cessent d'avoir force de loi générale ou particulière,
» dans les matières qui sont l'objet desdites lois, com-
» posant le présent Code. »

Présentation et exposé des motifs devant le Corps-Législatif.

Le projet fut présenté au Corps-Législatif, le 28 ventose an XII, et M. Portalis en a exposé les motifs en ces termes :

« Législateurs, le 30 pluviose an XI, le titre préliminaire du Code civil fut présenté à votre sanction. Une année s'est à peine écoulée, et nous vous apportons le projet de loi qui termine ce grand ouvrage.

» Dans ce projet, on s'est proposé de classer les différentes matières dont la législation civile se compose, et de les réunir en un seul corps de lois, sous le titre de *Code civil des Français*.

» Chaque partie de ce Code vous a été successivement soumise. Chaque projet est devenu loi, dès qu'il a été consacré par vos suffrages. Dans la présentation des divers projets, on a été forcé de se conformer à l'ordre du travail. Dans leur réunion actuelle, on rétablit l'ordre des matières et des choses. On indique la place naturelle de toutes les lois destinées à former un même tout, qu'elle qu'ait été l'époque de leur promulgation. Il n'y aura qu'une seule série de numéros pour tous les articles du Code ; on a pensé que cette mesure ne devait point être négligée. Elle rend plus apparent le caractère réel d'unité qui convient à l'ouvrage ; elle ménage le temps, et elle abrège la peine de ceux qui étudient et qui appliquent les lois.

. . . .

» La disposition la plus essentielle du projet qui vous est soumis, est celle par laquelle on déclare, qu'à compter du jour où les nouvelles lois civiles que vous avez sanctionnées, sont exécutoires, les lois romaines, les ordonnances, les coutumes générales ou locales, les statuts, les règlemens, cessent d'avoir force de loi générale ou particulière dans les matières qui sont l'objet desdites lois composant le présent Code.

» Cette disposition nous rappelle ce que nous étions, et nous fait apprécier ce que nous sommes.

» Quel spectacle s'offrait à nos yeux! on ne voyait devant soi qu'un amas confus et informe de lois étrangères et françaises, de coutumes générales et particulières, d'ordonnances abrogées et non abrogées, de maximes écrites et non écrites, de règlemens contradictoires et de décisions opposées; on ne rencontrait partout qu'un dédale mystérieux, dont le fil nous échappait à chaque instant; on était toujours prêt à s'égarer dans un immense chaos.

» Ce désordre s'explique par l'histoire.

» Les nations ont un droit public avant que d'avoir des lois civiles.

» Chez les peuples naissans, les hommes vivent plutôt entr'eux comme des confédérés que comme des concitoyens; ils n'ont besoin que de quelques maximes générales pour régler leur association : la puissance qui s'élève au milieu d'eux n'est occupée qu'à organiser ses moyens de sûreté et de défense. Dans tout ce qui concerne les affaires ordinaires de la vie, on est régi par des usages, par des habitudes, plutôt que par des lois.

» Ce serait un prodige que des hommes, tour à tour conquérans et conquis, placés dans des lieux différens, sous des climats divers, à des distances plus ou moins éloignées, et souvent sans autres communications entre eux que celles qui naissent du pillage et des hostilités, eussent les mêmes habitudes et les mêmes usages: de là cette diversité de coutumes qui régissaient souvent les différentes provinces du même empire, et même les différentes villes de la même province.

» L'Europe, inondée par les barbares, fut, pendant des siècles, ensevelie dans l'ignorance la plus profonde.

On ne pouvait penser à faire des lois, quand on n'était pas assez éclairé pour être législateur ; de plus, les souverains étaient intéressés à ne pas choquer des peuples enivrés de la prétendue excellence de leurs coutumes. Pourquoi se seraient-ils permis des changemens qui eussent pu produire des révolutions ?

» Charlemagne, fondateur d'un vaste empire, jeta, par ses règlemens politiques, les fondemens des grandes institutions qui ont tant contribué, dans la suite, à éclairer l'Europe ; il constitua les premiers ordres de l'état ; mais dans le Gouvernement civil, son génie eût vainement aspiré à la gloire de contrarier trop ouvertement les mœurs et les préjugés de son siècle.

« Louis IX, dans ses établissemens, se proposa d'embrasser l'universalité des matières civiles. Le temps ne comportant pas une si haute entreprise, les vues de ce prince demeurèrent aux termes d'un simple projet. Elles n'eurent quelque réalité que pour les vassaux de ses domaines.

» On crut, dans des temps moins reculés, avoir fait un grand pas vers le bien, quand on eut l'idée et le courage, je ne dis pas de réformer les anciennes coutumes, mais d'ordonner qu'elles seraient rédigées par écrit. Cette époque est célèbre dans l'histoire de notre ancienne législation ; car des coutumes écrites, quoique d'ailleurs plus ou moins barbares, plus ou moins sages dans leurs dispositions, firent disparaître les inconvéniens attachés à des conditions incertaines et variables. Les affaires de la vie prirent un cours plus fixe et plus régulier : il y eut plus de sûreté dans l'ordre des successions, dans les propriétés privées et dans toutes les transactions sociales.

» Par intervalles, dans des momens de crises et de troubles, on promulguait quelque acte solennel de législation, destiné à rétablir l'ordre, à réformer quelque abus ou à prévenir quelque danger. C'est au milieu des troubles civils, que les belles ordonnances du chancelier de l'Hôpital furent publiées; mais des lois isolées, que le choc des passions et des intérêts faisaient sortir du sein des orages politiques, comme l'acier fait jaillir le feu du caillou, ne produisaient qu'une lumière vacillante, passagère, toujours prête à s'éteindre, et incable de diriger long-temps une nation dans la route de la prospérité et du bonheur.

» Insensiblement, les connaissances s'accrurent, diverses causes hâtèrent les progrès de l'instruction. Mais, dans une nation guerrière comme la nôtre, les premières classes de la société se vouaient au service militaire; elles avaient plutôt une discipline qu'une police; elles dédaignèrent long-temps l'étude de la jurisprudence et des lois : cette partie des connaissances humaines, qui n'est certainement pas la moins importante de toutes, était abandonnée à des hommes qui n'avaient ni le loisir ni la volonté de se livrer à des recherches qu'ils eussent regardées comme plus curieuses qu'utiles.

» L'antiquité nous avait laissé des collections précieuses sur la science des lois; malheureusement ces collections n'étaient connues que dans les contrées régies par le droit écrit, et encore faut-il observer qu'elles n'y étaient connues que de ceux qui se destinaient à la judicature ou au barreau.

» Les littérateurs ne cherchaient dans les anciens que les choses d'agrément, et les philosophes se bornaient à ce qui regarde les sciences spéculatives.

» Il ne faut pas s'étonner de cette indifférence. Nous naissons dans des sociétés formées, nous y trouvons des lois et des usages, nous ne regardons point au-delà. Il faut que les événemens donnent l'éveil à l'esprit; nous avons besoin d'être avertis pour prendre une direction nouvelle, et porter notre attention sur des objets jusque-là inconnus ou négligés

« Ce sont nos découvertes dans les arts, nos premiers succès dans la navigation, et l'heureuse fermentation née de nos succès et de nos découvertes en tout genre, qui produisirent, sous *Louis XIV*, les réglemens de *Colbert* sur les manufactures, l'ordonnance des eaux et forêts, l'ordonnance du commerce et celle de la marine.

» Le bien naît du bien. Quand le législateur eut fixé sa sollicitude et ses regards sur quelques matières importantes, il sentit la nécessité, et il eut le désir de toucher à toutes. On fit quelques réformes dans l'ordre judiciaire, on corrigea la procédure civile, on établit un nouvel ordre dans la justice criminelle, on conçut le vaste projet de donner un Code uniforme à la France.

» Les *Lamoignon* et les *d'Aguesseau* entreprirent de réaliser cette grande idée. Elle rencontrait des obstacles insurmontables dans l'opinion publique, qui n'y était pas suffisamment préparée, dans les rivalités de pouvoir, dans l'attachement des peuples à des coutumes dont ils regardaient la conservation comme un privilége, dans la résistance des cours souveraines qui craignaient toujours de voir diminuer leur influence, et dans la superstitieuse incrédulité des jurisconsultes sur l'utilité de tout changement qui contrarie ce qu'ils ont laborieusement appris ou pratiqué pendant toute leur vie.

» Cependant, les idées de réforme et d'uniformité avaient été jetées dans le monde. Les savans et les philosophes s'en emparèrent; ils portèrent dans les matières législatives le coup-d'œil d'une raison exercée par l'observation et par l'expérience. On compara les lois aux lois, on les étudia dans leurs rapports avec les droits de l'homme, et avec les besoins de la société. Le judicieux *Domat* et quelques auteurs contemporains commencèrent à se douter que la législation est une véritable science. J'appelle *science* une suite de vérités ou de règles liées les unes aux autres, déduites des premiers principes, réunies en corps de doctrine et de système sur quelqu'une des branches principales de nos connaissances.

» Les jurisconsultes ne furent plus de simples compilateurs, les magistrats raisonnèrent. Le public éclairé prit part aux querelles des jurisconsultes; il examina les décisions du magistrat, et, s'il est permis de le dire, il osa juger *les justices*.

» Dans les sciences, comme dans les lettres et dans les arts, tandis que les talens ordinaires luttent contre les difficultés et s'épuisent en vains efforts, il paraît subitement un homme de génie qui s'élance et va poser le modèle au-delà des bornes connues. C'est ce que fit, dans le dernier siècle, le célèbre auteur de l'*Esprit des lois*; il laissa loin derrière lui tous ceux qui avaient écrit sur la jurisprudence; il remonta à la source de toute législation; il approfondit les motifs de chaque loi particulière; il nous apprit à ne jamais séparer les détails de l'ensemble, à étudier les lois dans l'histoire, qui est comme la physique expérimentale de la science législative; il nous mit, pour ainsi dire, en relation avec les législateurs de tous les temps et de tous les mondes.

» Telle était parmi nous la disposition des esprits; telles étaient nos lumières et nos ressources, lorsque tout-à-coup une grande révolution éclate.

» On attaque tous les abus à la fois; on interroge toutes les institutions. A la simple voix d'un orateur, les établissemens, en apparence les plus inébranlables, s'écroulent; ils n'avaient plus de racines dans les mœurs. La puissance se trouve subitement conquise par l'opinion.

» Il faut l'avouer : c'était ici une de ces époques décisives qui se rencontrent quelquefois dans la durée des États, et qui changent la position et la fortune des peuples, comme certaines crises changent le tempérament des individus.

» A travers tous les plans qui furent présentés pour améliorer les choses et les hommes, l'idée d'une législation uniforme fut une de celles qui occupèrent d'abord plus particulièrement nos assemblées délibérantes.

» Proposer une telle idée, c'était énoncer le vœu constant des magistrats les plus distingués et celui de la nation entière ; c'était énoncer ce vœu dans un moment où l'on entrevoyait la possibilité de le réaliser.

» Mais comment préparer un Code de lois civiles au milieu des troubles politiques qui agitaient la France ?

» La haine du passé, l'ardeur impatiente de jouir du présent, la crainte de l'avenir, portaient les esprits aux mesures les plus exagérées et les plus violentes. La timidité et la prudence, qui tendent à tout conserver, avaient été remplacées par le désir de tout détruire.

» Des priviléges injustes et oppressifs, qui n'étaient que le patrimoine de quelques hommes, avaient pesé sur la tête de tous. Pour recouvrer les avantages de la liberté, on tomba pendant quelque instans dans les abus de la licence. Pour écarter des préférences odieuses et les empêcher de renaître, on chercha à niveler toutes les fortunes après avoir nivelé tous les rangs.

» Des nations ennemies, rivales et jalouses, menaçaient notre sûreté; en conséquence nous voulions, par nos lois, nous isoler de toutes les nations.

» La France avait été déchirée par les guerres religieuses qui avaient laissé dans un grand nombre de familles des souvenirs amers. On crut devoir porter la coignée au pied de l'arbre, et détruire toute religion pour prévenir le retour de la superstition et du fanatisme.

» Les premières lois qui furent promulguées par nos assemblées passèrent à travers tous ces systèmes exagérés, et s'y teignirent fortement. On détruisit la faculté de tester, on relâcha le lien du mariage, on travailla à rompre toutes les anciennes habitudes. On croyait régénérer et refaire, pour ainsi dire, la société; on ne travaillait qu'à la dissoudre.

» On revint ensuite à des idées plus modérées; on corrigea les premières lois, on demanda de nouveaux plans; on comprit qu'un Code civil devait être préparé avec sagesse, et non décrété avec fureur et précipitation.

Alors le *consul Cambacérès* publia un projet de Code, qui est un chef-d'œuvre de méthode et de précision. Ce magistrat laissa aux circonstances et au temps le soin de ramener des vérités utiles qu'une discussion prématurée n'eût pu que compromettre. Ses premiers travaux préjugèrent dès-lors la sagacité et la sagesse avec lesquelles il devait un jour, sur ces grands objets, éclairer nos délibérations. Les événemens publics qui se succédaient rapidement, suspendirent tous les travaux relatifs à la confection du Code civil. Mais tous les bons esprits demeurèrent préoccupés de ce grand objet.

» Au 18 brumaire, le premier soin du héros que la nation a choisi pour son chef, fut, après avoir agrandi la France par des conquêtes brillantes, d'assurer le bonheur des Français par de bonnes lois.

» Des commissions furent nommées pour continuer des travaux jusques-là toujours repris et abandonnés.

» La guerre, qui a si souvent l'effet de suspendre le cours des projets salutaires, n'arrêta point les opérations qui devaient amener le résultat de ces travaux. Les tribunaux furent consultés. Chaque magistrat, chaque jurisconsulte acquitta le tribut de ses lumières : en quelques années nous avons acquis l'expérience de plusieurs siècles. L'homme extraordinaire qui est à la tête du gouvernement sut mettre à profit le développement d'idées que la révolution avait opérées dans toutes les têtes, et l'énergie de caractère qu'elle avait communiquée à toutes les âmes. Il réveilla l'attention de tous les hommes instruits ; il jeta un souffle de vie sur des débris et des matériaux épars, qui avaient été dispersés par les tempêtes révolutionnaires ; il éteignit les haines et réunit les partis : sous ses auspices, la justice et la paix s'embrassèrent ; et dans le calme de toutes les passions et de tous les intérêts, on vit naître un projet complet de Code civil, c'est-à-dire le plus grand bien que les hommes puissent donner et recevoir.

» Citoyens Législateurs, le vœu de la nation, celui de toutes nos assemblées délibérantes est rempli. Les différentes parties du Code civil, discutées dans le Tribunat par des hommes dont les lumières nous ont été si profitables, ont déjà reçu votre sanction, et vous allez proclamer, à la face de l'Europe, le CODE CIVIL DES FRANÇAIS.

» Lors de la présentation de chaque loi, on vous a exposé les raisons qui la motivaient, et ces raisons ont obtenu vos suffrages. Il nous suffit dans ce moment de jeter un coup-d'œil général sur l'ensemble des lois que vous avez sanctionnées. Ces lois ne sont point l'ouvrage d'une volonté particulière : elles ont été formées par le concours de toutes les volontés ; elles paraissent, après la révolution, comme ces signes bienfaisans qui se développent dans le ciel pour nous annoncer la fin d'un grand orage.

» Et en effet, eût-il été possible de terminer l'important ouvrage du Code civil, si nos travaux et les vôtres eussent été traversés par des factions? Eût-on pu transiger avec les opinions, si déjà on n'avait réussi à concilier les intérêts et à rapprocher les cœurs? Oui, citoyens législateurs, la seule existence d'un Code civil et uniforme est un monument qui atteste et garantit le retour permanent de la paix intérieure de l'État. Que nos ennemis frémissent, qu'ils désespèrent de nous diviser, en voyant toutes les parties de la république ne plus former qu'un seul tout; en voyant plus de trente millions de Français, autrefois divisés par tant de préjugés et de coutumes différentes, consentir solennellement les mêmes sacrifices, et se lier par les mêmes lois; en voyant enfin une grande nation, composée de tant d'hommes divers, n'avoir plus qu'un sentiment, qu'une pensée, marcher et se conduire comme si toute entière elle n'était qu'un seul homme.

» Quels seront les effets de cette unité de législation établie par le nouveau Code? Les esprits ordinaires ne peuvent ne voir dans cette unité qu'une perfection de symétrie; l'homme instruit, l'homme d'état y découvre les plus solides fondemens de l'empire.

» Des lois différentes n'engendrent que trouble et confusion parmi des peuples qui, vivant sous le même gouvernement et dans une communication continuelle, passent ou se marient les uns chez les autres, et, soumis à d'autres coutumes, ne savent jamais si leur patrimoine est bien à eux.

» Nous ajoutons que les hommes qui dépendent de la même souveraineté, sans être régis par les mêmes lois, sont nécessairement étrangers les uns aux autres ; ils sont soumis à la même puissance, sans être membres du même État ; ils forment autant de nations diverses qu'il y a de coutumes différentes. Ils ne peuvent nommer une patrie commune.

» Aujourd'hui, une législation uniforme fait disparaître toutes les absurdités et les dangers ; l'ordre civil vient cimenter l'ordre politique. Nous ne serons plus Provençaux, Bretons, Alsaciens, mais Français. Les noms ont une plus grande influence que l'on ne croit sur les pensées et les actions des hommes.

» L'uniformité n'est pas seulement établie dans les rapports qui doivent exister entre les différentes portions de l'État ; elle est encore établie dans les rapports qui doivent exister entre les individus. Autrefois, les distinctions humiliantes que le droit politique avait introduites entre les personnes, s'étaient glissées jusque dans le droit civil. Il y avait une manière de succéder pour les nobles, et une autre manière de succéder pour ceux qui ne l'étaient pas ; il existait des propriétés privilégiées que ceux-ci ne pouvaient posséder, au moins sans une dispense du souverain. Toutes ces traces de barbarie sont effacées ; la loi est la mère commune des citoyens, elle accorde une égale protection à tous.

» Un des grands bienfaits du nouveau Code, est encore d'avoir fait cesser toutes les différences civiles entre les hommes qui professent des cultes différens. Les opinions religieuses sont libres. La loi ne doit point forcer les consciences ; elle doit se diriger d'après ce grand principe, qu'il faut souffrir ce que Dieu souffre. Ainsi, elle ne doit connaître que des citoyens, comme la nature ne connaît que des hommes.

» On n'a pas cherché, dans la nouvelle législation, à

introduire des nouveautés dangereuses. On a conservé des lois anciennes, tout ce qui pouvait se concilier avec l'ordre présent des choses ; on a pourvu à la publicité des mariages ; on a posé de sages règles pour le gouvernement des familles ; on a rétabli la magistrature des pères, on a rappelé toutes les formes qui pouvaient garantir la soumission des enfans ; on a laissé une latitude convenable à la bienfaisance des testateurs ; on a développé tous les principes généraux des conventions, et ceux qui dérivent de la nature particulière de chaque contrat; on a veillé sur le maintien des bonnes mœurs, sur la liberté raisonnable du commerce, et sur tous les objets qui peuvent intéresser la société civile.

» En assurant par de bonnes lois notre prospérité dans l'intérieur, nous aurons encore accru notre gloire et notre puissance au dehors. L'histoire moderne ne présente aucun exemple pareil à celui que nous donnons au monde. Le courage de nos armées a étonné l'Europe par des victoires multipliées, et il s'apprête à nous venger de la perfidie d'un ennemi, qui ne respecte point la foi des traités, et qui ne place sa confiance et sa force que dans le crime. C'est alors que la sagesse du gouvernement, calme comme si elle n'était pas distraite par d'autres objets, jette les fondemens de cette autre puissance, qui captive peut-être plus sûrement le respect des nations : je veux parler de la puissance qui s'établit par les bonnes institutions et par les bonnes lois.

» Nos ressources politiques et militaires peuvent n'inspirer que de la crainte aux étrangers ; mais, en nous voyant propager toutes les saines idées d'ordre, de morale et de bien public, ils trouvent dans nos principes et dans nos vertus de quoi se rassurer contre l'abus possible de nos ressources.

» Citoyens législateurs, vous touchez au terme de vos glorieux travaux. Qu'il sera consolant pour vous, en retournant dans vos départemens et dans vos familles, d'y être bénis par vos concitoyens, et d'y jouir personnellement, comme enfans, comme époux, comme pères, de toutes les sages institutions que vous aurez sanctionnées comme législateurs! Vous aurez travaillé à votre bien particulier en travaillant au bien commun ; et à chaque instant de la vie, chacun de vous se trouvera heureux du bonheur de tous. »

Le projet fut de suite communiqué officiellement au Tribunat; M. Jaubert en a fait le rapport devant cette assemblée, et a ensuite été chargé de porter au Corps-législatif le vœu d'adoption émis par les tribuns. Nous ne donnons que le discours prononcé au Corps-législatif, le 30 ventose an 12, parce que le rapport est entièrement semblable.

Discours prononcé par le tribun Jaubert devant le Corps législatif.

« Législateurs, est-il donc vrai que nous soyons parvenus à cette époque si intéressante pour l'histoire d'une nation, si précieuse pour son bonheur et sa prospérité, si ardemment désirée par les amis de la morale et de la philosophie ; époque si vainement attendue pendant plusieurs siècles, où il soit permis aux législateurs du plus bel empire de dire, avec la certitude d'avoir dignement rempli le plus grand, le plus noble ministère... : Français, le Code de vos lois civiles est complet?

» La diversité qui régnait dans les lois accusait la raison humaine ; ce qui était permis dans une partie de la France était réprouvé dans une autre. Les règles sur les personnes et sur la propriété ne se ressemblaient pas dans deux provinces limitrophes; souvent elles différaient dans la même province, dans le même canton; et de là que d'entraves, que d'incertitudes, que d'erreurs !

» Cette situation, dans laquelle les Français ont si longtemps vécu, tenait à plusieurs causes. L'incorporation des provinces n'avait eu lieu que successivement; des capitulations avaient réservé les lois locales; on comptait soixante coutumes qui chacune régissaient une province entière, et plus de trois cents coutumes qui n'étaient observées que dans une seule ville, bourg, ou village. Le régime féodal avait séparé, en quelque sorte, les portions du même territoire. De fausses idées s'étaient élevées sur l'autorité du droit ecclésiastique; la découverte du droit romain lui-même ne pouvait fixer toutes les incertitudes dans les pays qui l'avaient adopté, puisque, mêlé de beaucoup d'objets étrangers à nos mœurs, il ne pouvait être considéré que comme raison écrite; ce qui donnait lieu à des controverses sans cesse renaissantes ; les cours de justice se complaisaient à exercer, dans le choix même de leurs opinions, leur souveraineté distincte et séparée. Les gouvernans n'avaient que trop souvent intérêt à isoler les diverses parties de la nation; et si quelquefois on a eu le désir de rendre la législation uniforme, où était le génie qui pût vaincre toutes les difficultés?

» Les Romains eurent leurs lois royales, leurs lois des douze tables, les édits de leurs préteurs, l'édit perpétuel, les codes papyrien, grégorien, hermogénien, théodosien. César et Auguste avaient conçu le projet et tenté inutilement de réunir les lois dans un seul corps.

» Nous admirons, tous les siècles admireront, la théorie

sur les choses et les contrats, qui se trouve dans les recueils de Justinien. Mais enfin ce n'était pas encore là un corps de doctrine organisé ; ce n'était en général qu'une réunion de décisions particulières et souvent contradictoires. Les Novelles ne vinrent-elles pas bientôt introduire un droit nouveau sur plusieurs points?

» Dans les temps modernes, le grand Frédéric, voulant former un code général, avait ordonné des travaux préparatoires. Frédéric-Guillaume fit réunir tous les matériaux : il publia en 1791 la seconde édition révisée de sa loi ayant pour titre, *Code général pour les états prussiens;* mais dans ses lettres patentes de promulgation, il fut obligé de se référer dans plusieurs points aux anciennes ordonnances, de maintenir provisoirement les statuts, et il ordonna la rédaction de codes particuliers pour lesquels on prendrait en considération les droits de coutume qui étaient suivis dans telle ou telle province.

» Dans notre France, que s'est-il passé jusqu'à nos jours?

» La loi salique, et les capitulaires de Charlemagne, sur les matières civiles, ne portaient que sur des objets particuliers.

» Saint Louis prépara un grand bien en faisant traduire les livres du droit romain.

» Louis XI, ce nom rappelle de grandes conceptions, de grands crimes, et de grandes faiblesses ; Louis XI ne voulait qu'une loi unique. L'histoire a dit ce qui absorba bientôt toutes ses pensées.

» Les célèbres états de Blois donnèrent une grande impulsion. Ce siècle était celui du chancelier l'Hôpital, de Dumoulin, du président Brisson.

« Brisson s'était chargé de rédiger un corps de lois. L'immensité de ses connaissances, la rectitude de son jugement, et la grandeur de son âme, le rendaient propre à cette entreprise. Son premier travail fut envoyé à tous les parlemens ; les discordes civiles privèrent la France de ce grand homme.

» Louis XIV ambitionnait tous les genres de gloire. Sous son règne on vit paraître plusieurs grandes ordonnances, et notamment celles du commerce et de la marine, qui sont des chefs-d'œuvre ; mais il n'eut que la pensée de faire un corps de lois civiles. Les arrêtés de M. de Lamoignon, qui avaient cet objet, restèrent sans exécution.

» Eh! comment aurait-on pu s'occuper efficacement d'un Code civil, surtout pendant les quarante dernières années de ce règne, durant lesquelles l'état civil d'une partie de la nation était ébranlé jusque dans ses fondemens?

» D'Aguesseau, capable de toutes les grandes conceptions en jurisprudence, ne put réussir qu'à faire des réglemens sur les donations, les testamens, et les substitutions; encore les circonstances des temps le forcèrent-elles de transiger avec les parlemens.

» Enfin, les Français sont devenus un seul corps de nation ; de toutes parts on a entendu cet appel de la raison à la puissance législative.... Le peuple français veut avoir un code de lois civiles qui régissent également toutes les personnes et tout le territoire.

» Pendant dix ans nous nous sommes efforcés de marcher vers ce but. Des lois particulières préparaient la fusion générale. Divers projets ont été publiés. Parmi tous les riches matériaux qui se rassemblaient, on distinguera toujours un ouvrage émané d'un personnage illustre que la magistrature et le barreau se glorifient d'avoir tour à tour possédé, et à qui la nation a donné des témoignages éclatans de sa confiance.

» Il fallait pourtant encore l'influence directe et immédiate d'un homme puissant par son génie et par ses œuvres, qui fût capable de concevoir par lui-même, qui sût réunir toutes les actions, diriger toutes les volontés, faire cesser toutes les incertitudes, et fixer, plus encore par sa haute sagesse que par son autorité, tous les résultats importans.

» Il existait en France; ses exploits et les inspirations de la providence l'avaient fait appeler au gouvernement de l'État. Déjà il avait rétabli l'ordre dans l'intérieur, la paix dans les consciences, la régularité dans l'administration; par ses victoires et par sa modération, il avait pacifié l'Europe; l'instruction publique était reconstruite par ses soins; toutes les sciences, tous les arts libéraux, lui devaient leur plus grand éclat. Enfin, il rendait au commerce toute son activité, lorsque les attaques d'un gouvernement parjure le forçaient à reprendre les armes. C'est au milieu de si glorieux travaux qu'on voit s'élever le grand ouvrage de la législation civile.

» Quatre jurisconsultes célèbres avaient été chargés, dès l'an VIII, de rédiger un projet de Code. Le gouvernement appelle ensuite toutes les lumières. Des citoyens distingués, les tribunaux d'appel, le tribunal de cassation, transmettent leurs observations. La section de législation du conseil-d'état réunit tous les élémens; elle en extrait la plus pure substance; elle y ajoute le fruit de ses laborieuses et savantes méditations. Le conseil-d'état délibère. On a vanté avec raison ces procès-verbaux qui précédèrent deux des ordonnances de Louis XIV. L'histoire attachera un prix bien autrement important à ces séances dans lesquelles la rédaction du Code civil a été discutée devant les consuls de la république. Toutes les fois qu'il s'agissait ou des principes fondamentaux ou de questions importantes, le chef auguste de l'État éclairait la discussion par la profondeur de ses pensées.

» Si, d'après le mode si sagement établi pour les communications officieuses, une des sections du Tribunat était particulièremeut appelée à proposer ses observations, aucun membre du Tribunat n'était étranger au désir de contribuer à l'amélioration. Quel est celui qui n'a pas concouru par ses réflexions et par ses conseils à augmenter le faisceau des lumières?

» C'est sous de tels auspices, Législateurs, que les diverses parties du Code civil vous ont été successivement présentées. Discutées solennellement par le corps entier du Tribunat, elles ont été investies par vous du sceau de la raison et de l'autorité nationale, dans les sessions à jamais mémorables de l'an XI et de l'an XII.

» Tant de précautions et des travaux si assidus ne seront pas perdus pour le peuple français.

» Nous devons le dire avec confiance, puisque la sanction donnée par le Corps-législatif garantit la sagesse de ses décrets, le but est rempli autant que les bornes de la raison humaine pouvaient le faire espérer.

» La législation civile a le double objet de pourvoir au maintien de la société, et aux besoins de ceux qui la composent.

« Que les lois civiles d'une nation, dit Montesquieu,
» se rapportent à la nature de son gouvernement, à l'in-
» clination des habitans, à leurs richesses, à leur nombre,
» à leur commerce, à leurs mœurs et à leurs ma-
« nières. »

» Le respect pour la morale, l'honneur national, la passion de la liberté publique, le maintien des droits sacrés de la propriété, le besoin de ne reconnaître d'autre distinction que celle des vertus et des talens : voilà quelles sont les inclinations des Français et les bases du gouvernement qu'ils ont choisi.

» Leurs richesses consistent dans un territoire tellement favorisé de la nature, que tous les étrangers qui le visitent regrettent de n'y être pas nés, et dans une industrie qui est vivifiée par l'aptitude des habitans à toutes les sciences et à tous les arts.

» Leur nombre est si grand, et leur valeur est telle, que l'Europe conjurée ne pourrait leur dicter la loi.

» Leur commerce les porte dans toutes les parties du monde.

» Incapables de fléchir dans les combats et de manquer à la foi des traités, la douceur de leurs mœurs privées les fait distinguer de toutes les autres nations. En un mot, ce sont toujours les mêmes caractères qui étaient peints dans la préface de la loi salique.

« *Gens Francorum inclita, autore Deo condita, fortis in ar-*
» *mis, profondaque in concilio, firma in pacis fœdere, cor-*
» *porea nobilis in columna, candore et forma egregia, au-*
» *dax, velox et aspera, ad catholicam fidem nuper con-*
» *versa... Juxta morum suorum qualitatem desiderans jus-*
» *titiam.* »

» Tous les rapports signalés par Montesquieu ne se retrouveront-ils pas dans notre Code?

» Le premier élément de la société est la bonne organisation des familles.

» Le mariage investi de toute sa dignité et de toutes ses prérogatives ; les enfans naturels laissés à une grande distance des enfans légitimes ; l'heureuse dépendance où les épouses sont placées, et pour leur propre repos et pour leur véritable intérêt, et surtout pour qu'elles ne soient pas distraites des soins les plus tendres et les plus dignes de leur sensibilité ; la puissance paternelle, cet utile supplément de la puissance publique; la puissance des mères, juste attribut de leur affection pour leurs enfans; les récompenses que les pères et les mères peuvent distribuer; la prévoyance qu'ils peuvent étendre jusqu'à leurs petits-enfans, l'influence de leur volonté sur le mariage de leurs enfans âgés de moins de vingt-cinq ans ; l'influence de leur opinion et de leurs conseils, sur le mariage de leurs enfans majeurs : oui, oui, ce seront là les véritables liens des familles, le fondement le plus solide des mœurs publiques.

» L'adoption même est aussi une institution digne d'un peuple libre: elle console, elle encourage, elle entretient le sentiment de la dignité; elle excite les mouvemens généreux

» Après le lien de famille vient la garantie du droit de propriété, premier caractère de la liberté publique, objet de l'association politique, base de la morale, et frein des passions.

» Le respect pour la propriété se montre à chaque page du Code; et les propriétés nationales et les propriétés privées n'auront plus que les mêmes prérogatives.

» La transmission de la propriété ne peut émaner que de la concession du droit civil.

» A défaut de disposition de l'homme, la loi distribue ses biens selon ses vues présumées d'affection.

» La nature dit que les enfans, et, à défaut d'enfans, les ascendans, ont droit à une réserve; mais si l'homme n'a pas la consolation de laisser des enfans, et qu'il ait eu le malheur de perdre ceux qui lui ont donné le jour, il peut disposer de tout ; et c'est là une des plus belles conquêtes que la liberté de l'homme, l'émulation, les affections libérales, aient pu faire sur les préjugés d'une partie de la France.

» La matière des contrats occupe une grande place dans nos lois civiles; et c'est dans cette matière comme dans celle qui traite des choses que nous avons le plus emprunté de la *sagesse* des Romains.

» Notre titre des *contrats* et des *obligations conventionnelles en général* contient tous les élémens du droit sur les conventions.

» Les lois sur les conventions doivent s'accommoder aux nombreux besoins des hommes, dans un pays surtout où l'industrie s'exerce de tant de manières, et où il y a un si grand mouvement dans les capitaux. Mais ne faut-il pas craindre aussi l'effet des passions? Les conventions n'ont-elles pas leur véritable base dans l'équité naturelle? la loi civile ne doit-elle pas être, autant que possible, le ministre des consciences?

» De là ces belles règles sur la nature et l'effet des conventions.

» Il n'y a pas un titre sur les contrats particulièrement définis, qui ne présente des améliorations.

» Souvent les anciennes ordonnances réservaient les usages particuliers, comme devant toujours faire loi; on partait de ce principe qu'il serait injuste dans les matières du droit positif, de rompre des habitudes sous la foi desquelles on vivait depuis des siècles. Ce principe méritait surtout d'être médité dans la partie des contrats; mais le Code a pris pour l'application une marche plus naturelle; au lieu d'ordonner, il permet.

» Toutes les fois que l'équité naturelle ou les considérations d'ordre public ne commandent pas l'adoption d'un principe préférablement à tout autre, il a respecté les diverses habitudes, en laissant à tous la faculté de faire les stipulations qui peuvent le mieux convenir à leur position et à leurs goûts. Il arrivera par là que les habitans du midi et ceux du nord pourront, sur plusieurs points, rester attachés à leur tradition, ou s'emprunter mutuellement leurs usages.

» Un exemple frappant de la prévoyance de la loi se montre dans la matière des conventions matrimoniales.

» Enfin il n'est que trop vrai que les lois privées qui naissent des conventions des parties doivent, comme les lois publiques, avoir leur appui et leur sanction dans des moyens d'exécution : c'est ce qui amène les règles sur la contrainte par corps, sur l'hypothèque et l'expropriation forcée.

» Je ne pouvais me permettre que d'indiquer quelques bases du Code, mais vous savez combien dans tous ses détails il se rattache toujours aux principes tutélaires de la morale, du droit de propriété, de la sûreté des tiers.

» Vous savez combien sont belles et sagement posées toutes ces règles sur la participation aux droits civils, sur les absens, sur les questions d'état, sur tout ce qui intéresse la personne et les biens des mineurs, sur les partages, sur les effets des conventions sur les causes qui peuvent les vicier, sur la prescription, sur les transactions.

» Les titres décrétés embrassent toutes les matières ; il ne s'agissait plus que d'assigner à chacun sa place naturelle. C'est ce qu'a fait le projet qui vous est présenté, en réunissant tous ces titres en un seul corps de lois, sous la dénomination de *Code civil des Français*.

» La distinction née de la nature des choses sera conservée. Le premier livre traite des personnes ; le second, des biens ; le troisième, des moyens d'acquérir, ce qui comprend les actions ; car les actions ne sont autre chose que le produit d'un droit acquis.

» Le projet propose aussi d'insérer dans les lieux correspondans du Code la loi relative aux actes respectueux, et une disposition sur les rentes foncières, espèce de transaction dont l'agriculture elle-même réclamait le maintien : toutefois avec cette modification, que les rentes foncières sont essentiellement rachetables, au moins après trente ans.

» Notre Code est donc, par les dispositions qu'il contient, le plus beau présent que le génie et la sagesse puissent faire à la société.

» De quel prix il doit aussi nous paraître par les changemens qu'il fait subir à l'ancienne législation !

» Ces changemens tarissent des sources abondantes de procès; ils sont aussi un encouragement à l'industrie et un hommage rendu à la pudeur publique, à la dignité du nom français.

» L'action *ab irato* mettait la mémoire du père en jugement.

» L'exhérédation établissait une lutte entre l'intérêt pécuniaire du fils et l'honneur paternel.

» La nécessité de l'institution d'héritier n'était fondée que sur des subtilités.

» Les règles sur la *fiducie* ne reposaient que sur des jectures.

» Le droit d'élire ne conduisait que trop souvent à des traités immoraux.

» Les substitutions fidéicommissaires, exemplaires, pupillaires, compendieuses, engendraient tant de contestations ! elles n'étaient qu'une extension désordonnée du droit de propriété, un aliment de l'orgueil, et un obstacle à la liberté des transactions et aux progrès de l'agriculture.

» Les droits d'aînesse et de masculinité outrageaient la nature.

» La légitimation par lettres nuisait aux unions légitimes.

» L'interdiction, pour prodigalité, attaquait le droit de propriété, et compromettait l'honneur du citoyen, en allumant les passions des collatéraux.

» Les droits nobiliaires de certains héritages leur imprimaient une espèce de servitude.

» Les droits féodaux étaient incompatibles avec les principes de la liberté publique.

» Le retrait lignager paralysait le droit de propriété.

» Les rentes foncières, non rachetables, attribuaient une espèce de domination au créancier, et imposaient une gêne trop onéreuse au propriétaire du sol.

» L'imprescriptibilité du domaine public laissait les citoyens dans la crainte perpétuelle d'être poursuivis par le fisc.

» La distinction des biens en libres et propres répugnait à la nature des choses; elle créait un procès dans chaque succession.

» Le don mutuel, proprement dit, n'était qu'une occasion de captation.

» Le douaire coutumier assurait aux épouses des avantages qu'elles ne doivent tenir que de la volonté libre, réfléchie et reconnaissante.

» Le privilège du propriétaire de la maison, qui pouvait interrompre le bail, était souvent une occasion de fraude, et toujours une source d'embarras pour le père de famille qui avait dû se reposer sur son contrat.

» La vente rompait les baux, au grand détriment de l'agriculture.

» Voilà une partie des erreurs que notre Code a fait disparaître.

» Notre siècle et la postérité diront tous les biens dont il est la source; ils diront qu'aucun ouvrage sorti de la main des hommes ne pouvait contribuer plus efficacement à fixer sur notre sol les progrès de la civilisation. Qu'est-ce donc qui peut mieux former et maintenir les mœurs publiques que l'action des lois civiles, qui est de chaque instant, et qui atteint chaque individu.

» Si, par la nature des choses, la science des lois ne peut être le patrimoine que de quelques classes de citoyens, tous, du moins, pourront voir par eux-mêmes, dans le Code les règles qui sont les plus nécessaires dans l'usage de la vie. Aucun père de famille n'ignorera cette vérité consolante. Dans combien d'occasions il pourra en profiter ! dans nos campagnes surtout, l'honnête, l'utile chef d'une ferme, aura d'autant plus de facilité pour se fixer sur ses droits et ses obligations, que le législateur a redoublé d'efforts pour présenter avec simplicité et précision tout ce qui intéresse les propriétés rurales.

» C'est à vous, législateurs, qu'il est particulièrement réservé d'être les heureux témoins de cette influence salutaire que le Code exercera sur toute la France, juste et digne prix de la sanction éclairée qu'il a reçue de votre autorité, et de la nouvelle garantie que lui attache votre sagesse.

» Notre Code aura-t-il tout prévu?

» Il était impossible de tout prévoir, notamment dans la matière des conventions, qui varient à l'infini; il eût même été dangereux de descendre dans les cas particuliers. Ce sont les principes qu'il fallait établir. Un Code doit être dogmatique. Parmi les principales imperfections du Code prussien, on a remarqué avec raison la surabondance de doctrine. La loi ne doit jamais être un raisonnement ni une dissertation.

» Nous aurons d'ailleurs les lumières et la conscience des juges. Les tribunaux d'appel seront une garantie pour le maintien de nos lois dans toute leur pureté. Le tribunal de cassation, ce foyer des lumières, comme il est le centre du pouvoir judiciaire, les ramènerait toujours au point d'unité. L'ordre des avocats sera un des gardiens fidèles de la bonne doctrine. Cet ordre qui a l'honneur d'exercer une profession aussi nécessaire que la justice, selon les paroles de *d'Aguesseau*, mettra dans la discussion de nos lois autant de probité que de discernement. Les véritables avocats savent bien qu'ils ne doivent signer comme consultans que ce qu'ils devraient décider comme juges L'enseignement du droit contribuera aussi à ne propager que des idées saines sur l'application; car tous les genres de biens sont offerts à la génération qui commence, comme tous les modèles de gloire, de talens et de vertu.

» Heureux sans doute les Français qui entrent dans la carrière! mais ceux qui auront vécu dans les deux siècles sentiront toujours mieux le prix du bienfait.

» Notre Code est la censure de plusieurs lois anciennes.

» Mais si nous pouvons nous féliciter de ce que les idées d'analyse sont perfectionnées, pourrions-nous être ingrats envers nos devanciers?

» Nous nous trouvons à une des plus belles époques que l'histoire puisse présenter. Cependant les temps qui ont passé avaient produit de grands hommes. A ceux que j'ai nommés, que de noms illustres viennent s'associer! Les Harlay, les Séguier, les Talon, les Domat, les Cochin les Dudon, les Pothier, les La Chalotais, et tant d'autres qui ont honoré la magistrature et le barreau, quels services n'ont-ils pas rendus? quels plus grands encore n'auraient-ils pas été capables de rendre?

» Mais avant le chef qui nous gouverne, les Français n'avaient pas encore possédé cette force motrice qui a fait éclater tout ce qu'ils ont de grandeur et de puissance!

» Les bénédictions publiques sont la seule récompense

qui puisse toucher sa grande âme. Qu'il en jouisse long-temps! de tous les cœurs vraiment français, il s'élève une acclamation bien plus énergique encore que celle qui se faisait entendre, il y a quatorze siècles, pour Clovis. *Vivat qui Francos diligit!*

» Au nom du Tribunat, nous vous proposons l'adoption du projet. »

Le Corps-législatif a décrété, dans la séance du 30 ventose an XII, cette loi qui termine les travaux du Code civil.

CHANGEMENS DIVERS DU TITRE DU CODE.

Le gouvernement impérial remplaça la république peu de temps après la promulgation du Code civil; ce changement fit naître le besoin de substituer aux expressions de *premier Consul, Gouvernement, République, Nation, etc.*, celles de *Empereur, Empire, État, etc.* Napoléon Bonaparte songea donc aussitôt à faire décréter une nouvelle édition de ce Code. Il le regardait comme le plus beau monument de sa gloire, et il voulut aussi y attacher son nom.

L'édition nouvelle fut arrêtée au conseil-d'état le 22 août 1807, et communiqué officieusement, le même jour, à la section de législation du Tribunat, qui l'examina le surlendemain.

Elle contenait la réformation de toutes les expressions qui ne s'accordaient pas avec le régime nouveau, et quelques modifications ou additions détaillées dans l'exposé des motifs.

La section de législation du Tribunat a fait les observations suivantes (1):

(1) Il se trouve, aux archives du royaume, dans le dossier qui contient les pièces relatives à cette nouvelle édition, une note écrite de la main du rapporteur du Tribunat, et qui lui a servi pour son rapport verbal à la section : nous la transcrivons ici:

« *Sur l'art.* 897 : pour conserver la liaison de cet article avec l'art. 896 et éviter toute fausse interprétation, dites :

« Sont exceptés, des deux premiers paragraphes de l'article précédent, les dispositions, etc... »

» Au surplus, le projet a été adopté dans tout son contenu. »

Ces observations furent transmises de suite au conseil-d'état, et Napoléon fit porter le projet définitif au Corps-législatif par MM. Réal et Jaubert, et par M. Bigot-Préameneu, qui en a exposé les motifs en ces termes :

» Messieurs, depuis la promulgation du Code civil, le gouvernement impérial a remplacé le gouvernement consulaire : le Code civil était la loi particulière des Français : elle est devenue la loi commune des peuples d'une partie de l'Europe.

» Il ne s'agit point ici de revenir sur les principes qui y sont consignés : c'est un ouvrage terminé : c'est, si je puis m'exprimer ainsi, une espèce d'arche sainte pour laquelle nous donnerons aux peuples voisins l'exemple d'un respect religieux.

» Ce serait méconnaître la faiblesse attachée à l'humanité, si on supposait que cet ouvrage ne sera susceptible d'aucune amélioration; que quelques explications ne devront point à l'avenir en augmenter la clarté, en faciliter encore plus l'exécution. Déjà, quelques décrets de Sa Majesté, ont eu cet objet; mais par le motif même qu'ils ne sont qu'une explication, et qu'ils ne contiennent

---

« 1°. Dans le troisième paragraphe ajouté à l'art. 895, le sénatus-consulte est daté, par erreur, du 30 août; sa date véritable est du 14 août.
» 2°. Dans l'édition communiquée officieusement au Tribunat, il faut rayer l'art. 2261 et diviser en deux articles, le 2260° pour conserver la série de numéros. »

que des moyens d'exécution, on n'a point vu la nécessité de retoucher au texte qui, loin d'en recevoir aucune atteinte, sera plus sûrement appliqué dans son véritable esprit.

» D'autres décrets impériaux pourront être rendus pour des causes semblables. Il ne faudrait pas qu'on les regardât comme des motifs suffisans de promulguer de nouveau le Code.

» On ne doit pas craindre l'inconvénient de laisser les autres peuples qu'il régira dans l'ignorance de ces changemens. On cherchera dans chaque pays les meilleurs moyens d'exécution, et s'il en résulte des lumières utiles, chaque gouvernement aura l'intérêt d'en profiter.

» Des considérations d'un autre ordre déterminent la présentation que je suis chargé de vous faire du Code Napoléon.

» Elle n'a pour objet que de rendre ses formes extérieures analogues aux formes prescrites par les actes des constitutions de l'empire.

» Mais, avant d'entrer à cet égard dans les détails, qu'il me soit permis de jeter un coup-d'œil sur les causes et sur les effets de cette propagation de nos lois civiles dans une partie de l'Europe. Qu'il me soit permis d'admirer avec vous ce mortel extraordinaire qui, destiné par le ciel pour fonder et régénérer des empires, sait employer à la fois et avec un génie également transcendant, les secours de la religion, la force des armes, les profondes conceptions de la politique, le perfectionnement des lois civiles.

» Vous reconnaîtrez, messieurs, combien sous ce dernier rapport, l'époque où nous vivons sera remarquable, si vous vous rappelez combien d'obstacles se sont jusqu'à nos jours opposés aux progrès de la législation civile.

» Elle fut chez les Romains, la science qu'ils honorèrent le plus, et dont ils firent leur principale étude. Jamais cependant ils n'entreprirent de créer un système général, jamais ils n'eurent, à proprement parler, un Code civil mais seulement des recueils de lois éparses et de décisions particulières dont les plus importantes furent variables, comme les formes de leur gouvernement.

»Le nombre de ces règles particulières s'accrut, au point que la vie de chaque jurisconsulte, ne suffisait pas pour les étudier; c'étaient plutôt d'immenses collections de jurisprudence que des corps de lois. La connaissance du juste et de l'injuste, fut à Rome une science à la portée d'un très-petit nombre d'érudits, lorsque faite pour être mise en pratique par tous les hommes, elle eût dû être réduite aux élémens les plus simples. Les livres de lois contenaient le plus riche trésor, sans que chaque citoyen pût par lui-même y puiser aucun secours.

» Ce ne fut que dans le sixième siècle, et lorsque déjà l'Empire romain penchait vers sa ruine que Justinien fit exécuter le projet, non de former un plan de législation et de promulguer un Code civil proprement dit, mais de réunir dans un seul volume les lois qui seraient regardées comme les plus importantes; si on peut dire qu'alors la législation romaine sortit du cahos, toujours est-il certain qu'elle ne reçut point encore un degré de lumière sensible à tous les yeux. S'il fut moins pénible de rechercher dans un seul volume ce qui se trouvait confondu dans un grand nombre, cette nouvelle collection ne pouvait encore être un objet d'étude que pour les jurisconsultes.

» Le droit romain eut donc toujours à l'égard des peuples qui y étaient soumis les plus graves inconvéniens.

» Jamais il ne fut mis à portée de la généralité des citoyens. Il était impossible que des lois ou des décisions particulières, faites à diverses époques, ne présentassent pas des ambiguités ou des contradictions; il était encore impossible que dans une collection qui renfermait les lois abrogées et celles tombées en désuétude, comme les lois en vigueur, l'on distinguât toujours avec certitude les unes des autres

» Cependant cette collection était l'ouvrage le moins imparfait qui fût sorti de la main des hommes, et les Romains sont devenus aussi célèbres par ces lois, que par la conquête du monde.

» La décadence de cette grande nation fut suivie d'un long état de troubles pendant lesquels la civilisation rétrograda. Des usages locaux et un gouvernement militaire furent substitués au droit romain. Les principales collections de ce droit semblaient même entièrement perdues, lorsqu'un exemplaire des *Pandectes*, trouvé dans le douzième siècle, au siège d'Amalfi, et conservé d'abord à Pise et ensuite à Florence, comme le plus précieux des monumens, attira bientôt l'attention de toute l'Europe.

» Le défaut de lois ou leur barbarie, se faisait sentir à mesure que l'ordre social et la civilisation se rétablissaient.

» Presque tous les souverains crurent pouvoir adapter à leur système politique, et même au régime féodal, qui dominait alors dans presque toute l'Europe, une partie des lois romaines, mais ils ne purent le faire sans ajouter une nouvelle cause de confusion à celle que l'on éprouvait déjà dans les lois du Digeste et du Code; on avait de plus à éviter les incohérences et les contrariétés avec les usages ou les statuts locaux.

» L'étude de la jurisprudence fut plus que jamais compliquée. Toutes les ressources de la sagacité et de la subtilité furent employées par les jurisconsultes dans les opinions les plus diverses. A peine eût-on pu citer un petit nombre de lois sur lesquelles ils ne fussent pas en contradiction. L'esprit de controverse qui anima les écrivains eut bientôt l'effet de multiplier les plaideurs, en leur fournissant des armes. Chacun d'eux, au lieu de se borner, après un simple exposé, à invoquer la loi, fit, pour se la rendre favorable de longs commentaires, on cita sans mesure comme sans discernement les commentaires des autres; la jurisprudence des tribunaux vint encore ajouter à ce désordre par l'empressement de chaque partie à s'opposer réciproquement des arrêts contraires et à en altérer les motifs.

» La seule tentative faite dans les temps modernes pour composer un Code civil, est celle de Frédéric, Roi de Prusse; et, quoiqu'elle n'ait pas été suivie du succès, elle honore cependant sa mémoire.

» Il se crut sans doute hors d'état de prendre directement part à cet ouvrage, et d'ailleurs il ne se trouva point dans des circonstances où il pût faire sans inconvénient des changemens aux anciennes lois, aux anciens usages de son pays.

» Le Code auquel il a donné son nom, est une compilation dans le genre de celle qu'ordonna Justinien, et quoique l'ordre des matières y soit plus méthodique, il ne présentait encore nullement le modèle d'un plan simple et resserré dans les proportions convenables pour que la masse des citoyens pût le concevoir et s'en servir facilement. Il suppose une science approfondie, tant des lois anciennes du pays que du droit romain. La carrière est donc restée dans ce pays également ouverte aux seuls jurisconsultes.

» Cette grande difficulté de trouver des lois précises,

d'expliquer ces lois, de les concilier, a introduit dans presque toute l'Europe cet usage de laisser les parties faire, avant le jugement, sous le prétexte d'une légitime défense, un long amas d'écritures, et la France est encore bien loin d'être le pays où cet abus ait été porté aux plus grands excès.

» Il est en effet, un grand nombre d'autres contrées où ceux que la fortune n'a point placés dans la classe riche, sont dans l'impuissance absolue d'avoir recours aux tribunaux, et où le riche lui-même ose à peine se livrer aux longueurs et aux dépenses énormes de l'instruction d'un procès.

» C'est ainsi que chez tous les peuples de l'Europe, la justice a été administrée jusqu'à la fin du 18e siècle.

» La révolution de France a d'abord opéré dans la législation civile de ce pays un grand changement.

» Le régime féodal y a été aboli, et avec ce régime la partie du droit civil qui y avait été subordonnée.

» Quelques lois générales ont fait disparaître une partie des inconvéniens qui résultaient de la diversité de plus de 550 coutumes ou statuts divers dans la seule étendue de l'ancien territoire de la France.

» L'Assemblée constituante avait conçu l'idée ou plutôt elle avait seulement exprimé le vœu d'un Code civil, mais il était réservé au génie de l'empereur de l'exécuter; il a voulu être lui-même le témoin et le coopérateur de ce grand-œuvre. La postérité verra le plus célèbre des héros, le plus profond des politiques être en même temps, au milieu de son conseil-d'état, celui qui montra le plus de sagacité et le plus de prévoyance, le plus d'idées neuves, le plus de moyens pour que le monument que l'on se proposait d'élever, fût impérissable; pour que devenant un modèle de législation, les peuples voisins fussent pressés par le besoin de s'y conformer ; pour qu'il fît le bonheur de la France, en même temps qu'il formerait un nouveau lien entre les peuples qui l'adopteraient.

» Pour parvenir à ce but, il fallait que le système général de ce Code pût se concilier avec les divers systèmes de gouvernement, et nul législateur n'avait encore tenté de résoudre ce grand problème.

» On a toujours distingué dans les lois romaines celles qui tiennent à la formation, à l'interprétation, à l'exécution des contrats. Ces lois sont celles qu'ils avaient le moins subordonnées à leurs divers systèmes politiques, et on ne pouvait leur faire d'autres reproches que d'avoir quelquefois, par des analyses trop subtiles, élevé de l'incertitude dans la recherche de l'équité. Mais ce reproche doit s'adresser à quelques jurisconsultes romains dont les opinions particulières ont été mises au rang des lois ; cependant, c'est cette partie de la législation romaine qui, même avec ce défaut, a mérité l'admiration générale et qui a le plus contribué à la civilisation de l'Europe.

» L'empereur a voulu que l'on conservât dans leur pureté ces règles d'équité qui, de leur nature, et surtout après les avoir dégagées des subtilités scolastiques, ne sont plus que l'expression des sentimens mis par Dieu même dans le cœur des hommes et doivent, par ce motif, être immuables.

» A l'égard des deux autres parties du Code civil, ayant pour objet l'organisation des familles et la transmission de propriété, ni le droit romain, ni la législation civile d'aucune contrée de l'Europe ne portait sur des principes qui la missent à l'abri de toutes les vicissitudes des gouvernemens.

» L'empereur a considéré que les institutions le moins éloignées de l'ordre naturel seraient aussi, dans l'ordre politique, les moins variables, et qu'elles seraient plus difficilement anéanties, même par les bouleversemens révolutionnaires.

» Ne chercher dans l'organisation des familles que leur plus grand bien et l'union la plus intime des membres qui la composent; se conformer à l'affection présumée du chef de famille dans la transmission des biens, tels sont les principes naturels auxquels l'empereur n'a fait éprouver que très-peu de modifications exigées par la constitution même de l'empire dans lequel il est le père commun et le conservateur de toutes les familles.

» Dans les lois romaines, dans toutes celles qui postérieurement avaient été faites sur cette partie du Code civil, le système politique était la base, et ce n'était que par quelques modifications que l'on se rapprochait de l'ordre naturel. Dans le Code Napoléon, l'ordre naturel est la règle commune qui ne reçoit que des modifications indispensables.

» C'est avec cette méthode que toutes les idées ont pu se simplifier, et être mises à la portée du peuple. C'est avec cette méthode que l'on a pu lui inspirer le plus profond attachement pour ses lois, et ne laisser dans son souvenir des lois anciennes, que la preuve de leur imperfection et de leurs abus. C'est surtout avec cette méthode que l'on a fait naître, chez les peuples civilisés, le désir de participer au même bonheur.

» Vous observerez, Messieurs, que c'est par une semblable communication que les peuples divers peuvent le plus se rapprocher.

» La diversité des lois civiles est comme la diversité de religion ou de langage, une barrière qui rend étrangers l'un à l'autre les peuples voisins, et qui les empêche de multiplier entr'eux des transactions de tous genres, et de concourir ainsi mutuellement à l'accroissement de leur prospérité.

»Lorsque des lois civiles sont devenues la loi commune de plusieurs peuples, elles sont, chez chacun d'eux, l'objet de la méditation des sages; et s'ils peuvent l'élever à un nouveau degré de perfection, les autres peuples sont portés d'inclination, comme d'intérêt, à profiter de ces avantages.

» Admirez ici, Messieurs, avec quelle profondeur sont liées ensembles toutes les conceptions de Sa Majesté pour parvenir au but d'améliorer le sort des hommes, et surtout de fixer entr'eux la paix.

» Des considérations, des balancemens de puissance, sont à la fois pour les chefs des gouvernemens, la plus forte garantie de la paix qu'ils voudront conserver, et contre ces chefs, la plus forte garantie de la paix qu'ils voudraient troubler. Il a donc, à cet égard, étouffé, autant qu'il était possible, les germes de guerre qui, jusqu'ici, se sont presque sans cesse développés pour embraser les diverses parties de l'Europe. Mais il ne se borne pas à former ainsi entre les souverains le pacte le plus solennel et le lien le plus fort qui ait jamais existé; il veut encore que les mœurs des divers peuples s'améliorent et se rapprochent par des institutions qui leur soient communes Il veut que la crainte de voir troubler les transactions que ces lois communes à deux peuples auront multipliées, donne à tous les esprits une tendance vers la paix, et retienne les premiers ressentimens du souverain qui devra au moins mettre en balance le préjudice énorme que la guerre causerait à son propre pays.

»Autant les conceptions de l'empereur sont vastes, autant il met de prudence et de mesure dans leur exécution.

»Il a d'abord voulu que la sagesse des vues qu'il avait développées dans la composition du Code civil, fût consacrée par une expérience suffisante.

»Il s'est assuré que d'un bout à l'autre de son empire, ses peuples ont mis leurs nouvelles lois civiles au rang des plus grands bienfaits qu'ils en avaient reçus. Il s'est assuré qu'au lieu de cette foule de procès qui naissaient et du régime féodal et de l'obscurité, de la multiplicité, de la diversité des lois anciennes, il s'élevait dans les tribunaux très-peu de difficultés sur l'application des nouvelles civiles, et qu'il n'était aucune de ces difficultés que l'on ne pût aplanir sans porter la moindre atteinte aux principes. Il s'est assuré que les citoyens de tous les rangs s'étaient empressés de faire l'étude de ces lois, qu'ils les connaissaient assez pour discuter et régler eux-mêmes leurs droits sans avoir besoin du recours aux tribunaux. Il s'est rassuré que déjà ces lois avaient établi dans l'exercice du droit de propriété comme dans l'harmonie des familles, un ordre qui ne peut que se perfectioner.

»Il a vu, en même temps, que si le Code avait été composé pendant le gouvernement consulaire, ses principes n'avaient rien qui ne s'accordât avec la puissance et avec la dignité impériale. C'est ainsi qu'il s'est convaincu que ce Code produirait, chez les peuples où il serait mis en vigueur, d'aussi heureux effets.

»Cette vérité se trouve consacrée par l'expérience qu'il en a fait dans le royaume d'Italie, où le Code Napoléon a été accueilli avec le même empressement, et où il a eu le même succès qu'en France.

»Déjà un autre roi, au-delà des Alpes, a cru ne pouvoir mieux signaler son avènement au trône, ni donner une plus grande preuve de son amour pour les peuples qu'il adoptait, qu'en les faisant jouir des avantages de ce Code.

»C'est dans les mêmes vues qu'il est encore destiné à divers peuples d'Allemagne, et déjà si on considère l'étendue des pays où il est, et où il sera en vigueur, on peut le regarder comme le droit commun de l'Europe.

»Combien n'est-il pas satisfaisant pour vous, Messieurs, de voir votre nom attaché à ce beau monument; députés par tous les départemens, vous connaissez et les besoins et les vœux de tous les habitans de l'empire; ils vous avaient choisis avec la certitude que vos délibérations sur les lois proposées deviendraient autant de preuves de vos lumières, de votre sagesse, de votre dévouement à votre pays.

» C'est avec des talens aussi distingués et avec des sentimens aussi purs, que déjà vous avez examiné, apprécié, adopté le Code Napoléon, et que vous allez peser les motifs des rectifications qui vous sont proposées, et dont il me reste à vous rendre compte.

» Le titre de *Code civil des Français* suffisait lorsque son exécution a été bornée aux limites de l'empire ; mais lorsqu'il s'est propagé chez plusieurs autres peuples, il a été nécessaire qu'il portât le titre propre à caractériser la loi de chaque pays. Déja ce Code a été publié en plusieurs contrées sous un titre dont ce choix aurait été inspiré par la seule reconnaissance, si ce n'était pas d'ailleurs un hommage rendu par la vérité à celui à qui ce grand ouvrage doit sa naissance, à celui qui, dans le plan général comme dans ses principales dispositions, y a imprimé les traits impérissables de son génie prévoyant et créateur. Par tous ces motifs et par les sentimens qui animent plus particulièrement les Français pour leur empereur, le Code civil sera pour eux, plus que pour tout autre peuple, le Code Napoléon, et on ne saurait douter qu'il ne soit contre leur vœu de lui laisser plus long-temps un autre nom.

» La différence des temps où le Code Napoléon a été publié en France et chez d'autres peuples, a aussi entraîné des changemens de dénomination. C'est ainsi qu'il a été publié dans deux grands états de l'Italie en substituant les expressions propres à la forme de leur gouvernement. Il convient également qu'une loi destinée à être chaque jour et pendant des siècles, citée dans les tribunaux et dans toutes les transactions sociales, commande la soumission et le respect au nom de l'empereur, et avec les formes du gouvernement actuel. Ainsi, ces dénominations *empereur*, *empire*, *état*, vont être substituées à celles de *premier consul*, *gouvernement*, *république*, *nation*.

» Le tribunal de cassation, les tribunaux d'appel y sont nommés *cour de cassation*, *cour d'appel*; les tribunaux criminels, *cour de justice criminelle*; leurs jugemens *arrêts*.

» Le titre de commissaire du gouvernement près le tribunal d'appel, ou de commissaire du gouvernement près le tribunal de première instance, sera remplacé par celui de *procureur général impérial en la cour d'appel* ou de *procureur impérial au tribunal de première instance*.

» Le titre de commissaire des relations commerciales, par celui de *consul*, et l'expression de commissariat des mêmes relations, par celle de *consulat*.

» Les armées de la république, les vaisseaux ou bâtiment de l'État, y sont nommés les *armées de l'empereur*, les *vaisseaux ou bâtimens de l'empereur*.

» Suivant l'une des dispositions du Code sur la privation des droits civils par la perte de la qualité de Français, cette qualité serait perdue par l'affiliation à toute corporation étrangère qui exigerait des distinctions de naissance.

»Les affiliations à une corporation étrangère ne peuvent avoir lieu qu'avec l'autorisation de l'empereur; elles doivent désormais être mises dans la classe des rapports politiques d'une puissance à l'autre; et d'ailleurs, dans ces espèces d'affiliations, les règles et les usages de chaque pays ne reçoivent aucune atteinte. Ce ne peut donc être à l'avenir la matière d'une disposition de Code civil. Elle doit être supprimée.

» Le § premier de l'article 427, contient une énumération des personnes auxquelles, à raison de leurs grandes fonctions, on ne peut pas imposer la charge de la tutelle des mineurs ou des interdits.

» Ces grands fonctionnaires étaient ceux dont il est mention dans les titres 2, 3 et 4 de l'acte constitutionnel du gouvernement consulaire. Cette organisation n'étant plus la même, le principe de la dispense doit être maintenu en l'appliquant à ceux qui, par l'acte des constitutions du 18 mai 1804, sont établis dans des fonctions du même ordre ou d'un ordre supérieur. Ainsi, au lieu de la disposition qui déclare dispensés de la tutelle les membres des autorités établies par les titres 2, 3 et 4 de l'acte constitutionnel de l'an VIII, on a déclaré que cette dispense s'applique aux personnes désignées dans les titres 3, 5, 6, 8, 9, 10 et 11 de l'acte des constitutions du 18 mai 1804.

» Un objet plus important est celui qui concerne les substitutions.

» Elles sont défendues par le Code civil.

» Cette règle générale a été modifiée par l'acte impérial du 30 mars 1806 et par le sénatus-consulte du 14 août suivant.

» Les motifs de cette modification sont énoncés dans le sénatus - consulte dont l'art 5 est ainsi conçu : « Quand » Sa Majesté le jugera convenable, soit pour récompen- » ser de grands services, soit pour exciter une utile » émulation, soit pour concourir à l'éclat du trône, elle » pourra autoriser un chef de famille à substituer ses » biens libres pour former la dotation d'un titre hérédi- » taire que Sa Majesté érigerait en sa faveur, reversible » à son fils aîné, né ou à naître, et à ses descendans en » ligne directe, de mâle en mâle, par ordre de primo- » géniture. »

»Cette loi spéciale, bornant à un petit nombre de cas de la plus haute importance ceux où il sera fait exception à la règle générale qui défend les substitutions, confirme cette règle; cependant, il ne serait pas convenable que dans une édition nouvelle du Code, la prohibition ab- solue des substitutions fût conservée, lorsqu'elle a été modifiée. Il a été jugé nécessaire d'énoncer cette modi- fication. Ce n'est point addition ou changement dans la législation, mais seulement la réunion de deux disposi- tions corrélatives, l'une du Code et l'autre d'un sénatus- consulte postérieur. Il est aussi dans l'une des formes ex- térieures du Code un changement indispensable.

»Un nouveau calendrier fut établi en 1793; aucun au- tre peuple ne l'a cru préférable aux usages consacrés depuis tant de siècles dans presque toute l'Europe. La France se trouvait, sous des rapports aussi importans, dans un isolement absolu. Une telle barrière devait s'a- baisser sous le règne d'un empereur qui ne s'occupe qu'à multiplier les liens entre les nations. Un sénatus-consulte, rendu depuis la promulgation du Code civil, a rétabli le calendrier grégorien. Il est donc convenable que chacune des lois comprises dans le Code Napoléon porte désormais la date de ce calendrier, correspondante à celle du jour où elle a été soit décrétée, soit promulguée.

»Il résulte encore du calendrier grégorien qu'un des articles de ce Code ne saurait à l'avenir être d'aucune application. C'est l'article 2261, suivant lequel, pour les prescriptions qui s'accomplissent dans un certain nombre de jours, les jours complémentaires sont comptés, et pour les prescriptions qui s'accomplissent par mois, celui de fructidor comprend les jours complémentaires.

»Il est évident qu'à compter du 1er janvier 1806, le calendrier grégorien rend cette disposition absolument nulle, et qu'elle ne peut plus avoir d'effet que pour les prescriptions d'un certain nombre de jours et pour les prescriptions de mois qui se seraient accomplies pendant que le calendrier républicain a été en vigueur, et pour lesquelles l'action pourrait être intentée ; mais la suppression actuelle de cet article ne pouvant avoir d'effet rétroactif, il serait également invoqué comme étant la règle subsistante au temps de ces prescriptions, par ceux qui voudraient les faire prononcer dans les tribunaux. Ainsi, cette suppression ne peut avoir, pour le temps passé, aucun inconvénient, et pour l'avenir elle est devenue nécessaire.

»Tels sont, Messieurs, les seuls changemens que je suis chargé de soumettre à votre délibération ; vous les trouverez dans l'exemplaire du Code civil que j'ai l'honneur de déposer ; et je vais donner lecture des articles où ces changemens ont été faits. »

Le Corps-législatif s'empressa de remplir les formalités

d'usage, et son décret d'adoption fut rendu le 3 septembre.

Depuis cette époque jusqu'au commencement de 1814, le Code civil n'a pas cessé de porter le nom de Code Napoléon; mais à la chute de l'empire, il reprit son véritable titre de Code civil.

Maintenu par l'art. 68 de la Charte constitutionnelle, au grand désappointement d'une faction qui aurait voulu replonger la France dans le chaos où elle se trouvait avant 1789, il ne restait plus qu'à substituer les expressions en harmonie avec le gouvernement royal, à celles du gouvernement impérial.

Ce fut l'objet de l'ordonnance rendue par Louis XVIII, le 17 juillet 1816, en ces termes :

« Louis, etc.

» Nous sommes trop convaincus des maux que l'instabilité de la législation peut causer dans un état, pour songer à une révision générale des cinq Codes qui étaient en vigueur dans notre royaume au moment où nous avons donné à nos peuples la Charte constitutionnelle; et nous nous réservons seulement de proposer des lois particulières, pour réformer les dispositions susceptibles d'être améliorées ou dans lesquelles le temps ou l'expérience nous auraient fait apercevoir des imperfections; mais si de pareilles réformes ne peuvent être que l'ouvrage du temps et le fruit de longues méditations, il est indispensable de supprimer dès à présent des différens Codes, les dénominations, expressions et formules qui ne sont plus en harmonie avec les principes de notre gouvernement, et qui rappellent des temps et des circonstances dont nous voudrions pouvoir effacer jusqu'au souvenir.

» A ces causes, de l'avis de notre conseil, et sur le rapport de notre amé et féal chevalier le chancelier de France, garde des sceaux, chargé par intérim du portefeuille de la justice.

» Nous avons ordonné et ordonnons ce qui suit :

» Art. 1er Les dénominations, expressions et formules qui rappellent les divers gouvernemens antérieurs à notre retour dans notre royaume, sont et demeurent effacées du Code civil, du Code de procédure civile, du Code de commerce, du Code d'instruction criminelle et du Code pénal, et elles y sont dès à présent remplacées par les dénominations, expressions et formules conformes au gouvernement établi par la Charte constitutionnelle.

» Art. 2. Nous défendons, en conséquence, à nos cours et tribunaux, préfets, sous-préfets, conseillers de préfecture, et à tous autres nos officiers et sujets, d'employer dans les citations qu'ils seraient obligés de faire d'aucune loi, arrêté, décret ou autre acte quelconque, les dénominations et expressions supprimées par l'article précédent.

» Art. 3. Il sera fait incessamment et sous la direction de notre chancelier, chargé par intérim du portefeuille du département de la justice, une édition nouvelle des différens Codes contenant les changemens ordonnés par la présente.

» Art. 4. Dans l'édition présentement ordonnée, la substance et la rédaction de tous les articles actuellement en vigueur demeurera textuellement la même.

» Cette édition contiendra ceux mêmes des articles des différens Codes qui ont été abrogés ou modifiés par des lois postérieures; mais il sera fait mention, en note ou en marge, des lois qui les changent ou les modifient; et ces lois seront imprimées à la suite desdits Codes.

» Art. 5. Les éditions nouvelles des Codes seront soumises à notre approbation, et chacun des Codes sera inséré au Bulletin des lois, sur lequel il sera libre à tous les imprimeurs de notre royaume d'en faire eux-mêmes, et pour leur compte, telles éditions qu'ils jugeront convenables. »

La nouvelle édition du Code civil fut préparée en moins de six semaines, et le Roi en prescrivit de suite l'insertion au Bulletin des lois.

On plaça en tête l'ordonnance suivante :

» Louis, etc.

» Vu notre ordonnance du 17 juillet 1816;

»Sur le rapport de notre amé et féal chevalier le chancelier de France, chargé du portefeuille du ministère de la justice.

» Nous avons ordonné et ordonnons ce qui suit :

» A compter du jour où la présente ordonnance aura dû recevoir son exécution dans chacun des départemens de notre royaume, il ne pourra plus être cité ni employé dans les actes sous seing-privé et authentiques, plaidoiries, défenses écrites, consultations, ordonnances, jugemens, arrêts, arrêtés administratifs, ni dans aucun autre acte public, de quelque nature qu'il soit, d'autre texte du Code civil que celui qui suit : »

Les détails historiques dans lesquels nous venons d'entrer justifient le plan de notre recueil.

Il était naturel de donner successivement et sans morcellement le texte de tous les projets soumis à la Convention nationale, au conseil des Cinq-cents et à la

Commission législative de ce conseil, avec le discours de présentation, avant d'arriver au projet préparé par la Commission nommée en l'an VIII.

A cela devaient succéder toutes les observations du tribunal de cassation et des tribunaux d'appel.

Puis, le projet dressé par la section de législation du conseil-d'état pour chaque titre du Code, avec les procès-verbaux de sa discussion, le texte des observations faites par la section du Tribunat, la rédaction définitive du conseil-d'état, l'exposé des motifs fait au Corps-législatif, le rapport et les discours ou opinions prononcés devant l'assemblée générale des tribuns par suite de la communication officielle, le vœu émis par ce corps, la discussion publique devant le Corps-législatif, et enfin le décret.

Cet ordre était le seul qu'il convint de suivre, si nous avions agi autrement, si nous avions placé des fragmens sous chaque article du Code; les discussions auraient perdu leur ensemble, les discours auraient été tronqués, et l'esprit dont le législateur était animé aurait disparu.

Donner tous ces documens était aussi le seul moyen d'offrir un corps complet des travaux qui ont préparé le Code; les projets discutés antérieurement à l'an VIII ont servi de base à celui de la commission et, nous n'aurions pu les omettre sans mériter le reproche d'avoir publié un recueil incomplet.

Toutefois, pour obvier à la difficulté réelle de retrouver dans un ouvrage aussi étendu les élémens, les observations et les discussions relatives à telle ou telle disposition, nous publierons, séparement de cette collection et pour y faire suite, une édition complète du Code qui contiendra, sous chacun de ses articles, l'indication des pages du recueil auxquels ils se rattachent.

Ce dernier ouvrage comprendra en même temps, sans exception, les lois, décrets ou ordonnances qui ont apporté des changemens ou modifications au Code originaire, ainsi que les actes du pouvoir formant le complément de la législation civile de la France.

Nous ne pouvons nous défendre, en terminant, de témoigner au vénérable M. de la Rue toute notre reconnaissance de l'extrême obligeance qu'il a mise à nous faire communiquer les procès-verbaux des diverses assemblées, et généralement tout ce que nous avons désiré consulter aux archives du royaume pour la publication de notre Recueil.

RECUEIL COMPLET

DES

TRAVAUX PRÉPARATOIRES

DU

CODE CIVIL.

PROJETS DE CAMBACÉRÈS

ET DE JACQUEMINOT; DISCOURS PRÉLIMINAIRES.

RAPPORT FAIT A LA CONVENTION NATIONALE

PAR CAMBACÉRÈS, AU NOM DU COMITÉ DE LÉGISLATION,

Sur le 1er. projet de Code civil.

(Séance du 9 août 1793.)

CITOYENS, elle est enfin arrivée cette époque si désirée qui doit fixer pour jamais l'empire de la liberté et les destinées de la France.

La constitution demandée partout avec transport a été reçue de tous les bons citoyens avec le sentiment de l'admiration et de la reconnaissance; et, comme une éclatante aurore est l'annonce d'un beau jour, avec la constitution doivent commencer le bonheur du peuple et la prospérité de la république.

Vous avez rempli, en grande partie, la tâche honorable qui vous avait été imposée; mais vos obligations ne sont

Les personnes et les propriétés ont été successivement le sujet de nos méditations.

La constitution a fixé les droits politiques des Français.

C'est à la législation qu'il appartient de régler leurs droits civils.

Ces droits sont acquis à l'enfant dès le moment où il respire; la seule majorité lui en assure le plein exercice : elle est fixée à vingt-un ans.

Les rapports établis entre les individus qui composent la société constituent l'état des personnes.

La législation doit donc régler les dispositions et les formes des naissances, des mariages, des divorces et des décès. L'homme naît et meurt à la patrie; la société doit le suivre dans les principales époques de sa vie.

Le pacte matrimonial doit son origine au droit naturel; il a été perfectionné et fortifié par les institutions sociales; la volonté des époux en fait la substance; le changement de cette volonté en opère la dissolution : de là le principe du divorce, établissement salutaire long-temps repoussé de nos mœurs par l'effet d'une influence religieuse, et qui deviendra plus utile par l'attention que nous avons eue de simplifier la procédure qu'il nécessite, et d'abréger les délais qu'il prescrit.

Les conventions matrimoniales subsistent par la volonté des parties ou par l'autorité de la loi.

La volonté des contractans est la règle la plus absolue; elle ne connaît d'autres bornes que celles qui sont placées par l'intérêt général. Ainsi les époux ne peuvent, dans le pacte matrimonial, ni éluder les mesures arrêtées pour opérer la division des fortunes, ni contrevenir au principe qui a consacré l'égalité dans les partages.

La loi fixera des règles simples dérivant de la nature même du mariage; elle consacrera la communauté des biens comme le mode le plus conforme à cette union intime, à cette unité d'intérêts, fondement inaltérable du bonheur des familles.

Les mêmes motifs nous ont fait adopter l'usage de l'administration commune. Cette innovation éprouvera peut-être des critiques : elles auront leur réponse dans ce principe d'égalité qui doit régler tous les actes de notre organisation sociale, et dans notre intention d'empêcher ces engagemens indiscrets qui ruinaient souvent la fortune des deux époux, amenaient la division intestine, les chagrins et la misère.

Après avoir considéré le mariage sous l'aspect des rapports qu'il établit entre les époux, il nous restait à le considérer comme la tige des liens qui doivent unir les enfans et les auteurs de leur existence.

La voix impérieuse de la raison s'est fait entendre ; elle a dit : il n'y a plus de puissance paternelle ; c'est tromper la nature que d'établir ses droits par la contrainte.

Surveillance et protection : voilà les droits des parens ; nourrir et élever, établir leurs enfans, voilà leurs devoirs.

Quant à l'éducation, la convention en décrétera le mode et les principes.

La nourriture ne se prescrit pas ; mais rien n'est indifférent dans l'art de former les hommes.

Chiron fut chargé de l'éducation d'Achille ; il le nourrissait de la moëlle de lion.

Les enfans seront dotés, en apprenant, dès leur tendre enfance, un métier d'agriculture ou d'art mécanique. Avec cette ressource, également à l'abri et des coups du sort et des tourmens de l'ambition, nos jeunes républicains renouvelleront le rare spectacle d'un peuple agriculteur, riche sans opulence, content sans fortune, grand par son travail ; et lorsque l'orgueil dédaigneux leur demandera où sont leurs richesses, tel que ce fameux romain, accusé de magie à cause de la fertilité de ses terres, et qui, forcé de se défendre, se contenta d'apporter avec sa charrue tous les instrumens de ses travaux champêtres, et les jetant aux pieds de ses juges : Voilà, leur dit-il, mes enchantemens et mes sortilèges ; ainsi les enfans de la patrie montreront leurs moissons, leurs cultures, leurs arts, leurs travaux, et ils diront à l'envie étonnée : Voilà nos trésors.

Si la loi place tous les enfans sous la bienfaisante tutelle de ceux qui leur ont donné l'être, elle a dû porter ses regards sur une classe d'infortunés depuis trop long-temps victimes du préjugé le plus atroce.

La bâtardise doit son origine aux erreurs religieuses et aux invasions féodales ; il faut donc la bannir d'une législation conforme à la nature. Tous les hommes sont égaux devant elle : pourquoi laisseriez-vous subsister une différence entre ceux dont la condition devrait être la même ?

Nous avons mis au même rang tous les enfans qui seront reconnus par leur père ; mais, en faisant un acte que la justice réclamait, nous avons dû prévenir les fraudes et les vexations. Ces motifs nous ont déterminé à exiger que la déclaration du père fût toujours soutenue de l'aveu de la mère, comme le témoin le plus incontestable de la paternité. Nous avons résolu aussi d'écarter ces formes inquisitoriales long-temps pratiquées dans l'ancienne jurisprudence ; et nous refusons toute action qui aurait pour objet de forcer un individu à reconnaître un enfant qu'il ne croit pas lui appartenir.

Quant aux enfans nés avant la promulgation de la loi, la possession d'état leur suffira pour recueillir les successions de leurs père et mère, ouverte depuis le 14 juillet 1789. Eh ! qu'on ne nous dise point que c'est donner à la loi un effet rétroactif. Ce principe ne s'applique point lorsqu'il s'agit d'un droit primitif, d'un droit que l'on tient de la nature ; d'ailleurs les enfans naturels ont été appelés aux droits de successibilité par le décret du 4 juin dernier.

Vous avez déjà mis l'adoption au nombre de nos lois ; il ne nous restait qu'à en régler l'exercice.

L'adoption est tout à la fois une institution de bienfaisance et la vivante image de la nature.

Le respect dû à cette double qualité a déterminé le mode que nous venons de vous soumettre.

L'adoption donne plus d'étendue à la paternité, plus d'activité à l'amour filial; elle vivifie la famille par l'émulation; elle la répare par de nouveaux choix; et corrigeant ainsi les erreurs de la nature, elle en acquitte la dette en agrandissant son empire. C'est le rameau étranger enté sur un tronc antique; il en ranime la sève; il embellit sa tige de nouveaux rejetons; et, par cette insertion heureuse, elle couronne l'arbre d'une nouvelle moisson de fleurs et de fruits : admirable institution que vous avez eu la gloire de renouveler, et qui se lie si naturellement à la constitution de la république, puisqu'elle amène sans crise la division des grandes fortunes! Enfin nous n'avons point terminé la partie du Code qui appartient à l'état des personnes sans avoir arrêté les dispositions relatives aux tutelles, aux interdits, aux absens.

Des règles simples, faciles à saisir, plus faciles à exécuter; voilà quel est le résultat de nos veilles et le fruit de nos méditations.

Nous avons considéré les biens relativement à leur essence et relativement à ceux qui en sont les propriétaires. Cette distinction nous a paru tenir à la nature des choses. Toute autre différence, quant à leur origine, ou à leur transmission, a dû être proscrite.

Il n'était pas de notre sujet de résoudre ce problème qui a si long-temps agité les publicistes, et de décider si la propriété existe par les lois de la nature, ou si c'est un bienfait de la société; nous avons dû seulement préciser les droits qui lui sont inhérens, et en régler l'usage. Ainsi, après avoir fixé les moyens d'acquérir et de conserver, après avoir réduit la prescription aux seuls effets qu'elle doit produire, nous avons arrêté notre attention sur les articles intéressans qui doivent régler désormais la disposition des biens.

Tous les enfans sont appelés à partager également le patrimoine de leur famille; tel est l'ordre de la nature; tel est le vœu de la raison. Mais cette règle sera-t-elle si absolue que les chefs de famille n'aient jamais la faculté de disposer d'une partie de leur héritage? Le comité ne le pense point ainsi; il a cru qu'une telle obligation blesserait trop nos habitudes, sans aucun avantage pour la société, sans aucun profit pour la morale. Mais il a estimé que la réserve devait être modique, et qu'elle ne devait jamais être l'occasion d'une injuste préférence pour aucun des enfans.

En consacrant cette règle pour les successions directes, nous avons dû, avec plus de raison, l'étendre aux successions collatérales; c'est la loi civile qui les régit; et leur disposition doit être faite suivant la volonté de l'homme plutôt que selon l'ordre de la parenté.

Après avoir établi ces deux bases, après nous être assurés que les propriétés seraient toujours divisées, nous avons abrogé toutes les formes testamentaires pour leur substituer deux actes simples, la donation entre vifs et la donation héréditaire.

La première est irrévocable; la bienfaisance est son principe. Il répugne à l'idée de bienfaisance que l'on puisse donner à un riche; il répugne à la nature que l'on puisse faire de pareils dons, lorsqu'on a sous les yeux l'image de la misère et du malheur; ces considérations attendrissantes nous ont déterminés à arrêter un point fixe, une sorte de *maximum* qui ne permet pas de donner à ceux qui l'ont atteint.

A l'égard des donations héréditaires, elles ne peuvent jamais comprendre que la quotité de biens dont chaque citoyen pourra disposer; enfin nous vous proposons d'autoriser ceux qui sont appelés à une succession à user de la faculté d'y renoncer; et nous assujettissons au rapport ceux qui voudraient se soustraire à l'égalité établie, au moyen de ces donations dont l'usage a été si fréquent jusqu'à ce jour.

La partie des contrats ne nous a pas offert d'aussi grands changemens que les autres ; les simples relations commerciales, celles qui n'appartenaient pas exclusivement à une classe d'individus, avaient assez approché de la justice, attendu que, dans cette promiscuité d'intérêts, les choses avaient naturellement pris leur niveau.

Le fond du tableau a donc souffert peu d'altération ; il a fallu seulement imprimer un grand caractère aux conventions, et ne pas permettre que leur stabilité fût légèrement compromise ; ainsi nous avons rejeté la faculté de rachat des immeubles, qui avait le double inconvénient d'être une source intarissable de contestations, et de nuire aux progrès de l'agriculture et à l'embellissement des cités, par l'incertitude qu'elle laissait sur les propriétés. Nous vous proposons pareillement d'anéantir les plaintes en lésion, à la faveur desquelles le contrat formé devenait nul, au moyen d'une estimation arbitraire.

La libération étant de droit naturel, nous l'avons admise dans tous les cas, et nous avons estimé que les débiteurs des rentes viagères devraient avoir la faculté de les rembourser comme les débiteurs des rentes constituées.

Enfin nous avons pensé que la morale et la raison demandaient l'abolition du serment créé pour servir de supplément aux conventions ; mais qui, au lieu d'étayer le bon droit, ne fut presque toujours qu'une occasion de parjure.

Long-temps nos tribunaux ont retenti de ces mots *présomption et commencement de preuves par écrit.* Nous ne craignons pas de le dire, il n'y a pas plus de présomption et de commencement de preuves qu'il n'y a de *demi-vérité;* sans une preuve complète, le juge ne peut prononcer que la libération.

Jusqu'ici notre législation avait été très-imparfaite sur l'importante matière des hypothèques ; pour la compléter, nous avons réuni à notre travail les principales dispositions d'un projet qui, étant examiné sous tous ses rapports, paraît présenter un grand intérêt, puisqu'il offre des moyens d'accroître la puissance nationale, en augmentant la richesse particulière de chaque citoyen (1).

Nous vous proposons d'abolir l'hypothèque tacite, comme affectant les biens d'une manière invisible, et entraînant avec elle les plus graves inconvéniens.

A l'avenir, l'hypothèque résultera d'un acte authentique ou d'une condamnation judiciaire; et au moyen d'une inscription sur des registres publics, les droits des créanciers seront à l'abri de toute atteinte.

Tels sont, citoyens, les principaux élémens de l'ouvrage que nous vous proposons de consacrer à la prospérité de la France et au bonheur de tous les peuples; puissent-ils ne recevoir aucune atteinte, ni des outrages du temps, ni des passions des hommes; les lois sont les ancres qui servent à fixer le vaisseau de l'état; mais trop souvent ces ancres le laissent flotter sur lui-même par l'agitation et les vicissitudes des choses humaines. Vous ne déciderez point dans une matière si grave, sans une discussion approfondie. Les lois, une fois rédigées, il faut craindre de toucher à ce dépôt sacré. Ce n'est que les eaux corrompues dont on rétablit la transparence, en les agitant. Mais ces eaux salubres, ces eaux bienfaisantes, éternel remède à nos maux, si elles ne perdent jamais leur salubrité, c'est à l'inviolabilité de leur profonde retraite qu'elles doivent ce précieux avantage.

En rédigeant le nouveau Code que nous venons vous offrir, loin de nous la présomption d'avoir inventé une théorie ou un système. Un système!... Nous n'en avons point; persuadés que toutes les sciences ont leur chimère, la nature est le seul oracle que nous ayons interrogé. Heureux, cent fois heureux, le retour filial vers cette commune mère! Quelle

(1) Ce projet est dû au citoyen Mangin, et au citoyen Veirieu, membre de l'assemblée législative.

exemption de peines! Quelle moisson abondante de douceur et de consolations ne nous procurerait-il pas! Malheureusement les objets sont plus accessibles que les esprits ne sont maniables; et dans l'art difficile de faire goûter des lois, il ne faut compter que sur les effets de cette raison publique, à qui rien ne résiste.

Quelle entreprise, dira la malveillance accablée, quelle entreprise de tout changer à la fois dans les écoles, dans les mœurs, dans les coutumes, dans les esprits, dans les lois d'un grand peuple! L'immortel Bacon répondait aux malveillans de son siècle qui lui témoignaient la même surprise : si l'on s'étonne de mon audace, je m'étonnerai bien plus de notre faiblesse, et qu'il ne se trouve pas une âme assez vigoureuse pour rendre la raison à la vérité et l'homme à la nature.

Peut-être, dira-t-on, il ne suffisait pas d'avoir voulu tout régénérer; il fallait encore tout prévoir, tout ordonner..... En détruisant les lois et les coutumes existantes, il fallait leur substituer une législation parfaite qui ne laissât plus de doutes à résoudre, ni de difficultés à craindre. Nous répondrons à ces observateurs cyniques, que c'est à la nation qu'il appartient de perfectionner et de raffermir notre ouvrage; que si les précautions pouvaient nous manquer pour arriver de la spéculation à la pratique, du moins le courage, qui sait abattre les préjugés, surmonter les obstacles, braver les dangers, ne manquera jamais à la Convention nationale.

O vous, enfans de la patrie! vous qu'elle a chargés de porter dans cette enceinte l'expression de sa volonté souveraine, soyez témoins du zèle constant des fidèles représentans du peuple pour le salut de la république. Voyez le code de lois civiles que la Convention prépare pour la grande famille de la nation, comme le fruit de la liberté. La nation le recevra comme le garant de son bonheur; elle l'offrira un jour à tous les peuples, qui s'empresseront de l'adopter lorsque les préventions seront dissipées, lorsque les haines seront éteintes.

Citoyens, vous allez célébrer l'anniversaire de ce jour à jamais mémorable où la liberté s'est assise sur les ruines du trône; vous allez célébrer la fête éternelle de la constitution française; rien ne peut troubler cette auguste cérémonie; et bientôt, de retour dans vos foyers, vous irez dans les villes et dans les campagnes porter nos nouvelles lois et notre code nouveau, comme le *palladium* de la république.

Motifs de la méthode que l'on a suivie dans la distribution du Code civil.

LIVRE Ier.

De l'état des Personnes.

C'est cet état que l'on apporte et que l'on conserve dans la société.

L'enfant naît, il appartient à la nature; mais le premier acte qui suit sa naissance instruit assez que, pour lui assurer tous ses droits, il faut commencer par connaître les auteurs de ses jours.

Le *mariage* les indique : il appartient donc essentiellement à l'état des personnes.

Le mariage amène nécessairement des *rapports entre les époux;* ces rapports commencent avec leur union.

Que voit-on ensuite? *les enfans?* on les considère surtout *dans leurs rapports avec leurs pères et mères.*

On n'a pas divisé les enfans en plusieurs classes, car ils méritent tous une protection égale aux yeux de la loi.

Le *divorce*, remède extrême sans doute, mais quelquefois nécessaire, vient ensuite.

L'*adoption*, cette institution protectrice, cette sage et bienfaisante émule de la nature, n'appartient pas moins à l'état des personnes; elle le confère à l'enfant.

La *tutelle*, créée pour protéger l'être faible ; l'*interdiction*, qui suspend la possession d'état ; l'*absence*, qui le rend incertain ; tous ces actes qui changent ou modifient l'état des personnes, appartenaient essentiellement à ce livre.

LIVRE II.
Des Biens.

Les biens s'identifient nécessairement avec les choses, car ce sont les choses qui constituent les biens.

Il a donc fallu d'abord définir les choses qui tombent dans le commerce des hommes.

Quelques-uns penseront peut-être qu'en suivant la grande division marquée par la nature (*les personnes et les choses*), tout ce qui n'a pas été attribué au premier livre, devrait appartenir au second, sans autre division.

Une grande considération a néanmoins déterminé une marche différente.

Les choses, considérées dans ce qu'elles sont matériellement et dans les diverses manières de les acquérir sans contrat, présentent des différences sensibles avec les contrats, qui ne sont qu'un mode de les acquérir par conventions.

C'est donc des biens considérés sous ce premier rapport qu'il s'agit dans ce livre.

On y parcourra les diverses manières de jouir des biens à titre de *propriété, simple possession, usufruit, usage, services fonciers* (*autrefois servitudes*) *et rentes foncières*.

Les manières d'acquérir les biens indépendamment des contrats, viennent ensuite former la matière de ce livre : telles sont l'occupation, l'accession, les donations, les successions, les prescriptions.

LIVRE III.
Des Contrats.

Ce livre a pour objet tout ce qui atteint les choses par la voie des transactions sociales.

Les *obligations* qui en naissent seront d'abord considérées en général, puis comme moyens d'acquérir.

La vente et l'échange, le louage, la société, le contrat de rente, le prêt, le dépôt, le change, le mandat.

Tous ces actes, qui appartiennent essentiellement à la partie contractuelle, puisqu'ils ne peuvent subsister sans stipulations respectives, ont trouvé leur place dans ce livre.

On y a placé aussi *les droits des créanciers et les hypothèques*, non comme contrats, mais comme suite naturelle des contrats.

LIVRE IV.

Des Actions.

Les actions sont la conséquence des droits acquis par contrats ou autrement.

On s'occupera de la composition de ce livre immédiatement après que les principales bases auront été arrêtées.

L'on peut au reste tenir pour certain, à l'avance, qu'il ne retiendra aucune ressemblance avec les actions introduites par le droit romain, et qu'il ne tendra qu'à simplifier celles de l'ancien droit français.

Le régime de la liberté et de la justice ne permet pas que le bon droit souffre et souvent périsse par les formes même inventées pour lui procurer son effet.

L'on ne terminera pas cette exposition sans y ajouter une observation importante.

Dans le passage rapide d'une législation vicieuse à une législation meilleure, donner aux lois nouvelles un effet rétroactif, ce serait détruire l'harmonie sociale.

Dans l'ordre politique, la réforme subite était aisée : il s'agissait des droits imprescriptibles des hommes, rien ne pouvait apporter de légitimes obstacles à leur restitution.

L'ordre civil présente de plus grandes difficultés; des intérêts commerciaux ne portent pas un si grand caractère, et par là même ils appartiennent plus spécialement au temps qui les a vu naître.

Quelque respectable néanmoins que soit ce principe, il peut admettre des exceptions en quelques points.

Celles que le comité a recueillies formeront un appendice au code, et seront présentées à la discussion dans l'ordre des matières auxquelles elles se trouveront correspondre.

Des lois particulières, rendues sur des cas peu nombreux, mais d'un ordre supérieur, viendront consoler les hommes de la génération présente des injustices qu'ils ont ressenties de nos anciennes institutions.

Tableau de la division des livres et des titres du Code.

LIVRE Ier.

De l'état des Personnes.

Titre 1er. — Dispositions générales.
Titre 2. — Du mariage.
Titre 3. — Des rapports entre les époux.
Titre 4. — Des enfans.
Titre 5. — Des rapports entre les pères et mères et leurs enfans.
Titre 6. — Du divorce.
Titre 7. — De l'adoption.
Titre 8. — Des tutelles.
Titre 9. — De l'interdiction.
Titre 10. — Des absens.

LIVRE II.

Des Biens.

Titre 1er. — Division générale.
Titre 2. — Des différentes manières de jouir des biens, lesquelles comprennent :

1°. La propriété ;
2°. La possession ;
3°. L'usufruit ;
4°. L'usage ;
5°. Les services fonciers ;
6°. Les rentes foncières.

Titre 3. — Des manières d'acquérir les biens, indépendantes des contrats, lesquelles comprennent :

1°. L'occupation ;
2°. L'accession ;
3°. Les donations ;
4°. Les successions ;
5°. Les prescriptions.

LIVRE III.
Des Contrats.

Titre 1er. — Des obligations en général.

Titre 2. — Des obligations considérées comme moyens d'acquérir.

Titre 3. — De la vente et de l'échange.

Titre 4. — Du louage.

Titre 5. — Des sociétés et communautés.

Titre 6. — De la constitution de rente.

Titre 7. — Du prêt.

Titre 8. — Du change.

Titre 9. — Du dépôt.

Titre 10. — Du mandat.

Titre 11. — Des droits des créanciers sur les biens de leurs débiteurs.

Titre 12. — Des hypothèques.

LIVRE IV.
Des Actions.

....
....

PREMIER PROJET
DU CODE CIVIL.

LIVRE Ier.

De l'état des Personnes.

TITRE Ier.

Dispositions générales.

Article 1er. La constitution règle les droits politiques des citoyens français; elle désigne ceux qui sont admis à les exercer. 7

2. La législation règle leurs droits civils : ces droits sont la faculté de contracter, d'acquérir, d'aliéner et de disposer de ses biens par tous les actes que la loi autorise. ib.

3. Il existe dans la nature et par la loi des rapports entre les individus qui composent la société : ces rapports constituent l'état des personnes.

4. Les mariages, naissances, divorces, adoptions et décès sont constatés dans les registres publics. tit. 2

5. La majorité procure au citoyen le plein exercice de ses droits : elle est fixée à 21 ans accomplis. 488

6. Les mineurs ne jouissent pas encore de leurs droits civils; ceux des interdits sont suspendus. t.10-c.1 et t.11-c.2

7. Un citoyen peut avoir plusieurs habitations; il n'a qu'un domicile : le domicile est là où l'individu exerce ses droits politiques et remplit les devoirs de citoyen. tit. 3

8. Les étrangers, pendant leur résidence en France, demeurent soumis aux lois de la république; ils sont capables de toutes les transactions sociales qu'elles admettent; leurs personnes et leurs biens sont sous la protection des lois. 13

TITRE II.

Du Mariage.

§. Ier. *Dispositions générales.*

tit. 5   ART. 1er. Le mariage est une convention par laquelle l'homme et la femme s'engagent, sous l'autorité de la loi, à vivre ensemble, à nourrir et élever les enfans qui peuvent naître de leur union.

233   2. Le mariage peut-être dissout par la seule volonté persévérante d'un des deux époux.

§. II. *Des qualités et conditions pour contracter mariage.*

144   3. L'âge requis pour le mariage est de 15 ans révolus pour les hommes, et de 13 ans pour les filles.

151 à 154   4. Les majeurs ayant leur père ou leur mère, seront tenus de requérir leur approbation pour se marier.

ib.   5. S'ils ne l'obtiennent pas dans les trois jours, ils justifieront de leur réquisition, qui dès-lors suffira.

148   6. Les mineurs ne pourront être mariés sans le consentement de leurs père et mère.

149   7. Si l'un des père et mère est mort ou interdit, le consentement de l'autre suffira.

160   8. Dans le cas où le père et la mère seraient morts ou interdits, le mineur, qui voudra se marier, requerra l'officier public de convoquer, par-devant lui, un conseil de famille.

ib.   9. Ce conseil sera composé des deux plus proches parens du mineur, et de ses deux parens les plus éloignés, tous résidans dans le canton; l'officier public délibérera avec eux.

ib.   10. A défaut de ces parens ou de quelques-uns d'entre eux, ils seront remplacés par des voisins du mineur, ou par des amis de la famille, indiqués par le mineur et agréés par l'officier public.

11. Le mineur fera connaître à l'assemblée la personne ib.
qu'il se proposera d'épouser.

12. Si le conseil de famille ne donne pas son consente- ib.
ment au mariage, il s'ajournera à un mois.

13. A l'expiration du délai, si le mineur persiste, le refus ib.
du conseil ne pourra être fondé que sur les deux causes
suivantes.

Ces deux causes sont : Le désordre notoire des mœurs
de la personne que le mineur veut épouser, ou la non
réhabilitation après un jugement portant peine d'infamie.

Dans ces deux cas, le mariage ne peut plus avoir lieu
qu'à la majorité accomplie.

14. Toute personne engagée dans les liens du mariage 147
ne peut en contracter un second que le premier ne soit
dissout.

15. Le mariage est prohibé entre les parens en ligne di- 161 —
recte, entre les alliés dans cette ligne et entre le frère et la 162
sœur.

16. Les interdits ne peuvent se marier. 146

17. Le mariage sera précédé d'une publication dans le 63 —
lieu du domicile des parties. 64 —
166 et
S'il y a impossibilité, il sera passé outre. suiv.

18. La voie de l'opposition n'est ouverte qu'aux père et tit. 5.
mère, et à ceux qui sont déjà engagés avec celui qui veut ch. 3
contracter le mariage.

19. La loi ne reconnaît point les mariages faits contre la tit. 5 —
disposition des articles précédens. ch. 4

TITRE III.

Des Droits des Epoux.

§. Ier. *Des conventions matrimoniales.*

ART. 1er. Les époux règlent librement les conditions de 1387
leur union, sauf les exceptions ci-après.

2. La loi défend entre les époux toutes stipulations qui 1388 —
1389

seraient contraires à l'égalité des partages dans leurs successions entre leurs enfans, ou autres héritiers appelés par la loi.

ib. 3. La loi défend également, entre les époux, toute stipulation d'avantage, singulier ou réciproque, qui excéderait le dixième du bien de chacun d'eux.

4. En cas qu'il naisse des enfans du mariage, quelle que soit la stipulation, les avantages se restreignent à l'usufruit.

5. La loi défend aussi de stipuler aucune restriction à la faculté du divorce.

1394 6. L'acte qui contient les conditions du mariage, doit le précéder et être revêtu des formes authentiques.

1387 – 1393 7. La volonté des époux est seule nécessaire pour la formation de cet acte; en cas de minorité seulement, les père et mère ou tuteur y concourent.

8. S'il y a constitution de dot, elle n'emportera point hypothèque.

§. II. *De la manière dont se règlent les droits des époux lorsqu'il n'y a pas de convention.*

1393 9. A défaut de convention, les droits des époux sont réglés par la loi.

1401 10. Les sommes en numéraire, les effets mobiliers, de quelque nature qu'ils soient, appartenant aux époux à l'instant de leur union, les fruits de leur industrie, ceux de leurs immeubles, les successions mobilières qui leur adviendront pendant leur mariage, leur deviennent communs.

1421 et suiv. 11. Les époux ont et exercent un droit égal pour l'administration de leurs biens.

1428 12. Tout acte emportant vente, engagement, obligation ou hypothèque sur les biens de l'un ou de l'autre, n'est valable s'il n'est consenti par l'un et l'autre des époux.

13. Les actes ayant pour objet de conserver les droits communs ou individuels des époux, peuvent être faits séparément par chacun d'eux.

14. Les époux peuvent s'obliger séparément et récipro- 1426
quement pour fait de négoce ; mais, dans ce cas, déclaration
préalable et authentique de leur volonté mutuelle sera nécessaire.

15. Cette déclaration sera faite devant les municipalités
ou au greffe des tribunaux ; elle sera affichée.

§. III. *De l'exercice des droits des époux en cas de divorce.*

16. En cas de divorce, chacun des époux reprend la 1449
jouissance et l'administration indépendante de son bien; il
prend une part égale dans les biens possédés en commun.

17. Si les époux ont des enfans et que l'un d'eux en de- 1448
meure chargé, il retient une partie des revenus de l'autre
pour les élever.

18. Cette portion de revenus est réglée par un conseil de ap.
famille, et proportionnellement au nombre des enfans.

19. Toute stipulation d'avantage réciproque entre les 299 —
époux est anéantie par le divorce. 300

En cas d'avantage singulier, il n'est perdu par l'époux à
qui il était fait qu'autant que la demande en divorce est
formée par lui.

20. Si les époux divorcés ont contracté des dettes pendant 1409
leur mariage, ils sont tenus de les acquitter en commun.

§. IV. *De l'exercice des droits des époux en viduité.*

21. A la mort de l'un des époux, le survivant est tenu de 1442
faire inventaire des biens possédés en commun. 384

22. S'il y a des enfans du mariage dissout par la mort, ils ib.
héritent immédiatement de l'époux décédé.

23. Si les enfans sont mineurs, l'époux survivant jouit du ib.
revenu de leurs biens jusqu'à leur majorité ou mariage, à
charge de les élever.

24. A défaut d'enfans, l'époux survivant remet les biens ap.
de l'époux décédé aux héritiers appelés par la loi.

ib. 25. L'époux survivant, nécessiteux, a droit à la jouissance du tout ou partie des biens de l'époux décédé.

ib. 26. La quotité de cette jouissance est réglée par un conseil de famille dans la proportion des besoins de l'époux et de ceux des enfans.

tit. 2 — ch. 9. 27. Les époux ne peuvent rien se donner pendant le mariage que selon ce qui est réglé au titre des donations.

§. V. *Des droits des époux en secondes noces.*

1098 — 1099 28. Les hommes ou femmes veufs ou divorcés, qui, ayant enfans, se remarieraient, ne pourront rien conférer en propriété à leur nouvel époux.

Tout avantage demeure en ce cas restreint à un revenu égal à celui que donne une part d'enfant.

29. Cette portion ne pourra néanmoins excéder le dixième.

30. Si les époux en secondes noces sont l'un et l'autre veufs ou divorcés sans enfans, ils ne seront admis à contracter un nouveau mariage qu'en justifiant d'un inventaire mutuel rédigé dans les formes prescrites par la loi.

TITRE IV.

Des Enfans.

312 ART. 1er. Les enfans appartiennent au père que le mariage désigne.

314 2. Cependant, celui qui naît six mois seulement après le mariage peut être désavoué par le mari de sa mère dans le mois qui suivra sa naissance.

Si le mari est absent lors de la naissance, il aura un mois après son retour pour faire ce désaveu.

315 3. L'enfant n'a aucune part à la succession de l'époux de sa mère lorsqu'il vient au monde dans le onzième mois après la mort du mari.

312 4. L'absence d'un époux, telle qu'il ne puisse être présumé père de l'enfant, donne lieu à le désavouer.

Le divorce est censé avoir commencé le premier jour de l'absence du mari.

5. Celui qui ne connaît pas ses parens est appelé orphelin comme celui qui les a perdus. tit. 7

6. L'enfant d'une femme non mariée a pour père celui qui le reconnaît dans les formes prescrites par la loi.

7. Le père qui a reconnu un enfant, lui donne son nom, et doit contribuer, avec sa mère, à la nourriture, à l'éducation et à l'entretien de cet enfant.

Chacun d'eux y subvient en proportion de ses facultés.

8. La reconnaissance doit être faite devant les officiers publics chargés de recevoir les preuves d'état ; elle doit être confirmée par l'aveu de la mère dans le même acte ou dans un autre acte authentique, et la reconnaissance du père ne peut jamais avoir d'effet sans cet aveu. 334 — 336

9. Nul enfant ne peut être reconnu valablement par un père engagé dans le lien du mariage à l'époque de la conception, à moins qu'il n'épouse la mère après la dissolution de ce mariage, et avant la naissance de l'enfant. 335 — 337

10. L'acte de mariage peut contenir la reconnaissance des enfans que les deux époux ont eu tandis qu'ils n'étaient pas engagés dans un autre mariage. 331

11. La reconnaissance faite pendant la grossesse, au moment de la naissance, ou à toute autre époque de la vie des pères et mères, sera valable lorsqu'elle réunira les caractères et conditions ci-dessus exprimés. 334

12. La loi n'admet pas la vérification de la paternité non avouée ; l'intérêt social ne permet pas la recherche d'un fait sur lequel la nature a jeté un voile impénétrable. 340

13. Lorsque l'enfant n'est pas reconnu par son père, la mère est chargée seule de remplir les devoirs de la nature envers lui.

Alors il porte le nom de sa mère.

14. S'il arrivait qu'une mère voulût se soustraire à l'ac-

complissement de ses devoirs, elle y serait contrainte : la loi appelle sur elle la vigilance des officiers publics.

15. L'enfant mort dans le sein de sa mère ne recueille ni ne transmet aucun droit.

16. L'existence de l'enfant n'est reconnue par la loi que du moment de sa naissance.

Lorsqu'il s'agit de ses intérêts, il est considéré comme vivant depuis l'instant où il a été conçu.

17. L'état des enfans est le même, soit que les solemnités légales aient précédé leur naissance, soit qu'il ne se trouve acquis que par les moyens ci-dessus exprimés.

Articles d'appendice au titre 4 du livre 1er.

ART. 1er. Les enfans actuellement existans, nés hors le mariage, et dont la filiation sera prouvée, seront admis aux successions de leurs père et mère, ouvertes depuis le 14 juillet 1789, ou qui s'ouvriront à l'avenir.

2. Leurs droits de successibilité demeurent fixés, selon les règles établies au titre des successions.

3. Ils ne pourront néanmoins les exercer que contre les héritiers directs ou collatéraux et contre les détenteurs à titre gratuit de biens délaissés par leurs père et mère, et sans qu'ils puissent préjudicier aux droits hypothécaires acquis aux créanciers desdits héritiers ou détenteurs sur ces mêmes biens.

4. La filiation sera prouvée par la possession d'état résultante soit des écrits, même privés des père et mère, soit de la suite de soins donnés à leur entretien et éducation.

TITRE V.

Des rapports entre les pères et mères et les enfans.

tit. 9   ART. 1er. L'enfant mineur est placé par la nature et par la loi sous la surveillance et la protection de son père et de sa mère ; le soin de son éducation leur appartient ; ils ne peuvent en être privés que dans les cas et pour les causes que la loi détermine.

2. Le principal devoir des pères et mères, après avoir nourri et élevé leurs enfans, est de leur apprendre ou faire apprendre un métier d'agriculture ou d'art mécanique.

Ceux qui négligeraient d'accomplir cette obligation sont tenus de fournir des alimens à leurs enfans pendant toute leur vie.

3. Les pères et mères doivent des alimens à leurs enfans et petits-enfans malades ou hors d'état de gagner leur vie, à quelqu'âge que ce soit. 207

4. Les pères et mères sont tenus civilement à la réparation du dommage causé par leurs enfans mineurs, lorsqu'il y a négligence de leur part. 1384

5. La protection légale des pères et mères finit à la majorité. 372

6. Les enfans doivent, en proportion de leurs facultés, assister leurs pères et mères et ascendans directs dans leurs besoins, et leur fournir les alimens qu'ils sont hors d'état de se procurer. 205

7. En cas de mort du père ou de la mère pendant la minorité de l'enfant, la protection légale reste entière au survivant. 371 à 373

8. Le mariage du mineur lui procure la libre et entière administration de ses revenus. 476

9. Les mineurs qui ont atteint l'âge de 16 ans sont capables, lorsqu'ils sont dans le commerce, de toutes les transactions qui y sont relatives. 487

TITRE VI.
Du Divorce.

§. Ier. *Dispositions générales.*

Art. 1er. Le mariage se dissout par le divorce. 227

2. Le divorce a lieu par le consentement mutuel des deux époux, ou par la volonté d'un seul. 233

§. II. *Mode du divorce.*

<small>tit 6 —
ch. 2—
sect. 1re</small> 3. Le mari et la femme qui demanderont conjointement le divorce, seront tenus de faire convoquer un conseil de famille composé de six de leurs parens.

Trois d'entre eux seront choisis par le mari, les trois autres le seront par la femme; et à leur défaut, ils seront remplacés par des amis ou des voisins.

4. Le conseil de famille aura lieu devant un officier public, il sera convoqué à jour fixe, quinzaine au moins après la notification de la demande.

5. Les époux se présenteront devant le conseil de famille; ceux qui le composeront leur feront les représentations qu'ils jugeront convenables.

Si les époux persistent, ils pourront, quinze jours après, présenter le procès-verbal du conseil de famille à l'officier public qui prononcera le divorce.

6. Si le divorce est demandé par un seul des époux, il notifiera à l'autre sa demande, et convoquera le conseil de famille.

7. Si les époux se rendent au conseil de famille, et si celui qui demande le divorce ne change pas de dessein, il en sera fait mention dans le procès-verbal, et quinze jours après, sur la présentation de cet acte, l'officier public prononcera le divorce.

8. Si l'époux contre lequel le divorce est demandé, n'a pas paru, ni personne de sa part au conseil de famille, l'officier public nommera pour lui des parens; et après avoir notifié cette nomination, il sera indiqué, quinze jours après, une nouvelle assemblée du conseil; l'époux sera invité à s'y trouver.

9. Dans tous les cas, il sera fait par le conseil de famille de nouvelles représentations à l'époux qui aura demandé le divorce; si elles n'ont aucun effet, le procès-verbal en fera mention.

Sur le vû de cet acte, le divorce sera prononcé sur-le-champ.

10. Si les époux ne font pas prononcer le divorce dans les six mois qui suivront ces formalités, ils ne le pourront plus, sans les remplir de nouveau et sans observer les mêmes délais.

11. Dans le cas où l'époux demandeur alléguerait pour motif de divorce l'une des causes suivantes :

1°. La démence ou la fureur ;

2°. Une condamnation à peines afflictives ou infamantes ;

3°. Des crimes ou de mauvais traitemens de la part de l'autre époux envers lui,

4°. Le dérèglement notoire des mœurs ;

5°. La fuite de la maison conjugale par la femme avec un autre homme, ou par le mari avec une autre femme ;

6°. L'expatriation pendant deux ans sans nouvelles ;

7°. L'émigration, dans le cas où celui des époux qui en serait prévenu n'aurait pas réclamé contre les listes, définitivement arrêtées, sur lesquelles il aurait été porté.

Si les faits sont constatés, l'officier public prononcera le divorce sur la réquisition d'un des deux époux, après néanmoins qu'il lui aura apparu que la demande en divorce aura été notifiée à l'autre époux, s'il n'est pas absent.

12. Dans le cas où les faits ne seraient pas prouvés, le demandeur en divorce pourra convoquer le conseil de famille, en observant de faire nommer trois des parens par l'officier public pour l'autre époux, s'il est absent ; et si les faits sont reconnus par une délibération unanime, le divorce sera prononcé sur la représentation du procès-verbal du conseil de famille.

13. Dans le cas où les faits ne seraient pas reconnus, l'époux sera obligé d'attendre les délais fixés par les art. 4, 5, 6, 7, 8, 9 et 10 ci-dessus.

14. Celui des époux qui provoquera le divorce, pourra, dès qu'il aura notifié sa demande, faire constater l'état et

situation de la communauté, et faire les actes conservatoires que les circonstances exigeront.

§. III. *Effets du divorce par rapport aux époux.*

15. Les effets du divorce par rapport à la personne des époux, sont de rendre au mari et à la femme leur entière indépendance, avec la faculté de contracter un nouveau mariage.

16. Les époux divorcés peuvent se remarier ensemble. L'épouse divorcée ne pourra se remarier avec un autre que dix mois après le divorce, à moins qu'elle ne soit dans le cas prévu par l'art. 9 du titre 4.

17. Si le divorce a été prononcé pour cause d'absence du mari pendant deux ans, ou s'il est constaté que le mari ait abandonné depuis un an son domicile et sa femme, celle-ci pourra contracter un nouveau mariage aussitôt après le divorce.

18. Dans le cas du divorce, si l'un des époux est dans l'indigence, l'autre est obligé, s'il le peut, à lui fournir les alimens qu'il est hors d'état de se procurer. Cette obligation cesse lorsque celui-ci a contracté un autre mariage.

§. IV. *Effets du divorce par rapport aux enfans.*

19. Dans le cas du divorce par consentement mutuel ou sur la simple demande de l'un des époux, sans indication des motifs, les enfans nés du mariage dissout seront confiés savoir : les garçons, de préférence, au père, après qu'ils auront atteint leur septième année, et les filles à la mère ; néanmoins le père et la mère pourront faire à ce sujet tel autre arrangement que bon leur semblera.

20. Lorsque le divorce aura lieu pour cause déterminée, s'il survient quelques difficultés entre les époux relativement à leurs enfans, il y sera pourvu par le conseil de famille.

21. Si le mari ou la femme divorcés contractent un nou-

veau mariage, le conseil de famille réglera s'ils conserveront les enfans qui leur ont été confiés, et à qui ils seront remis.

Les jugemens rendus par le conseil de famille sur les difficultés élevées entre les époux après le divorce, ne sont, en aucun cas, sujets à l'appel.

TITRE VII.
De l'Adoption. tit. 8

Art. 1er. Toute personne majeure de l'un et l'autre sexe, capable des effets civils, est habile à adopter un enfant pour le nourrir et l'élever comme le sien. 343

2. L'homme et la femme mariés peuvent adopter en commun; l'adoption particulièrement faite par l'un d'eux, sera valable, si l'autre y consent. 344

3. La faculté d'adopter peut être exercée par ceux même qui ont des enfans. 343

4. L'enfant impubère peut seul être adopté. 346 —
364 —
368

5. La personne qui adopte doit non-seulement être majeure, mais il doit encore se trouver entre l'âge du père et de l'enfant adoptif un intervalle tel, que le père ait au moins quinze ans, et la mère au moins treize de plus que l'enfant adoptif. 343

6. L'acte d'adoption sera reçu et conservé par les officiers chargés de recueillir les preuves d'état. ch. 1
sect. 2

7. L'enfant ne peut être donné en adoption que du consentement de ses père et mère. 346

8. Si l'enfant adoptif a perdu son père ou sa mère, il pourra être donné en adoption par le survivant seul. ib.

Au cas qu'il les ait perdus tous deux, il sera donné en adoption par celui de ses parens qu'un conseil de famille aura préalablement désigné.

9. S'il est orphelin et sans parens, l'adoption vaudra par la seule déclaration du père adoptif.

10. L'acte d'adoption est irrévocable de la part du père adoptif.

Il ne l'est de la part de l'enfant qu'après la ratification lors de sa majorité.

11. Le défaut de réclamation de la part de l'enfant, dans l'année de sa majorité, équivaudra à une ratification expresse de son adoption.

12. S'il la désavoue dans ce délai, il rentrera dans le sein de sa famille primitive et y exercera tous ses droits, comme si l'adoption n'avait pas eu lieu.

13. Dans ce cas, il ne pourra être formé contre lui aucune répétition par celui qui l'avait adopté, à raison des secours qu'il en aura reçus.

14. Si l'enfant vient à décéder dans l'intervalle de l'acte d'adoption à l'époque désignée pour ratifier ou désavouer, il est censé mort en état d'adoption parfaite.

15. Dans l'état d'adoption parfaite, l'enfant n'appartient plus qu'à son père adoptif; il sort de sa famille primitive, et n'y conserve, comme il ne lui transmet aucun droit, soit en ligne directe, soit en ligne collatérale.

16. L'enfant adoptif prend le nom du père qui l'a adopté.

17. Le père adoptif jouit, à l'égard de l'enfant qu'il a adopté, des mêmes droits; il est tenu des mêmes charges que le père naturel.

18. L'enfant adoptif jouit également, à l'égard du père qui l'a adopté, des mêmes droits que les enfans du sang, sous la seule modification ci-après.

19. La part de l'enfant adoptif dans la succession du père qui l'a adopté, ne pourra s'élever au-delà d'un capital donnant le revenu annuel de trois cents quintaux de froment.

Jusqu'à cette concurrence, il partagera également avec les enfans du sang, s'il s'en trouve; et à leur défaut, il en fera le prélèvement sur la masse.

20. Dans le cas de l'adoption commune, l'enfant adoptif

prendra le maximum ci-dessus fixé, par proportion, sur les biens du père et de la mère adoptifs.

21. S'il y a excédant, il n'appartiendra qu'aux enfans du sang, ou, à leur défaut, à tous ceux appelés par la loi à le recueillir. *ib.*

22. L'enfant adoptif sera étranger à la famille du père qui l'a adopté, dans tous ses degrés directs ou collatéraux. *ib. et 351*

Néanmoins, et en cas qu'il meure sans enfans, et après son père adoptif, les biens qu'il laissera appartiendront à la famille de ce dernier par droit de retour.

23. Les devoirs de l'enfant adoptif envers ses père et mère primitifs se bornent aux secours alimentaires. *349*

24. Les noms des citoyens qui auront adopté des enfans, seront honorablement inscrits dans un tableau ; ce tableau sera affiché en la principale salle des séances de la municipalité où ils résideront.

TITRE VIII.

De la Tutelle.

§. Ier.

ART. 1er. La tutelle est la protection due à l'enfant et au faible : c'est une charge publique. *tit. 10 ch. 2 sect. 1e*

2. A l'égard des père et mère, aïeux et aïeules, la tutelle est une suite de leurs obligations envers leurs enfans mineurs.

3. Ils en sont les tuteurs naturels ; ils doivent les élever, entretenir et instruire ; ils doivent administrer leurs biens.

4. Il ne faut, dans ce cas, pour la tutelle, ni consentement de parens, ni déclaration devant l'officier public.

5. Néanmoins, la caducité, l'inconduite ou l'incivisme donnent à la famille le droit de s'assembler pour nommer à leur place.

6. Le survivant des époux doit convoquer, dans le mois du décès et avant inventaire, une assemblée de parens pour

choisir aux mineurs un subrogé-tuteur, afin d'agir dans tous les cas d'intérêts opposés.

7. Au décès du survivant, le subrogé devient de droit tuteur.

8. La femme enceinte à la mort de son mari, est, par la nature, tutrice de l'enfant qu'elle porte dans son sein : elle doit se conformer à l'art. 6.

9. Il n'y a pas de tuteurs honoraires.

ib. sect. 2

10. L'époux survivant peut choisir un tuteur à ses enfans pour continuer les soins qui leur sont nécessaires, après sa mort.

11. Ce choix doit être fait par acte authentique, et confirmé par la famille.

ib. sect. 4

12. Lorsque l'enfant mineur reste sans père, mère, aïeux ou aïeules, la nomination du tuteur est au choix des parens plus proches.

13. L'assemblée de parens se compose de cinq personnes, dont trois de la famille du défunt.

A défaut de parens, elle se forme d'amis, parmi lesquels doit être appelé le procureur de la commune.

tit. 10 ch. 3

14. Les enfans jouissent à seize ans de la faculté d'administrer leurs biens, si les parens les en jugent capables.

Le mariage donne la même faculté.

15. Le tuteur devient le conseil du mineur par l'effet du mariage, son assistance est nécessaire à tous les actes passés par le mineur.

16. Les délibérations de famille, pour tutelles ou émancipations, se rédigent devant l'officier public, sans recours ni appel.

2121

17. La tutelle emporte hypothèque.

457

18. Les biens immeubles des mineurs sont inaliénables, si ce n'est pour acquit de dettes onéreuses et légitimes, ou pour parvenir à des réparations d'une nécessité urgente et jusqu'à concurrence seulement, sur avis de parens confirmé par le juge.

19. Toutes aliénations ou engagemens revêtus de ces formalités, sont irrévocables.

§. 2. *Des tuteurs autres que les pères, mères et aïeux.*

20. Les tuteurs autres que les pères et mères, aïeux ou aïeules, sont tenus de faire emploi du revenu des biens des mineurs, lorsqu'il excède le nécessaire, et quant à l'excédant seulement. 455 — 456

21. Pour faciliter la reddition des comptes, la dépense du mineur et celle nécessaire à l'administration de son bien, sont fixées tous les cinq ans par la famille. 454

22. Les tuteurs doivent administrer en bons pères de famille; ils ne peuvent être fermiers des biens de leurs mineurs. 450

23. Le compte de tutelle se rend en assemblée de famille, convoquée par le pupille devenu majeur. ch. 2 sect. 9

24. La loi n'admet d'exercer de tutelles, que celles qui font présumer que le tuteur ne pourra en remplir les obligations. id. sect. 8

L'officier public en décidera sur l'avis des parens.

§. 3. *Des Mineurs orphelins.*

25. Les procureurs de communes sont chargés par la loi de la surveillance immédiate des mineurs orphelins.

26. Ils doivent pourvoir à leur éducation et à l'administration de leurs biens.

TITRE IX.
De l'Interdiction générale.

Art. 1er. L'interdiction générale est la suspension de l'exercice des droits politiques et civils. tit. 11 ch. 2 et 3

2. Les seules causes d'interdiction sont : 489
La démence.
La fureur.

L'imbécillité.

3. L'interdiction est provoquée par l'un des parens ou des époux; même par le procureur de la commune, en cas de négligence de leur part.

4. Elle se prononce dans un conseil de famille, présidé par un officier public.

5. S'il y a réclamation ou contestation, on s'adresse ensuite aux arbitres publics.

6. Le procès-verbal d'interdiction est rendu public.

7. Il contient nomination d'un tuteur choisi par la famille.

8. La femme peut être tutrice de son mari interdit, et le mari de sa femme.

9. Dans ce cas, la tutelle finit par le divorce.

10. Le tuteur de l'interdit est chargé du soin de sa personne et de l'administration de son bien.

11. L'interdit est assimilé au mineur; la disposition et l'administration de ses biens sont soumises aux mêmes règles.

12. Néanmoins ses revenus doivent être employés à adoucir son sort et à accélérer sa guérison.

Le procureur de la commune est chargé de veiller à l'exécution du présent article.

13. Le compte de tutelle est rendu en conseil de famille.

14. L'interdit a toujours le droit de se faire relever de son interdiction.

TITRE X.

Des Absens.

Art. 1er. Les absens sont ceux qui s'éloignent de leur domicile pendant cinq années consécutives, sans laisser d'administrateurs ou fondés de pouvoirs, et sans donner de leurs nouvelles.

2. Dès le commencement de l'absence et pendant les cinq premières années, les municipalités sont chargées de faire

la récolte des fruits et d'administrer les biens, en tenant état des recettes et dépenses.

3. Les présomptifs héritiers, après l'expiration du délai fixé par l'art. 1er., sont envoyés en possession des biens de l'absent.

4. Les revenus leur appartiennent; la municipalité leur rend compte.

5. L'acte d'envoi en possession est rédigé devant le juge de paix; il est rendu public.

6. Lorsqu'il y a plusieurs envoyés en possession, l'un d'eux est nommé défenseur de l'absent, et les créanciers exercent valablement contre lui tous leurs droits et actions.

7. Le défenseur de l'absent conteste ou approuve les demandes et les poursuites des créanciers; il doit se munir des pouvoirs écrits de ses cohéritiers; s'ils s'y refusent, il les fait intervenir à leurs frais.

8. Les envoyés en possession doivent faire constater, en présence du procureur de la commune, l'état des biens, meubles et immeubles de l'absent et des successions qui lui adviennent. 126

9. Ils ne peuvent aliéner ses immeubles, si ce n'est pour arrêter les exécutions et toutes autres poursuites rigoureuses et légitimes. Dans ce cas, l'aliénation se fait sur publication. 128

10. Ils disposent des meubles par voie d'enchère et acte authentique.

11. Pour déterminer les droits de successibilité des héritiers de l'absent, la loi fixe à cent ans la vie ordinaire de l'homme. 129 — 130

12. Pendant cet intervalle, l'absent, les enfans qu'il a eus pendant l'absence, ou ses ayant-causes, rentrent dans la propriété des biens. 131 à 133

13. Après ce délai sans nouvelles, retour de l'absent ou de ses enfans, les envoyés en possession demeurent irrévocablement propriétaires.

14. L'absent qui conserve l'esprit de retour, doit adresser ses lettres à la municipalité qui en tient registre.

3.

15. La propriété irrévocable passe aux envoyés en possession, en justifiant de l'extrait de naissance de l'absent et du certificat de la municipalité qu'il n'existe de lui aucunes nouvelles.

16. Le juge de paix reçoit les justifications, et en rédige procès-verbal.

LIVRE II.

Des Biens.

TITRE Ier.

Division générale des Biens.

Art. 1er. Les biens, considérés relativement à leurs propriétaires, se divisent en biens nationaux, biens communaux et biens privés.

Il y a aussi des biens qui n'appartiennent à personne, mais qui peuvent devenir des propriétés particulières.

2. Les biens nationaux sont :

1°. Les chemins publics.

2°. Les rues et places des villes, bourgs et villages.

3°. Les portes, murs, fossés, remparts et fortifications des villes entretenues par la république et utiles à sa défense.

4°. Les anciens murs, fossés, remparts et fortifications des villes qui ne sont plus places fortes, s'il n'y a titre ou possession suffisante pour les attribuer à des communes ou à des particuliers.

5°. Les rivières navigables, leurs lits et leurs bords.

6°. Les rivages, lais et relais de la mer, les ports, les hâvres, les rades et généralement toutes les portions du territoire national qui ne sont pas susceptibles d'une propriété privée.

7°. Les biens demeurés vacans et sans maître.

8°. Les biens dépendant des successions abandonnées, ou dont les propriétaires sont décédés sans héritiers légitimes.

9°. Les biens que la nation a retirés des mains des corporations et du tyran, qui les avaient usurpés sur elle, et qu'elle n'a pas encore aliénés.

3. Les biens communaux sont ceux sur la propriété ou le produit desquels tous les habitans d'une ou plusieurs communes, ou d'une section de commune, ont un droit commun. 542

4. Sont réputés appartenir aux communes, ou sections de communes de leur situation, les marais, marécages, landes et généralement toutes les terres vaines et vagues, sous quelque dénomination qu'elles soient connues; soit qu'elles n'aient jamais été cultivées, soit que l'ayant été autrefois, il ne se trouve personne qui les ait possédées pendant un temps suffisant pour en acquérir la propriété privée. ap. 542 et 713

5. Les communes ne peuvent acquérir de nouveaux fonds que pour cause d'utilité publique, et avec l'autorisation du Corps-Législatif. ap. 542

Elles ne peuvent aliéner qu'avec une semblable autorisation les biens qui leur appartiennent. 537

6. Les biens privés sont ceux qui appartiennent aux individus.

Les biens nationaux deviennent biens privés par l'aliénation qu'en fait la république.

Les biens communaux deviennent également biens privés par l'aliénation qu'en font les communes et par le partage qui s'en fait entre les habitans, suivant le mode déterminé par la loi.

7. La propriété des mines et minières, tant métalliques que non métalliques, est ou nationale, ou communale, ou privée, suivant que le fonds appartient à la république, ou à une commune, ou à un individu. 552

Mais dans aucun cas, ces mines ne peuvent être exploitées que du consentement et sous la surveillance de la nation, d'après le mode déterminé par la loi.

8. Les choses qui n'appartiennent à personne, mais qui 713 à 717

peuvent devenir des propriétés particulières sont : 1°. le gibier; 2°. le poisson de la mer et des rivières; 3°. l'ambre, les pierres précieuses et le varech que la mer jette sur les côtes; 4°. les trésors, c'est-à-dire, l'argent et les choses précieuses qui sont enterrées, ou autrement cachées depuis un temps si éloigné, que le propriétaire n'en est plus connu.

ib.   9. Le gibier appartient à celui qui l'a pris ou tué, sauf à indemniser le possesseur du terrain sur lequel il l'a pris ou tué, s'il y a commis quelque dégât.

ib.   10. Tout homme qui prend du poisson dans la mer ou dans une rivière navigable, en devient par cela seul propriétaire.

ib.   11. Il en est de même du poisson pris dans une rivière non navigable; mais en cas de dégât commis en le prenant, sur le fonds riverain, il y a lieu à indemnité pour le possesseur de ce fonds.

ib.   12. L'ambre, les pierres précieuses et le varech que la mer jette sur les côtes, appartiennent au premier occupant.

ib.   13. Celui qui trouve un trésor dans son fonds, en acquiert la propriété.

ib.   14. S'il le trouve dans le fonds d'autrui, il n'en a que la moitié; l'autre moitié appartient au propriétaire du fonds.

516   15. Les biens considérés relativement à leur essence, se divisent en biens meubles, biens immeubles, biens corporels et biens incorporels.

527   16. Les choses qui, par leur nature, peuvent être transportées d'un lieu à un autre, sont meubles.

518 à 525   17. Les immeubles sont : 1°. les fonds de terre; 2°. les édifices et les arbres inhérens aux fonds de terre; 3°. les fruits pendans par racines; 4°. les choses qui, quoique mobilières par leur nature, ont été destinées à l'usage perpétuel d'un immeuble par le propriétaire de cet immeuble, et y tiennent à fer, à clou ou à ciment.

ap. 516   18. Les meubles et les immeubles qui peuvent être vus et touchés, forment la classe des biens corporels.

19. Les biens incorporels sont ceux qu'on ne peut ni voir, ni toucher. Les uns sont réputés meubles, et suivent en tous points la condition des effets mobiliers; les autres sont réputés immeubles, et suivent en tous points la condition des choses immobilières.

20. Les biens incorporels réputés meubles sont : l'usufruit et l'usage des choses mobilières; les obligations et les actions qui ont pour objet des sommes exigibles ou des effets mobiliers; les rentes perpétuelles et viagères sur la république et sur particuliers.

21. Les biens incorporels réputés immeubles sont : l'usufruit et l'usage des choses immobilières; les services fonciers et les rentes foncières.

22. Il n'y a plus de droits féodaux ni censuels.

TITRE II.

Des différentes Manières de jouir des Biens.

Art. 1ᵉʳ. On peut jouir des biens :
1°. Par droit de propriété;
2°. Par droit de possession;
3°. Par droit d'usufruit;
4°. Par droit d'usage.

On est aussi censé en jouir lorsqu'on y exerce des services fonciers, ou qu'on y perçoit des rentes foncières.

§. 1ᵉʳ. *De la Propriété.*

2. La propriété d'un bien est le droit qu'a celui en qui elle réside de jouir et de disposer de ce bien.

3. Deux personnes ne peuvent être en même temps et séparément propriétaires de la totalité d'une même chose.

Le domaine direct ne peut pas être séparé du domaine utile.

4. La propriété s'acquiert par différens moyens, ainsi qu'il sera dit ci-après.

§. 2. *De la Possession.*

2228   5. La possession, à l'égard des biens corporels, est la détention d'une chose que nous tenons en notre puissance, soit par nous-mêmes ou par quelqu'un qui en jouit pour nous et en notre nom.

La possession des droits incorporels consiste dans l'exercice que fait de ses droits celui à qui ils appartiennent.

6. La possession n'est qu'un fait; elle n'est pas un droit dans la chose qu'on possède, mais elle donne au possesseur le droit d'être réputé propriétaire de cette chose, tant que le véritable propriétaire ne s'est pas fait connaître et ne réclame pas.

2236   7. Les fermiers, les locataires, les dépositaires et généralement tous ceux qui détiennent une chose au nom d'autrui, ne sont pas censés en avoir la possession.

§. 3. *De l'Usufruit.*

578   8. L'usufruit est le droit d'user et de jouir d'une chose dont un autre a la propriété, sans en altérer la substance.

600   9. L'usufruitier est tenu, sur la première réquisition qui lui en est faite, soit avant, soit après son entrée en jouissance, de faire dresser, à ses frais et en présence du propriétaire ou de son fondé de pouvoir, un inventaire de toutes les choses comprises dans son usufruit.

582 —
601   10. L'usufruitier doit jouir en bon père de famille : il ne peut ni détériorer, ni dénaturer les biens, ni en changer la destination; mais il peut y faire à ses frais et sans répétition, les bâtimens et les travaux nécessaires pour pouvoir en jouir.

605   11. L'usufruitier est soumis aux réparations d'entretien; il n'est chargé des grosses réparations, que lorsqu'elles sont causées par le défaut de l'entretien depuis l'ouverture de son droit.

608 —
609   12 L'usufruitier est soumis, pendant sa jouissance, à

toutes les charges réelles, tant ordinaires qu'extraordinaires, qui affectent le bien, ou qui sont dues à cause du bien, soit qu'elles aient été imposées avant ou depuis l'usufruit.

13. Le propriétaire ne peut apporter aucun trouble ni obstacle à la jouissance de l'usufruitier ; il ne peut ni détériorer, ni dénaturer le bien sujet à l'usufruit, ni en changer la destination. 599

14. Tous les fruits qui échoient pendant la durée de l'usufruit appartiennent à l'usufruitier. 582

15. Les fruits civils sont censés échoir jour par jour. 586

16. Sont réputés fruits civils, les loyers de maisons et usines, les intérêts de sommes exigibles, les arrérages de rentes, tant foncières que perpétuelles et viagères. 584

17. Les fruits naturels n'échoient que par leur perception réelle, quelque soit le terme fixé pour le paiement des fermages qui les représentent. 585

18. Sont compris sous la dénomination de fruits naturels, les coupes de bois taillis, en observant le temps et la quantité déterminés par l'aménagement ou par l'usage ancien des propriétaires, les arbres qu'on peut tirer d'une pépinière sans la dégrader, les branches qui proviennent des saussaies qu'on étête et des futaies qu'on élague, la glandée. 583 — 590

19. Quant aux corps de saussaies et des futaies, l'usufruitier ne peut ni les couper, même lorsqu'ils sont en coupe réglée, ni exiger la valeur de l'accroissement qu'ils ont pris pendant sa jouissance, ni s'approprier ceux qui meurent ou qui viennent à être arrachés ou brisés par accident. 591 — 592

20. Le propriétaire lui-même ne peut les abattre, hors le temps des coupes réglées, sans dédommager l'usufruitier. ap. 592

21. L'usufruitier d'un fonds peut en extraire des pierres, de la craie, de la marne, du sable et de la tourbe, pour son usage; mais il ne peut en vendre. 598

22. A l'égard des mines et minières, tant métalliques que non métalliques, tout ce qu'elles produisent, pendant la durée de l'usufruit, appartient à l'usufruitier. ib.

ib.	23. Sont exceptées les mines et minières qui s'exploitent à tranchée ouverte, ou avec fosse et lumière, jusqu'à cent pieds de profondeur seulement; l'usufruitier ne peut en rien extraire que pour son usage.
595	24. L'usufruitier peut vendre, donner, céder ou louer l'exercice de son droit.
617	25. L'usufruit s'éteint par la mort naturelle de l'usufruitier, ou par sa condamnation à mort, quoique non exécutée, quand même elle aurait été prononcée par contumace, pourvu que le délai fixé pour purger la contumace soit expiré.
ib.	26. L'usufruit s'éteint encore par la perte totale de la chose sur laquelle il est constitué.
607 –– 624	27. L'usufruitier d'une maison tombée en ruine par vétusté, ou détruite par cas fortuit, ne peut pas forcer le propriétaire à la rebâtir, mais son usufruit subsiste sur le sol.
618	28. L'usufruitier qui, par abus de son droit, commet sur les fonds des dégradations considérables, peut, outre les dommages et intérêts auxquels il est tenu, être privé de la jouissance en nature et réduit à une pension représentative de la valeur de son usufruit, si mieux il n'aime donner caution de jouir désormais en bon père de famille.
617	29. Si l'usufruitier devient propriétaire, à titre incommutable, l'usufruit prend fin irrévocablement.
589	30. L'usufruitier de meubles qui, sans se consumer, se gâtent et dépérissent peu à peu par l'usage, n'est tenu, à la fin de sa jouissance, que de les représenter en nature tels qu'ils sont alors, pourvu qu'il n'y ait eu de sa part ni dol, ni faute, ni négligence.

§. 4. *De l'Usage.*

630	31. L'usage est le droit de prendre sur les fruits d'un bien dont un autre a la propriété, tout ce qui est nécessaire pour les besoins de l'usager et de sa famille.

32. Le droit d'usage, auquel un fonds est soumis, n'em- ap. 630
pêche pas le propriétaire d'en jouir, à la concurrence de ce
qui excède les besoins de l'usager.

33. Le propriétaire peut forcer l'usager au cantonnement. ib.

Le cantonnement consiste à convertir l'usage en un droit
de propriété sur une partie des fonds usagers, le surplus
demeurant affranchi de cette charge.

34. L'usager est soumis aux mêmes réparations et aux 635
mêmes charges que l'usufruitier, lorsqu'il consomme tout
le produit du fonds sujet à son droit : hors ce cas, le propriétaire en est seul tenu.

§. 5. *Des Services fonciers.*

35. La charge imposée au possesseur d'un domaine, de 637
n'y pas faire ou d'y souffrir certaines choses pour l'avantage
d'un autre domaine, forme un service foncier.

36. Les services fonciers sont établis par la loi ou par le 639
fait de l'homme.

Des Services fonciers établis par la loi.

37. Les lieux inférieurs sont assujettis envers les lieux 640
supérieurs à recevoir les eaux qui en découlent d'elles-mêmes
et sans être dirigées par mains d'homme ; ils doivent également souffrir tous les autres inconvéniens que la situation
du terrain supérieur peut leur causer naturellement et sans
main d'œuvre.

38. Le propriétaire de l'héritage supérieur ne peut pas, 644
au préjudice de l'héritage inférieur, retenir les eaux dont
la source n'est pas dans son fonds, ni en changer le cours ;
mais il peut en user ainsi qu'il le juge à propos à leur passage,
pour l'irrigation de son fonds.

39. Lorsqu'un chemin public est devenu impraticable, av. 682
chacun a le droit, jusqu'à ce qu'il soit rétabli, de passer sur
le fonds voisin.

40. Celui dont l'héritage se trouve tellement entouré qu'il 682 à
685

ne peut absolument y aller n'y en sortir, sans passer par celui d'autrui, peut obliger ses voisins à lui livrer un passage à l'endroit le moins dommageable pour eux et moyennant une juste indemnité.

ap. 685 41. Tout voisin est tenu, moyennant une juste indemnité, de laisser passer et établir sur son fonds les ouvriers et les échelles nécessaires pour réparer ou construire les murs de clôture et les toits de son voisin.

671 42. Nul ne peut planter sur son héritage de haies vives qu'à la distance d'un pied et demi de l'héritage voisin.

ib. 43. Nul ne peut planter des arbres sur son héritage, qu'à la distance de cinq pieds de l'héritage voisin.

ap. 666 44. Nul ne peut creuser un fossé dans son héritage, sans laisser entre le fossé et l'héritage voisin un espace égal à la profondeur du fossé.

674 45. Nul ne peut faire sur son héritage un puits, une citerne ou une aisance, qu'à la distance de six pieds de l'héritage voisin, à moins qu'il ne fasse du côté de cet héritage, un ouvrage suffisant pour empêcher que le puits, la citerne ou l'aisance ne lui nuise, soit que le mur qui sépare les deux héritages appartienne à un seul, ou qu'il soit commun entre eux.

av. 653 et 681 46. Tout propriétaire peut élever un mur ou un bâtiment sur la ligne qui forme l'extrémité de son héritage, mais il ne peut le disposer de manière à nuire à son voisin, soit pour l'écoulement des eaux, soit autrement.

653 47. Tout mur séparant les propriétés de différentes personnes est présumé mitoyen, s'il n'y a titre ou marque au contraire.

ap. 653 48. Un mur qui n'est pas mitoyen, ne peut le devenir que par convention.

675 49. En mur mitoyen, l'un des voisins ne peut, sans le consentement de l'autre, pratiquer aucune fenêtre ou vue, même à verre dormant.

50. Mais en mur non mitoyen, le propriétaire peut faire 676
tout ce qui lui plaît.

51. L'un des voisins ne peut, sans le consentement de 662
l'autre, pratiquer dans le corps d'un mur mitoyen, aucun
enfoncement, soit pour cheminées, soit pour autre objet :
et il ne peut y appliquer ou appuyer aucun ouvrage, sans en
prévenir son voisin, et sans avoir concerté avec lui, ou fait
régler par des experts, les moyens d'empêcher que cet ouvrage ne nuise au mur mitoyen.

52. L'un des propriétaires du mur mitoyen ne peut empê- 658
cher l'autre de l'élever aussi haut que bon lui semble.

Des Services fonciers établis par le fait de l'homme.

53. Jusqu'à preuve contraire, tout héritage est présumé 552 —
libre de tout service foncier résultant du fait de l'homme, 553
et le propriétaire du sol peut, en ligne droite, faire au-dessus et au-dessous tout ce qui lui plaît.

54. La preuve des services fonciers ne peut se faire que 686
par le titre primitif qui les a établis, ou par une reconnaissance énonciative de ce titre, et signée du propriétaire de
l'héritage servant.

55. La destination du père de famille, prouvée par écrit, 692
vaut titre pour toutes sortes de services fonciers. En conséquence, si deux héritages qui ont appartenu au même
maître, viennent à avoir deux propriétaires différens, soit
par l'effet d'une aliénation, soit par l'effet d'un partage
d'hérédité, le service que l'un de ces héritages tirait de
l'autre, lorsqu'ils avaient un propriétaire et dont il y a
preuve par écrit, doit continuer, quoiqu'il n'en ait pas été
fait réserve dans l'acte d'aliénation ou de partage.

56. Le propriétaire capable d'aliéner le fonds, peut seul ap. 686
le grever de services fonciers.

57. L'usufruitier et le fermier à longues années peuvent ib.
imposer des services fonciers pour tout le temps de leur
jouissance, pourvu qu'ils ne détériorent pas le fonds.

686   58. On peut établir tels services fonciers qu'on juge à propos, pourvu qu'il en résulte un avantage ou agrément, soit prochain, soit éloigné, pour le propriétaire de l'héritage au profit duquel on le stipule.

59. Celui qui a établi un service foncier sur son héritage, ne peut pas en établir un autre en faveur d'un tiers, si par cette concession il porte préjudice au premier.

697 — 698   60. Tous les ouvrages et toutes les réparations nécessaires pour l'usage d'un service foncier, sont à la charge du propriétaire de ce service.

701 — 702   61. Le propriétaire du service foncier n'est pas tenu des dommages que ce service occasionne au fond servant, par une suite naturelle.

ib.   62. Le propriétaire du service foncier ne peut s'en servir que pour l'héritage à raison duquel il lui est dû.

ib.   63. Le propriétaire du service foncier doit en user de la manière la moins incommode à l'héritage servant, en se renfermant dans l'objet du service et dans les limites que peut y avoir mises le titre qui l'a établi.

706 — 707   64. Le service foncier s'éteint par la prescription de vingt ans.

ib.   65. Cette prescription à l'égard des services qui consistent à laisser faire quelque chose dans l'héritage servant, s'opère de plein droit, sans aucun fait de la part du propriétaire de cet héritage, et par cela seul que le propriétaire du service ni personne de sa part n'a usé de son droit pendant vingt ans.

ib.   66. Néanmoins ceux de ces services qui consistent dans un ouvrage permanent sur le fonds servant, ne se prescrivent pas tant qu'il reste des traces de cet ouvrage.

ib.   67. A l'égard des services qui obligent seulement le propriétaire de l'héritage servant, à s'abstenir de quelque chose, le temps de la prescription ne commence à courir que du jour ou il a été fait un ouvrage ou acte contraire au service.

68. Les services fonciers s'éteignent par la confusion, lorsque l'héritage servant et l'héritage dominant viennent en totalité dans les mains du même maître à titre de propriété incommutable. 705

69. Ils s'éteignent encore par l'abandon des objets qui y sont sujets. 699

§. 6. *Des Rentes foncières.*

70. Une rente foncière est le droit de percevoir tous les ans sur un fonds une redevance fixe, en valeur monétaire, fruits ou autres denrées. 530 et l.3-t.6.

71. Il y a deux manières de créer une rente foncière, l'une, quand le propriétaire aliène son fonds, soit par bail à rente, soit par licitation, soit par partage; l'autre, quand, sans aliéner le fonds, il le charge d'une redevance par voie de don ou de legs.

72. La rente réservée par le partage ou par la licitation, n'est foncière qu'autant qu'elle fait directement le prix de la licitation ou la soulte du partage.

Si l'on commence par convenir d'une somme d'argent pour le prix ou pour la soulte, et qu'ensuite pour cette somme on crée une rente, elle est réputée constituée à prix d'argent et non pas foncière.

73. La rente foncière n'est due par le détenteur du fonds qu'à cause du fonds même; et il peut toujours s'en décharger en abandonnant le fonds, pourvu qu'il paie les arrérages échus jusqu'alors, et qu'il ait effectué les améliorations auxquelles il s'était engagé.

74. La rente foncière est due solidairement par tous ceux qui possèdent quelques parties du fonds qui y est sujet.

75. Les rentes foncières sont essentiellement rachetables; il ne peut être stipulé aucune clause contraire à la faculté de les racheter, à moins qu'elles ne soient limitées à vingt ans.

76. Le rachat d'une rente foncière ne peut être divisé malgré le créancier.

77. Lorsque la rente foncière a un capital connu, le rachat s'en fait sur ce capital, tel qu'il est désigné dans le titre constitutif de la rente.

78. Les rentes foncières, dont le capital n'est point connu, se rachètent, savoir : celles en argent, sur le pied du denier 20, et celles en nature, au denier 25 de leur produit annuel; en ajoutant un 10ᵉ. aux capitaux des unes et des autres, lorsqu'elles ont été créées sous la condition de non retenue des contributions publiques.

79. L'évaluation du produit annuel des rentes foncières, en fruits récoltés sur les fonds, à l'effet de les racheter, est réglée par des experts.

80. Si les rentes foncières sont en grains ou autres denrées, on forme, pour leur évaluation, une année commune du prix de ces grains ou denrées, d'après les registres du marché du lieu où doit se faire le paiement, s'il en existe un, sinon du marché le plus voisin.

81. Pour former cette année, on prend les quatorze années antérieures à l'époque du rachat, on retranche les deux plus fortes et les deux plus faibles, et l'année commune se règle sur les dix années restantes.

TITRE III.

Des Manières d'acquérir les biens, indépendantes des contrats.

711 — 712

Art. 1ᵉʳ. Les manières d'acquérir indépendantes des contrats, sont :

1°. L'occupation.
2°. L'accession.
3°. La donation.
4°. La succession.
5°. La prescription.

§. 1ᵉʳ. *De l'Occupation.*

2. L'occupation est l'acte par lequel, d'après les règles

établies ci-dessus, on acquiert la propriété de choses qui n'appartiennent à personne ; elle a lieu lorsqu'on s'empare de ces choses dans l'intention d'en devenir propriétaire.

§. 2. *De l'Accession.*

3. On acquiert la propriété d'une chose par accession, lorsqu'une chose devient accessoire et dépendante d'une autre. 546

4. Les fruits qui naissent d'une chose, en sont réputés accessoires et appartiennent au propriétaire de cette chose. 547

5. Le propriétaire les acquiert de plein droit, quand même il n'aurait ni planté, ni semé, ni cultivé; mais, dans ce cas, il doit le remboursement des frais de plantation, de semences et de culture. 548

6. Lorsque deux choses, appartenantes à différens propriétaires, ne forment plus, en s'unissant ensemble, qu'un corps composé de parties inséparables, ou qui ne pourraient être séparées sans endommager l'une ou l'autre, le propriétaire de la chose qui forme le principal du tout, devient aussi propriétaire de celle qui est considérée comme accessoire. 546 — 551

7. Cette union se fait naturellement ou par le fait de l'homme. ib.

8. Elle se fait naturellement par alluvion et par attérissement. 556

9. L'alluvion est un accroissement lent et imperceptible, qui se fait le long des rivières, des fleuves et sur les bords de la mer par une cause naturelle et indépendante du fait de l'homme. ib.

10. L'attérissement est un accroissement subit, apparent et considérable, qui s'opère également par une cause naturelle et indépendante du fait de l'homme. ib.

11. Tout accroissement par alluvion appartient au propriétaire du fonds où il se fait. ib.

ib.   12. Tout accroissement par attérissement appartient de même au propriétaire du fonds où il s'opère.

563   13. Les anciens lits des rivières et des fleuves appartiennent aux propriétaires des fonds des nouveaux lits, à titre d'indemnité.

560—561   14. Tous les îlots appartiennent au riverain le plus prochain, si ce n'est qu'il y ait utilité de les détruire pour la commodité de la navigation, auquel cas la république en dispose.

ap. 561   15. Celui qui veut s'en réserver la propriété doit en faire sa déclaration à l'administration, qui fait vérifier s'il convient de les détruire.

ib.   16. Après l'année du jour de sa déclaration, le riverain ne peut être dépossédé sans indemnité.

566   17. Dans l'union qui s'opère par le fait de l'homme, si l'une des choses unies ne peut subsister sans l'autre, et que l'autre puisse exister séparément, celle-ci est considérée comme la partie principale et attire le domaine de celle-là.

567   18. Si les deux choses peuvent subsister l'une sans l'autre, la partie qui, comme principale, doit attirer le domaine de l'autre, est celle pour l'usage, l'ornement ou le complément de laquelle l'autre lui a été unie.

569   19. Si de ces deux choses, il n'y en a pas une qui soit pour l'usage, l'ornement ou le complément de l'autre, on doit considérer comme principale et comme attirant, à ce titre, le domaine de l'autre, celle qui a le plus de volume; et en cas de parité de volume, celle qui a le plus de valeur.

566   20. Celui qui, d'après les trois articles précédens, devient propriétaire par accession, est tenu d'indemniser l'ancien propriétaire de la chose accessoire.

§. 3. *Des Donations, ou de la transmission gratuite des biens par la volonté de l'homme.*

893 à 895   21. La donation est un acte de bienfaisance.
ib.   22. Elle est gratuite et irrévocable.

23. Elle n'est exercée que par le citoyen qui a droit d'a- 902
liéner.

24. Il n'est pas permis de donner, soit entre vifs, soit à ib.
cause de mort,

A aucun de ses héritiers. La loi veut qu'ils soient tous également apportionnés dans la même hérédité;

Ni à son mari ou à sa femme au-delà du modique usufruit qui sera énoncé ci-après. Les conventions matrimoniales règlent les avantages des époux;

Ni à celui dont le revenu excède la valeur de mille quintaux de bled, il est dans l'état d'opulence;

Ni à aucun célibataire au-dessus de l'âge de vingt-un ans, qui a un revenu excédant la valeur de cinquante quintaux de bled, à moins qu'il n'ait adopté un ou plusieurs enfans, ou bien qu'il ne nourrisse ou son père ou sa mère, ou l'un de ses ayeux, ou un vieillard indigent.

25. Les avantages faits par l'un des ascendans aux des- ap. 902
cendans ou même à l'héritier collatéral, en cas de mariage, ne sont pas compris en la présente prohibition, pourvu qu'ils n'excèdent pas le *maximum*, attendu qu'ils sont sujets à rapport.

26. On ne peut donner à cause de mort, que le dixième de 913 et suiv.
son bien, si on a des héritiers en ligne directe, et que le sixième, si l'on n'a que des héritiers collatéraux.

27. Les époux qui n'ont point d'enfans de leur sang, pourront se donner en outre, à cause de mort, l'usufruit d'un autre sixième de leurs biens.

28. L'estimation des revenus pour constater que le dona- ap. cet art.
taire n'a pas le maximum de fortune, au-delà duquel on ne peut recevoir, se règle à la vue de l'extrait des diverses impositions du donataire pendant les trois dernières années, produit par l'une des parties, certifié par les officiers municipaux et administrateurs de districts et annexé à l'acte de donation.

29. Toute donation est nulle, s'il y a fausseté ou omission dans la représentation des extraits d'impositions.

30. L'héritier et le créancier sont autorisés, pendant le temps nécessaire pour prescrire, à prouver cette fausseté ou omission.

31. Ces formalités ne sont pas requises en cas de donations faites à des enfans qui n'ont pas de biens échus lors de l'acceptation.

Mais, s'ils sont héritiers de parens reconnus comme opulens, la représentation des extraits d'impositions de ces parens sera exigée sous la même peine.

<small>931 et suiv.
967 et suiv.</small> 32. Toutes donations peuvent être écrites de la main du donateur, ou rédigées par notaires publics; mais au premier cas, elles doivent être déposées chez un notaire; elles contiennent toujours une estimation de la valeur de l'objet donné, qui ne doit jamais excéder le maximum de mille quintaux de froment en revenu.

33. Le notaire fait afficher et publier l'acte de donation sur la place publique, au lieu du domicile du donateur et de la situation des biens, dans la huitaine de l'acceptation, pour les donations entre vifs, et dans la huitaine du décès du donateur pour celles à cause de mort.

34. L'acceptation olographe ou authentique du donataire, ou de ceux qui le représentent, est nécessaire; elle vaut prise de possession. Elle n'est faite qu'après l'exécution des conditions, en cas de donations conditionnelles.

<small>900</small> 35. On ne peut apposer aux donations aucune condition impossible, contraire aux bonnes mœurs ou dépendante de la volonté du donateur.

<small>ib.</small> 36. La loi ne reconnaît aucune ponation accompagnée de semblables conditions.

<small>893 et 953 et suiv.</small> 37. Il n'y a plus ni testamens, ni legs, ni codiciles, ni aucune autre manière de disposer, que celle énoncée au présent paragraphe et aucune disposition n'est révocable pour

raison de survenance d'enfans, d'ingratitude, de suggestion, captation ou autres motifs.

Appendice au présent paragraphe.

ART. UNIQUE. Tous dons et avantages faits par contrat de mariage, actes entre vifs, ou de dernière volonté, réciproquement ou sans réciprocité, par un mari à sa femme, ou par une femme à son mari, et qui ne sont point encore recueillis, demeurent, à dater de ce jour, réduits à l'usufruit du sixième du revenu de l'époux disposant, soit qu'il y ait des enfans ou qu'il n'y en ait pas. 1091 et suiv.

§. 4. *Des Successions ou de la transmission des biens des défunts par la disposition de la loi.*

RÈGLES GÉNÉRALES.

ART. 38. L'ordre des successions est déterminé par les lois de la manière la plus convenable à l'utilité publique; il ne dépend pas des particuliers d'y déroger par des institutions d'héritiers, des substitutions ou des exhérédations. art. 718 et 723.

39. Cette règle ne reçoit de modifications que celles que la loi même a établies pour l'adoption et les dispositions à cause de mort.

40. Tous les parens du défunt, sans distinction de français ou d'étrangers, sont appelés à sa succession dans l'ordre déterminé par la loi. 723 — 726

41. Elle n'en exclut que les personnes dont elle ne reconnaît plus l'existence. 725

42. Les enfans reconnus par la loi, et leurs descendans jouissent des mêmes droits pour les successions directes et collatérales que les enfans nés dans le mariage. 723

43. L'enfant qui était conçu au temps de l'ouverture de la succession, la recueille suivant l'ordre de sa parenté, s'il naît vivant. 725

44. Les successions s'ouvrent par la mort naturelle, ou 718 — 719

par la condamnation à la peine de mort, quoique non exécutée, quand même elle aurait été prononcée par contumace, pourvu que les délais accordés par la loi, pour purger la coutumace, soient expirés.

732   45. La loi ne reconnaît aucune différence dans la nature des biens, ou dans leur origine, pour en régler la transmission.

731   46. Il y a trois espèces de successions pour les parens ; la succession des enfans, ou de leurs descendans; celle des pères et mères, ou de leurs ascendans, et la succession des parens collatéraux.

De la Succession des descendans.

745   47. Si le défunt laisse des enfans, ils lui succèdent également.

49. A défaut d'enfans, les petits-enfans succèdent à leur aïeul ou aïeule.

50. A défaut de petits-enfans, les arrières-petits-enfans succèdent à leur bisaïeul ou bisaïeule.

51. A défaut de ceux-ci, les autres descendans succèdent dans l'ordre de leur degré.

52. Lorsqu'il y a des petits-enfans ou des descendans des degrés ultérieurs, la représentation a lieu.

53. L'enfant adoptif ou ses descendans succèdent concurremment avec les autres enfans ou leurs descendans, de la manière qui est réglée au titre VII du livre Ier.

De la Succession des ascendans.

746 et suiv.   54. Si le défunt n'a laissé ni descendans, ni frères ou sœurs, ni descendans de frères ou de sœurs, ses père et mère, ou le survivant d'entre eux lui succèdent.

55. A défaut des père et mère, les aïeuls et aïeules, ou les survivans d'entre eux succèdent, s'il n'y a pas de descendans de quelqu'un d'entre eux.

56. A défaut d'aïeuls ou aïeules, les ascendans supérieurs

sont appelés à la succession, suivant la proximité du degré, s'il ne reste pas de descendans de ce même degré.

57. Dans tous les cas, les ascendans sont toujours exclus par les héritiers collatéraux qui descendent d'eux ou d'autres ascendans au même degré.

58. Les ascendans succèdent toujours par tête, sans aucune représentation.

59. Les biens donnés par les ascendans à leurs descendans avec stipulation de retour, ne sont pas compris dans les règles ci-dessus; ils ne font pas partie de la succession du descendant, tant qu'il y a lieu au droit de retour.

Des Successions collatérales.

60. Les parens collatéraux succèdent, lorsque le défunt n'a pas laissé de parens en ligne directe. _{750 et suiv.}

61. Ils succèdent même au préjudice de ses ascendans, lorsqu'ils descendent d'eux ou d'autres ascendans du même degré.

62. La représentation a lieu jusqu'à l'infini en ligne colla- _{739 et suiv.} térale. Ceux qui descendent des ascendans les plus proches du défunt, excluent ceux qui descendent des ascendans plus éloignés de la même ligne.

63. Ainsi, les descendans du père excluent tous les autres descendans des aïeul et aïeule paternels. Les descendans de la mère excluent tous les autres descendans des aïeul et aïeule maternels.

64. A défaut de descendans du père, les descendans des aïeul et aïeule paternels excluent tous les autres descendans des bisaïeul et bisaïeule de la même ligne.

65. A défaut des descendans de la mère, les descendans des aïeul et aïeule maternels excluent tous les autres descendans des bisaïeul et bisaïeule de la même ligne.

66. La même exclusion a lieu en faveur des descendans des bisaïeuls et bisaïeules, ou ascendans supérieurs, contre

ceux des ascendans d'un degré plus éloigné dans la même ligne.

67. Par l'effet de la représentation, les représentans entrent dans la place, dans le degré et dans tous les droits du représenté.

La succession se divise en autant de portions qu'il y a de branches appelées à la recueillir, et la subdivision de chaque branche se fait de la même manière entre ceux qui en font partie.

68. Si donc les héritiers du défunt descendent les uns de son père et les autres de sa mère, une moitié de la succession sera attribuée aux héritiers paternels et l'autre moitié aux héritiers maternels.

69. Si le défunt n'a pas laissé d'héritiers descendans de son père, la portion paternelle sera attribuée pour une moitié aux descendans de l'aïeul paternel, et pour une autre, aux descendans de l'aïeule maternelle.

70. Si le défunt n'a pas laissé d'héritiers descendans de sa mère, la portion maternelle sera pareillement partagée entre les descendans de l'aïeul maternel et ceux de l'aïeule maternelle.

71. Il en sera de même, si le défunt n'a pas laissé d'aïeul ou d'aïeule, soit dans l'une, soit dans l'autre branche; les descendans du bisaïeul et ceux de la bisaïeule prendront chacun une moitié dans la portion qui aurait appartenu à l'aïeul ou à l'aïeule.

72. Il en sera de même encore pour les descendans des degrés supérieurs lorsque le bisaïeul ou la bisaïeule n'auront pas laissé de descendans.

73. Ces règles de représentation seront suivies dans la subdivision de chaque branche; on partagera d'abord la portion qui lui est attribuée en autant de parties égales, que le chef de cette branche aura laissé d'enfans, pour attribuer chacune de ces parties à tous les héritiers qui descendent de l'un de ces enfans, sauf à la subdiviser encore entre

eux dans les degrés ultérieurs, proportionnellement aux droits de ceux qu'ils représentent.

74. La loi n'accorde aucun privilège au double lien; mais si des parens collatéraux descendent tout à la fois des auteurs de plusieurs des branches appelées à la succession, ils recueilleront cumulativement la portion à laquelle ils sont appelés dans chaque branche.

75. A défaut de parens de l'une des lignes paternelle ou maternelle, les parens de l'autre ligne succèdent pour le tout. 755

De la Succession de ceux qui ne laissent aucuns parens pour la recueillir.

76. Si le défunt ne laisse aucuns parens, ou si ceux qu'il a ne se présentent pas pour recueillir sa succession, le conjoint survivant pourra la recueillir et la transmettre à ses héritiers. 723

77. A défaut de parens ou de conjoint survivans, les biens du défunt seront à la disposition de la nation. ib.

De l'Acceptation ou répudiation des successions. tit. 1er. ch. 5

78. Ceux qui sont appelés à recueillir une succession, peuvent s'en abstenir ou y renoncer.

79. La renonciation est admise dans tous les temps, même pour ceux qui ont accepté la succession, pourvu qu'ils aient fait un inventaire dans les formes prescrites par la loi.

80. Cet inventaire doit être fait dans le mois qui a suivi l'ouverture de la succession, à moins que le délai ne soit prorogé par le juge, en connaissance de cause.

81. L'héritier qui a fait l'inventaire, ne peut être tenu des dettes du défunt que jusqu'à concurrence du montant de la succession.

82. Celui qui n'en a pas fait, est tenu indéfiniment, soit qu'il ait formellement accepté la succession, soit qu'il s'en soit emparé sans acceptation expresse.

83. L'héritier qui fait inventaire n'est pas exclus par

celui qui se présente pour accepter la succession sans inventaire.

84. On ne peut pas renoncer à la succession d'un homme vivant, même par contrat de mariage.

t. 1-c. 6 *Des Partages et Rapports.*

85. Si des cohéritiers ne peuvent pas faire leurs partages à l'amiable, ils seront tenus de convenir d'arbitre pour les terminer.

86. S'il y a des mineurs parmi les cohéritiers, le partage à l'amiable ne sera obligatoire pour les mineurs qu'autant qu'il aura été approuvé par un conseil de famille, dans lequel les héritiers ne seront pas admis.

87. Les cohéritiers sont tenus de rapporter à la succession du défunt tout ce qu'il a donné au préjudice de leurs cohéritiers, soit à eux, soit à leurs descendans, soit à ceux que ces cohéritiers représentent.

88. La nourriture et l'entretien annuel, les frais ordinaires d'éducation et d'apprentissage ne sont point sujets au rapport.

89. Les fruits et intérêts des choses données n'y sont sujets que du jour de la succession échue.

90. Il n'y a pas lieu au rapport des bénéfices que l'héritier a pu retirer des conventions faites avec le défunt, si elles ne présentaient aucun avantage lorsqu'elles ont été faites.

91. On l'observe ainsi pour les associations faites sans fraude entre le père et le fils, pourvu que les conditions en aient été réglées par un acte authentique, et qu'il y ait eu un inventaire préalable, pour constater l'état des biens respectifs.

92. Si le rapport se fait en nature, les cohéritiers de celui qui rapporte, sont tenus de rembourser les impenses utiles et nécessaires qu'il a faites dans la chose donnée.

93. Si le rapport se fait en moins prenant, la déduction de la plus value aura lieu pour ces impenses.

94. L'héritier présomptif ne peut se dispenser du rapport en renonçant à la succession, pour se tenir au don qui lui a été fait, au préjudice de ses cohéritiers.

95. Le rapport ne peut néanmoins être exigé que par les cohéritiers et non par les créanciers du défunt.

Articles d'Appendice.

fin du ch. 6

Art. 1ᵉʳ. Les ci-devant religieux et religieuses sont habiles à recueillir les successions non ouvertes qui pourraient leur échoir, à dater de ce jour.

2. Les donations entre vifs, faites par les pères et mères ou tous autres ascendans au profit de leurs enfans ou descendans postérieurement au 14 juillet 1789, sont sujettes à rapport en successions non encore ouvertes, sans que les enfans ou descendans puissent s'en dispenser en renonçant aux successions.

3. Les donations faites jusqu'à ce jour par contrat de mariage demeurent exceptées des dispositions de l'article précédent.

Des Successions abandonnées.

ch. 5 sect. 4

96. Lorsqu'une succession est vacante, ou abandonnée, un curateur est nommé devant l'officier public, à la diligence d'un ou plusieurs créanciers, sur les conclusions du procureur de la commune.

97. Le curateur est gardien et responsable; il lui est dû rétribution.

98. Il défend aux demandes et actions des créanciers, les conteste ou approuve s'il y a lieu.

99. Il est personnellement responsable des contestations, évidemment mauvaises, élevées par son fait.

§. 5. De la Prescription.

liv. 3 tit. 20

DÉFINITION ET EXPLICATION.

100. La prescription est un moyen d'établir sa propriété par la possession, ou sa libération par le défaut de récla-

2219

mation du créancier, pendant le temps déterminé par la loi.

2228   101. La possession a lieu lorsqu'on jouit comme propriétaire par soi-même ou par autrui.

2230   102. Tout possesseur est présumé jouir comme propriétaire, s'il n'y a preuve contraire.

2235   103. Pour opérer la prescription, le possesseur actuel réunit à sa possession, celle des possesseurs précédens qu'il représente, à quelque titre et de quelque manière que ce soit.

104. Celui qui possède une chose depuis une année accomplie, doit, en cas de trouble ou violence, être maintenu provisoirement.

2226—
2227

Des Choses qui sont prescriptibles.

105. Tout ce qui est dans le commerce des hommes, tout ce qui est susceptible de possession particulière est prescriptible.

106. Toutes les actions, tous les biens appartenant à la nation, et dont l'aliénation est permise, sont prescriptibles.

107. Les biens nationaux que la république a droit de reprendre par rachat, reversion ou autrement, ne seront prescriptibles que quand elle les aura retirés des mains des engagistes ou détenteurs réputés tels.

108. Tous droits et biens des villes et communautés d'habitans sont prescriptibles.

109. Mais lorsqu'il s'agit de choses destinées à l'usage commun ou public, tels que les rues, les halles, les marchés, les cours, les fontaines, les cimetières, les églises, temples, et autres propriétés de ce genre, la possession doit avoir été tellement exclusive, qu'elle ait privé tous les autres citoyens de l'usage de la chose.

Comment ceux qui détiennent la propriété d'autrui peuvent la prescrire.

2236 et suiv.   110. L'usufruitier, l'usager, le dépositaire, le locataire, le fermier, l'amodiateur, ne possèdent, pour prescrire contre celui au nom duquel ils jouissent, que du moment où il y a changement dans la cause de leur jouissance.

Ce changement est présumé en faveur de leurs héritiers, s'ils ne sont pas eux-mêmes entrés en possession à titre précaire.

111. Dès que le tuteur commence à prescrire contre l'action en reddition de compte, il commence à prescrire aussi la propriété des choses commises à son administration.

Des diverses espaces de temps nécessaires pour opérer la prescription.

Espace de trois ans et au-dessous.

112. Après six mois, tout marchand, tout fournisseur en détail, les artistes, médecins, chirurgiens, hommes de métier, sont censés payés des fournitures et travaux faits à raison de leur commerce, art ou profession, s'ils n'ont fait arrêter et signer leur compte. La continuité de fournitures depuis moins de six mois, n'interrompt pas la prescription pour ce qui est antérieur. [2271 et suiv.]

113. Le fabricant qui vend en gros au marchand ; le marchand qui vend en gros ou en détail à un autre marchand, faisant le même commerce, doit demander dans les deux ans, le paiement de ses fournitures : passé ce délai, il est censé payé, s'il n'a fait arrêter et signer son compte par le débiteur, quand même il y aurait eu continuité de fournitures depuis moins de deux ans. [ib.]

114. Les sommes ou les choses qui sont payables ou délivrables par année, semestre, trimestre, par mois ou quinzaine, tels que les intérêts des créances, les rentes foncières ou autres, les pensions, les gratifications, les loyers de maison ou appartemens garnis ou non garnis, les fermages des champs, les salaires des instituteurs, des compagnons de travaux et autres, qui engagent leurs services pour un [ib.]

temps déterminé et à prix fixe, se *prescrivent* de la manière ci-après, savoir : qu'arrivant la troisième échéance, il y a prescription acquise pour la première, et ainsi successivement; de manière que l'action ne soit jamais admise que pour deux échéances, sans que cette prescription d'arrérages opère celle du capital ou du titre, à l'égard duquel la prescription n'a lieu que par les autres règles de la présente loi.

ib. 115. Ce qui est payable par les caissiers généraux ou particuliers de la république, en cette qualité, est excepté de la disposition de l'article précédent.

2279 116. La possession des meubles et effets mobiliers tenus autrement qu'à titre universel, et hors le cas du vol, en opère la prescription par deux ans. Les actions et créances ne sont point comprises dans cette disposition.

Espace de vingt ans et au-dessous.

2262 117. Toutes les choses, toutes les actions prescriptibles, et pour lesquelles il n'a pas été spécialement fixé de délai, se prescrivent par vingt ans.

2257 118. Sont exceptés de la disposition de l'article précédent,

1°. Les recours par garantie contre lesquels la prescription ne commence que quand l'action principale est exercée.

2264 2°. Les diverses prescriptions et délais exclusifs, établis relativement à des objets particuliers ou aux formes judiciaires, à l'égard desquels il y a des règles spéciales établies dans le présent code.

Des Délais pour se pourvoir contre les actes.

fin du tit. 20 119. Celui qui se croit autorisé par la loi à demander la cassation d'un acte où il s'est obligé en majorité, doit le faire dans l'année de la date de l'acte; après ce délai, il ne peut être admis.

120. Toute personne peut, pendant les quatre années qui suivent sa majorité, renoncer à une succession acceptée par

elle ou par son tuteur, pendant sa minorité, ou demander d'en jouir sous le bénéfice d'inventaire.

121. On est admis pendant vingt ans, à compter de la majorité, à demander la cassation des aliénations d'immeubles faites par le tuteur en contravention des lois.

122. Le majeur est admis pendant vingt ans à réclamer contre les actes intervenus, même pendant sa majorité, entre lui et son tuteur sur le fait de l'administration de ses biens, si le tuteur n'avait préalablement rendu compte, et communiqué les pièces justificatives d'après les formes prescrites par la loi.

De la Manière de compter pour la prescription.

123. La prescription se compte sans distinction des mois composés de plus ou moins de jours, ni des années bissextiles ou autres; ainsi, dans les prescriptions de six mois, l'action ouverte le 14 juillet est prescrite le 15 janvier; et, dans les prescriptions de quatre ans, elle est prescrite à la quatrième année, le 15 juillet. 2260— 2261

De la Suspension de la prescription.

124. La suspension arrête seulement le cours de la prescription pour un certain temps. Quand la cause cesse, la prescription continue; on réunit pour l'accomplir le temps utile des différentes époques. 2251 et suiv.

125. La suspension a lieu en faveur du mineur et de l'interdit pendant la minorité ou l'interdiction.

126. La prescription court néanmoins contre le mineur commerçant, âgé de seize ans accomplis, mais seulement pour les choses relatives à son commerce.

127. La suspension a lieu entre les époux.

128. Il n'y a point d'autres causes de suspension.

De l'Interruption.

129. L'interruption de la prescription rend inutile le temps qui a précédé, et oblige à la recommencer. 2242 et suiv.

130. L'interruption annale de la possession en opère une dans la prescription.

131. Cette interruption de possession profite et au nouveau possesseur, et à toute autre personne intéressée.

132. Il y a interruption lorsque le débiteur reconnaît la dette par quelqu'acte que ce soit.

133. Il y a interruption par la demande régulièrement faite.

134. Lorsque plusieurs sont solidairement créanciers ou débiteurs, l'interruption faite par l'un d'eux, ou contre l'un d'eux, profite ou nuit aux autres, si la réclamation n'est pas bornée au contingent, et a lieu pour toute la créance ou pour les intérêts de toute la créance.

135. Cette règle s'applique aux cautions lorsqu'il y a solidarité.

Devoir des juges et arbitres concernant la prescription.

fin du tit. 20

136. L'arbitre ou le juge ne supplée point l'exception de prescription; mais elle peut être invoquée par tous ceux qui y ont intérêt.

137. On ne peut, dans aucun cas, exiger de celui qui a prescrit, la déclaration qu'il a payé.

LIVRE III.

Des Contrats.

TITRE Ier.

Des Obligations

PARTIE 1re.

Des Obligations en général, de leurs causes, de leurs effets et des vices qui les annullent.

1101   ART. 1er. L'obligation est le lien par lequel une ou plusieurs personnes sont obligées envers une ou plusieurs autres, à donner, à faire ou à ne pas faire quelque chose.

§. 1ᵉʳ. *Des Causes des obligations.*

2. Les obligations dérivent naturellement des contrats. <small>tit. 3</small>
Un contrat est une convention par laquelle une personne s'*oblige* envers une autre. S'il y a réciprocité d'obligations, chacune est tenue de remplir celles qui la concernent.

3. Il y a des faits qui obligent sans convention, et par la <small>tit. 4</small> seule équité ; ainsi l'absent, dont un tiers a géré utilement les affaires sans mandat, est *obligé* à l'indemniser de ses dépenses. Ainsi, tout homme qui a causé du dommage à un autre, dans sa personne ou dans ses biens, est *obligé* à le réparer.

4. La loi est quelquefois une cause d'obligation, sans qu'il y ait contrat ni fait direct à opposer à celui qu'elle oblige. Ainsi le fait de l'enfant ou du commis oblige le père ou le commettant dans les cas déterminés par la loi.

5. Les causes des obligations peuvent se définir, *causes conventionnelles, causes de fait et causes légales*. Les premières n'appartiennent qu'à la stipulation.

§. 2. *De l'Effet des obligations.*

6. L'obligation licite, consentie par une personne capable <small>tit.3c 3</small> de contracter, la soumet à la contrainte en justice, en cas d'inexécution de sa part.

7. Celui qui n'a point stipulé dans le contrat n'est pas obligé, s'il n'y a eu de sa part procuration préalable ou approbation subséquente.

Mais si l'on a pris des engagemens au nom d'une personne qui les désavoue, celui qui les a pris reste personnellement obligé, si le contrat ne peut se dissoudre sans préjudice pour le tiers.

8. Si l'obligation n'est pas exécutée, ou ne l'est pas en temps opportun et convenu, elle se résout en dommages-intérêts qui sont arbitrés en justice, s'il s'agit de choses sommaires, ou estimées par experts dans les autres matières.

9. La partie obligée ne peut se prévaloir de l'inexécution au

terme convenu, pour en induire que son obligation est purement résoluble en dommages-intérêts.

Celui au profit de qui elle est faite, a le droit d'en réclamer l'exécution tant qu'elle est possible, sans perdre en ce cas les dommages-intérêts du retard.

10. En cas que le contrat détermine une obligation pénale, applicable à son inexécution, cette obligation est le terme et la mesure de l'indemnité.

11. Quand l'inexécution de l'obligation vient de force majeure ou de cas fortuit, il n'est point dû de dommages-intérêts.

§. 3. *Des Vices qui annullent les contrats.*

<small>tit.3c.a et ch.5 sect. 7</small> 12. Les vices qui annullent les contrats sont de deux sortes, savoir : à raison de la personne, et à raison de la matière.

13. Le contrat vicieux *à raison de la personne*, est celui dans lequel a stipulé un incapable, tel qu'un mineur, un interdit.

14. Le contrat vicieux à raison de la matière, est celui dans lequel il se trouve des causes contraires à l'honnêteté publique et à l'ordre social.

Ces causes sont :

1°. La promesse d'une chose illicite, comme de commettre un délit.

2°. *Le défaut de liberté,* comme si une obligation était passée par un détenu en charte privée, au profit de celui qui le détiendrait.

3°. *L'erreur,* comme si le meuble acheté pour être d'argent, se trouvait être de cuivre argenté, même à l'insu du vendeur.

4°. *Le dol,* comme si pour mieux vendre de la marchandise gâtée, le vendeur l'avait placée dans un vase dont la superficie ne laissât apercevoir que de la marchandise de bonne qualité.

15. Nul ne pourra être relevé de ses obligations pour

d'autres causes. La loi n'admet pas l'action en restitution pour simple cause de lésion dans le prix des choses même immobilières.

16. La cause qui vicie le contrat ne peut être invoquée que par celui en faveur de qui l'exception est établie. Si le mineur, pour cause de minorité, ou le majeur qui pourrait se prévaloir du défaut de liberté, de l'erreur ou du dol, ne réclament pas, le contrat subsiste.

17. La personne qui a reçu quelque chose, en vertu d'un contrat annulé, est obligée à en faire la restitution, c'est tout ce qui reste des suites d'un pareil acte.

PARTIE 2e.

Des diverses Modalités des obligations.   tit. 3 c. 4 sec. 1er

§. 1er.

18. Les conditions suspendent l'obligation qui leur est subordonnée; si elles n'arrivent pas, il n'y a point d'obligation.

19. S'il y a plusieurs conditions conjointement exigées, et que l'une d'elles manque, il n'y a point encore d'obligation.

20. Quand il y a terme, le débiteur quoiqu'irrévocablement obligé, ne peut être contraint au paiement qu'à l'échéance.

21. Néanmoins, en cas de discussion du débiteur, les poursuites du créancier sont admises avant le terme.

22. L'apposition du terme n'empêche pas les actes que le créancier peut faire en conservation de ses hypothèques, si son titre lui en donne.

§. 2. *Des Obligations alternatives.*

23. Celui qui s'est obligé à livrer de deux choses l'une, est maître du choix; si l'une des deux périt, il doit livrer l'autre.   ib. sect. 3

5.

§. 3. *Des Obligations solidaires.*

ib.
sect. 4

24. L'obligation solidaire est celle qui donne, contre chacun des débiteurs, une action en paiement du tout.

Elle a lieu de plein droit et sans stipulation,

1°. Contre associés dans le commerce.

2°. Contre ceux qui ont commis un délit commun.

3°. Contre tous coadministrateurs des deniers publics et pupillaires.

25. Hors ces cas, elle doit être exprimée. L'action solidaire du créancier se dirige à son choix contre celui de ses débiteurs qu'il veut attaquer : ses poursuites contre l'un d'eux conservent son action contre tous.

26. Le créancier qui a reçu une partie de sa créance de l'un de ses débiteurs, n'est pas censé avoir renoncé à la solidarité. Cette renonciation doit être expresse.

27. Le codébiteur solidaire, qui a payé ou rempli l'obligation commune, est subrogé de plein droit au créancier ; néanmoins sa part se déduit, et son action se divise contre ses codébiteurs.

S'il avait négligé quelques exceptions utiles, elles pourront lui être opposées.

28. En cas d'insolvabilité de quelques-uns de ses codébiteurs primitifs, il restera tenu de l'éviction dans la proportion de la part qu'il avait dans l'obligation.

tit. 3
fin du
ch. 4

§. 4. *Des Obligations hypothécaires et chirographaires.*

29. L'obligation hypothécaire est celle qui résulte d'un acte passé devant un officier public, ou d'un jugement.

30. L'obligation chirographaire est celle qui résulte d'une convention privée. (1)

liv. 3
tit. 14

§. 5. *Du Cautionnement.*

31. Le cautionnement est l'acte par lequel on s'établit garant de la dette, ou obligation d'un tiers.

---

(1) Voyez la partie du Code relative aux hypothèques.

Cette obligation accessoire a pour limites nécessaires celles de l'obligation principale : elle ne peut être plus étendue; mais elle peut être moindre. Elle peut, par l'apposition d'une condition ou d'un terme, cesser, quoique l'obligation principale reste.

32. Celui qui cautionne le principal ne cautionne pas les intérêts, s'il n'y a convention expresse.

33. Tout ce qui éteint ou diminue l'obligation principale, éteint ou diminue le cautionnement.

Néanmoins, si l'obligation principale a été contractée par un mineur ou un interdit, la caution majeure restera valablement obligée.

34. Le créancier doit discuter pleinement le débiteur principal, et constater l'éviction, avant de recourir sur la caution, à moins qu'il n'y ait convention contraire, ou que le principal débiteur ne soit en faillite ouverte.

35. S'il y a plusieurs cautions, le créancier doit diviser son action entre elles, à moins qu'elles ne se soient *solidairement* constituées garantes de l'obligation.

36. La caution qui a payé le créancier lui est subrogée de plein droit vis-à-vis le débiteur principal; elle l'est également vis-à-vis les autres cautions.

A l'égard de ces dernières, sa part se déduit, et son action se divise.

37. La caution est sujette, comme le débiteur principal, aux actes conservatoires du créancier.

PARTIE 3e.

De l'Extinction des obligations.

§. 1er. *De l'Extinction qui s'opère par le paiement.*

38. Les obligations s'éteignent par le paiement fait, soit au créancier, soit aux personnes suffisamment autorisées pour recevoir. Tout débiteur a essentiellement la faculté de se libérer, nonobstant toute stipulation contraire.

39. L'on est obligé au paiement intégral, quand aucune clause n'admet la libération partielle.

40. Les offres réelles, suivies de consignation, si elles sont jugées suffisantes, sont encore un moyen d'éteindre la dette, c'est un paiement.

§. 2. *De la Novation.*

41. La novation est un acte qui, en éteignant l'ancienne obligation, lui en substitue une nouvelle.

42. La novation doit être expresse, ou fondée sur des faits qui l'emportent nécessairement.

Ainsi, le créancier d'une dette exigible qui la convertit en une rente constituée, fait novation.

§. 3. *De la Délégation.*

43. La délégation que fait le débiteur à son créancier de la somme qui lui est due, éteint son obligation propre, quand la délégation a été acceptée.

44. Dans le cas de la délégation acceptée par le créancier, le débiteur originaire garantit essentiellement la réalité de la dette cédée; mais il ne reste garant de la solvabilité du second débiteur qu'autant que cela est exprimé.

§. 4. *De la Remise de la dette.*

45. La libération s'acquiert par la remise de la dette de la part du créancier; cette remise doit être expresse.

46. La remise faite au débiteur du billet qui contient son obligation, équivaut à une remise expresse et par écrit de l'obligation même.

La simple représentation de la grosse originale d'un acte, dont il reste minute dans un dépôt public, n'est pas une preuve de paiement.

47. La remise peut n'être que partielle; elle peut aussi n'être faite qu'à l'un d'entre plusieurs codébiteurs; en cas de solidarité; ces derniers ne peuvent être contraints, pour cette part; elle décroît à la masse.

§. 5. *De la Compensation.*   ib. sect. 4

48. La compensation a lieu de plein droit, quand les parties se doivent respectivement : elle est un moyen d'opérer la libération, en tout ou en partie.

49. Pour que la compensation s'opère de droit, il faut,
1°. Que la créance soit liquide;
2°. Que le terme en soit échu;
3°. Qu'elle appartienne à celui qui l'offre en compensation.

50. Dans ces cas, la compensation se règle de la manière la plus favorable au débiteur, et s'exerce d'abord sur les causes qui lui sont les plus onéreuses.

§. 6. *De l'Extinction de l'obligation par l'extinction de la chose même.*   ib. sect. 6

51. Quand l'obligation a pour objet un corps certain et déterminé qui périt par cas fortuit, ou force majeure, l'obligation est éteinte.

Néanmoins, et si le débiteur a été mis en retard, et que la perte de la chose ait pu en résulter, c'est pour lui qu'elle périt, et son obligation est résoluble en dommages-intérêts.

§. 7. *Des Conditions résolutoires.*   fin du ch. 5

52. S'il a été convenu qu'on ne s'oblige qu'à la charge que le créancier fera telle ou telle chose, le défaut d'acquittement de cette charge résout l'obligation principale.

§. 8. *De la Prescription.*   ib.

53. Les obligations s'éteignent par la prescription qui est aussi un moyen d'acquérir la propriété. (1).

---

(1) Voyez la partie relative aux prescriptions.

PARTIE 4ᵉ.

De la Preuve tant des obligations que du paiement.

ch. 6
sec. 1ʳᵉ.

§. 1ᵉʳ. *De la Preuve littérale ou par écrit.*

54. Les preuves littérales sont de deux sortes : ou les actes qui les contiennent sont authentiques, c'est-à-dire, passés devant des officiers publics; ou ils sont privés, c'est-à-dire, simplement munis du seing des parties.

55. Dans l'un et l'autre cas, ils font foi contre les personnes obligées; mais l'acte sous-seing privé n'a point de date vis-à-vis les tiers intéressés, à moins qu'elle ne soit assurée par un enregistrement public, ou par le décès de l'une ou de plusieurs des personnes qui y ont stipulé; et alors la date qu'acquiert un tel acte, n'est rigoureusement autre que celle de l'enregistrement ou du décès.

56. Les livres des marchands, quand ils sont tenus avec ordre, et selon les formes introduites par les lois, font foi en justice, entre négocians, et non vis-à-vis d'autres.

57. Les obligations se dissolvent de la même manière qu'elles se contractent : celui qui est obligé par écrit, doit justifier de sa libération par écrit.

ib.
sect. 2

§. 2. *De la Preuve vocale.*

58. La preuve par témoins est admise dans tous les cas où l'on n'a pas pu se procurer la preuve littérale; comme dans le cas du dépôt forcé, et de tous les dommages et préjudices causés par un fait étranger à toute convention, à quelques sommes que le dépôt ou le dommage puissent s'élever.

59. Elle peut être admise, quand la preuve littérale s'est perdue par un cas fortuit; mais l'événement qui fonde l'exception au droit commun, doit être préalablement constaté.

60. Elle est reçue en toutes matières qui n'excèdent pas la somme de...... (1)

61. Elle ne l'est jamais contre et outre le contenu aux actes.

62. Dans le cas où la loi l'admet, la preuve vocale peut s'acquérir par la déposition uniforme de deux témoins.

63. Hors les cas ci-dessus exprimés, la preuve testimoniale n'est point admise; néanmoins, l'application de cette règle ne se fait pas rigoureusement aux matières de commerce entre commerçans.

§. 3. *Des Aveux.* ib. sect. 4

64. La preuve de l'obligation s'acquiert par l'aveu judiciaire de la partie obligée, comme la preuve du paiement par l'aveu judiciaire du créancier.

Les aveux hors jugement, que l'on prétendrait avoir été donnés par l'un ou par l'autre, ne peuvent être prouvés que de la même manière, et dans les mêmes cas que l'obligation et le paiement.

§. 4. *Du Serment.* ib. sect. 5

65. Le serment judiciaire n'est point admis.

§. 5. *Des Présomptions.* ib. sect. 3

66. La loi ne connaît pas de présomption en cette matière : si l'obligation est ambiguë, elle doit s'interpréter en faveur de la libération.

§. 6. *Des Commencemens de preuves par écrit.* fin du ch. 6

67. La loi ne connaît pas plus de demi-preuves que de demi-vérités; tous prétendus commencemens de preuve par écrit ne pourront faire obstacle à la libération.

(1) On se propose de prendre pour terme la somme à laquelle sera déterminée la compétence des juges de paix.

§. 7. *De la chose jugée.*

ib. et sect. 3   Art. 68. Le jugement décharge ou condamne. Au premier cas, il n'y a plus d'obligation; au second, elle est confirmée, et ne peut finir que par le paiement.

TITRE II.

Des Obligations considérées comme moyens d'acquérir.

Art. 1er. Les obligations peuvent servir de moyens pour arriver à la propriété; elles ne la transmettent pas de plein droit; la tradition seule peut opérer cet effet.

2. La tradition est l'acte par lequel la possession d'une chose est transférée des mains d'une personne en celles d'une autre.

3. Lorsque la tradition est faite par le propriétaire de la chose, la translation qu'elle fait de la possession entraîne celle de la propriété.

4. La tradition des meubles corporels ne peut s'opérer que par la délivrance de la chose même; celle des immeubles et des droits incorporels, tant mobiliers qu'immobiliers, est fictive; elle s'opère par la délivrance du titre de l'obligation qui a pour objet d'en transférer la propriété.

TITRE III.

tit. 6   De la Vente et de l'Échange.

ib. ch. 1er.   Art. 1er. La vente est un contrat par lequel on remet à un autre, moyennant un prix, la propriété d'une chose ou d'un droit.

2. Ce contrat est obligatoire des deux parts; celui qui est en retard est tenu de toutes les suites de l'obligation non exécutée.

c. 4 s.2   3. L'exécution de la vente se fait, d'une part, par la tradition de la chose vendue; et de l'autre, par le paiement du prix.

4. La garantie de l'éviction est inhérente au contrat; si l'acquéreur est troublé par un tiers, il y a lieu au recours contre le vendeur, et en cas de dépossession, à l'indemnité. *ib. sect. 3*

5. Dans le cas d'éviction, l'indemnité a pour mesure, à l'égard de l'acheteur, le bénéfice qu'il eût pu faire sur la chose.

6. Si l'éviction excède le quart, l'acquéreur peut demander la résolution pour le tout, sans préjudice de ses indemnités.

Au cas contraire, la vente tient, et il y a seulement ouverture en indemnité proportionnellement à la partie dont l'acheteur est évincé.

7. Le fonds vendu sans énonciations de charges est censé franc; s'il s'en trouve, l'action en indemnité est ouverte contre le vendeur.

S'il s'agit d'une charge réelle rachetable, le vendeur est contraint à la racheter.

8. Le vendeur garantit les vices redhibitoires; s'il a vendu un cheval poussif ou autre chose qui ne pouvait raisonnablement tomber dans le commerce, le contrat est résolu sans indemnité. *c. 4 s. 3 §. 2*

9. Le vendeur est tenu de livrer la quantité qu'il a promise, sinon d'indemniser l'acheteur dans une juste proportion. *ib. §. 1*

Si cependant il s'était servi de l'expression *environ*, il ne pourra être recherché, au cas qu'il ne manque qu'un vingtième de la quantité désignée.

10. Si le vendeur livre une chose pour une autre, il peut être ramené aux termes du contrat.

11. Le contrat de vente admet toutes sortes de stipulations et de conditions. *1658*

Il ne pourra néanmoins être stipulé, en faveur du vendeur, aucune faculté de *réméré*.

12. Il peut être convenu que, faute de paiement dans *1656*

un temps donné, le vendeur reprendra la possession de la chose; si elle lui est refusée, il ne peut la reprendre que de l'autorité de la justice.

1589   13. Les promesses de vendre et d'acheter qui ne déterminent pas quantité, prix et temps ne sont pas obligatoires.

1590   14. Les arrhes sont le signe d'une vente parfaite, et, en cas d'inexécution de la part du vendeur, il n'est pas dégagé par la restitution, soit des arrhes simples, soit du double.

Si l'inexécution procède du fait de l'acheteur, il n'en est pas quitte pour la perte des arrhes : de part et d'autre, il y a ouverture à poursuites selon les règles ordinaires.

1583   15. Du moment que le contrat est formé, la propriété passe à l'acheteur ; jusqu'au temps de la livraison, le vendeur doit la lui conserver ; si elle périt dans l'intervalle, sans qu'il y ait faute de ce dernier, la perte en est toute entière pour l'acheteur.

16. Si l'acheteur est en retard d'enlever, le soin de conserver la chose n'appartient plus au vendeur ; et si elle périt par défaut de soins, la perte n'en est pas moins pour l'acheteur.

17. Si dans l'intervalle de la vente à la livraison, l'acheteur tombe en faillite, la vente sera résolue de plein droit ; néanmoins les créanciers du failli ont la faculté de retenir l'effet de cette vente en se soumettant à remplir les conditions.

1598   18. Tout ce qui est dans le commerce des hommes peut être vendu, même la chose incertaine, telle que le coup de filet du pêcheur.

1600   Cependant toute vente de droits successifs non ouverts demeure prohibée.

1596   19. Le contrat de vente ne peut intervenir entre un tuteur et son pupile, ni entre des époux pendant le mariage.

1620   20. S'il y a obscurité dans la désignation de la chose vendue, les termes du contrat s'expliquent contre le vendeur.

21. Le contrat de vente est essentiellement fondé sur un consentement réciproque, cependant la loi admet, en certains cas, la vente forcée. fin du ch. 1 et 545

22. Quand il y a utilité publique, légalement constatée, l'on peut être contraint à remettre sa propriété moyennant une indemnité préalable.

23. S'il s'agit d'une propriété commune, dont la division soit impossible, ou dont le partage ne puisse s'opérer sans un notable détriment, une seule des parties intéressées peut en provoquer la vente. Cette espèce de vente forcée s'appelle *licitation;* les étrangers y sont admis si un seul des intéressés le demande. ch. 7

24. En discussion judiciaire, la vente s'opère sans le consentement du propriétaire; c'est le gage du créancier, c'est l'action de la loi.

De l'Echange.

tit. 7

25. L'échange est un contrat par lequel une personne cède ou remet à un autre la propriété de sa chose ou de son droit, moyennant la remise qui lui est faite d'une autre chose ou d'un autre droit, avec ou sans mieux value.

26. L'échange peut être considéré comme un contrat contenant ventes respectives; chacun des vendeurs y est obligé, en ce qui le concerne, selon les règles propres aux ventes ordinaires.

TITRE IV.

Du Louage.

Art. 1er. Le louage en général est un contrat par lequel une personne cède à une autre la jouissance ou l'usage d'une chose, ou de son travail, pendant un temps donné, pour un certain prix. 1708 à 1710

2. Le louage est de chose mobilière ou immobilière.

3. Le bail de main d'œuvre est un louage; l'ouvrier qui 1779

promet sa peine, le matelot qui s'engage pour une course, l'homme à gage qui loue ses services, sont de vrais bailleurs; celui qui les emploie est le preneur.

4. Nul ne peut engager ses services à *perpétuité;* cette stipulation, contraire à la liberté naturelle des hommes, n'est point avouée par la loi.

5. Celui qui a loué son temps, sa peine et ses services pour un temps limité, ou pour une chose déterminée, est tenu de les fournir, sinon il s'expose à des dommages et intérêts.

Si l'inexécution ou le retard procède du fait du preneur, c'est par lui que l'indemnité est due.

6. Le louage d'une chose mobilière, comme d'un cheval, d'un habit, emporte le droit d'en user.

Si la chose périt dans l'usage ordinaire, et sans qu'il y ait excès de la part du preneur, elle périt pour le bailleur.

7. Le louage des choses immobilières renferme principalement le bail à loyer, c'est-à-dire celui des maisons, et le bail à ferme, c'est-à-dire celui des héritages champêtres.

8. Dans le bail à loyer, le propriétaire doit toutes les réparations, excepté celles qui prennent évidemment leur naissance dans le fait du locataire.

Pour les obtenir et y procéder, le locataire doit patience et le propriétaire diligence.

9. Le locataire doit garnir la maison louée, de meubles suffisans pour répondre du loyer.

10. La faculté de sous-louer est de droit; le propriétaire peut néanmoins se réserver celle d'agréer le sous-locataire.

11. En toute occupation de maisons, autres qu'hôtelleries et chambres garnies, le bail non prouvé par écrit est censé fait pour un an, et non au-delà.

12. Dans le bail à ferme comme dans le bail à loyer, le propriétaire doit les réparations inhérentes au fonds.

S'il n'y pourvoit, le preneur, après un avertissement écrit, pourra y faire procéder, et en imputer les frais sur le prix du bail, en établissant la nécessité de ces réparations.

13. Le fermier doit jouir en bon père de famille ; s'il dégrade ou effruite, s'il intervertit l'ordre de la culture, il sera soumis à tous les dommages et intérêts qui pourront en résulter au propriétaire.

14. En cas de non paiement, d'abandon de culture ou de dégradation notable, le propriétaire pourra se pourvoir pour faire prononcer la résiliation du bail.

15. S'il survient une grêle, une gelée ou une inondation, qui perdent les deux tiers ou une plus grande quantité de la récolte, le fermier sera, pour cette année, déchargé du paiement de sa ferme ; toute stipulation contraire est défendue : c'est une communauté d'infortune à laquelle le propriétaire ne peut renoncer.

16. Dans le même cas, et si l'exploitation est faite par un colon partiaire, il est dispensé de partager le tiers qui pourrait rester de la récolte.

17. Si la récolte engrangée a péri par cas fortuit, et sans aucune négligence de la part du fermier, il est également déchargé du prix de sa ferme pour cette année.

18. Si le fermier est évincé de la jouissance de plus du quart de l'objet affermé, il peut ou demander une indemnité proportionnelle, ou la résolution de son bail.

Si l'éviction est moindre, cette alternative cesse, et il n'a que l'action en diminution de prix.

19. S'il lui a été donné à bail une quantité déterminée par le mot *environ*, et qu'il en ait reçu les $^{19}/_{20}^{es}$., il n'y a pas lieu à diminution de prix.

Elle lui est due de point en point, en cas de désignation précise.

20. Dans les baux à loyer et à ferme, il n'est dû aucun avertissement pour la sortie, le terme interpelle.

21. Si le locataire ou le fermier ont excédé le terme de leur jouissance, ils ne peuvent s'en faire un titre ; la réconduction tacite n'est point admise, et le propriétaire peut

rentrer dans la possession de son fonds, sans néanmoins renoncer au prix qui lui résulte de cette jouissance induement prorogée.

22. Dans le cas du bail à ferme, et s'il a été fait par le fermier des impenses utiles, en contemplation de la récolte qu'il espérait s'approprier, le propriétaire devra lui en faire état.

23. Si depuis l'expiration du bail, le propriétaire a reçu sans réserve un paiement qui s'applique à la jouissance prorogée du fermier ou du locataire, la quittance qu'il en aura fournie sera censée établir un nouveau bail, aux clauses, termes et conditions du premier; elle en aura l'effet.

24. Le propriétaire ne peut dépouiller le locataire, ou fermier de l'effet du bail, sur la seule déclaration qu'il veut occuper lui-même, ou qu'il a, depuis le bail, vendu les fonds qui en faisaient l'objet.

Pour obtenir cet effet, il faut une réserve expresse dans le contrat.

25. Les baux passent aux héritiers avec tous leurs effets.

26. En louage de fonds, dont le bailleur n'est qu'usufruitier, le bail cesse par la mort de ce dernier, sans aucune indemnité, si la qualité du fonds a été déclarée.

De quelques espèces de Baux improprement dits.

1582 et 530
27. Le bail à rente foncière perpétuelle est moins un louage qu'une aliénation, dès qu'il n'y a point de terme pour en reprendre la possession.

28. La prestation de la rente foncière se règle et peut s'éteindre de la manière expliquée au titre des rentes foncières.

t. 8 c. 4
29. Le bail à cheptel est moins un louage qu'une société dans laquelle le cheptelier confère sa peine et le bailleur son bétail, à condition que le croît en sera partagé.

30. Ce contrat est susceptible de toutes les stipulations

qu'admet la société ; si le cheptelier blesse les droits du propriétaire, il sera poursuivi comme associé infidèle.

TITRE V.

Des Sociétés et Communautés. tit. 9

Les sociétés et communautés sont ou de gains et profits, ou de tous les biens, ou purement occasionnelles à des actes étrangers.

§. 1er. *De la Société de gains et profits.*

A<small>RT</small>. 1er. La société de gains et profits est un contrat par lequel deux ou plusieurs personnes mettent quelque chose en commun, dans la vue de partager le bénéfice qui en résultera. 1832

2. Il n'est pas nécessaire que la mise soit du même genre ni de la même quotité; l'un des associés peut fournir les fonds, et l'autre son industrie seulement.

3. La part dans les bénéfices peut être inégale; elle peut être d'un quart pour l'un et de moitié pour l'autre.

Mais cette division n'est pas une suite naturelle des mises, elle doit être convenue, autrement chacun des associés y a droit pour une part égale.

4. Les pertes diminuent la masse et se prennent sur les fonds de mise; en cas d'épuisement de la masse, chaque associé est tenu de parfaire sur ses autres biens, dans la proportion de la part qu'il aurait eue dans les gains et profits, si la société avait été utile.

5. Les sociétés de gains et profits peuvent être ou universelles ou particulières. ib. ch. 2

6. La société de gains *universelle*, est celle dans laquelle les associés confondent tous leurs revenus, toute leur industrie, à quelques actes que l'application s'en réfère; telle est la société entre époux.

7. La société de gains *particulière* est celle qui se borne à

un acte particulier, comme si Pierre et Paul s'associent pour la construction d'une maison, ou à un genre déterminé d'entreprises, comme si la société est contractée pour tel. genre de commerce.

8. En société de commerce, l'associé oblige de plein droit ses associés pour le fait de leur commerce commun, quand l'acte de société a été rendu public par l'enregistrement, et que cet acte lui donne la signature.

9. En toute autre société particulière, il n'y a que l'associé contractant qui s'oblige, à moins qu'il n'ait procuration des autres.

10. Nul ne peut, sans le consentement unanime de ses associés, introduire un tiers dans la société; s'il l'associe à sa part, cet associé particulier ne sera toujours point membre de la société principale.

11. Chaque associé a contre son associé action, 1°. pour lui faire apporter à la masse ce qu'il a promis d'y apporter; 2°. pour lui faire rapporter à la même masse ce qu'il aurait perçu ou distrait du fonds commun.

12. Les associés ne sont tenus entre eux que des fautes ou négligences très-graves.

13. La société des gains et profits finit 1°. par l'échéance du terme, s'il y en a un fixé;

2°. Par l'extinction de la chose ou l'épuisement des objets mis en masse;

3°. Par la faillite de l'un des associés;

4°. Par la mort.

14. L'héritier de l'associé ne lui succède point dans cette qualité; néanmoins les effets de la société peuvent subsister envers lui pour une affaire commencée; ainsi il retient sur le vaisseau mis en mer et dont le retour n'est point effectué, la portion de chance qui en appartenait à son auteur.

15. La société finit aussi par la simple volonté de l'un des associés, pourvu que cette renonciation ne soit pas faite à contretemps.

16. Si cette exception était opposée par les autres associés, elle sera jugée par arbitres qui accueilleront la renonciation, si elle est faite à temps opportun, ou en renverront l'effet à un autre temps.

17. La renonciation n'est admise qu'à défaut d'un terme désigné; s'il y en a un, il faut s'y renfermer.

18. Si la société n'est que d'une chose particulière, le terme de la société se trouve dans la seule confection de la chose; on ne peut y renoncer par le seul effet de sa volonté.

19. La dissolution de la société donne ouverture au partage; si elle a été utile, chacun prélève sa mise de fonds et se divise les bénéfices.

Si elle a été onéreuse, la perte se règle ainsi qu'il est porté en l'art. 4.

20. Les clauses et arrangemens qui se trouvent dans l'acte de partage ne changent rien au droit des tiers.

§. 2. *De la Société de tous biens, ou de la Communauté générale.*

21. La société de tous biens embrasse l'aliénation des fonds; cette aliénation doit être clairement exprimée et l'acte doit en être rédigé par écrit.

22. Elle comprend les biens à venir, s'il n'y en a réserve expresse.

23. Cette société subsiste bien que l'une des parties y mette moins que l'autre.

24. Si elle est contractée par un père ou une mère avec leurs enfans, elle n'obtient son effet qu'au cas où tous seront appelés à recueillir égales portions.

Au cas contraire, elle est réductible aux simples termes d'une société de gains et profits, et les fonds de mise conférés par le père ou la mère, doivent, après eux, être rapportés à leur succession, pour y être partagés conformément aux lois qui régissent cette partie.

25. Sous un régime qui n'admet point d'engagemens

indissolubles, la société de tous biens peut se résoudre à la volonté d'une seule partie, et cependant s'il a été convenu qu'elle sera perpétuelle, ou qu'elle ne finira qu'à un terme désigné, toute action dirigée au contraire la réduira aux simples termes d'une société de gains et profits.

26. Dans l'état de confusion parfaite qui résulte de la communauté générale, l'action contre les membres qui la composent est nécessairement indivisible et solidaire.

27. La communauté générale est tenue des dépenses de chacun des associés; si l'un d'eux a plus d'enfans et de charges que l'autre, il n'y a lieu pour cet objet à aucune indemnité.

28. La dissolution de la société de tous biens arrivant, soit par la mort, soit au terme convenu, tout ce qui la compose forme une masse qui se partage également entre tous les associés.

§. 3. *De la Communauté occasionnelle à certains cas.*

29. Cette espèce de communauté est celle qui s'établit sans convention entre cohéritiers, codonataires et coacquéreurs.

Elle finit par la division des fonds et le partage des fruits recueillis dans l'intervalle.

30. L'action en partage est de tous les momens et appartient à chacun des intéressés; la minorité de l'un n'y fait point obstacle; seulement en ce cas, le partage n'est que provisoire.

31. Ces accidens ne constituent pas une société vis-à-vis des tiers; ils ne l'établissent pas strictement entre les cohéritiers : si quelqu'un d'eux a fait des dépenses pour conserver ou améliorer le fonds commun, il a une action pour les recouvrer.

TITRE VI.

Du Contrat de constitution de rente, tant perpétuelle que viagère.

Art. 1ᵉʳ. Le contrat de constitution de rente perpétuelle est un engagement par lequel l'un des contractans vend à l'autre une rente annuelle et perpétuelle, dont il se rend le débiteur pour un prix convenu entre eux, et sous la faculté de pouvoir toujours la racheter lorsqu'il lui plaira, au moyen du prix qu'il a reçu pour la constitution.

2. Toute convention qui donnerait au créancier, soit jusqu'au rachat, soit pendant un temps déterminé, la jouissance d'un certain héritage en compensation des arrérages de la rente, est nulle.

3. Le débiteur de la rente peut être contraint de la racheter, lorsqu'il ne remplit pas toutes les conditions du contrat de constitution.

4. Il peut être assujetti, par le contrat même, à racheter dans un certain temps; mais en ce cas, il n'existe point de constitution de rente : le contrat qui en porte le nom, n'est qu'un prêt.

5. Toute clause qui tendrait à restreindre ou à gêner la faculté que doit toujours avoir le débiteur de racheter la rente, est nulle.

6. La rente doit être rachetée en valeur monétaire ayant cours lors du rachat. Toute clause qui exigerait une autre espèce de monnaie, est nulle.

7. Le contrat de constitution de rente viagère est un engagement par lequel une des parties s'oblige à payer une rente annuelle qui doit durer tout le temps de la vie d'une ou de plusieurs personnes désignées.

8. Les rentes viagères peuvent encore être constituées par tous autres actes autorisés par la loi.

9. Elles sont rachetables aussi essentiellement et de la même manière que les rentes perpétuelles.

10. Le débiteur d'une rente viagère ne peut être contraint à la payer que sur la preuve authentique de l'existence de la personne sur la tête de qui elle est créée.

11. Le taux des rentes tant perpétuelles que viagères, leur consistance, le temps et le mode de leur paiement, sont entièrement à la disposition de ceux qui les constituent.

TITRE VII.

Du Prêt.

§. 1er.

ART. 1er. Toute espèce de prêt se forme par la tradition de la chose prêtée, ou par la permission de s'en servir.

2. Dans le prêt à usage, le prêteur conserve la propriété de la chose prêtée.

Il doit rembourser les frais extraordinaires faits pour la conserver.

3. L'emprunteur ne peut l'employer que pendant le temps et à l'usage qui a été convenu.

4. L'emprunteur est obligé d'apporter le soin le plus exact à la conservation de la chose qui lui a été confiée.

5. Il n'est pas tenu à réparer les détériorations qui sont une suite nécessaire de l'usage pour lequel elle a été prêtée.

Il ne garantit pas les événemens de la force majeure.

6. Il doit rendre la même chose qui lui a été remise; et si le lieu n'a pas été convenu, il doit la rendre dans celui où le prêt a été fait.

§. 2. *Du Prêt des choses de consommation.*

7. Lorsque le prêt a pour objet des choses qui se consomment par l'usage, la propriété en est transférée à l'emprunteur.

8. L'emprunteur n'est tenu que de rendre la même qua-

lité et la même quantité des choses qu'il a reçues; s'il est dans l'impossibilité de le faire, il doit en payer la valeur, eu égard au temps où elles doivent être rendues.

9. Lorsque le prêt des objets de consommation est gratuit, et que le terme du prêt n'est pas convenu, l'emprunteur doit rendre les choses prêtées aussitôt que le prêteur l'exige, et dans le lieu où la tradition a été faite.

§. 3. *Du Prêt à intérêt.* ib. ch. 3

10. Le prêt à intérêt est celui par lequel le prêteur d'une chose qui se consomme par l'usage exige pour son profit une quantité plus forte que celle qu'il a donnée.

11. Les intérêts que tire le prêteur sont considérés comme les fruits de la chose qu'il a prêtée.

La loi détermine le taux de ces intérêts.

12. Il est fixé à 5 p. %, par an. L'emprunteur est autorisé à retenir sur cet intérêt une somme égale à celle à laquelle est imposé le produit net des fonds.

13. Les mineurs et les interdits ne peuvent ni prêter ni emprunter sans le consentement de leur père ou de leur mère ou tuteur.

TITRE VIII.

Du Change.

fin du tit. 10

§. 1er.

Art. 1er. Le change est une opération de commerce, par laquelle une personne s'oblige, moyennant une rétribution convenue, à faire payer à une autre ou pour une autre, dans un lieu et à une époque déterminée, une somme qui lui a été remise.

2. L'acte au moyen duquel le change s'opère, se nomme *lettre-de-change*.

3. La lettre-de-change énonce la valeur qui doit être payée, l'époque et le lieu du paiement, le nom de celui qui

a fourni la valeur, de celui qui doit la payer, et de celui qui doit la recevoir ; elle est signée de celui qui la délivre.

4. L'acte par lequel la lettre-de-change se transmet s'appelle *ordre* ou *endossement*.

§. 2. *Des Personnes qui concourent à l'opération du change.*

5. Trois personnes concourent nécessairement à l'opération du change ; celui qui a fourni et signé la lettre-de-change : il se nomme *tireur;* celui qui a fourni la valeur, et à qui ou pour qui elle doit être payée : il se nomme *porteur* ou *donneur de valeur;* celui à qui elle est adressée et qui doit la payer, est appelé *acceptant* ou *payeur.*

6. Toutes personnes autorisées par la loi à contracter, soit en matière de commerce, soit autrement, s'obligent valablement en matière de change.

§. 3. *Des Obligations qui résultent du change.*

7. Celui qui reçoit la somme et délivre la lettre-de-change en garantit le paiement.

8. A défaut de paiement, le tireur restitue la somme avec le prix du change et rechange, et paie les frais de transport et protêt.

9. Le donneur de valeur ou porteur est tenu de poursuivre le paiement à l'époque fixée.

10. Tout ordre ou endossement qui n'exprime pas la réception de la valeur portée en la lettre-de-change, n'en transmet pas la propriété.

11. Le porteur, dans le cas de l'article précédent, agit pour l'endosseur, et lui doit compte de la valeur : il peut répéter le prix de ses soins, et il est responsable de ses diligences.

12. Celui qui signe l'ordre ou l'endossement, et reçoit la valeur, contracte la même obligation que le tireur.

13. Celui qui accepte une lettre-de-change contracte l'obligation de l'acquitter envers le tireur et le porteur.

14. Celui qui accepte une lettre-de-change, sans réserve, se reconnaît débiteur de la valeur envers le tireur.

Tous les signataires d'ordre ou d'endossement sont tenus solidairement à la garantie envers le porteur.

§. 4. *De l'Exécution du Change.*

15. Les porteurs de lettres-de-change doivent poursuivre le paiement dans les quinze jours qui suivent l'échéance, lorsqu'ils sont domiciliés dans le territoire de la république; dans le mois, lorsqu'ils demeurent dans les cent lieues au dehors de la frontière; et dans cinq mois, lorsqu'ils sont au-delà des mers.

16. Le payeur est tenu d'acquitter la lettre-de-change dans la quinzaine de la présentation ou de l'échéance.

17. La lettre-de-change à plusieurs jours de vue doit être présentée à sa réception pour être acceptée.

18. Les lettres-de-change, payables à jour fixe, n'ont besoin d'être présentées qu'à leurs échéances.

19. A défaut d'acceptation ou de paiement, le porteur est tenu de faire protester dans vingt-quatre heures.

20. La lettre-de-change n'est valablement acquittée qu'entre les mains de celui au profit duquel est souscrit le dernier ordre.

21. Celui qui perd une lettre-de-change est tenu d'en avertir le payeur dans les quinze jours qui suivront la perte.

22. Une lettre-de-change perdue s'acquitte à la vue de l'extrait du registre de l'enregistrement, ou d'un *duplicata* que le porteur peut exiger du tireur.

§. 5. *De la Manière dont s'éteignent les droits et actions résultant du change.*

23. La remise de la lettre-de-change au tireur, qui en restitue la valeur, anéantit toutes les obligations résultant du change.

24. Toute action en recours, contre les tireurs et endos-

seurs, est éteinte à défaut de diligence de la part du porteur, dans les délais fixés pour la présentation et le paiement.

25. S'il n'est fait aucune poursuite de la part du porteur, dans les cinq années qui suivent le protêt, l'action en recours est prescrite.

26. L'action contre l'acceptant se prescrit par vingt ans.

27. Les négociations des billets à ordre sont soumises aux mêmes règles que celles prescrites pour les lettres-de-change.

TITRE IX.

Du Dépôt.

Art. 1er. Le dépôt est un contrat essentiellement gratuit, par lequel une personne donne une chose à garder à une autre qui s'en charge et s'oblige à la rendre lorsqu'elle en sera requise.

Le contrat par lequel une chose est confiée à la garde de quelqu'un, moyennant un salaire, n'est point un dépôt, c'est un louage.

2. Le dépositaire est obligé d'apporter à la garde du dépôt le même soin que pour la conservation de ses propres affaires.

Il n'est pas tenu des accidens de la force majeure.

3. Il ne peut se servir des choses du dépôt qu'avec la permission de celui à qui elles appartiennent.

4. Soit que le dépôt consiste en argent, en denrées ou en d'autres choses, le dépositaire doit rendre les mêmes objets sans pouvoir les remplacer par des espèces du même genre, de même qualité, quantité ou valeur.

5. Le propriétaire du dépôt doit indemniser le dépositaire de toutes les dépenses faites pour la conservation de la chose déposée, et de tout ce qu'il lui en a coûté relativement au dépôt.

6. Le dépôt fait dans un cas de nécessité, tel qu'un incendie, un naufrage ou tout autre événement imprévu, se prouve par témoin, à quelque valeur que puissent monter les choses déposées.

7. Le maître de l'hôtellerie garantit la sûreté des effets qui lui sont confiés à titre de dépôt, par celui qui loge dans sa maison.

8. Le dépôt est un contrat sacré : celui qui le viole est puni par les lois.

TITRE X.
Du Mandat.

Art. 1er. Le mandat ou procuration est un acte par lequel on constitue un mandataire ou procureur pour gérer ou contracter en son nom.

2. La convention qui oblige le mandant et le mandataire se forme par l'acceptation du mandat.

3. Le mandataire qui exécute, accepte.

4. Le mandat est général, ou spécial ; il est indéfini, ou limité.

Le mandat général est celui qui comprend la gestion de toutes les affaires du mandant.

Le mandat spécial est celui qui n'a pour objet que la chose particulière qui y est désignée.

Le mandat indéfini est celui par lequel le mandataire reçoit le pouvoir de faire ce qu'il jugera le plus convenable à l'intérêt du mandant.

Le mandat limité ne donne au mandataire que le pouvoir de faire ce qu'il exprime, et de la manière dont il est exprimé.

5. Le mandat peut être donné dans la prévoyance d'un droit à exercer l'événement arrivant.

6. Le mandat pour chose illicite, ou contraire aux bonnes mœurs, ne produit aucune obligation.

7. Lorsque le mandataire excède les termes du mandat, le mandant n'est pas obligé.

8. Le mandataire qui, après avoir accepté le mandat, en néglige l'exécution, est tenu envers le mandant du dommage qu'il en reçoit.

9. Le mandat général n'emporte pas le pouvoir de disposer de la propriété; il faut stipulation expresse.

10. Dans le cas du mandat indéfini, le mandataire ne peut être recherché pour ce qu'il a fait de bonne foi.

11. Le mandataire est obligé de rendre compte des sommes qu'il a touchées et de remettre les titres et autres actes relatifs à sa gestion.

12. Le mandataire est fondé à répéter ses avances, ainsi que les dépenses que lui a occasionné le mandat; mais il ne peut demander le salaire de ses peines, si ce n'est qu'il ait été réglé par convention, ou que le mandataire soit dans l'usage de prêter son ministère pour les affaires d'autrui. Le mandat donné à ces derniers emporte des obligations plus étroites.

1998 13. Le mandant est tenu de ratifier ce qu'a fait le mandataire, et de le décharger des obligations qu'il a contractées, en exécution du mandat, s'il n'en a pas excédé les pouvoirs.

14. La ratification volontaire valide même les engagemens pour lesquels le mandat n'aurait pas contenu des pouvoirs suffisans.

tit. 13
ch. 4
15. Le mandat finit par la mort du mandant, et par celle du mandataire.

Néanmoins, dans le premier cas, le mandataire n'est pas dispensé de faire ce qui est urgent pour éviter une perte ou pour assurer le succès de l'affaire qui lui est confiée.

Dans le second cas, l'héritier du mandataire doit également pourvoir à ce que les circonstances exigent, en attendant que le mandant soit instruit de l'événement, et qu'il ait pu charger une autre personne.

16. Le mandat finit encore par la révocation, aussitôt qu'elle est connue du mandataire.

Le pouvoir donné à un autre, pour le même objet, tient lieu de révocation expresse.

17. Le mandat finit de même par la renonciation du mandataire, qui l'avait accepté; mais elle ne le délie de ses obligations que lorsqu'elle est connue du mandant, et qu'autant qu'elle est faite dans un temps qui laisse, à celui-ci, l'intervalle nécessaire pour mettre ses intérêts à couvert.

18. Comme on peut, sans ordre et par pure bonne volonté, prendre soin des affaires d'un absent, on peut donner un mandat en son nom.

19. Les expressions de conseil et de recommandation ne constituent pas un mandat.

TITRE XI.

§. 1ᵉʳ. *Droits des créanciers.*

tit. 16
et 19

Art. 1ᵉʳ. Le créancier est celui au profit de qui une obligation est consentie.

2. Le titre de créanciers donne des droits.

Ces droits diffèrent suivant les causes dont les créances dérivent, et suivant les effets qu'elles produisent.

3. Le principal droit des créanciers consiste à se faire payer de ce qui leur est dû dans le temps, le lieu, et selon le mode convenu.

4. La loi ne connaît qu'un seul moyen de forcer le débiteur au paiement de la dette : c'est celui de l'action judiciaire.

5. Les effets de cette action sont : 1°. l'expropriation des choses mobilières données en nantissement; 2°. l'arrêt des sommes dues aux débiteurs, et la vente, par ordonnance de justice, de ses meubles et immeubles, quand le prêt n'a point été fait sous nantissement.

6. Les bestiaux, outils et instrumens aratoires ne sont

pas compris dans la disposition de l'article précédent, à moins qu'il ne s'agisse du prix de la vente de ces objets.

7. La contrainte par corps, pour dette purement civile, n'a point lieu; il n'est même pas permis de la stipuler.

8. Elle a lieu à l'égard des receveurs et dépositaires de deniers publics, soit que ces deniers appartiennent au corps entier ou à une section du peuple.

Elle a lieu aussi pour la représentation des sommes ou objets consignés par ordonnance de justice.

tit. 18
ch. 2

§. 2. *Des Préférences.*

9. Le créancier peut avoir un droit de préférence sur certains biens, ou avant d'autres créanciers.

§. 3. *Des Préférences sur les meubles.*

10. L'ordre des préférences, sur la vente des meubles, est celui-ci :

1°. Les frais exécutifs de la vente ;

2°. Le propriétaire, soit d'une maison, soit d'une métairie, pour le terme échu et pour le terme courant du bail à ferme ou à loyer ;

3°. Le boulanger, pour les fournitures de pain, faites au débiteur ou à sa famille, pendant les trois derniers mois;

4°. Le montant de la contribution mobilière du débiteur, pour la dernière année échue et l'année courante;

5°. Les salaires des affidés ou hommes de service ;

6°. Les frais de maladie.

tit. 17

§. 4. *Du Nantissement.*

11. Le nantissement est la remise des meubles et choses mobilières, que le débiteur fait à son créancier, pour s'assurer le paiement de la dette au terme convenu.

12. Le créancier n'a pas le droit de se servir de la chose donnée en nantissement ; et s'il contrevient à cette règle, il est tenu à une indemnité envers son débiteur.

13. L'obligation de rendre cesse, si la chose donnée en nantissement périt.

14. Le prêt, avec nantissement, doit être constaté par acte authentique.

15. Le défaut d'exécution de cet article ne peut être opposé au créancier nanti que par d'autres créanciers.

16. Entre les parties contractantes, le nantissement est valable par leur seul consentement, suivi de la tradition de la chose engagée.

Elles ont la faculté de constater le nantissement par acte sous-seing privé.

17. Si le débiteur ne paie pas la dette au terme convenu, il perd le droit de retirer l'effet donné en nantissement.

18. Dans ce cas, la vente de l'effet peut être faite de gré à gré, entre le créancier et le débiteur.

Si les parties ne s'accordent pas, l'effet sera estimé par experts.

19. Le créancier peut retenir l'effet sur la prisée, à concurrence de ce qui lui est dû en capital et intérêt, en remettant au débiteur l'excédant.

20. Si le créancier ne retient pas l'effet, la vente en sera faite.

Les frais de la vente sont à la charge du débiteur.

21. Si le débiteur a d'autres créanciers, les experts seront toujours nommés d'office.

22. L'effet sera adjugé par licitation, à laquelle les créanciers, et même les étrangers, seront admis.

TITRE XII.

Des Hypothèques.

Art. 1er. L'hypothèque est un droit réel, qui résulte d'un acte authentique, ou d'une condamnation judiciaire.

2. Ce droit affecte les biens de celui qui a contracté l'acte ou éprouvé la condamnation.

3. Les seuls biens susceptibles d'aliénation le sont aussi d'hypothèque.

4. Tous les biens de celui qui aura contracté un engagement authentique, ou éprouvé une condamnation, seront affectés à l'exécution de l'engagement ou de la condamnation.

5. Les immeubles hypothéqués, et leurs accessoires inhérens, sont responsables de la dette, en quelques mains qu'ils passent.

Les meubles n'ont point de suite par hypothèque entre les mains des tiers acquéreurs.

6. Les actions hypothécaires du débiteur sont également hypothéquées.

7. Les dettes hypothécaires de l'héritier, existantes à l'époque de la succession, seront payées sur ses biens propres, par préférence aux dettes de la succession.

8. L'hypothèque générale s'étendra de plein droit sur tous les immeubles qui accroîtront, par quelque voie que ce soit, les propriétés du débiteur.

9. Les seuls propriétaires des biens, et leurs fondés de pouvoir spécial, peuvent les hypothéquer.

10. Les tuteurs et les curateurs de mineurs ou d'interdits, auront la même faculté, en observant les formes prescrites par la loi, et sauf leur responsabilité personnelle.

11. La loi ne reconnaît plus aucune hypothèque tacite.

12. Les actes passés hors du territoire français ne portent hypothèque en France que du jour où ils ont été reconnus par un acte authentique ou par un jugement.

13. Il en est de même des jugemens rendus par les tribunaux des puissances étrangères.

14. Les jugemens rendus en aveu ou reconnaissance des obligations sous-seing privé, impriment également hypothèque.

15. Les hypothèques sont de *préférence ou simples*.

16. L'hypothèque de préférence opère le paiement avant

toutes autres créances, sur le prix de l'héritage soumis à cette hypothèque.

17. L'ordre des préférences est comme il suit :

– 1°. Les rentes foncières et leurs capitaux, sur le prix du fond sujet à la rente ;

2°. Un ouvrier aura hypothèque de préférence sur l'immeuble qu'il aura réparé, et ce, pour la mieux value. Le montant des réparations sera constaté par un devis estimatif, ainsi que par un procès-verbal de visite de réception ;

3°. Le vendeur de l'immeuble aura hypothèque de préférence sur cet immeuble, jusqu'à concurrence du prix qui lui en sera dû ;

4°. Dans tout acte de partage, le co-partageant aura préférence sur les autres lots, jusqu'à concurrence de la garantie qu'il aura à exercer ;

5°. Le fermier et le colon partiaire auront préférence sur les fruits de la récolte pendante, à raison de leurs avances, frais de semence et de culture.

18. Les hypothèques simples sont celles qui n'emportent avec elles aucunes préférences.

19. Ces hypothèques sont ou générales, et alors elles affectent l'universalité des biens du débiteur ; ou elles sont spéciales, et alors elles n'affectent qu'un immeuble particulier.

20. Les intérêts arrérages des créances hypothécaires, soit de préférence, soit simples, seront payés dans le même ordre que les capitaux qui les ont produits.

21. La date du jugement, ou de l'acte authentique, sera celle de l'hypothèque.

22. Dans le cas où deux actes seraient passés le même jour, celui qui sera daté du matin jouira de l'antériorité.

23. Les hypothèques s'éteignent :

1°. Par l'anéantissement total de la chose hypothéquée ;

2º. Par l'acquisition absolue et irrévocable que fait le créancier de la chose qui lui est hypothéquée ;

3º. Par la renonciation expresse, faite par le créancier dans un acte public ;

4º. Par le paiement volontaire ou forcé de la dette ;

5º. Par la prescription.

24. Il sera établi dans chaque chef-lieu de district un bureau de conservation des hypothèques.

25. Il sera établi une administration générale des hypothèques.

Cette administration correspondra avec les conservateurs près les districts, et les surveillera.

26. La forme de procéder pour la conservation des hypothèques, l'organisation des conservateurs et des administrateurs généraux, seront réglées par un décret particulier.

27. Dans le cas du paiement forcé, il sera procédé, devant le conservateur des hypothèques, à la vente définitive de l'immeuble hypothéqué, ainsi qu'à l'ordre des créances, d'après les résultats des registres tenus par les conservateurs.

28. La forme de procéder à cette vente et à cet ordre sera déterminée dans la partie du Code qui traite de l'exercice des actions civiles.

Fait et arrêté en la section du comité de législation, chargée du travail relatif au Code civil, le 8 août 1793, l'an 2º. de la république française, une et indivisible.

Signé CAMBACÉRÈS, CHARLIER, GÉNISSIEU, MERLIN (de Douai), L. B. GUYTON, C. F. OUDOT, BEZARD, BAR, J. PH. GARRAN, AZEMA, HENTZ, FLORENT-GUYOT, BERLIER.

RAPPORT

FAIT A LA CONVENTION NATIONALE

Sur le 2°. projet de Code civil,

PAR CAMBACÉRÈS, AU NOM DU COMITÉ DE LÉGISLATION.

(Séance du 23 fructidor an 2. — 9 septembre 1794.)

Représentans du peuple, l'exercice des droits politiques est le principe de la liberté. L'exercice des droits civils est le principe du bonheur social et la sauve-garde de la morale publique.

Régler les relations des citoyens avec la société, c'est établir l'ordre politique. Régler les rapports des citoyens entre eux, c'est établir l'ordre civil et fonder l'ordre moral.

Combien grande est donc la mission du législateur! Investi par le peuple souverain de l'exercice du pouvoir suprême, tenant dans sa main tous les élémens sociaux, il les dispose, les arrange, les combine, les ordonne, et tel que l'esprit créateur, après avoir donné l'être et la vie au corps politique, il lui imprime la sagesse, qui en est comme la santé morale, et en assure la durée en dirigeant ses forces et ses mouvemens.

Citoyens, vous avez rempli en grande partie la tâche honorable qui vous était imposée. Une constitution toute populaire est sortie de vos mains, et le gouvernement populaire, dirigeant toujours dans le même sens et vers le même but les efforts du peuple, est venu préparer les moyens de jouir de la liberté conquise et affermie.

Hâtez-vous d'achever votre ouvrage; élevez le grand édifice de la législation civile; et, après avoir établi et assuré les droits de la société, établissez et assurez les droits de chacun de ses membres.

Trois choses sont nécessaires et suffisent à l'homme en société :

Etre maître de sa personne;

Avoir des biens pour remplir ses besoins;

Pouvoir disposer, pour son plus grand intérêt, de sa personne et de ses biens.

Tous les droits civils se réduisent donc aux droits de liberté, de propriété et de contracter.

Ainsi, les personnes, les propriétés et les conventions sont les trois objets de la législation civile.

Au moment où l'homme voit le jour, la société le signale; c'est un nouvel élément ajouté au corps politique; elle l'inscrit au registre des âges, et le désigne par les deux relations qu'il apporte en naissant, celles qu'il a avec les auteurs de ses jours. Il a donc fallu d'abord fixer les caractères auxquels la loi reconnaît un père et un fils; et après avoir posé le principe de ce lien, quand c'est la nature qui le forme, on a dû parler de cette paternité civile que crée la bienfaisante adoption.

Ici, nous vous devons quelques éclaircissemens sur les points principaux de notre projet, en ce qui concerne l'état des personnes.

Il existe une règle d'autant plus sacrée, qu'elle n'a d'autre origine que l'origine même de la société; d'autant plus respectable, que tous les peuples l'ont respectée; et d'autant plus nécessaire, qu'elle assure la tranquillité et la perpétuité des familles : c'est la loi qui veut que le mariage indique le père. Mais en plaçant cette règle parmi les bases de notre législation civile, nous vous proposons de faire tomber d'un seul mot toutes les questions sur les posthumes, questions ridicules, que l'ignorance et le préjugé ont tant de fois décidées au mépris de la nature et de l'expérience.

Une loi sage a déjà fait disparaître toute différence entre ceux dont la condition devait être la même. Nous n'avons eu qu'à rappeler cet acte de justice. Mais, en mettant au même rang tous les enfans qui sont reconnus par leur père, il faut bannir de la législation française l'odieuse recherche de la paternité. Cependant il est juste de réserver à l'enfant la preuve de la filiation contre sa mère; car le fait de l'enfantement n'est pas, comme celui de la conception, couvert d'un voile impénétrable.

Enfin, nous avons organisé l'adoption, institution morale, ressource contre la stérilité, nouvelle nature qui supplée au défaut de la première, qui, sans multiplier les êtres, multiplie les familles, augmente les relations par les sentimens; bienfait de la législation, qui ajoute un lien de plus à la société.

L'adoption imite la nature. C'est une raison pour accorder à tous les sexes le droit d'adopter, pour exiger qu'il y ait entre l'adoptant et l'enfant adoptif la distance de la puberté, pour ne pas souffrir qu'un des époux puisse adopter sans le consentement de l'autre.

L'existence des enfans ne nous a pas paru devoir être un obstacle à l'adoption. Pourquoi refuser à un père la satisfaction de le devenir encore? Il pourrait multiplier sa famille en suivant l'attrait qui l'appelle à la génération; et lorsqu'un sentiment plus délicat l'appelle à la compassion, à la bienfaisance, il serait obligé de fermer son cœur!... Tout serait accordé aux sens, tout serait refusé à la vertu!...

L'adoption doit être irrévocable de la part de celui qui adopte. Il importe de mettre un frein à la légèreté, et encore plus d'enchaîner les cœurs dépravés, qui, bientôt, fatigués du bien, voudraient faire de la vertu un remords et d'un bienfait un repentir; mais le principe qui lie à jamais le père adoptif ne saurait être appliqué à l'enfant adopté.

Il doit être libre de prendre ou de rejeter avec réflexion la qualité de fils et tous les devoirs qu'elle impose. Adopté dans un âge où sa raison n'était point formée, il doit être admis à prononcer son vœu lorsqu'elle est parvenue à sa plénitude.

L'homme naît faible, impuissant; il naît avec ses droits et ses facultés; mais comme s'il les avait perdus en naissant, il ne peut ni réclamer ses droits, ni exercer ses facultés; et c'est cet état d'enfance, cette faiblesse, soit physique, soit morale, qui forme ce qu'on appelle la minorité.

Dans cet état, l'homme a besoin d'appui, de soutien. Les premières années de sa vie sont confiées aux soins de ceux qui la lui ont donnée. Les premiers tuteurs sont les pères et mères. Qu'on ne parle donc plus de puissance paternelle.

Loin de nous ces termes de plein pouvoir, d'autorité absolue, formule de tyran, système ambitieux que la nature indignée repousse, qui n'a que trop déshonoré la tutelle paternelle en changeant la protection en domination, les devoirs en droits, et l'amour en empire. S'il est des peuples libres, soumis à un système aussi impolitique que barbare, c'est qu'il faut de grands exemples pour détruire de grands préjugés. Que l'exemple d'une grande nation apprenne donc à ne plus confondre les clameurs de l'opinion avec la voix de la nature. N'hésitons pas à renverser un système qui a fondé sur l'autorité seule, ce qui doit n'être établi que sur la douceur et les bienfaits d'un côté, le respect et la gratitude de l'autre.

Le pouvoir des pères sur leurs enfans ne sera donc parmi nous que le devoir de la protection; et si nous accordons aux pères et aux mères la jouissance des biens de leurs enfans mineurs, c'est qu'il nous a semblé juste de prévenir des débats d'intérêts qui empoisonneraient les charmes de la plus étroite des liaisons, et contrarieraient des lois qui doivent toujours tendre à la morale.

A défaut des pères et des mères, ce sont les aïeux des deux sexes que la nature et la loi appellent à la tutelle. Si cette ressource manque, le choix du père ou de la mère survivant indiquera le tuteur; enfin, s'il n'y a ni ascendant ni tuteur choisi, c'est la famille qui le nomme.

Le devoir de la tutelle prend sa source dans la fin de la production de l'homme, et dans la faiblesse de l'être produit; la tutelle est donc une obligation pour tous les citoyens. La patrie a droit d'exiger d'eux qu'ils lui élèvent un citoyen : l'humanité leur commande de ne pas abandonner leur semblable.

Après avoir déterminé les effets de la tutelle naturelle, il importe de fixer ceux de la tutelle étrangère; de là les précautions prises pour que le tuteur ne pût jamais substituer son intérêt à celui du pupille; celle qui nous a paru la plus assurée, a été de mettre le tuteur lui-même sous la tutelle de la famille.

La tutelle finit lorsque celui qu'elle protège n'a plus besoin que de lui-même. Là, le pupille disparaît, et l'homme commence avec le citoyen, puisque le droit de cité ne dépend que des qualités personnelles, puisqu'il n'est suspendu qu'autant que dure l'incapacité de l'exercer; l'homme doit en jouir aussitôt qu'il devient maître de lui-même, aussitôt qu'il entre dans l'exercice de son droit de propriété personnelle. La majorité est donc l'introduction de l'homme dans l'état social : elle est fixée à vingt-un ans.

Le citoyen qui a une fois acquis la jouissance de ses droits civils, ne peut plus les perdre qu'en perdant l'usage de sa raison; et, dans cet état d'infirmité, il doit être assimilé au mineur; c'est-à-dire, aussi sacré dans sa personne que dans ses biens.

L'homme introduit dans l'état social, quelle sera la place qu'il doit occuper dans ce nouvel ordre de choses? La nature et la société la lui assignent.

La nature produit tout; mais c'est à l'homme à produire l'homme. La nature a tout fait pour l'homme; mais c'est à l'homme à donner à la nature des êtres qui admirent ce qu'elle a fait, qui en jouissent, et rendent à cette mère commune le tribut de leur gratitude.

En admettant l'homme dans son sein, la société veut l'y attacher; elle veut resserrer et multiplier ses relations pour resserrer et multiplier ses liens. Elle ne trouve des enfans qu'en ceux dont l'existence est, pour ainsi dire, répandue sur plusieurs individus, et qui par conséquent, ayant plus à perdre, sont plus intéressés à l'ordre social; ajoutons qu'une des fins de la société est sa perpétuité, et que c'est de cette perpétuité que dérivent la force, la solidité de son gouvernement, de ses lois et de ses mœurs.

Le mariage est donc la loi primitive de la nature, ou plutôt c'est la nature en action. Le célibat est un vice que le législateur doit poursuivre; mais c'est moins par des moyens violens qu'il doit le combattre, que par des moyens doux et insensibles.

La liberté personnelle étant la première dans l'ordre de la nature, elle doit être la plus respectée. Ce serait une contradiction étrange, qu'une loi qui établirait la liberté des biens et l'esclavage des corps, qui rendrait le même homme maître de ses actions, et ne le laisserait pas maître de sa personne. C'est donc plutôt par des lois qui favorisent les unions, que par des lois qui punissent ceux qui les fuient; c'est plutôt en honorant le mariage qu'en défendant le célibat, qu'il faut combattre le célibataire. Il est plus sage d'empêcher le mal en le prévenant qu'en le punissant. La peine arrête l'action, mais ne corrige pas la volonté. Les lois prohibitives ne sont guère que des hypocrites, et elles annoncent dans le législateur l'impuissance de ses moyens.

Ce que la volonté a fait, la volonté peut le changer. La volonté des époux fait la substance du mariage. Le changement de cette volonté en opère la dissolution : de là le principe du divorce.

Le divorce est le surveillant et le modérateur du mariage. Sans le divorce, le mariage serait souvent un supplice cruel, une source d'immoralité et de corruption, plus féconde que le célibat même.

Le divorce est fondé sur la nature, sur la raison, sur la justice. Le droit de liberté personnelle est le droit de disposer de soi. Il est juste qu'une union, formée pour le bonheur de deux individus, cesse dès que les deux individus, ou que l'un des deux n'y trouve plus le bonheur qu'on y a cherché. Qui pourrait exiger, du cœur de l'homme, qu'il reste attaché là où il ne se sent pas heureux?

Tel est donc l'avantage du divorce : il répare l'erreur ; et si la volonté humaine est d'elle-même si faible, si légère, si inconstante; si l'objet qui a su l'attacher si fortement n'a pas toujours le pouvoir de la fixer, qui osera imposer à l'homme le joug d'un lien indissoluble, indestructible? Exiger du cœur humain ce qui est au-dessus de ses forces, c'est faire des malheureux sur l'autel même de la nature. Et qu'on n'appréhende point la fréquence et les effets du divorce, il n'y aura pas de divorce lorsque les unions seront le fruit du choix, de la raison, et non de la passion ou de l'intérêt. Qu'on forme les mœurs, et les divorces seront rares. Sous les mœurs simples de la république, le Romain ignora le divorce : sous les mœurs corrompues de la monarchie impériale, le divorce fut aussi fréquent que le mariage. La sympathie des caractères, l'estime, la confiance réciproque, l'amour des enfans, voilà ce qui écartera le divorce, voilà ce qui peut rendre le mariage indissoluble. L'indissolubilité n'étant point une loi de la nature, elle ne saurait être une loi de la société conjugale.

Des événemens imprévus peuvent entraîner le citoyen loin de son domicile, le dérober à la société, faire douter s'il n'est pas perdu pour la patrie, pour ses amis, pour sa famille. Ce doute, après un laps de temps, doit se convertir en certitude, afin que la propriété des biens de l'absent ne demeure pas toujours incertaine. Là, il faut caractériser l'absence, il faut examiner une question importante, essentiellement liée à l'état des citoyens : c'est la question *de domicile*.

Tout domicile, dans le sens propre, est le lieu de la résidence habituelle ; mais comme cette résidence peut être difficile à distinguer, il est nécessaire d'en déterminer les caractères. Quoique le citoyen appartienne à la république, quoiqu'il soit chez lui partout où il est sur le territoire de la société, il faut que la loi lui assigne un lieu. Le citoyen n'est pas un être errant, il doit se fixer ; et la liberté qui lui appartient ne le dispense pas d'une permanence nécessaire pour l'accomplissement de ses devoirs civiques.

Si l'homme se suffisait à lui-même, s'il n'avait besoin que du droit de propriété personnelle, semblable à ce philosophe de l'antiquité, il porterait tout avec lui, et ne courrait pas après des biens qui lui seraient inutiles ; mais la nature l'a fait naître dans le besoin ; elle a attaché son existence au travail : il lui faut des biens, il lui faut des propriétés ; son industrie même est une propriété pour lui.

Plus on médite sur le contrat qui unit tous les Français, plus on incline à penser qu'il ne devrait y avoir parmi nous que deux espèces de propriétés : la propriété nationale et la propriété particulière. Néanmoins cette opinion n'a point prévalu ; on a cru qu'il était nécessaire de maintenir une distinction, utile sous quelques rapports, consacrée d'ailleurs par l'habitude, et que le droit de propriété sur les biens, pouvait être, sans inconvénient, entre les mains de la nation, ou entre les mains des communes, ou entre les mains des particuliers.

Entre les mains des particuliers, ce droit est susceptible de diverses modalités ; mais est-il transmissible après que la mort a mis un terme à notre existence ? Tel est un des principaux objets des méditations du législateur qui donne des lois à un peuple naissant, ou à une nation régénérée.

Vous avez déjà consacré vos principes sur cette importante matière, dans les célèbres décrets des 5 brumaire et

17 nivose ; il ne s'agit plus que de placer, dans le code de nos lois civiles, ces monumens de votre sagesse.

Les froissemens de l'intérêt particulier ont d'abord excité quelques plaintes sur les dispositions que vous avez adoptées ; mais le peuple a applaudi à une résolution juste en elle-même, sollicitée par l'intérêt social et par l'intérêt domestique.

Vous ne rétrograderez point dans la carrière ; vous n'oublierez pas que l'immutabilité est le premier caractère d'une bonne législation. Les lois, une fois rédigées, deviennent un dépôt sacré. D'ailleurs notre ordre successif est concordant avec nos lois politiques, il est fondé sur des bases prises dans le vœu de la nature : le lien du sang en est le principe ; il maintient en outre la balance et la division des propriétés ; sous ce rapport, il doit être considéré comme une source de prospérité publique.

Dans un état organisé, il ne peut exister de biens sans propriétaires. La propriété est ordinairement réunie à la possession : quelquefois aussi elle en est séparée.

Il est de l'intérêt général que les propriétés ne demeurent pas incertaines : de là la nécessité de convertir en preuve, après un temps déterminé, la présomption de propriété résultant de la possession ; de là l'origine de la prescription. Mais, de même que les propriétés ne doivent pas être toujours incertaines, les dettes ne doivent pas toujours subsister ; et, lorsque depuis le moment où elles ont été contractées, il s'est écoulé un temps assez considérable pour qu'on puisse croire que le créancier eût exigé le paiement, le débiteur doit être libéré.

L'homme, quoique propriétaire de sa personne et de ses biens, ne peut jouir pleinement du bonheur qu'il a droit d'attendre de la société, si elle ne lui accorde, ou plutôt si elle ne lui laisse le droit de disposer à son gré de cette double propriété.

Il n'est pas heureux s'il n'est pas libre dans le choix de ses jouissances : le bonheur de l'homme consiste bien plus dans la manière de jouir, que dans la jouissance même ; chacun compose son bonheur des élémens de son choix.

De là naît le droit de contracter, qui n'est que la faculté de choisir les moyens de son bonheur.

Tout contrat est essentiellement un échange ; il suppose donc un remplacement par équipollent, un concours et un engagement respectif de deux ou de plusieurs personnes ; la pensée d'une obligation est donc inséparable de l'idée d'un contrat.

La loi et les conventions sont les deux causes des obligations.

La loi prescrit des devoirs individuels : les hommes, en réglant entre eux les transactions sociales, s'imposent eux-mêmes des engagemens qu'ils forment, étendent, limitent et modifient par un consentement libre.

Il serait donc superflu de vous présenter l'analyse des règles que nous avons cru devoir recueillir, et qui, pour la plupart, sont observées parmi nous. La première de toutes, la plus inviolable, est celle qui ordonne de respecter le contrat aussitôt qu'il est l'effet d'une volonté libre et éclairée ; la loi en fait une obligation, et la probité un devoir. Il est permis de chercher son intérêt ; mais il ne l'est pas de le chercher aux dépens de l'intérêt d'autrui ; il ne l'est pas de fouler aux pieds le fondement de tous les engagemens, la bonne foi. Laissons aux perfides Carthaginois la honte de l'antique proverbe de *la foi punique*, qui a flétri plus d'une moderne Carthage. Le peuple français ne doit et ne veut connaître d'autre intérêt ni d'autres moyens de le conserver que la franchise, la droiture, la fidélité à tenir ses engagemens.

Citoyens, nous avons donc avancé une vérité lorsque nous avons dit en commençant que le Code civil établissait l'ordre moral. Les lois sont la semence des mœurs ; si les hommes ont fait les lois, les lois à leur tour ont formé les hommes; et le plus grand, le plus beau spectacle de la terre c'est un peuple heureux par ses lois; mais, pour y parvenir, deux moyens sont nécessaires : le fermeté dans le gouvernement, la stabilité dans les lois. Les premiers peuples ont gravé leurs lois sur la pierre et l'airain, espèce d'emblême de leur durée et de leur perpétuité; et nous, plus éclairés, nous graverons les nôtres dans les cœurs, avec le burin de la liberté; mais quelle sanction leur donnerons-nous? Les sermens?.... Le crime les enfreint, et la vertu s'en offense... Les autels et les dieux?... Minos se vantait d'avoir appris de Jupiter les lois qu'il donnait aux Crétois. Solon, Lycurgue, Numa, Platon même ne proposent aucune loi qu'ils ne veulent qu'on croie venir du ciel et confirmée par des oracles. Qu'est-il arrivé? les lois ont péri avant les peuples, et les lois sont tombées avant les oracles. Quelle garantie pour des lois que la superstition!... quelle sanction pour des lois que des oracles menteurs!.... Pour nous, plus sages, nous, libres de tous préjugés, nos lois ne seront que le code de la nature, sanctionné par la raison et garanti par la liberté.

Citoyens, hâtons cet heureux événement : vainqueurs au-dehors par les armées, soyons heureux au-dedans par de bonnes lois, par l'attachement aux lois, par l'obéissance aux lois. Voilà le gage de la félicité publique. Le plus sage des hommes aima mieux mourir que d'y porter atteinte; et, placé entre l'amour de la vie et l'amour des lois, Socrate préféra la ciguë. C'est être libre en effet que d'être esclave des lois; et selon la pensée d'un ancien, le grand être lui-même, soumis aux lois qu'il a établies, n'a commandé qu'une fois, et il obéit toujours.

DEUXIÈME PROJET
DE CODE CIVIL.

La Convention nationale, après avoir entendu le rapport de son comité de législation, décrète ce qui suit :

LIVRE PREMIER.

Des Personnes.

TITRE Ier.

Dispositions générales.

ARTICLE 1er. Les Français exercent leurs droits politiques selon le mode déterminé par la constitution.

2. Les lois qui organisent les pouvoirs constitués forment leur droit public.

Celles qui règlent les rapports des citoyens entre eux composent leur droit privé.

3. Le droit privé embrasse :

L'état des personnes,

Les propriétés,

Les transactions sociales.

4. Le citoyen appartient à la patrie.

Les actes qui constatent son état civil sont inscrits sur des registres publics.

5. Les étrangers, pendant leur résidence en France, sont soumis aux lois de la république.

Ils sont capables de tous les actes qu'elles admettent.

TITRE II.

De la Paternité et de la Filiation.

6. L'enfant a pour père,

Celui que le mariage désigne,

Ou celui qui le reconnaît dans les formes prescrites,
Ou celui qui l'adopte.

7. Celui qui est né dans le dixième mois de la dissolution du mariage n'est point l'enfant du mari décédé ou divorcé.

8. L'enfant d'une femme non mariée ne peut être reconnu que par l'homme qui n'était pas marié neuf mois avant la naissance de cet enfant.

9. Toute reconnaissance est sans effet si elle n'est confirmée par l'aveu de la mère, quand elle peut le donner.

10. La loi n'admet pas la recherche de la paternité non avouée.

Elle réserve à l'enfant méconnu par sa mère la faculté de prouver contre elle sa filiation.

11. Les majeurs de l'un et de l'autre sexe peuvent seuls adopter, soit qu'ils aient des enfans ou qu'ils n'en aient pas.

12. Les époux peuvent adopter en commun : l'un d'eux ne peut adopter en particulier sans le consentement de l'autre.

13. Celui qui a atteint l'âge de quinze ans accomplis ne peut être adopté.

14. L'adoptant doit avoir quinze ans de plus que l'adopté.

15. L'adoption est irrévocable de la part de ceux qui adoptent.

L'enfant adoptif peut y renoncer après sa majorité.

16. L'enfant adoptif sort de sa famille primitive.

Il demeure étranger à la famille de ceux qui l'adoptent, dans tous ses degrés directs ou collatéraux.

TITRE III.

Des Mineurs et de la Tutelle.

17. L'enfant est placé par la nature et par la loi,
Sous la surveillance de son père et de sa mère,
Ou du survivant d'entre eux.

Ils ne peuvent en être privés que dans des cas et pour des causes déterminés.

18. Ils se conforment, pour son éducation, aux lois sur l'instruction publique.

Ils jouissent du revenu de ses biens jusqu'au moment où il en saisit l'administration.

Ils lui doivent des alimens dans tous les âges de sa vie, lorsqu'il est hors d'état de travailler.

Ils ont aussi le droit d'en exiger de sa part, quand ils sont dans le besoin.

19. L'enfant, privé de son père et de sa mère, est sous la tutelle de ses ascendans les plus proches.

En cas de concours, la famille décide auquel d'entre eux la tutelle doit être déférée.

20. Lorsqu'il n'y a point d'ascendant, le dernier mourant des père et mère a le droit de choisir un tuteur.

Ce choix doit être confirmé par la famille.

21. S'il n'y a pas de tuteur choisi, la tutelle est déférée par la famille.

La municipalité donne un tuteur à celui qui n'a point de parens.

22. La loi ne dispense de la tutelle que ceux qui sont dans l'impossibilité d'en remplir les obligations.

23. Elle en exclut ceux qui sont notés par leur inconduite ou leur incivisme.

Cette exclusion a lieu même à l'égard des père et mère et autres ascendans.

24. Le tuteur surveille la personne du mineur.

Il administre ses biens.

Il ne peut ni les prendre à ferme,

Ni les acheter.

25. Les biens immeubles des mineurs ne peuvent être ni aliénés, ni hypothéqués;

Excepté pour des dettes onéreuses, exigibles, ou pour des réparations d'une nécessité urgente.

26. Ces causes sont vérifiées par la famille, en présence du juge.

27. Le tuteur rend compte chaque année à la famille.

28. Après l'audition du compte de tutelle, la famille règle la dépense du mineur, et celle qui est nécessaire pour l'administration de son bien.

Elle ordonne, s'il y a lieu, l'emploi de l'excédant du revenu.

29. Le mineur peut, à l'âge de dix-huit ans, jouir de la libre administration de ses biens,

S'il se marie,

S'il est dans le commerce,

S'il exerce un art ou métier,

Si sa famille juge qu'il a la maturité d'esprit nécessaire pour la conduite de ses affaires.

TITRE IV.

Des Majeurs.

30. La majorité est fixée à vingt-un ans accomplis.

31. Le majeur est capable de tous les actes de la vie civile.

32. Il cesse de l'être par l'interdiction générale.

33. Celui qui n'a pas habituellement l'usage de sa raison doit être interdit.

34. L'interdit est assimilé au mineur pour sa personne et pour ses biens.

TITRE V.

Du Mariage.

35. L'homme ne peut se marier avant l'âge de quinze ans révolus, et la femme avant celui de treize.

36. Le mineur ne peut se marier sans le consentement de son père et de sa mère.

37. Si l'un des deux est mort ou dans l'impossibilité de manifester sa volonté, le consentement de l'autre suffit.

38. Le mineur orphelin qui veut se marier, demande le consentement de sa famille.

39. Elle doit s'expliquer dans le mois.

40. En cas de refus, les arbitres publics prononcent.

41. Avant la dissolution d'un premier mariage, on ne peut en contracter un second.

42. Le mariage est prohibé entre les parens en ligne directe,

Entre les alliés dans cette ligne,

Entre le frère et la sœur.

43. Le mariage est précédé d'une publication.

TITRE VI.

Des Droits des époux.

44. Il y a communauté de biens entre les époux, et droit égal à leur administration, s'il n'en a été autrement convenu.

45. Cette communauté se compose,

De leurs effets mobiliers,

Des fruits, profits et revenus qui leur appartiennent,

Des immeubles qu'ils acquièrent pendant le mariage.

46. Elle finit :

Par la mort,

Par le divorce,

Par le consentement mutuel des époux.

47. Les époux peuvent s'avantager à leur gré, même par des actes postérieurs au mariage.

48. S'il existe des enfans lors de leur décès, ces avantages sont restreints à l'usufruit des choses qui en sont l'objet.

49. Néanmoins il ne peuvent, dans ce cas, excéder la moitié du revenu de la totalité des biens.

50. Les avantages sont limités à l'usufruit d'une portion

héréditaire, lorsqu'à l'époque où le mariage est contracté, l'époux donateur a déjà des enfans qui lui survivent.

TITRE VII.

Du Divorce.

51. Le mariage se dissout par le divorce.
52. Le divorce a lieu ou par le consentement mutuel des époux, ou par la volonté d'un seul.
53. L'épouse divorcée ne peut se marier avec un autre époux que dans le dixième mois après le divorce.
54. Toute stipulation d'avantages singuliers ou réciproques entre les époux est anéantie par le divorce.
55. Les enfans des divorcés sont confiés à l'un ou l'autre des époux, selon qu'ils en conviennent.
56. S'il survient, à cet égard, des difficultés, il y est pourvu par la famille.

TITRE VIII.

Des Absens.

57. Celui qui s'est éloigné depuis six mois du lieu de son domicile, sans donner de ses nouvelles, ou sans avoir laissé un fondé de pouvoirs, est réputé absent.
58. Le domicile est là où les citoyens fixent leur établissement et le siége principal de leur fortune.

Le domicile du mineur et de l'interdit est celui du tuteur.

Le domicile de la femme mariée est celui de son mari.

59. La famille de l'absent choisit pour gérer ses biens un administrateur provisoire.
60. Cette administration et la gestion du fondé de pouvoirs de l'absent, cessera après cinq ans, si celui-ci n'a pas donné de ses nouvelles.
61. Alors les héritiers sont envoyés provisoirement en possession de ses biens.

62. L'absent conserve ses droits de successibilité, mais l'exercice en est suspendu.

63. Les dispositions relatives à l'aliénation des biens des mineurs sont communes à ceux des absens.

64. Après trente ans, sans nouvelles ou retour soit de l'absent, soit de ses enfans, les envoyés en possession provisoire de ses biens en demeurent irrévocablement propriétaires.

LIVRE II.

TITRE Ier.

Des Biens.

65. Les biens sont meubles ou immeubles.

66. Ils appartiennent :

Ou au corps entier de la nation,

Ou aux communes,

Ou aux particuliers.

67. Les biens nationaux sont :

Toutes les portions du territoire national qui ne sont pas susceptibles d'une propriété privée,

Les biens vacans,

Les biens que la nation a retirés des mains des corporations et du tyran,

Les biens qu'elle confisque.

68. Les mines sont toujours à la disposition de la nation.

Ceux à qui elles appartiennent ne peuvent les exploiter que de son consentement et sous sa surveillance.

69. Les communes ne peuvent acquérir ni aliéner qu'avec l'autorisation du Corps-Législatif.

70. On jouit des biens,

Comme propriétaire,

Comme usufruitier.

71. Le propriétaire a le droit de jouir et de disposer conformément à la loi.

TITRE II.

De l'Usufruit.

72. L'usufruitier jouit d'une chose dont un autre a la propriété.

73. L'usufruitier ne peut ni détériorer, ni dénaturer les biens, ni en changer la destination.

74. Il n'est soumis qu'aux réparations d'entretien.

75. Il acquitte toutes les charges dont le bien est grevé.

76. Il peut vendre, donner, céder ou louer l'exercice de son droit.

77. L'usufruit s'éteint,

Par la mort naturelle ou civile de l'usufruitier ;

Par la perte totale de la chose sur laquelle il est constitué.

78. L'usufruit peut être restreint par l'acte qui le constitue.

TITRE III.

Des Services fonciers.

79. Il n'y a point de services fonciers sans titres.

80. Néanmoins la loi en établit pour l'intérêt général.

Ainsi les lieux inférieurs doivent souffrir tous les inconvéniens que la situation des lieux supérieurs leur cause naturellement et sans main d'œuvre.

Le propriétaire de l'héritage supérieur ne peut intercepter le cours des eaux dont la source n'est pas dans son fonds.

Le propriétaire du fonds voisin d'un chemin public devenu impraticable, est tenu d'y livrer passage tant que ce chemin n'est pas rétabli.

Le propriétaire des bords d'une rivière navigable, doit y laisser un espace suffisant pour le service public.

Nul ne peut, moyennant une juste indemnité, refuser passage à un voisin dont l'héritage n'a point d'issue.

Un propriétaire, en usant de son droit, ne peut jamais nuire à la propriété de son voisin.

81. Le propriétaire d'un fonds peut aussi le grever de services fonciers pour l'avantage du fonds au profit duquel il les établit.

82. Le propriétaire du service foncier ne peut s'en servir que pour l'héritage à raison duquel il lui est dû.

83. Il doit en user de la manière la moins incommode à l'héritage qui lui est soumis.

84. Les services fonciers, non établis par la loi, s'éteignent :

Par l'abandon des objets qui y sont sujets ;

Par la prescription.

TITRE IV.

Des Rentes foncières.

85. En disposant de son fonds, tout propriétaire peut s'y réserver une redevance fixe.

Cette redevance constitue la rente foncière.

86. Elle n'est due, par le détenteur du fonds, qu'à cause du fonds même, et il peut toujours s'en décharger pour l'avenir, en abandonnant le fonds.

87. Elle est essentiellement rachetable.

TITRE V.

Des Manières d'acquérir la propriété.

88. La propriété s'acquiert :

Par l'occupation ;

Par l'accession ;

Par la tradition ;

Par la donation ;

Par la succession ;

Par la prescription.

De l'Occupation.

89. Ce qui n'appartient à personne devient la propriété de celui qui s'en saisit le premier.

De l'Accession.

90. Le propriétaire acquiert de plein droit ce qui s'unit et s'incorpore à sa propriété.

De la Tradition.

91. La tradition s'opère par l'acte qui a pour objet de transférer la propriété.

92. Elle s'opère encore par la délivrance réelle, lorsqu'il s'agit de marchandises ou d'effets mobiliers.

TITRE VI.

Des Donations.

93. Pour donner il faut être majeur.

94. On peut donner entre-vifs ou à cause de mort.

95. Celui qui n'a pas de parens peut donner tout son bien.

96. On ne peut donner au-delà du dixième, quand on a des parens en ligne directe;

Et du sixième, quand on n'a que des parens collatéraux.

97. Toute donation, faite à autre qu'un successible, est réductible à la portion dont la loi permet de disposer.

98. Les donations faites à des héritiers successibles, sont aussi réduites à la portion légale du donataire, dans la succession du donateur.

99. Les réductions s'opèrent à compter du jour du décès du donateur, et les fruits des portions réduites ne sont dus que depuis cette époque.

100. On ne peut donner à celui qui possède un revenu de cinquante bards de blé. Les donataires, dans ce cas, sont forcés de restituer, aux héritiers du donateur, même les fruits, à compter du jour de leur entrée en possession.

101. Les donations entre-vifs sont irrévocables.

102. Le donateur peut seulement stipuler le droit de retour.

103. Les donations, à cause de mort, sont toujours révocables jusqu'au trépas.

104. Pour leur validité, il suffit qu'elles soient écrites de la main du donateur.

Les donations entre-vifs sont nécessairement reçues par des officiers publics.

105. Dans toute espèce de donations,

Les conditions impossibles,

Les dispositions contraires aux lois et aux bonnes mœurs,

Celles qui porteraient atteinte à la liberté du donataire, et aux droits de l'homme et du citoyen,

Sont réputées non écrites.

TITRE VII.

Des Successions.

106. Les successions s'ouvrent par la mort naturelle et par la mort civile.

107. Les enfans et descendans du défunt lui succèdent.

108. A défaut de descendans, la succession appartient aux pères et mères,

Et, à leur défaut, aux autres ascendans.

109. Les parens collatéraux succèdent, lorsque le défunt n'a point laissé de parens en ligne directe.

110. La nation succède à celui qui n'a point de parens.

111. La loi exclut des successions les personnes dont elle ne reconnaît plus l'existence.

112. L'enfant, reconnu dans les formes prescrites, a les mêmes droits de successibilité que l'enfant né dans le mariage.

113. La part héréditaire de l'enfant adoptif est fixée aux deux tiers de la portion échue à chacun des enfans du sang.

Néanmoins elle ne peut s'élever au-delà d'un capital produisant un revenu annuel de quinze bards de froment.

114. Lorsqu'il n'y a point d'enfans du sang, l'enfant adoptif prend, à son choix, ou une portion égale à celle des héritiers collatéraux,

Ou le *maximum* établi par l'article précédent.

115. Il n'y a point de différence dans la nature des biens, ni dans leur origine, pour en régler la transmission.

116. La représentation a lieu à l'infini en l'une et l'autre ligne.

117. Néanmoins les ascendans succèdent par tête et sans représentation.

118. La représentation fait entrer les représentans,

Dans la place,

Dans le degré,

Et dans les droits du représenté.

119. En toutes successions collatérales, on fait deux parts égales;

L'une pour la ligne paternelle,

L'autre pour la ligne maternelle.

120. Les plus proches parens du défunt, dans chaque ligne, ou ceux qui les représentent, sont préférés.

121. Les représentans, dans chaque branche, partagent entre eux également la portion du représenté.

122. Les parens d'une ligne ne succèdent pour le tout, qu'à défaut de parens dans l'autre ligne.

123. Le double lien n'a aucune préférence.

124. Si des parens collatéraux descendent tout à la fois des auteurs de plusieurs branches appelées à la succession, ils recueillent cumulativement la portion à laquelle ils sont appelés dans chaque branche.

125. Nul n'est tenu de recueillir la succession qui lui est échue.

126. Celui qui a recueilli une succession peut y renoncer en tout temps, pourvu qu'il ait fait inventaire.

127. Celui qui accepte sans faire inventaire, est tenu indéfiniment des dettes du défunt.

128. La portion de celui qui renonce à une succession, accroît à ceux qui l'acceptent, lorsqu'elle n'est acceptée, ni par ses créanciers, ni par ses ascendans.

129. On ne peut renoncer à la succession d'un homme vivant;

Ni aliéner les droits éventuels qu'on peut y avoir.

130. Celui qui est appelé à une succession, doit rapporter les avantages, soit directs, soit indirects, qu'il a reçus du défunt.

131. Le rapport a lieu entre cohéritiers, sans qu'aucun d'eux puisse s'en dispenser en renonçant à la succession.

TITRE VIII.

De la Prescription.

132. La prescription établit la propriété par la possession.

133. Elle éteint aussi les droits et les obligations.

134. Tout ce qui est dans le commerce est prescriptible.

135. La possession n'est qu'un fait.

Tout possesseur est présumé propriétaire, jusqu'à preuve contraire.

136. Cette présomption cesse lorsque le possesseur jouit, par un titre exclusif, de la propriété.

137. La loi détermine le temps de la prescription.

Ce temps varie en raison du délai dont chaque individu a besoin pour l'exercice de ses droits, et de la nécessité de garantir les propriétés de toute incertitude.

138. Le prix des marchandises vendues en détail,

Celui des travaux et des journées,

Se prescrivent par six mois.

139. Le prix des marchandises vendues en gros,

Les meubles et effets mobiliers possédés autrement qu'à

titre d'héritier, et hors le cas de vol, à l'égard de celui qui a commis le délit,

Se prescrivent par deux ans.

140. Tout ce qui est payable par années, semestres, trimestres, mois, se prescrit par le laps de deux termes de paiement.

141. Les biens, droits et créances, pour lesquels il n'est point fixé de délai particulier, se prescrivent par dix ans.

142. La prescription ne court point,

Contre le mineur,

Contre l'interdit,

Entre époux,

Ni pour les droits non encore ouverts.

143. Elle est interrompue,

Si le possesseur a cessé de jouir pendant un an ;

S'il a reconnu les droits du propriétaire ;

Si le débiteur a reconnu les droits du créancier ;

S'il y a eu demande judiciaire.

LIVRE III.

Des Obligations.

TITRE Ier.

Des Obligations en général.

144. Les obligations peuvent avoir deux causes :
Les conventions formées entre les parties, et la loi.

145. Sans consentement point de conventions.

146. Toute convention, quelle qu'en soit la cause, fait loi entre ceux qui l'ont formée.

147. Les conventions n'ont d'effet que relativement à la chose qui en est l'objet,

Et à ceux qui ont concouru à les former.

148. Les conventions sont susceptibles de toutes les dispositions que la loi ne prohibe pas.

Celles qui blessent l'honnêteté publique et l'ordre social, sont nulles.

149. L'objet des conventions cesse à l'égard de celui qui établit qu'il est intervenu à son préjudice, dol ou violence grave, de la part de la personne avec qui il a traité.

Il cesse encore lorsqu'il y a erreur sur l'objet du contrat, ou sur la qualité qui en fait la substance.

150. Nul ne peut être relevé de ses engagemens pour d'autres causes.

151. L'accomplissement des conditions est indivisible.

152. Celui qui s'est engagé à livrer de deux choses l'une, est maître du choix.

Si l'une des deux périt, il doit livrer l'autre.

153. Il y a des faits qui obligent sans convention et par la seule équité.

Ainsi, celui qui reçoit le paiement de ce qui ne lui est pas dû, est tenu de le restituer.

Il y a engagement réciproque entre l'absent et celui qui gère ses affaires sans mandat.

Celui qui cause un dommage est tenu à le réparer.

Dans tous ces cas, la loi est la cause de l'obligation.

TITRE II.

Des Obligations solidaires.

154. Quand il y a solidarité entre plusieurs individus liés par le même engagement, le créancier peut en poursuivre un seul pour le tout.

155. Ses poursuites contre l'un d'eux conservent son action contre les autres.

156. La solidarité a lieu sans stipulation,

Entre associés dans le commerce,

Entre ceux qui ont coopéré à un même délit,

Entre tous les co-administrateurs de deniers publics ou pupillaires.

Entre tous les co-détenteurs d'un fonds sujet à une rente foncière : hors de ce cas, elle doit être exprimée.

157. Le créancier n'est point censé renoncer à la solidarité en recevant une partie de la créance. Cette renonciation doit être expresse.

158. Le co-débiteur solidaire, qui a acquitté l'engagement pris en commun, est subrogé de plein droit au créancier.

TITRE III.

Des Cautions.

159. Celui qui cautionne une obligation en est responsable.

Ses engagemens ne peuvent être plus étendus que ceux du principal obligé; ils peuvent être moindres.

160. La caution d'un capital n'est caution des intérêts que par l'effet d'une convention expresse.

161. Tout ce qui éteint, annulle ou diminue l'obligation principale, éteint, annulle ou diminue les engagemens de la caution.

162. Néanmoins, si l'obligation principale est consentie par un mineur ou un interdit, le majeur qui a cautionné demeure valablement obligé.

163. Le créancier doit constater l'insolvabilité du débiteur principal avant de poursuivre la caution.

Il peut être dérogé à cette règle par la volonté des contractans.

164. La caution qui paie peut exercer envers le débiteur principal tous les droits du créancier.

165. Les obligations et leurs effets passent aux héritiers de ceux qui ont concouru à les former.

TITRE IV.

De l'Extinction des obligations.

166. Les obligations s'éteignent :
Par le paiement,
Par la novation,
Par la délégation acceptée,
Par la remise de la dette,
Par la compensation,
Par l'extinction de la chose,
Par l'accomplissement des conditions résolutoires,
Par la prescription.

167. Le débiteur peut en tout temps se libérer, nonobstant toute stipulation contraire.

168. Néanmoins il peut être convenu que le paiement sera précédé d'un avertissement préalable.

169. L'intervalle entre l'avertissement et la libération ne peut excéder six mois.

170. Le paiement ne peut se faire partiellement.

171. Le paiement fait par celui qui est chargé de plusieurs dettes envers le même créancier, s'impute sur celle qu'il désigne.

172. A défaut de désignation, l'imputation se fait sur la dette que le débiteur a le plus d'intérêt d'acquitter.

173. Si le débiteur n'a pas d'intérêt d'acquitter une dette plutôt qu'une autre, l'imputation se fait sur la plus ancienne, et proportionnellement sur chacune, lorsqu'elles sont de la même date.

174. Dans tous les cas, l'imputation n'a lieu, sur les capitaux, que lorsque les intérêts sont acquittés.

175. Sur le refus du créancier de recevoir ce qui lui est dû, le débiteur lui fait des offres réelles.

Si ces offres sont suivies de consignation, et qu'elles soient jugées suffisantes, elles équivalent à un paiement.

176. La novation substitue une obligation à celle qu'elle éteint.

Elle doit être expresse, ou fondée sur des faits qui l'emportent nécessairement.

177. Par la délégation, un débiteur est substitué à un autre, avec le consentement du créancier.

178. Le débiteur, qui s'est ainsi libéré, demeure garant de l'existence de la dette qu'il a déléguée.

Il n'en garantit pas le recouvrement s'il ne s'y trouve expressément obligé.

179. La remise faite au débiteur, du titre qui contient son obligation, équivaut à une remise expresse de sa dette.

180. La compensation a lieu de plein droit entre ceux qui se doivent respectivement, lorsque les créances sont liquidées, et que les termes en sont échus.

181. L'obligation de livrer ou rendre un corps certain ou déterminé, cesse, s'il périt par cas fortuit ou force majeure.

182. La perte tombe sur celui qui est en retard,
Ou de délivrer,
Ou de retirer la chose.

TITRE V.

De la Preuve.

183. En cas de contestation sur l'existence des obligations ou sur leur extinction, la preuve est à la charge de celui qui allègue l'une ou l'autre.

184. Elle se puise,
Dans les actes,
Dans les déclarations des témoins,
Dans les aveux judiciaires.

185. La loi n'admet en cette matière,
Ni présomption,
Ni demi-preuves,

Ni commencement de preuves,

Ni serment judiciaire.

186. Les actes ne sont authentiques que lorsqu'ils portent le caractère de l'autorité publique.

187. Les actes sous-seing privé obligent ceux qui les font, comme les actes authentiques.

Cet effet cesse lorsqu'ils se trouvent au pouvoir de celui qui les a souscrits.

188. A l'égard des tiers intéressés, les actes privés ne font foi, quant à leur date, que du jour de leur enregistrement public, ou de celui du décès de l'un de ceux qui ont souscrit l'acte.

189. Celui qui est obligé par écrit doit justifier de sa libération par écrit.

190. La preuve par témoins n'est pas reçue,

Contre un acte,

Ni au-delà de ce qu'il contient.

191. Elle est admise dans tous les faits dont il a été impossible de s'assurer la preuve par écrit;

Quand il est constant que la preuve littérale s'est perdue par force majeure ou cas fortuit;

En toute contestation qui peut être terminée définitivement par le juge de paix.

192. La preuve qui résulte de l'aveu judiciaire peut être détruite en justifiant que cet aveu est l'effet de l'erreur.

TITRE VI.

De la Vente.

193. Tout ce qui est dans le commerce peut être vendu.

194. Le contrat de vente est formé quand on est convenu de la chose et du prix.

195. Le vendeur ne peut, par le contrat de vente, se réserver la faculté de rachat.

196. Le vendeur est toujours garant de la propriété qu'il aliène;

Il n'est tenu d'aucune autre garantie, si elle n'est formellement stipulée.

197. En cas de possession de l'acheteur, l'effet de la garantie du vendeur est :

Le remboursement du prix,

Des dépenses faites,

Et de l'augmentation survenue depuis la vente, dans la valeur de la chose vendue.

198. Le vendeur est garant des vices rédhibitoires qui existaient au temps du contrat.

199. Les vices rédhibitoires sont ceux qui par leur nature rendent nuisible ou presque nul l'usage de la chose vendue.

200. Il n'y a pas lieu à la garantie si le vice rédhibitoire a pu être facilement connu de l'acheteur lors du contrat.

201. La vente ou cession d'une créance n'a d'effet contre le débiteur que du jour où elle lui a été notifiée.

202. Le vendeur d'une créance en garantit l'existence au moment où il en fait le transport.

Il ne répond pas de la solvabilité du débiteur.

203. A défaut de paiement du prix dans les termes convenus, la vente demeure résolue de plein droit par la seule volonté du vendeur.

204. S'il n'y a pas eu de convention sur les termes du paiement, le vendeur peut, après sommation, faire résoudre la vente.

205. Les clauses obscures ou ambiguës s'interprètent contre le vendeur.

206. Le contrat de vente ne peut intervenir entre le tuteur et son pupille, ni entre époux pendant le mariage.

207. En discussion judiciaire, la vente s'opère sans le consentement du propriétaire : c'est l'action de la loi.

TITRE VII.

De l'Échange.

208. Tout ce qui est prescrit pour la vente s'applique à l'échange. Seulement dans l'échange la chose échangée tient lieu du prix.

TITRE VIII.

Du Louage.

209. Les meubles, les immeubles et la main d'œuvre sont susceptibles de louage.

210. Nul ne peut engager ses services à perpétuité.

211. Pour qu'il y ait louage, il faut que le temps et le prix de la location soient convenus.

212. La chose périt pour le preneur lorsqu'il y a excès ou abus de sa part.

Dans tous les autres cas, elle périt pour le bailleur.

213. Le preneur doit les réparations de menu entretien.

Toutes les autres sont à la charge du propriétaire.

214. Le preneur ne peut dégrader. Il doit jouir conformément au bail.

215. Il peut sous-louer, s'il n'en est autrement convenu.

216. Le bail non constaté par acte est résilié sur l'avertissement écrit donné par l'une des parties à l'autre, trois mois d'avance s'il s'agit de maisons ou usines.

217. Pour les héritages champêtres, la résiliation n'a lieu qu'après l'année de l'exploitation qui suit celle dans le courant de laquelle l'avertissement a été donné.

218. Le propriétaire peut faire prononcer la résiliation du bail, s'il y a dégradation notable;

A défaut de paiement à deux échéances successives;

Et lorsqu'il s'agit d'héritages champêtres, s'il y a abandon de culture pendant un an.

219. En cas de perte de récolte par cas fortuit ou force majeure, il peut être accordé un délai au fermier pour le paiement.

S'il y a lieu à une indemnité, elle est fixée définitivement à l'expiration du bail.

Elle se règle d'après la durée du bail et le bénéfice que le fermier a pu faire.

220. Le bail se résout de plein droit, à l'expiration du terme, sans aucun avertissement.

221. Il n'y a point de reconduction tacite.

Néanmoins si le locataire ou le fermier excède le terme de son bail, la jouissance doit continuer :

Pendant trois mois pour les maisons ou usines;

Et pendant une année pour les héritages champêtres, aux prix, clauses et conditions, prescrites par le bail expiré.

222. Hors le cas de réserve expresse dans le bail, le locataire ou fermier ne peut être dépossédé,

Ni par la vente de l'objet loué ou affermé,

Ni par la volonté du propriétaire, de l'occuper lui-même.

TITRE IX.

De la Société.

223. Il y a société, lorsque deux ou plusieurs personnes conviennent de mettre quelque chose en commun dans la vue de partager les bénéfices qui en résulteront.

224. La mise des associés peut n'être pas du même genre ni de la même quotité.

L'un d'eux peut fournir des fonds, et l'autre son industrie.

225. Chacun des associés a droit aux bénéfices pour une part égale, si le contraire n'a été convenu.

226. Après l'épuisement des fonds de mise, les pertes sont supportées par chacun des associés, proportionnellement à la part qu'ils auraient eue dans les bénéfices, si la

société eut été avantageuse, à moins qu'il n'y ait convention contraire.

227. En toute autre société que celle de commerce, nul ne peut, en contractant, obliger ses associés, s'ils ne lui en ont confié le pouvoir.

228. Nul ne peut, sans le consentement de ses associés, introduire un tiers dans la société.

229. La société finit par la faillite ou la mort de l'un des associés ;

Par son interdiction générale.

230. Néanmoins les effets de la société subsistent à l'égard de ses successeurs, jusqu'à l'accomplissement des affaires commencées.

231. Chacun des associés peut en tout temps renoncer à l'association, pourvu que cette association ne soit point contraire à l'intérêt général de la société.

232. La société qui s'établit sans convention,

Entre cohéritiers,

Codonataires,

Ou coacquéreurs,

Finit par la division des fonds, et le partage des fruits recueillis en commun.

233. L'action en division ou partage appartient à chacun des intéressés.

Il a toujours la faculté de l'exercer.

TITRE X.

Du Prêt.

234. Toute espèce de prêt se forme par la tradition de la chose, ou par la permission de s'en servir.

Du Prêt à usage.

235. Dans le prêt à usage, le prêteur conserve la propriété de la chose prêtée.

Il doit rembourser les frais extraordinaires faits pour la conserver.

236. La chose empruntée ne peut s'employer que pendant le temps et à l'usage qui a été convenu.

Du Prêt des choses de consommation.

237. Dans le prêt des choses de consommation, la propriété est transférée à celui qui emprunte.

238. L'emprunteur n'est tenu que de rendre la même qualité et la même quantité de choses qu'il a reçues.

S'il est dans l'impossibilité d'y satisfaire, il doit en payer la valeur, eu égard au temps où elles doivent être rendues.

Du Prêt à intérêt.

239. Par l'effet du prêt à intérêt, l'emprunteur d'une chose qui se consomme par l'usage, doit rendre une quantité plus forte que celle qu'il a reçue.

240. La loi détermine le taux de cet excédant.

241. Le prêt à intérêt prend le nom de *constitution de rente* lorsque le prêteur aliène son capital.

242. Il peut l'aliéner de deux manières : moyennant une rente perpétuelle, et moyennant une rente viagère.

243. La rente perpétuelle est due jusqu'au rachat.

Le rachat s'opère par le remboursement du capital.

244. La rente viagère s'éteint par la mort de celui ou ceux pendant la vie desquels l'emprunteur s'est obligé de la payer.

245. Le débiteur d'une rente perpétuelle peut la racheter en tout temps.

La même faculté appartient au débiteur d'une rente viagère, constituée moyennant une somme déterminée.

246. L'un et l'autre peuvent être contraints au rachat lorsqu'ils ne remplissent pas les conditions du contrat.

TITRE XI.

Du Change.

247. Le contrat de change a lieu lorsqu'une personne s'oblige à faire payer à une autre, dans un lieu ou à une époque déterminés, une somme qui lui a été ou doit lui être remise.

248. L'acte au moyen duquel le change s'opère, se nomme *lettre-de-change*.

249. Le tireur d'une lettre-de-change en garantit le paiement.

250. La propriété d'une lettre-de-change se transmet de plein droit par l'endossement ou ordre;

S'il est daté;

S'il indique le nom ou le lieu du domicile de celui au profit duquel il est passé;

S'il exprime la réception de la valeur portée en la lettre-de-change.

251. Celui qui accepte une lettre-de-change, contracte l'obligation de la payer au porteur, quand même il ne devrait rien au tireur.

252. Tous ceux qui ont apposé leur signature sur une lettre-de-change, à quelque titre que ce soit, sont tenus solidairement à la garantie envers le porteur.

253. La lettre-de-change n'est valablement acquittée qu'entre les mains de celui au profit duquel est souscrit le dernier ordre.

254. Il ne peut être forcé de recevoir le paiement avant l'échéance.

255. Toutes les actions relatives aux lettres-de-change se prescrivent par cinq ans, à compter du jour où elles ont dû être protestées faute de paiement.

256. Les règles relatives aux lettres-de-change sont communes,

Aux billets de change,
Aux billets à domicile,
Aux billets à ordre.

TITRE XII.

Du Dépôt.

257. Le dépôt est essentiellement gratuit.

258. Le dépositaire est obligé d'apporter à la garde du dépôt le même soin qu'à ses propres affaires.

259. Il ne peut user du dépôt.

260. Il doit le rendre tel qu'il l'a reçu, sans pouvoir le remplacer par des espèces du même genre, qualité, quantité et valeur.

TITRE XIII.

Du Mandat.

261. Le pouvoir de gérer les affaires d'autrui se confère par le mandat.

262. Il ne se forme d'obligation entre le mandant et le mandataire que par l'acceptation du mandat.

263. Le mandataire qui exécute, accepte.

264. Le mandat peut être donné dans la prévoyance d'un droit à exercer, l'événement arrivant.

265. Le mandat peut comprendre la gestion de toutes les affaires du mandant, c'est le *mandat général*.

Il peut donner au mandataire le pouvoir de faire ce qu'il jugera le plus convenable à l'intérêt du mandant, c'est le *mandat indéfini*.

Il peut n'avoir pour objet qu'une chose particulière qu'il désigne, c'est le *mandat limité* ou *spécial*.

266. Le mandat général n'emporte pas le pouvoir de disposer de la propriété, il faut autorisation expresse.

267. Dans le cas du mandat indéfini, le mandataire ne peut être recherché pour ce qu'il a fait de bonne foi.

268. Si le mandataire excède les termes du mandat, le mandant n'est pas obligé.

269. La ratification valide les engagemens pour lesquels le mandat n'aurait pas contenu de pouvoirs suffisans.

270. Le mandataire ne peut exiger de salaires qu'en vertu d'une convention expresse.

271. Le mandat finit par la mort du mandant,

Ou par celle du mandataire.

272. La mort du mandant ne dispense pas le mandataire de faire ce qui est urgent pour éviter une perte ou pour assurer le succès de l'affaire qui lui est confiée.

273. En cas de mort du mandataire, son héritier doit en donner avis au mandant, et, en attendant, pourvoir à ce que les circonstances exigent.

274. Le mandat finit encore par la révocation, aussitôt qu'elle est connue du mandataire.

275. Le pouvoir donné à un autre pour le même objet, tient lieu de révocation expresse, lorsqu'il est notifié au premier mandataire.

276. Le mandat finit de même par la renonciation du mandataire, si elle est connue du mandant, et faite en temps opportun.

TITRE XIV.

Des Droits des créanciers.

277. Les droits des créanciers diffèrent suivant les causes dont les créances dérivent, et suivant les effets qu'elles produisent.

278. Le débiteur peut être contraint au paiement par l'arrêt des sommes qui lui sont dues,

La saisie.

Et la vente de ses biens.

279. La contrainte par corps pour dettes purement civiles n'a point lieu;

Il n'est même pas permis de la stipuler.

280. Elle a lieu,

A l'égard des receveurs et dépositaires de deniers publics ou communaux,

Pour la représentation des sommes ou objets confisqués par ordonnance de justice.

TITRE XV.
Du Nantissement.

281. Le créancier qui a reçu en nantissement des effets mobiliers, n'a pas le droit de s'en servir.

282. Le nantissement ne peut être opposé aux autres créanciers que lorsqu'il est constaté par acte authentique.

283. A défaut de paiement au terme convenu, l'effet donné en nantissement est estimé.

284. Le créancier peut le retenir sur la prisée, à concurrence de ce qui lui est dû en capital et intérêts.

Il remet au débiteur l'excédant.

285. Si le créancier ne retient pas l'effet, il le fait vendre. Les frais de vente sont à la charge du débiteur.

TITRE XVI.
Des Préférences.

286. En cas de concours de plusieurs des créanciers sur le prix des meubles d'un débiteur commun, l'ordre des préférences est celui-ci :

287. 1°. Les frais exécutifs de la vente ;

2°. Les fournitures des subsistances faites au débiteur ou à sa famille pendant les trois derniers mois ;

3°. Les frais de sa dernière maladie ;

4°. Le terme courant du loyer du fermage des immeubles qui lui sont loués ou affermés ;

5°. Le montant des contributions publiques, tant pour la dernière année échue, que pour l'année courante ;

6°. L'année échue et l'année courante des salaires dûs aux affidés ou hommes de service.

TITRE XVII.

Des Hypothèques.

288. L'hypothèque résulte
D'un acte authentique,
Ou d'un jugement inscrit sur un registre public.

289. L'hypothèque inscrite dans le mois de la date de l'acte ou du jugement, a rang du jour de sa date.

Après le mois, elle n'a rang que du jour de son inscription.

290. Dans le concours des deux hypothèques, acquises le même jour, la date de l'heure décide de l'antériorité.

291. La créance hypothécaire, renouvelée à l'échéance, conserve sa date primitive.

292. Les biens immeubles sont seuls susceptibles d'hypothèques.

293. Les immeubles grevés d'hypothèques, et leurs accessoires inhérens, sont responsables de la dette, en quelques mains qu'ils passent.

294. Les intérêts de la dernière année échue et de l'année courante des créances hypothécaires, sont payés dans le même ordre que les capitaux qui les ont produits.

Le surplus des intérêts arrérages est payé comme dette simple.

295. Il n'y a point d'hypothèque tacite.

296. Néanmoins, l'année échue et l'année courante de la contribution foncière sont préférées sur le fonds à toute autre créance.

Les frais de culture et de semence le sont également sur les fruits de la récolte pendante.

297. L'hypothèque s'éteint

Par l'anéantissement total de la chose hypothéquée,

Par l'acquisition que fait le créancier de la chose qui lui est hypothéquée,

Par la renonciation expresse du créancier dans un acte public,

Par le paiement volontaire ou forcé de la dette,

Par la prescription.

Arrêté au comité de législation, ce 8 fructidor l'an 2 de la république française (25 *août* 1794.) *Signé* Cambacérès, Merlin (de Douai), T. Berlier, Bezard, Treilhard, Pons (de Verdun), Bar, C. F. Oudot, Hentz.

DISCOURS PRÉLIMINAIRE

PRONONCÉ PAR CAMBACÉRÈS,

AU CONSEIL DES CINQ CENTS,

Lors de la présentation du 3ᵉ. Projet de Code civil, faite au nom de la commission de la classification des lois.

(Messidor an IV.)

La nécessité d'une réforme dans la législation civile n'est point équivoque : demandée depuis des siècles par les bons esprits, elle avait dû trouver des obstacles dans nos institutions, dans nos mœurs, dans nos habitudes, dans l'esprit du gouvernement, peut-être dans le sentiment toujours actif de l'intérêt personnel.

Ces causes ne subsistent plus.

Aujourd'hui que tout est changé dans l'ordre politique, il est indispensable de substituer aux lois anciennes un code de lois simples, dont la rédaction facilite l'intelligence, et qui soient tout à la fois le principe du bonheur social et la sauve-garde de la morale publique.

C'est dans cet esprit que fut rédigé le premier projet de Code civil. En le discutant, la Convention nationale ne tarda point à découvrir en lui diverses imperfections, effet inévitable de la rapidité avec laquelle l'ouvrage avait été conçu et exécuté. Pour les faire disparaître, le comité de législation s'attacha singulièrement à séparer les principes des développemens, les règles des corollaires, et à réduire l'ouvrage à un recueil de préceptes où chacun pût trouver les règles de sa conduite dans la vie civile. Quelque avantage que puisse présenter cette méthode, elle ne saurait remplir ni l'attente de la nation, ni les vues du Corps législatif. Là où les juges ne sont point législateurs, il ne suffit pas d'assurer l'autorité des lois par la justice : il faut encore qu'elles soient disposées de manière à en écarter le doute par la clarté, à en prévenir les exceptions par la prévoyance. Ainsi, sans aspirer à tout dire, le législateur doit poser des principes féconds qui puissent d'avance résoudre beaucoup de doutes, et saisir des développemens qui laissent subsister peu de questions. Telles sont les vues qui ont guidé la commission de la classification des lois dans le projet de code qu'elle vous présente.

La législation civile règle les rapports individuels, et assigne à chacun ses droits, quant à la propriété : le Code civil doit donc considérer :

1°. Les personnes, relativement à la vie civile, au lien du mariage, aux droits de famille, aux caractères qui leur donnent l'exercice du droit de propriété sur quelques biens;

2°. Les choses, pour déterminer si elles sont susceptibles ou non d'une propriété privée, et comment le droit de propriété s'établit sur elles par d'autres causes que par l'effet des qualités personnelles ;

3°. Les obligations que les hommes contractent entre eux relativement au droit de propriété.

Ainsi, les personnes, les propriétés et les conventions sont les trois objets de la législation civile, et la matière du projet de code dont nous allons essayer d'analyser la théorie.

L'état des personnes ayant des effets qui doivent être réglés par la loi, il faut que cet état soit constaté d'une manière non équivoque : de là l'établissement des registres publics, les précautions prises pour remplacer ceux qui sont perdus ou détruits, et les moyens indiqués pour rectifier des actes dont l'existence doit être liée à des formes qu'il ne peut être permis ni d'éluder, ni de méconnaître.

Un acte parfait ne peut être détruit que par le résultat d'une procédure de faux; mais s'il ne s'agit que de contester la véracité des déclarations qu'il renferme, la route doit être plus courte et moins incertaine.

Le ministre de la puissance civile ne peut rendre témoignage que de ce qui se passe sous ses yeux. La foi est due à l'homme public lorsqu'il atteste la déclaration qui lui est faite; son assertion n'est plus rien s'il s'agit des faits mentionnés dans ces déclarations, et voilà des motifs suffisans pour admettre en pareille conjoncture la preuve testimoniale, sous des conditions que la prudence commande, et qui doivent être indiquées avec précision, afin de ne pas trop laisser à l'arbitraire des juges dans une matière où la bizarrerie des circonstances triomphe presque toujours de la prévoyance du législateur.

Peut-être conviendrait-il de confier la tenue des registres publics à un fonctionnaire établi à cet effet dans chaque canton. Diverses considérations viennent à l'appui de cette opinion; mais les convenances politiques paraissent demander que la loi du 19 vendémiaire de l'an 4 soit maintenue, et que dans les communes au-dessus de cinq mille habitans, l'agent municipal ou son adjoint remplisse les fonctions de l'état civil; tandis que dans les autres communes, chaque municipalité nommera l'un de ses membres pour exercer ces fonctions.

Enfin, pour conserver une plus grande régularité, nous avons réuni des dispositions qui s'éclaircissent par leur rapprochement; et en plaçant dans le titre premier tous les articles relatifs aux formes matérielles des actes, nous en avons fait une sorte de manuel à l'usage des officiers de l'état civil.

Au moment où l'homme voit le jour, la société le signale par les deux relations qu'il apporte en naissant, celles qu'il a avec les auteurs de ses jours. Il a donc fallu d'abord fixer les caractères auxquels la loi reconnaît un père et un fils; et après avoir posé le principe de ce lien, quand c'est la nature qui le forme, on a dû parler de la paternité civile que crée la bienfaisante adoption.

Il existe une règle d'autant plus respectable, que tous les peuples civilisés l'ont respectée; et d'autant plus nécessaire, qu'elle assure la tranquillité et la perpétuité des familles : c'est la règle qui veut que le mariage indique le père; quoique, dans l'endroit où elle se rencontre, il ne soit question que d'un devoir de bienséance et de respect prescrit par le droit romain aux enfans qui appelleraient en justice leur père ou leur mère. La maxime qui donne le mari pour père aux enfans nés de la femme pendant le mariage, n'en a pas moins été considérée partout comme une règle absolue ; elle sera conservée parmi les bases de notre législation civile. Justement introduite pour fixer toute incertitude et pour prévenir les effets du caprice, cette règle n'est fondée que sur une présomption légale : elle doit décider seule de l'état de l'enfant, lorsqu'elle n'est pas combattue par l'évidence ; son pouvoir doit cesser aussitôt que l'évidence des faits lui est contraire.

La jurisprudence admettait en cette matière diverses exceptions fondées sur des circonstances qui pouvaient établir que les deux époux avaient été dans l'impossibilité physique ou morale d'accomplir la fin du mariage. Nous proposons de les réduire au seul cas où l'éloignement des époux a été tel, qu'ils n'ont pu se rapprocher. Ainsi, par un tempérament sage, en maintenant une disposition salutaire, vous ferez cesser pour jamais ces plaintes d'adultère, ces allégations d'impuissance, qui ont si souvent souillé le temple de la justice, et auxquelles l'institution du divorce remédie avec autant de convenance que d'efficacité.

L'ignorance et le préjugé ont presque toujours décidé, au mépris de la nature et de l'expérience, les questions occasionnées par des naissances tardives ou précoces. Tantôt, pour couvrir la honte d'une femme sans pudeur, l'on a resserré le temps de la gestation, et quelques mois ont paru suffire pour adjuger à un époux complaisant un enfant dont la conception se reportait naturellement avant le mariage ; tantôt, pour excuser les infidélités conjugales, et assurer au fruit du crime une succession dérobée à d'autres héritiers, l'on a reculé le terme de la nature, et l'on a jugé qu'un enfant né après plusieurs mois de veuvage pouvait appartenir à l'époux décédé. Loin de nous toute idée qui tendrait à élever des doutes sur les écarts de la nature! mais ne faut-il pas chercher à les concilier avec la vraisemblance, et n'est-il pas juste de fixer le temps de la gestation sur les résultats de l'expérience, et suivant l'opinion la plus accréditée parmi les hommes de l'art? C'est à ce dernier parti qu'il convient de s'arrêter. On avait d'abord proposé de décréter que l'enfant né avant le septième mois du mariage, ou dans le dixième après la dissolution, n'appartiendrait point au mari de la mère.

Cette disposition offrait des inconvéniens graves. Est-il bien démontré que rien ne peut suspendre le cours du travail de la nature dans l'enfantement? Et si le temps de la gestation des animaux domestiques offre des différences et des inégalités, peut-on affirmer que la compagne de l'homme n'en éprouve jamais? Le jeu des pasions, la mobilité de son existence, la vivacité de ses affections, tout en elle ne semble-t-il pas indiquer une source inépuisable de variétés dans les résultats de son organisation et dans les époques de la maturité du fruit précieux dont elle est dépositaire? D'ailleurs, dans le calendrier républicain, les neuf mois de grossesse ne seraient composés que de deux cent soixante-dix jours; tandis que, suivant l'ancien calcul, ils en auraient formé deux cent soixante-treize au moins, et auraient pu s'élever jusqu'à deux cent soixante-seize. Des considérations aussi puissantes nous ont déterminés à compter par jours le temps de la gestation, et à déclarer que l'enfant né avant le cent quatre-vingtième jour, à compter de celui du mariage, ou deux cent quatre-vingt-six jours après qu'il aurait été dissous, pourrait être désavoué par l'époux de la mère. Mais l'état des hommes ne doit pas être long-temps incertain ; mais le sort d'un individu ne peut point dépendre de la suite de ces méfiances qui troublent quelquefois l'union la mieux assortie. Ce double motif nous a décidés à fixer un terme après lequel le désaveu ne peut être fait, et à ne pas souffrir que cette action soit admise lorsque le caractère de la vérité se retrouve dans l'approbation tacite du mari, et dans ses soins pour l'éducation et l'entretien de l'enfant.

Ainsi, la règle, que le mari de la femme est le père des enfans qu'elle conçoit durant le mariage, ne perdra rien de son autorité ; mais, subordonnée à des considérations légitimes, elle ne servira plus de garantie à la fraude, et de rempart à l'impudeur.

Si l'acte de naissance est la preuve principale de la filiation, elle ne doit pas être la seule ; dans mille circonstances, il faut qu'elle soit suppléée. Quand les registres sont perdus et qu'on ne peut réparer leur perte, quand il n'y en a jamais eu, quand l'acte de naissance n'a point été inscrit, quand on a présenté l'enfant sous de faux noms, quand il a été abandonné ou exposé, dans tous ces cas et dans plusieurs autres dont il est impossible de prévoir la diversité, le législateur doit permettre d'autres genres de preuves, même la preuve par témoins, en donnant cependant un régulateur aux juges, afin qu'ils ne prononcent point sur les plus grands intérêts d'après des inductions fallacieuses ou des témoignages mensongers.

En matière d'état, on s'en tiendra donc à la foi des actes ; au défaut des actes, on consultera la possession, et la preuve par témoins ne pourra être admise que lorsqu'il y aura des commencemens de preuve par écrit.

Les faits de possession consistant pour la plupart dans une habitude journalière, il est difficile de les préciser ; néanmoins il en est un grand nombre qui apprennent à autrui et à nous-mêmes qui nous sommes, par l'habitude de nous connaître au nom que nous avons toujours porté. Quant aux commencemens de preuve par écrit, peut-être dira-t-on que nous laissons, à cet égard, aux tribunaux une trop grande latitude; mais si l'on réfléchit que dans l'organisation sociale, il faut avant tout assurer l'état des individus, on ne nous blâmera point d'avoir réuni tous les rayons propres à répandre la lumière sur des questions presque toujours couvertes du voile de l'obscurité.

C'est assez développer nos idées sur les enfans qui appartiennent à ceux dont ils sont issus par les liens du sang et par les droits de la loi : il est temps de parler des enfans appelés naturels par l'ancienne jurisprudence.

Une distinction nécessaire se présente entre ceux qui doivent le jour à deux personnes non mariées, et ceux qui sont nés d'une conjonction illicite, ou dont l'existence est le fruit de la débauche et de la prostitution.

Rien ne doit être négligé afin d'assurer aux premiers tous les avantages de l'état civil privé : l'incertitude, le respect des mœurs, la tranquillité intérieure semblent agir de concert pour repousser les seconds. Tels sont les élémens de nos dispositions législatives dans cette importante matière. Nous proposons d'abord de bannir du Code l'odieuse recherche de la paternité. En nous fixant à cette idée tutélaire, nous pensons néanmoins qu'il faut laisser à l'enfant méconnu par sa mère la faculté de prouver contre elle sa filiation. La maternité est presque toujours connue; le fait de l'enfantement n'est pas secret comme celui de la conception.

Nous plaçons dans la famille l'enfant reconnu par le père, lorsque celui-ci, libre de tout engagement, a manifesté son caractère devant le ministre de la loi, et lorsque sa déclaration n'a point été désavouée par la mère. Ainsi, toute distinction cessera entre ceux dont la condition doit être la même. Cependant, il doit y avoir quelque différence, quant aux droits de successibilité, entre les enfans nés dans le mariage et ceux dont la reconnaissance a été postérieure au lien conjugal, quoique nés avant cette époque. Les premiers ont un droit acquis aux biens de leurs parens ; l'apparition soudaine des seconds ferait éprouver des retranchemens à ceux qui ne les attendaient pas. Cette considération ne doit pas être légèrement écartée ; elle exige, en pareille occurrence, que dans le partage des successions il soit attribué une portion avantageuse aux enfans nés dans le mariage.

Par ce plan de législation, nous croyons avoir évité deux grands reproches, celui de ne pas respecter assez le mariage, et celui d'aborder de trop près certaines idées d'immoralité dont cette matière est singulièrement susceptible. Plusieurs difficultés peuvent sans doute s'élever contre notre opinion : il n'est dans notre intention ni de les déguiser, ni de taire les considérations qui doivent les résoudre.

Plus rien de sacré, dira-t-on, s'il est permis de se jouer des sentimens de la nature, si la paternité dépend de l'aveu qu'un homme voudra ou ne voudra pas faire ; plus de justice, si l'état d'un enfant dépend du caprice des auteurs de sa naissance, et si sa mère demeure seule chargée de pourvoir à son entretien et à son éducation, quoique les présomptions les plus fortes désignent celui à qui il doit le jour.

D'un autre côté, on ne manquera point d'alléguer que le mariage est détruit, si la paternité peut être autrement établie que par l'union des époux ; l'honnêteté publique, ajoutera-t-on, exclut toute autre manière de la constater. Celui qui n'a point de père reconnu par la loi, ne peut réclamer ni les droits purement civils de la parenté, ni les droits de famille. En un mot, suivant les uns, nous aurons trop fait, et selon les autres, nous n'aurons pas fait assez pour une classe d'infortunés long-temps victimes de l'ignorance et des préjugés.

A ces objections, voici notre réponse : La meilleure législlation est celle qui favorise l'intérêt général de la société et les progrès de la morale publique. Qu'importe que quelques individus soient privés de leurs droits de famille et élevés aux dépens de l'État, si, par ce sacrifice, le libertinage est proscrit, la tranquillité domestique assurée, les unions légitimes encouragées? Or, ces avantages se retrouvent dans notre plan. On sait que, dans les habitudes de la vie, il es facile de répandre une présomption de paternité qui n'a jamais existé. A l'aide de ses apparences, combien de fois n'a-t-on pas affligé les mœurs par des recherches inquisitoriales, qu'on se plaisait à justifier par la faiblesse prétendue du sexe? Que cet abus disparaisse, et aussitôt de grandes ressources sont enlevées à la séduction et à la perversité, les mœurs auront des ennemis de moins, et les passions un frein de plus. Les femmes deviendront plus réservées lorsqu'elles sauront qu'en cédant sans avoir pris des précautions pour assurer l'état de leur postérité, elles en sont seules chargées. Les hommes deviendront plus attentifs et moins trompeurs, lorsqu'ils verront que des promesses faites par le sentiment ne sont plus un jeu, et qu'ils sont tenus de tous les devoirs de la paternité envers des enfans qu'ils auront signalés comme le fruit d'un engagement contracté sous la double garantie de l'honneur et de l'amour.

Quant au mariage; établi au premier rang dans la société, il y occupera toujours la place que les mœurs et la prospérité publique lui assignent, que les précautions indiquées tendent à lui conserver, et qu'il n'est pas dans notre dessein de lui ravir.

On vient de voir quel est le principe du lien de la paternité, quand c'est la nature qui le forme : il nous reste à traiter de la paternité adoptive.

L'adoption supplée la nature, elle en est la vivante image : c'est une raison pour accorder aux deux sexes le droit d'adopter, pour ne pas souffrir qu'un des époux puisse adopter sans le consentement de l'autre; pour ne pas permettre que celui qui a des enfans en adopte; pour exiger qu'il y ait entre l'adoptant et l'enfant adoptif la distance de la puberté; pour faire cesser la possibilité de l'adoption avec l'âge où finit la candeur de l'enfance, précaution nécessaire afin d'empêcher l'esprit d'intérêt de surprendre le vieillard crédule, moyen sûr pour déjouer les manœuvres de ceux qui chercheraient à s'introduire dans une famille opulente par des complaisances trompeuses et par des soins affectés.

L'adoption doit être irrévocable de la part de celui qui adopte. Il importe de mettre un frein à la légèreté, et encore plus, d'enchaîner les cœurs dépravés qui, bientôt fatigués du bien, voudraient faire de la vertu un remords, et d'un bienfait un repentir. Mais le principe qui lie à jamais le père adoptif ne saurait être appliqué à l'enfant adopté.

Il doit être libre de prendre ou de rejeter avec réflexion la qualité de fils et tous les devoirs qu'elle impose. Adopté dans un âge où sa raison n'était point formée, il doit être admis à prononcer son vœu lorsqu'elle est parvenue à sa plénitude.

Enfin, comme la nature n'assigne pas deux familles au même individu, l'adoption doit le rendre étranger à celle où l'avait placé la naissance; tandis que dans la famille où elle l'appelle, elle ne peut l'unir qu'à ceux qui l'ont adopté. L'adoptant, maître de contracter des engagemens, peut à son gré s'attacher des individus par la filiation civile; il ne l'est pas d'entraîner des hommes aussi libres que lui dans des liaisons qu'ils n'auraient pas formées.

L'homme naît faible; il naît avec des droits et des facultés : mais, comme s'il les avait perdus au moment même où il respire, il ne peut ni réclamer ses droits, ni exercer ses facultés.

C'est cette faiblesse, soit physique, soit morale, qui forme ce que l'on appelle la minorité.

Dans cet état, l'homme a besoin d'appui, de protecteur, de conseils. Les premières années de sa vie sont confiées aux soins de ceux qui la lui ont donnée ; les premiers tuteurs sont le père et la mère.

Trop long-temps on a regardé comme une puissance un devoir de protection que la nature grava dans nos âmes. Contre l'ordre éternel des choses, un pouvoir d'administration avait tourné au profit exclusif de l'administrant. Ce déplacement d'idées dut son origine à cette opinion, long-temps accréditée, que l'homme peut appartenir à l'homme ; système atroce, que les Romains modifièrent aux jours de leur urbanité, et que nous proposons de renverser tout-à-fait, en réduisant les rapports entre les pères et les enfans à la douceur et aux bienfaits d'un côté, au respect et à la gratitude de l'autre.

L'autorité du père et de la mère sur leurs enfans est dans son essence la même que celle du tuteur ; elle en diffère un peu dans ses accidens. S'ils dépouillent les affections de la paternité, si l'intérêt du mineur se trouvait compromis entre leurs mains, la loi ne peut plus considérer en eux une qualité qu'ils ont abdiquée ; elle doit transporter la surveillance du mineur à des hommes plus sages ou plus vertueux. Il convient aussi de rappeler aux parens que leurs enfans appartenant à la patrie, ils doivent pour leur éducation se conformer aux règles qu'elle prescrit.

Enfin, si nous accordons aux pères et mères la jouissance des biens de leurs enfans mineurs, c'est qu'il nous a semblé juste de prévenir des débats d'intérêt qui empoisonneraient les charmes de la plus étroite des liaisons, et contrarieraient des lois qui doivent toujours tendre à la morale.

Au défaut des pères et mères, ce sont les aïeux des deux sexes que la nature et la loi appellent à la tutelle. Si cette ressource manque, le choix du père ou de la mère survivant peut indiquer le tuteur. S'il n'y a ni ascendant, ni tuteur choisi, c'est la famille qui le nomme. La famille décide pareillement, en cas de concurrence entre des aïeux du même degré ; elle confirme le tuteur choisi, elle conserve la tutelle à l'ascendant remarié, ou elle l'en prive, selon que l'intérêt des mineurs lui semble l'exiger.

La charge de la tutelle est un devoir de la vie civile ; nul ne peut s'y soustraire par l'effet de sa seule volonté. Quelque sacré que soit ce principe, il souffre néanmoins des exceptions : les unes ont lieu à titre de dispense, et les autres à titre d'exclusion. Il faut écarter des fonctions tutélaires celui qui est indigne ou incapable de les remplir ; il faut en exempter celui qui fonde ses excuses sur son âge, sur le nombre de ses enfans, sur la pluralité des tutelles dont il est chargé, sur l'éloignement de son domicile à l'égard du lieu où la tutelle doit s'exercer, sur la destination à l'exercice de quelque portion de la puissance publique.

L'intérêt de la patrie et l'intérêt du mineur se réunissent pour le maintien des exceptions que nous venons d'indiquer.

Après avoir fixé les règles à suivre pour la nomination des tuteurs et pour l'organisation des conseils de famille, après avoir déterminé les effets de la tutelle naturelle, nous avons dû déterminer les effets de la tutelle étrangère. Ils se réduisent à la surveillance de la personne du mineur, et à l'administration de ses biens. De là les précautions prises pour que le tuteur ne puisse jamais substituer son intérêt à celui du pupille.

La première a été de faire nommer un subrogé tuteur, à l'effet d'agir lorsque le tuteur et le pupille auraient entre eux des intérêts opposés.

La deuxième a été de déclarer le tuteur incapable d'acheter les biens du mineur, ou de les affermer, à moins, dans ce dernier cas, qu'il n'y fût autorisé par le conseil de famille.

La troisième a été de déclarer les biens du mineur inaliénables, si ce n'est pour nécessité urgente ou pour le paiement de dettes exigibles.

Enfin, la quatrième a été de mettre le tuteur lui-même sous la tutelle de la famille.

C'est donc la famille qui décide, en présence du juge, si les immeubles du mineur doivent être vendus ou engagés, s'il faut conserver ses meubles, s'il convient d'affermer les biens au tuteur.

C'est elle qui suit le tuteur dans tous les détails de sa gestion, au moyen d'un compte annuel qu'il est obligé de lui rendre.

Un compte annuel paraît plus sûr qu'un compte général rendu après l'expiration de la tutelle : un compte général découvre les dilapidations, un compte annuel les prévient.

C'est encore la famille qui dirige le tuteur, en réglant chaque année la dépense qui sera faite par le mineur, et pour l'administration de ses biens.

C'est elle enfin qui prévient le divertissement des épargnes, en ordonnant leur emploi.

Les citoyens n'étant dans les liens de la minorité qu'en raison de leur faiblesse, la loi doit les en dégager par degrés, lorsque le développement de leur intelligence annonce qu'ils sont capables d'administrer leurs biens. Cette disposition doit dépendre du concours des deux conditions suivantes : l'âge, les indices de la maturité de raison. L'âge est fixé à dix-huit ans; les indices sont le mariage, l'exploitation d'un commerce, l'exercice d'un art ou d'un métier quelconque, l'opinion de la famille.

Celui qui a été jugé digne de devenir époux et père, celui qui sait faire un bon emploi de ses talens et de ses connaissances, celui-là, sans doute, est présumé capable d'administrer ses biens; il en est de même de celui dont les parens reconnaissent l'intelligence et la capacité.

Ces moyens d'affranchissement des liens de la tutelle serviront la morale publique; ils inviteront la jeunesse à se conduire sagement, à se prémunir de bonne heure contre l'oisiveté, et à se livrer aux arts utiles.

La tutelle finit lorsque celui qu'elle protège n'a plus besoin que de lui-même. Là le pupille disparaît, et l'homme commence avec le citoyen.

La majorité est donc l'introduction de l'homme dans l'état social : elle est fixée à vingt-un ans accomplis. A cette époque de la vie, la raison, quoiqu'encore susceptible d'accroissement, est cependant dégagée des nuages qui l'environnent durant l'enfance; à cette époque l'acte constitutionnel accorde au citoyen l'exercice de ses droits politiques, la législation doit en même temps lui accorder l'exercice de ses droits civils.

Celui qui a une fois acquis la jouissance de ses droits civils ne peut plus les perdre qu'en perdant l'usage de sa raison. Dans cet état d'infirmité, il doit être assimilé au mineur ; leur condition est la même : mais, pour ôter tout prétexte aux passions, il ne pourra retomber dans l'état de minorité que par l'effet d'une interdiction prononcée en très-grande connaissance de cause. L'interdit était toujours privé de l'administration de ses biens, et quelquefois de la disposition de sa personne. Cette distinction devient inutile, puisque la prodigalité ne sera plus une cause d'interdiction. Ici, ce n'est point l'intérêt d'une famille que la loi doit considérer, c'est celui du mineur, c'est celui de la société entière qu'il faut consulter. La liberté est le premier des biens, la plus douce des jouissances; nul ne peut en être privé que par l'absence totale de sa raison, et, selon l'expression d'un ancien jurisconsulte, *lorsqu'il est réduit à n'avoir plus le droit de contracter, qui est commun à tous les hommes, et à vivre, pour ainsi dire, avec eux dans un tombeau animé.*

L'interdiction ne sera donc prononcée que dans les cas de démence, de fureur, d'imbécillité; elle le sera par les tribunaux civils, sur la demande des parens ou du ministre de la loi, et après avoir vérifié les faits, qui seront toujours articulés par écrit; elle le sera lorsque les juges auront acquis par eux-mêmes la certitude que le citoyen a l'esprit aliéné.

Ainsi l'interrogatoire sera toujours nécessaire ; et si l'état du défendeur mettait obstacle à sa comparution, il faudra que l'un des juges, ou un commissaire délégué par le tribunal, se transporte dans le lieu où il sera.

Des précautions sont ordonnées pour prévenir des erreurs involontaires qui pourraient devenir fréquentes, si les jugemens d'interdiction demeuraient dans la poussière des greffes. On les affichera ; mais comme il ne feront que déclarer une interdiction que la nature elle-même a prononcée, tous les actes passés par le mineur depuis la provocation de l'interdiction jusqu'au jugement définitif seront déclarés nuls.

L'interdiction doit cesser avec la cause qui l'avait déterminée.

L'homme introduit dans l'état social, quelle sera la place qu'il doit occuper dans ce nouvel ordre de choses ? La nature et la société la lui assignent.

La nature produit tout ; mais c'est à l'homme à produire l'homme. La nature a tout fait pour l'homme ; mais c'est à l'homme à donner à la nature des êtres qui admirent ce qu'elle a fait, qui en jouissent et rendent à cette mère commune le tribut de leur gratitude.

En admettant l'homme dans son sein, la société veut l'y attacher ; elle veut resserrer et multiplier ses relations, pour resserrer et multiplier ses liens. Elle ne trouve des enfans qu'en ceux dont l'existence est, pour ainsi dire, répandue sur plusieurs individus, et qui, par conséquent, ayant plus à perdre, sont plus intéressés à l'ordre social. Ajoutons qu'une des fins de la société est sa perpétuité, et que c'est de cette perpétuité que dérivent la force, la solidité de son gouvernement, de ses lois et de ses mœurs.

Le mariage est donc la loi primitive de la nature, ou plutôt c'est la nature en action. Le célibat est un vice que le législateur doit poursuivre ; mais c'est moins par des moyens violens qu'il doit le combattre que par des moyens doux et insensibles.

Il est nécessaire de mettre une différence entre le mineur et le majeur, relativement au mariage. Rien ne doit gêner celui-ci sur le choix de la personne à laquelle il veut s'unir ; l'état de sa raison permet de lui laisser le plein exercice de ses facultés. Il n'en est pas de même du mineur ; quels dangers n'y aurait-il pas à lui laisser la liberté de disposer de sa personne pour un engagement où le prestige de la passion séduit souvent jusqu'à la sagesse? Le mineur ne pourra donc se marier sans le consentement de son père et de sa mère, ou, à leur défaut, sans le consentement de sa famille. Mais comme des affections souvent affaiblies, et plus encore des motifs d'intérêt personnel, pourraient porter les parens à retarder ou à refuser leur consentement, ils seront tenus de s'expliquer dans un délai déterminé, après lequel les tribunaux prononceront entre le mineur et sa famille.

Nous n'entrerons dans aucun détail, ni sur la nécessité d'écarter le système licencieux de la polygamie, ni sur les causes d'empêchement que nous laissons subsister, ni sur les précautions prises pour conserver des moyens légitimes d'opposition, et pour rendre indispensable la publicité des mariages : l'instinct de la vertu et le sentiment des mœurs expliquent suffisamment les motifs qui nous ont déterminés.

Les conventions matrimoniales subsistent par la volonté des époux ou par l'autorité de la loi. La volonté des contractans est la règle la plus absolue ; elle ne connaît d'autres bornes que celles qui sont placées pour l'intérêt général : ainsi les époux ne peuvent, dans le pacte matrimonial, ni se référer pour les conditions de leur union à un régime dont il importe d'effacer jusqu'à la trace, ni contrevenir au principe qui a consacré l'égalité dans les partages, ni s'écarter des règles prescrites pour les libéralités entre époux.

Au défaut de conventions, la loi fixe des dispositions simples dérivant de la nature du mariage; elle consacre la communauté comme le mode le plus conforme à cette union intime, à cette unité d'intérêts, fondement inaltérable du bonheur des familles.

La communauté sera composée des objets que les époux doivent consommer ensemble, et de ceux dont ils se servent en commun : ce sont les meubles, les fruits, les revenus et les immeubles qu'ils acquièrent, soit que cette acquisition soit l'effet d'une collaboration commune, soit qu'ils dérivent de l'ordre établi pour les successions, ou des libéralités exercées envers l'un des époux.

Dans le premier projet de code, on avait adopté l'usage de l'administration commune. Cette innovation a éprouvé de justes critiques. Et quoique l'égalité doive servir de régulateur dans tous les actes de l'organisation sociale, ce n'est pas s'en écarter que de maintenir l'ordre naturel, et de prévenir ainsi des débats qui détruiraient les charmes de la vie domestique. Remarquez en effet que l'administration commune serait perpétuellement entravée, et que la diversité d'opinions sur les plus petits détails opérerait bientôt la dissolution du mariage. Rien d'ailleurs n'empêcherait que l'administration ne fût mise exclusivement entre les mains de la femme; une pareille convention n'offrirait-elle pas une contravention à la loi naturelle, et ne ferait-elle pas supposer l'imbécillité du mari?

Si nous éloignons la femme de l'administration, nous lui conservons aussi la faculté de renoncer à la communauté, et le droit de reprendre ses apports; cette disposition est moins un privilège qu'un acte de justice. La raison dit assez qu'un mari prodigue ne doit pas ruiner sa femme par l'obligation où elle serait de payer les dettes qu'il aurait contractées. De là les motifs pour donner à la femme et à ses héritiers le droit de renoncer.

La communauté de biens ayant pour principe l'espèce

d'identité que l'union conjugale établit entre les époux, elle ne peut durer plus long-temps que le mariage même; elle doit finir par le divorce et par la mort. Mais comme la communauté est aussi l'effet d'une convention expresse ou tacite, il s'ensuit que, comme les autres engagemens, elle peut se dissoudre par le consentement mutuel des parties.

Avant de terminer cet article, il convient de donner quelques explications sur notre opinion relativement aux dispositions entre époux. Ils pourront s'avantager à leur gré par leur contrat de mariage, ils le pourront aussi par des actes subséquens; à cet égard, nous avons préféré l'esprit de la législation romaine aux règles établies par nos coutumes, et nous assimilons aux donations à cause de mort les dispositions faites entre époux pendant la durée du mariage.

En général, les actes de libéralité ne doivent être suggérés que par un amour bien ordonné de ceux qui en profitent. Cet amour, c'est la nature qui en indique les premiers objets. Elle commande à l'époux d'aimer son épouse, elle commande au père d'aimer ses enfans, et elle place les uns et les autres dans son cœur avant les parens collatéraux.

Les lois civiles, toujours fidèles aux préceptes de la nature, doivent concilier ces différens devoirs. Nous croyons avoir atteint ce but en maintenant indéfiniment les avantages faits entre époux, lorsqu'ils ne blessent que l'intérêt d'héritiers collatéraux; en les restreignant à un usufruit, lorsqu'il existe des enfans nés du mariage; en les réduisant à la jouissance d'une portion héréditaire, lorsque l'époux donateur a des enfans d'un premier lit.

Enfin, il nous a semblé juste de donner au survivant des époux une sorte de douaire, lorsqu'il n'y aurait eu aucune stipulation d'avantages singuliers ou réciproques.

L'indissolubilité n'est point une loi de la nature; elle ne saurait être une loi de la société conjugale. Il serait tout à la fois absurde et cruel de forcer deux époux qui se haïssent ou se méprisent à demeurer ensemble dans la discorde et le chagrin jusqu'à la mort. Le divorce est donc en soi une institution sage; il est fondé sur la nature, sur la raison, sur la justice, sur le droit de liberté personnelle; il doit subsister avec les modifications dont l'expérience a fait découvrir le besoin, et en conciliant le droit de disposer de soi avec le respect dû au plus sacré des liens. Nul n'a élevé des doutes sur la nécessité du divorce, lorsque les deux époux changent de volonté, lorsque l'un d'eux abandonne ou maltraite l'autre, lorsqu'il est condamné à une peine afflictive ou infamante, lorsqu'il tombe en démence, et que, selon l'expression d'un écrivain moderne, *le mariage survit en lui à l'humanité*. La seule cause d'incompatibilité d'humeur et de caractère a paru effrayer par son étendue, par les conséquences qu'elle peut entraîner, par les désordres dont elle est la source. On a prétendu qu'il y avait entre les caractères dans une nation la même analogie que l'on remarque entre les physionomies : cette assertion, démentie par les faits, ne prouve rien contre des motifs puisés dans la nature et dans les rapports de l'ordre social.

Si la fidélité conjugale était sujette à moins de tentations, si l'adultère pouvait se poursuivre devant les tribunaux, si le spectacle des unions mal assorties n'offrait un témoignage constant de la dépravation des mœurs, s'il n'existait quelquefois entre les époux des causes d'éloignement fondées sur des vices secrets, peut-être aurions-nous proposé de rejeter un moyen dont l'immoralité peut abuser pour faire violence à la loi : mais puisque c'est anéantir la foi conjugale que de substituer la contrainte à la volonté, puisque le divorce est fondé sur la liberté inaliénable des époux, il faut que l'un d'eux ait le droit de le demander contre la volonté de l'autre, sans l'assujettir à particulariser des faits dont la preuve est souvent impossible, et sans l'exposer à des révélations dont la pudeur serait alarmée.

Le divorce aura donc lieu par le consentement mutuel

des époux et sur la demande de l'un d'eux, soit que l'incompatibilité d'humeur ou de caractère en soit le motif, soit que l'on se fonde sur des causes déterminées ou sur des faits spécifiés par la loi.

Ces trois espèces de divorce seront assujetties à différens modes, et produiront des effets divers. Lorsqu'il n'y a point d'incertitude sur les causes du divorce, il ne faut pas laisser plus long-temps sous le joug un époux malheureux; alors la procédure sera simple, et les délais fort abrégés : mais lorsque les causes sont équivoques, ou lorsqu'elles peuvent dépendre d'un premier mouvement, il est du devoir du législateur de laisser aux époux le temps de mûrir leur volonté, et de les soumettre à des épreuves dont l'objet est de s'assurer qu'il existe entre eux une antipathie certaine et des causes irrémédiables de séparation.

Quant aux effets du divorce, ils varieront suivant les causes qui l'auront produit : cette différence est juste; elle peut devenir une sorte de contre-poids et comme la sauvegarde du lien conjugal. Mais ne nous le dissimulons point, ce sont les mœurs qui garantissent les institutions sociales; qu'on forme les mœurs, et les divorces seront rares. Sous les mœurs simples de la république, le Romain ignora le divorce; sous les mœurs corrompues de la monarchie impériale, le divorce fut aussi fréquent que le mariage.

Des événemens imprévus peuvent entraîner le citoyen loin de son domicile, le dérober à la société, faire douter s'il n'est pas perdu pour la patrie, pour ses amis, pour sa famille. Ce doute, après un laps de temps, doit se convertir en certitude, afin que la propriété des biens de l'absent ne demeure pas toujours incertaine.

L'absence est caractérisée par le concours de trois circonstances : l'éloignement d'un citoyen du lieu de son domicile, sa négligence à donner de ses nouvelles, l'abandon ds ses affaires sans avoir constitué un fondé de pouvoirs. La définition de l'absence amène celle du domicile. Tout domicile dans le sens propre, est le lieu de la résidence habituelle ; c'est là où l'on a placé le siége de sa fortune, et où l'on exerce ses droits politiques.

L'absence a trois effets :

Elle nécessite l'administration des biens ;

Elle fait présumer la mort ;

Elle en devient dans les suites la preuve légale.

Jusqu'à cette dernière époque, la loi ne peut pas disposer des biens de l'absent ; mais afin qu'il n'y ait pas dans l'état une masse de propriétés dont l'usage ne profite à personne, les successeurs naturels de l'absent seront envoyés en possession de son héritage, en attendant le moment où, sa succession étant ouverte, la provision se convertira à leur égard en droit héréditaire.

Après avoir réglé les rapports sociaux qui constituent l'état des personnes, il a fallu s'occuper des biens. Nous les avons considérés relativement à leur essence et relativement à ceux qui en sont les propriétaires. Cette distinction tient à la nature des choses ; elle doit donc être conservée. Quant à leur essence, les biens sont meubles ou immeubles ; leur mobilité ou la fixité de leur situation les fait placer dans l'une ou l'autre classe. Quant au droit de propriété, les biens sont ou nationaux, ou communaux, ou privés.

Il n'était pas de notre sujet de remonter à l'origine de l'ordre social, et d'examiner comment les hommes ont formé un domaine commun et un domaine local. Attachés à des idées plus simples, nous avons rangé parmi les propriétés publiques les biens qui ont toujours appartenu à la nation, ceux qu'elle a remis dans ses mains, ceux qui sont consacrés à des usages d'intérêt général, ceux qui ne sont pas susceptibles d'une propriété privée. Sur cette matière, la loi du 22 novembre 1790 nous offrait une énumération presque complète et des dispositions que nous nous sommes empressés de recueillir. C'est pareillement dans le décret du 10 juin 1793 que nous avons puisé les caractères distinctifs des fonds sur la propriété ou le produit desquels les habitans d'une ou de plusieurs communes peuvent avoir des droits.

Lorsque les biens ne sont ni nationaux ni communaux, ils ne peuvent être que l'objet du droit de propriété privée; ceux à qui ils appartiennent peuvent en disposer à leur gré. Cependant ce principe conservateur doit fléchir devant le besoin de la société entière : de là, la soumission du droit de propriété au bien général, et les motifs de quelques exceptions qui rendent ce droit plus sacré en le liant à l'intérêt commun.

Le droit de propriété est susceptible de diverses modalités; tantôt elles en resserrent l'exercice, et tantôt elles sont le droit de propriété même, ou un accessoire et une représentation de ce droit.

Ces modalités sont l'usufruit, les services fonciers, les rentes foncières.

L'usufruit est le droit d'user et de jouir d'une chose dont un autre a la propriété, sans en altérer la substance. Le droit de l'usufruitier se bornant à la propriété des fruits, il ne peut faire aucun acte de propriétaire sur le fonds; il ne peut donc ni le détériorer, ni le dénaturer, ni en changer la destination. Ses obligations sont relatives à sa mise en possession et au temps de sa jouissance : celles du propriétaire envers lui se réduisent à ne porter aucun trouble, à ne mettre aucun obstacle à l'exercice de son droit.

L'usufruitier recueille les fruits; il est donc tenu de l'entretien et de toutes les charges que les fruits supportent. Les dépenses relatives aux fonds lui sont étrangères. Il lui est libre de disposer de son droit; mais, dans tous les cas, l'usufruit s'éteint par la destruction des deux objets dont il est l'accident, par la mort naturelle ou civile de l'usufruitier, par la perte totale de la chose sur laquelle il est constitué.

Enfin, l'usufruit pouvant s'étendre à l'universalité des fruits, il peut aussi être restreint : l'acte qui le constitue en détermine la latitude. Ce motif nous a dispensés de parler de l'usage qui n'est qu'en usufruit limité.

Les services fonciers, connus précédemment sous le nom de servitudes, gênent l'exercice de la propriété dans le maître du fonds qu'ils affectent; ils sont un accessoire de la propriété de celui à qui ils sont dus.

Les services fonciers sont de deux sortes : les uns dérivent des rapports établis entre voisins par la nécessité des choses, par le droit naturel, par l'utilité publique; les autres doivent leur existence aux conventions. Jusqu'ici, cette matière avait été féconde en procès ; les lois qui la régissaient étaient pour la plupart ambiguës, obscures et contradictoires entre elles. Nous nous sommes attachés à une théorie simple, et à concilier le respect dû à la propriété avec la nécessité publique et les lois imposées par la nature.

Nous avons dit que les services fonciers étaient de deux sortes. Les règles propres à la première espèce rappellent au propriétaire l'obligation de recevoir les eaux que la pente d'un terrain supérieur lui envoie, de livrer passage sur son fonds lorsque le chemin public auquel il confine est devenu impraticable; de laisser un espace suffisant pour le service, lorsque son héritage est situé sur les bords d'une rivière navigable; de donner passage à son voisin, qui en a besoin pour arriver à son champ entouré de tous côtés, et pour réparer le mur ou le toît de sa maison; d'établir des dispositions telles que l'un des voisins n'ait pas à souffrir des ouvrages ou des plantations que l'autre fait sur son héritage. Chacun, sans doute, peut faire sur sa propriété tout ce qui lui plaît; mais, en usant de l'exercice de son droit, nul ne peut altérer la propriété d'autrui. De là, le motif de ne permettre des ouvertures dans un mur propre qu'à une distance déterminée et sous de certaines conditions.

Loin d'alarmer la propriété, une telle disposition la rassure. Serait-il juste que le propriétaire d'un mur non mitoyen tînt continuellement ses voisins en état de siège, et que la brèche pour livrer l'assaut fût toujours ouverte? A cet égard, la coutume de Paris contenait des dispositions sages que nous avons cru devoir conserver.

Les services fonciers qui ne sont pas établis par la loi ne pourront plus exister que par un titre. Comme ils restreignent le droit de propriété, nul ne peut y être assujéti sans son consentement; mais comme chacun peut disposer de la chose qui lui appartient, soit en cédant son droit, soit en le modifiant, un propriétaire doit être libre de constituer des services fonciers sur son fonds. La nécessité d'établir par titre les services fonciers n'a point lieu lorsqu'il s'agit de la destination du père de famille : alors la preuve résulte de la construction. Et quel est celui qui s'avise de faire constater par écrit l'état de son propre ouvrage?

La faveur que mérite la liberté des héritages nous a déterminés à conserver la prescription, à l'effet d'éteindre les services fonciers; elle ne sera plus un moyen pour les acquérir.

La manière d'éteindre les services fonciers par la prescription ne sera point uniforme pour tous. Il y a sur ce point une distinction à faire entre les services affirmatifs et les services négatifs. Les premiers se perdent par le seul non usage, à moins qu'ils ne consistent dans un ouvrage permanent sur le fonds du voisin. Quant aux services négatifs, la prescription est sans effet tant qu'il n'y a point eu d'acte de la part de ceux qui les doivent.

Celui qui, en cédant son fonds, y retient une redevance fixe, ne consent à s'exproprier qu'autant que l'acquéreur sera fidèle aux engagemens qu'il a pris envers lui. Le droit de propriété est donc représenté dans sa main par la rente foncière; lorsque la rente n'est plus payée, il a droit de reprendre son fonds.

Par la même raison, le débiteur qui restitue l'héritage s'affranchit de la rente; il doit aussi avoir la faculté de la racheter. Une dette forcée tiendrait trop de la servitude :

il en serait de même de l'irrédimibilité conventionnelle, si elle était portée à un terme trop long. Le décret du 18 décembre 1790 permettait de stipuler l'irrédimibilité des rentes foncières pendant quatre-vingt-dix-neuf ans. Nous pensons qu'il convient de restreindre à dix ans l'exercice de cette faculté.

Ce qui est nécessaire à tous ne peut appartenir à un seul ; la propriété exclusive ne doit point prendre la place de la communauté universelle : mais lorsqu'il s'agit d'un objet dont on ne peut tirer quelque utilité sans s'en approprier l'usage, pourquoi cet objet ne resterait-il pas à celui qui s'en est emparé le premier ? Une convention si naturelle fut sans doute connue et pratiquée dans les premiers âges du monde ; c'est par elle qu'ont commencé toutes les propriétés privées ; elle en fut long-temps le signe et comme le titre unique. L'occupation est donc la plus ancienne des manières d'acquérir. L'établissement des sociétés ayant amené un nouvel ordre de choses, le droit du premier occupant aurait été dans l'état social un vrai brigandage, si on ne l'eût subordonné au droit sacré de la propriété civile, et à celui non moins sacré de la propriété nationale : c'est avec ces modifications qu'il doit subsister parmi nous. Il s'appliquera aux produits de la chasse, de la pêche, aux animaux que l'homme a eu l'adresse d'apprivoiser et de soumettre à son empire, à l'ambre, aux pierres précieuses, au varech que la mer jette sur les côtes, aux trésors enterrés ou cachés dont le propriétaire n'est plus connu ; en un mot à toutes les choses qui sont susceptibles d'une propriété privée, mais qui sont inutiles lorsqu'elles demeurent en commun.

L'accession est quelquefois un présent de la nature, et quelquefois elle s'opère par le fait de l'homme ; dans tous les cas elle suit la condition de la chose principale : elle doit être affectée du même droit de propriété.

Ainsi les alluvions ou attérissemens demeureront à l'héritage auquel ils se trouvent réunis.

A l'égard de l'union qui s'opère par le fait de l'homme, il s'élève presque toujours des difficultés sur le point de savoir quelle est, dans le tout que composent deux choses unies, celle que l'on doit considérer comme accessoire ou comme principale. C'est pour les résoudre qu'on propose les règles suivantes :

« Dans l'union qui s'opère par le fait de l'homme, si
» l'une des choses unies ne peut exister sans l'autre, et que
» l'autre puisse exister séparément, celle-ci est considérée
» comme la partie principale, et attire le domaine de
» celle-là.

» Si les deux choses peuvent subsister l'une sans l'autre,
» la partie principale est celle pour l'usage, l'ornement ou
» le complément de laquelle l'autre lui a été unie.

» Si ces caractères manquent, on doit considérer comme
» principale celle qui a le plus de volume, et, en cas de
» parité de volume, celle qui a le plus de valeur. »

Dans l'application de ces règles, il est juste d'indemniser le propriétaire de la chose accessoire, lorsqu'il a un titre et qu'il est de bonne foi.

La tradition est une sorte d'investiture donnée par le propriétaire d'une chose à celui qu'il veut se substituer.

Les Romains avaient conçu la tradition d'après cet esprit de formule dont Cicéron a si bien dévoilé la cause : ils distinguaient la tradition par les diverses manières dont elle s'effectuait ; mais elle n'avait jamais lieu par le seul acte translatif de propriété. Le principe opposé nous a paru conduire à de plus heureux résultats. C'est par la volonté seule que se fait la transmission de propriété ; quand cette volonté est constatée par acte, pourquoi exigerait-on d'autres formalités ? Par là on se rapproche des idées naturelles, par là on prévient des procès sans nombre, qui ne manquaient point de s'élever dans le cas où la chose venait à être détériorée ou à périr avant la tradition, lorsque le propriétaire refusait de la délivrer, lorsqu'après avoir vendu une chose sans l'avoir livrée, le propriétaire la vendait une seconde fois et la livrait au nouvel acheteur.

Ainsi tout sera simplifié en décidant que la tradition s'opère par l'acte qui transmet la propriété, et par la délivrance réelle, lorsqu'il s'agit de marchandises ou d'effets mobiliers.

« Les lois, dit Montesquieu, font souvent de grands » biens cachés et de petits maux très-sensibles. » Tel a été l'effet des décrets rendus par la convention nationale pour régler l'ordre des successions et les dispositions purement volontaires. Nous proposons de maintenir, avec quelques légères modifications, des changemens qui ont été sollicités par l'intérêt social et par l'intérêt domestique : s'il ne faut pas craindre de renverser une législation vicieuse, il ne faut pas non plus oublier que la loi doit porter avec elle un caractère d'immutabilité et de permanence qui inspire le respect.

Le système adopté offre d'ailleurs de grands avantages; il uniformise les règles de toutes les successions en rejetant les distinctions que les coutumes avaient introduites entre les différentes espèces de biens et leur origine; il détruit l'isolement des familles en faisant concourir ensemble les parens de diverses lignes; il amène sans crises la division des fortunes, en assurant un droit égal dans les successions, non pas seulement aux parens les plus proches, soit en ligne directe, soit en ligne collatérale, mais aussi à ceux qui les représentent, c'est-à-dire à ceux qui descendent d'un parent du même degré; il maintient la paix et l'égalité dans les familles, en apportionnant également tous les enfans dans la succession des auteurs de leurs jours; il accorde avec justice à celui qui n'a point de postérité des droits plus étendus qu'au père de famille. La nature et la loi doivent régler la succession de celui-ci; la loi seule doit régir les successions collatérales. Et pourquoi ne laisserait-elle pas plus de liberté à mesure que les rapports de famille s'affaiblissent, et que le lien du sang s'éloigne de sa source? Mais s'il est naturel d'accorder à celui qui a des enfans la faculté de faire quelques libéralités, et à celui qui n'en a point, le droit de disposer d'une partie de sa fortune, il est à propos de mettre quelque différence entre celui qui s'exproprie et celui qui a voulu seulement étendre ses droits au-delà du terme de son existence. Le premier pouvait, par de folles prodigalités, ruiner l'espérance de ses héritiers; le procédé du second n'est qu'un demi-bienfait. Ces motifs nous ont déterminés à fixer au dixième des biens la portion disponible dans la ligne directe, à la porter à la moitié dans la ligne collatérale lorsqu'on disposera par donation entre-vifs, et à la réduire au tiers pour les donations à cause de mort ou pour les donations entre vifs, avec réserve d'usufruit.

La donation est un acte de bienfaisance; cette idée se concilie difficilement avec des dispositions qui seraient faites en faveur de personnes déjà comblées des dons de la fortune. Cette considération nous a décidés à fixer une sorte de *maximum* qui ne permettra pas de donner à ceux qui l'auront atteint.

Il serait inconcevable qu'on pût s'engager sous un rapport et se dégager sous un autre. La donation entre vifs sera donc irrévocable, hors le cas d'ingratitude.

Enfin, le donataire pourra mettre des conditions à sa propre libéralité; mais les conditions impossibles ou non permises seront réputées non écrites.

Comme personne ne recueille un bienfait malgré lui, même quand il le tient de la loi, nul ne peut être forcé d'accepter une hérédité. Cette espèce d'identité qui s'établit entre le défunt et ceux qui lui succèdent, quant aux obligations dont le patrimoine héréditaire est grevé, ne doit point avoir d'effet sur les biens de l'héritier. Il est donc juste que celui-ci puisse faire constater l'état des choses, et qu'après avoir rempli cette formalité, il ne soit pas tenu indéfiniment des engagemens du défunt. De là l'inventaire et le droit accordé à l'héritier de renoncer en tout temps à une succession qui lui serait onéreuse; mais il ne peut être permis ni de renoncer à la succession d'un homme vivant, ni d'aliéner les droits qu'on peut y avoir. Une telle faculté serait immorale et abusive; elle alarmerait l'homme faible, et elle donnerait un moyen de violer le principe d'égalité qui doit exister entre héritiers.

Dans un état organisé, il ne peut exister de biens sans propriétaire. La propriété est ordinairement réunie à la possession; quelquefois aussi elle en est séparée.

Il est de l'intérêt général que les propriétés ne demeurent pas incertaines; de là la nécessité de convertir en preuve, après un temps déterminé, la présomption de propriété résultante de la possession; de là l'origine de la prescription. Mais, de même que les propriétés ne doivent pas être toujours incertaines, les dettes ne doivent pas toujours subsister; et lorsque, depuis le moment où elles ont été contractées, il s'est écoulé un temps assez considérable pour qu'on puisse croire que le créancier eût exigé le paiement, le débiteur doit être libéré.

La prescription est donc tout à la fois un moyen d'acquérir et un moyen d'éteindre les droits et les obligations; elle est fondée sur cette présomption, que celui qui jouit d'un droit doit en avoir quelque juste titre; que celui qui cesse d'exercer un droit en a été dépouillé par quelque juste cause; que celui qui a demeuré si long-temps sans exiger sa dette, en a été payé. Elle doit donc varier en raison du délai dont chacun a eu besoin pour l'exercice de ses droits, et ce délai doit être fixé d'après des calculs de probabilité déterminés par la nature de l'objet ou par la qualité du créancier.

La plus longue prescription sera de quinze ans : ce terme nous a paru suffisant pour concilier les intérêts particuliers avec la nécessité de garantir les propriétés de toute incertitude.

On vient de dire que la prescription reposait sur une présomption ; elle ne doit donc point courir contre ceux qui ne peuvent exercer leurs droits ; elle ne doit pas non plus courir entre époux. Il serait trop pénible de les placer dans l'alternative, ou de contester l'un contre l'autre, ou de perdre leurs droits.

La prescription est interrompue lorsque la possession qui l'opère vient à cesser, et lorsque la présomption qui en fait l'essence s'évanouit soit par une demande judiciaire, soit par la reconnaissance que fait le possesseur ou le débiteur des droits du propriétaire.

Les hommes ne traitent entre eux que pour s'assurer des avantages ; ainsi, toute obligation se rattache à la propriété, puisqu'elle donne des droits à celui qui en profite.

L'obligation dérive de deux causes : souvent elle naît d'une convention, ou plutôt elle en est inséparable ; quelquefois la loi suppose que la convention existe, et c'est elle alors qui forme l'obligation.

La loi et les conventions sont donc les deux sources des obligations.

La loi prescrit des devoirs individuels ; elle détermine des engagemens tacites, et elle forme des contrats par les règles seules de l'équité.

Les hommes, en réglant entre eux les transactions sociales, s'imposent des engagemens qu'ils forment, étendent, limitent et modifient par un consentement libre. Ces engagemens sont pour ceux qu'ils lient ce que les lois générales sont pour tous les citoyens.

Dans l'état de nature, les conventions étaient simples et bornées ; dans l'état de civilisation, elles sont aussi variées que les objets sur lesquels s'étendent les usages et le commerce de la société.

« Par le contrat ou la convention, dit Pothier, deux per-
» sonnes, réciproquement ou seulement l'une des deux,
» promettent et s'engagent ou de donner, ou de faire, ou
» de ne pas faire quelque chose. »

Il est donc indispensable que deux individus concourent à former une convention, et qu'elle ait une cause. La promesse d'un seul, non acceptée, n'est rien; une convention sans cause serait un acte dérisoire.

On distingue dans la convention les propriétés qui sont de son essence, celles qui sont de sa nature, celles qui lui sont accidentelles; elles ne peut subsister sans les premières, la loi supplée les secondes, les troisièmes dépendent des clauses particulières et licites qui modifient les engagemens.

De là la détermination des contrats, moins par le nom qu'on leur donne, que par les objets qui les composent.

Nous avons dit que la convention n'existait pas sans un concours de volontés, elle exige encore le consentement libre des parties. De ce principe, il résulte que l'effet des conventions est borné à leur objet et à ceux qui ont concouru à les former; que cet effet cesse lorsqu'il n'y a point eu de consentement; que dans les engagemens conditionnels, l'exécution des conditions ne peut être divisée.

Jusqu'ici, la lésion avait été comptée parmi les causes qui viciaient les contrats; l'intérêt seul du propriétaire avait dicté cette règle, l'intérêt général nous a déterminés à la proscrire. La lésion avait le double inconvénient d'être une source intarissable de procès, et de nuire aux progrès de l'agriculture, ainsi qu'à l'embellissement des cités, par le caractère d'incertitude qu'elle donnait aux engagemens. Notre législation doit au contraire imprimer le sceau de la stabilité aux actes faits sous ses auspices, et d'ailleurs l'on se persuade difficilement qu'un propriétaire se trompe de moitié sur la valeur d'un héritage qu'il aliène. Qu'on ne dise point que les motifs qui font détruire la convention, quand il y a dol, violence ou erreur, doivent aussi l'anéantir lorsqu'il y a lésion. Là où il n'y a point parité de raison, il ne saurait y avoir égalité de droit. Celui qui trompe ou qui fait violence, outrage la loi ; elle confie sa vengeance à celui qui est intéressé à l'accomplir : son but ne peut pas être d'autoriser une extension du droit privé.

La volonté des parties étant la première loi des contrats, ils doivent être susceptibles de toutes sortes de dispositions ; cette liberté s'arrête aussitôt que l'ordre public et l'ordre moral peuvent avoir à en souffrir.

Si les contractans exprimaient toujours nettement leurs pensées, si leur intention était facilement saisie et clairement rendue, il serait sans doute inutile de tracer des règles pour l'interprétation des conventions : mais les engagemens sont si compliqués, ils offrent si souvent des ambiguités et des contradictions au moins apparentes, qu'il est indispensable de donner aux juges quelques points de ralliement autour desquels ils puissent se ranger, quand ils auront à prononcer sur l'exécution des contrats. Dans les règles que nous proposons, nous nous sommes attachés à écarter l'arbitraire, en faisant produire à la convention un effet conforme à ses propriétés caractéristiques.

L'étendue de l'obligation à l'égard des obligés dépend des clauses de l'engagement ou du fait qui l'a produit. Si les obligés sont solidaires, l'un d'eux, en accomplissant l'obligation, libère les autres. Celui qui acquittait ainsi l'engagement pris en commun, ne pouvait exercer ses droits sur ses co-obligés qu'au moyen d'un acte de cession fait par le créancier ; désormais la loi suppléera cet acte, et la subrogation s'opérera de plein droit.

Celui qui cautionne une obligation en est responsable ; toute promesse qui est susceptible d'exécution, est susceptible de cautionnement. Le cautionnement n'est donc qu'un engagement accessoire ; il ne peut pas être plus étendu que l'engagement principal ; il peut être moindre ; il doit s'évanouir avec lui, à moins qu'il n'ait pour objet de garantir le créancier, non de l'insolvabilité, mais de l'incapacité du débiteur.

Le cautionnement n'étant destiné qu'à suppléer l'obligation principale, le créancier ne doit agir contre celui qui a cautionné que lorsqu'il ne peut être payé de son débiteur. Cet avantage était connu sous le nom de bénéfice de discussion; nous pensons qu'il doit être conservé à la caution, qui aura néanmoins la faculté d'y renoncer.

Il en est de même du droit accordé à ceux qui ont cautionné un même engagement de ne payer chacun qu'une portion de la dette; mais au lieu du bénéfice de division, nous proposons une disposition plus simple, aussi efficace, et qui est plus conforme aux principes de la solidarité. Si cette opinion est accueillie dans les cautionnemens donnés par plusieurs personnes pour une même obligation, chacune d'elles ne pourra être poursuivie pour le tout lorsque la solidarité n'aura point été exprimée.

Il nous paraît inutile de prononcer par une disposition expresse l'abrogation du sénatus-consulte velléien; le privilège ou la sauve-garde que cette loi accordait aux personnes du sexe ne doit plus subsister. La femme mariée en communauté ne peut ni agir, ni s'obliger sans l'autorisation de son mari : méconnaître cette règle, ce serait anéantir l'administration justement confiée à l'époux dans la société conjugale. Mais à l'égard de la femme non mariée, ou de celle qui a conservé la régie de ses biens, les engagemens qu'elle prend doivent avoir la même solidité que les engagemens contractés par les hommes; comme eux, elle doit avoir le droit de disposer de sa personne et de son bien.

Le paiement est le moyen le plus naturel et plus simple d'éteindre les obligations. Il en est encore plusieurs autres.

Celui qui remet la dette l'anéantit, puisqu'il renonce au droit qui lui était acquis par l'obligation.

La consignation équivaut au paiement; elle éteint l'obligation comme le paiement réel l'aurait éteinte.

L'accomplissement des conditions résolutoires détruit l'obligation, puisqu'il détruit le consentement qui l'a formée.

La novation éteint l'obligation en lui en substituant une autre.

La délégation acceptée éteint l'obligation par rapport au premier créancier.

La compensation la détruit, attendu que, dans le concours de deux qualités opposées, l'une d'elles doit anéantir l'autre.

Ces diverses manières ont des règles particulières, sur lesquelles il est inutile d'insister; les motifs qui les déterminent s'expliquent assez d'eux-mêmes : sur des points évidens, toute dissertation est déplacée.

Les obligations et leur extinction sont toujours fondées sur des faits; c'est à celui qui allègue un fait à en faire la preuve. On a dit avec raison que la science des faits, quoique la plus importante de toutes, était la moins avancée; et si l'on réfléchit sur la difficulté de les constater, on est forcé de reconnaître qu'il y a loin de la théorie de ceux qui écrivent à la pratique de ceux qui jugent. Néanmoins il est des règles qu'il faut recueillir, attendu qu'elles peuvent servir de flambeau dans une matière aussi délicate.

La preuve se puise dans les actes, dans les déclarations des témoins, dans les aveux judiciaires. Le même degré de confiance ne peut appartenir à ces divers genres de preuve; celle qui est établie par actes doit prévaloir sur toutes les autres.

Les actes authentiques et les actes sous-seing privé attestant également la volonté de ceux qui les ont souscrits, à leur égard, l'effet de ces actes doit être le même : à l'égard des tiers intéressés, les actes privés ne peuvent faire foi que du jour de leur enregistrement public, ou du jour du décès de l'un de ceux qui les ont signés, ou de celui qui les a écrits. A côté de la preuve par actes, on doit placer la preuve qui résulte des aveux judiciaires, lorsqu'ils sont faits avec discernement. Un acte n'emprunte sa force que de l'aveu qu'il contient : la forme seule met quelque différence entre cet aveu et celui qui est prononcé en présence de la justice; l'un est écrit, l'autre est verbal.

Quant à la preuve par témoins, qui est toujours si incertaine et si équivoque, elle ne saurait être admise contre la teneur d'un acte, ni au-delà de ce qu'il contient; ses effets doivent être restreints aux faits dont il a été impossible de s'assurer la preuve par écrit, aux contestations moins importantes et qui doivent être terminées avec célérité, aux cas où cette preuve se fortifie au moyen de quelques écrits qu'elle développe et qu'elle explique.

D'après les notions que nous venons de donner sur les conventions en général, sur leur origine, sur les qualités qui en forment l'essence, sur leurs propriétés caractéristiques, sur leurs effets, sur les règles qui servent à les interpréter et à en constater l'existence, il est facile de reconnaître que cette partie de la législation n'offrira pas d'aussi grands changemens que les autres : il en sera de même pour les dispositions propres à chaque contrat en particulier. On remarquera que, dans le cours de notre travail, nous avons eu toujours le soin de concilier l'intérêt privé avec l'intérêt général, et que rien n'a été négligé afin de s'assurer que la stabilité des conventions ne serait point légèrement compromise. Dans l'ordre civil, comme dans l'ordre politique, l'incertitude est un fléau. C'est surtout au législateur qu'il appartient de le combattre; il ne sortira point triomphant de la lutte, si, au lieu de fixer le vaisseau de l'état, il le laisse flotter sur lui-même par l'agitation et les vicissitudes des choses humaines.

Ce serait inutilement prolonger ce discours que de nous assujétir à une marche méthodique et mesurée, dans le dessein de parcourir tous les divers traités que les hommes peuvent former entre eux. Dans leur mutuelle dépendance, ils sont forcés sans cesse de recourir les uns aux autres; et soit qu'ils vendent, qu'ils engagent, qu'ils échangent, qu'ils donnent à bail, leurs propriétés ou leur industrie, leurs conventions roulent toujours autour de ces trois points, donner, faire, ou ne pas faire quelque chose.

Tels sont les élémens du nouveau projet de Code civil. En le rédigeant, nous avons considéré la république avant le citoyen, et le citoyen avant l'homme.

Loin de nous la ridicule présomption de présenter un ouvrage fini! N'est-ce pas avoir fait un grand pas vers le progrès de la législation, si, sortant de la route des préjugés sans abandonner celle des principes, nous parvenons à porter l'attention du législateur sur tous les points qui doivent la fixer, et si nous plaçons sous ses yeux une suite de règles qui laissent peu de doutes à résoudre et peu de difficultés à craindre?

C'est à l'expérience, à la sagesse, à la méditation, qu'il appartient de compléter notre ouvrage, ou plutôt de lui donner une vie nouvelle. A Athènes, on plaçait une copie de la loi au pied de la statue des dix héros, afin qu'elle fût examinée par tout le monde, et que chacun pût exposer ses réflexions au sénat. Cet exemple ne sera point perdu pour nous : nous soumettons avec confiance et avec résignation le résultat de notre travail à la censure des deux Conseils, et à celle de tous les citoyens; nous les invitons à en faire l'objet de leurs méditations.

Le devoir commande aux représentans du peuple de faire cesser cette bigarrure étrange qui place sous des lois si différentes les habitans d'un même état, et il leur prescrit de substituer à un système vicieux un système plus régulier et surtout plus conforme aux institutions républicaines.

L'intérêt personnel commande aux citoyens d'aider, d'éclairer les législateurs par la communication franche de leurs idées. Il s'agit ici de lois civiles, c'est-à-dire des préceptes qui s'associent à toutes les actions, qui embrassent les rapports de tous les instans, et qui, par leur influence, peuvent embellir les divers âges de la vie, ou du moins en adoucir les inévitables amertumes.

Nous avons donc l'espérance que chacun s'empressera de nous faire part de ses vues. Il nous trouvera sans aucune prévention pour notre ouvrage, sans aucune tenacité pour nos propres conceptions. S'il ne nous est pas possible de profiter de tout, nous prenons du moins l'engagement de rendre compte à la tribune de tous les plans, de tous les systèmes, de toutes les observations qu'on aura jugé à propos de nous transmettre; rien d'important ne sera soustrait à la lumière de la discussion; et s'il arrivait que nous eussions pris l'apparence de la vérité pour la vérité même, impitoyables envers nos propres erreurs, on nous verra les abjurer de bonne foi, et embrasser ingénument les principes qui nous auront détrompés.

Tableau des titres du projet de Code civil.

LIVRE Ier.

Des Personnes.

Titre 1er. — De l'état civil.
Titre 2. — De la paternité et de la filiation.
Titre 3. — Des mineurs et de la tutelle.
Titre 4. — Des majeurs.
Titre 5. — Du mariage.
Titre 6. — Des droits des époux.
Titre 7. — Du divorce.
Titre 8. — Des absens.

LIVRE II.

Des Biens.

Titre 1er. — Division générale des biens.
Titre 2. — De l'usufruit.
Titre 3. — Des services fonciers.

Titre 4. — Des rentes foncières.
Titre 5. — Des manières d'acquérir la propriété.
Titre 6. — Des donations.
Titre 7. — Des successions.
Titre 8. — Des rapports et partages.
Titre 9. — De la prescription.

LIVRE III.

Des Obligations.

Titre 1er. — Des obligations en général, de leurs causes et de leurs effets.
Titre 2. — Des obligations solidaires.
Titre 3. — Des cautions.
Titre 4. — De l'extinction des obligations.
Titre 5. — De la preuve.
Titre 6. — De la vente.
Titre 7. — De l'échange.
Titre 8. — Du louage.
Titre 9. — De la société.
Titre 10. — Du prêt.
Titre 11. — Du change.
Titre 12. — Du dépôt.
Titre 13. — Du mandat.
Titre 14. — Des droits des créanciers.
Titre 15. — Du gage ou du nantissement.
Titre 16. — Des préférences.
Titre 17. — Des hypothèques.

Nota. Les notes placées au bas de la première page de chaque titre indiquent les lois rendues par les quatre assemblées représentatives sur les rapports d'intérêt privé entre les citoyens.

TROISIÈME PROJET
DE CODE CIVIL.

LIVRE PREMIER.
Des Personnes.
TITRE Ier.
De l'Etat civil. (1)

§. 1er. *Dispositions générales.*

Art. 1er. Les Français exercent leurs droits politiques selon le mode déterminé par la constitution.

2. Les lois qui organisent les pouvoirs constitués, forment leur droit public.

Celles qui règlent les rapports d'intérêt particulier entre les citoyens, composent leur droit privé.

3. Le droit privé embrasse :

L'état civil des personnes ;

Les propriétés ;

Les transactions sociales.

4. Le citoyen appartient à la patrie ; les actes qui constatent son état civil, sont inscrits sur des registres publics.

---

(1) Décret du 21 janvier 1790, relatif au mode de constater le décès des suppliciés.

Loi du 20 septembre 1792, qui détermine le mode de constater l'état civil des citoyens.

Décret du 19 décembre 1792, additionnel au précédent, concernant le mode de constater l'état civil des citoyens par les municipalités.

Décret du 7 frimaire an 2, portant que les directoires de districts enverront chaque année aux municipalités, dans la première décade de fructidor, les registres destinés à constater l'état civil des citoyens.

Décret du 6 fructidor, même année, portant qu'aucun citoyen ne pourra porter de nom ni de prénom, autres que ceux exprimés dans son acte de naissance.

Décret du 3 ventôse an 3, relatif à l'établissement de fonctionnaires destinés à constater l'état civil dans la commune de Paris.

Décret du 2 floréal, même année, qui détermine un mode pour suppléer aux registres de l'état civil, détruits ou perdus.

Loi du 19 vendémiaire an 4, portant que les agens municipaux rempliront les fonctions d'officiers de l'état civil.

5. Nul ne peut porter de nom ni de prénom, autres que ceux qui sont exprimés dans son acte de naissance ou d'adoption.

6. Nul ne peut ajouter de surnom à son nom propre, à moins que, sans rappeler de qualifications féodales ou nobiliaires, le surnom ne serve à distinguer les membres ou la branche d'une ou de plusieurs familles.

7. Ceux qui contreviennent aux dispositions prescrites par les deux articles précédens, sont punis d'une amende égale au quart de leur revenu.

8. Les étrangers, pendant leur résidence en France, sont soumis aux lois de la république.

Ils sont capables de tous les actes qu'elles admettent.

§. 2. *Des Registres de l'état civil.*

9. Il y a dans chaque commune, pour constater l'état des citoyens, cinq registres publics fournis par l'administration centrale du département.

10. On inscrit de suite sans aucun blanc.

Sur le premier de ces registres, les actes de naissance et de reconnaissance d'enfans;

Sur le deuxième, les actes d'adoption;

Sur le troisième, les actes de mariage;

Sur le quatrième, les actes de divorce;

Sur le cinquième, les actes de décès.

11. Les actes de l'état civil sont rédigés conformément au modèle décrété pour chacun d'eux, ou en des termes équipollens. Les modèles de ces actes sont annexés au présent titre.

12. Il est dressé par l'officier public, à la fin de chacun de ces registres, une table alphabétique où sont portés les noms des citoyens que les actes enregistrés concernent, et le feuillet de l'enregistrement de chaque acte.

13. A la diligence du commissaire du Directoire exécutif près l'administration départementale, tous les registres

nécessaires pour l'année suivante sont, chaque année, dans la première décade de fructidor, envoyés au commissaire du Directoire exécutif près l'administration municipale de chaque canton, qui les transmet dans la décade suivante à l'agent municipal de chaque commune, ou au membre choisi par la municipalité.

14. Ces registres sont tenus doubles, et sur papier timbré.

Avant leur transmission à l'officier public, ils sont cotés et paraphés à chaque page par le président de l'administration municipale et par le commissaire du Directoire exécutif.

15. Les registres de l'état civil sont tenus,

Dans les communes au-dessous de cinq mille habitans, par l'agent municipal ou son adjoint;

Dans les autres communes, par le membre que la municipalité aura choisi.

16. Les registres publics sont clos à la fin de chaque année.

L'un des doubles demeure entre les mains de l'agent municipal ou du membre choisi par la municipalité.

L'autre est envoyé, dans les deux premières décades de vendémiaire à l'administration départementale, où il demeure déposé.

17. Dans trois mois de la réception des registres, chaque administration départementale fait refondre en une table générale toutes les tables mentionnées en l'article 12.

Cette table est écrite sur un registre tenu par ordre alphabétique.

Elle contient le nom de chaque citoyen que les actes enregistrés concernent. Elle indique la date de chaque acte, le registre et le feuillet où il est enregistré.

18. Toute personne est autorisée à se faire délivrer extrait des actes inscrits sur les registres de l'état civil.

Ces extraits sont sur papier timbré, et peuvent être délivrés, tant par l'officier public dépositaire des registres, que par le secrétaire de l'administration du département.

Ils ne sont point sujets au droit d'enregistrement.

19. Les officiers publics et le secrétaire de l'administration départementale sont tenus de délivrer dans trois jours les extraits qui leur sont demandés ; ils ne perçoivent que 75 centimes par extrait, papier compris.

§. 3. *Des actes de l'état civil, de leur forme et de leur usage.*

20. Les actes de l'état civil ne contiennent que les déclarations des parties.

Il est défendu aux officiers publics d'y insérer aucune note ou énonciation qui ne seraient pas exprimées par les comparans.

Ces actes ne sont point sujets au droit d'enregistrement.

21. Ils sont inscrits sur les registres ; on y exprime, sans chiffres ni abréviations, l'année, le jour et l'heure où ils sont reçus, les prénom, nom, âge, profession et domicile de tous ceux qui y sont dénommés.

22. Toute contravention aux deux articles précédens est punie d'une amende de cinquante myriagrammes de froment, ainsi que des peines portées par le code pénal, en cas d'altération ou de faux.

23. Ces actes sont signés par l'officier public et par toutes les parties comparantes, ou mention est faite de la cause qui les empêche de signer.

24. Ces actes sont lus par l'officier public aux parties intéressées et aux témoins.

L'officier public fait mention de l'accomplissement de cette formalité.

25. Les déclarations et les consentemens qui doivent intervenir aux actes de l'état civil dans les cas ci-après, peuvent être exprimés par des fondés de pouvoir spécial.

26. Les pouvoirs et autres pièces dont la représentation est exigée pour la rédaction des actes de l'état civil, demeurent annexés au registre qui doit être déposé aux archives du département, après qu'ils ont été paraphés de la per-

sonne qui les produit, des témoins et de l'officier public.

27. Les actes inscrits sur les registres publics sont reçus en présence de deux témoins âgés de vingt-un ans au moins, et choisis par les déclarans.

Les témoins doivent savoir signer.

28. Les actes inscrits sur les registres publics, et les extraits qui en sont délivrés, font preuve de l'état des personnes.

29. Aucune preuve n'est reçue contre ces actes, ni au-delà de leur contenu.

Néanmoins, lorsque, sans attaquer leur véracité, on conteste les faits mentionnés dans les déclarations, les faits contraires peuvent être prouvés par des actes de possession, et même par témoins, pourvu qu'il y ait des commencemens de preuve par écrit.

30. Les actes de l'état civil des Français et des étrangers, ceux des émigrés exceptés, font foi entière s'ils sont rédigés suivant les formes usitées dans les pays où ils ont été reçus.

§. 4. *Des actes de naissance.*

31. Les déclarations de naissance sont faites dans les vingt-quatre heures, devant l'officier public du lieu de l'accouchement.

Si l'enfant naît pendant un voyage de mer, la déclaration est faite dans le jour de la naissance, devant le commandant du vaisseau ou navire, qui est tenu d'en dresser acte.

Elle est renouvelée dans le jour même du débarquement sur le territoire français, devant l'officier public du lieu.

32. Sont tenus de déclarer la naissance de l'enfant.

Le père, lorsqu'il est présent, en état d'agir et marié avec la mère.

Au défaut du père, les officiers de santé ou autres personnes qui ont assisté à l'accouchement.

La personne qui commande dans la maison, lorsque la mère est accouchée hors de son propre domicile.

33. Dans l'acte de naissance, on exprime le jour, l'heure, le lieu de la naissance, le sexe et le prénom de l'enfant, ceux de ses père et mère et des témoins.

L'enfant est présenté à l'officier public, qui vérifie le sexe.

34. L'acte de naissance ne peut assigner pour père à l'enfant que celui que le mariage désigne.

Si la mère n'est point mariée, le père ne peut ni faire de déclaration, ni être dénommé dans l'acte, sauf à lui à reconnaître l'enfant, s'il y a lieu, suivant la forme autorisée par la loi.

35. Quiconque trouve un enfant exposé, est tenu de le remettre à l'officier public, qui dresse procès-verbal de la remise.

Il donne un nom à l'enfant, et porte le procès-verbal sur le registre des naissances.

Il prend des renseignemens pour découvrir l'origine de l'enfant et ceux qui l'ont exposé.

Dans les vingt-quatre heures, il fait porter l'enfant à l'hospice le plus voisin.

Il adresse au commissaire du directoire exécutif près l'administration départementale, une copie du procès-verbal et une note des indices et des renseignemens qu'il peut avoir découverts touchant les auteurs de l'exposition.

§. 5. *Des actes de reconnaissance d'enfant.*

36. L'officier public du lieu où a été dressé l'acte de naissance d'un enfant, reçoit la déclaration de celui qui s'en reconnaît le père.

Cette déclaration doit exprimer que le père n'était point marié neuf mois avant la naissance de l'enfant.

37. S'il se présente des difficultés pour satisfaire à la disposition de l'article précédent, le tribunal civil du département où le père est domicilié ordonne que l'acte de reconnaissance sera reçu par l'officier public du domicile du père,

et que le jugement sera transcrit dans l'acte et sur le registre.

38. L'acte de reconnaissance d'un enfant non encore né est reçu par l'officier public du domicile de celui qui s'en déclare le père.

Si le déclarant a été marié, l'acte de reconnaissance est sans effet lorsqu'il n'y a pas deux cent quatre-vingt-six jours d'intervalle entre la dissolution du mariage du père et la naissance de l'enfant.

39. L'aveu de la mère est exprimé devant le même officier public que la déclaration du père; il peut être fait séparément de cette déclaration.

§. 6. *Des actes relatifs à l'adoption.*

40. L'acte d'adoption contient

La déclaration de l'adoptant ou des époux qui adoptent en commun;

Le consentement de l'autre époux, lorsque l'adoption est faite par l'un des deux;

Le consentement des père et mère, aïeux ou tuteur de l'enfant adopté, celui des père et mère adoptifs lorsqu'il a déjà été donné en adoption.

Ces déclarations et consentemens sont exprimés en même temps et par le même acte.

41. L'officier public donne à l'adopté le nom de la personne qui l'adopte.

42. La renonciation à l'adoption est faite devant l'officier public où l'acte d'adoption a été reçu; elle se fait par une simple déclaration, et a son effet par la notification au père adoptif.

§. 7. *Des actes relatifs au mariage.*

43. Les publications de promesse de mariage sont faites par les officiers publics du domicile de chaque partie, de-

vant la porte principale de la maison commune, un jour de décadi, à midi.

Il en est dressé acte sur le registre des mariages, et copie de cet acte est affichée de suite au lieu de la publication.

44. La décade expirée depuis l'affiche, les parties peuvent passer outre au mariage; si elles ne l'effectuent pas dans l'année, les publications et l'affiche sont réitérées.

45. Lorsqu'il y a impossibilité de faire la publication dans le lieu du domicile des parties, le tribunal civil peut ordonner, sur leur demande et après avoir entendu le commissaire du directoire exécutif, que la publication sera faite dans le lieu de leur résidence actuelle.

46. S'il survient des opposition formées dans les cas et par les personnes indiquées par la loi, l'officier public est tenu de s'en faire représenter main-levée avant de procéder au mariage.

47. L'acte d'opposition en contient les motifs et est signé sur l'original et sur la copie par la partie opposante ou par son fondé de procuration spéciale.

Il est donné copie de la procuration en tête de celle de l'opposition.

48. L'acte d'opposition est signifié au domicile des parties et à l'officier public; celui-ci met son visa sur l'original.

49. Il est fait une mention sommaire des oppositions par l'officier public, sur le registre des mariages.

50. Une expédition des jugemens de main-levée est remise à l'officier public qui en fait mention sur le registre, en marge de celle des oppositions.

51. L'officier public, à peine de destitution, d'une amende de 150 myriagrammes de froment et de tout dommages et intérêts, ne peut passer outre au préjudice des oppositions formées par les personnes et dans les cas énoncés ci-devant.

52. Toutes autres oppositions sont regardées comme non-

avenues, et l'officier public ne peut y avoir égard, sous les peines portées en l'article précédent.

53. L'acte de mariage est reçu par l'officier public du domicile de l'une des parties, en son bureau, les portes ouvertes.

54. L'officier public fait lecture, en présence des parties, des pièces relatives à leur état et aux formalités du mariage, telles que les actes de naissance, les consentemens des père et mère, l'avis de la famille, les publications, oppositions et jugemens.

55. Celui qui est dans l'impossibilité de se procurer son acte de naissance, est admis à se marier sur le vu d'un acte de notoriété.

56. Cet acte lui est délivré par le juge de paix du lieu de sa résidence actuelle, sur la déclaration de trois de ses parens, ou, à leur défaut, de trois de ses voisins ou amis.

Il est homologué par le tribunal civil, après qu'il a entendu le commissaire du directoire exécutif et les membres de la famille qui résident dans le département, s'ils comparaissent sur la citation qui leur est donnée.

57. L'officier public, ayant reçu de chaque partie, l'une après l'autre, la déclaration qu'elles veulent se prendre pour mari et femme, prononce au nom de la loi, qu'elles sont unies par le mariage, et en dresse acte.

58. Il est énoncé dans cet acte les noms, prénoms, âge, profession et demeure des époux.

Les noms et prénoms de leurs père et mère;

Le consentement des père et mère, ou celui de la famille dans le cas ou il est requis;

Les publications du mariage;

Les oppositions, s'il y en a eu;

Leur main-levée;

Les noms, prénoms et âge des enfans, si les époux en ont eu l'un de l'autre avant leur mariage;

La déclaration des contractans de se prendre pour époux, et leur union prononcée par l'officier public.

§. 8. *Des actes relatifs au divorce.*

59. Les époux qui veulent divorcer se présentent devant l'officier public du domicile du mari; ils lui exhibent les pièces qui justifient que les formalités et les délais prescrits par la loi ont été observés.

L'officier public prononce le divorce et en dresse acte.

60. S'il s'élève des contestations de la part de l'un des époux sur les pièces représentées par l'autre, l'officier public ne peut ni juger de leur validité, ni prononcer le divorce.

Il renvoie les parties à se pourvoir devant le tribunal civil du département du domicile du mari.

§. 9. *Des actes de décès.*

61. La déclaration de décès est faite, dans les vingt-quatre heures, à l'officier public du lieu où la personne est décédée.

Si le défunt est décédé hors du lieu de son domicile, extrait de son acte de décès est envoyé dans les trois jours par l'officier public qui l'a reçu, à l'officier public du domicile; celui-ci le transcrit aussitôt sur ses registres.

62. L'officier public, avant de dresser l'acte, est obligé de se transporter auprès du cadavre, à l'effet de s'assurer du décès.

Il peut appeler des gens de l'art, s'il aperçoit des indices de vie.

Aucune inhumation ne peut être faite sans son ordonnance, et avant l'expiration des vingt-quatre heures.

63. Sont tenus de déclarer le décès :

Les plus proches parens ou voisins de la personne décédée ;

La personne qui commande dans la maison, dans le

cas où le défunt ne serait pas décédé dans son propre domicile.

64. L'acte de décès contient toutes les énonciations qui peuvent faire reconnaître la personne décédée.

65. Les corps de ceux qui ont été trouvés morts, avec des signes ou indices de mort violente, ou autres circonstances, qui donnent lieu de le soupçonner, ne peuvent être inhumés qu'après que l'officier de police a dressé procès-verbal de l'état du cadavre et des circonstances y relatives, ainsi que des renseignemens qu'il aura pu découvrir touchant les nom, prénoms, âge, profession, lieu de naissance et domicile du décédé.

66. L'officier de police est tenu de transmettre sur-le-champ à l'officier public une expédition de ce procès-verbal.

67. Le décès de ceux qui sont morts sur le champ de bataille est constaté en la manière réglée par le code militaire.

Le ministre de la guerre envoie, dans les trois jours de la réception, copie de l'acte du décès à l'officier public du domicile du défunt, l'officier public le transcrit sur le registre à la date de l'envoi.

68. Le décès de ceux qui sont morts dans les hôpitaux militaires, est constaté par l'officier public, d'après les déclarations faites, conformément aux articles 61 et 63.

69. Les dispositions de l'article 67 s'appliquent aux armées navales.

70. Le décès de ceux qui sont morts pendant un voyage de mer, est constaté par l'officier public du lieu du débarquement sur le territoire français, d'après la déclaration du capitaine du vaisseau, ou de celui qui le remplace, et de quatre citoyens pris, soit parmi les passagers, soit parmi l'équipage.

71. Quelle que soit l'opinion religieuse des individus, ils doivent après leur décès être inhumés dans les cimetières publics.

72. Le corps du supplicié est délivré à sa famille, si elle le demande; dans tous les cas il est admis à la sépulture ordinaire, et il ne se fait sur le registre aucune mention du genre de mort.

§. 10. *De la nullité et de la rectification des actes de l'état civil.*

73. Les actes de l'état civil sont nuls,
S'ils ne sont point inscrits sur les registres publics;
S'ils ne sont point suivant les formes prescrites par la loi.

74. Les ratures sont comptées et approuvées, ainsi que les renvois.

L'officier public est responsable des altérations qui peuvent survenir au registre jusqu'à son dépôt aux archives du département.

75. L'on n'a point égard aux ratures et aux renvois non approuvés; ils ne vicient point le surplus de l'acte.

76. Le commissaire du directoire exécutif près l'administration municipale est tenu de faire, au moins une fois par mois, la visite des registres publics de son arrondissement.

Il adresse son rapport à l'administration départementale sur les nullités qu'il a remarquées dans les actes.

77. S'il y a des nullités, le commissaire du directoire exécutif, d'après un arrêté de l'administration départementale, convoque devant l'officier public les parties et les témoins du premier acte, et il en est rédigé un nouveau.

Si les témoins se trouvent absens ou empêchés de comparaître, ils sont remplacés par d'autres. L'effet du dernier acte se reporte à la date du premier.

78. Les erreurs et les omissions relatives aux énonciations et qualifications des personnes, sont rectifiées sur la demande des parties intéressées.

79. La rectification n'est faite que d'après une décision rendue sans frais par le juge de paix du lieu où la minute de l'acte se trouve déposée.

80. Le juge de paix indique avec précision l'omission ou l'erreur à réparer, et la manière dont elle doit l'être.

81. La décision du juge de paix n'est valable que lorsqu'elle est rendue sur le vu d'une copie certifiée de l'acte, laquelle demeure annexée à la minute de la décision, et d'après les preuves résultantes tant des pièces authentiques, que d'une enquête.

82. L'enquête est composée des témoins de l'acte, s'ils se trouvent sur les lieux; à leur défaut, de parens ou d'alliés du citoyen sur lequel porte l'omission ou l'erreur; et à défaut de parens ou d'alliés, de tous autres citoyens.

Le juge de paix rejette le témoignage des personnes notoirement hors d'état de connaître les faits.

83. Les personnes intéressées à la rectification peuvent se pourvoir par appel contre la décision du juge de paix.

84. L'appel n'est plus reçu après le délai de deux décades, à l'égard de ceux qui ont été présens ou dûment appelés à la rectification.

L'appel est jugé à l'audience sommairement et sur le simple exploit.

85. L'acte dont la rectification a été ordonnée par le juge de paix ou par le tribunal d'appel, est apostillé conformément à la décision.

La date de la décision est toujours exprimée dans l'apostille.

86. Les greffiers ne peuvent percevoir plus de 1 fr. pour l'expédition des décisions sur toutes demandes en rectification.

Ces décisions sont enregistrées sans frais.

§. 11. *Du remplacement des registres qui sont détruits ou perdus.*

87. Lorsque les registres publics d'une commune sont, en tout ou en partie, détruits ou perdus, le commissaire du directoire exécutif près l'administration municipale, en

donne avis à l'administration centrale du département.

88. Si le double du registre détruit ou perdu existe aux archives du département, l'administration, dans le délai de deux mois, envoie une copie de ce registre au commissaire du Directoire exécutif près l'administration municipale.

Celui-ci délivre cette copie à l'agent municipal ou au membre choisi par la municipalité.

89. La copie est faite sur papier timbré; elle est cotée, paraphée par première et dernière page, collationnée et signée par le président de l'administration départementale, ou par l'administrateur qui le remplace.

90. Si le double du registre détruit ou perdu n'existe plus aux archives du département, il est fait des doubles listes correspondantes aux registres perdus, et indicatives des actes qui y étaient contenus.

91. Ces listes sont formées par trois commissaires que l'administration municipale choisit.

92. Elles contiennent, avec autant d'exactitude qu'il est possible, et dans l'ordre chronologique;

Les dates des actes de naissance, des reconnaissances d'enfant, d'adoption, de mariage, de divorce et de décès portés dans les registres perdus ou détruits;

Les noms, surnoms, profession et demeure des individus, et ceux de leurs père et mère.

93. Les commissaires composent ces listes,

Sur les renseignemens que leur fournissent les registres, papiers de famille ou autres documens;

Sur les déclarations des ascendans des époux, ou des frères et sœurs;

Et, au défaut de ceux-ci, sur les déclarations des autres parens ou étrangers.

94. Les commissaires sont autorisés à rejeter le témoignage des personnes notoirement hors d'état de connaître les faits.

95. Les articles relatifs à des individus décédés depuis plus de trente ans, ne sont point inscrits sur ces listes, si les commissaires n'en sont expressément requis par des personnes intéressées.

96. Ces listes sont ensuite déposées pendant deux mois au secrétariat de l'administration municipale du canton.

97. Le dépôt est annoncé par une proclamation affichée dans la commune dont les registres ont été anéantis ou perdus, et dans celle où réside l'administration municipale.

Pendant ce délai, tous les citoyens sont admis à faire des réclamations et observations tendantes à la rectification de ces listes.

Elles sont faites par écrit et demeurent annexées aux listes.

98. Après ce délai, l'administration municipale fait lire, dans une séance publique, les listes et les réclamations.

Elle arrête définitivement les articles non contestés, en mettant à la marge de chacun d'eux le mot *arrêté*, après lequel le président et le commissaire du Directoire exécutif apposent leur signature.

99. En marge des articles contestés, le président met cette autre formule : *Il y a réclamation*.

Elle est signée pareillement du président et du commissaire.

100. L'un des doubles de ces listes est remis à l'officier public.

L'autre est envoyé aux archives du département pour être joint aux archives de l'état civil.

101. Les réclamations sont recueillies et numérotées par le secrétaire-greffier de l'administration municipale.

Il en envoie, dans le plus court délai, des extraits en forme, ainsi que des parties de liste qui en sont l'objet, au greffier du tribunal civil du département.

102. Le tribunal prononce sur ces réclamations, à la diligence du commissaire du Directoire exécutif, après qu'il

a été entendu, ainsi que les parties intéressées, si elles se présentent sur la citation qui leur est donnée.

103. Lorsque le commissaire du Directoire exécutif et les parties intéressées ont acquiescé au jugement, ou qu'à défaut d'appel dans le délai prescrit, il a acquis la force de chose jugée, mention en est faite en marge de la liste, et expédition en est envoyée, à la diligence du commissaire du Directoire exécutif, tant au dépôt de la commune qu'aux archives du département, pour être annexé aux listes.

104. Si les registres déposés aux archives du département sont, en tout ou en partie, perdus ou détruits, ils sont remplacés par une copie des registres qui sont entre les mains de l'officier public.

La copie est faite à la diligence du commissaire du Directoire exécutif près l'administration municipale; elle est collationnée, cotée et paraphée par le président de l'administration et par le commissaire du Directoire exécutif.

MODÈLES D'ACTES DE L'ÉTAT CIVIL.

Modèle d'acte de naissance dans le cas où le père est présent.

Aujourd'hui, 15 germinal de l'an........ de la république française......, l'heure.... *avant ou après midi*, devant moi, Jacques Prudent (1), officier de l'état civil de la commune de.... canton de.... département de..... au bureau de l'état civil, s'est présenté le citoyen Charles François.... *son âge, sa profession, son domicile*...., lequel, accompagné de Claude.... *sa profession, son domicile et son âge*, et de François... *sa profession, son domicile et son âge*, témoins par lui amenés, m'a déclaré que, marié avec Marguerite...... depuis...... *l'époque*...., *le lieu où le mariage a été prononcé*, ladite Marguerite..., son épouse, est accouchée *le jour*..., *l'heure*..., *le lieu*......, d'un enfant..... *mâle ou femelle*, dont j'ai vérifié le sexe, et auquel il a été donné le nom de.....

Sur cette déclaration, certifiée par les témoins susnommés, j'ai rédigé le présent acte, que j'ai signé avec ledit citoyen Charles François.... et les témoins ci-devant dénommés.

Suivent les signatures.

(1) Ou bien en cas d'absence de l'officier ordinaire, le nom, le prénom et la qualité de celui qui est autorisé à le remplacer.

Modèle d'acte de naissance à la suite d'un transport de l'officier public, dans le cas où l'enfant est en danger imminent, et ne peut être transporté.

Aujourd'hui, 15 germinal de l'an..... de la république française.,... l'heure.... *avant ou après midi*, Jacques Prudent (1), officier de l'état civil de la commune de.... canton de...., département de.... sur la réquisition de.... *les nom, prénom, profession, âge et domicile du requérant*, je me suis transporté *désigner la maison et la rue....*, de cette commune, à l'effet d'y recevoir la déclaration de naissance d'un enfant dont l'état ne permet pas de le transporter à la maison commune; et y étant, j'y ai trouvé.... *le nom, le prénom et l'âge du père, ou de l'accoucheur, ou de la sage-femme, ou de la personne qui commande dans la maison, sa profession et son domicile.*

Lequel, en présence de Claude.... *sa profession, son domicile et son âge*, et de François.... *le lieu de sa naissance, sa profession, son domicile et son âge*, témoins requis, m'a déclaré que, marié avec Marguerite.... depuis.... *l'époque...., le lieu où le mariage a été prononcé*, ladite Marguerite...., son épouse, est accouchée, *le jour,...., l'heure....*, d'un enfant *mâle ou femelle*, qu'il m'a représenté, dont j'ai vérifié le sexe, et auquel il a été donné le nom de....

D'après cette déclaration, certifiée par les témoins susnommés, et être revenu au bureau de l'état civil, accompagné dudit.... requérant, *ou du déclarant*, et desdits témoins, j'ai rédigé le présent acte, que j'ai signé et fait signer par les susnommés (2).

Suivent les signatures.

(1) Ou bien en cas d'absence de l'officier ordinaire, le nom, le prénom et la qualité de celui qui est autorisé à le remplacer.

(2) Si le requérant et le déclarant ne peuvent signer, il doit en être fait mention.

Modèle d'acte de naissance d'un enfant présenté par un chirurgien ou une sage-femme, en l'absence du père.

Aujourd'hui, 2 ventôse de l'an.... de la république française, l'heure.... *avant ou après midi.*

Par-devant Jacques Prudent, officier de l'état civil de la commune de.... canton de...., département de...... s'est présenté le citoyen Joseph Leroux, chirurgien, demeurant à.... département de.... (1).

Lequel, accompagné de François.... *sa profession, son domicile et son âge*, et de Claude.... *sa profession, son domicile et son âge*, témoins requis, m'a déclaré qu'il a assisté à la naissance d'un enfant.... *mâle ou femelle*, qu'il m'a présenté, et dont j'ai vérifié le sexe, qu'il m'a dit être né le jour de.... l'heure de.... *le lieu....*, de Marguerite-Claudine... épouse de Michel.... *sa profession et son domicile*, absent.

Auquel enfant il a été donné le nom de....

D'après cette déclaration, certifiée par les témoins susnommés, j'ai rédigé le présent acte, que j'ai signé avec le citoyen Joseph Leroux, déclarant, et lesdits témoins ci-devant dénommés (2).

Suivent les signatures.

(1) Si c'est une sage-femme, il faut dire si elle est mariée, et mettre le nom, prénom, profession et domicile de son mari.

(2) Si le déclarant ne peut signer, il doit en être fait mention.

Modèle d'acte de naissance d'un enfant né dans une maison publique ou dans la maison d'autrui.

Aujourd'hui, 2 prairial de l'an... de la république française.... l'heure.... *avant ou après midi*;

Pardevant moi, Jacques Prudent, officier de l'état civil de la commune de.... canton de.... département de.... s'est présenté le citoyen Jean François.... *sa qualité, sa demeure*....;

Lequel, accompagné de Michel-François.... *sa profession, son domicile et son âge*, et de Jean-François.... *sa profession, son domicile et son âge*, témoins requis, m'a déclaré que *le jour de*.... *heure de*.... en la maison de.... dont il est directeur, ou qui lui appartient, il est né, de Marie-Adélaïde.... *son âge, sa profession et sa demeure ; et si elle est mariée, le nom, prénom, profession et demeure de son mari*, un enfant... *mâle ou femelle*, qu'il m'a représenté, et auquel il a donné le nom de.... et dont j'ai vérifié le sexe.

D'après cette déclaration, attestée par les témoins susnommés, j'ai rédigé le présent acte, que j'ai signé avec le citoyen Jean-François.... déclarant, et lesdits témoins ci-dessus dénommés.

Suivent les signatures.

Modèle de déclaration et d'acte de naissance d'un enfant exposé et envoyé à l'officier public, avec procès-verbal du juge de paix ou de l'officier de police.

Aujourd'hui, 4 messidor de l'an... de la république française, *l'heure*... *avant ou après midi*;

Pardevant moi, Jacques Prudent, officier de l'état civil de la commune de.... canton de.... département de.... est comparu au bureau de l'état civil, André Lombard, *officier de police ou juge de paix* (1);

Lequel, accompagné de Pierre-François.... *sa profession, son domicile et son âge*, et d'Augustin-Jacques.... *sa profession, son domicile et son âge*, témoins requis, m'a déclaré qu'ayant été instruit qu'un enfant était exposé dans... *le nom de la rue*... *ou le lieu*..., il s'y était transporté, accompagné des témoins ci-dessus, et y avait trouvé un enfant.... *mâle ou femelle, décrire les circonstances principales*, ce dont il a dressé un procès-verbal, qu'il nous a remis; nous en avons fait lecture, et nous l'avons numéroté, signé et paraphé, et l'avons annexé au présent registre.

D'après cette déclaration, certifiée véritable par les témoins susnommés, et après avoir vérifié le sexe de l'enfant, lui avoir donné le nom de.... nous avons rédigé le présent acte, que nous avons signé avec le citoyen Lombard, *juge de paix ou officier de police*, et lesdits témoins.

Suivent les signatures.

---

(1) Dans le cas où l'officier de police se fait remplacer, il faut mettre les nom, prénom, qualité et demeure de celui qui est porteur du procès-verbal.

Modèle d'acte de reconnaissance d'enfant né hors mariage, par les père et mère non mariés.

Aujourd'hui, 3 thermidor de l'an.... de la république française, heure de.... *avant ou après midi.*

Devant moi, Jacques Prudent, officier de l'état civil de la commune de.... municipalité du second arrondissement, département de.... au bureau de l'état civil, se sont présentés Nicolas Richard, négociant, demeurant dans la même commune, rue de.... municipalité du deuxième arrondissement, âgé de.... et Catherine Poirier, lingère, âgée de.... fille de Jacques Poirier, charpentier, et de Françoise Moret, sa femme, demeurant dans la même commune, rue de.... municipalité du deuxième arrondissement; assistés de Pierre Lefèvre, âgé de.... menuisier, demeurant au même lieu, rue de.... et de François Prunier, âgé de.... marchand, demeurant dans la même rue et même commune, témoins requis;

En présence desquels ledit Nicolas Richard et ladite Catherine Poirier m'ont déclaré que Nicolas-Etienne Poirier, né le 4 germinal dernier, et dont est accouchée ladite Catherine Poirier, ainsi que cela est énoncé dans l'acte de naissance du 5 du même mois, inscrit dans le présent registre, n°.... est le fils dudit Nicolas Richard, et m'ont en outre déclaré qu'ils n'ont jamais été engagés ni l'un ni l'autre dans les liens du mariage.

En conséquence, Nicolas Richard reconnaît ledit Nicolas-Etienne Poirier pour son fils et lui donne son nom, et ladite citoyenne Catherine Poirier confirme la présente reconnaissance par sa déclaration.

Ce dont j'ai rédigé acte sur leur réquisition, et après en avoir fait lecture, je l'ai signé avec ledit Richard et les témoins ci-dessus nommés.
                            Suivent les signatures.

Modèle d'acte de reconnaissance d'un enfant né hors mariage, par le père veuf, fait séparément de la confirmation de la mère.

Aujourd'hui, 12 prairial de l'an.... de la république française, heure de.... *avant ou après midi;*

Devant moi, Denis Colin, officier de l'état civil de la commune de.... canton de.... département de.... s'est présenté au bureau de l'état civil Pierre Lefranc, homme de loi, âgé de 29 ans, veuf de Marguerite Moitié, décédée le 20 frimaire de l'an 2, demeurant audit lieu de....

Lequel, accompagné de Jacques Laureau, boulanger, résidant dans la même commune, âgé de.... et de Luc Noireau, âgé de.... propriétaire demeurant au même lieu, témoins requis;

M'a déclaré que Pierre-Joseph Laborey, né le 15 germinal de l'an 3, dans cette commune, dont la naissance a été constatée le 16 du même mois, est un enfant qu'il a eu de Joséphine Laborey, fille non mariée de Jean-Baptiste Laborey, jardinier, domicilié en cette commune; qu'il n'était pas lui-même engagé dans les liens du mariage au temps de la naissance dudit Pierre-Joseph Laborey, et 286 jours auparavant;

Qu'il reconnaît ledit Pierre-Joseph Laborey pour son fils, et lui donne son nom.

D'après cette déclaration, et sur sa réquisition, j'ai rédigé le présent acte, dont j'ai donné lecture et que j'ai signé avec ledit Lefranc et les témoins ci-dessus nommés.

Suivent les signatures.

Modèle d'acte contenant l'aveu de la mère, fait séparément de la reconnaissance du père.

Aujourd'hui, 2 messidor de l'an 4 de la république française, l'heure.... *avant ou après midi;*

Devant moi, Denis Colin, officier de l'état civil de la commune de.... canton de.... département de.... s'est présentée au bureau de l'état civil Joséphine Laborey, fille de Jean-Baptiste Laborey, jardinier en cette commune;

Laquelle, assistée de Pierre-Louis Duffaut, âgé de.... négociant, demeurant en cette commune, et de Louis-Antoine Vié, âgé de.... homme de loi, demeurant pareillement en cette commune;

M'a déclaré, pour se conformer à l'article 39 du titre premier du Code civil, que Pierre-Joseph Laborey, né d'elle déclarante, le 15 germinal de l'an 3, présenté au bureau de l'état civil le 16 du même mois, est fils de Pierre Lefranc, homme de loi, demeurant à.... ainsi qu'il l'a reconnu par acte du 12 prairial dernier, inscrit sur le présent registre; que ledit Pierre Lefranc, à l'époque de la naissance dudit enfant, n'était point engagé dans les liens du mariage 286 jours auparavant, non plus que la déclarante.

D'après cette déclaration, et sur sa réquisition, j'ai dressé le présent acte, dont j'ai donné lecture, et que j'ai signé avec la dame Laborey et les témoins susnommés.

Suivent les signatures.

Modèle d'un acte contenant la déclaration de maternité faite avant la reconnaissance du père.

Aujourd'hui, 18 prairial de l'an.... de la république française, l'heure... *avant ou après midi;*

Est comparue, pardevant moi, Jean Ry, officier de l'état civil de la commune de.... canton de.... département de.... Elizabeth.... fille de Jérôme.... notaire à....

Laquelle, accompagnée de Jean-Michel.... âgé de.... huissier, demeurant à.... et de Pierre-François.... âgé de.... négociant, demeurant à.... témoins requis, m'a déclaré, pour se conformer à l'article 39 du titre premier du Code civil, qu'elle est enceinte depuis environ six mois, par suite des fréquentations qu'elle a eues avec Antoine Poultier, sergent au troisième bataillon de.... qu'elle n'est et n'a jamais été engagée dans les liens du mariage, non plus que ledit Poultier, et qu'elle entend que sa présente déclaration serve à l'enfant dont elle est enceinte de confirmation de la reconnaissance que fera le citoyen Poultier que ledit enfant lui appartient.

De laquelle déclaration j'ai rédigé le présent acte sur la réquisition de ladite Elizabeth.... dont j'ai donné lecture, et que j'ai signé avec la déclarante et les témoins ci-dessus nommés.

Suivent les signatures.

Modèle de reconnaissance d'un enfant par son père pendant la grossesse de sa mère.

Aujourd'hui, 20 prairial de l'an.... de la république française, l'heure.... *avant ou après midi*;

Devant moi, Jean-François Vié, officier de l'état civil de la commune de.... canton de.... département de....

Est comparu Antoine Poultier, âgé de 30 ans, sergent de la deuxième compagnie du troisième bataillon de.... né et domicilié en cette commune;

Lequel, accompagné de Michel-Jean.... âgé de.... jardinier, demeurant en cette commune, et de François-Pierre.... âgé de.... tailleur, demeurant pareillement en cette commune, m'a déclaré qu'il est l'auteur de la grossesse d'Elizabeth.... fille de... enceinte depuis environ six mois, ainsi qu'elle l'a déclaré le jour.... dans l'acte rédigé ledit jour; que lui, déclarant, n'est pas et n'a jamais été engagé dans les liens du mariage, non plus que ladite Elizabeth.... et qu'il reconnaît que l'enfant dont elle est enceinte est le sien, et qu'il veut qu'il lui soit donné son nom.

D'après cette déclaration, et sur sa réquisition, j'ai rédigé le présent acte, dont j'ai donné lecture, et que j'ai signé avec ledit Poultier et les témoins susnommés.

Suivent les signatures.

Modèle d'acte d'adoption fait par deux époux.

Aujourd'hui, 11 vendémiaire de l'an.... de la république française, l'heure.... *avant ou après midi*;

Devant moi, Antoine Duffault, officier de l'état civil de la commune de.... canton de.... département de.... se sont présentés Pierre-François Deschamps, négociant, âgé de 35 ans, domicilié à Paris, rue de.... municipalité du.... arrondissement, et Antoinette Lalande, son épouse, âgée de 34 ans, demeurant avec lui, d'une part;

Jacques Dutertre, peintre, âgé de 40 ans, demeurant à.... département de.... Geneviève Gaultier, son épouse, âgée de 30 ans, demeurant avec lui, et Sophie-Éléonore Dutertre, âgée de 6 ans, leur fille, d'autre part;

Lesquels François Deschamps et Antoinette Lalande, en présence de François Joly, âgé de.... négociant, demeurant à.... et de Joseph Colin, âgé de.... homme de loi, demeurant à.... témoins, m'ont déclaré qu'ils sont dans l'intention d'adopter Sophie-Eléonore Dutertre, fille de Jacques Dutertre et de Geneviève Gaultier, sa femme, ci-présens, qui m'ont déclaré qu'ils consentent à cette adoption.

D'après ces déclarations, et après avoir vu l'acte de naissance des père et mère adoptifs et celui de l'enfant adopté, j'ai prononcé, au nom de la loi, que Sophie-Eléonore Dutertre était fille adoptive de Pierre-François Deschamps et d'Antoinette Lalande, son épouse, et qu'elle portera le nom de Sophie-Eléonore Deschamps.

En conséquence, j'ai rédigé le présent acte, que j'ai lu et signé avec les citoyens etc., et les témoins susnommés.

NOTA. Si c'est un époux seul qui adopte, il faut le consentement de l'autre par écrit, s'il ne comparaît pour le donner dans l'acte.
Si les père et mère naturels de l'enfant adopté sont morts, ou l'un d'eux, il faut justifier d'une délibération de famille, portant que l'adoption est favorable à l'enfant. Dans ce cas, le tuteur donne son consentement et justifie de l'avis du conseil de famille.
Si l'enfant n'a ni père ni mère, et s'il est élevé dans un hospice public, l'administration de cet hospice délibère sur les avantages qui peuvent résulter de l'adoption pour l'enfant.
Si la délibération est favorable, l'extrait doit en être produit et déposé entre les mains de l'officier de l'état civil. Dans ce cas, le commissaire près l'administration municipale paraît à l'acte d'adoption et donne son consentement, qui supplée à celui des père et mère ou du tuteur.
L'acte de délibération de famille doit être annexé aux registres de l'état civil.

Modèle d'acte de renonciation à l'adoption par un enfant adoptif, dans l'année qui suit sa majorité.

Aujourd'hui, 12 floréal de l'an 4e. de la république, à 9 heures du matin;

Pardevant moi, Joseph Joly, officier de l'état civil de la commune de.... canton de.... département de....

S'est présenté François-Camille.... fils adoptif de François Deschamps, négociant, demeurant à.... département de.... par acte du.... et né du mariage de Jean Balmont, laboureur à.... et d'Elizabeth Lorin, son épouse, le 20 septembre 1785.

Lequel, assisté de Jean Pissot, âgé de 40 ans, homme de loi, demeurant à.... et de Michel-Jean Colin, âgé de 30 ans, négociant, demeurant à.... témoins, m'a déclaré qu'il renonce aux avantages de l'adoption faite de lui par François Deschamps, et qu'il veut et entend rentrer dans sa famille, comme si l'acte d'adoption du.... n'avait point eu lieu.

D'après cette déclaration, sur le vu de l'acte de naissance du.... et celui d'adoption du.... j'ai rédigé le présent acte, que j'ai lu et signé avec François-Camille Balmont et les témoins susnommés.

Suivent les signatures.

Modèle d'acte de publication et affiche de promesse de mariage.

Aujourd'hui, 10 nivôse de l'an 4 de la république, à midi;
J'ai, Jean-François Rey, officier de l'état civil de la commune de.... canton de.... département de.... publié à haute voix, devant la porte extérieure et principale de la maison commune dudit lieu, qu'il y a promesse de mariage entre Nicolas.... âgé de 36 ans, négociant, demeurant en cette commune, fils de Jean-Pierre.... rentier, demeurant à.... et de Marie-Louise Cousin, son épouse, demeurant avec lui, d'une part ;
Et Rosalie.... âgée de.... fille de Jean-François.... négociant, demeurant à.... et d'Etiennette-Lucie Roger, son épouse, demeurant avec lui, d'autre part ;
Lesquels Nicolas.... et Rosalie.... se proposent de contracter leur mariage pardevant moi, le jour.... conformément aux lois.
Ordonnons en conséquence que le présent acte de publication desdites promesses de mariage sera affiché, par extrait, à la principale porte de la maison de cette commune, pour y rester pendant les 10 jours prescrits par la loi.
Fait à.... les jour, heure et an ci-dessus.

NOTA. Cet acte sera inscrit sur le registre des publications et signé par l'officier de l'état civil ; l'extrait devra aussi être signé.
Dix jours après, l'officier de l'état civil mentionnera, en marge de la publication, qu'après dix jours d'affiche il ne s'est présenté aucun opposant au mariage.
Il datera cet émargement et le signera.
S'il y a des oppositions, elles seront jugées par le tribunal, si elles sont faites conformément à la loi ; dans le cas contraire, l'officier passera outre.

Modèle d'acte de mariage, dans le cas où l'un des époux se trouve mineur, l'autre divorcé, et après main levée d'opposition.

Il peut servir de règle pour tous les cas.

Aujourd'hui, 17 vendémiaire, de l'an 5 de la république, à 11 heures du matin ;
Devant moi, Charles Lenoir, officier de l'état-civil de la commune de.... canton de.... département de....
Sont comparus, pour contracter mariage, Jean-Pierre Vermeil, cultivateur, né à.... âgé de vingt-quatre ans, domicilié à.... département de.... fils d'André Vermeil, cultivateur, et de Marie Chauvin, son épouse, domiciliés à.... département de.... d'une part ;
Et Hélène Vallain, née à.... âgée de vingt ans, lingère, demeurant à.... chez François Vallain, son oncle et tuteur, fille de feu Dominique Vallain, jardinier, et de Françoise Quintain, sa femme, tous deux de leur vivant, demeurant au même lieu, d'autre part ;

Lesquels futurs époux m'ont requis de les unir en mariage, devant leurs père, mère et tuteur, et de leur consentement, et en présence de leurs parens et de....

(*Énoncer ici les prénoms, noms, âge, profession et domicile des témoins, et mentionner s'ils sont parens, alliés ou amis des parties.*)

Après avoir entendu la déclaration d'André Vermeil et de Marie Chanvin, père et mère du futur, et de François Vallain, tuteur de la future, qu'ils consentent au mariage; la représentation des pièces prescrites par les lois ayant été faite; vu les actes de publication et d'affiche faits le.... et le.... à la porte de la maison de cette commune, et de celle de la commune de.... aux termes de la loi; les actes de naissance des futurs époux, l'acte de divorce de l'époux susnommé, les actes de décès des père et mère de la future épouse, l'acte de délibération du conseil de sa famille, contenant le consentement au présent mariage, en date du.... vu aussi l'acte d'opposition du.... et le jugement de main-levée dudit acte d'opposition rendu par le tribunal civil du département de.... le....

Après que les futurs époux ont eu déclaré avoir eu de leur union précédente un enfant du sexe masculin, enregistré au bureau de l'état civil; le premier vendémiaire présent mois de l'an 5, sous le nom de Philippe-François, fils d'Hélène Vallain, lingère, qu'ils reconnaissent pour leur enfant légitime;

Et après qu'ils ont eu déclaré à haute voix qu'ils se prennent mutuellement pour époux, j'ai prononcé, au nom de la loi, que Jean-Pierre Vermeil et Hélène Vallain sont unis en mariage, et j'ai dressé le présent acte, que j'ai lu et signé avec les parties, leurs père, mère, tuteur, parens et témoins ci-dessus nommés.

Fait au bureau de l'état civil, les jour et an ci-dessus.

Modèle d'acte de divorce.

Aujourd'hui, 14 vendémiaire de l'an 5 de la république, 4 heures après-midi.

Devant moi, Charles Vié, officier de l'état civil de la commune de.... canton de.... département de....

Est comparu Pierre-Simon Darlincourt, propriétaire, âgé de quarante ans, demeurant dans cette commune, rue.... d'une part;

Et Françoise Gautier, son épouse, âgée de trente-six ans, domiciliée à.... d'autre part (1);

L'un et l'autre assistés de

(*Désigner ici les prénoms, noms, âge, profession et demeure des deux témoins.*)

Lesquels Pierre-Simon Darlincourt, et Françoise Gautier m'ont requis de prononcer la dissolution de leur mariage, contracté en cette commune, le 10 janvier 1785.

---

(1) Dans le cas où c'est sur la demande d'un seul des époux que le divorce a lieu, l'autre souvent ne comparaît pas; alors on fait mention de l'assignation qui lui a été donnée, et de sa non comparution.

TROISIÈME PROJET

Vu par moi, l'acte de mariage sus-daté (2); les actes qui constatent que lesdits Pierre-Simon Darlincourt et Françoise Gautier ont observé les formalités et délais exigés par la loi pour le divorce par consentement mutuel (*il faut énoncer les actes et leur date*),

Et l'acte de non-conciliation qui leur a été délivré par le conseil de famille, le....

J'ai prononcé, au nom de la loi et sur leur réquisition, que le mariage de Pierre-Simon Darlincourt et de Françoise Gautier est dissous, et qu'ils sont libres comme ils l'étaient avant de l'avoir contracté.

En conséquence, j'ai rédigé le présent acte, que j'ai lu et signé avec les parties et les témoins susnommés.

Fait au bureau de l'état civil les jour et an ci-dessus.

Suivent les signatures.

(2) Lorsque le divorce est demandé pour cause d'incompatibilité d'humeur, par l'un des époux, on peut faire mention des formalités observées de la manière suivante :

Vu l'acte de demande en divorce par Pierre Simon Darlincourt du...... la citation donnée aux membres de la famille du...... l'acte d'ajournement du...... les procès-verbaux de non conciliation, leurs notification et citation à ce jour pour la prononciation du divorce, à l'époux défendeur, dûment enregistrés, desquelles pièces il résulte que les époux n'ont pu être conciliés, et que les délais prescrits par la loi ont été observés, etc.

(Lorsque le divorce est demandé pour cause de démence ou de fureur).

Vu le jugement d'interdiction prononcé par le tribunal civil du département de...... le...... la citation donnée par Roger, huissier, au tuteur à l'interdit, en date du...... enregistrée le...... dont il résulte que l'époux est dans le cas déterminé par l'art..... du titre...... du Code civil, etc.

(Lorsqu'il est demandé pour cause de sévices ou injures graves).

Vu le jugement du tribunal civil du département de...... en date du...... qui déclare que les sévices, mauvais traitemens ou injures graves de l'époux envers son épouse, sont suffisamment constatés, et que le divorce doit être prononcé pour un des motifs déterminés par l'art...... du titre...... du Code civil, etc.

(Lorsqu'il est demandé pour cause de condamnation à des peines afflictives ou infamantes).

Vu le jugement rendu par le tribunal criminel du département de...... contre Pierre Simon Darlincourt, en date du...... la citation donnée audit Darlincourt en la personne du commissaire du directoire exécutif, près l'administration du département en date du...... enregistrée le......

Duquel jugement il résulte que l'époux est dans le cas prévu par l'art...... du titre...... du Code civil.

(Lorsqu'il est demandé pour fait d'émigration.)

Vu le certificat de l'administration du département de...... du...... qui constate que l'époux est émigré, et qu'il n'a pas réclamé sa radiation ; la citation faite audit époux par....., huissier, en la personne du commissaire du directoire exécutif, près l'administration du département de...... dûment enregistrée, etc.

(Lorsqu'il est demandé pour cause d'absence depuis cinq ans sans nouvelles).

Vu l'acte de notoriété rédigé le...... dans la forme prescrite par les lois, qui constate que l'époux est absent depuis cinq ans, sans que l'on ait pu avoir de ses nouvelles; l'acte de délibération du conseil de famille du...... contenant nomination d'un administrateur aux biens dudit époux ; la citation à lui donnée, en la personne dudit administrateur, par....., huissier, le..... dûment enregistrés.

(Lorsqu'il est demandé pour abandon depuis deux ans.

Vu le jugement rendu le...... par le tribunal civil du département, en date du...... duquel il résulte que l'épouse est abandonnée depuis plus de deux ans par son époux ; la citation à lui donnée par Roger, huissier, le..... dûment enregistrée, etc.

Modèle d'acte de décès.

Aujourd'hui, 12 frimaire de l'an 5 de la république française, à 4 heures après-midi, pardevant moi, Charles.... officier de l'état civil de la commune de.... canton de.... département de.... au bureau de l'état civil (1).

Est comparu Jean-Pierre Monnier, doreur, âgé de quarante ans, domicilié dans cette commune (*frère ou cousin, ou voisin, ou maître de la maison dans laquelle est mort le défunt; il faut énoncer généralement ce qui attache le déclarant au défunt*).... de Jacques Bourgeois.

Lequel, accompagné de Paul Dupont, marchand, âgé de trente-six ans, demeurant à.... canton de.... département de.... et de Joseph Caron, peintre, âgé de vingt-quatre ans, demeurant à.... canton de.... département de.... (*il faut énoncer ce qu'ils sont au défunt.*) témoins.

M'a déclaré que ledit Jacques Bourgeois, marchand mercier, âgé de vingt-neuf ans, fils de.... (*il faut mettre les prénoms, noms, profession et domicile de ses père et mère, s'ils sont connus des déclarans.*) né à.... canton de.... département de.... marié à Anne Dublin, est mort hier, à neuf heures du soir, en son domicile, rue de..... numéro....

D'après cette déclaration, je me suis sur-le-champ transporté à la maison occupée par ledit Jacques Bourgeois, je me suis assuré de son décès, et j'en ai dressé le présent acte, que j'ai lu auxdits Monnier, déclarant, Dupont et Caron, témoins, et qu'ils ont signé avec moi.

Fait au bureau de l'état civil, les jour, mois et an ci-dessus énoncés.

Suivent les signatures, et mention est faite de ceux qui ne savent pas signer.

(1) Dans le cas où le défunt serait mort de mort violente, la déclaration du juge de paix ou de l'officier de police, ou de celui qui le remplace, est énoncée ainsi dans l'acte de décès :

Est comparu Pierre-Charles Bruneau, juge de paix du canton de...... département de...... qui, assisté de...... (*il faut mettre les prénoms, noms, âges, professions, et domiciles des deux témoins*) m'a déclaré, qu'ayant été instruit que Jacques Bourgeois, marchand mercier (*il faut énoncer les désignations contenues au procès-verbal*), était mort de mort violente dans la rue de...... il s'y est transporté, a vérifié le décès, et en a dressé le procès-verbal, dont il nous a laissé extrait.

Lesdits (*mettre les noms des deux témoins*) m'ont aussi déclaré qu'il était à leur connaissance que le défunt, dont le décès se trouve constaté par le procès-verbal ci-dessus, est Jacques Bourgeois, marchand mercier, âgé de...... fils de...... né à...... canton de...... département de...... marié à Anne Dublin, demeurant à...... canton de......: département de......

D'après ces déclarations, j'ai dressé le présent acte, que j'ai lu auxdits, etc. (*Il faut finir l'acte comme ci-dessus.*)

Si le décédé est inconnu, l'officier de l'état civil doit faire mention, dans l'acte, des principales circonstances qui peuvent servir à faire reconnaître le défunt, son signalement, ses habits, etc.

Le procès-verbal de l'officier de police doit guider l'officier de l'état civil.

Les extraits des procès-verbaux doivent toujours être annexés aux registres de l'état civil.

TITRE II.

De la Paternité et de la Filiation. (1)

105. L'enfant a pour père
Celui que le mariage désigne,
Ou celui qui le reconnaît dans les formes prescrites,
Ou celui qui l'adopte.

106. L'enfant qui n'est pas né, peut être reconnu.
Il ne peut être adopté.

§. 1ᵉʳ. *Des enfans nés dans le mariage.*

107. La présomption de paternité résultante du mariage, cesse lorsqu'il est établi par les circonstances du fait que l'époux n'est pas le père de l'enfant né durant le mariage.

108. Le précédent article ne reçoit son application que dans le cas où l'éloignement des époux est tel, qu'il y a impossibilité physique des approches du mari.

109. Les plaintes d'adultère, les allégations d'impuissance ne sont point admises.

110. L'enfant né avant le cent cinquantième jour du mariage, ou deux cent quatre-vingt-six jours après que le mariage est dissous, peut être désavoué par l'époux de la mère.

111. Six mois après la naissance de l'enfant, l'époux de sa mère n'est plus admis à le désavouer.

(1) Décret du 19 floréal an 2, relatif à une déclaration faite par une citoyenne, que l'enfant dont elle est devenue mère est d'un autre que de son mari.
Décret du 4 juin 1793, portant en principe que les enfans nés hors le mariage succéderont à leurs père et mère.
Décret du 12 brumaire an 2, qui détermine les droits de successibilité des enfans nés hors le mariage, et la manière de prouver leur possession d'état.
Décret du 3 vendémiaire an 4, qui rapporte l'effet rétroactif donné au décret du 12 brumaire, concernant les enfans naturels.
Décret du 26 du même mois, qui suspend l'exécution du précédent.
Décret du 18 janvier 1792, qui charge le comité de législation de comprendre dans son plan général des lois civiles celles relatives à l'adoption.
Décret du 25 janvier 1793, par lequel la Convention nationale adopte la fille de Michel Lepelletier.
Décret du 16 frimaire an 3, relatif à la conservation des intérêts des enfans adoptés.

112. Si l'époux est absent lors de la naissance, il a huit mois après son retour pour faire le désaveu.

113. Le désaveu est rejeté

S'il est prouvé que l'époux savait la grossesse avant le mariage,

Et s'il a été présent à l'acte de naissance.

114. Quand les registres de l'état civil sont perdus,

Quand il n'en a pas été tenu,

Quand on a omis d'y insérer l'acte de naissance,

Quand l'enfant a été inscrit sous de faux noms,

Quand il s'agit d'enfans exposés ou abandonnés,

La preuve de la filiation peut être reçue par les actes de possession et par témoins, s'il y a des commencemens de preuve par écrit.

115. La possession d'état est établie

Lorsque l'enfant a toujours porté le nom de la famille à laquelle il prétend appartenir;

Lorsque son père l'a traité comme fils, et a pourvu en cette qualité aux frais de son éducation;

Lorsque la famille l'a traité comme parent;

Lorsqu'il a été constamment reconnu pour tel.

116. Les conditions prescrites par l'article précédent sont exigées cumulativement.

117. Les commencemens de preuve doivent résulter,

Ou des registres et papiers de famille des père et mère décédés;

Ou d'actes publics ou d'écrits privés, quand ils ont été juridiquement reconnus, et qu'ils émanent de quelque partie engagée dans la contestation, ou qui y aurait intérêt si elle existait;

Ou des déclarations des témoins ouïs dans une procédure introduite par le réclamant pour venger la suppression de son état, s'il est jugé que l'état a été supprimé, et si l'action criminelle et l'action civile ont été dirigées contre la même personne.

118. On ne peut contester l'état de celui qui a une possession conforme aux déclarations faites dans son acte de naissance.

119. Nul ne peut réclamer un état, lorsque celui dont il jouit est conforme à son acte de naissance.

120. Si l'action criminelle en suppression d'état, et l'action civile en réclamation d'état et en restitution de biens sont dirigées contre la même personne.

Le jugement de condamnation rétablit le réclamant dans son état, et prononce en sa faveur la restitution des biens qui lui appartiennent.

121. Les agens municipaux et les commissaires du Directoire exécutif sont tenus de recevoir et de transmettre, sans délai, à l'administration départementale, tous les renseignemens possibles touchant l'origine des enfans exposés ou abandonnés.

122. S'il résulte de ces renseignemens que l'enfant est né dans le mariage, l'administration départementale arrête que le commissaire du Directoire exécutif poursuivra la reconnaissance de cet enfant.

Si le commissaire ne fait point exécuter cet arrêté dans la décade, l'administration le dénonce au Directoire.

123. L'action en reconnaissance peut être intentée par l'enfant né dans le mariage.

Elle ne s'éteint point par la prescription, mais elle ne peut être intentée par ses héritiers.

124. L'action en reconnaissance d'enfant ne peut être dirigée contre le père présumé qu'autant qu'il était marié avec la mère deux cent quatre-vingt-six jours avant la naissance de l'enfant.

125. Le père ou la mère convaincus d'avoir exposé ou abandonné leur enfant, sont privés de sa surveillance, de la jouissance de ses revenus pendant sa minorité, de sa succession et du droit d'exiger de lui des alimens.

126. Les alimens ne sont accordés que dans la propor-

tion du besoin de celui qui les exige, et de la fortune de celui qui les fournit.

127. Celui qui ne peut payer une pension alimentaire, reçoit dans sa demeure, nourrit et entretient celui auquel il doit des alimens, pourvu que son revenu ou son travail suffisent pour fournir de semblables secours.

128. Celui qui a été condamné à fournir des alimens, peut en demander la réduction, ou même s'en faire décharger lorsqu'il tombe dans un état tel qu'il ne puisse plus les donner en tout ou en partie.

§. 2. *Des enfans nés hors du mariage.*

129. Les époux peuvent, dans l'acte de leur mariage, reconnaître les enfans qu'ils ont eus l'un de l'autre.

130. Si l'un ou l'autre époux a été marié, ils ne peuvent reconnaître que l'enfant né dans les deux cent quatre-vingt-six jours après la dissolution de leur mariage.

131. L'enfant d'une femme non mariée ne peut être reconnu que par l'homme qui n'était pas marié deux cent quatre-vingt-six jours avant la naissance de cet enfant.

132. Toute reconnaissance désavouée par la mère est de nul effet.

133. La reconnaissance du père et l'aveu de la mère sont valables, à quelqu'époque qu'ils aient été faits.

134. La loi n'admet pas la recherche de la paternité non avouée.

135. La preuve de la reconnaissance ne peut résulter que de la déclaration faite par le père dans les formes prescrites.

136. L'enfant méconnu par sa mère a la faculté de prouver contre elle sa filiation.

137. Au défaut d'acte de naissance, la preuve de la filiation peut être faite selon le mode déterminé par les art. 114, 115, 116, 117 et 120.

138. La maternité se prouve encore par la grossesse et l'accouchement de la mère.

§. 3. *De l'adoption.*

139. Les majeurs de l'un et de l'autre sexe peuvent seuls adopter.

140. Les époux peuvent adopter en commun; l'un d'eux ne peut adopter sans le consentement de l'autre.

141. Celui qui a des enfans ne peut adopter.

142. Celui qui a quatorze ans accomplis ne peut être adopté.

143. L'adoptant doit avoir au moins quinze ans de plus que l'adopté.

144. L'enfant qui est sous la surveillance de son père et de sa mère, ou du survivant d'eux, ou de ses aïeux, ne peut être adopté sans leur consentement.

145. Nul ne peut être adopté par plusieurs, si ce n'est par deux époux.

146. L'enfant adoptif ne peut être de nouveau adopté sans le consentement de ceux qui l'ont adopté, ainsi que de ses père et mère naturels, ou de ses aïeux, s'il devait être sous leur surveillance.

147. L'enfant qui a perdu ses parens peut être donné en adoption par son tuteur, spécialement autorisé à cet effet par le conseil de famille.

148. L'adoption est irrévocable de la part de ceux qui adoptent.

L'adopté peut y renoncer dans la première année de sa majorité.

149. Celui qui a renoncé à l'adoption rentre dans sa famille naturelle et y reprend ses droits.

Il ne peut être formé contre lui, par ses parens adoptifs, aucune demande pour les secours qu'il en a reçus.

150. L'enfant adoptif sort de sa famille primitive.

Il demeure étranger à celle qui l'adopte dans tous ses degrés directs et collatéraux.

151. Celui qui, jusqu'à ce jour, a recueilli des enfans abandonnés ou dont l'origine était inconnue; celui qui s'en est chargé au su de leurs père et mère, peut les adopter, quoique les enfans eussent accompli leur quatorzième année, pourvu que la différence d'âge prescrite par la loi entre l'adopté et l'adoptant existe.

152. La disposition de l'article précédent est observée à l'égard des adoptions faites depuis le 25 janvier 1793 (vieux style), soit que l'acte en ait été reçu par des notaires ou par les officiers de l'état civil.

153. L'adoption ne détruit point l'obligation mutuelle entre les pères et mères et les enfans de se fournir des alimens dans les cas déterminés par la loi.

154. L'obligation de se donner mutuellement les alimens existe entre l'adoptant et l'adopté, en la même manière qu'entre père et fils.

TITRE III.

Des Mineurs et de la Tutelle. (1)

§. 1er. *Des Conseils de famille et de la nomination des tuteurs.*

155. L'enfant est placé par la nature et par la loi, sous la surveillance de son père et de sa mère;

---

(1) Décret du 15 mars 1790, portant abolition du déport de minorité.

Décrets des 3 mai, 14 novembre et 18 décembre 1790, concernant le remboursement des rentes foncières, portant que les tuteurs ne peuvent recevoir le remboursement de celles dues à leurs pupilles, qu'à charge de remploi.

Décret du 16 août 1790, relatif à l'ordre judiciaire, contenant des dispositions relatives à la nomination des tuteurs et curateurs, à la tenue et à la compétence des conseils de famille.

Décret du 28 août 1792, qui supprime la puissance paternelle, et qui porte qu'elle ne s'étendra que sur les personnes des mineurs.

Décret du 7 septembre 1793, qui autorise provisoirement les mineurs, dont les père et mère seraient morts, interdits ou absens pour cause légitime, à contracter mariage sur l'avis d'un conseil de famille.

Décret du 29 frimaire an 2, sur l'organisation de l'instruction publique, qui

Ou du survivant d'entre eux.

Ils ne peuvent être privés de cette surveillance que dans les cas ci-après déterminés.

156. Ils se conforment, pour son éducation, aux lois sur l'instruction publique.

Ils jouissent du revenu de ses biens jusqu'au moment où il en saisit l'administration.

Ils lui doivent des alimens dans tous les âges de sa vie, lorsqu'il est hors d'état de travailler.

Ils ont aussi le droit d'en exiger de lui quand ils sont dans le besoin.

157. L'enfant, privé de son père et de sa mère, est sous la tutelle de ses ascendans les plus proches de l'un ou de l'autre sexe.

En cas de concours, le conseil de famille décide auquel d'entre eux la tutelle doit être déférée.

158. La mère et l'aïeule peuvent ne point accepter la tutelle de leurs enfans ou descendans.

Néanmoins elles doivent en remplir les devoirs jusqu'à la nomination d'un nouveau tuteur.

159. Lorsqu'il n'y a point d'ascendans, le dernier mourant des père et mère a le droit de choisir un tuteur.

Ce choix doit être confirmé par le conseil de famille.

160. S'il n'y a point de tuteur choisi, la tutelle est déférée par le conseil de famille.

L'administration municipale donne un tuteur à celui qui n'a point de parens.

161. Le survivant des père et mère ne peut choisir un tuteur que par acte de dernière volonté, ou par déclaration faite, soit devant le juge de paix de son domicile, soit devant un notaire en présence de deux témoins.

---

oblige les tuteurs ou curateurs à envoyer leurs pupilles aux écoles du premier degré.

Décret du 9 messidor an 3, sur le code hypothécaire, contenant des dispositions relatives à l'hypothèque des biens des mineurs, à la responsabilité des tuteurs, et à l'hypothèque qu'ont leurs pupilles sur leurs biens.

162. Cette déclaration est, à peine de nullité, signée du juge de paix, de son greffier, du déclarant, du notaire et des témoins.

S'il y en a qui ne peuvent signer, on en énonce la cause.

163. Le survivant des père et mère ne peut révoquer celui qu'il a choisi, que dans la forme déterminée pour la nomination du tuteur.

La révocation pure et simple est valable.

Le tuteur est révoqué tacitement par le choix d'un autre tuteur.

164. Si le survivant des père et mère, aïeul ou aïeule, veut se remarier, il est tenu, avant l'acte de mariage, de convoquer le conseil de famille, qui décide si la tutelle doit lui être conservée, ou s'il convient de laisser le mineur sous sa surveillance, en lui retirant la jouissance du revenu des biens.

165. Le survivant des père et mère, aïeul ou aïeule, qui ne se conforme point à la disposition de l'article précédent est privé, de plein droit, de la jouissance des biens du mineur, et tenu de restituer ce qu'il peut en avoir perçu.

Le conseil de famille, pour la nomination d'un tuteur, est assemblé dans les formes suivantes.

166. Lorsque le mineur est privé de ses père et mère et autres ascendans, le conseil de famille, pour déférer la tutelle, est convoqué à la diligence des parens du mineur, s'il y en a sur les lieux.

167. S'il n'y a point de parens du mineur sur les lieux, ou s'ils n'agissent pas dans la décade du décès de ceux sous la surveillance desquels le mineur était placé,

Le conseil de famille est convoqué par le juge de paix, soit d'office, soit sur l'indication de l'administration municipale.

168. Les poursuites, pour la nomination d'un tuteur, sont faites par les parens, selon l'ordre des degrés et sans distinction de ligne.

169. Ils agissent concurremment quand ils sont plusieurs au même degré.

170. S'ils sont en degrés différens, et que le plus proche n'agisse point dans le délai de trois jours, celui qui le suit immédiatement doit agir.

Il en est de même à l'égard des autres, en suivant l'ordre de la parenté.

171. Les parens sont responsables du préjudice que leur négligence peut occasionner au mineur.

172. L'action qui dérive de cette responsabilité peut être exercée par le tuteur après sa nomination, ou par le mineur dans les trois ans, à compter de sa majorité accomplie.

Elle est prescrite après ce terme.

173. Celui qui convoque le conseil de famille prend du juge de paix une cédule qui en indique le lieu, le jour, l'heure et l'objet.

Il la fait notifier cinq jours avant la tenue du conseil à tous les parens et alliés paternels et maternels, jusqu'au quatrième degré inclusivement résidant dans le canton.

La signification doit être faite à la personne ou au domicile.

174. Les parens et alliés, ainsi convoqués, doivent se rendre en personne, ou se faire représenter par un mandataire spécial.

Il est défendu de faire représenter tous les parens et alliés par un seul fondé de pouvoirs.

175. Le parent ou l'ami qui a été exclu d'une tutelle, ne peut être appelé au conseil.

Son concours à la délibération en opère la nullité.

176. Le défaut de notification, dans les délais prescrits rend nulle la convocation et tout ce qui s'en est suivi, à moins que tous ceux à qui la cédule devait être notifiée ne se soient trouvés présens au conseil.

177. Le conseil ne peut délibérer qu'au nombre de sept membres.

Lorsque les parens résidant dans le canton, n'atteignent pas ce nombre, il est complété par des amis, ou, à leur défaut, par des voisins que le juge de paix désigne.

L'ordonnance du juge de paix est signifiée à chacun des amis ou voisins ; la signification à domicile est insuffisante.

178. Les parens et les amis dûment appelés, qui ne se rendent pas au conseil, sont remplacés suivant la manière énoncée en l'article précédent.

179. Si dans la nomination du tuteur les suffrages sont partagés, le juge de paix prononce.

180. Le conseil de famille nomme au mineur un subrogé-tuteur.

Les fonctions du subrogé-tuteur consistent à agir pour les intérêts du mineur, lorsqu'ils sont en opposition avec ceux du tuteur.

Le subrogé-tuteur ne remplace pas le tuteur lorsque la tutelle est vacante.

181. Lorsqu'une partie des biens du mineur est située dans les départemens éloignés de son domicile, le tuteur n'est pas tenu d'accepter l'administration universelle.

Alors le conseil de famille nomme pour ces biens un administrateur particulier.

182. Lorsque le mineur possède des biens dans les colonies, ses parens qui y résident, et à leur défaut ses voisins et amis, s'y assemblent en conseil de famille pour procéder au choix d'un tuteur.

183. Le tuteur nommé dans les colonies, n'administre que les biens qui s'y trouvent appartenant au mineur.

Il exerce les droits et actions du mineur sur des personnes domiciliées dans les colonies et sur les biens qui y sont situés.

184. Les tuteurs et administrateurs particuliers sont indépendans les uns des autres.

Chacun d'eux est seulement responsable du fait de son administration.

185. Nul ne peut être contraint d'accepter la tutelle s'il n'est du nombre de ceux qui ont été assignés pour assister au conseil de famille.

186. Le tuteur administre et agit en cette qualité, du jour de sa nomination, si elle a été faite en sa présence, sinon du jour qu'elle lui a été notifiée.

187. La tutelle est à sa charge, à compter de l'une ou l'autre de ces époques.

188. La notification est faite à personne ou à domicile, à la diligence de celui qui a convoqué le conseil de famille.

189. La loi dispense de la tutelle,

Les représentans du peuple;

Les membres du directoire exécutif;

Les ministres;

Les commissaires de la trésorerie nationale et de la comptabilité;

Ceux qui remplissent, hors du territoire de la république, une mission du gouvernement;

Ceux qui exercent des fonctions administratives, judiciaires ou municipales;

Les commissaires du directoire exécutif près les administrations et les tribunaux;

Les citoyens employés dans la garde nationale en activité;

Les septuagénaires;

Celui qui est chargé de trois tutelles, ou d'une seule, lorsqu'il est époux et père;

Ceux qui, pour leurs intérêts ou pour leurs affaires, résident à six myriamètres du lieu du domicile du mineur.

190. Il est pourvu au remplacement des tuteurs qui sont appelés à remplir l'une des fonctions publiques mentionnées en l'article précédent.

191. La dispense de la tutelle cesse avec la cause qui la produit.

192. Quand le tuteur nommé est présent, les excuses sont proposées et jugées sur-le-champ par le conseil de famille.

S'il est absent, elles le sont par un conseil qu'il fait convoquer dans les dix jours de la notification de sa nomination.

Le rejet des excuses est motivé.

Elles ne sont plus admissibles après le délai ci-dessus déterminé.

193. La loi exclut de la tutelle,

Les mineurs;

Les femmes, autres que la mère ou l'aïeule;

Ceux qui sont notés par leur inconduite, leur incivisme ou leur inaptitude aux affaires;

Ceux qui ne se conforment point, pour l'éducation du mineur, aux lois sur l'instruction publique, ou qui manquent aux devoirs d'affection que leur qualité leur impose.

194. Les causes d'exclusion ont lieu, même à l'égard des père, mère et autres ascendans.

Elles opèrent la destitution du tuteur, lorsqu'elles surviennent pendant le cours de la tutelle.

195. Ceux qui ont concouru à la nomination d'un tuteur garantissent sa solvabilité, au moment de son élection, lorsqu'ils ont voté pour sa nomination.

196. Ceux qui ayant été convoqués au conseil de famille, ne s'y sont pas rendus, sont soumis à la même responsabilité.

197. Dans les cas déterminés dans les deux articles précédens, il n'y a aucune solidarité entre les membres du conseil de famille.

Chacun d'eux est responsable pour sa part et portion.

198. Le mineur qui veut exercer la garantie, doit se pourvoir dans les trois ans de sa majorité accomplie.

Après ce délai, l'action est prescrite.

199. Les conseils de famille pour les affaires du mineur se tiennent en présence du juge de paix de son domicile.

200. La majorité des voix forme le résultat des délibérations; ceux dont l'avis a prévalu, sont tenus de les signer, ou mention est faite de la cause qui les en a empêchés.

Les délibérations sont aussi signées par le juge de paix et par son greffier, à peine de nullité.

201. Les délibérations sont rédigées sur un registre double, en papier timbré. L'un de ces registres demeure entre les mains du greffier ; l'autre est déposé, dans la première décade de chaque année, au greffe du tribunal civil du département.

202. Dans tous les cas, les délibérations du conseil de famille sont motivées.

203. Les délibérations des conseils de famille ne sont sujettes à aucune homologation.

Les parties intéressées, pourvu qu'elles se pourvoient dans la décade, peuvent, s'il y a lieu, les faire annuler ou réformer par le tribunal civil.

Ce délai, pour les parties présentes, court à compter de la date; et pour les absens, à compter de la notification ; l'effet de la délibération est suspendu pendant l'instance.

204. Le tribunal civil, après avoir entendu le commissaire du directoire exécutif, prononce dans le mois, à compter du jour où la contestation lui a été présentée.

205. Les jugemens rendus sur ces instances ne peuvent être attaqués ni par opposition ni par voie d'appel.

206. Le tuteur est seul chargé de défendre aux instances qui ont pour objet de faire réformer les délibérations du conseil de famille.

Les parens ne doivent pas être mis en cause.

207. Si le tuteur est demandeur,

S'il s'agit de prononcer sur ses excuses ou sur des causes d'exclusion,

Le conseil de famille autorise le subrogé-tuteur à défendre.

§. 2. *De l'administration du Tuteur.*

208. Le tuteur surveille la personne du mineur ;
Il administre ses biens ;

Il ne peut ni les acheter, ni les prendre à ferme, à moins que le conseil de famille n'autorise le subrogé-tuteur à lui en passer bail.

Cette autorisation ne peut être accordée lorsqu'il s'est présenté des fermiers.

209. Dans la décade de leur nomination définitive, les tuteurs sont tenus de faire procéder à l'inventaire des biens du mineur, s'il n'y a pas de scellés apposés.

L'inventaire est fait en présence du subrogé-tuteur.

210. Aussitôt que l'inventaire est terminé, le conseil de famille règle la dépense du mineur et celle qui est nécessaire pour l'administration de son bien.

211. Si le père, la mère ou le tuteur négligent de faire procéder à l'inventaire dans le délai ci-dessus prescrit, le conseil de famille est convoqué, soit à la diligence des parens, soit par le juge de paix, ou d'office, ou sur l'indication de l'administration municipale.

212. Les père, mère et tuteur ne sont chargés que de ce qui est porté dans l'inventaire.

213. Le tuteur est tenu de déclarer dans l'inventaire ce qui lui est dû par le mineur, à peine d'en être déchu.

214. Le tuteur seul gère et administre.

Le mineur est incapable de contracter, même en faisant sa condition meilleure.

Il peut cependant faire des actes conservatoires; et il est débiteur de tout ce qui a tourné à son profit, de quelque manière que ce soit.

215. Le tuteur ne peut, sans consulter la famille, répudier une succession ou accepter une donation, procéder à un partage, emprunter, faire emploi sur particuliers de deniers oisifs, ni plaider, soit en demandant, soit en défendant, lorsque l'objet de la demande équivaut au dixième du patrimoine du mineur.

216. Les biens immeubles des mineurs ne peuvent être aliénés ou hypothéqués;

Excepté pour les dettes onéreuses exigibles;

Pour des réparations d'une nécessité urgente;

Lorsqu'il ne peut, sans inconvénient, rester possesseur par indivis avec ses cohéritiers;

Lorsqu'il jouit par indivis avec un majeur qui ne veut pas demeurer dans l'état d'indivision.

217. L'inaliénabilité des biens du mineur ne forme pas obstacle aux actions de ses créanciers.

218. Le commissaire du Directoire exécutif près l'administration municipale est appelé aux délibérations du conseil de famille relatives à l'aliénation des immeubles du mineur; l'omission de cette formalité rend la délibération nulle.

219. Le commissaire du Directoire exécutif près l'administration municipale est tenu, sous peine de répondre des dommages et intérêts du mineur, de déférer la délibération au tribunal civil;

Lorsque les biens-meubles, les deniers et les revenus du mineur suffisent à la dépense, et que la famille a autorisé l'aliénation de ses immeubles;

Lorsqu'elle l'a autorisée au-delà de la stricte nécessité;

Lorsqu'elle a autorisé l'aliénation des immeubles les plus précieux, s'il y en avait d'autres de valeur suffisante.

220. Pour satisfaire à la disposition de l'article précédent, le commissaire près l'administration municipale adresse l'extrait de la délibération au commissaire près le tribunal civil, qui est tenu d'en poursuivre la cassation.

Le tribunal réforme, s'il y a lieu.

221. Les immeubles du mineur ne peuvent être vendus qu'à l'enchère, après affiches et publications, en la forme réglée par le code de la procédure civile.

222. Les meubles sont vendus ou conservés, selon l'avis du conseil de famille.

223. Lorsque le conseil a résolu la vente, le tuteur doit

y faire procéder, publiquement et par enchère, deux mois après le dernier acte de l'inventaire.

224. Le tuteur rend compte chaque année au conseil de famille.

225. Après l'audition du compte de tutelle, le conseil de famille règle la dépense du mineur pour l'année suivante, et celle qui est nécessaire pour l'administration de son bien.

Elle ordonne, s'il y a lieu, l'emploi de l'excédant du revenu.

226. Le compte que rend le tuteur est composé de trois chapitres :

Le premier comprend la recette ;

Le second, la dépense ;

Le troisième, le reliquat.

227. Le tuteur se charge en recette, non-seulement de ce qu'il a reçu, mais encore de ce qu'il a dû recevoir, sauf à le porter en dépense, si la famille estime qu'il lui a été impossible d'en faire le recouvrement.

228. Il n'est alloué au tuteur que des dépenses justifiées par pièces estimées probantes par la famille.

229. Les dépenses d'administration des biens et d'entretien du mineur, non arrêtées par le conseil de famille, ne sont allouées au tuteur que dans le cas où elles seraient jugées imprévues et utiles.

230. Le compte tutélaire est rendu aux dépens du mineur.

Le tuteur en avance les frais.

231. Le tuteur répond de tous les dommages qu'une sage administration peut prévenir ou réparer.

232. Ceux qui ont concouru ou dû concourir aux délibérations prises par le conseil de famille pendant le cours de la tutelle, sont garans de l'administration du tuteur,

S'ils n'ont pas fait procéder à l'inventaire ;

S'ils ont autorisé l'acceptation d'une succession ou d'une donation onéreuse au mineur;

S'ils ont répudié une succession ou une donation lorsqu'elle aurait été profitable;

S'ils ont consenti à des emplois de fonds sur des particuliers insolvables, à des emprunts ou à des hypothèques lorsque les affaires du mineur ne l'exigeaient pas;

S'ils ont consenti à la vente des immeubles hors des cas prévus par l'article 216, et sans en avoir vérifié les causes;

S'ils ont négligé de provoquer le compte annuel du tuteur.

233. La responsabilité ne porte que sur les pertes et les défauts de bénéfices actuels et présens.

Elle ne s'étend point aux dommages qui naissent d'événemens postérieurs qu'on ne pouvait prévoir.

Elle ne donne lieu à aucune solidarité.

Chacun des parens est responsable pour sa part et portion.

234. Le mineur peut être restitué contre les acquéreurs de ses biens et contre ceux qui ont traité avec le tuteur, si les formalités prescrites par les articles précédens n'ont point été observées.

Dans ce cas, l'acquéreur ou ceux qui ont traité avec le tuteur doivent justifier de l'autorisation donnée par le conseil de famille, et établir que le prix de la vente ou de l'obligation a tourné au profit du mineur.

235. Le mineur doit agir dans les trois ans de sa majorité accomplie, lorsqu'il veut se pourvoir contre son tuteur, contre les membres du conseil de famille, contre les acquéreurs de ses biens, ou contre ses créanciers.

Après le terme ci-dessus, l'action est prescrite.

236. Le mineur peut jouir de la libre administration de ses biens, s'il se marie.

Il peut encore en jouir lorsqu'il a atteint l'âge de dix-huit ans;

S'il exerce un art ou un métier;

S'il est dans le commerce;

Si le conseil de famille juge qu'il a la maturité d'esprit nécessaire pour la conduite de ses affaires.

237. Le mineur qui prend l'administration de son bien dans les cas de l'article précédent, ne peut

Ni engager, ni aliéner ses immeubles;

Ni disposer de ses biens par donation à cause de mort, ou par donation entre vifs, à moins que ce ne soit par contrat de mariage, et en faveur de la personne à laquelle il s'unit;

Ni plaider pour actions immobilières, soit en demandant, soit en défendant, sans y être autorisé par le conseil de famille.

A tous autres égards, il est assimilé au majeur.

238. Le mineur n'est réputé exercer un art, un métier ou le commerce, que lorsque le conseil de famille, convoqué sur sa demande, l'a reconnu et déclaré.

239. Le mineur, son tuteur et chacun de ses parens peuvent, lorsqu'il a atteint l'âge de dix-huit ans accomplis, demander que la famille soit convoquée à l'effet de déclarer s'il est capable d'administrer ses biens.

La délibération ne peut être attaquée que par le défaut de forme.

240. Le père, la mère, l'aïeul ou le tuteur, qui ont des sujets de mécontentement grave sur la conduite d'un enfant ou d'un mineur dont ils ne peuvent plus arrêter les écarts ou réprimer les excès, portent leur plainte au conseil de famille.

241. Le conseil de famille, après avoir vérifié les sujets de plainte, peut arrêter que le mineur sera enfermé dans une maison de correction pendant un temps qui ne peut excéder une année, ni avoir lieu que jusqu'à la majorité.

TITRE IV.

Des Majeurs. (1)

242. La majorité est fixée à vingt-un ans accomplis.

243. Le majeur est capable de tous les actes de la vie civile.

244. Il perd cette capacité par l'interdiction.

245. Celui qui n'a pas habituellement l'usage de sa raison doit être interdit.

246. Tout parent est admis à provoquer l'interdiction de son parent qui a perdu la raison.

247. L'un des époux ne peut exercer cette action à l'égard de l'autre que du consentement du conseil de famille.

248. Si l'époux ou les parens n'agissent point, l'interdiction doit être provoquée par le commissaire du Directoire exécutif près l'administration municipale.

249. La demande est portée en première instance devant le tribunal civil du domicile de celui dont on poursuit l'interdiction.

250. Le tribunal peut ordonner que le conseil de famille donnera son avis sur l'état de celui qu'on veut faire interdire.

251. Le conseil de famille est formé selon le mode déterminé au titre des tutelles.

252. Les faits de démence sont articulés par écrit.

Ceux qui poursuivent l'interdiction présentent les témoins et les pièces.

Le défendeur est examiné à trois reprises, de décade en décade, sur l'état de sa raison.

---

(1) Décret du 28 août 1792, portant que les majeurs ne sont plus soumis à la puissance paternelle.

Décret du 20 septembre 1792, qui fixe la majorité à 21 ans. (*Interprété par décret du* 31 *janvier* 1793.)

Décret du 6 floréal an 2, sur la question si la jouissance en usufruit, donnée par un mari à sa femme en 1774, pour avoir son effet jusqu'à la majorité de ses enfans, doit cesser lorsqu'ils sont parvenus à 21 ans, attendu que l'intention du père était de proroger cette jouissance jusqu'à 25 ans.

253. Après le premier interrogatoire, le tribunal civil prononce, s'il y a lieu, une interdiction provisoire, et commet un administrateur aux biens du défendeur.

254. Le jugement d'interdiction est affiché dans la commune du domicile de l'interdit.

Il est notifié aux notaires résidant dans le canton.

255. Le commissaire du Directoire exécutif près le tribunal civil est tenu de satisfaire aux formalités mentionnées en l'article précédent.

256. L'interdiction a son effet du jour de la demande qui l'a provoquée.

257. Sont déclarés nuls tous les actes passés par l'interdit dans l'intervalle de la provocation de l'interdiction au jugement définitif qui la prononce.

258. Si la demande en interdiction a été rejetée, elle ne peut plus être reproduite, s'il n'est allégué de nouveaux faits.

259. L'interdit est assimilé au mineur pour sa personne et pour ses biens.

260. Selon les caractères de la maladie dont l'interdit est atteint, et suivant l'état de sa fortune,

Le conseil de famille peut arrêter qu'il sera traité dans son domicile, ou qu'il sera placé dans une maison de santé et même dans un hospice.

261. Les revenus de l'interdit doivent être essentiellement employés à adoucir son sort, et à accélérer sa guérison.

262. Le président de l'administration municipale et le commissaire du Directoire exécutif sont chargés de veiller à l'exécution du précédent article; à cet effet, ils doivent, tous les trois mois, visiter les interdits de leur arrondissement, ou enjoindre aux tuteurs de les leur représenter.

263. L'interdiction prononcée, le conseil de famille nomme un tuteur à l'interdit dans la même forme qu'au

mineur; alors l'administrateur provisoire cesse ses fonctions, et rend compte.

264. Tout demandeur en interdiction qui agit par intérêt ou par passion, doit dédommager celui qu'il a voulu faire interdire, du préjudice qu'il lui a occasionné.

265. L'interdiction finit avec les causes qui l'avaient déterminée.

Néanmoins, l'interdit ne peut reprendre l'exercice de ses droits qu'après le jugement définitif qui prononce la main-levée de l'interdiction.

266. Si le conseil de famille a donné son avis lors du jugement d'interdiction, il doit en donner un nouveau sur la demande en main-levée.

TITRE V.

Du Mariage. (1)

267. L'homme ne peut se marier avant l'âge de quinze ans révolus, et la femme avant celui de treize.

268. Ceux qui sont incapables de consentement ne peuvent se marier.

269. Le mineur ne peut se marier sans le consentement de son père et de sa mère.

270. Si l'un des deux est mort ou dans l'impossibilité de manifester sa volonté, le consentement de l'autre suffit.

271. S'ils sont empêchés de donner leur consentement, le mineur peut se marier de l'avis du conseil de famille.

Le conseil de famille est formé selon le mode déterminé au titre des tutelles.

---

(1) Décret du 20 septembre 1792, sur les qualités et conditions pour pouvoir contracter mariage.

Décret du 8 mars 1793, portant que les militaires sont libres de se lier par les nœuds du mariage sans le concours de leur chef. (*Abolition du règlement du 1er. juillet* 1788.)

Décret du 7 septembre 1793, relatif au mariage des mineurs dont les père et mère sont morts, interdits ou absens pour cause légitime.

Décret du 14 du même mois, qui prescrit les formalités à observer pour être admis à se marier, lorsqu'on ne peut représenter d'acte de naissance.

272. Le mineur orphelin demande le consentement de ses parens.

273. Le conseil de famille doit s'expliquer dans le mois.

274. En cas de refus, le tribunal civil prononce sur le vu de l'extrait de la délibération du conseil de famille.

275. Avant la dissolution d'un premier mariage, on ne peut en contracter un second.

276. Le mariage est prohibé

Entre parens et alliés en ligne directe ;

Entre l'enfant adoptif et ceux qui l'ont adopté, quoiqu'il ait renoncé à l'adoption ;

Entre frère et sœur.

277. Le mariage est précédé d'une publication.

278. Le domicile, relativement au mariage, est fixé par une habitation de six mois dans le même lieu.

279. Les personnes dont le consentement est requis pour le mariage des mineurs, peuvent seules s'y opposer.

280. Sont également reçues à former opposition au mariage soit des majeurs, soit des mineurs, les personnes déjà engagées par mariage avec l'une des parties.

281. Deux parens d'un majeur, s'il est en démence, peuvent s'opposer à son mariage, quoique l'interdiction ne soit pas prononcée.

282. Tout opposant doit élire domicile dans le lieu où réside celui dont il veut arrêter le mariage.

283. Le juge de paix du domicile de celui au mariage duquel est formé opposition, juge dans la décade si elle est recevable ou non.

L'appel du jugement est porté au tribunal civil, qui prononce, dans la décade suivante, sans prorogation de délai.

284. La preuve du mariage ne peut résulter que de l'acte reçu par l'officier de l'état civil.

Cet acte ne peut être suppléé ni par l'intention des parties, quelle que prouvée qu'elle soit, ni par la possession d'état.

TITRE VI.

Des Droits des Epoux. (1)

285. Les époux règlent librement les conditions de leur union.

Néanmoins ils ne peuvent stipuler qu'elles seront réglées suivant les lois, statuts, coutumes et usages qui ont régi jusqu'à ce jour les diverses parties du territoire de la république.

Toute disposition ainsi conçue est sans effet.

286. Les conventions matrimoniales sont sans effet si elles ne sont rédigées en acte authentique avant le mariage.

287. Au défaut de conventions entre les époux, leurs droits sont déterminés de la manière suivante :

288. Il y a communauté de biens entre les époux, s'il n'en est autrement convenu.

289. Leur part dans les profits de la communauté est égale, lorsqu'il n'y a point de stipulation contraire.

290. S'il est convenu qu'il n'y aura point de communauté, et que les époux n'aient pas autrement réglé les conditions de leur union, la femme conserve la libre administration de ses biens.

Elle peut aliéner ses immeubles sans le consentement de son mari.

---

(1) Décrets des 15 mars, 3 mai et 18 décembre 1790, 13 avril et 15 septembre 1791, relatifs aux rentes foncières, portant que les maris ne peuvent recevoir le remboursement de celles dues à leurs femmes, ou affectées à leur douaire, qu'à charge de remploi.

Décret du 22 novembre 1790, sur la législation domaniale, portant que le conjoint succède à défaut de parens.

Décrets des 5 brumaire et 17 nivôse an 2, relatifs aux avantages que peuvent se faire mutuellement les époux.

Décret du 9 fructidor an 3, portant que les dispositions des lois des 5 brumaire et 17 nivôse n'auront d'effet que du jour de leur promulgation.

Décret du 3 vendémiaire, qui détermine le mode d'exécution du précédent.

Décret du 9 messidor an 3, sur le code hypothécaire, contenant des dispositions sur l'hypothèque acquise aux époux sur les biens de l'un et de l'autre.

Décret du 3 brumaire an 4, portant que les intérêts dus pour douaire seront payables moitié en nature.

Décret du 13 frimaire, qui détermine le mode d'exécution du précédent.

291. La communauté est composée

Des effets mobiliers;

Des fruits, profits, rentes et revenus, quelle qu'en soit la nature, appartenant aux époux;

Des immeubles qu'ils acquièrent.

292. Les époux qui ne veulent pas mettre dans la communauté quelques-uns de leurs meubles, doivent en constater l'existence et la valeur par un acte authentique fait avant le mariage.

293. Le mari administre seul la communauté.

Il peut vendre, aliéner les biens dont elle est composée.

Il régit les biens non communs de son épouse.

Il ne peut les aliéner sans qu'elle y consente.

294. En cas d'aliénation en tout ou en partie des biens non communs de l'épouse, l'époux est tenu au remploi.

Il n'est dégagé que lorsque l'épouse a accepté l'objet acquis en remplacement.

295. La femme commune en biens ne peut aliéner, sans le consentement spécial de son mari, les biens qu'elle s'est réservés.

296. Elle ne peut agir en justice, soit en demandant, soit en défendant, pour l'exercice de ses droits immobiliers, si elle n'est autorisée par son mari, ou, à son refus, par le juge de paix.

297. Les frais et les dépens de l'instance sont acquittés sur les revenus des biens non communs de l'épouse.

En cas d'insuffisance, ils sont à la charge de la communauté, quoique le mari ait refusé l'autorisation.

298. La femme ne peut s'obliger sans le consentement de son mari, à moins qu'elle ne fasse publiquement un commerce étranger à l'état de son époux.

299. Dans tous les cas où le consentement de l'un ou de l'autre époux est nécessaire, ce consentement peut être donné dans l'acte même pour lequel il est requis, ou dans un acte séparé.

Alors l'expédition de l'acte séparé est jointe à la minute de l'acte principal, et y est rappelée.

300. La communauté est chargée des frais du ménage;

De l'entretien des enfans;

Des réparations usufructuaires de tous les immeubles;

Des rentes foncières, des arrérages et intérêts de toutes dettes passives qui ont tourné au profit de la communauté;

Des dettes que le mari a contractées depuis le mariage;

De celles que la femme a contractées depuis la même époque, du consentement de son mari.

301. La communauté est encore chargée des dettes contractées par l'un et l'autre époux avant le mariage, s'il n'a été stipulé que chacun d'eux les paierait séparément.

302. Cette stipulation est sans effet lorsque les biens mis en communauté n'ont pas été inventoriés.

303. S'il a été fait inventaire, les créanciers de la femme, en cas d'insuffisance de ses biens non communs, peuvent exiger du mari la représentation des effets contenus dans l'inventaire, ou leur juste estimation.

304. Les créanciers du mari peuvent, durant le cours de la communauté, en faire saisir tous les effets.

Après qu'elle est dissoute, la femme est tenue de leur représenter la moitié des effets contenus dans l'inventaire du mari, ou leur juste estimation.

305. La communauté finit

Par la mort naturelle ou civile;

Par le divorce;

Par le consentement mutuel des époux.

306. Si les époux forment une nouvelle communauté, elle est réglée de plein droit par les conditions de la communauté dissoute.

Toute stipulation contraire est sans effet.

307. Le partage des communautés se fait comme celui des successions.

La femme ou ses héritiers composent les lots.

308. Après la dissolution de la communauté, chacun des époux reprend, avant partage, sur la masse des biens communs,

La valeur du mobilier qui est constaté lui avoir appartenu lors du mariage ;

La valeur de ses immeubles vendus, de ses rentes remboursées, et de ses bois de haute futaie abattus.

309. Chacun des conjoints est tenu d'indemniser la communauté,

Lorsqu'il a acquitté avec des deniers communs une dette qui lui était personnelle ;

Lorsqu'il a tiré de la communauté des sommes pour le recouvrement, la conservation ou l'amélioration d'un bien non commun ;

Lorsque des enfans nés d'un mariage précédent ont été dotés aux dépens de la communauté.

310. Cette indemnité ne peut excéder ce qui a été pris sur la communauté.

Elle est fixée à concurrence de l'émolument que le conjoint a retiré.

311. La communauté ne peut continuer après la mort de l'un des époux.

312. La femme peut renoncer à la communauté.

Sa renonciation n'est admise qu'autant qu'elle n'a rien touché, et lorsqu'ayant fait inventaire, elle a rendu compte.

313. La faculté de renoncer accordée à la femme, est commune à ses héritiers.

314. L'inventaire doit être fait dans le délai de trois mois, à compter du jour de la dissolution de la communauté.

315. En renonçant à la communauté, la femme peut se faire délivrer les linges et hardes servant à son usage.

316. La femme qui renonce à la communauté ne peut en retirer aucun profit ; elle reprend les biens qu'elle y a apportés, et exerce ses reprises.

317. Celui des époux qui a soustrait des effets appartenant à la communauté, est privé de sa part dans les choses soustraites.

518. Les époux peuvent s'avantager à leur gré par leur contrat de mariage et par des actes subséquens.

519. Les avantages faits pendant le mariage peuvent être révoqués expressément par l'époux donateur, et tacitement s'il aliène les biens donnés.

520. Les avantages singuliers ou réciproques entre époux sont restreints à l'usufruit des choses données, si, lors du décès du premier mourant, il existe des enfans de leur mariage. Cet usufruit ne peut excéder la moitié du revenu de la totalité des biens de l'époux décédé.

521. Les avantages sont limités à l'usufruit d'une portion héréditaire, lorsqu'à l'époque où le mariage est contracté, l'époux donateur a déjà des enfans qui lui survivent.

522. Lorsque les époux n'ont point stipulé entre eux des avantages singuliers ou réciproques, celui qui survit obtient le tiers en usufruit des immeubles qui appartiennent au prédécédé.

523. Ce tiers est pris déduction faite des charges dont ces immeubles sont grevés.

524. Ce tiers est limité à l'usufruit d'une portion héréditaire dans le cas prévu par l'art. 521.

TITRE VII.

Du Divorce. (1)

§. 1er. *Des causes du divorce.*

525. Le mariage se dissout par le divorce.

526. Le divorce a lieu ou par le consentement mutuel, ou sur la demande e l'un des époux.

---

(1) Décret du 20 septembre 1792, sur le divorce.
Décret du 23 vendémiaire an 2, relatif à la conservation des droits des époux demandeurs en divorce, lorsqu'il existe communauté.
Décret du 17 frimaire an 2, d'ordre du jour, sur l'interprétation demandée de l'art. 4 du paragraphe 3 du décret du 20 septembre 1792, relativement aux droits du mari et à la disposition des biens de la communauté en cas de divorce.
Décret du 8 nivôse an 2, relatif aux contestations entre maris et femmes après le divorce, et qui fixe les délais après lesquels les époux divorcés peuvent se remarier.
Décret du 28 nivôse an 2, interprétatif de l'art. 8, titre 4, section 5 de la loi du 20 septembre 1792, concernant les contestations de la part du conjoint contre

327. Le divorce qui s'opère par le consentement mutuel des époux n'est soumis à aucune allégation de motifs.

328. Le divorce est prononcé sur la demande de l'un des époux, pour les causes suivantes :

L'incompatibilité d'humeur ou de caractère ;

L'interdiction ;

La condamnation à des peines afflictives ou infamantes ;

Les crimes, sévices ou injures graves de l'un des époux envers l'autre ;

L'abandon résultant de la séparation de fait non interrompue, pendant deux ans au moins ;

L'absence depuis cinq ans sans nouvelles.

329. Aucune séparation de corps ou de biens ne peut être prononcée.

330. Le divorce a lieu de plein droit,

Par les jugemens de séparation de corps précédemment rendus et devenus définitifs ;

Par l'émigration définitivement constatée.

§. 2. *Du Mode du divorce.*

331. Pendant la minorité des époux, ou de l'un d'eux, le divorce ne peut être prononcé ni de leur consentement

---

lequel le divorce sera demandé, sur des actes ou jugemens représentés par le conjoint demandeur.

Décret du 4 floréal an 2, relatif aux demandes en divorce par des époux séparés de fait depuis plus de six mois, et qui fixe le délai après lequel la femme divorcée peut se remarier.

Décret du 5 floréal an 2, relatif aux jugemens de séparation non exécutés ou attaqués par voie d'appel ou de cassation.

Décret du 24 floréal an 2, d'ordre du jour, sur une demande tendante à savoir si, par la loi du 4 de ce mois, on a entendu exiger une nouvelle résidence de six mois de la part de ceux qui, ayant été séparés de fait plus de six mois de leurs femmes, viennent poursuivre leur divorce dans leur ancien domicile.

Décret du 23 vendémiaire an 3, portant que celui qui, poursuivant le divorce, établira, par un acte authentique, que son époux est émigré, ou qu'il est résidant en pays étranger ou dans les colonies, sera dispensé de l'assigner à son dernier domicile.

Décret du 24 frimaire an 3, portant que les femmes mariées, suivant la coutume de Reims, seront admises, en cas de divorce, à partager les meubles et conquêts immeubles de leur mariage, avec leur mari.

Décret du 12 ventôse an 3, qui rectifie une erreur dans l'art. 6 du décret du 4 floréal an 2.

Décret du 15 thermidor an 3, qui suspend l'exécution de ceux des 8 nivôse et 4 floréal an 2.

mutuel, ni sur la simple allégation d'incompatibilité d'humeur ou de caractère.

Il a lieu pour les autres motifs exprimés dans l'art 328.

332. La femme commune en biens peut, du jour de la demande en divorce, s'adresser au juge de paix, à l'effet de faire ordonner que les scellés seront apposés sur tous les meubles et effets qui composent la communauté.

333. Le juge de paix n'ordonne l'apposition des scellés que lorsque les circonstances paraissent rendre cette mesure nécessaire pour la sûreté des effets.

L'ordonnance est provisoirement exécutée.

334. L'inventaire suit immédiatement la levée des scellés, s'il n'en est autrement convenu entre les parties.

335. A compter du jour de la demande en divorce, le mari ne peut plus disposer des immeubles qui composent la communauté.

Toute aliénation qu'il peut en faire est nulle.

336. Quand le divorce est demandé pour cause d'interdiction, d'absence ou de condamnation à des peines afflictives ou infamantes, l'officier public le prononce, sans qu'il y ait lieu à aucun délai d'épreuve, sur le vu des pièces qui constatent le fait.

337. L'officier public prononce pareillement la dissolution du mariage, sur la représentation de pièces probantes, et sans aucun délai d'épreuve, dans les cas où le divorce s'opère de plein droit.

338. L'interdiction et les condamnations sont constatées par les jugemens définitifs qui les prononcent.

L'absence l'est par la nomination d'un administrateur aux biens.

339. L'officier public ne peut prononcer le divorce sur consentement mutuel, ou pour incompatibilité d'humeur, crimes, sévices, injures graves ou abandon, que sur le vu de la délibération du conseil de famille, et après l'expiration des délais ci-après déterminés.

340. Le conseil de famille est composé de six parens ou amis choisis en nombre égal par chacune des parties.

341. L'époux qui veut convoquer un conseil de famille, prend du juge de paix du domicile du mari une cédule qui indique le lieu, le jour, l'heure de l'assemblée, et les membres nommés par l'époux qui l'a obtenue.

La cédule est notifiée à l'autre époux, avec sommation de se trouver à l'assemblée, et d'y présenter les membres qu'il a droit de nommer.

342. La notification est faite à personne ou à domicile, et, si le défendeur est absent de sa demeure habituelle, au commissaire du directoire exécutif près l'administration municipale, qui fait afficher la cédule à la porte de la maison commune, et en donne avis au défendeur lorsque sa nouvelle demeure est connue.

343. Le conseil de famille ne peut être assemblé qu'après un délai d'un mois du jour de la notification, si le défendeur est présent, et de deux mois, si, lors de la notification, il est absent de l'arrondissement de la commune.

344. Le juge de paix nomme d'office des parens et amis pour le défendeur qui ne comparaît point ou qui refuse d'en nommer, et lorsque ceux qui ont été choisis, ou quelques-uns d'entre eux, ne se rendent pas au jour de la convocation.

Dans ces cas, l'assemblée est renvoyée à la décade suivante.

Si le défendeur n'a pas comparu, il reçoit une invitation des membres du conseil de famille.

S'il ne comparaît pas sur cette invitation, le conseil passe outre.

345. Le conseil de famille s'assemble en présence du juge de paix.

Les fonctions du conseil sont de concilier les époux et de prononcer sur la cause du divorce lorsqu'il est demandé par l'un des époux pour autre motif que l'incompatibilité d'humeur.

346. Lorsque le divorce est demandé par consentement mutuel ou pour incompatibilité, les époux doivent se présenter en personne devant le conseil de famille.

Ils peuvent être représentés par un fondé de pouvoirs, si le divorce est demandé pour crimes, sévices, injures graves ou abandon.

347. En cas de non conciliation des époux, le conseil de famille se proroge à deux mois, si le divorce est demandé par consentement mutuel ou pour cause d'incompatibilité.

Dans les autres cas la prorogation n'a point lieu.

348. A l'expiration du délai de deux mois, les époux se présentent de nouveau au conseil de famille.

349. Si le conseil ne peut les concilier, la délibération atteste que les deux époux persistent dans le dessein de se désunir.

Si l'un d'eux ne se présente pas, le conseil de famille donne acte de la non comparution.

Cet acte tient lieu de délibération.

350. Lorsque le divorce est demandé pour crimes, sévices, injures graves ou abandon, le conseil de famille vérifie les faits, et déclare si la demande est fondée.

351. Le juge de paix fait délivrer gratuitement à chacun des époux un extrait de la délibération du conseil de famille.

Cet extrait n'est point sujet au droit d'enregistrement.

352. Un mois au moins, et trois mois au plus après la date de la délibération du conseil de famille, les époux peuvent se présenter devant l'officier public, lorsque le divorce a lieu sur consentement mutuel ou pour cause d'incompatibilité.

353. Si le divorce est fondé sur des crimes, sévices, injures graves ou sur l'abandon, les époux peuvent se présenter devant l'officier public trois jours au moins, et six mois au plus après la date de la délibération du conseil de famille.

354. Dans les cas de crimes, sévices, injures graves ou abandon, l'époux qui veut réclamer de la délibération du conseil de famille, doit se pourvoir, dans la décade, au tribunal civil du domicile du mari.

Le tribunal prononce dans la décade suivante.

355. Le tribunal civil prononce dans le même délai sur les contestations élevées de la part de l'un des époux, relativement aux pièces représentées par l'autre.

Les jugemens rendus par les tribunaux civils en matière de divorce, ne peuvent être attaqués ni par voie d'opposition, ni par voie d'appel.

356. Si deux époux forment respectivement leur demande en divorce, l'un pour motif d'incompatibilité, l'autre pour cause déterminée, celle-ci, quoique postérieure, obtient la préférence sur l'autre.

§. 3. *Des Effets du divorce.*

357. Les époux divorcés peuvent se remarier ensemble.

Ils ne peuvent contracter avec d'autres un nouveau mariage qu'un an après le divorce, lorsqu'il a été prononcé sur consentement mutuel ou pour simple cause d'incompatibilité d'humeur ou de caractère.

358. Si le divorce est prononcé pour causes déterminées, la femme ne peut contracter un nouveau mariage avec un autre que son premier mari, qu'un an après le divorce, à moins qu'il ne soit fondé sur l'absence de l'époux.

359. Si les époux divorcés se remarient ensemble, les conditions de leur nouvelle union sont réglées de plein droit par les conditions du mariage dissous.

Toute stipulation contraire est sans effet.

360. Les droits des époux, en cas de divorce, sont réglés de la même manière qu'en cas de décès.

Néanmoins, dans le cas où le divorce s'opère de plein droit, et lorsqu'il a été obtenu par le mari contre la femme, pour condamnation à des peines afflictives ou infamantes, crimes, sévices, injures graves, abandon ou absence, la femme est privée de tout bénéfice dans la communauté.

Elle reprend les biens qui y sont entrés de son côté.

361. Le divorce sur consentement mutuel anéantit les avantages singuliers ou réciproques que les époux se sont faits pour cause de mariage, ou pendant sa durée.

362. L'époux défendeur conserve les avantages singuliers, si le divorce est prononcé pour cause d'incompatibilité ou d'interdiction.

L'époux demandeur les conserve dans les cas où le divorce s'opère de plein droit ou par une des causes mentionnées en l'article 360.

363. En cas de divorce pour cause de séparation de corps, les droits et intérêts des époux divorcés restent réglés comme ils l'ont été par les jugemens de séparation, et selon les lois existantes lors de ces jugemens, ou par les actes et transactions passés entre les parties.

364. Tout acte de divorce est sujet aux mêmes formalités d'enregistrement et publications que l'étaient les jugemens de séparation, et le divorce ne produit à l'égard des créanciers des époux, que les mêmes effets que produisaient les séparations de corps ou de biens.

365. Les enfans demeurent sous la surveillance de l'époux demandeur, dans le cas où le divorce s'opère de plein droit, ou lorsqu'il est prononcé pour cause d'interdiction, condamnation à des peines afflictives ou infamantes, ou absence.

366. Si le divorce est prononcé sur consentement mutuel pour incompatibilité ou pour crimes, sévices ou injures graves, les époux, en se présentant devant le conseil de famille, déclarent leurs intentions relativement à leurs enfans.

S'il s'élève à cet égard des difficultés entre eux, le conseil de famille décide auquel des époux les enfans sont confiés.

367. Soit que les enfans soient confiés au père seul ou à

la mère seule, soit à l'un et à l'autre, soit à des tierces personnes, le père et la mère contribuent aux frais de leur éducation et entretien, en proportion des facultés de chacun d'eux, et selon la quotité réglée par le conseil de famille.

368. Les époux peuvent se pourvoir devant le tribunal civil du domicile du mari, contre les délibérations prises par le conseil de famille relativement à la destination des enfans, et à leur contribution aux frais d'éducation et entretien.

Le tribunal civil prononce dans les délais fixés par l'article 354.

369. Après la mort de l'un des époux divorcés, la personne et les biens de l'enfant confié à ses soins ne passent, ensemble ou séparément, à l'époux survivant, qu'après une délibération du conseil de famille.

TITRE VIII.

Des Absens. (1)

370. Celui qui s'est éloigné depuis six mois du lieu de son domicile, sans avoir donné de ses nouvelles, ou sans avoir laissé un fondé de pouvoirs, est réputé absent.

371. Le domicile est là où les citoyens fixent leur établissement, et où ils exercent leurs droits politiques.

Le domicile du mineur et de l'interdit est celui de son tuteur.

Le domicile de la femme mariée est celui de son mari.

372. Pour régir les biens de l'absent, le conseil de famille établit un administrateur provisoire.

373. Le conseil de famille est convoqué soit à la demande

(1) Décrets des 29 janvier et 29 septembre 1791, relatifs aux inventaires, comptes et partages dans lesquels se trouvaient intéressés des absens.
Décrets des 11 ventôse et 16 fructidor de l'an 2 et 10 ventôse de l'an 3, relatifs aux scellés apposés sur les meubles, effets et papiers délaissés par les pères et mères des défenseurs de la patrie, des officiers de santé, et autres employés à la suite des armées, et des prisonniers de guerre.

des héritiers présomptifs, soit à la diligence du commissaire du Directoire exécutif près l'administration municipale, devant le juge de paix du domicile de l'absent.

574. On observe, pour la composition du conseil de famille, les dispositions prescrites dans le titre des tutelles.

375. L'absence est constatée par un acte de notoriété délivré par le juge de paix du dernier domicile de l'absent, sur la déclaration de trois de ses parens, et, à leur défaut, de trois voisins ou amis.

376. L'administrateur et le fondé de pouvoirs, si l'absent en a laissé, cessent leur gestion après dix ans, à compter du départ de l'absent ou des dernières nouvelles reçues de lui.

377. Ce terme expiré, les héritiers présomptifs de l'absent, au temps de son départ ou des dernières nouvelles reçues de lui, peuvent demander à être envoyés en possession de ses biens.

378. La demande est présentée au tribunal civil du domicile de l'absent.

379. Elle est justifiée

Par l'acte de notoriété qui constate l'absence ;

Par la nomination de l'administrateur provisoire ;

Par un nouvel acte de notoriété, dans lequel des parens, autres que les héritiers présomptifs, et à leur défaut, des voisins ou amis, attestent que l'absent n'a point donné de ses nouvelles depuis dix ans.

380. Par l'effet de l'envoi en possession, les fruits et revenus des biens de l'absent sont acquis à ses héritiers présomptifs.

381. Lorsqu'il y a plusieurs héritiers envoyés en possession, ils jouissent par indivis ; tout partage, même provisionnel, est interdit.

382. Les envoyés en possession doivent faire constater, en présence d'un commissaire délégué par l'administration municipale, l'état des biens de l'absent.

383. L'administrateur provisoire leur rend compte de sa gestion.

384. Les dispositions relatives à l'aliénation des biens meubles et immeubles des mineurs sont communes à ceux des absens.

385. Après cinquante ans sans nouvelles ou retour, soit de l'absent, soit de ses enfans ou descendans, les envoyés en possession provisoire de ses biens en demeurent irrévocablement propriétaires.

386. Les cinquante ans ne courent que du jour de sa majorité accomplie, à l'égard de celui qui était mineur lorsqu'il s'est éloigné de son domicile.

387. Si l'absent a disposé de la portion de ses biens que la loi lui permet de donner, cette disposition n'est exécutée que sur les preuves de son décès ou après l'expiration du délai des cinquante années.

388. L'usufruit et les rentes viagères, dont l'absent jouissait, s'éteignent aussitôt que les héritiers présomptifs sont envoyés en possession.

389. L'absent ne peut recueillir aucune succession.

Néanmoins il exerce ses droits de successibilité lorsqu'il justifie de son existence dans le délai de cinquante ans, ou lorsque ses héritiers établissent par acte qu'il était vivant au temps de l'ouverture de la succession qui lui est échue.

390. Dans le cas prévu par l'article précédent, l'absent ne peut déranger les partages faits.

Il prend sa portion sur les lots existans.

Il reçoit les biens tels qu'ils se trouvent.

Il est tenu de s'en rapporter sur leur existence à l'état qui en a été dressé.

391. Les héritiers de l'absent se conforment aux dispositions de l'article précédent.

392. Lorsqu'une succession échoit à des défenseurs de la patrie, ou à des citoyens attachés au service des armées, le commissaire du directoire exécutif près l'administration

municipale est tenu de les en avertir immédiatement après l'apposition des scellés; il en instruit pareillement le ministre de la guerre.

393. Un mois après, si l'héritier ne donne pas de ses nouvelles, et n'envoie pas de procuration, il est procédé au choix d'un administrateur provisoire.

394. Lorsque les citoyens compris dans l'article 392 ne peuvent se présenter devant un notaire, le conseil d'administration du corps auquel ils appartiennent, reçoit leur procuration.

LIVRE SECOND.

Des Biens.

TITRE Ier.

Division générale des Biens. (1)

395. Les biens sont meubles ou immeubles.

396. Les biens meubles sont ceux qui, n'ayant point de situation fixe, peuvent, sans être détériorés, se transporter d'un lieu dans un autre.

397. Sont réputés meubles,

---

(1) Décrets des 9 mai et 22 novembre 1790, portant que les biens nationaux ne peuvent être vendus qu'en vertu d'un décret spécial des représentans de la nation.

Décret du 22 novembre 1790, sur la législation domaniale, contenant désignation des biens qui font partie du domaine national.

Décrets des 5 février 1791 et 7 novembre 1792, portant que les corps administratifs ne peuvent faire d'acquisitions sans l'autorisation du Corps-Législatif. (Les décrets des 14 décembre 1789 et 21 mai 1790 n'exigeaient que l'autorisation des autorités supérieures.)

Décrets des 27 mars et 12 juillet 1791, sur les mines et minières, portant qu'elles sont à la disposition de la nation, et qu'elles ne pourront être exploitées sans son consentement.

Décrets des 5 juin et 28 septembre 1791, sur les biens et usages ruraux, contenant des principes généraux sur la propriété territoriale.

Décret du 8 juillet 1791, portant que les places de guerre, remparts, parapets, fossés, etc, sont propriétés nationales.

Décret du 15 septembre 1791, sur l'administration forestière, portant que chaque propriétaire est libre d'administrer et de disposer de ses bois comme bon lui semble.

Décret des 28 août 1792 et 10 juin 1793, relatifs aux biens communaux.

Décret du 18 mars 1793, portant peine de mort contre quiconque poposera une loi agraire ou toute autre subversive des propriétés territoriales.

L'usufruit des choses mobilières;

Les obligations et les actions qui ont pour objet des sommes exigibles, ou des effets mobiliers;

Les rentes perpétuelles et viagères sur la république et sur les particuliers.

398. Les biens immeubles sont ceux qui, par leur nature ou leur destination, ont une situation fixe.

399. Sont immeubles par leur nature,

Les fonds de terre et tout ce qui y tient, comme,

Les édifices, les mines et minières;

Les clôtures, les fruits pendans par racines;

Les plantes et les arbres, tant qu'on ne les sépare point du fonds.

400. Sont immeubles par leur destination,

Les animaux servant à l'exploitation des terres;

Les pigeons des colombiers;

Les lapins des garennes;

Les poissons des étangs;

Les pressoirs, cuves et tonnes, lorsqu'on ne peut les transporter sans les mettre en pièces;

Les pailles, foins et fumiers destinés aux engrais;

Les effets mobiliers tenant à clous, à fer, ou scellés en plâtre, qui ne peuvent être transportés sans détérioration et sans altérer le fonds dont ils dépendent.

401. Sont réputés immeubles,

L'usufruit des choses immobilières;

Les services fonciers;

Les rentes foncières;

Les actions qui tendent à revendiquer un immeuble.

402. Les biens appartiennent,

Ou au corps entier de la nation;

Ou aux communes;

Ou aux particuliers.

403. Les biens nationaux sont,

Les chemins et routes, dont l'entretien est à la charge de la république ;

Les rues et places des communes murées ;

Les portes, murs, fossés, remparts des communes entretenus pour la sûreté de la république et par elle ;

Les terrains de fortification des places de guerre ou postes militaires, et tous objets faisant partie des moyens défensifs des frontières ;

Les fleuves et rivières, tant navigables que non navigables, et leurs lits, sans préjudice du droit qu'ont les riverains d'user des eaux des rivières non navigables, en se conformant aux règles établies ;

Les rivages, lais et relais de la mer ;

Les ports, les hâvres, les rades ;

Toutes les portions du territoire qui ne sont pas susceptibles d'une propriété privée ;

Les biens dépendant des successions abandonnées, ainsi que celles des personnes décédées sans héritiers ;

Les biens que la nation a remis dans ses mains, quelqu'en ait été l'origine ou la destination ;

Les biens confisqués.

404. Appartiennent aussi à la nation les anciens murs, fossés, remparts et fortifications des communes qui ont cessé d'être places fortes, s'il n'y a titre ou possession suffisante pour les attribuer à des communes ou à des particuliers.

Cette possession doit être de dix ans.

405. Les biens communaux sont ceux sur la propriété ou le produit desquels les habitans d'une ou de plusieurs communes ont un droit commun.

406. Sont réputés appartenir aux communes de leur situation, les marais, marécages, landes, pacages, garrigues, bois, montagnes, et généralement toutes les terres vaines et vagues, sous quelque dénomination qu'elles soient connues, soit qu'elles aient été autrefois cultivées, ou non,

si personne ne les a possédées pendant un temps suffisant pour en acquérir la propriété.

407. Les communes ne peuvent acquérir ni aliéner qu'avec l'autorisation du corps législatif.

408. Les mines et minières sont toujours à la disposition de la nation.

Les communes ou les particuliers à qui elles appartiennent, ne peuvent les exploiter que de son consentement et sous sa surveillance.

409. Lorsque les propriétaires veulent exploiter les mines qui se trouvent dans leur fonds, la permission ne peut leur en être refusée.

Ils ont aussi la préférence lorsque le corps législatif en ordonne l'exploitation.

410. Si les propriétaires n'usent point de la faculté qui leur est accordée par l'article précédent, ils sont indemnisés.

411. Cette indemnité,

Tous les objets qui en dépendent ;

L'exercice de la surveillance nationale sur les mines exploitées par les propriétaires, sont réglés par le code des travaux publics.

412. A l'égard des substances autres que les mines, les propriétaires les exploitent sans permission.

413. Au défaut d'exploitation de leur part, et dans le cas seulement de nécessité pour les grandes routes, ou pour des travaux d'une utilité publique, le directoire exécutif peut ordonner que ces substances seront exploitées, en indemnisant, à dire d'experts, le propriétaire, tant du dommage fait à la surface, que de la valeur des substances extraites.

414. On jouit des biens,

Ou comme propriétaire ou comme usufruitier.

415. Le propriétaire a droit de jouir et de disposer à son gré, en se conformant aux lois établies pour la nécessité commune.

TITRE II.

De l'Usufruit. (1)

416. L'usufruitier a le droit de jouir des choses dont un autre a la propriété.

417. Il en perçoit les fruits naturels ou civils.

418. L'usufruit peut être établi,

Par convention;

Par acte de partage;

Par disposition de dernière volonté.

419. L'usufruitier des meubles qui, sans se consumer, se gâtent et dépérissent peu à peu par l'usage, n'est tenu, à la fin de sa jouissance, que de les représenter en nature, tels qu'ils sont alors, pourvu qu'il n'y ait eu de sa part ni dol ni faute.

420. L'usufruitier des choses de consommation est tenu de donner caution, d'en rendre, après l'usufruit fini, de même quantité, qualité et valeur.

421. S'il ne peut satisfaire à la disposition de l'article précédent;

Les sommes comprises dans l'usufruit sont placées;

Les denrées, s'il en est dans l'usufruit, sont vendues, et le prix en provenant est pareillement placé;

L'intérêt des sommes placées appartient à l'usufruitier pendant la durée de l'usufruit.

422. Hors les cas prévus par les articles 320 et 321, celui

---

(1) Décret du 6 floréal an 2, sur une question tendante à savoir si la jouissance en usufruit, donnée par un mari à sa femme pour avoir son effet jusqu'à la majorité de ses enfans, doit cesser lorsqu'ils sont parvenus à 21 ans, attendu que la majorité, à l'époque de l'acte, était fixée à 25 ans.
Décret du 8 messidor, portant que la mort naturelle des ecclésiastiques décédés en état de réclusion, fait cesser les usufruits qui reposaient sur leurs têtes. (Un décret du même jour a renvoyé au comité de législation une demande tendante à ce que cette disposition soit appliquée aux émigrés tombés sous le glaive de la loi.)
Décret du 22 ventôse an 3, relatif à la confiscation des biens des ecclésiastiques déportés ou reclus, qui autorise ceux qui leur ont cédé des biens en jouissance pour leur tenir lieu de titres cléricaux, à se remettre en possession desdits biens.

qui constitue l'usufruit peut dispenser l'usufruitier de donner caution.

423. L'usufruitier, avant d'entrer en jouissance, est tenu de faire dresser, en présence du propriétaire ou de son fondé de pouvoirs dûment appelé, inventaire ou reconnaissance de tout ce qui est compris dans l'usufruit.

424. L'usufruitier ne peut,

Ni détériorer ni dénaturer les biens fonds;

Ni en changer la destination;

Ni anticiper les récoltes;

Ni laisser en friche des terres qui sont de nature à être cultivées.

425. Lorsqu'il se trouve un plantis sur le fonds, l'usufruitier est tenu de remplacer les arbres qui périssent,

Les corps de ceux-ci lui appartiennent;

Il n'est point tenu de remplacer ceux qui ont été arrachés par un ouragan.

426. L'usufruitier d'un troupeau est tenu, lorsqu'une bête meurt ou devient inutile, de lui en substituer une autre du croît du troupeau même.

S'il n'y a point de croît, l'usufruitier n'est pas tenu du remplacement.

L'obligation de remplacer n'a lieu que quand l'usufruit n'affecte qu'un nombre déterminé d'animaux.

427. L'usufruitier d'un immeuble tombé en ruine par vétusté, ou détruit par cas fortuit, ne peut pas forcer le propriétaire à le rétablir, mais son usufruit subsiste sur le sol.

428. L'usufruitier qui, par abus de son droit, commet sur les fonds des dégradations considérables, peut, outre les dommages et intérêts auxquels il est tenu, être privé de la jouissance en nature, et réduit à une pension représentative de la valeur de son usufruit.

429. L'usufruitier supporte les charges et remplit les conditions auxquelles est assujéti le bien de l'usufruit.

Il acquitte les contributions, soit qu'elles soient établies avant ou après que l'usufruit a commencé.

430. L'usufruitier n'est tenu qu'aux réparations d'entretien.

431. Les grosses réparations sont à sa charge lorsqu'elles sont causées par le défaut d'entretien depuis l'ouverture de son droit.

432. Il peut vendre, donner, céder, ou louer l'exercice de son droit.

433. Le propriétaire ne peut apporter aucun trouble, aucun obstacle à la jouissance de l'usufruitier.

S'il contrevient à ses obligations, il indemnise l'usufruitier.

434. Les fruits civils s'acquièrent jour par jour et à proportion de la durée de l'usufruit.

435. Les fruits civils sont,

Les loyers des maisons et des usines;

Les intérêts des sommes exigibles;

Les arrérages des rentes tant foncières que perpétuelles et viagères.

436. Si les biens de l'usufruit sont affermés, la perception des fruits fait connaître à qui appartient le prix du bail, quelle qu'ait été l'époque du payement.

Si l'usufruit subsistait lors de la perception des fruits, le prix appartient à l'usufruitier ou à ses héritiers.

Il appartient au propriétaire, si l'usufruit était éteint.

437. Sont compris sous la dénomination de fruits naturels,

Les coupes de bois taillis, à la charge d'observer le temps et la quotité déterminés pour l'aménagement ou par l'usage ancien des propriétaires;

Les arbres qu'on peut tirer d'une pépinière sans la dégrader;

Les branches des futaies qu'on élague;

La glandée.

438. Quant aux arbres des futaies, l'usufruitier ne peut ni les couper, même lorsqu'ils sont en coupe réglée, ni exiger la valeur de l'accroissement qu'ils ont pris pendant sa jouissance, ni s'approprier ceux qui meurent ou qui viennent à être arrachés ou brisés par accident.

439. Le propriétaire ne peut les abattre hors le temps des coupes réglées, sans dédommager l'usufruitier.

440. L'usufruitier d'un fonds peut en tirer des pierres, de la craie, de la marne, du sable et de la tourbe, pour l'amélioration ou l'usage des biens de l'usufruit; il ne peut en vendre.

441. A l'égard des mines et minières, tout ce qu'elles produisent pendant la durée de l'usufruit appartient à l'usufruitier.

442. Sont exceptées les mines et minières qui s'exploitent à tranchée ouverte, ou avec fosse et lumière, jusqu'à trente mètres (environ 92 pieds cinq pouces) de profondeur seulement.

L'usufruitier ne peut en rien extraire que pour son usage.

443. L'usufruitier perçoit les fruits, en l'état où il les trouve, quand il commence à jouir.

Le propriétaire les reprend tels qu'ils sont lorsque l'usufruit prend fin, et sans récompense des labours et semences.

444. L'acte qui constitue l'usufruit peut restreindre ou modifier les obligations du propriétaire et celles de l'usufruitier.

445. L'usufruit s'éteint,

Par la mort naturelle, ou par la mort civile de l'usufruitier;

Par la perte totale de la chose sur laquelle il est établi;

Lorsqu'il est réuni à la propriété;

Lorsque l'usufruitier renonce à son droit;

Lorsque le temps pour lequel il avait été accordé est expiré.

TITRE III.

Des Services fonciers. (1)

§. 1ᵉʳ. *Des Services fonciers établis par la loi.*

446. La loi établit des services fonciers pour l'intérêt général.

447. Les lieux inférieurs sont assujétis envers les lieux supérieurs,

A recevoir les eaux qui en découlent d'elles-mêmes;

A souffrir tous les inconvéniens que la situation du terrain supérieur peut leur causer naturellement et sans main-d'œuvre.

448. Le propriétaire de l'héritage supérieur ne peut détourner le cours des eaux dont la source n'est pas dans son fonds.

Il ne lui est pas libre d'augmenter la rapidité des eaux, ni de les retenir, de manière qu'elles puissent porter dommage par leur irruption subite.

Il peut en user, ainsi qu'il le juge à propos, à leur passage, pour l'irrigation de ses fonds.

449. Le propriétaire d'un fonds voisin d'un chemin devenu impraticable, est tenu d'y livrer passage tant que ce chemin n'est pas rétabli.

450. Le propriétaire des bords d'une rivière navigable doit y laisser un espace suffisant pour le service public.

Cet espace est de dix mètres (environ trente pieds neuf pouces) de largeur du côté par où se tirent les bateaux, et de trois mètres (environ neuf pieds trois pouces) à l'autre bord.

Il est interdit au propriétaire riverain de planter des ar-

---

(1) Décret du 28 septembre 1791, concernant les biens et usages ruraux.

bres ou des haies et d'élever aucun mur ou édifice dans l'un ou l'autre de ces espaces.

451. Nul ne peut, moyennant une juste indemnité, refuser passage à celui qui n'a pas d'issue sur la voie publique pour se servir de son héritage.

Ce passage est pris par l'endroit le plus court et le moins dommageable.

452. Nul ne peut, si ce n'est en vertu d'un titre spécial, empêcher un propriétaire d'user licitement et à son gré de sa propriété.

453. Nul ne peut disposer son fonds de manière à opérer une immission extérieure ou nouvelle sur le fonds d'autrui.

454. Tout propriétaire est tenu, moyennant une juste indemnité, de laisser passer et établir sur son fonds les ouvriers et les échelles nécessaires pour réparer ou construire les murs de clôture et les toits de son voisin.

455. Nul ne peut planter sur son héritage des haies vives qu'à la distance de cinq décimètres (environ un pied et demi) de l'héritage voisin.

456. Nul ne peut planter des arbres sur son héritage qu'à la distance de quinze décimètres (environ quatre pieds sept pouces) de l'héritage voisin.

Le propriétaire de l'héritage voisin a la faculté de couper les branches et les racines qui s'étendent sur son terrain.

457. Nul ne peut creuser un fossé dans son héritage, sans laisser entre le fossé et l'héritage voisin un espace égal à la profondeur du fossé.

458. Nul ne peut construire dans son héritage un puits, une citerne, une fosse d'aisance contre le mur ou mitoyen, ou appartenant en totalité au voisin, sinon à la distance de deux mètres (environ six pieds deux pouces), à moins qu'il ne fasse du côté de cet héritage un mur ou un contre-mur suffisant pour empêcher que ces ouvrages ne soient nuisibles.

459. Tout propriétaire peut élever un mur ou un bâti-

ment sur la ligne qui forme l'extrémité de son héritage, mais il ne peut le disposer de manière à nuire à son voisin, soit par l'écoulement des eaux, soit autrement.

460. Tout mur séparant les propriétés de différentes personnes, est présumé mitoyen, s'il n'y a titre ou marque au contraire.

461. Un mur qui n'est pas mitoyen, ne peut le devenir que par convention.

462. En mur mitoyen, l'un des voisins ne peut, sans le consentement de l'autre, pratiquer aucune fenêtre ou vue, même à verre dormant.

463. En mur non mitoyen, le propriétaire peut faire tout ce qu'il lui plaît.

Néanmoins, s'il y pratique des vues droites, elles sont à trois mètres (environ neuf pieds trois pouces) au-dessus du rez-de-chaussée.

Ces fenêtres sont garnies d'un treillis de fer d'un décimètre (environ trois pouces huit lignes) d'ouverture, et d'un chassis à verre dormant.

464. L'un des voisins ne peut, sans le consentement de l'autre, pratiquer dans le corps d'un mur mitoyen aucun enfoncement, soit pour cheminées ou autres objets, et il ne peut y appliquer ou appuyer aucun ouvrage, sans en être d'accord avec le voisin, ou avoir, à son refus, fait régler par experts les moyens nécessaires pour que le nouvel ouvrage ne soit pas nuisible.

465. L'un des propriétaires d'un mur mitoyen ne peut empêcher l'autre de l'élever, à ses frais, aussi haut que bon lui semble, pourvu que le mur mitoyen soit en état de supporter le surhaussement sans détérioration.

§. 2. *Des Services fonciers établis par le fait de l'homme.*

466. Il n'y a point de services fonciers sans titre.

467. Tout héritage est présumé libre de services fonciers résultant du fait de l'homme.

468. Le propriétaire du sol peut, en ligne droite, faire au-dessus et au-dessous tout ce qu'il lui plaît;

Néanmoins, dans les communes murées, nul ne peut élever sa maison au-delà de la hauteur qui sera réglée par le code des administrations.

469. La preuve des services fonciers ne peut se faire que par le titre primitif qui les a établis, ou par une reconnaissance énonciative de ce titre, signée du propriétaire de l'héritage servant.

470. La destination du père de famille vaut titre pour toutes sortes de services fonciers.

Ainsi, lorsque deux héritages ayant appartenu au même propriétaire viennent à en avoir deux différens, le service que l'un de ces héritages tirait de l'autre, doit continuer, quoiqu'il n'ait pas été réservé.

471. Le propriétaire capable d'aliéner le fonds, peut seul le grever des services fonciers.

472. L'usufruitier et le fermier à longues années peuvent imposer des services fonciers pour tout le temps de leur jouissance, pourvu que ces services ne détériorent pas le fonds.

473. On peut établir tels services fonciers qu'on juge à propos, pourvu qu'il en résulte un avantage ou un agrément prochain ou éloigné pour le propriétaire du fonds à l'usage duquel on les stipule.

474. Quand on a établi un service foncier, il n'est pas permis d'en établir un autre qui préjudicie au premier.

475. Celui auquel il est dû un service foncier, doit faire, pour en user, les ouvrages et les réparations nécessaires.

Il n'est point tenu du dommage qui arrive par une suite naturelle de son droit.

Il doit en user de la manière la moins incommode, sans l'étendre à d'autres objets qu'à ceux qui sont énoncés dans son titre.

476. Le service foncier est suspendu tandis que sa cause cesse.

Ainsi, quand une source tarit, celui qui a droit d'y prendre de l'eau, ne peut entrer dans le fonds où était la source, si elle ne reparaît pas.

477. Le service foncier cesse quand le fonds qui y est assujéti, ou celui pour lequel il est dû, vient à périr.

478. Il cesse quand le fonds auquel il est dû, et celui qui le doit supporter, viennent à appartenir à la même personne.

479. La prescription l'éteint entièrement ou le réduit à ce qu'on en a conservé par la possession pendant le temps ci-après déterminé.

480. La prescription à l'égard des services qui consistent à laisser faire quelque chose dans l'héritage servant, s'opère par cela seul que le propriétaire du service, ni personne de sa part, n'a usé de son droit pendant quinze ans.

481. Ceux des services fonciers qui consistent dans un ouvrage permanent sur le fonds servant, ne se prescrivent pas tant qu'il reste des traces de cet ouvrage.

482. A l'égard des services qui obligent seulement le propriétaire de l'héritage servant à s'abstenir de quelque chose, le temps de la prescription ne commence à courir que du jour qu'il a été fait un ouvrage ou acte contraire au service.

483. Quand au préjudice d'un service foncier, il est fait une construction sur l'héritage servant, le propriétaire du service ne peut en exiger la démolition, s'il était sur les lieux lors du commencement des travaux, ou s'il a été sommé d'exhiber son titre.

Néanmoins il est dû au propriétaire du service une indemnité du préjudice que la nouvelle construction peut lui occasionner.

484. Les services fonciers s'éteignent par la remise qu'en fait celui auquel ils sont dus, et par l'abandon des héritages qui y sont sujets.

TITRE IV.

Des Rentes foncières. (1)

485. Tout propriétaire peut, en disposant de son fonds, réserver, pour prix, une redevance en numéraire, en fruits ou en denrées.

Cette réserve constitue la rente foncière.

486. La rente réservée par partage ou par licitation d'immeubles n'est foncière qu'autant qu'elle fait directement le prix de la licitation ou le retour du partage.

Si de la somme convenue pour prix d'une licitation ou pour retour d'un partage on crée une rente, elle est réputée constituée à prix d'argent, et n'est pas foncière.

487. La rente foncière est due solidairement par tous ceux qui possèdent quelques parties du fonds qui y est sujet.

488. Elle est acquittée au lieu de la situation de l'héritage, s'il n'en est autrement convenu.

489. Faute de paiement, le créancier peut, en vertu de son titre et sans qu'il ait besoin d'autre condamnation, faire saisir les fruits du fonds chargé de la rente.

490. Il peut aussi rentrer dans son héritage, s'il lui est dû plus de cinq années d'arrérages.

491. Jusqu'au jugement qui ordonne que le créancier

---

(1) Décrets des 11 août 1789 et 15 mars 1790, qui déclarent rachetables les rentes foncières, et défendent de ne plus créer à l'avenir aucune redevance non remboursable.

Décrets des 18 décembre 1790, 13 avril et 15 septembre 1791, et 20 août 1792, sur le mode et le taux du rachat des rentes foncières.

Décrets des 7 juin 1791 et 27 août 1792, sur les domaines congeables.

Décrets des 25 août 1792, 17 juillet et 3 octobre 1793, 28 brumaire, 29 floréal et 26 prairial an 2, relatifs à la suppression des rentes féodales.

Décrets des 3 germinal et 2 prairial an 2, relatifs aux baux à culture perpétuelle.

Décret du 9 messidor an 3, concernant le code hypothécaire, portant que les arrérages de rentes foncières ne sont susceptibles de conférer hypothèque que pour une année et le terme courant.

Décret du 3 brumaire an 4, portant que les intérêts dus pour ventes de fonds seront, ainsi que ceux des rentes et redevances foncières, payables moitié en nature.

Loi du 13 frimaire an 4, qui détermine le mode d'exécution du précédent.

sera remis en possession, le débiteur a la faculté de purger la demeure.

492. Le débiteur d'une rente foncière s'en décharge en abandonnant le fonds qui la doit.

Il est tenu de payer les arrérages échus;

De faire les améliorations auxquelles il s'est engagé;

De réparer les dégradations et les dommages survenus pendant le temps de sa jouissance.

493. L'abandon doit être précédé d'un avertissement donné au propriétaire du fonds.

Le délai entre l'avertissement et l'abandon est d'un an pour les fonds ruraux, et de trois mois pour les maisons et usines.

494. La rente foncière demeure éteinte lorsque le fonds qui en est redevable périt par une inondation ou par quelque autre force majeure.

495. La rente foncière est essentiellement rachetable.

Il ne peut être stipulé de clause contraire à la faculté de rachat, à moins qu'elle ne soit limitée à dix ans.

496. Le rachat ne peut être divisé malgré le créancier.

497. Lorsque la rente foncière a un capital connu, le rachat s'en fait sur ce capital tel qu'il est désigné dans le titre constitutif de la rente.

498. Les rentes foncières dont le capital n'est pas connu se rachètent, savoir : celles en argent, sur le pied du denier vingt; et celles qui consistent en une quantité fixe de denrées, au denier vingt-cinq de leur produit annuel, en ajoutant un dixième aux capitaux des unes et des autres, lorsqu'elles ont été créées sous la condition de non retenue des contributions publiques.

499. L'évaluation de celle qui se perçoit en fruits sur le fonds, lors de la récolte, se fait par des experts.

500. Si les rentes foncières sont en grains ou autres denrées, on forme pour leur évaluation une année commune du prix de ces grains ou denrées d'après les registres du

marché du lieu où doit se faire le paiement, s'il en existe un, sinon du marché le plus voisin.

501. Pour former cette année commune, on prend les quatorze années antérieures à l'époque du rachat; on retranche les deux plus fortes et les deux plus faibles, et l'année commune se règle sur les dix années restantes.

502. Dans les cas où l'évaluation de la rente peut donner lieu à une estimation d'experts, le redevable peut faire au propriétaire une offre réelle d'une somme déterminée; en cas de refus, les frais de l'expertise sont supportés par celui qui a fait l'offre ou par le refusant, selon que l'offre est jugée suffisante ou insuffisante.

503. L'offre se fait au domicile du créancier lorsque la rente est portable.

Elle se fait au domicile élu par le créancier lorsqu'elle est quérable.

Au défaut d'élection, elle est faite au commissaire du Directoire exécutif près l'administration municipale.

504. Le tuteur et les administrateurs peuvent employer en frais d'administration ceux de l'expertise, si elle a été ordonnée par l'avis des parens ou de l'administration.

505. Celui qui veut racheter une rente foncière est tenu de rembourser avec le capital du rachat tous les arrérages qui se trouvent dus, tant pour les années antérieures que pour l'année courante, à raison du temps qui s'est écoulé depuis la dernière échéance jusqu'au jour du rachat.

TITRE V.

Des manières d'acquérir la propriété.

506. La propriété s'acquiert
Par l'occupation;
Par l'accession;
Par la tradition;
Par la donation;

Par la succession;
Par la prescription.

§. 1ᵉʳ. *De l'Occupation.*

507. Ce qui n'est à personne appartient à celui qui s'en saisit le premier dans le dessein de se l'approprier.

508. On acquiert par occupation et sous les conditions ci-après :

Ce qui est susceptible d'une propriété privée et de nature à n'être utile à personne, tant qu'il n'est pas occupé.

509. La chasse est libre dans les terrains non clos, pendant le temps déterminé par le code rural.

510. Celui qui chasse sur le terrain d'autrui est responsable du dommage qu'il y cause.

511. Les bêtes sauvages non apprivoisées, si elles se sont échappées, n'appartiennent plus à celui qui les avait prises, dès qu'il a cessé de les poursuivre;

Elles sont au premier occupant.

512. Nul ne peut s'approprier les animaux domestiques égarés.

Ils doivent être rendus à leur maître quand il est connu.

513. Les animaux sédentaires n'appartiennent point au premier occupant, tant qu'ils conservent l'habitude de revenir dans la demeure que l'homme leur a préparée.

514. La pêche est libre et commune.

L'exercice et l'usage en sont réglés par le code de la marine.

515. Celui qui pêche dans une rivière non navigable, doit, en cas de dégâts, indemniser le propriétaire du fonds riverain.

516. Les choses du crû de la mer qui peuvent se trouver sur ses rivages, appartiennent au premier occupant.

Quant aux effets jetés à la mer pour alléger et sauver les navires, et ceux qui procèdent des naufrages et échouemens, il y est pourvu par le code de la marine.

517. Celui qui trouve un trésor dans son propre fonds en acquiert la propriété.

518. Il n'est permis à qui que ce soit de faire des recherches dans le fonds d'autrui, sous prétexte d'y découvrir un trésor.

519. Un trésor trouvé par hasard dans le fonds d'autrui, se partage entre celui qui l'a trouvé et le propriétaire de ce fonds.

§. 2. *De l'Accession.*

520. Le propriétaire acquiert de plein droit ce qui s'unit et s'incorpore à sa propriété, et toutes les augmentations qui surviennent par la nature ou par l'art.

521. Les accroissemens qui se forment insensiblement sur le rivage des fleuves et des rivières appartiennent au propriétaire du sol accru, sur la longueur de la rive de son héritage.

522. Si un fleuve change subitement de lit, et qu'il s'en forme un nouveau sur une propriété privée, le lit que le fleuve abandonne appartient aux propriétaires qui sont dépossédés.

523. Si une portion de terrain, reconnaissable et sensible, a été détachée subitement par la violence des eaux, et a été jointe à un autre héritage, celui à qui cette portion appartenait en conserve la propriété.

524. Les îles formées du terrain détaché d'un héritage par l'impétuosité d'un fleuve ou d'une rivière, appartiennent au propriétaire de cet héritage.

525. Celles qui se forment dans les lits des fleuves par des dépôts successifs, appartiennent aux propriétaires riverains les plus voisins de l'atterrissement.

526. La république dispose des îles qu'il est utile de détruire pour la commodité de la navigation.

527. Dans l'union qui s'opère par le fait de l'homme, si les choses unies peuvent être séparées sans détérioration, il faut les remettre dans le premier état.

528. S'il y a impossibilité de les séparer, on se conforme aux règles suivantes :

529. Une chose qui ne peut exister séparément de celle à qui elle est unie, suit la propriété de celle-ci.

530. Lorsque la chose d'autrui a été unie à celle d'un autre pour l'orner ou pour la compléter, et qu'elle ne peut, sans détérioration, être rendue à son premier état, elle est acquise au propriétaire de la chose à laquelle elle est unie.

531. Dans les autres cas, la matière principale est celle qui a le plus de volume; et en cas que le volume soit égal, celle qui a le plus de valeur.

532. S'il s'agit d'un ouvrage fait de bonne foi par celui qui n'était pas propriétaire de la matière, il appartient à l'ouvrier.

533. Dans les cas prévus par les articles précédens, il est dû une indemnité au propriétaire de la chose accessoire, s'il a un titre et s'il est de bonne foi.

§. 3. *De la Tradition.*

534. La tradition des immeubles s'opère par l'acte qui en transfère la propriété.

535. S'il y a concours entre deux acquéreurs ou donataires, la préférence est accordée au premier, quoique la tradition réelle de l'immeuble ait été faite au second, et sauf l'indemnité de celui-ci contre le vendeur.

536. Lorsqu'il s'agit de marchandises ou d'effets mobiliers, la tradition s'opère par la délivrance réelle.

537. La signification du transport, faite au débiteur d'une créance par celui qui l'a acquise, tient lieu de tradition.

TITRE VI.

Des Donations. (1)

§. 1er. *Dispositions générales.*

538. On dispose de ses biens à titre gratuit par donation entre-vifs, ou par donation à cause de mort.

Les testamens et les codicilles sont abolis.

539. Pour donner, il faut être majeur; pour recevoir, il suffit d'exister.

540. Indépendamment des libéralités entre époux, chacun dispose d'une portion de ses biens selon les règles prescrites par les articles suivans :

541. Celui qui n'a pas de parens peut donner tous ses biens.

542. Nul ne peut donner entre-vifs ou à cause de mort, au préjudice de ses héritiers en ligne directe, que la dixième partie de ses biens.

---

(1) Décret du 20 février 1790, portant que les religieux sortant de leurs maisons ne pourront recevoir par donations entre-vifs ou testamentaires que des pensions et rentes viagères.

Décrets des 19 mars et 8 octobre 1790, portant que les religieux peuvent disposer par donations entre-vifs ou testamentaires des biens, meubles et immeubles acquis depuis la sortie du cloître.

Décrets des 5 septembre 1791 et 5 brumaire an 2, qui abrogent les clauses prohibitives et impératives insérées dans les testamens et autres actes de dernière volonté.

Décret du 8 septembre 1791, qui prononce pour l'avenir la nullité des testamens et autres actes de dernière volonté, dans lesquels on n'aurait pas fait mention de la déclaration faite par les testateurs et témoins de ne savoir signer.

Décrets des 25 octobre et 14 novembre 1792 qui interdisent pour l'avenir toute substitution.

Décret du 7 mars 1793 qui abolit la faculté de tester.

Décret du 5 frimaire an 2, relatif aux dons faits aux domestiques peu fortunés, depuis le 14 juillet 1789.

Décrets des 5 brumaire et 17 nivôse an 2, sur la manière de disposer de ses biens par donations.

Décrets des 3 ventôse an 3, et 3 vendémiaire an 4, sur la police des cultes, portant défense de faire aucune dotation perpétuelle ou viagère pour en acquitter les dépenses.

Décret du 9 fructidor an 3, portant que les dispositions des lois des 25 brumaire et 17 nivôse n'auront d'effet que du jour de leur promulgation.

Décret du 3 vendémiaire an 4, qui détermine le mode d'exécution du précédent.

Acte constitutionnel du 1er. vendémiaire an 4, portant, art. 385, que les étrangers établis ou non en France peuvent recevoir des biens situés en France.

543. Celui qui n'a que des parens collatéraux peut disposer, par donation entre-vifs, de la moitié de ses biens, et du tiers seulement par donation à cause de mort.

Il peut disposer du tiers par donation entre vifs si elle contient une réserve d'usufruit au profit du donateur.

544. On ne peut donner l'usufruit que de la quotité dont il est permis de donner la propriété, excepté dans les cas déterminés par les art. 318, 320 et 321.

545. Toute donation qui excède la portion disponible doit être réduite à cette portion.

546. Pour déterminer la portion disponible, on évalue les biens que le défunt a laissés et ceux qui sont compris dans les donations qu'il a faites.

547. Le donataire restitue, à compter du jour du décès du donateur, les fruits de ce qui excède la portion disponible.

548. On ne peut donner à celui qui possède en propriété la valeur de cent cinquante mille myriagrammes de froment.

Les héritiers du donateur doivent prouver que la fortune du donataire excède cette quotité.

549. Toutes donations à charge de rentes viagères, toutes ventes à fonds perdus faites en ligne directe à l'un des héritiers présomptifs ou à ses descendans, sont interdites.

550. Toute donation pour acquitter les dépenses d'un culte est nulle.

551. Dans toute donation,

Les conditions impossibles;

Les dispositions contraires aux lois et aux mœurs;

Celles qui portent atteinte à la liberté du donataire et aux droits de l'homme et du citoyen;

Sont réputées non écrites.

§. 2. *Des Donations entre-vifs.*

552. Les donations entre-vifs ne comprennent que les biens présens.

553. Elles sont irrévocables, même par la survenance d'enfans.

Elles peuvent être révoquées par l'ingratitude du donataire dans les deux cas suivans :

S'il attente à la vie du donateur ;

S'il se rend coupable envers lui de sévices ou injures graves.

554. Le donateur qui veut agir, doit se pourvoir dans l'an qui suit le fait d'ingratitude.

555. La demande en révocation de la donation ne peut être formée par le donateur contre les héritiers du donataire.

Elle ne peut l'être par les héritiers du donateur, lorsque celui-ci ne l'a pas intentée.

556. La révocation ne préjudicie ni aux aliénations faites par le donataire, ni aux engagemens qu'il a pu prendre.

557. Le donateur peut stipuler le droit de retour, tant pour lui-même que pour ses descendans, dans le cas où le donataire et ses descendans viendraient à mourir avant lui.

558. Il peut se réserver l'usufruit de la chose donnée, ou en disposer au profit d'un autre.

559. Dans tous les cas, la propriété de la chose donnée est acquise au donataire du jour de la donation, comme s'il y avait eu tradition réelle.

560. Les donations entre-vifs sont sans effet, si elles ne sont point acceptées par le donataire, dans l'acte même qui les contient.

561. Le donataire peut accepter par le ministère de son mandataire spécial.

Le mandat doit être annexé à la minute de l'acte de donation.

562. La femme mariée en communauté ne peut accepter une donation entre-vifs, sans y être autorisée par son mari, ou, à son refus, par le juge de paix du domicile de l'époux.

563. Les donations entre-vifs sont nécessairement reçues par deux notaires, ou par un notaire en présence de deux témoins.

564. Dans les donations d'effets mobiliers, s'il n'y a point de délivrance, il faut annexer à la minute de la donation un état des effets donnés, signé du donateur, du donataire, du notaire et des témoins.

565. L'omission de cette formalité prive le donataire du droit de réclamer aucun des effets donnés.

566. Les donations entre-vifs sont transcrites sur des registres publics à ce destinés.

567. Ces registres sont tenus par l'un des préposés à la recette du droit d'enregistrement, dans la commune où siége le tribunal civil du domicile du donateur, et dans la commune où les biens donnés ont leur assiette.

568. La donation doit être transcrite dans le délai de trois mois, à compter de sa date.

569. Après ce délai elle est nulle.

Ses effets ne peuvent être opposés,

Ni au donateur,

Ni à ses héritiers ou créanciers,

Ni au tiers-acquéreur des biens donnés.

570. Les donations faites à la femme commune en biens doivent être transcrites à la diligence du mari.

S'il ne remplit point cette formalité dans le mois qui suit la donation, la femme peut y faire procéder sans autorisation expresse.

Dans tous les cas, le paiement des droits de transcription est à la charge de la communauté.

§. 3. *Des Donations à cause de mort.*

571. Les donations à cause de mort sont révocables jusqu'au trépas.

572. Elles peuvent contenir des dispositions en faveur de diverses personnes.

573. Aucune donation à cause de mort n'est valable, si elle n'a dix jours de date à la mort du donateur.

574. La condition de survie n'a lieu,

Ni lorsque la mort du donateur a été subite ou causée par quelque accident.

Ni pour les donations faites par les défenseurs de la patrie, par ceux qui sont employés aux armées de terre et de mer, et par ceux qui se trouvent renfermés dans des lieux avec lesquels toute communication est interrompue.

Elle ne peut être opposée par la nation au donataire de celui qui n'a point de parens, et qui n'était point marié.

575. Il suffit pour la validité des donations à cause de mort, qu'elles soient écrites, datées, signées de la main du donateur, et remises au juge de paix du canton du domicile du donateur, ou à un notaire.

576. Elles ne datent que du jour de la remise.

577. La remise est constatée,

Par le procès-verbal du juge de paix,

Par l'acte de souscription dressé par le notaire en présence de deux témoins.

578. Lorsque la donation à cause de mort est faite par acte public, elle doit être reçue par deux notaires ou par un notaire en présence de deux témoins.

579. Les parens ou alliés jusqu'au troisième degré inclusivement

Du donateur,

Du donataire,

Ne peuvent être témoins de l'acte de donation.

580. Les donations faites par les défenseurs de la patrie, et par ceux qui sont employés dans les armées de terre et de mer, peuvent être reçues par un officier supérieur, assisté de deux témoins ou par deux membres du conseil d'administration du corps auquel ils sont attachés.

581. A l'égard de ceux qui se trouvent renfermés dans des lieux avec lesquels toute communication est interrompue,

ils sont autorisés à employer, au défaut de notaire, le ministère de tout autre fonctionnaire public.

582. Les donations faites par les défenseurs de la patrie et par les citoyens employés dans les armées n'ont aucun effet, si, au plus tard deux mois après leur retour des armées ou le rétablissement des communications, elles ne sont confirmées dans la forme prescrite pour les donations des autres citoyens.

583. Aucune donation à cause de mort ne peut être annulée pour suggestion, captation ou autre motif quelconque.

TITRE VII.

Des Successions. (1)

§. 1er. *Dispositions générales.*

584. Les successions sont ouvertes par la mort naturelle et par la mort civile.

(1) Décret du 20 février 1790, qui déclare les religieux incapables de successions.
Décrets des 19 mars et 8 octobre 1790, portant que les religieux hériteront de préférence au fisc, et que leurs biens, lorsqu'ils n'en auront pas disposé, passeront à leurs parens les plus proches. (Par les décrets des 18 vendémiaire, 5 brumaire et 17 nivôse de l'an 2, ils sont admis à recueillir et partager les successions ouvertes depuis 1789).
Décret du 15 mars 1790, relatif aux droits féodaux, portant abolition des droits d'aînesse et de masculinité, à l'égard des fiefs et de l'inégalité dans les partages à raison de la qualité des personnes.
Décret du 22 novembre 1790, sur la législation domaniale, portant que les biens des personnes qui décèdent sans héritiers légitimes, ou dont les successions sont abandonnées, appartiennent à la nation, et que le conjoint survivant pourra succéder à défaut de parens.
Décret du 6 mars 1791, relatif aux successions dont les héritiers seront absens et non représentés, ou mineurs non émancipés, ou n'ayant pas de tuteur.
Décret du 8 avril 1791, relatif aux successions *ab intestat* qui abolit le droit d'aînesse et le conserve en faveur des personnes mariées ou veufs ayant des enfans, et qui contient des dispositions sur le mode de partage des successions à venir.
Décret du 4 janvier 1793, portant abolition du droit d'aînesse réservé par le décret du 8 avril 1791, en faveur des personnes mariées, veufs avec enfans.
Décret du 7 mars 1793, portant que tous les descendans auront un droit égal sur le partage des biens de leurs ascendans.
Décret du 4 juin 1793, portant en principe que les enfans nés hors le mariage succéderont à leurs père et mère. (Ce principe a reçu son développement par la loi du 12 brumaire an 2).
Décret du 18 vendémiaire an 2, relatif au partage des successions entre enfans *issus de deux mariages.*
Décrets des 22 vendémiaire, 5 brumaire et 17 nivôse an 2, qui règlent le mode

585. Les parens du défunt, français ou étrangers, lui succèdent dans l'ordre établi par la loi.

586. Les enfans ou autres descendans du défunt lui succèdent.

587. Au défaut d'enfans ou autres descendans, la succession appartient aux père et mère, à moins qu'ils ne soient exclus par des descendans d'eux.

Au défaut de père et mère, elle appartient aux autres ascendans, sous la même condition d'exclusion.

588. Les parens collatéraux succèdent lorsque le défunt n'a point laissé de parens en ligne directe.

589. S'il n'y a ni descendans, ni ascendans, ni parens collatéraux, la succession appartient au survivant des époux, et, à son défaut, à la nation.

590. Si deux individus, respectivement appelés à la succession l'un de l'autre, périssent dans un même accident, ou sont mis à mort dans la même exécution, et qu'on ne puisse connaître lequel des deux est décédé le premier, la présomption de survie est déterminée

Par les circonstances du fait,

de partage des successions échues depuis le 14 juillet 1789 et de celles à échoir à l'avenir.

Décret du 22 ventôse an 2, relatif aux contestations qui naîtront de l'exécution des décrets ci-dessus.

Décrets des 23 ventôse et 9 fructidor an 2, contenant solution de diverses questions relatives aux mêmes décrets.

Décret du 9 fructidor an 2, additionnel à celui du 17 nivôse, relatif aux successions ouvertes dans les colonies, et celles des absens partis avant le 1er. juillet 1789.

Décrets des 11 ventôse et 16 fructidor an 2 et 10 ventôse an 3, relatifs à la conservation des droits ouverts pendant leur absence, aux défenseurs de la patrie, aux officiers de santé, prisonniers de guerre et autres employés aux armées.

Décret du 16 frimaire an 3, relatif à la conservation des intérêts des enfans adoptés.

Décret du 9 fructidor an 3, portant que les dispositions des décrets des 5 et 12 brumaire et 17 nivôse de l'an 2 n'auront d'effet que du jour de leur promulgation.

Décret du 3 vendémiaire an 4, qui détermine le mode d'exécution du précédent.

Acte constitutionnel du 1er. vendémiaire, portant art. 335, que les étrangers établis ou non en France succèdent à leurs parens étrangers ou français.

Décret du 3 brumaire, portant que les intérêts dus pour douaires et légitimes seront payables moitié en nature.

Loi du 13 frimaire, qui détermine le mode d'exécution du précédent.

Résolution du 23 germinal, relative aux successions interprétative des décrets des 8 avril 1791, 5 brumaire et 17 nivôse an 2 et 3 vendémiaire an 4.

Loi du 21 prairial, relative au prédécès de deux personnes se succédant de droit et mises à mort dans la même exécution. (La présomption de survie est en faveur de la plus jeune.)

Au défaut de circonstances,

Par la force de l'âge, du tempérament et du sexe.

591. La loi exclut des successions les personnes dont elle ne reconnaît plus l'existence.

592. Nul ne peut recueillir la succession de celui auquel il a donné volontairement la mort.

593. Ceux qui négligent de dénoncer à la justice le meurtre du défunt, sont privés de sa succession.

594. La représentation a lieu à l'infini en l'une et l'autre ligne.

Néanmoins l'ascendant le plus proche exclut de la succession le plus éloigné.

595. La représentation fait entrer les représentans

Dans la place,

Dans le degré,

Et dans les droits du représenté.

596. Il n'y a plus de différence de biens, ni dans leur nature, ni dans leur origine, pour en régler la transmission.

597. Les biens donnés par les ascendans à leurs descendans, avec stipulation de retour, ne sont pas compris dans les règles ci-dessus.

Ils ne font pas partie de la succession du descendant, tant qu'il y a lieu au droit de retour.

598. Il n'est rien innové pour les donations antérieures au 5 brumaire de l'an 2, quant aux effets du retour légal dans les pays et pour les cas où ce droit avait lieu.

§. 2. *Des Successions qui échoient aux descendans.*

599. Si le défunt laisse des enfans, ils lui succèdent également.

600. Au défaut d'enfant, les petits-enfans succèdent à leur aïeul ou aïeule.

601. Au défaut de petits-enfans, les arrière-petits-enfans succèdent à leur bisaïeul ou bisaïeule.

602. Au défaut de ceux-ci, les autres descendans succèdent dans l'ordre de leur degré.

603. Dans le cas des trois articles précédens, les descendans succèdent par souche.

604. La portion héréditaire de l'enfant reconnu avant le mariage de son père ou de sa mère, est la même que celle de l'enfant né pendant le mariage.

605. La portion de l'enfant reconnu postérieurement au mariage de son père ou de sa mère, est de la moitié de celle de l'enfant né dans le mariage, s'il y a concours entre ces enfans.

606. Les dispositions des deux articles précédens sont applicables à l'enfant qui a prouvé sa filiation contre sa mère ou contre les héritiers de celle-ci.

607. La portion héréditaire de l'enfant adoptif est de la moitié de celle de chacun des enfans du sang.

Elle ne peut s'élever au-delà d'un capital produisant le revenu annuel de quinze cents myriagrammes de froment.

608. S'il n'y a point d'enfans du sang, l'enfant adoptif prend la moitié de la succession,

Ou le *maximum* établi par l'article précédent.

609. Si l'enfant adoptif meurt sans postérité ou sans avoir disposé de ses biens, sa succession appartient aux enfans ou descendans de ceux qui l'ont adopté.

610. Les père et mère d'adoption recueillent la succession de leur enfant adoptif, lorsqu'ils ne sont point exclus par leurs enfans ou autres descendans.

§. 3. *Des Successions qui échoient aux ascendans.*

611. Si le défunt ne laisse ni descendans, ni frères ou sœurs, ni descendans de frères ou de sœurs, ses père et mère, ou le survivant des deux, lui succèdent.

612. Au défaut de père et de mère, s'il n'existe pas de descendans, les autres ascendans succèdent suivant la proximité du degré.

613. La succession se divise entre eux par moitié et par souche, quand même il y aurait deux ascendans d'un côté et un de l'autre.

§. 4. *Des Successions en ligne collatérale.*

614. Au défaut de descendans, les parens collatéraux succèdent à l'exclusion des ascendans dont ils descendent.

615. En toutes successions collatérales échues à des parens du défunt, les uns paternels et les autres maternels, on fait deux parts,

L'une pour la ligne paternelle,

L'autre pour la ligne maternelle.

616. Les plus proches parens de chaque ligne, ou ceux qui les représentent, sont préférés.

617. Au défaut de descendans du père, les descendans des aïeul et aïeule paternels excluent les autres descendans des bisaïeul et bisaïeule de la même ligne.

618. Au défaut de descendans de la mère, les descendans des aïeul et aïeule maternels excluent les autres descendans des bisaïeul et bisaïeule de la même ligne.

619. La même exclusion a lieu en faveur des descendans des bisaïeuls ou bisaïeules, ou ascendans supérieurs contre ceux des ascendans d'un degré plus éloigné dans la même ligne.

620. La succession se subdivise dans chaque ligne en autant de parties qu'il y a de branches appelées à la recueillir.

621. Dans chaque branche, les représentans partagent également la portion du représenté.

622. Si le défunt ne laisse pas d'héritiers descendans de son père, la portion paternelle est attribuée pour une moitié aux descendans de l'aïeul paternel, et pour un autre aux descendans de l'aïeule paternelle.

623. Si le défunt ne laisse pas d'héritiers descendans de sa mère, la portion maternelle est pareillement partagée

entre les descendans de l'aïeul maternel et ceux de l'aïeule maternelle.

624. Il en est de même si le défunt ne laisse pas d'aïeul ou d'aïeule soit dans l'une, soit dans l'autre branche.

Les descendans du bisaïeul et ceux de la bisaïeule prennent chacun une moitié dans la portion qui aurait appartenu à l'aïeul ou à l'aïeule.

625. Il en est de même encore pour les descendans des degrés supérieurs, lorsque le bisaïeul ou la bisaïeule ne laissent pas de descendans.

626. Les parens d'une ligne ne succèdent pour le tout qu'au défaut de parens de l'autre ligne.

627. Le double lien n'exclut pas le lien simple.

Les frères et sœurs germains du défunt prennent d'abord la moitié de la succession; ils partagent par tête l'autre moitié avec les frères et sœurs consanguins ou utérins.

628. La disposition de l'article précédent est observée lorsque des parens collatéraux, descendant tout à la fois des auteurs de plusieurs branches, sont appelés à la succession.

Ils recueillent cumulativement la portion à laquelle ils sont appelés dans chaque branche.

§. 5. *De la renonciation aux successions, et de celles qui demeurent abandonnées.*

629. Nul n'est tenu d'accepter la succession qui lui est échue.

630. Celui qui a recueilli une succession peut y renoncer, pourvu qu'il ait fait inventaire.

631. L'inventaire doit être fait dans trois mois, à compter du jour de l'ouverture de la succession.

632. Ce délai peut être prorogé par le tribunal civil, si le successeur établit qu'il n'a pas eu connaissance du décès du défunt.

633. Les formes de l'inventaire, celles des oppositions et

de leur main-levée sont réglées par le code de la procédure civile.

634. Celui qui accepte sans faire inventaire est tenu indéfiniment des dettes du défunt.

Il en est pareillement tenu,

Si l'inventaire n'a été fait dans les délais énoncés aux articles 631 et 632 ;

S'il s'est emparé des biens ou d'une partie d'iceux sans acceptation expresse.

635. La portion de celui qui renonce à une succession accroît à ceux qui l'acceptent, lorsqu'elle n'est pas acceptée par ses descendans, ou, à leur défaut, par ses créanciers.

636. Lorsqu'une succession est vacante ou abandonnée, le juge de paix lui nomme un curateur.

637. Cette nomination se fait d'office, ou à la diligence du commissaire du Directoire exécutif près l'administration municipale du canton.

638. En cas de poursuites de la part des créanciers de la succession, le tribunal civil nomme le curateur, s'il n'a déjà été nommé par le juge de paix.

639. Le curateur aux successions abandonnées en poursuit et exerce tous les droits ;

Il répond aux demandes et aux actions des créanciers ;

Les conteste ou les approuve, s'il y a lieu.

640. Le curateur aux successions vacantes administre et rend compte comme le tuteur, sans recourir au conseil de famille.

641. On ne peut renoncer à la succession d'un homme vivant,

Ni aliéner les droits éventuels qu'on peut y avoir.

TITRE VIII.

Des Rapports et des Partages.

§. 1ᵉʳ. *Des Rapports.*

642. Les enfans ou autres descendans venant à la succession de leur père, mère ou autres ascendans, sont tenus de rapporter ce qu'eux, ceux qu'ils représentent, leurs enfans ou descendans en auraient reçu directement ou indirectement.

643. Dans le cas déterminé par l'article précédent, le rapport a lieu sans qu'aucun des cohéritiers puisse s'en dispenser, même en renonçant à la succession.

644. Le rapport ne peut être exigé par les créanciers du défunt.

645. En ligne collatérale, le donataire n'est tenu au rapport que de ce qu'il a reçu personnellement, et quand il prend part dans la succession.

646. Ce qui a été employé pour l'établissement d'un des cohéritiers ou pour le paiement de ses dettes, doit être rapporté.

647. On ne rapporte,

Ni les frais de nourriture, d'entretien, d'éducation, d'apprentissage ;

Ni les dons d'effets mobiliers, quand il y a eu tradition réelle, et que leur valeur n'excède pas 2,000 fr.

648. Il n'y a pas lieu au rapport des profits que l'héritier a pu retirer des conventions passées avec le défunt, si elles ne présentaient aucun avantage lorsqu'elles ont été faites.

649. Il en est de même pour les associations faites sans fraude entre le père et le fils, lorsque les conditions en ont été réglées par un acte authentique, et que l'état des biens respectifs a été constaté par un inventaire préalable.

650. S'il s'agit d'une vente ou d'un prêt, il doit être fait mention, dans le contrat de vente ou dans l'obligation, de

la destination du prix de la chose vendue ou de la somme prêtée.

L'acquéreur ou le débiteur est tenu de justifier par acte que l'emploi a été fait conformément à cette destination.

651. Le rapport se fait en nature, ou, en moins prenant, au choix du donataire.

652. S'il est en nature, le donataire doit être remboursé par ses cohéritiers des impenses utiles et nécessaires faites dans la chose donnée.

L'estimation des impenses se fait eu égard à leur valeur actuelle.

653. Si le rapport est fait en moins prenant, la chose rapportée est estimée sur le pied de sa valeur actuelle, déduction faite des impenses.

654. Les fruits et les intérêts des choses données sont sujets au rapport du jour de l'ouverture de la succession.

§. 2. *Des Partages.*

655. Lorsque les héritiers sont tous présens, tous majeurs, et qu'ils sont d'accord, il n'est pas nécessaire de faire apposer le scellé sur les effets de la succession.

656. S'il y a des héritiers mineurs ou absens, le scellé doit être apposé dans le plus bref délai, soit à la poursuite des héritiers présens, soit à la diligence de l'agent municipal ou du commissaire du Directoire exécutif près l'administration municipale du canton.

657. Les créanciers ont aussi le droit de faire apposer le scellé.

658. Quand le scellé a été mis sur la demande des héritiers ou d'un créancier, les autres créanciers peuvent s'opposer au scellé.

Alors on ne peut ni le lever, ni procéder à l'inventaire, sans y appeler tous les opposans.

659. Les effets mobiliers doivent être estimés par des personnes en état d'en connaître le prix.

Il est fait mention de la prisée dans l'inventaire.

660. Les corps héréditaires doivent être pareillement estimés.

L'estimation peut être faite par des experts nommés en justice ou désignés par les cohéritiers, s'ils sont d'accord entre eux.

Elle est rédigée par écrit, et contient en détail la valeur de l'objet estimé.

661. Lorsqu'une succession est dévolue à plusieurs cohéritiers, les lots sont faits par l'un d'eux, le plus également possible, et choisis successivement par les autres.

662. Chaque héritier a le droit, avant le choix des lots, de se plaindre de leur composition, et de demander qu'ils soient réformés.

663. Le lot non choisi demeure à celui qui les a faits.

664. Le sort désigne celui qui doit former les lots, et l'ordre dans lequel ils doivent être chosis.

665. Les partages sont faits suivant les règles ci-dessus, soit que les cohéritiers soient tous majeurs, soit que quelques-uns soient en minorité, soit qu'ils soient tous mineurs, pourvu que, dans ce cas, il y ait des tuteurs différens.

666. Les lots sont définitifs à l'égard des mineurs lorsqu'ils ont été faits ou choisis par leurs tuteurs, autorisés par un conseil de famille, dans lequel les cohéritiers n'auront point été admis.

667. Quand une succession est composée de meubles et d'immeubles, le partage en est fait séparément.

668. Les héritiers peuvent partager les meubles en nature.

669. Lorsqu'il y a des créanciers opposans, les meubles sont vendus publiquement.

Le prix de la vente entre dans la masse des biens.

670. Le partage des immeubles se fait, autant que possible, sans morceler les héritages ni diviser les exploitations.

671. Dans le cas où l'immeuble est indivisible, et que

quelqu'un des cohéritiers ne veut pas demeurer dans l'état d'indivision, il est licité entre eux.

672. La règle établie par l'article précédent est applicable à tous ceux qui jouissent d'un immeuble par indivis.

673. L'inégalité des lots est compensée par un retour, soit en rente foncière, soit en argent.

674. Si quelques-uns des cohéritiers sont donataires, et que le rapport ait été fait en moins prenant, la part de ceux qui ne sont point donataires ou qui le sont par portions inégales, sera, autant que possible, en même nature de biens, ou en effets de pareille valeur et bonté.

675. Le partage est annulé, si quelqu'un des cohéritiers établit qu'à son égard il y a eu lésion de plus du quart, quoiqu'elle n'aille pas entièrement au tiers.

676. Les dettes, même celles qui ont pour cause l'acquisition d'un immeuble, sont supportées par tous les héritiers, selon la portion de la valeur des biens de toute nature que chacun d'eux a recueillie.

677. Néanmoins les rentes foncières établies sur un immeuble sont supportées par celui des héritiers à qui cet immeuble est échu.

Elles se déduisent sur la valeur du fonds.

678. Les deux articles précédens ne préjudicient point aux hypothèques, sauf le recours des cohéritiers les uns envers les autres.

679. Si quelque cohéritier refuse de venir à partage;

S'il s'élève entre eux des difficultés à raison de la composition des lots, de la vente des meubles ou de la licitation des immeubles, ils sont tenus de convenir d'arbitres pour terminer leur différend.

Dans ce cas, les lots doivent être tirés au sort, et les étrangers admis à la licitation.

TITRE IX.

De la Prescription. (1)

680. La prescription établit la propriété par la possession.

681. Elle éteint aussi les droits et les obligations.

682. Pour compléter la prescription, le possesseur actuel joint à sa possession celle de son auteur, à quelque titre qu'il lui ait succédé.

683. Tout ce qui est dans le commerce est prescriptible.

684. S'il s'agit de choses destinées à l'usage public ou commun, il faut, pour les prescrire, que la possession ait été tellement exclusive, que les autres citoyens aient été privés de la faculté d'en jouir.

685. La possession n'est qu'un fait.

Tout possesseur est présumé propriétaire jusqu'à preuve contraire.

686. Cette présomption cesse lorsque le possesseur jouit en vertu d'un titre exclusif de la propriété.

A son égard, la prescription ne commence à courir que du jour où il a changé la cause de sa possession.

687. Celui qui possède publiquement et paisiblement un immeuble depuis un an, doit être provisoirement maintenu, en cas de trouble ou de violence.

688. La possession d'un meuble en fait présumer la propriété, hors à l'égard de celui qui l'a volé.

689. Nul ne peut réclamer un meuble volé ou perdu,

Sur celui qui l'a acheté

Dans une vente par justice,

Dans une foire ou dans un marché.

---

(1) Décret du 15 mars 1790, relatif aux droits féodaux, portant que toutes les rentes rachetables par leur nature seront, jusqu'à leur rachat, soumises, pour le principal, à la prescription que les coutumes et lois ont établie relativement aux immeubles.

Décret du 16 août 1790, relatif à l'ordre judiciaire, portant que la citation devant le juge de paix suffit pour interrompre la prescription.

Décret du 1er. juillet 1791, relatif à la prescription pour raison des droits corporels et incorporels dépendans des domaines nationaux.

690. Le possesseur de bonne foi acquiert les fruits qu'il a perçus jusqu'au moment où le véritable propriétaire a formé contre lui une demande judiciaire.

691. La loi détermine le temps de la prescription.

Ce temps varie en raison du délai dont chaque individu a besoin pour l'exercice de ses droits, et de la nécessité de garantir les propriétés de toute incertitude.

692. Le prix des marchandises vendues en détail,

Celui des travaux et des journées,

Les demandes des médecins, chirurgiens, apothicaires, pour visites ou médicamens,

Le salaire des hommes de service,

Se prescrivent par six mois.

693. Le prix des marchandises vendues en gros,

Se prescrit par deux ans.

694. La continuité de fournitures et de travaux n'interrompt pas la prescription pour ce qui est antérieur au terme de six mois ou de deux ans.

695. Tout ce qui est payable par années, semestres, trimestres ou mois, se prescrit par trois ans, quand le droit du demandeur est établi par acte,

Ou par deux termes de paiemens, s'il s'agit de conventions verbales.

696. Les biens, droits et créances pour lesquels il n'est point fixé de terme, se prescrivent par quinze ans, indépendamment du titre et de la bonne foi du possesseur.

697. Sont exceptés de la précédente disposition les recours en garantie, contre lesquels la prescription ne commence que du jour où l'action principale est exercée.

698. On ne peut exiger de celui qui a prescrit, la déclaration qu'il a payé.

699. La prescription peut être opposée par tous ceux qui y ont intérêt.

Elle ne peut être suppléée d'office par le juge.

700. La prescription est accomplie la veille du jour correspondant à celui qu'on a commencé à prescrire.

701. Dans les prescriptions au-dessous d'un an, les jours complémentaires ne sont pas comptés.

702. La prescription ne court point

Contre le mineur,

Contre l'interdit,

Entre époux,

Ni pour les droits non encore ouverts.

703. La prescription se continue du moment où a cessé la cause qui en a interrompu le cours.

704. Elle est accomplie par la réunion du temps utile dans les diverses époques.

705. Elle est interrompue,

Si le possesseur a cessé de jouir pendant un an;

S'il a reconnu les droits du propriétaire;

Si le débiteur a reconnu ceux du créancier;

S'il y a eu demande judiciaire.

706. Les causes qui interrompent la prescription rendent inutile le temps qui les a précédées.

La prescription ne recommence que lorsqu'elles ont pris fin.

LIVRE TROISIÈME.

Des Obligations.

TITRE Ier.

Des Obligations en général, de leurs Causes et de leurs Effets.

707. Les obligations ont deux causes:

Les conventions et la loi.

708. Les obligations passent aux héritiers de ceux qui les ont formées.

Ceux-ci sont tenus de tous leurs effets.

§. 1ᵉʳ. *Des Conventions*.

709. Sans consentement et sans concours de volontés, point de convention.

710. La promesse d'un seul non acceptée n'est point une convention.

711. Toute convention, quelle qu'en soit la cause, fait loi entre ceux qui l'ont formée.

712. Les conventions n'ont d'effet que relativement à leur objet,

Et à ceux qui les ont formées.

713. Toute convention sur un droit universel comprend même les choses dont les parties n'avaient pas connaissance.

714. Les conventions sont susceptibles de toutes les dispositions non prohibées par la loi.

Celles qui blessent l'honnêteté publique et l'ordre social, sont nulles.

715. Un fait indéterminé ne peut être l'objet d'une convention ;

Elle doit avoir une cause certaine.

716. Quiconque prend des engagemens qu'il ne peut remplir, doit indemniser, à proportion de la perte qu'il occasionne, celui avec lequel il a traité.

717. La convention est nulle, s'il y a dol, violence grave ou erreur sur la qualité de la chose.

718. La disposition de l'article précédent a lieu,

Soit que le dol ait été la cause de l'engagement,

Soit qu'étant intervenu dans la convention, il en attaque la substance ou les accessoires, pourvu qu'il ait été pratiqué par la personne avec laquelle l'on a traité.

719. La violence grave annulle les conventions, lors même qu'elle est exercée par un tiers à l'insu des contractans.

720. Nul ne peut être relevé de ses engagemens pour d'autres causes.

721. L'action pour réclamer dure trois ans, pour les ma-

jeurs, à compter du jour de l'acte, et pour les mineurs, du jour de leur majorité accomplie.

722. L'accomplissement des conditions est indivisible, lors même que l'objet de la condition peut être divisé.

723. La condition doit porter sur un événement futur.

Celle qui se rapporte au passé ou au présent, détruit l'obligation ou l'accomplit au moment même où la convention est passée.

724. La condition est tenue pour accomplie aussitôt que celui qui s'est engagé sous condition met obstacle à son accomplissement.

725. Lorsqu'une convention dépend de l'accomplissement de quelques conditions, son exécution se règle d'après l'état où se trouvent les choses lorsque ces conditions sont accomplies.

726. Les charges que les contractans s'imposent l'un à l'autre, produisent le même effet que les conditions.

727. Celui qui s'est engagé à livrer de deux choses l'une, est maître du choix.

Si l'une périt, il doit livrer l'autre.

Si l'une ne peut être l'objet d'une convention, l'autre est due.

Si toutes les deux périssent, il doit le prix de la dernière.

728. Lorsque la chose promise vient à périr par la faute du débiteur, ou par sa négligence, il doit indemniser celui avec lequel il a traité.

729. C'est au débiteur à prouver que la chose due ou la chose promise a péri par cas fortuit ou sans qu'il y ait faute de sa part.

730. Si celui qui doit livrer une chose certaine et déterminée, n'a pas été mis en demeure de la livrer, il n'est tenu ni des cas fortuits, ni de la force majeure, à moins qu'il n'en ait été autrement convenu, ou que par une faute précédente il n'ait donné lieu au cas fortuit.

731. Quiconque est en demeure de remplir ses engage-

mens, doit dédommager du préjudice du retard celui envers lequel il s'est obligé.

Il est tenu aussi de lui faire raison des fruits qu'il a perçus et qu'il aurait pu percevoir.

732. Le dommage résultant de l'inexécution des conventions se règle suivant le prix et la valeur de la chose à l'époque qu'elle devait être livrée.

733. Dans les obligations à terme, le débiteur est en retard du jour de l'échéance.

S'il n'y a pas de terme, il est en retard du jour où il a été sommé de remplir ses engagemens.

734. Le créancier est en retard aussitôt que le débiteur lui a offert la chose due, en le sommant de la recevoir.

735. Lorsqu'il y a des ambiguités ou des contrariétés apparentes dans les conventions, les juges les résolvent,

Par l'intention connue des parties,

Par l'ensemble des dispositions ou des termes de l'acte ;

En préférant, dans le double sens, celui qui est favorable à la libération;

En donnant à la convention le sens qui se rapporte le plus à son sujet et aux caractères de l'acte qui la contient.

736. Lorsque le prix d'une chose n'est pas fixé, il se règle sur le prix moyen.

737. Les conventions sont classées par leurs propriétés caractéristiques et non par leur dénomination.

Elles existent, quoiqu'elles n'aient pas les qualités de l'acte dont elles portent le nom.

§. 2. *Des obligations qui naissent de la loi.*

738. Il y a des faits qui obligent sans convention et par la seule équité.

739. Celui qui reçoit le payement de ce qui ne lui est pas dû, est tenu de le restituer.

740. Il n'est point assujéti à cette restitution quand il

s'agit d'une obligation que l'équité naturelle rendait légitime, et que le débiteur a acquittée volontairement.

741. Il y a engagement réciproque entre l'absent et celui qui gère ses affaires sans mandat.

742. Cet administrateur volontaire doit rendre compte de sa gestion à l'absent ou à ses héritiers.

743. Il obtient le remboursement de ses frais, lorsqu'il prouve que ce qu'il a fait était utile ou nécessaire pour les affaires de l'absent.

744. Cette utilité doit être considérée dans son principe, et non d'après l'événement.

745. Celui qui cause un dommage est tenu à le réparer, quel que soit le fait qui y donne lieu.

746. Le dédommagement est réglé par les juges, selon les circonstances, et sur un rapport d'experts.

TITRE II.

Des Obligations solidaires. (1)

747. Quand il y a solidarité entre plusieurs coobligés, le créancier peut en poursuivre un pour tous.

748. Ses poursuites contre l'un d'eux empêchent la prescription contre les autres.

749. La solidarité a lieu sans stipulation,

Contre ceux qui se sont obligés conjointement de faire ou de donner une chose indivisible, ou qui sont héritiers de celui qui a contracté une semblable obligation;

Contre les codétenteurs du fonds assujéti à une rente foncière ou à une dette hypothécaire;

---

(1) Décrets des 3 mai et 18 décembre 1790, sur le mode et le taux du rachat des rentes foncières solidaires.

Décret du 20 août 1792, qui abolit la solidarité pour le remboursement des rentes foncières perpétuelles, ci-devant irrachetables.

Décret du 9 frimaire an 2, relatif à l'action que tout ci-devant codébiteur de droits féodaux ou censuels peut avoir contre son coobligé pour se faire rembourser la part qu'il a payée pour lui.

Contre les administrateurs de deniers publics ou pupillaires ;

Contre ceux qui ont accepté en commun un mandat, ou qui se sont rendus caution judiciaire;

Contre associés dans le commerce pour les obligations concernant leur négoce et les lettres-de-change qu'ils ont tirées ou endossées ;

Contre ceux qui ont coopéré à un même délit, pour les amendes, réparations civiles et dépens.

Hors ces cas, la solidarité doit être exprimée.

750. Le créancier recevant de l'un des coobligés une partie de sa créance, n'est point censé renoncer à la solidarité s'il ne l'exprime par sa quittance.

751. Le codébiteur solidaire, qui paie pour tous, est subrogé de plein droit au créancier pour la répétition des portions dont ses codébiteurs sont tenus.

752. Lorsque l'un des codébiteurs est insolvable, sa part est supportée par les autres à proportion de ce qu'ils ont touché.

753. Quand un des débiteurs solidaires a succédé au créancier, il a contre ses coobligés action pour les contraindre à payer leur cote-part de l'engagement.

TITRE III.

Des Cautions. (1)

754. Celui qui se rend caution s'oblige de payer pour celui qu'il cautionne.

(1) Décrets des 4 novembre 1790, 8 février 1791 et 8 mars 1793, relatifs aux receveurs de district, aux receveurs de l'enregistrement et aux directeurs des postes, portant que l'hypothèque sur les biens d'une caution est acquise du jour de la réception du cautionnement.

Décret du 16 septembre 1792, qui renvoie à la Convention un projet présenté par le comité des finances, sur la nature et la forme des cautionnemens des receveurs de district, etc., et sur les effets qui doivent en résulter pour la nation sur leurs effets mobiliers et immobiliers.

Décret du 16 juillet 1793, portant qu'il ne sera fait aucun paiement en exécution de jugemens attaqués par voie de cassation, sans une caution préalable.

Décrets des 7 floréal et 14 pluviôse an 2, relatifs à la suppression des cautionnemens.

Loi du 15 germinal an 4, relative aux cautionnemens à fournir par les receveurs des départemens.

Ses engagemens ne peuvent être plus étendus que ceux du principal obligé ; il serait déchargé de ce dont il s'obligerait de plus.

Ses engagemens peuvent être moindres.

755 Les engagemens deviennent plus étendus, lorsque la caution s'oblige pour une plus forte somme que le débiteur principal.

Ils le sont encore s'il est intervenu des changemens à son préjudice,

Dans les conditions de l'obligation principale,

Dans le lieu, le temps, le mode du payement.

756. La caution du capital n'est caution des intérêts que par une convention expresse.

757. Tout ce qui éteint ou diminue l'obligation principale, éteint ou diminue les engagemens de la caution.

758. Néanmoins si l'obligation principale est consentie par un mineur ou par un interdit, ou par une femme commune en biens, et non autorisée, le majeur qui a cautionné demeure obligé.

759. Lorsque le débiteur ne donne caution que pour une partie de la dette, le premier paiement qu'il fait s'impute sur cette partie, et opère la libération de la caution.

760. Si le créancier reçoit en payement un héritage, et qu'il soit évincé, il n'a aucun recours contre la caution.

761. Le créancier doit constater l'insolvabilité du débiteur principal avant de poursuivre la caution, s'il n'y a stipulation contraire.

762. L'insolvabilité du débiteur est constatée par la discussion de ses meubles et de ceux de ses immeubles qui sont situés sur le territoire de la république.

763. Si pendant les poursuites contre la caution, le débiteur principal devient solvable, le créancier doit le poursuivre de nouveau.

764. La caution qui a payé pour le débiteur principal doit être remboursée avec intérêts, du jour du payement,

de tout ce qu'elle a déboursé pour lui, en capital, intérêts et dépens.

765. Elle peut opposer contre l'obligation tout ce que le débiteur principal serait fondé d'y opposer.

766. Si la caution paye volontairement sans en avertir le débiteur principal, celui-ci peut lui opposer les mêmes exceptions et moyens de défense qu'il aurait pu opposer au créancier.

767. Dans les cautionnemens de plusieurs personnes pour une même obligation, l'une d'elles ne peut être poursuivie pour le total, si la solidarité n'a point été stipulée.

768. Celui qui a fourni une caution judiciaire est tenu d'en fournir une seconde si la première devient insolvable.

769. La caution judiciaire peut être poursuivie avant le débiteur principal, sans qu'il soit besoin d'en constater l'insolvabilité.

TITRE IV.

De l'extinction des Obligations. (1)

770. Les obligations s'éteignent

Par le paiement ou la consignation;

Par la novation;

Par la délégation acceptée;

Par la remise de la dette;

Par la compensation;

---

(1) Décrets des 3 mai et 18 décembre 1790, 13 avril et 15 septembre 1791, portant que tout redevable de rentes foncières qui ne voudra pas demeurer garant d'un remploi, pourra se libérer par la consignation.

Décret du 25 messidor an 3, portant qu'aucun créancier ne peut être contraint de recevoir le remboursement de ce qui lui est dû avant le terme porté au titre de sa créance.

Décret du 18 thermidor an 3, qui excepte des dispositions du précédent les créanciers des successions bénéficiaires, des faillites, etc.

Décrets des 6 et 28 thermidor an 3, qui autorisent tout débiteur de billet au porteur ou autres effets négociables, dont le porteur ne se sera pas présenté dans les trois jours qui suivent celui de l'échéance, à déposer la somme portée au billet entre les mains des receveurs de l'enregistrement.

Décret du 1er. fructidor an 3, portant qu'un remboursement n'est consommé que lorsque le débiteur s'est dessaisi par la consignation.

Par l'extinction de la chose;

Par l'accomplissement des conditions résolutoires;

Par la prescription.

§. 1ᵉʳ. *Du Paiement et de la Consignation.*

771. Dans les obligations conditionnelles, le créancier ne peut rien demander avant l'échéance ou l'accomplissement de la condition.

772. Lorsqu'une obligation a été contractée sans terme, le créancier peut aussitôt en exiger le paiement.

Si elle renferme un terme, le paiement ne peut être exigé avant le terme convenu.

773. Le débiteur ne peut payer qu'au créancier;

Ou à quelqu'un qui ait pouvoir de lui;

Ou qualité pour recevoir.

774. Le paiement ne peut se faire partiellement, à moins qu'il n'en ait été autrement convenu, ou qu'il n'y ait contestation sur la quantité de ce qui est dû.

775. Le terme du paiement peut être anticipé par le débiteur, s'il n'y a clause contraire.

776. Il peut être convenu que le paiement sera précédé d'un avertissement préalable.

777. Lorsque le paiement est dû en argent, il ne peut se faire ni en immeubles, ni en effets mobiliers.

778. Celui qui a promis de faire quelque chose, ne peut, malgré celui à qui elle est due, s'en acquitter par une autre personne.

779. Le créancier peut être forcé par le coobligé et par la caution de recevoir ce qui lui est dû, s'il ne préfère de recevoir la portion de dette du coobligé, et de renoncer à la solidarité ou au cautionnement.

780. Le créancier hypothécaire antérieur, s'il ne veut renoncer à son hypothèque, peut être forcé par le créancier postérieur de recevoir ce qui lui est dû.

781. Toute personne peut payer à l'insu et à la décharge

du débiteur pour le libérer, sans pouvoir demander d'être subrogé aux droits et hypothèques du créancier.

782. Le paiement doit être fait au lieu désigné dans l'obligation.

783. S'il n'y a pas eu de désignation, le paiement se fait au lieu où la chose se trouve, quand l'obligation consiste à livrer un corps certain et déterminé.

Si la dette est d'une somme d'argent, le paiement se fait au domicile du débiteur.

784. Le paiement fait par celui qui est chargé de plusieurs dettes envers le même créancier, s'impute sur celle qu'il désigne.

785. Au défaut de consignation, l'imputation se fait sur la dette que le débiteur a le plus d'intérêt d'acquitter.

786. Si le débiteur n'a pas d'intérêt d'acquitter une dette plutôt qu'une autre, l'imputation se fait sur la plus ancienne.

Lorsqu'elles sont de la même date, elle se fait sur celle qui est de la moindre somme.

Si elles sont de la même somme, le débiteur choisit.

Au défaut d'option de sa part dans le délai d'une décade, le choix appartient au créancier.

787. Dans tous les cas, l'imputation n'a lieu sur les capitaux que lorsque les intérêts sont acquittés.

788. Au refus du créancier de recevoir ce qui lui est dû, et d'en fournir quittance valable, le débiteur en fait offre réelle au créancier et à son domicile.

Si le créancier n'accepte point, le débiteur le fait citer en justice pour voir ordonner que la somme sera consignée.

789. Si l'obligation consiste à délivrer un corps certain, il faut sommer le débiteur de le retirer du lieu où il est.

Cette sommation tient lieu d'offres.

790. Il est dressé acte des offres faites au créancier, ainsi que de la sommation de recevoir.

791. Les offres sont suivies de consignation.

Si elles sont jugées suffisantes, elles équivalent à un paiement.

792. La consignation d'une partie de la dette n'arrête pas le cours des intérêts, à moins qu'il n'y ait contestation sur la quotité de ce qui est dû.

§. 2. *De la Novation.*

793. La novation substitue une obligation à celle qu'elle éteint.

Elle doit être expresse ou fondée sur des faits qui l'emportent nécessairement.

794. Si les contractans n'ont point exprimé leur volonté, ou si les faits n'établissent pas que l'ancienne obligation est éteinte, le premier engagement subsiste, le second est considéré comme une addition.

795. Pour rendre la novation valable, il faut que le créancier et le débiteur aient un caractère qui les autorise à faire les changemens par lesquels la nouvelle obligation diffère de la première.

796. Les changemens faits entre le créancier et le débiteur à une première obligation, ne s'étendent point aux objets dont le nouvel acte ne fait point mention.

§. 3. *De la Délégation acceptée.*

797. Par la délégation, un débiteur est substitué à un autre, avec le consentement du créancier.

798. Le débiteur qui s'est ainsi libéré demeure garant de l'existence de la dette qu'il a déléguée.

Il n'est point garant du recouvrement s'il ne s'est expressément obligé à cette garantie.

§. 4. *De la remise de la Dette.*

799. La remise faite au débiteur du titre qui contient son obligation, équivaut à une remise expresse de sa dette.

800. L'effet du précédent article est limité à la remise d'un titre sous-signature privée.

801. Cette remise est sans effet lorsque la somme a été saisie par les créanciers de celui à qui elle est due.

§. 5. *De la Compensation.*

802. La compensation s'opère de plein droit entre ceux qui se doivent respectivement, quoique les créances dérivent de diverses causes ou d'engagemens différens.

803. Elle n'a point lieu lorsque les dettes ne sont point liquidées;

Lorsque l'une d'elles a été contractée purement et simplement, et l'autre sous condition;

Lorsque les termes ne sont pas échus.

804. Au moyen de la compensation, les dettes respectives se trouvent totalement anéanties.

Si les sommes dues sont égales,

Elles sont seulement diminuées jusqu'à concurrence de la plus petite dette sur la plus considérable, lorsqu'il y a inégalité entre elles.

805. Les intérêts cessent de courir au profit du créancier du jour auquel le concours des deux dettes a donné ouverture à la compensation.

806. On peut opposer la compensation en tout état de cause.

Les juges doivent compenser d'office les dettes, lorsqu'il y a lieu.

807. La compensation n'est point admise

Contre les pensions alimentaires et leurs arrérages;

Contre la peine portée par un compromis;

Contre le dépôt;

Contre les intérêts civils.

§. 6. *De l'extinction de la chose promise.*

808. L'obligation de livrer ou de rendre un corps certain ou déterminé cesse s'il périt par cas fortuit ou force majeure.

809. La perte tombe sur celui qui est en retard,
Ou de délivrer,
Ou de retenir la chose.

TITRE V.

De la Preuve (1).

810. En cas de contestation sur l'existence des obligations ou sur leur exécution, la preuve est à la charge de celui qui allègue l'une ou l'autre.

811. Si le demandeur ne peut prouver ce qu'il avance, le défenseur n'est obligé à aucune preuve.

812. La preuve se puise
Dans les actes ;
Dans les déclarations des témoins ;
Dans les aveux judiciaires, lorsque les parties ont exprimé qu'elles avaient eu l'intention de s'obliger.

813. Le serment judiciaire n'est plus admis.

814. Les actes ne sont authentiques que lorsqu'ils portent le caractère de l'autorité publique.

815. Un acte authentique fait foi de ce qu'il contient entre les parties qui l'ont signé, relativement à la chose qui en est l'objet.

Il ne peut nuire à un tiers.

816. Les actes sous-seing privé font foi en justice du jour qu'ils y ont été reconnus par ceux qui les ont signés.

Ils obligent ceux qui les ont faits comme les actes authentiques. Cet effet cesse lorsque ces actes se trouvent au pouvoir de celui qui les a souscrits.

817. L'acte privé qui contient des engagemens respectifs doit être écrit et signé double.

Il ne fait foi en justice que lorsque les deux doubles sont

---

(1) Décret du 13 messidor an 3, portant que l'acte sous-seing privé acquiert une date assurée, lorsqu'un acte authentique le réfère ou prouve son exécution.

représentés, à moins qu'il ne soit mentionné dans l'acte même qu'il a été fait double.

818. A l'égard des tiers intéressés, les actes privés ne font foi, quant à leur date, que du jour de leur enregistrement public, ou du jour du décès de l'un de ceux qui ont souscrit l'acte, ou de celui qui l'a écrit.

Ils font encore foi lorsqu'un acte authentique énonce leur date ou prouve leur exécution.

819. Les livres de commerce, lorsqu'ils sont tenus dans les formes prescrites pour en assurer la fidélité, font foi entre marchands pour fait de marchandises, à quelque somme que la chose puisse monter.

820. Celui qui est obligé par écrit, doit justifier de sa libération par écrit.

821. La preuve par témoins n'est pas reçue

Contre un acte,

Ni au-delà de ce qu'il contient.

822. Elle consiste dans les faits et les circonstances que renferment les dépositions des témoins.

823. Pour en établir la vérité, il faut le concours de deux témoignages uniformes

Sur chaque fait,

Ou sur chaque circonstance du même fait.

824. La preuve par témoins est admise,

Pour les dépôts nécessaires qui se font en cas d'incendie, de ruine, de tumulte, d'écroulement, de pillage, de naufrage;

Pour ceux qui sont faits par les voyageurs entre les mains des voituriers ou des personnes qui tiennent les hôtelleries où ils logent;

Pour la livraison de marchandises faites par des marchands à des particuliers, et non pour les crédits faits à des affidés ou hommes de service, quand même il serait prouvé que les marchandises ont été employées à l'usage de ceux au nom desquels on serait venu les demander.

825. Elle est encore admise dans les obligations qui ont la loi pour cause;

Dans tous les faits dont il a été impossible de s'assurer la preuve par écrit;

Lorsque la preuve littérale s'est perdue par force majeure ou cas fortuit, en constatant le fait qui a occasionné cette perte;

Quand il y a des commencemens de preuve par écrit;

En toute contestation qui peut être terminée définitivement par le juge de paix.

826. La preuve qui résulte de l'aveu judiciaire peut être détruite en justifiant que cet aveu est l'effet de l'erreur.

Cette erreur doit être prouvée par acte.

827. Il y a un commencement de preuve par écrit,

Si l'acte rapporté est de la main de quelqu'un qui ait intérêt dans la contestation, ou qui y fût partie s'il existait, en quelque temps que cet écrit soit fait;

S'il concerne l'objet du litige;

S'il n'a rien d'opposé à l'intention de celui qui s'en sert;

S'il s'accorde avec les circonstances du fait.

828. Les aveux judiciaires sont indivisibles.

Celui qui veut se servir de la déclaration de son adversaire, ne peut pas employer ce qui est à son avantage, et rejeter ce qui lui est contraire.

TITRE VI.

De la Vente (1).

§. 1er. *De la Vente.*

829. Tout ce qui est dans le commerce peut être vendu, lorsque des lois de police n'en ont point prohibé le trafic.

---

(1) Décrets des 15 mars, 15 et 17 mai et 19 juillet 1790, 13 mai 1792, 26 mai, 2 et 30 septembre 1793, et 19 floréal an 2, portant abolition des retraits féodaux, censuels, lignager et de demi-denier, et tous autres retraits.

Décret du 13 septembre 1791, qui fixe le délai pour faire et accepter les déclarations de command ou élection d'amis.

830. On peut vendre l'espérance d'une chose incertaine, pourvu qu'elle puisse exister.

831. On ne peut vendre à quelqu'un la chose dont il est propriétaire.

Une telle vente ne donne lieu à aucune indemnité.

832. Nul ne peut acheter ni par lui-même, ni par personnes interposées, les biens dont il a l'administration.

833. Le contrat de vente ne peut avoir lieu entre époux pendant le mariage.

834. La vente est parfaite quand on est convenu de la chose et du prix.

835. Le prix doit être certain, et consister en une somme déterminée.

836. Il peut être laissé à l'estimation d'un tiers.

837. Outre la somme convenue, l'acheteur peut s'obliger de donner ou de faire quelque chose pour le complément du prix.

838. Lorsqu'on vend au poids, au compte ou à la mesure, la vente n'est point parfaite que la marchandise ne soit pesée, comptée ou mesurée.

839. La disposition de l'article précédent n'a point lieu, si les marchandises ont été vendues en bloc.

840. Le vendeur doit livrer à ses frais, dans le temps convenu, la chose vendue, à moins qu'il n'y ait, à l'égard des frais, une stipulation contraire.

841. L'obligation de livrer une chose comprend :

Ses accessoires,

Les dépendances sans lesquelles elle serait inutile ;

Décrets des 25 août 1792, 12 février 1793 et 17 germinal an 2, portant abolition du droit de rabattement de décret usité dans le ressort du ci-devant parlement de Toulouse, et autres retraits de même nature.

Décret du 4 février 1793, relatif à l'estimation des fonds dont les ventes donnent lieu à se pourvoir par voie de rescision pour cause de lésion.

Décrets des 7 juin 1791 et 27 août 1792, sur les domaines congéables.

Décret du 3 floréal an 3, relatif aux droits qu'ont les adjudicataires des propriétés rurales sur les fermages en provenant.

Décret du 14 fructidor an 3, qui abolit l'action en rescision des contrats de vente ou équipollens à vente entre majeurs pour cause de lésion d'outre moitié.

Tout ce qui a été naturellement destiné à son usage perpétuel.

842. Celui qui vend la chose d'autrui, et qui ne peut la livrer, doit indemniser l'acheteur.

843. Si la chose vendue contient moins que le contrat ne le porte, le vendeur est tenu d'en indemniser l'acheteur.

844. Si dans le contrat de vente, on s'est exprimé par ces mots : *ou environ*, le vendeur ne peut être recherché, s'il ne manque pas plus de la vingtième partie de la chose vendue.

845. Il n'en est pas de même dans les ventes qui se font à raison d'une somme déterminée pour chaque mesure de terre.

846. Quand il y a eu simple promesse de vendre et d'acheter avec intention de rédiger la vente par écrit, l'acheteur qui s'y refuse perd ses arrhes, s'il en a donné; si c'est le vendeur, il rend à l'acheteur le double de ce qu'il a reçu.

847. Aussitôt que la vente est parfaite, la chose vendue est aux risques de l'acheteur, quoiqu'elle ne lui ait pas encore été livrée.

848. Lorsque la chose vendue produit des fruits naturels ou civils, l'acheteur, s'il n'a déjà compté le prix, en doit les intérêts à compter du jour qu'il est entré en jouissance, à moins qu'il n'en ait été autrement convenu.

849. Au défaut de paiement de la totalité du prix dans les termes convenus, la vente demeure résolue par la seule volonté du vendeur.

850. S'il n'y a pas eu de convention sur les termes du paiement, le vendeur peut, après sommation, faire résoudre la vente.

851. Les clauses obscures ou ambiguës s'interprètent contre le vendeur.

852. En discussion judiciaire, la vente s'opère sans le consentement du propriétaire.

853. Le vendeur ne peut se réserver la faculté de rachat.

854. Le délai pour faire et accepter les déclarations de command ou élection d'ami, est fixé, pour toute espèce de biens et pour tous effets, à six mois, à compter de la date des ventes ou adjudications contenant les réserves en vertu desquelles elles ont été faites.

§. 2. *Des Transports.*

855. La vente ou cession d'une créance n'a d'effet contre le débiteur que du jour où elle lui a été notifiée.

856. Les cessionnaires de droits litigieux ne peuvent exiger du débiteur que le prix de la cession et les intérêts, à compter du jour qu'elle a été faite.

Cette disposition n'est applicable,

Ni à des cohéritiers ou à des copropriétaires,

Ni à ceux qui ont reçu ces droits en paiement d'une créance certaine.

§. 3. *De la Garantie.*

857. Le vendeur est garant de la propriété qu'il aliène;
Des charges et rentes foncières dont la propriété est grevée;
Des vices rédhibitoires.

Il n'est tenu d'aucune autre garantie, si elle n'est formellement stipulée.

858. La garantie a lieu, soit qu'on revendique toute la chose ou une quantité déterminée.

859. En cas d'éviction, le vendeur est tenu du remboursement du prix,

Des fruits restitués par l'acquéreur,

Des impenses,

De l'augmentation de valeur de la chose vendue,

Des frais, à compter du jour de la demande en revendication.

860. Si l'héritage vendu, comme étant exempt de charges, se trouve grevé de services fonciers ou de rentes fon-

cières, il est au choix de l'acquéreur de demander la résolution de la vente ou une indemnité.

861. Le vendeur d'une créance en garantit l'existence au temps du transport, quoique le transport en soit fait sans garantie.

862. Il ne répond de la solvabilité du débiteur que lorsqu'il s'y est engagé.

863. Cet engagement le rend responsable de l'insolvabilité présente du débiteur, et de celle qui peut arriver dans la suite.

864. Le vendeur est garant des vices rédhibitoires, à moins que, ne connaissant pas le vice de la chose, il stipule qu'il ne sera point tenu à la garantie.

865. Les vices rédhibitoires sont ceux qui rendent nul ou presque nul l'usage de la chose, comme,

La pousse, la morve et la courbature dans la vente des chevaux,

Les trous dans les étoffes neuves,

La pourriture à l'égard des poutres.

866. Celui qui a vendu sciemment une chose atteinte d'un vice rédhibitoire, est tenu non-seulement de la reprendre et d'en restituer le prix, mais encore des dommages et intérêts envers l'acheteur, et de répondre des suites que le défaut de la chose a pu lui causer.

867. Si le vendeur a ignoré les défauts de la chose vendue, il est seulement tenu de la reprendre, d'en restituer le prix, et de rembourser les frais occasionnés par la vente.

868. L'acheteur doit former la demande en garantie dans le délai de deux décades, à compter de la tradition de la chose.

Ce délai expiré, l'action est prescrite.

869. Il est pourvu par le code judiciaire à tout ce qui concerne l'exercice de l'action qui naît de l'obligation de garantir.

870. Les règles établies pour les conventions en général, étant communes au contrat de vente, toutes les difficultés

qui peuvent s'élever relativement aux engagemens respectifs du vendeur et de l'acheteur, sont réglées par le titre premier du présent livre, dans tous les cas non prévus par les articles précédens.

TITRE VII.
De l'Échange.

871. Tout ce qui est prescrit pour la vente s'applique à l'échange.

Seulement, dans l'échange, la chose donnée tient lieu de prix.

TITRE VIII.
Du Louage. (1)

§. 1er. *Des Objets susceptibles de louage.*

872. Les meubles, les immeubles et la main-d'œuvre sont susceptibles de louage.

873. On ne peut louer les choses qui se consomment par l'usage.

874. Nul ne peut engager ses services à perpétuité.

§. 2. *Du Prix et de la Désignation des différens louages.*

875. Le prix de la location doit être déterminé par les parties ou par un tiers.

---

(1) Décret du 18 décembre 1790, portant que les baux à rentes ou à emphytéose, et non perpétuels, pourront être faits à l'avenir pour quatre-vingt-dix-neuf ans et au-dessous, ainsi que les baux à vie, même sur plusieurs têtes.

Décret du 26 août 1790, relatif à l'organisation des messageries, portant que les fermiers demeureront, jusqu'à décharge, responsables de tous les paquets, balles, ballots, marchandises et espèces qui leur seront confiés.

Décrets des 5 juin et 28 septembre 1791, sur les biens et usages ruraux et sur la durée et les clauses des baux des biens de campagne.

Décrets des 7 juin 1791 et 27 août 1792, sur les domaines congéables et baux à convenant.

Décrets des 11 mars 1791, 25 août 1792, 1er. brumaire et 26 prairial an 2, relatifs aux dîmes, rentes et autres objets supprimés, dont les fermiers pouvaient être tenus par leurs baux.

Décrets des 2 et 7 thermidor an 3, 3 brumaire et 13 frimaire an 4, qui ordonnent le paiement, moitié en nature, du prix des baux stipulés en argent.

Loi du 15 germinal an 4, qui détermine le mode de paiement, en mandat, du prix des baux et loyers.

Il doit consister en argent ou en denrées.

876. Le louage d'un fonds produisant des fruits naturels ou industriels, est appelé bail à ferme.

Le louage d'une maison ou d'un bâtiment, produisant des fruits civils, est appelé bail à loyer.

§. 3. *De la durée des baux.*

877. La durée des baux à ferme ou à loyer, peut être de vingt-cinq ans.

A l'égard des biens des mineurs et des femmes communes en biens, les baux ne peuvent excéder neuf ans pour les fonds de terre, et six ans pour les maisons et les usines.

Si la durée de ces baux est plus longue, le mineur, après sa majorité, et la femme, après que la communauté est dissoute, peuvent user du bénéfice du bail, sans que le preneur soit fondé à demander la nullité de la convention.

878. Lorsque la durée du bail n'est pas déterminée, il est censé fait,

Pour trois ans, s'il s'agit de terres partagées en trois soles ou saisons;

Pour un an, s'il s'agit de tout autre fonds;

Pour six mois, à l'égard d'une maison ou d'une usine;

Pour un mois, s'il est question de meubles ou d'appartement meublé.

879. Le bail passé par un usufruitier finit avec l'usufruit.

Le preneur n'a aucune indemnité à réclamer des héritiers du bailleur, si celui-ci lui a fait connaître le titre de sa jouissance.

880. Il n'y a point de réconduction tacite.

Le bail se résout de plein droit à l'expiration du terme, sans aucun avertissement.

Néanmoins, si après l'expiration du terme le locataire ou le fermier continuent leur jouissance, sans que le bailleur réclame, le bail doit continuer,

Pendant trois mois pour les maisons ou les usines;

Et pendant une année pour les héritages champêtres, aux prix, clauses et conditions prescrits par le bail expiré.

881. On ne peut faire un bail à qui que ce soit avant les deux années qui précèdent l'expiration du bail courant.

§. 4. *Des Obligations du bailleur.*

882. Le bailleur doit livrer à ses frais, s'il n'en a été autrement convenu, la chose louée ;

Néanmoins, dans le louage des meubles, le preneur est tenu de les faire enlever à ses frais, s'il n'y a stipulation contraire, ou si, postérieurement à la convention, les meubles n'ont été transportés ailleurs.

Dans ce cas, le bailleur est tenu de ce qu'il en coûte de plus pour l'enlèvement.

883. Le bailleur doit entretenir la chose en état de servir à l'usage pour lequel elle a été louée.

Il doit faire jouir paisiblement le preneur pendant la durée du bail.

Il doit faire cesser le trouble qui dérive des droits que des tiers veulent exercer sur la chose louée, ou des exceptions qu'ils opposent à l'action intentée par le preneur pour leur faire restituer les fruits ou pour les empêcher de le troubler dans sa jouissance.

884. Si le bailleur ne remplit pas ses obligations, s'il existe dans la chose louée des vices qui en gênent ou en empêchent la jouissance, il y a lieu, suivant les circonstances,

A une indemnité en faveur du preneur,

A la résiliation du bail,

A la remise du prix.

885. Si le bail énonce une contenance précise, le bailleur doit la fournir de point en point, ou remettre au preneur, sur le prix du bail, une somme proportionnée au défaut de contenance.

886. Si dans le bail on s'est servi de l'expression, *ou en-*

viron, il n'y a pas lieu à diminution du prix, si le preneur jouit des dix-neuf vingtièmes de la chose louée.

887. En cas d'inexécution du contrat de louage de la part du bailleur, le preneur n'a action que contre le bailleur ou contre ses héritiers.

Il ne peut agir contre le tiers détenteur des choses louées, soit que ceux-ci les possèdent comme acquéreurs ou comme locataires.

888. Celui qui a loué ses services, est tenu de remplir ses engagemens, à peine de dommages et intérêts.

889. Les voituriers par terre et par eau et les messagers,

Ceux qui entreprennent de transporter des meubles, marchandises ou autres objets, en sont responsables.

890. L'entrepreneur d'un ouvrage répond des défauts causés

Par son impéritie,

Par sa négligence,

Ou par ses ouvriers.

§. 5. *Des Obligations du preneur.*

891. Le bailleur ne trouble point la jouissance du preneur en visitant la chose louée ou en faisant les réparations nécessaires.

892. Le preneur doit user de la chose louée suivant sa destination ordinaire, ou suivant la manière exprimée par le bail.

Elle périt pour lui, lorsqu'il y a excès, négligence ou abus de sa part.

Dans tous les autres cas, elle périt pour le bailleur.

893. Le preneur est tenu aux dommages et intérêts,

S'il dégrade ou effruite,

S'il intervertit l'ordre de la culture.

894. Il est tenu du fait des personnes qu'il emploie.

895. Il répond de l'incendie, à moins qu'il ne prouve que

l'incendie est arrivé par cas fortuit, ou que le feu a été communiqué par une maison voisine.

896. S'il y a plusieurs locataires dans une maison, c'est le locataire de la partie où le feu a commencé qui est seul tenu de l'incendie.

897. S'il n'y a clause contraire, le preneur est tenu des réparations de menu entretien, telles que le recarrelage, le vitrage, le rétablissement des plafonds, des cheminées, des chambranles, et autres de cette espèce.

Il est tenu de faire sur-le-champ celles dont le retard pourrait causer du dommage.

898. Le propriétaire est tenu des autres réparations, telles que le rétablissement des murs,

Des planchers, des voûtes, des couverts, des degrés et des fosses d'aisance.

Il doit rétablir les portes, fenêtres, et tout ce qui périt par vétusté, par accident, ou par l'effet ou la réaction de quelques parties voisines.

899. Le preneur qui fait à ses frais des réparations convenues dans le bail, en retient le prix sur le montant de ses loyers, s'il n'en est autrement convenu.

900. Le preneur, qui fait à ses frais des réparations urgentes, à la charge du propriétaire, en retient le prix sur le montant de ses loyers.

Il retient également le prix des réparations qu'il a fait faire au refus du propriétaire, après y avoir été autorisé par jugement.

901. Le preneur peut sous-louer, s'il n'en a été autrement convenu.

§. 6. *De la Résolution du louage.*

902. Le bailleur ne peut, s'il n'en a été autrement convenu, résilier le bail,

Ni par la déclaration qu'il veut occuper lui-même;
Ni par la vente du fonds qui en fait l'objet.

903. Il y a lieu à la résolution du bail, en faveur du propriétaire,

S'il y a dégradation notable;

S'il y a abandon de culture pendant un an;

Au défaut de paiement de deux termes échus.

904. Le bail et le sous-bail sont résiliés de plein droit, lorsque le locataire contrevient à la clause qui lui interdit la faculté de sous-louer.

§. 7. *Du Paiement.*

905. En cas de perte des fruits par cas fortuit ou force majeure, il peut être accordé un délai au fermier pour le paiement.

Si la perte est totale, et que le bail ne soit que d'une année, le fermier est déchargé du prix.

Si le bail est plus long, ou si la perte est de la moitié, il lui est accordé une diminution qui est fixée à l'expiration du bail.

Elle se règle d'après la durée du bail, et le profit que le fermier a pu faire.

906. Si le fermier s'est chargé, par une clause expresse, de tous les accidens qui peuvent arriver aux fruits, il ne peut même, en cas de leur perte totale, exiger aucune remise sur le prix du fermage.

907. Le prix du louage se paie dans les termes et au lieu convenus.

908. S'il n'y a point de convention à cet égard, le paiement doit se faire au domicile du preneur,

De six en six mois, et par avance, pour le loyer des maisons.

Au terme échu, pour les héritages champêtres.

909. Faute de paiement du terme courant, et du dernier terme échu du prix du loyer, le propriétaire peut faire saisir et vendre les meubles du locataire.

910. Ce droit ne s'exerce que sur les meubles meublans

et sur les marchandises, lorsque la maison a été louée pour faire le commerce.

911. Il ne s'étend point aux autres effets réputés meubles, de quelque nature qu'ils soient;

Ni à ceux qui appartiennent à des voyageurs;

Ni à la matière confiée à des artistes pour être mis en œuvre.

912. Ce droit s'exerce sur les meubles loués par un tapissier pour garnir la maison;

Et sur ceux du sous-locataire, pour la portion du loyer qu'il occupe.

913. Ce droit cesse, lorsque les meubles ont été transportés, à moins que celui qui les a reçus n'en ait acheté la totalité sans avertir le propriétaire;

Ou s'il est établi qu'il a été d'accord avec le locataire pour soustraire les meubles.

914. Les meubles du fermier, et les fruits des héritages, sont également affectés au prix de la ferme.

915. En cas de concours avec d'autres créanciers, le propriétaire est payé suivant l'ordre des préférences, réglé par le titre seizième du présent livre.

916. Le locataire et le fermier exercent, pour le paiement des sous-baux, les mêmes droits que le propriétaire pour le paiement des baux.

TITRE IX.

De la Société. (1)

917. Il y a société lorsque deux ou plusieurs personnes conviennent de mettre quelque chose en commun, dans la vue de partager les bénéfices qui en résulteront.

918. L'acte de société doit être rédigé par écrit.

La preuve par témoins n'est pas admise.

---

(1) Décrets des 15 germinal et 1er. fructidor an 3, relatifs aux baux à cheptel.

919. On peut fixer la durée de la société à un certain temps ou pour la vie entière.

920. On peut la faire pure et simple, ou sous conditions.

Elle peut être universelle ou limitée à un certain bien et à un certain commerce.

921. La société universelle ne comprend que les profits que les associés peuvent faire par leur travail et leur industrie.

Elle ne s'étend point aux biens qui peuvent leur échoir par donations ou successions.

922. Nul ne peut, sans le consentement de ses associés, introduire un tiers dans la société.

923. La mise des associés peut n'être pas du même genre ni de la même quotité.

L'un d'eux peut fournir des fonds, et l'autre son industrie.

924. L'associé qui a promis de mettre une somme dans la société, en doit les intérêts du jour qu'il a été constitué en demeure.

925. Il doit aussi les intérêts de la somme qu'il a retirée du fonds commun pour l'employer à ses affaires particulières.

926. Chacun des associés a droit aux bénéfices pour une part égale, si le contraire n'a été convenu.

927. On ne peut convenir que la totalité des bénéfices doive appartenir à l'un des associés, sans que l'autre y puisse rien prétendre.

928. Après l'épuisement des fonds de mise, les pertes sont supportées par chacun des associés, proportionnellement à la part qu'il aurait eue dans les bénéfices si la société eût été avantageuse, à moins qu'il n'y ait convention contraire.

929. Dans les sociétés de commerce, l'un des associés oblige les autres lorsqu'il signe les actes en nom collectif, en ajoutant à sa signature *et compagnie*.

930. En toute autre société que celle de commerce, nul ne peut obliger ses associés s'ils ne lui en ont conféré le pouvoir.

931. L'associé qui a mis dans la société une somme déterminée, et dont la part dans les profits et les pertes a été réglée, ne peut être obligé au-delà de sa mise.

932. Les associés ne sont tenus entre eux que de leurs fautes et de leurs négligences graves.

933. Le pouvoir d'administrer est déterminé par l'acte d'association.

Il comprend toutes les affaires de la société, s'il n'en est autrement convenu.

Il ne peut être révoqué tant que la société dure.

934. Si l'administration des affaires communes a été partagée en plusieurs associés, chacun d'eux ne peut faire que les actes relatifs à la partie d'administration qui lui a été confiée.

935. Toute dépense légitime doit être allouée à celui qui l'a faite dans la vue d'opérer le bien commun, indépendamment du succès.

936. La société finit

A l'époque fixée pas le contrat d'association;

Aussitôt que la négociation qui y avait donné lieu est consommée;

Lorsque la chose qui en est l'objet n'existe plus;

Par la faillite;

Par la mort naturelle ou civile de l'un des associés;

Par son interdiction.

937. La mort de l'un des associés dissout la société, même entre les associés survivans, s'il n'en est autrement convenu.

938. Les héritiers de l'un des associés ne lui succèdent pas en cette qualité, néanmoins les effets de la société subsistent à leur égard jusqu'à l'accomplissement des affaires commencées, et ils doivent concourir à leur conclusion.

939. Chacun des associés peut en tout temps renoncer à à l'association illimitée, pourvu que cete renonciation ne soit point contraire à l'intérêt général de la société.

940. Il peut aussi y renoncer

Lorsqu'un des associés n'exécute pas les conditions de la société.

Lorsqu'il gère mal;

Lorsqu'étant dans un état habituel d'infirmité, il ne peut vaquer aux opérations dont il est chargé.

941. La société s'établit sans convention

Entre cohéritiers,

Codonataires,

Ou coacquéreurs.

Elle finit par la division des fonds et le partage des fruits recueillis en commun.

942. L'action de partage appartient à chacun des intéressés.

Il a toujours la faculté de l'exercer.

943. Dans la société connue sous le nom de bail à cheptel simple, le bailleur donne des bestiaux au preneur, après une estimation préalable.

944. Il en conserve la propriété jusqu'à concurrence de l'estimation.

945. Le preneur remplace par le croît les têtes qui périssent.

Il partage le surplus avec le bailleur.

946. Le croît est le bétail provenu de la multiplication des espèces.

Les autres profits appartiennent au preneur.

947. Si le bétail meurt, s'il se perd, s'il diminue de valeur par la faute du preneur, il en est seul responsable.

948. Si ces événemens arrivent par cas fortuit, ou par l'effet d'une force majeure, la perte tombe sur le propriétaire et le preneur.

949. Le preneur doit prouver le cas fortuit ou la force majeure.

950. Les règles prescrites pour les sociétés sont communes aux baux à cheptel simple.

951. A l'égard des bestiaux compris dans le bail d'une métairie, et destinés à son exploitation, le fermier ou preneur doit, à la fin du bail, ou lors du compte ou partage, les représenter en même nombre, espèce et qualité qu'il les a reçus.

952. Si le bail n'offre qu'une énonciation de la somme à laquelle les bestiaux ont été évalués, leur espèce, leur quantité et leur qualité sont déterminées par voie d'enquête ou par des experts.

953. Le preneur jouit en seul du croît et des autres profits pendant la durée du bail.

954. A son expiration, il ne peut retenir les bestiaux en payant la somme à laquelle monte l'estimation.

955. Si l'estimation se trouve égale à celle qui a été faite au commencement du bail, tout le bétail doit rester dans la métairie.

Si elle est inférieure, le preneur paie en argent ce qui manque.

956. Si elle s'élève à une somme plus forte, il n'est tenu de laisser des bestiaux dans la métairie que jusqu'à concurrence de ceux qui étaient compris dans la première estimation.

TITRE X.

Du Prêt. (1)

957. Toute espèce de prêt se forme par la tradition de la chose ou par la permission de s'en servir.

---

(1) Décret du 2 octobre 1789, sur le prêt à intérêt.
Décret du 18 frimaire an 3, portant que l'intérêt annuel des capitaux sera compté pour trois cent soixante jours seulement.
Décret du 9 messidor an 3, concernant le code hypothécaire, portant que les arrérages des rentes constituées, perpétuelles ou viagères, et les intérêts des capitaux qui en produisent, ne sont susceptibles de conférer hypothèque que pour une année et le terme courant.
Décret du 25 messidor an 3, qui suspend tous les remboursemens de rentes.
Lois des 12 frimaire et 3 nivôse an 4, qui autorisent le refus de remboursement de capitaux dus par obligations antérieures au 1er. vendémiaire.
Loi du 15 germinal an 4, qui lève la suspension des remboursemens et détermine le mode de paiement des intérêts et du remboursement des obligations.

§. 1ᵉʳ. *Du Prêt à usage.*

958. Tout ce qui est dans le commerce, et qui ne se consomme pas par l'usage, peut être l'objet de cette convention.

959. Le prêt à usage est essentiellement gratuit.

960. Dans cette convention, celui qui prête conserve la propriété de la chose prêtée.

Il doit rembourser les frais extraordinaires faits pour la conserver.

961. La chose empruntée ne peut s'employer que pendant le temps convenu.

962. Si celui qui a emprunté emploie la chose à d'autres usages qu'à ceux pour lesquels elle avait été donnée, il est tenu d'indemniser celui qui a fait le prêt.

963. Si la chose périt par accident, elle est perdue pour celui qui a fait le prêt.

964. Celui qui emprunte est responsable de la faute la plus légère; il l'est aussi des cas fortuits et de la force majeure, quand il emploie la chose à d'autres usages qu'à celui pour lequel elle lui a été prêtée.

965. Il est tenu de justifier qu'il n'y a ni faute, ni négligence de sa part.

966. Celui qui emprunte est tenu de rendre la chose prêtée

A l'expiration du temps convenu;

Lorsque l'objet pour lequel le prêt avait eu lieu est rempli;

Lorsque celui qui a prêté a un besoin pressant et imprévu de la chose.

967. Si le temps n'a pas été déterminé, la chose prêtée doit être rendue à la volonté de celui qui a fait le prêt.

Il doit accorder à celui qui l'a empruntée le délai nécessaire pour en faire quelqu'usage.

968. La chose prêtée doit être rendue

Dans le lieu désigné;

Au défaut de désignation, dans le lieu où elle était lors du prêt.

969. Si la chose prêtée est saisie entre les mains de celui qui l'a empruntée, il doit dénoncer la saisie à celui qui a fait le prêt.

Il ne peut se dessaisir de la chose qu'il n'y ait main-levée.

§. 2. *Du Prêt des choses de consommation.*

970. Tout ce qui se consomme par l'usage peut être l'objet de ce prêt.

971. Dans le prêt des choses de consommation, la propriété est transférée à celui qui emprunte.

972. Le débiteur est tenu de rendre le prêt en même quantité et qualité.

S'il est dans l'impossibilité d'y satisfaire, il est tenu d'en payer la valeur, eu égard au temps où la chose doit être rendue, et au lieu où la demande est formée.

S'il est en demeure, il doit l'intérêt du jour de la demande en justice.

973. La chose prêtée périt pour le débiteur, même par cas fortuit.

974. Les dispositions des articles 966, 967, 968 et 969, sont applicables au prêt des choses de consommation.

§. 3. *Du Prêt à intérêt.*

975. Tout ce qui se consomme par l'usage peut être l'objet de ce prêt.

976. Dans le prêt à intérêt, le débiteur est obligé de rendre plus qu'il n'a reçu.

La loi détermine le taux de l'excédent, quand il s'agit du prêt à terme ou d'une rente perpétuelle.

977. On peut convenir que l'intérêt sera au-dessous du taux.

S'il est plus fort, il y sera réduit.

978. L'intérêt peut consister en denrée ou en valeurs métalliques.

979. L'intérêt annuel est compté pour trois cent soixante jours seulement.

Il n'a point cours pendant les jours complémentaires.

980. Le prêt à intérêt prend le nom de *constitution de rente*, lorsqu'il est stipulé que le capital n'est pas exigible.

981. Le capital peut consister en une somme d'argent ou dans le prix de marchandises vendues.

982. Les arrérages ne peuvent être convertis en capital.

983. On peut constituer la rente de deux manières,

En perpétuel et en viager.

984. Le taux des rentes viagères,

Ce qui en fait l'objet,

Le temps et le mode de leur paiement,

Sont entièrement à la disposition de ceux qui les constituent.

985. On peut convenir que les rentes perpétuelles ou viagères seront payées sans aucune retenue des contributions.

986. La rente perpétuelle est due jusqu'au remboursement du capital.

987. La rente viagère s'éteint par la mort de celui ou de ceux à qui elle est due.

988. S'il n'y a clause expresse et contraire, le débiteur d'une rente perpétuelle peut la racheter en tout temps, en avertissant le créancier, quand il en est ainsi convenu.

Il en est de même des rentes viagères constituées, moyennant une somme déterminée;

Les autres ne sont pas rachetables.

989. Le débiteur d'une rente constituée ou viagère peut être contraint au rachat;

S'il cesse de remplir ses obligations pendant deux années;

S'il a hypothéqué à la rente des héritages qui ne lui appartenaient pas;

S'il a déclaré, contre vérité, ses biens francs et quittes de toutes charges;

Si ses biens sont vendus judiciairement;

S'il fait faillite ou banqueroute.

Il peut y être également contraint, s'il en a été ainsi convenu en faveur de la caution.

990. Dans toutes les espèces de prêt, les frais de l'acte de constitution et ceux de l'acte de libération, sont à la charge du débiteur.

TITRE XI.

Du Change. (1)

991. Le contrat de change se forme lorsqu'une personne qui reçoit ou doit recevoir une valeur dans un lieu, s'oblige à faire payer, à une époque déterminée, dans un autre lieu, une somme égale à la valeur qui lui a été remise.

992. L'acte au moyen duquel le change s'opère, se nomme lettre-de-change.

993. Ceux qui sont capables de tous les actes de la vie civile, peuvent s'obliger valablement en matière de change.

994. Pour qu'un acte soit réputé lettre-de-change il faut qu'il énonce

La valeur qui a été fournie;

Celle qui doit être payée;

L'époque et le lieu du paiement;

Le nom de celui qui a fourni la valeur;

De celui qui doit la payer;

De celui qui doit la recevoir.

995. Trois personnes concourent nécessairement à l'opération du change;

(1) Décrets des 6 et 28 thermidor an 3, relatifs au dépôt du montant des effets de commerce dont le paiement ne sera pas réclamé à son échéance.
Lois des 29 nivôse et 15 germinal an 4, relatives aux retraites de lettres-de-change sur l'étranger.

(1) La commission estime que ce titre doit être retiré du Code civil pour être placé dans le Code du commerce.

Celui qui a fourni et signé la lettre-de-change, c'est le tireur;

Celui qui a fourni la valeur, et à qui ou pour qui elle doit être payée, c'est le porteur ou donneur de valeur;

Celui à qui elle est adressée, et celui qui doit la payer, c'est l'acceptant.

996. Le tireur d'une lettre-de-change en garantit l'acceptation et le paiement.

997. La propriété d'une lettre-de-change se transmet de plein droit par l'endossement ou ordre;

S'il est daté;

S'il indique le nom et le lieu du domicile de celui au profit duquel il est passé;

S'il exprime la réception de la valeur portée en la lettre-de-change.

998. A défaut de l'une ou de l'autre de ces conditions, la lettre-de-change est réputée appartenir à celui qui l'a endossée.

Elle peut être saisie par ses créanciers et compensée par ses redevables.

999. Le porteur, dans le cas de l'article précédent, agit pour l'endosseur; il lui doit compte de la valeur et il est responsable de ses diligences.

1000. Au défaut d'acceptation, la lettre-de-change est protestée.

Sur la notification du protêt, le tireur est tenu de donner caution pour assurer le paiement de la lettre-de-change à son échéance.

1001. Au défaut de paiement à l'échéance, le tireur restitue

La somme principale et le prix du change, avec les intérêts, à compter du jour du protêt;

Les frais du protêt et autres légitimement faits;

Le rechange.

1002. Le rechange est dû pour le retour des lettres-de-change, lorsqu'il est justifié, par des certificats de négocians ou banquiers, que, par suite du protêt, il a été pris de l'argent par le porteur, ou tiré à son profit une lettre-de-change dans le lieu où la lettre-de-change protestée devait être payée.

1003. Le tireur de la lettre-de-change protestée ne doit le rechange que pour le lieu sur lequel il l'avait tirée.

1004. Néanmoins, si le tireur a donné par lettre-de-change le pouvoir de la négocier, soit en certains lieux, soit partout où il conviendrait au porteur, il doit le rechange pour tous les lieux où la négociation se serait faite en vertu de ce pouvoir.

1005. Celui sur qui une lettre-de-change est tirée, est tenu de l'accepter et de la payer, s'il en doit la valeur au tireur, et si cette valeur est exigible à l'échéance de la lettre-de-change.

En cas de refus, il doit indemniser le tireur ou ceux qui le représentent, de tous les frais et intérêts causés par la non-acceptation ou le non-paiement.

1006. Toute condition apposée à l'acceptation d'une lettre-de-change équivaut et donne ouverture au protêt.

1007. Il en est de même du défaut de date dans une acceptation.

1008. Celui qui accepte une lettre-de-change contracte l'obligation de la payer au porteur, quand même il ne devrait rien au tireur.

1009. Tous ceux qui ont apposé leur signature sur une lettre-de-change, à quelque titre que ce soit, sont tenus solidairement à la garantie envers le porteur.

1010. La lettre-de-change n'est valablement acquittée qu'entre les mains de celui au profit duquel est souscrit le dernier ordre.

1011. Il ne peut être forcé de recevoir le paiement avant l'échéance.

1012. La lettre-de-change doit être acquittée le jour de

son échéance, si ce jour est indiqué comme *fixe*, sinon dans les dix jours suivans.

1013. La lettre-de-change à vue n'est censée échoir que le jour où elle a été présentée au payeur.

1014. La lettre-de-change payable à plusieurs jours de vue n'est censée échoir que le dernier de ces jours.

1015. Le porteur d'une lettre-de-change payable à vue doit la présenter dans les quinze jours de la délivrance qui lui a été faite, s'il est domicilié dans le territoire continental de la république;

Dans le mois, s'il demeure dans les cent lieues au dehors des frontières;

Dans les dix mois, s'il demeure au-delà, ou outre-mer.

1016. Au défaut de paiement de la lettre-de-change, le porteur est tenu de la faire protester dans le jour qui suit le délai fixé par l'article 1012.

Tout protêt fait avant ou après ne peut produire aucun effet contre les tireurs ou endosseurs.

1017. Le protêt doit être fait au domicile du payeur.

1018. Il doit l'être également au domicile des personnes indiquées dans le même lieu par la lettre-de-change pour la payer au besoin.

1019. Il doit l'être aussi au domicile du tiers qui, après un protêt faute d'acceptation de celui sur qui la lettre-de-change est tirée, l'a acceptée pour l'honneur du tireur, ou d'un endosseur.

1020. Le protêt ne peut être suppléé par aucun acte. Le porteur n'en est point dispensé, ni par le protêt, faute d'acceptation, ni par la mort ou faillite du payeur, ni par la perte de la lettre-de-change.

1021. Si le défaut du protêt, dans le délai fixé par l'article 1016, a été causé par une force majeure et imprévue, il peut être réparé, par un protêt fait dans le jour qui suit celui ou l'obstacle a cessé.

1022. Si la lettre-de-change n'a été endossée au porteur

qu'après le délai fixé pour en faire le protêt, il n'est tenu de la faire protester que dans un terme égal à celui ci-dessus fixé pour la présentation des lettres à vue.

1023. Celui qui, après le protêt d'une lettre-de-change tirée sur un autre, en acquitte le montant pour l'honneur du tireur ou d'un endosseur, demeure subrogé dans tous les droits du porteur, quoiqu'il n'en ait ni transport ni ordre.

1024. Après le protêt d'une lettre-de-change, le porteur qui veut exercer son recours de garantie contre l'endosseur qui la lui a transmise, doit, à cet effet, le citer en jugement dans les dix jours qui suivent celui du protêt.

1025. Il a aussi la faculté d'exercer son recours, dans le même délai, contre le tireur de la lettre-de-change et contre tous les endosseurs.

1026. Ce délai, à l'égard de l'endosseur, domicilié à plus de dix lieues de l'endroit ou la lettre-de-change était payable, doit être augmenté d'un jour par cinq lieues excédant les dix.

1027. Quant à l'endosseur domicilié hors du territoire continental de la république, le délai doit être d'un mois, s'il est dans les cent lieues au dehors des frontières, et de dix mois, s'il est au-delà, ou outre-mer.

1028. L'endosseur cité par le porteur a, pour se pourvoir en garantie contre son propre endosseur, un pareil délai de dix jours, qui commence à courir le lendemain de la citation.

Ce délai est augmenté d'un jour par cinq lieues excédant les dix de distance du domicile de l'endosseur cité par le porteur, au domicile de celui que cet endosseur fait citer lui-même.

Si l'un ou l'autre endosseur est domicilié hors du territoire continental de la république, le délai se règle d'après l'article précédent.

1029. La même disposition a lieu en remontant d'endosseur en endosseur, jusqu'au tireur.

1030. Si le porteur exerce lui-même le recours de garantie de son endosseur contre les endosseurs précédens et le tireur, il jouit, à l'égard de chacun d'eux, du délai déterminé par les articles précédens.

Il en est de même de l'endosseur qui exerce l'action en garantie de son cédant immédiat, soit contre les endosseurs de celui-ci, soit contre le tireur.

1031. Après les délais ci-dessus fixés, soit pour la présentation des lettres-de-change à vue, soit pour le protêt, faute de paiement, soit pour le recours de garantie, les porteurs de lettres-de-change sont déchus de toute action contre les tireurs et endosseurs.

Les endosseurs le sont pareillement après l'expiration de ceux de ces délais qui les concernent.

1032. Sont exceptés,

Le cas où les tireurs et endosseurs ne peuvent prouver qu'à l'époque où la lettre-de-change était payable, celui sur qui elle était tirée, et qui ne l'a pas acceptée, leur devait, ou détenait à eux des fonds suffisans pour l'acquitter;

Le cas où, depuis l'expiration du délai, le tireur ou les endosseurs de la lettre-de-change en ont reçu la valeur, soit en argent, marchandises ou autres effets, soit par compte, compensation ou autrement.

1033. En cas de perte d'une lettre-de-change, celui à qui elle appartenait doit, pour en poursuivre le paiement, s'en faire délivrer une seconde par le tireur.

1034. Si la lettre-de-change égarée n'était pas payable au porteur, ni à ordre, mais à une personne désignée, la seconde lettre suffit pour en exiger le paiement, pourvu qu'elle fasse mention de la première comme devant demeurer nulle.

1035. Si la lettre-de-change égarée était payable au porteur ou à ordre, le paiement ne peut en être exigé sur une seconde lettre, qu'en donnant caution de la garantie.

1036. Pour se procurer une seconde lettre-de-change, lorsque celle qui est égarée était payable à ordre et avait reçu plusieurs endossemens,

Le porteur doit s'adresser à son endosseur immédiat, qui est tenu de lui prêter son nom et ses soins pour agir contre son propre endosseur, et ainsi en remontant d'endosseur en endosseur, jusqu'au tireur de la lettre.

1037. La seconde lettre-de-change peut être demandée, quoique les délais fixés, soit pour la présentation, soit pour le protêt, soit pour le recours de garantie, soient écoulés, sans préjudicier à la déchéance qui peut être acquise aux tireurs ou endosseurs.

1038. Tous les frais nécessaires pour obtenir une seconde lettre-de-change, même les ports de lettres écrites à cet effet par les endosseurs, sont à la charge du porteur qui a égaré la première.

1039. Toutes les actions relatives aux lettres-de-change, soit entre le porteur et l'accepteur, soit entre l'accepteur et les cautions du porteur, dans le cas prévu par l'art. 1035, soit entre l'accepteur et le tireur, soit entre le porteur et les endosseurs, soit entre le tireur, les endosseurs et le porteur, se prescrivent par cinq ans, à compter du jour fixé par le protêt.

Des Billets de change, Billets à domicile et Billets à ordre.

1040. Les billets de change sont ceux qui sont faits pour lettres-de-change fournies ou à fournir.

1041. Pour qu'un acte soit réputé billet de change, il faut qu'il énonce,

Les lettres-de-change qui ont été ou doivent être fournies, et pour le prix desquelles il est fait;

Les personnes sur qui ces lettres ont été ou seront tirées;

La valeur qui a été fournie par ces lettres;

Les personnes qui l'ont fournie.

1042. Le billet à domicile est un acte qui ne diffère de la lettre-de-change qu'en ce que la personne au domicile de laquelle doit s'en faire le paiement n'est pas indiquée comme devant payer elle-même.

1043. Le billet à domicile n'est pas sujet à l'acceptation de la part de la personne chez qui il est payable.

1044. Toutes les dispositions relatives tant à la négociation, au paiement, au protêt et à la perte des lettres-de-change, qu'au recours de garantie et à la prescription des actions auxquelles elles donnent lieu, s'appliquent aux billets de change, aux billets à domicile et aux billets à ordre.

1045. Néanmoins, la première des exceptions contenues dans l'article 1032 n'a pas lieu à l'égard de ces billets.

TITRE XII. (1)

Du Dépôt.

1046. Le dépôt est essentiellement gratuit.

1047. Les meubles et les objets réputés tels sont seuls susceptibles de dépôt.

1048. Le dépôt volontaire doit être fait par écrit, hors les cas de nécessité.

1049. Le dépositaire ne peut user du dépôt.

Il est obligé d'en remplir exactement les conditions, et d'avoir pour les choses confiées à sa garde, le même soin qu'il a pour les siennes.

1050. Il est responsable dans les cas suivans.

S'il s'est chargé volontairement du dépôt, il est tenu des fautes légères ;

---

(1) Décret du 12 septembre 1790, d'ordre du jour, sur la restitution des dépôts en nature.

Décret du 21 décembre 1792, portant que tous receveurs ou dépositaires de deniers sont tenus de s'acquitter en mêmes espèces qui avaient cours à l'époque de leur recette.

Décret du 3 fructidor an 3, portant que tout dépositaire qui aura disposé d'un dépôt, sera tenu de le rétablir en effets de même espèce et de même valeur.

Loi du 15 germinal an 4, qui lève la suspension de tous remboursemens, et qui porte que les dépôts doivent être rendus en nature.

Si, sans l'agrément du propriétaire, il use du dépôt, il répond en outre des cas fortuits et de la force majeure.

S'il est en demeure, il est tenu de la même responsabilité, à moins que la chose eût dû périr, quand même elle aurait été rendue à temps.

1051. Le dépositaire d'une chose cachetée ou fermée à clef n'est tenu que de la rendre telle, sans être responsable de ce qui y est contenu, à moins qu'on ne la lui ait montrée en détail.

Un pareil dépôt ne peut être ouvert qu'en présence de tous les intéressés, pour leur être remis.

1052. Le dépositaire est tenu de suivre les conditions du dépôt.

En cas de contestation, s'il n'y a point de preuve par écrit, il suffit que le dépositaire déclare qu'il s'est acquitté ou qu'il s'acquittera du dépôt selon les intentions de celui dont il l'a reçu, et que dans la loi du dépôt il n'y a rien de prohibé.

1053. Si la chose mise en dépôt appartient à plusieurs, le dépositaire ne peut la rendre qu'à tous ensemble, à moins que la portion de chacun d'eux ne soit déterminée.

1054. Si le dépôt d'une chose litigieuse est fait par plusieurs personnes, ou que la chose déposée soit saisie entre les mains du dépositaire, elle ne doit être rendue qu'à celui auquel elle est adjugée.

1055. Le dépositaire doit rendre le dépôt tel qu'il l'a reçu, sans pouvoir le remplacer par des espèces de même genre, qualité, quantité et valeur.

Les produits de la chose déposée font partie du dépôt.

1056. Le dépositaire ne peut retenir le dépôt par compensation de ce que pouvait lui devoir le déposant.

1057. La chose déposée doit être rendue au lieu où elle est gardée.

Les frais de restitution sont à la charge de celui qui a fait le dépôt.

1058. Le propriétaire de la chose déposée doit indemniser le dépositaire de toutes les dépenses faites pour la conservation du dépôt.

1059. L'action du dépôt est imprescriptible.

Tant que le dépôt existe, on peut le réclamer.

1060. Le dépositaire peut obliger celui qui a fait le dépôt de le retirer.

1061. Si l'héritier du dépositaire vend par ignorance la chose déposée, il n'est tenu que d'en rendre le prix.

1062. Il y a dépôt aussitôt que les effets des voyageurs ont été remis par ceux-ci, soit entre les mains des conducteurs de voitures ou des aubergistes, soit entre les mains de ceux qui sont censés préposés par ces personnes pour remplir les devoirs de leur état.

Ces dépositaires sont responsables de leur faute, quelque légère qu'elle soit.

TITRE XIII.

Du Mandat. (1)

1063. Le pouvoir de gérer les affaires d'autrui se confère par le mandat.

1064. La recommandation, les simples avis ou conseils ne constituent point le mandat, et ne produisent aucune obligation.

1065. Il ne se forme d'obligation entre le mandant et le mandataire que par l'acceptation du mandat.

1066. Le mandataire qui exécute accepte.

1067. Le mandataire qui, après avoir accepté le mandat, néglige de l'exécuter, peut être condamné envers le mandant aux dommages résultant de l'inexécution.

1068. Le mandant doit prouver par acte souscrit du mandataire que celui-ci a exécuté le mandat.

(1) Décrets des 11 ventôse et 16 fructidor an 2 et 10 ventôse an 3, relatifs aux pouvoirs à donner par les défenseurs de la patrie, officiers de santé, prisonniers de guerre et autres employés aux armées, lorsqu'il leur échoit des successions pendant leur absence.

1069. Le mandat peut être donné dans la prévoyance d'un droit à exercer, l'événement arrivant.

1070. Le mandat peut comprendre la gestion de toutes les affaires du mandant, alors c'est le *mandat général*.

Il peut conférer au mandataire le pouvoir de faire ce qu'il jugera le plus convenable à l'intérêt du mandant, alors c'est le *mandat indéfini*.

Il peut n'avoir pour objet qu'une seule chose, alors c'est le *mandat limité* ou *spécial*.

1071. Le mandat général ne comprend que les actes d'administration.

Il faut un pouvoir exprès pour accepter ou répudier une succession, pour transiger, pour reconnaître une dette, pour aliéner, à moins que ce ne soit des choses périssables.

1072. Dans le cas du mandat indéfini, le mandataire ne peut être recherché pour ce qu'il a fait de bonne foi, et en raison de la facilité ou de la difficulté des communications entre lui et le mandant.

1073. Le mandant est tenu de ratifier ce qu'a fait le mandataire, de le rembourser des dépenses raisonnables, et de le garantir des obligations qu'il a contractées en exécution du mandat.

1074. Le mandataire n'engage point le mandant,

S'il fait une autre affaire que celle qui est portée par le mandat;

S'il a soumis le mandant à des conditions plus onéreuses que celles qui lui ont été prescrites;

S'il n'a exécuté qu'en partie un mandat dont l'exécution totale était plus avantageuse;

S'il s'est substitué quelqu'un sans y être autorisé;

S'il a agi seul contre les termes du mandat qui lui avait associé quelqu'un.

1075. La ratification valide les engagemens pour lesquels le mandat ne contient pas de pouvoirs suffisans.

1076. Le mandataire ne peut exiger de salaires qu'en vertu d'une convention expresse.

1077. Le mandat finit par la mort naturelle ou civile, ou par l'interdiction du mandant ou du mandataire;

Par la renonciation de l'un ou de l'autre;

Par la révocation.

1078. Le mandataire qui, après la mort du mandant, agit de bonne foi, traite valablement.

1079. La mort du mandant ne dispense pas le mandataire de faire ce qui est urgent.

Les héritiers du mandant sont tenus de remplir ses engagemens.

1080. En cas de mort du mandataire, son héritier doit en donner avis au mandant, et, en attendant, pourvoir à ce que les circonstances exigent.

1081. Le mandat finit par la révocation aussitôt qu'elle est connue du mandataire.

Néanmoins celui-ci doit continuer les actes qui font partie du mandat, et qu'il était utile d'achever dans l'intérêt même du mandant.

1082. Le pouvoir donné à un autre pour le même objet tient lieu de révocation expresse lorsqu'il est notifié au premier mandataire.

1083. Le mandat finit par la renonciation du mandataire,

Si elle est connue du mandant.

Il doit laisser au mandant le temps nécessaire pour mettre ses intérêts à couvert.

1084. Le mandataire doit rendre compte au mandant, et lui remettre les actes relatifs à son administration.

Il peut retenir, sur les sommes qu'il a reçues, les avances qu'il a faites.

TITRE XIV.

Des Droits des Créanciers. (1)

1085. Les droits des créanciers diffèrent suivant les causes dont les créances dérivent, et suivant les effets qu'elles produisent.

1086. Pour obtenir son paiement, le créancier peut arrêter ce qui est dû à son débiteur;

Saisir et vendre ses biens.

1087. La contrainte par corps, pour dettes civiles, n'a point lieu.

Il n'est pas permis de la stipuler.

1088. Elle a lieu

A l'égard des receveurs et dépositaires de deniers publics ou communaux,

---

(1) Décrets des 29 janvier et 9 mars 1791, relatifs aux adjudications ou ventes de biens saisis judiciairement, dans l'étendue du département de Paris.

Décrets des 5 juin et 28 septembre 1791, relatifs aux biens et usages ruraux et aux saisies et exécutions qui peuvent être faites contre les fermiers.

Décrets des 4 juillet et 17 septembre 1791, et 23 août 1793, portant qu'il ne pourra être décerné de contraintes par corps contre les comptables, que trois mois après le jugement qui les aura déclarés reliquataires.

Décret du 8 juin 1791, relatif aux baux à convenant ou domaines congéables, et à la vente et saisie des meubles, et édifices et superficies appartenant aux domaniers et propriétaires fonciers.

Décret du 8 juillet 1791, relatif à la contrainte par corps et à la saisie et vente des meubles et effets appartenant à des militaires, pour obligations et engagemens pécuniaires contractés par eux.

Décret du 18 août 1791, portant que les pensions ou secours ne peuvent être saisis que jusqu'à concurrence de la moitié de leur montant.

Décret du 25 août 1792, qui abolit la contrainte par corps pour mois de nourrice.

Décret du 9 mars 1793, portant abolition de la contrainte par corps pour dettes civiles.

Décret du 28 mars 1793, qui excepte de l'abolition de la contrainte par corps les comptables des deniers appartenant à la république, fournisseurs et autres débiteurs directs.

Décrets des 14 février 1792 et 30 mai 1793, relatifs aux saisies et oppositions formées ou à former au trésor public.

Décret du 10 juin 1791, portant que les biens communaux échus en partage ne peuvent être saisis pour dettes, pendant les dix ans qui suivront sa publication.

Décret du 26 pluviôse an 2, qui interdit provisoirement aux créanciers particuliers la faculté de faire des saisies-arrêts ni oppositions sur les fonds destinés aux entrepreneurs de travaux pour le compte de la nation.

Décret du 19 pluviôse an 3, portant que les appointemens des officiers des troupes, des commissaires des guerres, et tous autres employés dans les armées ou à leur suite, ne pourront être saisis que pour un cinquième.

Décret du 9 messidor an 3, sur le code hypothécaire.

Et pour la représentation des sommes ou objets consignés par ordonnance de justice.

1089. L'exercice des droits des créanciers est réglé par le code de la procédure civile.

TITRE XV.
Du Gage ou du Nantissement.

1090. Le gage ou le nantissement n'a lieu que pour les choses mobilières.

Il comprend tout ce qui peut en provenir.

Le créancier qui en est possesseur doit en tenir compte.

1091. Le gage est imprescriptible.

1092. Le créancier n'a pas le droit de se servir du gage.

S'il s'en sert, ou qu'il soit en demeure de le restituer, il est responsable du dommage qui peut arriver à la chose.

1093. Il est tenu d'indemniser le débiteur à l'occasion des effets détruits ou détériorés par sa faute.

1094. Il lui est tenu compte des dépenses faites pour la conservation du gage.

1095. Lorsqu'on donne en nantissement une dette active, il faut en remettre le titre constitutif entre les mains du créancier, et notifier au débiteur la remise de son obligation.

1096. Celui qui a donné plusieurs effets en nantissement, ne peut en retirer aucun qu'après s'être entièrement libéré.

1097. Le nantissement ne peut être opposé aux autres créanciers que lorsqu'il est constaté par acte authentique.

1098. Au défaut de paiement, le créancier ne peut, de plein droit, s'approprier le gage.

Il n'est pas permis de faire une telle stipulation.

Le créancier peut faire citer le débiteur en justice pour être autorisé à faire vendre le gage ou à le retenir, sur estimation, jusqu'à concurrence de ce qui lui est dû en capital, dommages et intérêts.

1099. En cas de vente, elle est faite suivant les formes déterminées par le code de procédure civile.

Les frais sont toujours à la charge du débiteur.

1100. Si le prix de la vente ou de l'estimation excède le montant de la dette, le créancier doit remettre au débiteur cet excédent, ou le consigner, si celui-ci refuse de le recevoir.

TITRE XVI.

Des Préférences entre les créanciers. (1)

1101. En cas de concours de plusieurs créanciers sur le prix des meubles d'un débiteur commun, l'ordre des préférences est celui-ci :

1102. Les frais de vente et de distribution,

Les frais d'inhumation,

Le dernier terme et le terme courant du loyer et du fermage des immeubles sur le prix de tout ce qui garnit la maison louée ou la ferme, et de tout ce qui sert à l'exploitation de celle-ci,

Le créancier sur le gage dont il est saisi,

Le prix d'un effet mobilier non payé, s'il est en la possession du débiteur,

Les fournitures de l'aubergiste sur les effets du voyageur, transportés dans l'auberge,

Les frais de voiture et les dépenses faites pour la conservation de la chose voiturée sur cette chose,

Les frais et les avances de toutes récoltes, et coupes de bois, sur les récoltes et les bois exploités,

Les frais quelconques de la dernière maladie,

Le salaire des six derniers mois dus aux gens de service,

Les fournitures de subsistances faites au débiteur et à sa famille, pendant les six derniers mois,

---

(1) Décrets des 14 septembre 1790, 8 février 1791 et 8 mars 1793, relatifs à la préférence qu'a la nation sur les effets mobiliers appartenant aux receveurs de district, de l'enregistrement, directeurs des postes et autres comptables, et sur ceux de leurs cautions.

Les contributions publiques de la dernière année et de l'année courante,

Les reprises des femmes sur les biens de leurs maris.

1103. Pour la restitution du dépôt fait chez un dépositaire public, le propriétaire du dépôt est préféré, sur les propres biens de ce dépositaire, à tous autres créanciers.

1104. Le créancier d'un défunt est préféré, sur le prix des biens de sa succession, au créancier de l'héritier.

TITRE XVII.

Des Hypothèques. (1)

La législation en cette matière a été réglée par les lois des 9 messidor de l'an 3 et 21 nivôse de l'an 4.

(1) Décret du 7 septembre 1790, portant établissement près les tribunaux de districts, de chancelleries, à l'effet de publier les contrats de vente et sceller les lettres de ratification.

Décret du 23 octobre 1790, portant que les actes d'administration des domaines nationaux et les baux faits par les administrateurs emporteront hypothèque et exécution, quoiqu'ils ne soient pas reçus par des notaires.

Décrets des 14 novembre 1790, 8 février 1791 et 8 mars 1793, relatifs aux receveurs de districts, de l'enregistrement, etc., directeurs des postes, portant que l'hypothèque sur les biens de la caution est acquise du jour de la réception du cautionnement.

Décret du 5 septembre 1790, portant que les actes reçus par les notaires n'acquièrent fixité de date et hypothèque que du jour de leur enregistrement.

Décret du 27 janvier 1791, interprétatif et additionnel à celui du 7 septembre 1790, relatif au sceau des lettres de ratification dans l'étendue du département de Paris.

Décret du 10 septembre 1792, sur le mode de purger les hypothèques des biens acquis au nom de la nation.

Décret du 4 mars 1793, portant que la nation aura hypothèque sur les biens immeubles des fournisseurs, quoique les marchés soient passés sous signatures privées.

Décret du 4 pluviôse an 3, portant que les jours complémentaires ne sont pas compris dans le délai de deux mois, pendant lesquels, aux termes de l'article 8 de l'édit de 1771, concernant les hypothèques, les extraits des contrats de vente doivent être exposés sur le tableau placé dans le lieu des séances des tribunaux avant le sceau des lettres de ratification.

Décrets des 9 messidor, 1er. et 15 thermidor an 3 et 30 vendémiaire an 4, concernant le code hypothécaire.

Décret du 11 messidor an 3, qui détermine les formalités à observer par les comptables pour la vente de leurs immeubles soumis à l'hypothèque nationale.

Décret du 3 brumaire an 4, additionnel aux décrets sur la conservation des hypothèques.

Loi du 26 frimaire an 4, qui proroge le terme indiqué par celui du 9 messidor dernier, pour l'introduction du nouveau régime hypothécaire.

Loi du 21 nivôse an 4, additionnelle au code hypothécaire.

Loi du 19 ventôse an 4, qui proroge au 1er. messidor prochain le terme indiqué pour l'introduction du nouveau régime hypothécaire.

Loi du 19 prairial an 4, qui proroge ce terme au 1er. fructidor, et qui ordonne l'exécution provisoire de la loi du 21 nivôse dernier.

Nous n'aurions eu qu'à placer sous ce titre les articles de ces deux lois si le Corps-Législatif n'eût décrété le 26 frimaire dernier, que le terme du 1er nivôse indiqué dans les art. 1er., 255, 264, 268 et 276 du décret du 9 messidor, était prorogé au 1er germinal prochain, et que le terme du 30 ventôse, indiqué dans l'art. 267, ne serait fixé qu'après un nouveau rapport de la commission sur l'ensemble du code hypothécaire.

Cette décision peut amener des changemens dans ce Code.

Il est donc indispensable d'attendre qu'il intervienne une loi sur le rapport demandé à la commission.

Arrêté à la section civile de la commission de la classification des lois du conseil des cinq-cents, le 16 prairial an 4 de la république française.

Signé CAMBACÉRÈS, GUILLEMOT, C. F. OUDOT, DUHOT, T. BERLIER et PARISOT.

PROJET
DE CODE CIVIL,

PRÉSENTÉ PAR JACQUEMINOT, AU NOM DE LA SECTION DE LÉGISLATION, (1)

A la Commission législative du Conseil des Cinq-Cents.

(Séance du 30 frimaire an 8 — 21 décembre 1799.)

IDÉES PRÉLIMINAIRES.

REPRÉSENTANS du peuple, de tous les bienfaits que la France attendait de la révolution, le plus ardemment désiré, et le plus souvent promis, a été un code civil.

La philosophie avait jugé nos anciennes lois, la liberté les avait condamnées. Sorties du chaos de la féodalité, elles ne pouvaient convenir à une nation que le flambeau du dix-huitième siècle avait éclairée, et qui avait eu le courage de reconquérir ses droits; elles semblaient d'ailleurs faites uniquement pour partager l'état en mille peuplades étrangères les unes aux autres, comme si le despotisme avait lui-même eu la conscience qu'un immense assemblage de vingt-cinq millions d'hommes ne pouvait rester son domaine dès qu'ils viendraient à se compter et à connaître leurs rapports mutuels. De là cette bigarrure de mœurs et de coutumes; de là cette incohérence et cette variété dans la jurisprudence; de là cette contradiction entre ce qui était délit ici et droit à quelques lieues de distance; de là ces bornes si soigneusement maintenues, non-seulement entre les anciennes provinces, mais entre toutes les classes de

(1) Cette section était composée des citoyens Jacqueminot, Girot-Pouzols, Gaudin, Bara, Thiessé, Cholet, Ludot, Villetard.

citoyens, et même entre tous les citoyens de la même famille.

L'ancien régime paraissait avoir mis au nombre de ses devoirs, ou plutôt de ses espérances de conservation, l'art de tout tenir séparé, désuni, divisé. Qu'auraient, en effet, pu quelques dominateurs contre le concert de tous?

C'est au moment où des hommes courageux interrogent pour la première fois le vœu national, que cet échafaudage de puissance, entassé par des siècles, tomba tout-à-coup, comme ces édifices ruineux, quoique brillans encore en surface et en apparence, dont le temps a miné les fondemens, et qui s'écroulent à l'instant où on ébranle les étais sur lesquels ils semblaient parfaitement appuyés.

Le premier besoin senti, dès 1789, fut celui d'une entière refonte de la législation. C'était une tâche énorme; elle effraya, pour ainsi dire, cette assemblée même dont les fautes n'ont pu ternir la gloire, et qui grandit à mesure qu'elle avance dans la postérité, parce qu'elle fut comme le dépôt de presque tous les talens de la France, et qu'elle sema tous les germes de pensées libérales, dont se saisirent ensuite trop souvent l'ignorance et la sottise pour les dénaturer et les convertir en fruits de malheur et de mort.

Il ne s'agissait de rien moins que de changer toutes les relations des hommes entre eux, et de recommencer en quelque sorte la société, et de régler, d'après les penchans de la nature et les besoins de notre organisation, ce que le délire de l'orgueil et les caprices du pouvoir avaient accommodé à leurs seules convenances.

Des hommes laborieux et instruits l'entreprirent, mais partiellement et successivement. Nous leur avons dû beaucoup. Ils ne purent tout consommer : les circonstances s'y opposaient. On portait une espèce de timidité ou plutôt de prudence dans le bien même. On s'attacha à introduire d'abord l'uniformité; mais sans trop froisser toutes les habitudes, dans la crainte de multiplier les résistances. On aima mieux attendre de l'avenir des améliorations qui, plus promptes, eussent pu devenir des dangers. Quelques pressentimens avertissaient peut-être aussi que, tout n'étant que provisoire dans une révolution qui s'ouvrait, il était inutile d'essayer de bâtir à demeure sur un terrain non encore affermi, et au bord de tous les volcans.

La Convention, qui n'entra guères en calcul des obstacles, et qui, accoutumée à les vaincre, semblait ne plus les apercevoir, la Convention fut plus hardie que les assemblées précédentes, et chargea ses comités de l'entière confection d'un code civil. Chacun des partis qui s'y disputèrent l'empire, affecta de vouloir attacher son nom à ce grand ouvrage; mais il était difficile à la raison et à la sagesse de faire percer leur voix au milieu des éclats de la foudre et du tumulte des factions, sans cesse aux prises.

Trop de préjugés dominaient alors et avaient été substitués à d'autres préjugés. Le fanatisme d'une égalité follement interprétée régnait, comme auparavant le fanatisme des privilèges. La dépravation des idées politiques était revenue au comble. Les lois civiles en reçurent l'empreinte. Les représentans les plus vertueux et les plus éclairés ne pouvaient tout-à-fait échapper à la contagion universelle, ni s'affranchir du joug qui pesait partout.

Un homme, qui, avant de rivaliser avec nos plus illustres magistrats dans le ministère de la justice, honora toujours la tribune par des talens et des lumières, pendant que tant d'autres la souillaient par leurs fureurs, a publié aussi un projet de code civil : c'est un recueil de vastes connaissances; la distribution en est simple et belle. Le jurisconsulte, familiarisé avec les hautes et profondes méditations, s'y montre à chaque page; mais on y voit aussi quelquefois le sage lui-même obligé de payer tribut aux erreurs qui l'assiégeaient. L'auteur l'a reconnu et a avoué la nécessité de retoucher plusieurs parties de son ouvrage. Aussi nous a-t-il secondés dans celui que nous vous offrons.

Nous avons profité des travaux de tous ceux qui nous ont précédés. Nous avons eu beaucoup moins la prétention de paraître neufs que d'être utiles. Nous nous sommes entourés de jurisconsultes recommandés par l'opinion et par l'estime publique. Ils se sont concertés, et ont disputés de zèle avec des membres de votre section et quelques-uns de nos anciens collègues (1).

Pressés par le temps, par la succession des événemens, et par le désir de satisfaire à votre juste impatience, nous n'osons nous flatter que notre travail ait atteint la perfection dont il est susceptible. A peine avons-nous pu en mesurer l'ensemble et l'étendue, puisque nous sommes même forcés de livrer à l'impression les différens titres, à mesure qu'ils s'achèvent. Mais nous le regardons comme un cadre destiné à recevoir tous les amendemens, toutes les idées qui jailleront de la discussion publique à laquelle nous le soumettons. Le soin de les rassembler est réservé à d'autres. Nous léguons ce devoir à nos successeurs dans la carrière législative.

Moins battus que nous par les tempêtes révolutionnaires, et plus heureux à l'ombre d'une constitution forte, dans laquelle le génie a su combiner et concilier les élémens du repos et ceux de la liberté, ils pourront à loisir mettre la dernière main à un monument fait pour traverser les siècles, et servir de base aux prospérités de la génération actuelle et des générations futures. Nous aurons eu la satisfaction de leur avoir désigné le but; ils auront la gloire de le toucher.

Que de droit ils acquerront à la reconnaissance du peu-

---

*(1) Nous devons particulièrement citer MM. Favard et Grenier, représentans du peuple;
Tronchet et Crassons, anciens députés au Corps-Législatif;
Vermeil, jurisconsulte;
Hua, jurisconsulte, ex-député à la législature;
Porriquet, homme de loi;
Cournol, homme de loi;
Nous sommes aussi redevables de plusieurs idées utiles sur les successions au représentant du peuple Tardy.

ple français, le jour où, après avoir ramassé toutes les lumières qui vont briller de toutes parts, ils lui donneront un code civil définitivement rédigé! On sait combien ce code est appelé par les vœux et la prévoyante sagesse du grand homme que les suffrages des commissions législatives, ou pour mieux dire les acclamations de la république entière, ont placé à la tête du nouveau gouvernement.

C'est, en effet, à la réforme du code civil et à son influence inaperçue que sera due cette épuration de nos mœurs, sans laquelle la république finirait par n'être qu'un vain nom, jouet de tous les vices et de toutes les ambitions. C'est elle qui introduira parmi nous ces habitudes vertueuses, appui aussi nécessaire de nos nouvelles institutions que la bonté des lois. C'est elle qui mettra un terme au scandale de ces divorces continuels qui ont failli travestir le mariage en une sorte de concubinage avoué; à ces divorces, qui, nécessaires quelquefois, sont toujours un mal, et qui doivent par conséquent être assujétis à de lentes et nombreuses épreuves, précautions indispensables contre les conseils de l'humeur, de la légèreté, de la licence et des aveugles passions. C'est elle qui, restituant à l'autorité paternelle le légitime empire qu'elle n'aurait jamais dû perdre, lui assurera les moyens de récompenser la piété filiale ou de punir l'ingratitude.

C'est elle qui élèvera une barrière contre les fougueux écarts de la jeunesse; c'est elle qui, resserrant des liens que les excès de la révolution ont tant relâchés, garantira la paix de l'état par l'union des familles, et rendra les hommes plus faciles à conduire, en les rendant meilleurs; c'est elle qui, dans la vie domestique, raffermira le concert des volontés par celui des intérêts; c'est elle qui, en permettant au vieillard de disposer libéralement d'une partie de sa fortune en faveur de ceux qui lui prodiguent les soulagemens et les consolations, ne le forcera plus à entendre, pour ainsi dire, à sa porte, les vœux de ses avides héritiers, craignant de lui donner des soins qui prolongeraient son existence, et appelant l'instant où il cessera de vivre pour hâter celui où ils se distribueront ses dépouilles; c'est elle enfin qui, réglant d'une manière invariable les rapports des citoyens entre eux, qui, reportant l'ordre et l'harmonie dans toutes les classes de la société, préparera le bonheur public par le bonheur individuel, et accélérera l'époque prochaine où notre république, heureuse au-dedans, autant qu'éclatante au-dehors, attirera à elle tous les cœurs, et commandera l'amour, comme elle excite déjà l'admiration.

Telles sont quelques-unes des vues dont les titres qui suivent sont le développement. Le prix de nos travaux et de ceux de nos collaborateurs sera dans les suffrages de nos concitoyens. Notre unique ambition a été de faire un peu de bien, et de faciliter à d'autres le perfectionnement d'un ouvrage que nous aurons du moins ébauché.

PROJET DE CODE CIVIL.

TITRE Ier.

Du Mariage.

§. 1er. *Dispositions générales.*

ARTICLE 1er. La loi ne considère le mariage que sous ses rapports civils et politiques ; elle ne reconnaît que le mariage contracté conformément à ce qu'elle prescrit.

2. Le mariage est un contrat formé entre deux individus de sexe différent, dont la durée est, dans leur intention, celle de la vie de l'un d'eux ; ce contrat peut néanmoins être résolu avant la mort de l'un des époux, dans les cas ou pour les causes déterminés par la loi.

§. 2. *Des qualités et conditions requises pour pouvoir contracter mariage.*

3. L'homme ne peut se marier avant l'âge de quinze ans révolus, et la femme avant celui de treize ans aussi révolus.

4. Le mariage n'est pas valable si les deux époux n'y ont pas donné un consentement libre et formel.

Le consentement n'est pas libre, 1°. s'il a été donné au ravisseur, à moins qu'il n'ait été donné par la personne ravie après qu'elle a recouvré sa pleine liberté ;

2°. Si l'un des époux a cédé à une violence capable d'intimider un esprit fort ;

3°. S'il y a erreur dans la personne que l'une des parties avait intention d'épouser.

5. L'interdit pour cause de démence ou de fureur est incapable de contracter mariage.

6. Les sourds et muets de naissance ne peuvent se marier qu'autant qu'il serait constaté, dans les formes ci-après prescrites, qu'ils sont capables de manifester leur volonté.

7. Avant la dissolution légale d'un premier mariage, on ne peut en contracter un second.

8. Toute personne frappée d'une condamnation emportant mort civile, ne peut contracter mariage, même pendant la durée de temps qui lui est accordé pour purger la contumace.

9. Les enfans, jusqu'à ce qu'ils aient accompli l'âge de vingt-cinq ans, ne peuvent contracter mariage sans le consentement de leur père et de leur mère; en cas de dissentiment, le consentement du père suffit.

10. Si l'un des deux est mort ou dans l'impossibilité de manifester sa volonté, le consentement du survivant suffit, bien qu'il ait contracté un second mariage.

11. Néanmoins, s'il l'a contracté après divorce, la famille sera légalement assemblée pour délibérer sur le consentement à donner au mariage de l'enfant qui n'a pas l'âge ci-dessus déterminé.

12. Si le père et la mère sont morts, ou s'ils sont tous deux dans l'impossibilité de manifester leur volonté, les aïeux et aïeules les remplacent. S'il y a dissentiment entre eux, la majorité des voix emporte consentement; s'il y a égalité de voix, ils sont départagés par une assemblée de famille.

13. S'il n'y a ni père, ni mère, ni aïeux, ni aïeules, ou s'ils se trouvaient tous dans l'impossibilité de manifester leur volonté, les mineurs de vingt-cinq ans ne peuvent se marier qu'après avoir requis le consentement de la famille légalement assemblée.

14. Si la famille refuse son consentement, il est sursis pendant trois mois; après ce délai, la famille est tenue de se rassembler, et au cas qu'elle persiste dans son refus, et que celui ou celle qui requiert le consentement persévère

dans sa volonté et se trouve avoir atteint l'âge de vingt-un ans, il est passé outre au mariage sur le vu des deux procès-verbaux de l'assemblée de famille.

Dans les deux cas ci-dessus, la famille est tenue de s'expliquer dans un mois à dater du jour de la convocation.

15. Le fils naturel, légalement reconnnu, qui n'a pas vingt-cinq ans accomplis, ne peut se marier que du consentement de ses père et mère ou du survivant d'eux.

16. Le mariage est prohibé en ligne directe entre tous les ascendans et descendans d'eux et réciproquement, comme aussi entre lesdits ascendans et les maris ou les femmes de leurs descendans.

Il en est de même 1°. du père et de la mère adoptifs à l'égard de l'enfant adopté ou des enfans de celui-ci, ainsi que du mari ou de la femme desdits enfans, quand bien même il y aurait eu renonciation formelle à l'adoption;

2°. Du père et de la mère à l'égard de l'enfant naturel ou de ses descendans, ainsi qu'à l'égard du mari ou de la femme desdits enfans et descendans.

17. En collatérale, le mariage est prohibé entre le frère et la sœur, soit germains, soit consanguins, soit utérins;

Entre le fils légitime et la fille née hors mariage du même père ou de la mère, et réciproquement;

Entre deux enfans nés hors mariage du même père ou de la même mère;

Entre l'enfant adopté et les enfans légitimes ou naturels du père ou de la mère adoptifs, à moins qu'il n'y ait eu renonciation formelle à l'adoption depuis cinq ans révolus à l'époque du mariage.

18. Le mariage fait à l'extrémité de la vie est privé des effets civils.

Il est considéré comme tel lorsque l'un des conjoints se trouve atteint, à l'époque de la célébration, d'une maladie dont il meurt dans les vingt jours qui suivent.

19. Toute promesse de mariage avec stipulation de payer,

à titre de peine ou de dédit, une somme déterminée, n'est obligatoire que jusqu'à concurrence des dommages et intérêts qui seront jugés légitimement dûs.

§. 3. *Des Formalités relatives à la célébration du Mariage.*

20. Le mariage est nul s'il n'a pas été célébré publiquement et dans les formes prescrites par la loi.

21. Le mariage ne peut être valablement célébré que dans la commune où l'un des deux époux a son domicile.

Ce domicile, quant au mariage, s'acquiert et s'établit par six mois d'habitation continus dans la même commune.

22. Le domicile du mineur est celui de son père ou de sa mère, si le père est mort; ou de son tuteur, s'il n'a ni père ni mère.

Le mariage du mineur peut néanmoins être célébré dans la commune où il aurait acquis un domicile par six mois d'habitation continus, pourvu d'ailleurs qu'il observe les autres conditions et formalités prescrites pour le mariage des mineurs.

23. La célébration du mariage doit être précédée de deux publications.

Il y aura une décade d'intervalle, c'est-à-dire dix jours francs et révolus entre la première et la seconde publication.

24. Les publications seront faites dans la commune où chacune des parties contractantes, ou l'une d'elles, serait résidante depuis six mois, et encore dans la commune où chacune d'elles avait précédemment son domicile, soit qu'elles aient quitté ou qu'elles aient conservé ce premier domicile.

Si les parties contractantes ou l'une d'elles, n'ont point accompli leur vingt-cinquième année, les deux publications seront encore faites au domicile du père ou à son défaut, de la mère; et à leur défaut, au domicile des aïeux ou des aïeules.

25. Le mariage sera célébré devant l'officier civil, ainsi que le règle le titre premier.

§. 4. *Des Oppositions au mariage.*

26. Les père et mère, à leur défaut les aïeux et aïeules peuvent former opposition au mariage de leurs enfans et descendans.

27. Sont également reçus à former opposition au mariage, les personnes engagées par mariage avec l'une des parties.

28. L'oncle ou la tante, le frère ou la sœur, le cousin ou la cousine germains ne peuvent former opposition que dans le seul cas où le consentement de la famille, requis par l'article 13, n'a pas été obtenu ou supléé conformément à l'article 14.

29. Tout opposant est tenu d'élire domicile dans le lieu où le mariage doit être célébré.

L'opposition doit être signifiée aux parties à leur personne ou domicile; elle doit être dénoncée à l'officier civil chargé de célébrer le mariage.

30. Le juge de paix du lieu où le mariage doit être célébré décide, dans la décade, si l'opposition est recevable ou non.

Le juge d'appel prononce dans le mois.

31. Si l'opposition est rejetée, les opposans autres que les ascendans peuvent être condamnés en des dommages et intérêts.

§. 5. *Des Demandes en nullité de mariage.*

32. Les époux, ou l'un d'eux, peuvent demander la nullité de leur mariage, s'il a été contracté en contravention des articles 3, 4, 7 et 8.

33. Dans le cas de l'article 3, ils ne sont pas recevables à demander la nullité du mariage, lorsque la femme a conçu avant l'âge de 13 ans.

34. L'un et l'autre des époux sont encore irrecevables dans le cas de l'article 3, et dans le cas des §. 2 et 3 de l'article 4, s'il y a des enfans vivans à l'époque de la de-

mande en nullité; ou si, quoiqu'il n'y ait pas d'enfans, les époux ont cohabité pendant cinq années révolues.

35. Les père et mère, aïeux ou aïeules, dans le cas où leur consentement au mariage est requis par la loi, peuvent demander la nullité du mariage qui a été célébré sans ce consentement.

Ils le peuvent également dans le cas où leur consentement n'était pas nécessaire, et où il n'a pas été donné, si le mariage a été contracté en contravention des articles 5, 6, 7, 8, 16, 17.

Ils le peuvent encore dans le cas de l'article 3, sous les exceptions portées dans les articles 33 et 34 qui leur sont déclarées communes.

36. Les héritiers directs ou collatéraux ne sont pas recevables à attaquer de nullité le mariage pendant la vie du conjoint dont ils sont parens; et ils ne le peuvent au décès de ce conjoint qu'autant qu'ils y ont un intérêt civil personnel, et que dans les seuls cas où le mariage a été contracté en contravention des articles 5, 6, 7, 8, 16 et 17.

37. La nullité peut être demandée par le fonctionnaire chargé du ministère public dans le cas de contravention aux mêmes articles 5, 6, 7, 8, 16 et 17.

38. Le mariage déclaré nul, lorsque les deux époux l'ont contracté de mauvaise foi, ne produit aucun effet civil.

Les enfans qui en seraient provenus sont censés nés hors mariage et n'ont que les droits d'enfans naturels reconnus.

A l'égard des époux, la nullité du mariage entraîne celle de tous les dons et avantages résultans soit de la loi, soit de la convention; la femme n'a droit qu'à la répétition de sa dot et de sa part des profits dans la communauté légale ou conventionnelle.

39. Si le mariage déclaré nul, a été contracté de bonne foi par les deux époux qui avaient une juste cause d'ignorance de l'empêchement, il conserve tous ses effets civils

tant envers les deux époux, qu'envers les enfans nés dudit mariage.

40 S'il n'y a bonne foi que de la part d'un des époux, le mariage ne produit d'effet civil qu'en faveur de cet époux et des enfans nés dudit mariage.

41. Les mariages nuls, s'ils n'ont été déclarés tels que pour cause d'inobservation des formalités prescrites, peuvent être contractés de nouveau, en observant ces formalités.

Dans ce cas, le second mariage valide le premier quant aux époux et aux enfans, sans préjudice des droits intermédiairement acquis à des tiers.

§. 6. *Des Obligations qui naissent du mariage et de ses effets civils.*

42. Les époux contractent ensemble, par le fait seul du mariage, l'obligation de nourrir, entretenir, élever et établir leurs enfans, suivant leurs facultés.

43. Par réciprocité, les enfans doivent des alimens à leurs père et mère qui sont dans le besoin.

44. Les alimens ne sont accordés que dans la proportion du besoin de celui qui les exige, et de la fortune de celui qui les fournit.

45. Celui qui ne peut payer une pension alimentaire, reçoit dans sa demeure, nourrit et entretient celui auquel il doit des alimens, pourvu que son revenu et son travail suffisent pour fournir de semblables secours.

46. Celui qui a été condamné à fournir des alimens, peut en demander la réduction, même s'en faire décharger, lorsqu'il tombe dans un état tel, qu'il ne peut plus les donner en tout ou en partie.

47. Les époux contractent aussi solidairement, par le seul fait du mariage, l'obligation de laisser à chacun de leurs enfans une portion de leurs biens ; elle est déterminée par la loi.

48. Le mariage donne au père et à la mère sur les enfans qui en proviennent une puissance qui est réglée par le titre :....

49. Il soumet la femme aux lois civiles auxquelles le mari est soumis.

50. Le mariage valablement contracté, légitime de plein droit les enfans nés des deux conjoints d'un commerce libre, lorsque ces enfans ont été par eux légalement reconnus avant le mariage.

51. Les enfans nés et non reconnus avant le mariage, ne sont légitimés qu'autant qu'ils sont reconnus dans l'acte même de célébration.

52. Si lesdits enfans nés avant le mariage sont morts laissant des descendans, ceux-ci sont pareillement légitimés dans les deux cas ci-dessus, quoique le mariage subséquent soit postérieur au décès de leur père.

53. Le mariage subséquent ne légitime point les enfans adultérins.

54. Les enfans ne sont point adultérins, si le mariage durant lequel ils sont nés, a été déclaré nul.

55. Le mariage contracté à l'extrémité de la vie, entre deux personnes qui avaient vécu en concubinage, ne légitime point les enfans qui en seraient nés avant ledit mariage : ces enfans, pourvu qu'ils soient légalement reconnus, peuvent réclamer les droits accordés aux enfans nés hors mariage.

§. 7. *Des Droits du Mari.*

56. Le mari a le droit d'obliger sa femme à le suivre partout où il juge à propos de demeurer ou de résider.

Si le mari voulait quitter le sol continental ou colonial de la république, il ne pourrait contraindre sa femme à le suivre, si ce n'est dans le cas où il serait chargé par le gouvernement d'une mission à l'étranger, exigeant résidence.

57. La femme ne peut ester en jugement sans l'assis-

tance de son mari, quand bien même elle serait marchande publique non commune ou séparée de biens.

L'assistance du mari n'est pas nécessaire, lorsque la femme est poursuivie en matière criminelle ou de police correctionnelle.

58. La femme même non commune ou séparée de biens ne peut donner, aliéner, accepter une succession ou une donation sans le consentement par écrit, ou le concours de son mari dans l'acte.

Le consentement du mari, quoique postérieur à l'acte, suffit pour le valider.

59. Si le mari refuse son assistance, le juge peut autoriser la femme à l'effet d'ester en jugement.

Si le mari refuse son consentement ou son adhésion à l'acte, la femme a la faculté de le citer devant le juge qui peut donner son autorisation en connaissance de cause, après avoir entendu le mari, ou lui dûment appelé.

60. La femme, si elle est marchande publique, peut, sans le consentement de son mari, s'obliger pour ce qui concerne son négoce; et audit cas, elle oblige aussi son mari, s'il y a communauté entre eux.

Elle n'est pas réputée marchande publique, si elle ne fait que débiter les marchandises dont son mari se mêle, mais seulement quand elle fait un commerce séparé, et autre que celui de son mari.

61. Lorsque le mari se trouve frappé d'une condamnation emportant mort civile, et qui n'a été prononcée que par contumace, la femme, même majeure, pendant les délais donnés pour purger la contumace, ne peut ester en jugement, ni contracter, qu'après s'être fait autoriser par le juge.

Lorsque la condamnation du mari est définitive, la femme majeure n'a pas besoin d'autorisation du juge.

62. Si le mari est interdit pour cause de démence, ou s'il est absent, le juge peut, en connaissance de cause, au-

toriser la femme, soit pour ester en jugement, soit pour contracter.

63. Toute autorisation générale, même stipulée par contrat de mariage, n'est valable que quant à l'administration des biens de la femme et non quant à l'aliénation desdits biens.

64. Si le mari est mineur, l'autorisation du juge est nécessaire à la femme, soit pour ester en jugement, soit pour contracter.

65. La nullité fondée sur le défaut d'assistance du mari en jugement, ou de son consentement à l'acte, ou de l'autorisation supplétive du juge, ne peut être opposée que par la femme, par le mari ou par leurs héritiers.

66. La femme peut tester sans le consentement, ni le concours du mari.

§. 8. *Dissolution du mariage.*

67. Le mariage se dissout,

1°. Par la mort de l'un des époux;

2°. Par le divorce légalement prononcé;

3°. Par la condamnation contradictoire ou devenue définitive de l'un des deux époux à une peine emportant mort civile.

§. 9. *Des seconds Mariages.*

68. On peut contracter plusieurs mariages successivement et après la dissolution légale du précédent.

69. La femme ne peut contracter un nouveau mariage qu'après un an révolu depuis la dissolution du mariage précédent.

70. Les seconds et subséquens mariages ont les mêmes effets civils que le premier.

Ils donnent au mari et à la femme les mêmes droits.

Il en naît les mêmes obligations réciproques entre le mari et la femme, les père et mère, et les enfans.

71. Néanmoins ils ne légitiment pas les enfans que les époux auraient eus pendant leur précédent mariage avec la femme qu'ils épousent en secondes ou subséquentes noces, à moins que le mariage pendant lequel ces enfans ont été conçus, n'ait été déclaré nul.

§. 10. *Des Droits des Époux.*

N. B. Ce paragraphe, qui n'est pas encore définitivement arrêté, sera peut-être placé sous un autre titre.

TITRE ....

Des Majeurs et de l'Interdiction.

SECTION PREMIÈRE. *Des Majeurs.*

ARTICLE 1ᵉʳ. La majorité est fixée à vingt-un ans accomplis.

2. Le majeur est capable de tous les actes de la vie civile, sauf qu'il ne peut contracter mariage avant l'âge de vingt-cinq ans, que conformément à ce qui est prescrit au titre des mariages.

3. Il perd cette capacité par l'interdiction ou en se soumettant volontairement à un conseil judiciaire.

SECTION II. *De l'Interdiction.*

4. Celui qui est habituellement dans un état d'imbécillité, de démence ou de fureur, doit être interdit.

5. Tout parent est admis à provoquer l'interdiction; l'un des époux peut aussi la provoquer à l'égard de l'autre.

6. Si l'époux ou les parens n'agissent pas, l'interdiction doit être provoquée par le commissaire du gouvernement près l'administration municipale du canton du domicile.

7. La demande est portée en première instance devant le tribunal civil du domicile de celui dont on poursuit l'interdiction.

8. Le tribunal ordonne que le conseil de famille donnera son avis sur l'état de celui qu'on veut faire interdire.

9. Le conseil de famille est formé selon le mode déterminé au titre des tutelles.

10. Ceux qui ont provoqué l'interdiction sont admis au conseil de famille pour y exposer leurs motifs; mais ils n'y ont point voix délibérative.

L'époux ou l'épouse de la personne dont on provoque l'interdiction, est admis au conseil de famille, et y a voix délibérative, à moins qu'il n'ait lui-même provoqué l'interdiction.

11. Les faits de démence sont articulés par écrit. Ceux qui poursuivent l'interdiction présentent les témoins et les pièces.

12. Avant l'audition des témoins, le défendeur est interrogé et examiné, et les témoins sont entendus par le président, ou par un commissaire nommé parmi les juges du tribunal civil, en présence de deux autres juges également nommés par le tribunal.

Le défendeur est interrogé et examiné de nouveau après l'audition des témoins.

Cet interrogatoire et cet examen peuvent être réitérés si le tribunal le juge nécessaire.

Les interrogatoires et examens, et l'audition des témoins se font à la chambre du conseil. Il est dressé procès-verbal par écrit des interrogatoires et des dépositions des témoins.

Le jugement ne peut être rendu qu'à l'audience et après avoir entendu le commissaire du gouvernement près le tribunal.

13. Si celui dont l'interdiction est provoquée ne peut sans des inconvéniens graves, être transporté au tribunal, l'interrogatoire et l'examen sont faits par un commissaire pris parmi les juges du tribunal, et nommé par lui, lequel se transporte au domicile du défendeur avec le greffier du tribunal ou son commis.

Ce commissaire est tenu de se faire assister par le juge de paix de l'arrondissement, et l'un de ses assesseurs, ou par deux assesseurs dudit juge de paix.

14. Après le premier interrogatoire et examen, le tribunal commet, s'il y a lieu, pour la conservation du mobilier, et l'administration des immeubles, un administrateur provisoire aux biens du défendeur.

15. L'appel du jugement d'interdiction ne peut être interjeté que par celui contre lequel il est intervenu. Nul ne peut interjeter appel du jugement qui a rejeté la demande à fin d'interdiction.

16. Tout jugement qui prononce une interdiction est exécutoire par provision, nonobstant appel.

Il doit être dans une décade, à compter du jour où il est intervenu, notifié par le commissaire du gouvernement près le tribunal civil, en la forme ci-après prescrite par l'article 20.

17. En cas d'appel, le tribunal qui en est saisi peut procéder à un nouvel interrogatoire et examen de celui dont l'interdiction est poursuivie, s'il en est fait la réquisition.

18. Si le défendeur à l'interdiction ne peut être amené devant le tribunal d'appel sans des inconvéniens graves, le tribunal adresse une commission rogatoire au tribunal civil de première instance, le plus voisin du domicile de la personne dont l'interdiction est provoquée, autre que celui qui a rendu le jugement dont est appel.

Le tribunal requis commet un commissaire pour procéder à l'interrogatoire et à l'examen, en la forme prescrite par l'article 15 ci-dessus.

La minute du procès-verbal demeure au greffe du tribunal qui a nommé le commissaire, et il en est délivré une expédition par le greffier de ce tribunal.

19. Dans le cas de l'article précédent et de l'article 13, les frais de transport sont avancés par celui qui poursuit l'interdiction, et payés au greffier ou à son commis, sur

l'état arrêté et signé du commissaire, et sauf à en répéter le remboursement sur les biens de l'interdit, si l'interdiction est prononcée.

Dans le cas où l'interdiction n'est provoquée qu'à la requête du commissaire du gouvernement, les frais de transport sont avancés par le receveur des droits d'enregistrement du lieu où siége le tribunal, sauf son remboursement sur les biens de la personne dont l'interdiction est provoquée, si cette interdiction est prononcée.

20. Il sera affiché dans chaque maison commune un tableau destiné à recevoir la mention des jugemens d'interdiction prononcés contre des citoyens domiciliés dans l'arrondissement municipal.

Il sera affiché dans le cabinet de chaque notaire public un tableau pareil destiné à recevoir la mention des jugemens d'interdiction prononcés contre les citoyens domiciliés dans l'arrondissement dans lequel le notaire a droit d'instrumenter.

Ce tableau sera divisé en quatre colonnes : la première contiendra le nom de la personne contre laquelle sera intervenu le jugement; la seconde, son domicile; la troisième, la mention du jugement de première instance; la quatrième, la mention du jugement qui, sur l'appel, aura confirmé ou infirmé le premier.

Le commissaire du gouvernement est tenu, dans une décade, à compter du jour auquel les jugemens sont intervenus, de les notifier par extrait, tant aux officiers municipaux du domicile de l'interdit, qu'aux notaires publics, lesquels, chacun en ce qui les concerne, sont tenus, à peine de tous dommages et intérêts, de porter la mention desdits jugemens sur les tableaux ci-dessus désignés.

21. La demande en interdiction, une fois rejetée, ne peut plus être produite, s'il n'est allégué de nouveaux faits.

22. L'interdiction a son effet du jour de la demande qui l'a provoquée.

23. Tous les actes passés par l'interdit dans l'intervalle de la provocation de l'interdiction au jugement définitif qui l'a prononcée, sont nuls.

24. Les actes antérieurs ne seront annulés qu'autant qu'il résultera de la procédure, sur laquelle l'interdiction aura été prononcée, que la cause en existait à l'époque où les actes contestés ont été faits.

25. Après la mort de l'interdit, les actes par lui faits ne peuvent être attaqués pour cause de démence, qu'autant qu'il y aurait eu provocation ou interdiction avant le décès.

26. Dans le mois, à compter de l'expiration du délai dans lequel il aurait dû être interjeté appel du jugement prononçant l'interdiction, ou s'il y a eu appel dans le mois, à compter du jugement confirmatif, le conseil de famille, convoqué sur la réquisition de celui qui a poursuivi l'interdiction, nomme un tuteur et un subrogé-tuteur à l'interdit.

27. Cette nomination se fait en la même forme que la nomination à la tutelle.

Après la nomination à la tutelle, l'administrateur provisoire, s'il n'est pas le tuteur, cesse ses fonctions et rend compte au tuteur.

28. La femme mariée qui est interdite est de droit sous la tutelle de son mari; cependant il est tenu de faire nommer, par le conseil de famille, un subrogé-tuteur, qui représente l'épouse interdite dans toutes les affaires où elle a des intérêts opposés à ceux de son mari, ou qui doivent être constatés avec lui.

29. La femme peut être nommée tutrice de son mari.

En ce cas, le conseil de famille règle la forme et les conditions sous lesquelles l'administration doit être déférée à la femme, le tout conformément aux conventions matrimoniales qui règlent les droits respectifs des deux conjoints, sans préjudice de la faculté accordée à la femme, en ce cas, de demander la dissolution et le partage de la communauté.

La femme qui serait lésée par les règlemens qui ont été faits par le conseil de famille, peut se pourvoir au tribunal de première instance du domicile du mari pour en demander la réformation.

30. La femme qui a demandé le divorce pour cause de l'interdiction de son mari, ne peut être nommée sa curatrice.

31. Nul, excepté l'un des époux à l'égard de l'autre, les ascendans respectivement aux descendans, et ceux-ci respectivement aux ascendans, ne peut être tenu de conserver la tutelle d'un interdit au-delà de dix ans. A l'expiration de ce délai, le tuteur pourra demander son remplacement.

32. L'interdit est assimilé au mineur pour sa personne et pour ses biens; les règlemens pour la tutelle du mineur, concernant le mode d'administration des biens, les dispenses, l'exclusion ou destitution de la tutelle, et le mode de reddition de compte, ont lieu pour la tutelle de l'interdit.

33. Lorsqu'il est question du mariage de l'un des enfans de l'interdit, la dot ou l'avancement d'hoirie sont réglés par le conseil de famille.

34. Selon les caractères de la maladie dont l'interdit est atteint, et suivant l'état de sa fortune, le conseil de famille peut arrêter qu'il sera traité dans son domicile ou qu'il sera placé dans une maison de santé, et même dans un hospice.

35. Les revenus de l'interdit doivent être essentiellement employés à adoucir son sort et à accélérer sa guérison.

36. Le président de l'administration principale du canton, et le commissaire du gouvernement près cette administration, sont chargés de veiller à l'exécution du précédent article; et à cet effet, ils doivent, tous les trois mois, visiter les interdits de leur arrondissement, ou enjoindre aux tuteurs de les leur représenter.

37. Tout demandeur en interdiction qui succombe doit être condamné en des dommages et intérêts, s'il n'a agi que par intérêt ou par passion.

38. L'interdiction finit avec les causes qui l'avaient déterminée. Néanmoins l'interdit ne peut reprendre l'exercice de ses droits qu'après le jugement définitif qui prononce la main-levée de l'interdiction.

39. La main-levée ne peut être prononcée qu'avec les mêmes formes que l'interdiction.

40. La provocation en interdiction n'est point admise contre les mineurs non émancipés; elle l'est contre le mineur émancipé. Le curateur aux actions immobilières, qui aura été nommé lors de son émancipation, l'assistera dans la défense à la demande en interdiction.

SECTION 3. *Du Conseil volontaire.*

41. Toute personne qui, sans avoir perdu l'usage total de sa raison, néanmoins, à cause de la faiblesse de son esprit et de ses facultés naturelles, craint de se trouver exposée à des surprises, et de se voir extorquer des actes qui entraîneraient sa ruine et celle de ses enfans, peut demander et obtenir du tribunal civil de première instance, dans l'arrondissement duquel elle est domiciliée, qu'il lui soit nommé un conseil, sans l'assistance duquel elle ne pourra aliéner ses immeubles, ni contracter aucune obligation emportant hypothèque.

42. Le jugement qui donne un conseil volontaire au majeur, ne peut être rendu qu'après avoir entendu le commissaire du gouvernement près le tribunal civil auquel le conseil est demandé.

Le jugement qui nomme ce conseil, doit être inscrit par extrait sur les mêmes tableaux destinés à contenir la note des jugemens d'interdiction, et mentionnés en l'article 20 ci-dessus.

TITRE ......

Des Mineurs, de la Tutelle et de l'Émancipation.

SECTION 1re. *Des Mineurs.*

ART. 1er. Le mineur est celui qui n'a point encore atteint l'âge de vingt-un ans accomplis.

2. La minorité se divise en deux époques :

Dans la première, le mineur, considéré comme absolument incapable de se conduire lui-même et de régir ses biens, est placé sous la garde et sous la direction d'un tuteur;

Dans la seconde, il recouvre la simple administration de ses biens, et ne peut agir pour le surplus qu'avec l'assistance d'un curateur.

SECTION II. *De la Tutelle.*

Dispositions générales.

ART. 1er. Il y a quatre sortes de tutelles :

La tutelle naturelle des père et mère;

La tutelle déférée par le père ou la mère;

La tutelle légitime des autres ascendans;

La tutelle déférée par le conseil de famille.

2. La tutelle naturelle a lieu de plein droit, et n'est pas comptable.

Toute autre tutelle doit être confirmée par le conseil de famille, et est comptable.

§. 1er. *De la Tutelle naturelle.*

3. Après la dissolution du mariage par le décès de l'un des époux, les enfans mineurs et non émancipés demeurent sous la garde du père ou de la mère survivant, auquel appartient le gouvernement de leur personne, et l'administration de leurs biens, des revenus desquels il jouit sous la seule charge de fournir aux frais de leur entretien et éducation.

4. Si néanmoins il écheoit depuis auxdits enfans quelques biens par succession, donation ou autrement, le père ou la mère n'a la jouissance des revenus desdits biens qu'aux mêmes charges sous lesquelles cette jouissance lui est déférée constant le mariage par l'article 14 du titre de la puissance paternelle.

Cette jouissance, dans le cas de la dissolution du mariage par divorce, appartient à celui des deux époux auquel le conseil de famille, qui sera convoqué à cet effet, jugera convenable de déférer l'administration des biens desdits enfans.

5. Le tuteur naturel est tenu de faire procéder à un inventaire et à la nomination d'un subrogé-tuteur.

6. Si, lors du décès du mari, la femme se trouve enceinte, il est nommé à l'enfant à naître un curateur, lequel à la naissance du posthume est de droit subrogé-tuteur.

7. La mère n'est point obligée d'accepter la tutelle : elle doit néanmoins en remplir les devoirs, jusqu'à ce qu'elle ait fait nommer un tuteur.

8. Si le père veut se remarier, il est tenu avant l'acte du mariage de convoquer le conseil de famille, qui décide si la tutelle doit lui être conservée.

Il en est de même de la mère.

9. Si le père n'a pas rempli l'obligation qui lui est imposée par le précédent article, il est privé de plein droit de la jouissance des biens de ses enfans mineurs, et devient comptable à partir du jour de la célébration de son second mariage.

10. Si c'est la mère qui s'est remariée sans avoir rempli la même obligation, la tutelle ne peut lui être conservée, et son nouveau mari est solidairement responsable de la gestion, à dater du jour de l'acte du mariage.

11. Le conseil de famille ne peut conserver la tutelle à la mère qui se remarie, après avoir rempli l'obligation prescrite par l'article 8, qu'en lui donnant pour cotuteur ce

second mari, qui devient solidairement responsable de la gestion.

12. Lorsque la tutelle n'est pas conservée au père par le conseil de famille, il est privé de la jouissance des biens de son enfant mineur.

Il en est de même de la mère.

§. 2. *De la Tutelle déférée par le père ou la mère.*

13. Lorsqu'il n'y a point d'ascendant, le dernier mourant des père et mère a le droit de choisir un tuteur.

Ce choix doit être confirmé par le conseil de famille, s'il n'y a pas cause légitime d'exclusion.

14. Le survivant des père et mère ne peut choisir un tuteur que par acte de dernière volonté, ou par déclaration faite, soit devant le juge de paix de son domicile, soit devant un notaire, en présence de deux témoins.

15. Cette déclaration est, à peine de nullité, signée du juge de paix, de son greffier, du déclarant, du notaire et des deux témoins. Si le déclarant ne sait signer, il en est fait mention ; s'il ne peut signer, la cause en est énoncée.

16. Le tuteur désigné peut être révoqué, ou tacitement, par la nomination d'un autre tuteur, ou expressément par une déclaration faite dans l'une des formes ci-dessus prescrites.

17. Le tuteur élu par le père ou la mère n'est pas tenu d'accepter la tutelle, s'il n'est d'ailleurs dans la classe de ceux à qui le conseil de famille peut la déférer.

§. 3. *De la Tutelle légitime.*

18. Lorsque l'enfant mineur n'a ni père ni mère, le conseil de famille doit déférer la tutelle à l'ascendant le plus proche.

En cas de concours de deux ascendans au même degré, et de sexe différent, la tutelle est déférée au mâle.

En cas de concours de plusieurs ascendans au même degré et de même sexe, le conseil de famille décide quel est celui auquel la tutelle doit être déférée.

19. L'article 8 ci-dessus est commun à l'ascendant tuteur de l'un et de l'autre sexe, et s'il se remarie sans s'être conformé à la disposition y contenue, il est privé de la tutelle ; et soit à la requête du tuteur, nommé à sa place, soit à celle du fonctionnaire exerçant le ministère public, il sera condamné au profit des mineurs, en tels dommages et intérêts qu'il appartiendra.

20. L'article 11 est commun aux aïeux qui se remarient.

21. L'article 7 est aussi commun aux aïeules.

§. 4. *De la Tutelle déférée par le Conseil de famille.*

22. Si le mineur n'a ni tuteur naturel, ni tuteur légitime, ni tuteur élu par son père ou sa mère et confirmé par le conseil de famille, la tutelle est déférée en la forme ci-après.

23. Tous les parens du mineur qui se trouvent dans l'arrondissement du juge de paix du domicile du mineur, sont tenus, dans les dix jours au plus tard, de provoquer la convocation de l'assemblée de famille, à l'effet de faire nommer un tuteur.

24. A défaut par lesdits parens d'avoir provoqué la nomination d'un tuteur, ils sont responsables des dommages qu'aurait éprouvés le mineur.

Cette responsabilité s'exerce contre lesdits parens dans l'ordre de la proximité de leurs degrés, en sorte que ceux du degré le plus éloigné n'en sont tenus qu'en cas d'insolvabilité des parens d'un degré antérieur.

La responsabilité n'est point solidaire entre les parens au même degré.

25. L'action qui dérive de cette responsabilité peut être exercée par le tuteur après sa nomination, ou par e mineur, dans l'année, à compter de sa majorité accomplie.

Elle est prescrite après ce terme.

26. Toute personne peut dénoncer au juge de paix le décès qui donne lieu à la nomination d'un tuteur.

Sur cette dénonciation, et sur la connaissance quelconque que le juge de paix a acquise du fait, il peut d'office convoquer le conseil de famille et doit provisoirement apposer les scellés, s'il le juge nécessaire pour l'intérêt du mineur.

27. Celui qui convoque le conseil de famille, prend du juge de paix une cédule qui en indique le lieu, le jour, l'heure et l'objet.

Il la fait notifier cinq jours avant la tenue du conseil à tous les parens et alliés paternels et maternels, jusqu'au quatrième degré inclusivement, résidans à la distance de six myriamètres du domicile du mineur.

La signification doit en être faite à la personne ou au domicile.

Si le juge de paix avait connaissance que le mineur a des ascendans, ou des oncles, ou des frères, domiciliés ou résidans hors de six myriamètres, lesquels lui paraîtraient propres à remplir la fonction de tuteur, il peut les faire appeler à l'assemblée, en observant un délai suffisant pour qu'ils puissent s'y rendre.

28. Les parens et alliés, ainsi convoqués, doivent se rendre en personne ou se faire représenter par un mandataire spécial.

Il est défendu de faire représenter tous les parens et alliés, ou plusieurs, par un seul fondé de pouvoirs.

29. Le défaut de notification dans les délais prescrits rend nulle la convocation, et tout ce qui s'en est suivi, à moins que tous ceux à qui la cédule devait être notifiée ne se soient trouvés présens au conseil.

30. Le conseil s'assemble chez le juge de paix, ou en tout autre lieu que celui-ci jugerait convenable, et qu'il indiquera.

Il délibère au nombre de six membres au moins, indépendamment du juge de paix, qui, dans tous les cas, préside le conseil, et a voix délibérative. En cas de partage dans les avis, il a voix prépondérante.

31. Lorsque les parens résidans à la distance ci-dessus déterminée, n'atteignent pas ce nombre, il est complété par des amis, ou à leur défaut par des voisins que le juge de paix désigne.

L'ordonnance du juge de paix est signifiée à chacun des amis ou voisins. La signification doit être faite à leur personne, à peine de nullité.

32. Les parens, amis et voisins, dûment appelés, qui ne se rendent pas au conseil, sont remplacés suivant la manière énoncée en l'article précédent.

33. S'il n'y a pas de parens ou alliés du mineur au degré et à la distance ci-dessus déterminés, le conseil est composé d'amis et voisins; il est convoqué d'office par le juge de paix.

Si néanmoins lors de l'assemblée ainsi convoquée, il était indiqué qu'il existe quelque parent de la qualité de ceux spécifiés dans l'article 27, qui n'ait point été appelé, le juge de paix peut ordonner qu'il sera cité, et proroger l'assemblée.

34. Le parent, l'ami ou le voisin qui a été exclu d'une tutelle, ne peut être appelé au conseil; son concours à la délibération en opère la nullité.

35. Lorsqu'un mineur est sans tuteur, tout citoyen qui a des droits à exercer contre lui peut requérir du juge de paix la nomination à la tutelle; le juge de paix y fera procéder; le requérant en avance les frais, qu'il répétera contre le tuteur.

36. Le conseil de famille nomme toujours au mineur un subrogé-tuteur.

Les fonctions du subrogé-tuteur consistent à agir pour les intérêts du mineur, lorsqu'ils sont en opposition avec ceux du tuteur.

Il ne remplace pas le tuteur lorsque la tutelle est vacante.

Le tuteur n'a point de voix pour la nomination du subrogé-tuteur.

Lorsqu'il y a lieu au remplacement d'un tuteur, le subrogé-tuteur est tenu, sous sa responsabilité, de le provoquer.

Ses fonctions cessent à l'émancipation du mineur.

37. Lorsqu'une partie des biens du mineur est située dans des départemens trop éloignés de son domicile, le tuteur n'est pas tenu d'accepter l'administration universelle, alors que le conseil de famille nomme pour ces biens un administrateur particulier.

38. Lorsque le mineur possède des biens dans les colonies, ses parens qui y résident, et à leur défaut, ses voisins et amis, s'y assemblent en conseil de famille pour procéder au choix d'un tuteur.

39. Le tuteur nommé dans les colonies n'administre que les biens qui s'y trouvent appartenant au mineur. Il exerce les droits et actions du mineur sur les personnes domiciliées dans les colonies et sur les biens qui y sont situés.

40. Les tuteurs et administrateurs particuliers sont indépendans les uns des autres; chacun d'eux est seulement responsable du fait de son administration.

41. Nul ne peut être contraint d'accepter la tutelle, ni les fonctions de subrogé-tuteur, s'il n'est du nombre de ceux qui ont été assignés pour assister au conseil de famille.

42. Le tuteur administre et agit en cette qualité du jour de sa nomination, si elle a été faite en sa présence; sinon, du jour qu'elle lui a été notifiée.

43. La tutelle est à sa charge à compter de l'une ou l'autre de ces époques.

44. La notification est faite à personne ou au domicile, à la diligence de celui qui a convoqué le conseil de famille.

45. La tutelle est une charge personnelle qui ne passe

point aux héritiers du tuteur; cependant si ces héritiers sont majeurs, ils sont tenus de la gestion, et en sont responsables jusqu'à la nomination d'un nouveau tuteur.

§. 5. *Des Causes qui dispensent de la Tutelle.*

46. La loi dispense de la tutelle

Les membres du sénat conservateur,

Ceux du Corps-législatif,

Ceux du Tribunat,

Les consuls de la république,

Les conseillers d'état,

Les ministres,

Les commissaires de la comptabilité nationale,

Le commissaire à la Trésorerie nationale,

Ceux qui remplissent hors du territoire de la république une mission du gouvernement,

Les juges du Tribunal de Cassation,

Le commissaire du gouvernement près ce tribunal, et ses substituts,

Les commissaires du gouvernement près les autres tribunaux,

Les juges de paix.

47. Il est pourvu au remplacement des tuteurs qui sont appelés à remplir l'une des fonctions publiques mentionnées en l'article précédent, et la dispense de la tutelle cesse à l'expiration de ces fonctions.

48. Ceux qui, à l'époque de la nomination à la tutelle, auront atteint soixante-cinq ans, sont dispensés de l'accepter; mais cet âge survenant pendant l'exercice de la tutelle, ne peut autoriser à l'abdiquer.

49. Le citoyen atteint d'une infirmité grave et dûment justifiée, est dispensé de la tutelle, et peut s'en faire décharger, si cette infirmité est survenue depuis sa nomination.

Il est procédé à la décharge de la tutelle dans les mêmes formes qu'à la nomination.

50. Celui qui est chargé de trois tutelles, ou d'une seule lorsqu'il est époux et père, est dispensé.

Le conseil de famille peut même dispenser celui qui, sans être époux et père, n'est chargé que d'une tutelle, si elle est jugée très-importante et onéreuse.

51. Si, au moment de déférer la tutelle, celui qu'on veut nommer tuteur a pris des engagemens relatifs à ses intérêts ou à ses affaires qui l'obligent à fixer sa résidence au-delà de six myriamètres du domicile du mineur, il pourra être dispensé; mais cette obligation de changement de résidence survenant pendant la tutelle, ne pourra autoriser à l'abdiquer.

52. Les défenseurs de la république en activité de service, sont dispensés de la tutelle.

Ils peuvent s'en faire décharger dans le cas où ils ne l'auraient pas acceptée étant déjà en activité de service.

53. Les pères de famille qui, à l'époque de la tutelle, ont cinq enfans légitimes, sont dispensés de l'accepter.

Ne sont point comptés les enfans conçus et non nés.

Sont comptés, pour faire ce nombre, les enfans morts dans les armées de la république;

Font pareillement nombre, les petits enfans provenus d'enfans décédés. Plusieurs enfans d'un fils ou d'une fille ne seront comptés que pour un.

La survenance d'enfans pendant la tutelle ne pourra autoriser à l'abdiquer.

54. Quand le tuteur nommé est présent ou représenté par un fondé de pouvoir, les excuses sont proposées et jugées sur le champ par le conseil de famille.

S'il n'est pas présent, elles le sont par un conseil de famille qu'il fait convoquer dans une décade à compter de la notification de sa nomination.

L'admission ou le rejet d'excuses doivent être motivés.

Les excuses ne peuvent plus être proposées, après les délais ci-dessus déterminés.

Si néanmoins le tuteur nommé qui était absent de son domicile lors de la convocation du conseil de famille, auquel il n'a point assisté par cette raison, se trouvait encore absent au jour de la notification de sa nomination, il pourra, dans le délai de quatre décades au plus, convoquer une nouvelle assemblée, pour y proposer ses excuses, lesquelles pourront être admises si elles sont légitimes et en justifiant par le tuteur nommé du fait de son absence.

§. 6. *Des Exclusions et des Destitutions de la tutelle.*

55. La loi exclut de la tutelle :

Les mineurs, excepté le père ou la mère;

Les femmes autres que la mère et les aïeules ou bisaïeules.

Tous ceux, même parens, entre lesquels et le mineur il existe un procès où il s'agit de l'état ou de la fortune du mineur, ou d'une partie notable de ses biens.

Il en est de même, s'il existe un pareil procès entre le mineur et les père ou mère, les frère ou sœur de celui qu'on veut appeler à la tutelle.

56. Ne pourront être nommés tuteurs, et pourront être destitués des tutelles auxquelles ils auraient été nommés, ceux dont l'inconduite notoire serait d'une dangereuse influence sur les mœurs du mineur, ou dont la mauvaise gestion attesterait l'incapacité.

57. Ces causes d'exclusion ou de destitution sont applicables à tous les tuteurs, même au père et à la mère.

58. La destitution du père ou de la mère emporte de plein droit la déchéance de la jouissance des biens des mineurs.

Le conseil de famille peut leur laisser la surveillance des enfans, si la destitution n'est déterminée que sur la simple incapacité.

59. Le subrogé-tuteur est tenu de poursuivre la destitution contre le tuteur, même contre les père et mère.

Elle peut être aussi provoquée par tout parent du mineur;

et à leur défaut, le commissaire du gouvernement près l'administration du canton du domicile du mineur, doit dénoncer les causes de destitution parvenues à sa connaissance, au juge de paix de son arrondissement, lequel est tenu de les déférer au conseil de famille, qu'il convoque à cet effet.

60. La destitution du tuteur est prononcée de la même manière qu'il est procédé à sa nomination.

61. Toute délibération du conseil de famille qui prononce l'exclusion ou la destitution d'un tuteur doit être motivée.

62. Les délibérations du conseil de famille ne sont sujettes à aucune homologation ; les parties intéressées, à la charge de se pourvoir dans les dix jours, peuvent s'il y a lieu, les faire annuler ou réformer par le tribunal d'appel du juge de paix qui juge en dernier ressort.

Ce délai pour les parties présentes, court à compter de la date du procès-verbal du conseil de famille, et pour les autres, à compter de la notification dudit procès-verbal.

L'effet de la délibération est suspendu pendant l'instance.

63. Le tribunal où est porté l'appel, après avoir entendu l'officier chargé du ministère public, prononce dans le mois, à compter du jour où la contestation lui a été présentée.

La cause n'est point soumise au tour de rôle; elle doit être jugée comme affaire urgente et privilégiée.

64. Le tuteur est seul chargé de défendre aux instances qui ont pour objet de faire réformer les délibérations du conseil de famille.

Les parens ne doivent pas être mis en cause.

65. Si le tuteur est demandeur;

S'il s'agit de prononcer sur ses excuses ou sur des causes d'exclusion ou de destitution, le subrogé-tuteur est autorisé à défendre.

§. 7. *De l'administration du tuteur.*

66. Le tuteur surveille la personne du mineur.

Il administre ses biens;

Il ne peut ni les acheter, ni les prendre à ferme, à moins que le conseil de famille n'autorise le subrogé-tuteur à lui en passer bail;

Il ne peut accepter la cession d'aucun droit ou créance contre son mineur.

67. Le tuteur est tenu d'administrer en bon père de famille. Il répond de tous les dommages qu'une sage administration aurait pu prévenir ou réparer.

68. Le tuteur, dans une décade à compter du jour où sa nomination est devenue définitive est tenu de requérir la levée des scellés, s'ils ont été apposés et de faire procéder de suite à l'inventaire des biens du mineur, en présence du subrogé-tuteur.

69. Les père, mère et autres tuteurs ne sont chargés que de ce qui est porté dans l'inventaire, sauf le cas où on leur imputerait personnellement des soustractions, à l'égard desquelles l'action est réservée au mineur.

70. Le tuteur est tenu de déclarer dans l'inventaire ce qui lui est dû par le mineur, à peine d'être déchu de sa créance.

71. Il est tenu de procéder, dans la décade de la clôture de l'inventaire, à la vente des meubles qui y sont compris, à moins qu'il ne soit autorisé par le conseil de famille à les conserver en tout ou partie.

72. Tout ce que le conseil de famille n'aura pas jugé à propos de conserver sera vendu, à la diligence du tuteur, en présence du subrogé-tuteur, par enchères et après des affiches ou publications dont le procès-verbal de vente fera mention.

73. Les deux articles précédens sont communs aux père et mère.

74. Aussitôt après l'inventaire, le conseil de famille doit

régler la dépense du mineur et celle qui est nécessaire pou l'administration de ses biens.

Les frais de nourriture, entretien et éducation du mineur ne peuvent excéder ses revenus.

Et néanmoins le conseil de famille peut, suivant les circonstances, autoriser les père et mère et autre tuteur à disposer du mobilier du mineur, en tout ou en partie, tant pour son éducation que pour son établissement.

75. Le tuteur seul gère et administre. Tous les actes se font en son nom, sans le concours du mineur.

76. Le tuteur, même le père ou la mère, ne peut aliéner les biens immeubles du mineur sans y être autorisé par un conseil de famille.

Il ne peut, sans cette autorisation, accepter ni répudier une succession.

77. L'acceptation d'une succession échue au mineur ne peut se faire que sous le bénéfice d'inventaire.

78. La succession qui a été répudiée par le tuteur, avec l'autorisation du conseil de famille, peut être reprise, soit par le tuteur, avec pareille autorisation, soit par le mineur devenu majeur, dans le cas seulement où elle n'aurait été acceptée par aucun autre.

Mais la succession ne peut être reprise que dans l'état où elle se trouve lors de la réclamation, sans pouvoir attaquer les ventes et autres actes qui auraient été légalement faits contre des curateurs ou commissaires à la succession, pendant qu'elle aurait été répudiée et vacante.

79. La donation faite au mineur ne peut être acceptée par le tuteur qu'avec l'autorisation du conseil de famille; et dans ce cas, elle a vis-à-vis du mineur le même effet que contre un majeur.

80. Lorsqu'il est question de procéder à un partage, d'emprunter, de faire emploi sur particuliers de deniers oisifs, ou de soutenir, soit en demandant, soit en défen-

dant, les droits immobiliers du mineur, le tuteur doit se faire autoriser par le conseil de famille.

81. Le tuteur peut défendre à une demande en partage d'une succession indivise avec le mineur; mais il ne peut le provoquer lui-même sans y être spécialement autorisé par un conseil de famille.

82. Tout partage dans lequel un mineur est intéressé doit être fait en justice.

Il doit être précédé d'une estimation par experts nommés en justice et affirmés devant elle.

L'opération de la division et de la formation des lots peut être faite par acte notarié.

83. Le partage fait en cette forme est définitif, et a contre le mineur tout l'effet de celui consenti entre majeurs.

Tout autre partage ne peut être que provisionnel.

84. Les biens immeubles des mineurs ne peuvent être aliénés ni hypothéqués,

Excepté pour l'acquit de dettes onéreuses ou exigibles;

Pour des réparations d'une nécessité urgente;

Lorsque la jouissance indivise rend la licitation nécessaire ou forcée;

Lorsque cette aliénation est jugée indispensable pour procurer au mineur une profession ou un établissement avantageux.

Dans tous ces cas, hors celui de la licitation provoquée contre le mineur, le tuteur est tenu de se faire autoriser par un conseil de famille, lequel indique les immeubles qui doivent être vendus de préférence.

Cette autorisation ne peut être donnée par le conseil de famille qu'après qu'il a été constaté par un compte sommaire présenté par le tuteur, que les deniers, effets mobiliers et revenus du mineur sont insuffisans.

85. Le commissaire du gouvernement près l'administration du canton est appelé aux délibérations du conseil de fa-

mille relatives à l'aliénation des immeubles du mineur : l'omission de cette formalité rend la délibération nulle.

86. Le commissaire est tenu, sous peine de répondre des dommages et intérêts du mineur, de déférer au tribunal civil toute délibération du conseil de famille qui aurait autorisé une aliénation d'immeubles, ou une hypothèque contraire aux règles ci-dessus prescrites.

87. Pour l'exécution de l'article précédent, le commissaire près l'administration du canton adresse l'extrait de la délibération, au commissaire près le tribunal civil, qui est tenu d'en poursuivre la cassation.

Le tribunal réforme, s'il y a lieu.

88. La vente se fera aux enchères, publiquement, devant un notaire du canton de la situation des biens, en présence du subrogé-tuteur, et après trois affiches apposées, de décade en décade, aux lieux accoutumés dans le canton.

L'apposition des affiches sera attestée par le commissaire du gouvernement près l'administration principale du même canton; chaque apposition d'affiches sera attestée par un certificat particulier.

89. Le conseil de famille qui autorisera la vente pourra régler les termes de paiement du prix, selon l'exigence des cas, ainsi que la stipulation des intérêts.

90. Les créanciers du mineur ne peuvent provoquer l'expropriation forcée de ses immeubles qu'après avoir discuté son mobilier.

91. Cette discussion résulte du compte de tutelle sommairement rendu par le tuteur, et du compte d'instruction rendu par les père et mère qui auront l'administration des biens de leurs enfans.

Ces comptes ou instructions pourront être demandés par les créanciers.

Faute par le père ou la mère ou autre tuteur de les avoir communiqués aux créanciers dans le délai prescrit par le jugement qui les y a condamnés, l'expropriation des immeubles pourra être poursuivie, sauf le recours des mineurs contre les père et mère et autres tuteurs.

92. Les comptes énoncés dans l'article précédent, seront présentés et discutés, s'il y a lieu, devant le tribunal saisi de la demande du créancier contre les père et mère et autres tuteurs.

§. 8. *Du Compte de Tutelle.*

93. Le tuteur rend compte de sa gestion, chaque année, au conseil de famille.

94. En arrêtant ce compte, le conseil de famille règle la dépense du mineur pour l'année suivante et celle qui est nécessaire pour l'administration de ses biens;

Il ordonne, s'il y a lieu, l'emploi de l'excédent de ses revenus.

95. Si le conseil de famille juge par la nature de la tutelle, ou par son peu d'importance, que les frais d'un compte annuel seraient trop onéreux au mineur, il peut, lors de la nomination du tuteur, fixer les époques auxquelles il rendra compte, et même ne l'y assujétir qu'à l'expiration de la tutelle.

96. Le compte que rend le tuteur est composé de trois chapitres :

Le premier comprend la recette,

Le second, la dépense.

Le troisième, la reprise, qui consiste dans les objets qui n'auront pu être recouvrés par le tuteur.

97. Si le tuteur n'a pas fait l'emploi qui a été ordonné par le conseil de famille lors du compte annuel, il est tenu des intérêts de la somme qui devait être employée; et ces intérêts produisent de nouveaux intérêts lorsqu'ils s'élèvent à la somme de trois mille francs.

98. Dans le cas où le tuteur n'a pas été assujéti à un compte annuel, il est tenu de faire emploi des deniers oisifs, aussitôt qu'ils s'élèvent à la somme de mille francs; faute

par lui de le faire, il en doit les intérêts, et ces intérêts produisent de nouveaux intérêts lorsqu'ils s'élèvent à pareille somme de mille francs.

99. Il n'est alloué au tuteur que les dépenses justifiées par pièces estimées probantes par la famille.

100. Les dépenses d'administration des biens et d'entretien du mineur, non arrêtées par le conseil de famille, ne sont allouées au tuteur, que dans le cas où elles seraient jugées imprévues et utiles;

Il n'est alloué au tuteur que les simples déboursés pour les voyages qu'auraient exigé les affaires du mineur.

Sauf au conseil de famille à régler les frais de voyage auxquels il aurait été nécessaire d'employer d'autres personnes que le tuteur.

101. Le compte tutélaire est rendu aux dépens du mineur; le tuteur en avance les frais.

102. La somme à laquelle est fixé le reliquat dû par le tuteur, porte intérêt sans demande, à compter de la clôture du compte.

Les intérêts de ce qui sera dû au tuteur par le mineur, ne courent que du jour de la notification du jugement d'apurement, portant sommation de payer.

103. Tout traité sur la libération du tuteur, fait amiablement, n'est valable qu'autant qu'il est passé avec le mineur devenu majeur, sur un compte rendu en la forme ci-dessus.

Ce traité est nul, nonobstant toutes clauses contenant mention de remise de pièces justificatives, ou de paiement de reliquat, ou d'une somme quelconque, sur la vérité desquelles clauses, le demandeur en compte, en cas de déni, en sera cru à son affirmation.

104. Ceux qui ont concouru aux délibérations prises par le conseil de famille pendant le cours de la tutelle, ou qui ont dû concourir auxdites délibérations, comme y ayant

été dûment appelés, sont garans et responsables de l'administration du tuteur dans les cas ci-après :

1°. S'ils n'ont pas fait procéder à l'inventaire;

2°. S'ils ont autorisé des emprunts ou des hypothèques lorsque les affaires du mineur ne l'exigeaient pas;

3°. S'ils ont autorisé la vente des immeubles dans d'autres cas que ceux prévus par l'article 84.

4°. S'ils ont négligé de provoquer les comptes du tuteur, prescrits par les articles 93 et 95.

Cette responsabilité n'est pas solidaire.

105. L'action du mineur contre son tuteur, et celle en garantie, établies par l'article précédent, se prescrivent par dix ans, à compter du jour de la majorité.

106. Toute aliénation des immeubles du mineur, toute hypothèque créée sur ses biens, tout emprunt fait par le tuteur sans l'observation des formalités et conditions prescrites au §. 7 ci-dessus, sont nulles et peuvent être attaquées par le mineur, qui n'est tenu que de restituer les deniers qui auront tourné à son profit.

Cette action se prescrit par dix ans, à compter de la majorité.

107. Le tuteur qui a des sujets de mécontentement graves sur la conduite du mineur, dont il ne peut plus arrêter les écarts ou réprimer les excès, peut porter ses plaintes au conseil de famille, et y provoquer la réclusion du mineur dans une maison de correction, conformément à ce qui est statué à ce sujet au titre de la puissance paternelle.

SECTION 3. *De l'Émancipation.*

ART. 1er. Le mineur est émancipé et peut jouir de la libre administration de ses biens lorsqu'il a atteint l'âge de dix-huit ans accomplis, ou lorsqu'il se marie.

2. Le conseil de famille peut autoriser le mineur à prendre la libre administration de ses biens avant l'âge de dix-

huit ans, lorsqu'il juge que ce mineur a la maturité d'esprit nécessaire pour la conduite de ses affaires.

3. Dans tous les cas d'émancipation, le mineur ne peut aliéner, engager et hypothéquer ses immeubles, ni disposer de ses biens meubles ou immeubles par donation entre-vifs, si ce n'est par contrat de mariage en faveur de la personne à laquelle il s'unit.

Il ne peut plaider pour action immobilière, soit en demandant, soit en défendant, sans être autorisé par le conseil de famille, qui lui donne un curateur, pour l'assister en jugement.

A tous autres égards, l'émancipé est assimilé au majeur.

4. Le mineur autorisé par un conseil de famille à exercer un art ou un métier, ou à faire un commerce, est réputé majeur quant au fait de son commerce.

5. Le tuteur ne peut se marier avec sa pupille, ni sa pupille avec son fils, ni son pupille avec sa fille avant qu'ils aient vingt-cinq ans accomplis, à moins que le mariage ne soit spécialement autorisé par le conseil de famille, dont le tuteur, ni son fils avec lequel le mariage serait projeté, ne seront point membres.

6. Le conseil de famille ne peut donner l'autorisation énoncée en l'article précédent que sur le vu du compte de tutelle, préalablement rendu et apuré.

7. Le mariage fait contre la disposition des deux articles précédens est nul.

TITRE ....

Des Donations entre-vifs et à cause de mort.

Dispositions générales.

ART. 1er. On ne peut disposer de ses biens, à titre gratuit, que par des donations entre-vifs ou à cause de mort.

2. La donation entre-vifs est un contrat par lequel le

donateur se dépouille actuellement et irrévocablement en faveur du donataire.

3. La donation à cause de mort est un acte par lequel le donateur, seul, dispose de tout ou partie de ses biens, et qui n'a d'effet qu'autant que le donateur a persisté dans la même volonté jusqu'à sa mort.

SECTION 1re. *De la capacité requise pour donner ou pour recevoir.*

4. Pour donner, soit entre-vifs, soit à cause de mort, il faut être

1°. Majeur;

2°. Sain d'esprit au moment de la donation. La preuve par témoins de la démence du donateur non interdit, n'est admise que lorsque l'interdiction avait été provoquée du vivant du donateur, ou lorsque, celui-ci n'ayant survécu que six mois à la donation, il existe un commencement de preuve par écrit résultant soit de l'acte même, soit d'actes extérieurs.

La loi n'admet point la preuve que la donation n'a été faite que par haine, colère, suggestion ou captation.

5. Le mineur émancipé ne peut disposer que par acte à cause de mort, et jusqu'à concurrence seulement de la moitié de la portion dont la loi permet au majeur de disposer, sauf l'exception portée en l'article 152 ci-après.

6. Le mineur ne peut donner à son tuteur.

Lors même qu'il est devenu majeur, il ne peut lui donner, si le compte définitif de la tutelle n'a été préalablement rendu et apuré.

Sont néanmoins exceptés les tuteurs naturels et légitimes.

7. La femme mariée ne peut donner entre-vifs sans l'assistance ou le consentement spécial de son mari, ou sans y être autorisée par le juge.

I.   24

Elle n'a pas besoin de ce consentement pour donner à cause de mort.

8. Pour être capable de recevoir entre-vifs, il faut être conçu au moment de la donation.

Pour être capable de recevoir à cause de mort, il suffit d'être conçu à l'époque du décès du donateur.

9. Celui qui est mort civilement ne peut faire ni recueillir aucune donation.

10. La disposition à cause de mort est annulée par la mort civile du donateur survenue depuis l'acte, et encore subsistante au jour de son décès.

11. Ceux qui ont vécu ensemble dans un concubinage notoire sont respectivement incapables de se donner.

12. Les enfans adultérins ou incestueux ne peuvent rien recevoir en propriété de leur père, ni de leur mère.

Ils ne peuvent même recevoir de leur père ou mère, en usufruit et à titre de pension alimentaire, au-delà du tiers de la portion d'un enfant légitime.

13. Les enfans naturels, même légalement reconnus, ne peuvent recevoir de leur père et mère au-delà de la portion que la loi leur défère *ab intestat*.

14. Le malade, dans le cours de la maladie dont il décède, ne peut donner à l'officier de santé qui le traite.

15. La capacité de faire ou de recueillir une donation appartient à tous ceux auxquels la loi ne l'a pas interdite, sans aucune distinction entre les Français et les étrangers, quant aux donations entre-vifs; et sauf, quant aux donations à cause de mort faites en faveur des étrangers, ce qui est réglé au titre des successions.

SECTION 2. *De la portion de biens dont il est permis de disposer, et de la réduction en cas d'excès.*

§. 1.^r. *De la portion disponible.*

16. Les donations soit entre-vifs, soit à cause de mort, ne peuvent excéder :

Le quart des biens du donateur, s'il laisse à son décès des enfans ou descendans ;

La moitié, s'il laisse des ascendans ou des frères et sœurs ou des descendans des frères et sœurs ;

Les trois quarts, s'il laisse des oncles ou grands-oncles, ou des cousins-germains.

A défaut de parens dans les degrés ci-dessus exprimés, les donations peuvent épuiser la totalité des biens du donateur.

17. La donation en usufruit ne peut excéder la quotité dont on peut disposer en propriété; en telle sorte que le don d'un usufruit ou d'une pension est réductible au quart, à la moitié, ou aux trois quarts du revenu total du donateur, dans les cas ci-dessus exprimés.

Sans préjudice néanmoins de ce qui est réglé à l'égard des époux.

18. La donation de la quotité disponible peut être faite en tout ou en partie, même en faveur des enfans et autres successibles du donateur.

19. Cette donation n'est pas rapportable par le donataire venant à succession, pourvu qu'elle ait été faite expressément à titre de préciput et hors part.

§. 2. *De la réduction des donations, de la manière dont elle s'opère et de ses effets.*

20. Toute disposition, soit entre-vifs, soit à cause de mort, qui excède la quotité disponible, n'est pas nulle, mais seulement réductible à cette quotité.

21. La donation entre-vifs conserve tout son effet pendant la vie du donateur.

22. Au décès du donateur, la réduction de la donation soit entre-vifs, soit à cause de mort, ne peut être demandée que pour ceux des héritiers venant à succession, au profit desquels la loi a restreint la faculté de disposer.

23. Pour déterminer la réduction dont peuvent être sus-

ceptibles les donations, soit entre-vifs, soit à cause de mort, on forme une masse de tous les biens existans au décès du donateur ; on y réunit fictivement toutes les donations faites entre-vifs, d'après l'état des biens donnés à l'époque de la donation, et d'après leur valeur à l'époque du décès du donateur; on fait déduction de toutes les dettes ; et comparativement à la valeur du patrimoine net du défunt, on vérifie, eu égard à la qualité des héritiers qu'il laisse, quelle est la portion dont il a pu disposer.

24. Il n'y a jamais lieu à réduire les donations entre-vifs, qu'après avoir épuisé les donations à cause de mort.

25. S'il est reconnu que la valeur des donations entre-vifs excède la quotité disponible, toutes les donations à cause de mort sont caduques et celles entre-vifs sont réduites ; en commençant par la dernière jusqu'à ce qu'elle soit épuisée, et ainsi de suite, en remontant des dernières aux plus anciennes.

Si la donation qui se trouve dans le cas d'être réduite a été faite à l'un des successibles, celui-ci est autorisé à retenir sur les biens donnés, la valeur de la portion qui lui appartiendrait comme héritier dans les biens indisponibles.

26. Dans le cas où la valeur des donations entre-vifs n'excède pas la quotité disponible, et où cependant ce qui reste pour atteindre cette quotité ne suffit pas à l'acquittement des legs, la réduction s'en fait de la manière suivante :

1°. Sur le legs à titre universel, à concurrence des trois quarts ;

2°. Sur tous les legs à titre particulier, contributoirement et au marc le franc, sans aucune distinction ni de la nature du legs, ni de la qualité du légataire, à moins que le donateur n'ait expressément déclaré qu'en cas d'insuffisance de la quotité disponible, il entend que tel legs soit préféré à tel autre.

Dans le cas où le donateur a exprimé la préférence, elle doit avoir lieu, même au préjudice du quart ci-dessus réservé au légataire à titre universel.

27. Le donataire ne restitue les fruits de ce qui excède la portion disponible qu'à compter du jour du décès du donateur.

28. Les immeubles qui rentrent dans la succession par l'effet de la réduction, y reviennent sans aucune charge des dettes et hypothèques créées par le donataire.

29. L'action en réduction ou revendication peut être exercée par les héritiers contre le tiers détenteur des immeubles aliénés par le donataire, de la même manière et dans le même ordre qu'elle peut être exercée contre le donataire lui-même.

30. Si le donataire a vendu successivement plusieurs immeubles affectés à l'action de réduction, cette action doit être exercée contre les tiers détenteurs, suivant l'ordre de leurs acquisitions, en commençant par la dernière et ainsi de suite en remontant des dernières aux plus anciennes.

31. Les héritiers ne peuvent attaquer le tiers détenteur, que discussion préalablement faite des biens du donataire, et que pour l'excédant, en cas d'insuffisance.

SECTION 3. *Des Dispositions réprouvées par la loi.*

32. Dans toute disposition entre-vifs ou à cause de mort, les conditions impossibles, celles qui sont contraires aux lois ou aux mœurs, celles qui portent atteinte à la liberté du donataire, ou aux droits de l'homme et du citoyen, sont réputées non écrites.

33. Toute disposition qui aurait pour objet d'acquitter les dépenses d'un culte est nulle.

Les dispositions qui seraient faites au profit d'hospices, des pauvres d'une commune, ou d'établissemens d'utilité publique, sont valables, pourvu qu'elles soient confirmées par un décret du corps législatif.

34. Toute donation entre-vifs déguisée sous la forme d'un contrat à titre onéreux, ou faite sous le nom de per-

sonnes interposées au profit de celui qui était incapable de recevoir, est nulle.

35. Sont réputées personnes interposées, les père et mère, les enfans et descendans, et l'époux de la personne incapable.

36. Toute donation à charge de rente viagère, toute vente à fonds perdu, ou avec réserve d'usufruit, faite à l'un des cohéritiers présomptifs en ligne directe ou collatérale, est nulle, si l'objet ainsi aliéné, estimé d'après sa valeur en pleine propriété, se trouve excéder la quotité disponible.

SECTION 4. *De la Donation entre-vifs.*

§. 1er. *De l'irrévocabilité de la Donation.*

37. La donation entre-vifs ne peut comprendre que les biens présens du donateur; elle est nulle pour le tout, si elle comprend des biens à venir.

38. Toute donation entre-vifs, faite sous des conditions dont l'exécution dépend de la seule volonté du donateur, est nulle.

39. Elle est pareillement nulle, si elle est faite sous la condition de payer d'autres dettes ou charges que celles qui existent à l'époque de la donation, et qui sont comprises dans l'état qui doit y être annexé.

40. En cas que le donateur se soit réservé la liberté de disposer d'un effet compris dans la donation, ou d'une somme fixe sur les biens donnés, s'il meurt sans en avoir disposé, ledit effet ou ladite somme appartiennent aux héritiers du donateur, nonobstant toutes clauses ou stipulations à ce contraires.

41. Toute donation d'effets mobiliers, s'il n'y a point tradition réelle, est nulle, à moins qu'il n'ait été annexé à la minute de la donation un état estimatif des effets donnés, signé du donateur, du donataire, du notaire et des témoins.

42. Si la donation d'effets mobiliers a été ainsi faite avec réserve d'usufruit, le donataire est tenu, à l'expiration de l'usufruit, de prendre les effets donnés existans en nature dans l'état où ils se trouvent; et il n'a d'action contre le donateur ou ses héritiers, pour raison des objets non existans, que jusqu'à concurrence de la valeur qui leur a été donnée dans l'état estimatif.

43. Il est permis au donateur de faire la réserve à son profit, ou de disposer au profit d'un autre, de la jouissance ou de l'usufruit des immeubles donnés.

44. Le donateur peut stipuler le droit de retour des objets donnés, dans le cas où le donataire et ses descendans viendraient à mourir avant lui.

Ce droit ne peut être stipulé qu'au profit du donateur seul.

Il n'a pas lieu sans stipulation.

45. L'effet du droit de retour est de résoudre toutes les aliénations des biens donnés, qu'auraient pu faire le donataire ou ses descendans, et de faire revenir au donateur lesdits biens francs et quittes de toute charge et hypothèque;

Sauf néanmoins l'hypothèque de la dot et des conventions matrimoniales, si les autres biens de l'époux donataire ne suffisent pas, et dans le cas seulement où la donation lui a été faite par le même contrat de mariage duquel résultent lesdits droits et hypothèques.

§. 2. *De la forme des Donations entre-vifs.*

46. Tous actes contenant donation entre-vifs doivent être passés pardevant notaire, dans la forme ordinaire des contrats, et il en doit rester minute.

47. La donation entre-vifs doit être acceptée.

L'acceptation peut être faite par un acte postérieur; mais alors elle n'a d'effet que du jour de l'acte qui constate l'acceptation.

. Elle peut être acceptée pour le donataire absent par un tiers se portant fort pour lui, autre néanmoins que le notaire : mais en ce cas elle n'a d'effet que du jour que le donataire a ratifié par un acte authentique son acceptation.

48. L'acceptation doit être faite par le donataire majeur, ou par son mandataire général ou spécial, dont la procuration, passée devant notaire, est annexée à l'acte de donation.

49. La femme mariée ne peut accepter une donation sans le consentement de son mari; ou, en cas de refus du mari, sans autorisation du juge.

50. La donation faite au mineur est acceptée par son tuteur.

Néanmoins, les père et mère du mineur, ou autres ascendans, même du vivant des père et mère, quoiqu'ils ne soient ni tuteurs ni curateurs du mineur, peuvent accepter pour lui.

51. Si le donataire majeur se trouve interdit, l'acceptation est faite pour lui par son curateur.

52. Le sourd et muet qui sait lire et écrire peut accepter lui-même ou par un fondé de pouvoir.

S'il ne sait pas lire et écrire, l'acceptation doit être faite par un curateur nommé à cet effet.

53. Les donations faites au profit d'hospices, des pauvres d'une commune, ou d'établissemens d'utilité publique, sont acceptées par les administrateurs desdites communes ou établissemens.

54. La donation duement acceptée est parfaite par le seul consentement des parties, et la propriété des objets donnés est transférée au donataire sans qu'il soit besoin d'autre tradition que celle qui résulte de la réserve de l'usufruit, et sauf l'état estimatif requis par l'article 41 ci-dessus.

55. Les donations d'immeubles, d'usufruit, de jouissance à titre d'emphytéose, et d'autres droits susceptibles d'hy-

pothèque, doivent être transcrites aux registres du bureau de la conservation des hypothèques, dans l'arrondissement duquel les biens sont situés.

Si la donation est d'une somme mobilière payable à terme, ou après la mort du donateur, avec affectation spéciale sur un ou plusieurs immeubles, elle doit être inscrite.

Si la donation n'a été acceptée ou ratifiée que par un acte séparé, ce second acte doit être transcrit ou inscrit en même temps que l'acte de donation et sous une seule et même date.

Jusques là ces donations ne peuvent être opposées aux tiers qui auraient contracté avec le donateur.

56. La donation faite à la femme mariée est transcrite à la diligence du mari.

Celle faite aux mineurs et aux interdits, à la diligence de ceux à qui la loi donne le droit de les représenter.

Si le mari ne remplit pas cette formalité, la femme peut y faire procéder sans autorisation.

57. Les mineurs, les interdits et les femmes mariées ne sont pas restitués contre le défaut de transcription ni d'inscription sur les registres hypothécaires, ni même contre le défaut d'acceptation, sauf leurs recours contre leurs tuteurs, curateurs, maris ou autres, s'il y échoit, et sans que la restitution puisse avoir lieu dans le cas même où lesdits tuteurs, curateurs et maris se trouveraient insolvables.

58. Une donation entre-vifs qui n'est pas revêtue des formalités ci-dessus prescrites, est nulle, et elle ne peut valoir comme donation à cause de mort, de quelque formalité qu'elle soit d'ailleurs revêtue, sauf ce qui sera dit ci-après à l'égard des donations entre époux.

§. 3. *Des cas auxquels la donation entre-vifs peut être révoquée.*

59. La donation entre-vifs ne peut être révoquée que
Pour cause d'ingratitude;
Pour cause d'inexécution des conditions sous lesquelles elle a été faite.

60. La révocation pour cause d'ingratitude n'a lieu que dans les deux cas suivans :

1°. Si le donataire attente à la vie du donateur;

2°. S'il se rend coupable envers lui de sévices ou injures graves.

61. La révocation d'une donation n'a jamais lieu de plein droit; elle doit être demandée par le donateur, et prononcée par la justice.

62. La demande en révocation, fondée sur l'ingratitude, doit être formée dans l'année, à compter du jour du délit que le donateur impute au donataire.

63. Cette action ne peut pas être exercée par le donateur contre les héritiers du donataire, ni par les héritiers du donateur contre le donataire, à moins que dans ce dernier cas le donateur n'ait intenté l'action de son vivant, ou qu'il ne soit décédé dans l'année du délit.

64. La révocation pour cause d'ingratitude ne préjudicie ni aux aliénations faites par le donataire, ni aux hypothèques et autres charges réelles qu'il a pu imposer sur l'objet de la donation, pourvu que le tout soit antérieur à l'action en révocation.

Dans ce cas, le donataire est condamné à restituer la valeur des objets donnés qui ne se trouvent plus dans sa main.

Les fruits ne sont restitués au donateur que du jour de la demande en révocation.

65. Les donations en faveur de mariage ne sont pas révo-

cables pour cause d'ingratitude, lorsqu'il y a des enfans de ce mariage.

Lorsqu'il n'y en a pas, la révocation a lieu à l'égard du donataire, mais sans préjudice des droits résultans du contrat de mariage en faveur de l'autre époux.

66. L'action en révocation ou en résiliation pour cause d'inexécution des conditions imposées au donataire, n'est sujette qu'à la prescription ordinaire; elle ne court que du jour où le donataire a cessé de remplir ses obligations.

67. Dans le cas de la révocation pour cause d'inexécution des conditions imposées, le donateur a contre les tiers détenteurs des immeubles donnés, tous les droits réels et hypothécaires qu'il aurait contre le donataire lui-même.

68. La survenance d'enfans n'opère plus la révocation des donations, mais seulement leur réduction à la quotité disponible.

SECTION 5. *Des Donations à cause de mort.*

§. 1er. *De la forme des Donations à cause de mort.*

69. La donation à cause de mort peut être faite par acte public, ou sous signature privée.

Elle ne peut être faite conjointement et dans le même acte par deux ou plusieurs personnes, soit au profit d'un tiers, soit à titre de donation réciproque et mutuelle, sauf ce qui est réglé ci-après à l'égard des époux.

70. La donation faite par acte public est reçue par deux notaires, ou par un notaire et deux témoins qui sachent et puissent signer.

Elle est écrite telle qu'elle est dictée par le donateur : il lui en est fait lecture en présence des témoins ; il est fait du tout mention expresse.

Elle est signée par les notaires, ou par le notaire et les témoins.

Si le donateur déclare qu'il ne peut ou ne sait signer, il

est pareillement fait mention expresse de sa déclaration, ainsi que de la cause qui l'empêche de signer.

71. La donation sous signature privée doit être écrite en entier, datée et signée de la main du donateur.

Cet écrit, ouvert ou cacheté, est présenté à un notaire, assisté d'un deuxième notaire ou de deux témoins.

Le donateur leur déclare que le papier qu'il leur présente contient sa disposition à cause de mort.

Le notaire ou les deux témoins dressent l'acte contenant la présentation et la déclaration du donateur.

Cet acte est écrit à la suite de la disposition, ou sur l'enveloppe qui la renferme ; il est signé tant par le donateur que par les deux notaires, ou par le notaire et les témoins.

Si le donateur veut que sa disposition reste déposée entre les mains du notaire, il est fait mention du dépôt.

72. Si le donateur ne peut parler, soit par un défaut naturel, soit par toute autre cause, il présente le *papier contenant* sa disposition aux deux notaires, ou au notaire et aux témoins; au-dessous de sa disposition, ou sur l'enveloppe qui la renferme, il écrit en leur présence que ce papier contient sa disposition à cause de mort, et il signe sa déclaration.

A la suite de cette déclaration, le notaire dresse l'acte de présentation, dans lequel il fait mention expresse que la déclaration du donateur a été écrite en sa présence et celle du deuxième notaire ou des témoins.

Cet acte est signé comme il est dit dans le précédent article.

73. Les témoins employés dans tous les actes ci-dessus doivent être

Mâles, majeurs, ayant l'exercice des droits civils et politiques.

Ne peuvent être pris pour témoins,

Les donataires, à quelque titre qu'ils le soient, leurs

parens ou alliés jusqu'au troisième degré inclusivement;

Les clercs des notaires par lesquels l'acte est reçu.

74. Aucune donation à cause de mort n'est valable, s'il n'y a dix jours francs entre sa date et le décès du donateur.

75. La donation faite sous-seing privé ne prend sa date que du jour de l'acte authentique qui constate sa présentation.

76. La condition de survie n'a point lieu ni lorsque la mort du donateur a été subite ou causée par quelque accident;

Ni pour les donations faites par les défenseurs de la patrie, par ceux qui sont employés dans les armées de terre ou de mer, par ceux qui se trouvent renfermés dans des lieux avec lesquels toute communication est interrompue.

77. Le défaut de survie ne peut pas être opposé au donataire par la république dans le cas où elle hérite du donateur.

78. Les dispositions à cause de mort des défenseurs de la patrie ou des individus employés dans les armées, pourront, en quelque pays que ce soit, être reçues par deux officiers ayant au moins le grade de sous-lieutenant, ou par deux commissaires des guerres, ou par l'un desdits officiers, ou par l'un desdits commissaires, assisté de deux témoins.

79. Elles pourront encore, si le donateur est malade ou blessé, être reçues par deux officiers de santé, ou par un seul assisté de deux témoins.

80. La disposition sera signée par ceux qui l'auront reçue et par le donateur, s'il sait et peut signer; la signature d'un seul témoin suffira lorsque le donateur aura signé.

81. La donation à cause de mort, faite par les défenseurs de la patrie et autres individus employés dans les armées, entièrement écrite de la main du donateur, datée du lieu, jour et an, et signée de lui, est valable, sans qu'il soit besoin d'acte de présentation ou de souscription.

82. Les dispositions des articles ci-dessus n'ont lieu qu'en faveur des défenseurs de la patrie qui sont en expédition militaire, ou en quartier, ou en garnison hors du territoire de la république, ou prisonniers chez l'ennemi, sans que ceux qui sont en quartier ou en garnison dans l'intérieur puissent en profiter, à moins qu'ils ne fussent dans une place assiégée, ou dans une citadelle et autres lieux dont les portes fussent fermées, et les communications interrompues à cause de la guerre.

83. Les donations faites dans la forme établie pour les défenseurs de la patrie, seront nulles six mois après que celui qui les aura faites sera revenu dans un lieu où il aura la liberté d'employer les formes ordinaires.

84. Les donations à cause de mort, faites dans un lieu avec lequel toute communication est interceptée à cause de la peste, peuvent être faites devant le juge de paix, ou devant l'un de ses assesseurs, ou devant l'un des officiers municipaux de la commune, en présence de deux témoins.

85. La donation à cause de mort faite en temps de peste, écrite en entier de la main du donateur, datée du lieu, jour et an, et signé de lui, est valable sans qu'il soit besoin d'acte de présentation, ou de souscription.

86. Les dispositions des articles ci-dessus ont lieu, tant à l'égard de ceux qui seraient attaqués de la peste, que de ceux qui seraient dans les lieux infectés de cette maladie, encore qu'ils ne fussent pas actuellement malades.

87. Les donations à cause de mort, mentionnées aux articles ci-dessus, demeurent nulles six mois après que le commerce a été rétabli dans le lieu où le testateur demeure, ou six mois après qu'il aura passé dans un lieu où le commerce et les communications ne sont pas interrompus.

88. Les formalités auxquelles les diverses donations à cause de mort sont assujéties par les dispositions du présent paragraphe, doivent être observées à peine de nullité.

§. 2. *De l'exécution des Donations à cause de mort, et des Exécuteurs testamentaires.*

89. Le don pur et simple fait, soit à titre universel, soit à titre particulier, donne au légataire, du jour du décès du donateur, un droit à la chose léguée, transmissible à ses héritiers ou ayant cause.

Néanmoins le légataire ne peut se mettre en possession de la chose léguée, ni en prétendre les fruits ou intérêts qu'à compter du jour de sa demande en délivrance formée en justice contre l'héritier, ou du jour auquel l'héritier en a consenti volontairement la délivrance.

90. Les intérêts ou fruits de la chose léguée courent au profit du légataire, sans qu'il ait formé sa demande en justice, lorsque le donateur a expressément déclaré qu'il voulait que les intérêts, ou fruits, lui fussent acquis dès le jour de son décès.

91. Si le don ou legs est d'une rente, ou pension viagère, les arrérages en sont encore dûs au légataire, à compter du jour du décès du donateur, sans qu'il soit besoin de demande en justice.

92. Les frais de la demande en délivrance sont à la charge de l'héritier.

Les droits d'enregistrement sont dûs par le légataire ;

Le tout à moins que le donateur n'ait exprimé une volonté contraire.

93. Les héritiers ou débiteurs d'un legs sont personnellement tenus de l'acquitter chacun au prorata de la part et portion dont il profite dans la succession : ils en sont tenus hypothécairement pour le tout jusqu'à concurrence de la valeur des immeubles de la succession dont ils sont détenteurs.

94. L'hypothèque du donataire est légale ; elle résulte de la donation valablement faite, même sous signature privée, dans les formes ci-dessus indiquées, mais elle n'existe qu'à

la charge de la transcription, ou de l'inscription de la donation sur les registres du conservateur des hypothèques de la situation des immeubles de la succession.

95. La chose léguée est délivrée avec ses accessoires nécessaires, et dans l'état où elle se trouve au jour du décès du donateur.

96. Lorsque celui qui a légué la propriété d'un immeuble, l'a ensuite augmenté par des acquisitions, ces acquisitions, fussent-elles contiguës, ne sont pas censées, sans une nouvelle disposition, faire partie du legs.

Il en est autrement des embellissemens ou des constructions nouvelles, faites sur le fonds légué, ou d'un enclos dont le donateur aurait augmenté l'enceinte.

97. Si la chose léguée se trouve antérieurement engagée par hypothèque spéciale pour une dette de la succession ou même pour la dette d'un tiers, ou si elle est grevée d'un usufruit, l'héritier n'est point tenu de la dégager, à moins qu'il n'ait été chargé de le faire par une disposition expresse du donateur.

98. Lorsque le donateur a légué la chose d'autrui, le legs est nul, soit que le donateur ait connu, ou non, qu'elle ne lui appartenait pas.

99. Lorsque le legs est d'une chose indéterminée, comme d'un cheval, d'une pièce de vin, l'héritier n'est pas obligé de donner le meilleur, et il ne peut pas offrir le plus mauvais.

100. Le legs fait au créancier n'est pas censé fait en compensation de sa créance, ni le legs au domestique en compensation de ses gages.

101. Le don ou legs à titre universel est celui par lequel le testateur donne ou lègue toute la portion de ses biens dont la loi lui permet de disposer, ou une quotité fixe de cette portion, ou tous ses immeubles, ou tous ses meubles, ou une quotité fixe de tous ses immeubles ou de tous ses meubles.

Tout autre don ou legs ne forme qu'une donation à titre particulier.

102. Le légataire à titre universel est tenu, comme l'héritier, personnellement pour sa part et portion, et hypothécairement pour le tout, des dettes et des charges de la succession du donateur.

103. Le légataire à titre particulier n'est point tenu des dettes de la succession, sauf la réduction du legs, ainsi qu'il est dit ci-dessus, et l'action hypothécaire des créanciers.

104. Lorsqu'il y a un légataire universel de la totalité de la portion disponible, c'est à lui seul à payer tous les legs à titre particulier jusqu'à concurrence seulement des trois quarts de la valeur de cette portion et ce, de la manière et dans les cas réglés par l'article 26.

105. Si le legs à titre universel ne comprend qu'une quotité de la portion disponible, les legs particuliers sont acquittés d'abord par les héritiers sur ce qui reste de la portion disponible, et subsidiairement par le légataire à titre universel, ainsi qu'il est dit dans l'article précédent.

106. S'il n'y a pas de legs à titre universel, les legs à titre particulier sont acquittés par les héritiers, à concurrence de la portion dont le donateur pouvait disposer, et en cas d'insuffisance de cette portion, la réduction se fait sur tous les legs particuliers par contribution au marc le franc, ainsi qu'il a été expliqué en l'article 26.

107. Pour assurer l'exécution des donations qu'il a faites, le donateur peut nommer un ou plusieurs exécuteurs testamentaires.

108. Il peut leur donner la saisine pendant l'an et jour, à compter de son décès, du tout, ou seulement d'une partie de son mobilier.

S'il ne la leur a pas donnée, ils ne peuvent pas l'exiger.

109. L'héritier peut faire cesser la saisine, en offrant de

remettre aux exécuteurs testamentaires somme suffisante pour le paiement des donations mobilières.

110. Celui qui ne peut pas s'obliger, ne peut pas être exécuteur testamentaire.

111. La femme mariée ne peut accepter l'exécution testamentaire qu'avec le consentement de son mari.

Si elle est séparée de biens, soit par contrat de mariage, soit en justice, elle le peut avec le consentement de son mari, ou, à son refus, autorisée par le juge.

112. Le mineur ne le peut pas, même avec l'autorisation de son tuteur.

113. Les fonctions des exécuteurs testamentaires consistent à faire faire en présence de l'héritier présomptif, ou lui duement appelé, l'inventaire des biens de la succession, après avoir fait apposer les scellés s'il y a des héritiers mineurs, interdits ou absens;

A provoquer la vente du mobilier, à défaut de deniers suffisans pour acquitter les legs;

A veiller à ce que les dispositions testamentaires soient exécutées, et à cet effet, en cas de contestation sur l'exécution de l'acte à cause de mort, ils peuvent y intervenir pour en soutenir la validité.

Ils doivent, après l'année du décès du donateur, rendre le compte de leur gestion.

114. Les pouvoirs de l'exécuteur testamentaire prennent fin par sa mort, et ne passent point à ses héritiers.

115. S'il y a plusieurs exécuteurs testamentaires qui ont accepté, un seul peut agir au défaut des autres, et ils sont solidairement responsables du compte du mobilier qui leur a été confié, à moins que le donateur n'ait divisé leurs fonctions, et que chacun d'eux ne se soit renfermé dans celle qui lui était attribuée.

116. Les frais faits par l'exécuteur testamentaire pour l'apposition des scellés, l'inventaire, le compte, et autres relatifs à leurs fonctions, sont à la charge de la succession.

Ils sont acquittés par privilège sur tous les biens meubles et immeubles qui la composent.

§. 3. *De la révocation des Donations à cause de mort, et de leur caducité.*

117. Les donations à cause de mort sont révocables à la volonté du donateur jusqu'à son décès.

118. Elles ne peuvent être révoquées, en tout ou en partie, que par une déclaration du changement de volonté faite dans l'une des formes dans lesquelles peuvent être faites les donations à cause de mort.

119. Les actes postérieurs, qui ne révoquent pas d'une manière expresse les précédens, n'annullent dans ces actes que celles des dispositions y contenues qui se trouvent incompatibles avec les nouvelles, ou qui sont contraires ou absolument différentes.

120. La révocation faite dans un acte postérieur a tout son effet, quoique ce nouvel acte reste sans exécution par l'incapacité du donataire, ou par son refus de recueillir.

121. La donation ou la vente, que fait le donateur de tout ou de partie de la chose donnée, emporte la révocation de la donation pour tout ce qui a été vendu ou donné, encore que la vente ou donation postérieure soit nulle, et que l'objet soit rentré dans la main du donateur.

Si l'objet donné a été postérieurement hypothéqué, le donataire ne peut le réclamer que sous la charge de l'hypothèque, à moins que le donateur n'ait imposé à ses héritiers l'obligation d'affranchir ledit objet.

122. La donation à cause de mort devient caduque si le donataire ne survit pas au donateur.

123. Tout don ou legs fait sous une condition dépendante d'un événement incertain, et tel que, dans l'intention du donateur, le legs ne doive avoir lieu qu'autant que l'événement arrivera, ou n'arrivera pas, est caduc, si le donataire

ou légataire décède avant l'accomplissement de la condition.

124. La condition qui, dans l'intention du donateur, ne fait que suspendre le paiement du legs, n'empêche pas le légataire d'avoir sur l'objet légué un droit acquis et transmissible à ses héritiers.

125. Le legs est caduc, si la chose léguée a totalement péri pendant la vie du donateur.

Il en est de même si elle a péri depuis sa mort sans le fait et la faute de l'héritier, quoique celui-ci ait été mis en retard de la délivrer lorsqu'elle eût également dû périr entre les mains du légataire.

126. Le legs est aussi caduc lorsque le légataire le répudie, ou se trouve incapable de le recueillir.

127. Il n'y a lieu à accroissement au profit des légataires que dans le cas où la même chose a été léguée à plusieurs *conjointement*.

Le legs n'est réputé fait *conjointement* que lorsqu'il l'est par une seule et même disposition, et que le donateur n'a pas assigné la part de chacun des colégataires dans cette chose.

128. Les mêmes causes qui, suivant les articles 59 et 60 du présent titre, autorisent la demande en révocation de la donation entre-vifs, autorisent l'héritier à faire déclarer le légataire déchu de la donation à cause mort, ou à demander la restitution de la chose donnée, si la délivrance en a été faite.

129. Si la demande est fondée sur le fait que le légataire était l'auteur ou complice de la mort du donateur, l'héritier doit la former dans l'année à compter du jour du décès du donateur.

Si elle est fondée sur une injure faite à la mémoire du donateur, elle doit être intentée dans l'année à compter du jour du délit.

§. 4. *De l'interprétation des Dispositions à cause de mort.*

130. S'il y a de l'obscurité dans le sens ou dans les termes de la donation, soit par rapport au donataire, soit par rapport à la chose léguée, les juges doivent rechercher l'intention du donateur.

131. Dans le doute sur cette intention, l'interprétation se fait dans le sens le plus favorable à l'héritier, en observant cependant de préférer le sens dans lequel la disposition peut avoir quelque effet, au sens qui ne lui en donnerait aucun.

section 6. *Des Partages faits par père, mère ou autres ascendans entre leurs descendans.*

132. Les père et mère, et autres ascendans, peuvent faire entre leurs enfans et descendans la distribution et partage de leurs biens, soit en désignant la quotité des parts et portions qu'ils destinent à chacun d'eux, soit en désignant les biens de telle ou telle nature qui composeront leurs lots.

133. Ces partages peuvent être faits par actes entre-vifs ou à cause de mort.

134. Ceux faits par actes entre-vifs ne peuvent avoir pour objet que les biens présens, et sont soumis à toutes les formalités et conditions des donations entre-vifs.

L'usage des démissions révocables est aboli.

135. Ceux faits par donation à cause de mort doivent l'être en la forme prescrite pour ces sortes de donations, et sont sujets aux mêmes règles.

136. Si le partage, soit celui fait entre-vifs, soit celui fait à cause de mort, n'a pas compris tous les biens que l'ascendant laisse au jour de son décès, les biens non compris dans le partage sont divisés conformément à la loi.

137. Tout acte, soit entre-vifs, soit à cause de mort, fait par père, mère ou autres ascendans, à titre de partage entre les enfans et descendans est nul, s'il y a été omis l'un

des enfans ou l'un des descendans venant par représentation au jour de la mort du donateur.

138. Le partage fait par l'ascendant ne peut être attaqué que dans le seul cas où l'un des copartagés allègue et offre de prouver qu'il contient une lésion du tiers au quart à son préjudice.

Si le père a déclaré vouloir user du droit d'avantager un ou plusieurs de ses enfans, du quart ou de portion du quart disponible, il sera fait déduction sur le patrimoine du donateur de la portion donnée par préciput, et la lésion du tiers au quart ne sera calculée qu'eu égard au partage du surplus des biens.

139. L'enfant qui attaque le partage fait par l'ascendant, sous prétexte de lésion du tiers au quart doit avancer les frais de l'estimation, et doit les supporter en définitif, ainsi que les dépens de la contestation, si la réclamation n'est pas fondée.

SECTION 7. *Des Donations faites par contrat de mariage aux époux et aux enfans à naître du mariage.*

140. Toute donation entre-vifs, quoique faite par contrat de mariage aux époux, ou à l'un d'eux, est soumise aux règles générales prescrites pour les donations faites à ce titre.

Elle ne peut avoir lieu au profit des enfans à naître.

141. La donation à cause de mort peut être faite par contrat de mariage, par père et mère, ascendans, parens collatéraux des époux, et même par des étrangers, tant au profit desdits époux, qu'au profit des enfans à naître de leur mariage, dans le cas où l'époux donataire ne survivrait pas au donateur.

Pareille donation, quoique faite au profit des époux, ou de l'un d'eux, est toujours présumée faite au profit des enfans et descendans à naître du mariage, si le contraire n'a été exprimé dans la donation.

142. La donation à cause de mort par contrat de mariage est sujette à la formalité de l'acceptation ; il suffit qu'elle soit faite par l'époux donataire, pour profiter aux enfans du mariage.

143. La donation dans la forme portée au précédent article est irrévocable en ce sens seulement, que le donateur ne peut plus disposer à titre gratuit des objets compris dans sa donation, si ce n'est pour sommes modiques, soit à titre de récompense ou autrement.

Le donateur conserve jusqu'à la mort la liberté entière de vendre et d'hypothéquer, à moins qu'il ne se la soit formellement interdite en tout ou en partie.

144. La donation en faveur de mariage peut être faite cumulativement des biens présens et à venir, à la charge qu'il sera annexé à l'acte un état estimatif des dettes et charges du donateur existantes au jour de la donation, auquel cas il sera libre au donataire, lors du décès du donateur, de s'en tenir aux biens présens, en renonçant au surplus des biens du donateur.

Si l'état ci-dessus n'a pas été annexé à l'acte contenant donation des biens présens et à venir ; elle ne vaut que comme donation à cause de mort, même pour les biens présens : le donataire est obligé d'accepter ou de répudier cette donation pour le tout. En cas d'acceptation, il ne peut réclamer que les biens qui se trouvent existans au jour du décès du donateur, et il est soumis au paiement de toutes les dettes et charges de la succession.

145. Toute donation faite en faveur de mariage est caduque si le mariage ne s'ensuit pas.

146. La donation à cause de mort, faite à l'un des époux, même par contrat de mariage, devient caduque, si le donateur survit à l'époux donataire décédé sans postérité.

147. Toutes donations faites aux époux par leur contrat de mariage, sont, lors de l'ouverture de la succession du donateur, réductibles à la portion dont la loi lui permettait de disposer.

SECTION 8. *Des Donations entre époux, soit par contrat de mariage, soit pendant le mariage.*

148. Les époux peuvent, par contrat de mariage, se faire, soit entre-vifs, soit à cause de mort, réciproquement, ou l'un des deux à l'autre, telle donation qu'ils jugent à propos, sous les modifications ci-après exprimées.

149. Toute donation entre-vifs, faite par contrat de mariage, entre époux, n'est point censée faite sous la condition de la survie du donataire, si cette condition n'est formellement exprimée; et elle est soumise à toutes les règles et formes ci-dessus prescrites pour ces sortes de donations.

150. Celles faites à cause de mort sont soumises, en la forme et au fond, à toutes les règles ci-dessus prescrites pour ces sortes de donations, sauf l'exception portée en l'article 144 ci-dessus.

151. L'époux peut, soit par contrat de mariage, soit pendant le mariage, pour le cas où il ne laisserait point d'enfans ni descendans, donner à l'autre époux, en propriété, tout ce qu'il pourrait donner à un étranger, et en outre l'usufruit de la totalité de la portion dont la loi prohibe la disposition au préjudice des héritiers.

Et pour le cas où l'époux donateur laisse des enfans ou descendans, il peut donner à l'autre époux, ou un quart en propriété et un autre quart en usufruit, ou la moitié de tous ses biens en usufruit seulement.

152. Le mineur émancipé peut, par contrat de mariage, donner à l'autre époux, soit par donation simple, soit par donation réciproque, tout ce que l'époux majeur peut donner.

S'il n'est point émancipé, il ne peut donner qu'avec l'assistance et le consentement de ceux de ses parens dont le consentement est requis pour la validité de son mariage; et avec ce consentement, il peut donner tout ce que la loi permet à l'époux majeur de donner à l'autre conjoint.

153. L'époux mineur ne peut, pendant le mariage, donner à l'autre époux que ce que la loi permet au mineur émancipé de donner à un étranger.

154. Les époux ne peuvent, pendant le mariage, se faire que des donations à cause de mort toujours révocables.

Toute donation faite entre époux pendant le mariage, quoique qualifiée entre-vifs, ne vaut que comme donation à cause de mort.

155. Lorsque la donation est réciproque, la révocation faite par l'un des deux époux seul n'est valable qu'autant qu'elle a été signifiée à l'autre époux.

La révocation faite par l'un des deux époux malade est nulle, s'il décède de la maladie dont il était atteint.

156. L'homme ou la femme qui convole à de secondes ou subséquentes noces, ayant enfans ou descendans d'un précédent mariage, ne peut donner à son nouvel époux qu'une part d'enfant légitime, le moins prenant, et en usufruit seulement.

Il ne peut disposer, à titre gratuit ni onéreux, des immeubles qu'il a recueillis, à titre de don, de son époux ou de ses époux précédens, tant que les enfans issus des mariages desquels sont provenus ces dons existent, sauf ce qui sera dit au titre des successions sur le partage desdits biens.

157. Les époux ne peuvent se donner indirectement au-delà de ce qui leur est permis par les dispositions ci-dessus.

Toute donation simulée par le déguisement de l'acte, ou faite à personnes interposées, est nulle.

158. Sont réputées donations faites à personnes interposées, celles faites par l'un des époux aux enfans, ou à l'un des enfans de l'autre époux, issus d'un autre mariage.

Celles faites par le donateur aux héritiers présomptifs de l'autre époux ou à l'un desdits héritiers.

Celles faites par l'époux donateur aux parens dont l'autre époux est héritier présomptif au jour de la donation, en cas qu'il n'ait point survécu à ce donataire.

section 9 et dernière. *Des Donations faites par un Français en pays étranger.*

159. La donation entre-vifs faite par un Français en pays étranger, soit à un autre Français, soit à un étranger, par acte public et authentique, avec les formes usitées dans le lieu où l'acte est passé, est valable pourvu que l'on y ait observé d'ailleurs toutes les conditions requises par le paragraphe 1er. de la section 4 du présent titre pour la validité de pareilles donations.

160. Telle donation n'a néanmoins d'effets sur les immeubles situés en France que du jour où elle a été transcrite au bureau du conservateur des hypothèques, dans l'arrondissement duquel sont situés les immeubles.

161. La donation à cause de mort faite par un Français en pays étranger, soit au profit de Français ou d'étrangers, par acte public et authentique, avec les formes usitées dans le lieu où l'acte est passé, est valable.

Elle ne peut être exécutée sur les biens situés en France, si elle n'a été enregistrée au bureau de son domicile en France, s'il en a conservé un, sinon au bureau de l'arrondissement de son dernier domicile connu en France ; et dans le cas où la donation contient disposition d'immeubles en France, elle doit être en outre enregistrée au bureau d'arrondissement de la situation desdits immeubles, sans qu'il puisse être exigé un double droit.

162. Le Français en pays étranger peut faire une donation à cause de mort, sous-seing privé, en la forme prescrite par le paragraphe 1er. de la section 4 du présent titre, à la charge que l'acte de présentation, de souscription ou de dépôt, sera fait par un acte public et authentique, en la forme usitée dans le lieu.

163. Toute donation, soit entre-vifs, soit à cause de mort, faite par un Français en pays étranger, ne peut excéder, quant aux biens immeubles qu'il possède en France,

ni quant à son mobilier, même pour celui qu'il a près de sa personne, la quotité dont la loi de la république permet de disposer, et ne peut valoir qu'au profit des personnes que la loi déclare capables de recevoir.

TITRE ......

Des Successions.

CHAPITRE PREMIER.

SECTION PREMIÈRE. *De l'ouverture des Successions.*

Art. 1er. Les successions s'ouvrent par la mort naturelle et par la mort civile.

2. Si la condamnation qui emporte la mort civile, n'a été prononcée que par contumace, son effet se détermine d'après les règles et les distinctions suivantes :

3. Si l'individu condamné n'a point été arrêté, ou ne s'est point représenté, dans le délai que la loi lui accorde pour purger la contumace, sa mort civile est encourue du jour de l'exécution du jugement de condamnation; les biens qui avaient été séquestrés au profit de la république sont restitués à ceux de ses parens qui étaient habiles à lui succéder à l'époque du jugement.

4. Dans le cas où le condamné est arrêté, ou se représente, dans le délai qui lui est accordé par la loi, le jugement de contumace est anéanti de plein droit, et, pour lors, si la même condamnation, ou toute autre emportant mort civile, est prononcée contre lui, la mort civile n'est encourue que du jour de ce jugement contradictoire; sa succession n'est ouverte que du jour de l'exécution de ce second jugement, et elle est dévolue à ceux des parens du condamné qui sont habiles à lui succéder à cette époque.

Si au contraire le jugement contradictoire absout le prévenu, il est rétabli dans tous ses droits de citoyen.

5. Si le condamné par contumace décède avant l'expira-

tion du délai utile, il meurt dans l'intégrité de ses droits; et sa succession, ouverte par sa mort naturelle, appartient à ceux qui sont habiles à lui succéder au moment de son décès.

6. Il n'y a jamais lieu à la restitution des fruits et revenus que les agens de la république ont été autorisés par la loi à percevoir pendant la contumace.

7. Si plusieurs individus respectivement appelés à la succession l'un de l'autre périssent dans un même événement, sans qu'on puisse prouver lequel est décédé le premier, la présomption de survie est déterminée par les circonstances du fait, et à leur défaut par la force de l'âge et du sexe.

8. Si ceux qui ont péri ensemble sont tous impubères, le plus âgé est présumé avoir survécu au plus jeune.

9. S'ils sont tous au-dessus de soixante ans, le plus jeune est présumé avoir survécu au plus âgé.

10. Dans les deux cas ci-dessus, si les individus qui ont péri ensemble sont d'âge à peu près égal et de sexe différent, la présomption de survie est en faveur du mâle.

11. Entre individus qui ont plus de quinze ans et moins de soixante, s'ils sont de sexe différent, le mâle est présumé avoir survécu : s'ils sont du même sexe, il faut admettre la présomption qui donne ouverture à la succession dans l'ordre de la nature, suivant lequel le plus jeune survit au plus âgé et est appelé à recueillir sa succession.

SECTION II. *De la Saisine légale des héritiers.*

12. La loi seule défère les successions; elle règle l'ordre de succéder entre ceux qui doivent les recueillir, et y appelle successivement, au défaut les uns des autres,

1°. Les héritiers du sang,

2°. L'époux survivant,

3°. La république.

13. A l'instant même de l'ouverture des successions, les héritiers du sang, sont saisis de plein droit, de tous les

biens, droits et actions du défunt, et ils sont tenus de toutes les charges de la succession.

14. Cette saisine légale n'est pas accordée à l'époux survivant, ni à la république; ils doivent se faire envoyer en possession des biens de la succession par la justice et dans les formes qui seront déterminées ci-après.

CHAPITRE II. *Des Qualités requises pour succéder.*

15. Sont incapables de succéder;

1°. Celui qui n'est ni vivant, ni conçu à l'époque de l'ouverture de la succession;

2°. L'enfant mort-né;

3°. Celui qui n'a pas reçu la forme humaine;

4°. L'enfant né avant cent quatre-vingt-six jours, quand bien même il aurait donné quelque signe de vie;

5°. Celui qui est mort civilement.

16. Si la condamnation qui emporte la mort civile n'a été prononcée que par contumace, son effet se détermine d'après les principes énoncés aux articles 3, 4 et 5 du chapitre 1er.

17. En conséquence, si le condamné n'a point été arrêté, ou ne s'est point représenté, dans le délai utile, les successions qui se sont ouvertes dans le cours de ce délai, et auxquelles le condamné était appelé, appartiennent aux héritiers avec lesquels il aurait pu concourir, ou à ceux du degré subséquent.

Néanmoins ces héritiers tant que le délai accordé au condamné pour se représenter n'est point expiré, ne sont envoyés en possession de la succession échue que provisoirement, et en donnant caution de restituer au condamné, dans le cas où, s'étant représenté, il se serait fait absoudre, ou n'aurait été condamné qu'à une peine qui n'emporte pas mort civile.

18. Si le contumax représenté est condamné contradictoirement à une peine emportant mort civile, les succes-

sions qui lui sont échues avant l'exécution de ce jugement contradictoire, peuvent être réclamées par ses héritiers de droit, auxquels elles doivent être restituées par ceux qui en avaient obtenu la possession provisoire.

S'il est absous, il reprend ses droits sur toutes les successions ouvertes pendant sa contumace, et ceux qui en auraient été envoyés en possession doivent lui restituer tout ce qui lui en appartient.

19. Si le condamné par contumace décède avant l'expiration du délai utile, les parens qui ont été envoyés en possession provisoire des successions auxquelles il était appelé, doivent restituer aux héritiers du contumax la part qui lui revenait dans ces successions.

20. Dans aucun cas, le condamné par contumace, ni ses héritiers, ne peuvent demander la restitution des fruits et revenus échus pendant la contumace : ils sont irrévocablement acquis à ceux qui ont été envoyés en possession provisoire.

21. L'étranger n'est admis à succéder aux biens que son parent étranger ou français possède dans le territoire de la république, que dans le cas où la nation à laquelle il appartient accorde chez elle le même droit de succession aux Français.

En ce cas, l'étranger succède même concurremment avec les parens français et suivant l'ordre ordinaire des successions.

22. L'étranger qui, faute de réciprocité, ne peut pas succéder en France, est également incapable de recevoir par donation à cause de mort.

23. Le français qui perd sa qualité de citoyen dans les cas exprimés en l'article 4 de la constitution, est incapable de succéder, à moins que la réciprocité ne soit établie entre la république et la nation à laquelle il serait jugé s'être incorporé.

24. Sont indignes de succéder, et comme tels exclus des successions,

1°. Celui qui est jugé avoir donné volontairement la mort au défunt;

2°. Celui qui a porté contre le défunt une accusation capitale, et qui a été jugée calomnieuse;

3°. L'héritier majeur qui n'a pas dénoncé à la justice le meurtre du défunt.

25. L'obligation de dénoncer n'est imposée ni aux descendans contre les ascendans, ni aux ascendans contre les descendans.

26. L'héritier exclus de la succession pour cause d'indignité est tenu de rendre tous les fruits et revenus dont il a eu la jouissance depuis l'ouverture de la succession.

27. Les enfans de l'indigne venant à la succession de leur chef, et sans le secours de la représentation, ne sont pas exclus pour la faute de leur père.

CHAPITRE III.

Des divers Ordres de Succession.

SECTION 1re. *Dispositions générales.*

28. Il y a trois espèces de succession pour les parens; la succession qui échoit aux descendans, celle qui échoit aux ascendans, et celle à laquelle sont appelés les parens collatéraux.

29. La loi ne considère ni la nature, ni l'origine des biens pour en régler la succession.

Néanmoins, toute succession échue à des ascendans ou à des collatéraux se divise en deux parts égales : l'une pour les parens de la ligne paternelle, l'autre pour les parens de la ligne maternelle, sauf les deux cas énoncés aux articles 47 et 50 ci-après.

30. Cette première division faite entre les lignes paternelle et maternelle, il ne se fait plus de subdivision ou refente entre les diverses branches de chaque ligne.

Ainsi, la portion échue à la ligne paternelle ne se subdivisé pas en deux parts ; l'une pour la branche de l'aïeul, et l'autre pour la branche de l'aïeule, et réciproquement dans la ligne maternelle ; mais dans chacune de ces lignes, la moitié qui lui est dévolue appartient à l'héritier le plus proche en degré, ou aux héritiers en degrés égaux, sauf les cas où la représentation a lieu, ainsi qu'il sera dit ci-après.

31. La proximité de parenté entre deux personnes s'établit par le nombre des générations qui les lient entre elles, et chaque génération s'appelle *degré*.

32. On appelle *ligne* directe ou collatérale la suite de degrés ou de générations qui forme la parenté.

33. Dans la ligne ascendante ou descendante, on compte autant de degrés qu'il y a de générations.

Ainsi, le fils est à l'égard du père au premier degré ;

Le petit-fils est au second degré à l'égard de l'aïeul, et réciproquement du père et de l'aïeul à l'égard du fils et du petit-fils, ainsi de suite.

34. Pour connaître les degrés de parenté en ligne collatérale, il faut compter le nombre des générations qu'il y a eues depuis l'un des parens jusqu'à la souche commune d'où ils descendent, et depuis cette souche commune jusqu'à l'autre parent.

Ainsi, deux frères sont au second degré.

L'oncle et le neveu du défunt sont au troisième.

Deux cousins germains sont au quatrième, ainsi de suite.

SECTION 2. *De la Représentation.*

35. La représentation est une fiction de la loi, dont l'effet est de faire entrer les représentans dans la place, dans le degré et dans les droits du représenté.

36. La représentation a lieu à l'infini dans la ligne directe descendante.

Elle y est admise dans tous les cas, soit que tous les enfans du défunt concourent avec les descendans d'un enfant prédécédé, soit que tous les enfans du défunt étant morts avant lui, les descendans desdits enfans se trouvent entre eux en degrés égaux ou inégaux.

37. La représentation n'a pas lieu en faveur des ascendans; le plus proche, dans chacune des deux lignes, exclut toujours le plus éloigné.

38. En ligne collatérale, la représentation n'est admise qu'en faveur des descendans des frères et sœurs du défunt, et seulement dans les deux cas qui suivent :

Le premier, lorsque le défunt a laissé des frères ou sœurs, et des enfans ou descendans d'autres frères ou sœurs prédécédés, et alors la représentation a lieu à l'infini en faveur des enfans ou descendans du frère ou de la sœur prédécédés;

Le second, lorsque le défunt, ne laissant ni frères ni sœurs, a laissé des neveux ou nièces survivans avec des descendans d'autres neveux ou nièces prédécédés ; mais en ce cas, la représentation n'a lieu que jusques et compris les petits-enfans des neveux ou des nièces prédécédés.

39. Si le défunt n'a laissé ni frères, ni sœurs, ni neveux, ni nièces, mais seulement des petits-neveux ou arrière petits-neveux, il n'y a pas lieu à représentation; les plus proches excluent les plus éloignés, et entre ceux reconnus parens en degré égal, le partage se fait par tête et jamais par souche.

40. Dans tous les cas où la représentation est admise, soit en ligne directe descendante, soit en collatérale, les représentans succèdent par souche.

Si une même souche a produit plusieurs branches, la subdivision se fait aussi par souche dans chaque branche, et les individus de la même branche partagent entre eux par tête.

41. On ne représente pas les personnes vivantes, mais seulement celles qui sont mortes naturellement ou civilement.

SECTION III. *De la Succession des descendans.*

42. Les enfans légitimes ou leurs descendans succèdent à leurs père et mère, aïeuls, aïeules ou autres ascendans, sans distinction entre eux de sexe, ni de primogéniture.

Ils leur succèdent par égales portions, et par tête, ou par souche, lorsqu'ils viennent par représentation, et ce, encore qu'ils soient issus de différens mariages.

SECTION IV. *De la Succession des ascendans.*

43. Les ascendans succèdent diversement à leurs descendans, selon que le défunt a laissé ou n'a pas laissé des frères ou sœurs, ou des descendans de ceux-ci.

Le tout ainsi qu'il va être expliqué.

§. 1er. *De la Succession des ascendans dans le cas où le défunt ne laisse ni frères, ni sœurs, ni descendans d'eux.*

44. Si le défunt n'a laissé ni frères ni sœurs, ni descendans de ceux-ci, la succession se divise par moitié entre les ascendans de la ligne paternelle et les ascendans de la ligne maternelle.

Dans chaque ligne, l'ascendant exclut tous les collatéraux.

L'ascendant qui se trouve au degré le plus proche exclut le plus éloigé, et recueille l'entière moitié affectée à sa ligne.

S'il n'y a point d'ascendans dans l'une ou l'autre des lignes paternelle ou maternelle, la moitié affectée à cette ligne est dévolue aux collatéraux de la même ligne.

Il ne se fait de dévolution d'une ligne à l'autre que lorsqu'il ne se trouve aucuns ascendans ni collatéraux de cette ligne.

45. Ainsi, lorsque le père et la mère du défunt lui survivent, le père recueille la moitié affectée à la ligne paternelle, à l'exclusion de l'aïeul et de l'aïeule; la mère recueille

la moitié affectée à la ligne maternelle, à l'exclusion des ascendans plus éloignés de cette même ligne.

Si le père est prédécédé, la moitié affectée à la ligne paternelle est dévolue à l'aïeul et à l'aïeule paternels, ou à celui des deux qui survit, à l'exclusion du bisaïeul et de la bisaïeule, et ainsi de suite.

Il en est de même à l'égard de l'aïeul et aïeule maternels, si c'est la mère qui est prédécédée.

46. Les aïeux de la même ligne succèdent entre eux par tête s'ils sont au même degré.

Ainsi, dans le cas où le défunt ne laisse ni père, ni aïeul et aïeule paternels, s'il existe d'une part un bisaïeul, père de l'aïeul décédé, et d'autre part un bisaïeul et une bisaïeule, auteurs de l'aïeule paternelle, la moitié affectée à la ligne paternelle ne se subdivise et ne se refend point en deux parts : le bisaïeul, père de l'aïeul, et les bisaïeul et bisaïeule, auteurs de l'aïeule, succèdent par tête, et la portion paternelle se divise en trois parts égales.

§. 2. *De la succession des ascendans dans le cas où le défunt laisse des frères et sœurs, ou des descendans d'eux.*

47. Lorsque le défunt a laissé des frères ou sœurs, ou des descendans de ceux-ci, ils excluent tous les ascendans autres que les père et mère, encore que lesdits frères ou sœurs ne soient que consanguins ou utérins.

La succession se divise en deux portions égales, dont une moitié est déférée au père et à la mère, qui la partagent entre eux également; et l'autre moitié est déférée aux frères ou sœurs, ou aux descendans de ceux-ci.

48. Si le père ou la mère est prédécédé, le quart qui lui aurait appartenu se réunit à la moitié qui est déférée aux frères et sœurs, ou à leurs descendans, lesquels ont en ce cas les trois quarts de la succession.

49. La moitié ou les trois quarts, qui reviennent aux

frères et sœurs ou à leurs descendans, se partagent entre eux suivant les règles qui seront ci-après prescrites pour les successions collatérales.

SECTION 5. *Des successions collatérales.*

50. Si le défunt ne laisse ni descendans, ni père, ni mère, la succession est déférée, en premier ordre et en entier, aux frères ou sœurs survivans, ou aux descendans d'eux, soit de leur chef, soit par représentation, dans les cas déterminés à la section 2 de la représentation.

51. Le double lien n'a point le privilège d'exclure, la succession se divisant toujours en deux parts, la moitié pour la ligne paternelle, l'autre moitié pour la ligne maternelle; les frères ou sœurs germains prennent leurs part dans l'une et l'autre moitié; les consanguins et utérins ne la prennent que dans la moitié attribuée à leur ligne.

52. Au défaut de frères et sœurs ou descendans d'eux, et d'ascendans dans l'une ou l'autre ligne, la succession est déférée, en second ordre, par moitié, aux parens les plus proches du défunt dans la ligne paternelle, et pour l'autre moitié, aux parens les plus proches dans la ligne maternelle.

53. En cas de concours de parens collatéraux au même degré, ils partagent entre eux et par tête la portion revenante à chaque ligne.

54. Au défaut de parens d'une ligne, les parens de l'autre ligne succèdent pour le tout.

CHAPITRE IV.

Des Successions irrégulières, ou des droits des enfans naturels.

Ici le vœu de la nature se trouve contre-balancé par la rigueur des principes du droit civil, par l'intérêt des mœurs, enfin par l'intérêt public, qui ne voit que dans le mariage la source de ce lien précieux qui unit les membres des familles particulières, dont se compose la grande famille du corps social.

De là deux opinions et deux systèmes sur la nature et l'étendue des droits que la loi civile doit et peut accorder aux enfans naturels.

On est assez d'accord que la faveur ne peut pas être étendue au-delà des successions des pères et mères et de celles des frères et sœurs légitimes ou naturels et descendans d'eux.

Mais les uns veulent au moins étendre le droit des enfans naturels jusque sur ces deux espèces de successions.

Les autres désireraient que ce droit fût borné à la succession des pères et mères, et qu'il fût même accordé à l'enfant naturel, moins au titre honorable d'héritier qu'à titre d'une créance fondée sur la loi naturelle et sur l'équité.

C'est aux législateurs qu'il appartient de résoudre cette importante question; uniquement chargés de leur préparer les voies, nous nous bornons à présenter sur deux colonnes différentes, les deux projets de loi que paraît exiger chacun de ces systèmes.

PREMIER PROJET.

SECTION PREMIÈRE. *Du Droit des enfans naturels sur la succession de leurs pères et mères.*

55. L'enfant naturel, qui n'a point la parenté civile résultante du mariage, n'est point héritier; la portion que la loi lui accorde sur la succession de ses père et mère n'est qu'une créance fondée sur l'obligation naturelle

SECOND PROJET.

SECTION PREMIÈRE. *Des Cas dans lesquels les enfans naturels reconnus succèdent, et de la manière dont ils succèdent.*

§. 1er. *Des Cas dans lesquels l'enfant naturel succède.*

55. L'enfant naturel succède à ses père et mère et à ses frères ou sœurs, légitimes ou naturels.

Il ne succède point aux

qu'ils ont contractée envers lui.

56. Cette portion, lorsqu'il concourt avec des frères ou sœurs légitimes, ou descendans d'eux, n'est que la moitié de la part héréditaire qu'il aurait droit de recueillir, s'il était enfant légitime : l'autre moitié accroît aux enfans légitimes.

Cette portion est des deux tiers de la succession, si le père ou la mère n'ont point laissé d'enfans légitimes ; et, dans ce cas, l'autre tiers est déféré à ceux des ascendans ou des parens collatéraux qui auraient succédé pour le tout, s'il n'y avait pas eu d'enfans naturels.

Ce tiers se divise entre lesdits ascendans ou collatéraux, suivant les règles propres aux successions ordinaires.

57. L'enfant naturel, pour se faire délivrer la portion qui lui est déférée par la loi, peut intervenir dans le partage et exercer toutes les actions qui appartiennent à l'enfant légitime.

ascendans, ni aux parens collatéraux de ses père ou mère.

56. L'enfant naturel succède tant à ses frères et sœurs, légitimes ou naturels, qu'à leurs enfans ou descendans.

Les enfans et descendans de l'enfant naturel succèdent aussi aux enfans légitimes du père, ou de la mère, communs.

La représentation a lieu au profit des descendans de l'enfant naturel, soit en directe, soit en collatérale, dans les mêmes cas où elle a lieu en faveur des enfans légitimes.

57. L'enfant naturel ne succède qu'autant qu'il a été légalement reconnu.

Il succède néanmoins à sa mère et aux enfans de celle-ci, quoiqu'elle ne l'ait pas reconnu, lorsqu'il a prouvé sa filiation contre elle ou contre ses héritiers.

Il succède encore aux enfans naturels de sa mère, qui, n'ayant pas été reconnus par elle, auraient prouvé leur filiation.

§. 2. *De la manière dont les enfans naturels succèdent.*

58. La même portion légale est accordée aux enfans et descendans des enfans naturels, lesquels peuvent venir par représentation de leurs père ou mère, en quelque degré qu'ils se trouvent et à l'infini.

59. Ce droit n'appartient qu'à l'enfant naturel légalement reconnu et à ses descendans par représentation.

60. Néanmoins, le même droit appartient encore à l'enfant de la mère dont il n'a pas été reconnu, lorsqu'il a prouvé sa filiation contre elle ou contre ses héritiers.

61. L'enfant naturel et ses descendans n'ont aucun droit sur les successions de leurs frères ou sœurs légitimes et

58. Lorsque le père ou la mère de l'enfant naturel a laissé d'autres enfans légitimes, ou descendans d'eux, l'enfant naturel ne prend que la moitié de la portion héréditaire qu'il aurait eue, s'il était enfant légitime; l'autre moitié accroît aux enfans légitimes.

59. Si le père ou la mère de l'enfant naturel n'a laissé aucun enfant légitime, ni descendant de lui, l'enfant naturel succède pour les deux tiers.

Le tiers restant appartient aux ascendans ou aux parens collatéraux du défunt, qui auraient succédé pour le tout s'il n'y avait point d'enfans naturels. Ce tiers se divise entre eux suivant les règles ci-dessus prescrites pour les successions ascendantes ou collatérales.

60. A défaut de tous parens de ses père et mère, l'enfant naturel leur succède pour le tout à l'exclusion de la république.

61. Lorsque le défunt laisse des frères ou sœurs, nés comme lui en mariage légitime, ou des descendans

de leurs descendans, ni sur les successions des ascendans et des parens collatéraux de leurs père et mère.

62. Le père ou la mère de l'enfant naturel lui succède par préférence à la république.

d'eux, et en outre un frère naturel, ou des descendans de lui, la succession se partage différemment, selon que le défunt a laissé, ou non, ses père et mère, ou l'un des deux, ou ni l'un ni l'autre.

62. Si le défunt laisse ses père et mère auxquels sa succession est déférée pour moitié, ainsi qu'il est dit ci-dessus, le frère naturel ou ses descendans succèdent dans l'autre moitié avec leurs frères ou sœurs légitimes ou leurs descendans ; mais le partage ne se fait entre eux que comme en collatérale.

En conséquence, la moitié déférée aux frères et sœurs légitimes et naturels, se divise en deux portions égales, l'une pour la ligne paternelle, l'autre pour la ligne maternelle, et l'enfant naturel ne prend part que dans la portion affectée à la ligne du père ou de la mère dont il est issu.

Cette part n'est que la moitié de ce qu'il aurait eu comme enfant légitime.

N. B. Si le projet de n'admettre les enfans naturels qu'à la succession de leurs père et mère est adopté, on passera à l'art. 67 qui deviendra le 63, sans aucun § particulier ; mais toutes les autres divisions par sections sont conservées, sauf que l'art. 70 est étranger au système par lequel l'enfant naturel n'est pas appelé à la succession de ses frères ou sœurs légitimes.

63. La même règle a lieu lorsque l'un des deux, du père ou de la mère du défunt, étant prédécédé, il se fait accroissement de son quart au profit des enfans; les trois quarts dévolus à tous les enfans se divisent encore par moitié, et l'enfant naturel ne partage que dans la ligne paternelle ou dans la ligne maternelle à laquelle il appartient.

64. Si le défunt, qui ne laisse ni père ni mère, laisse des enfans légitimes ou descendans d'eux, et en même temps des frères ou sœurs naturels ou descendans d'eux, la succession se partage entre eux suivant les règles établies pour les successions ordinaires, par les articles 50 et 51 ci-dessus, sauf que les enfans naturels, ou leurs descendans, ne prennent que la moitié de la part qu'ils auraient eue comme enfans légitimes.

65. Si le défunt, qui ne laisse que des frères ou sœurs naturels ou descendans d'eux, laisse en même temps son père et sa mère, la totalité de sa succession se partage par moitié entre le père et la mère; et la moitié échue au père ou à la mère de l'enfant naturel se partage entre celui-ci et son auteur.

Si l'un des deux, du père ou de la mère du défunt, est prédécédé, la part qu'il aurait eue accroît aux enfans naturels issus de lui.

Si les enfans naturels ne sont pas issus de l'époux prédécédé, la part de celui-ci accroît à l'autre époux survivant, et se partage par moitié entre lui et ses enfans naturels.

66. Dans le même cas où le défunt ne laisse que des frères et sœurs naturels, si les père et mère du défunt sont tous les deux prédécédés, les frères et sœurs naturels prennent les deux tiers de la succession; l'autre tiers appartient aux autres ascendans ou parens collatéraux du défunt, qui auraient succédé pour le tout, s'il n'y avait pas de frères ou sœurs naturels, et ce tiers se divise entre eux suivant les règles ci-dessus prescrites pour les successions des ascendans et des collatéraux.

§. 3. *Des droits des enfans adultérins ou incestueux.*

67. L'enfant adultérin ou incestueux, quoique légalement reconnu dans les cas où il peut l'être, ne succède point à ses frères et sœurs légitimes ou naturels, ni aux descendans d'eux; et quant à la succession de son père ou de sa mère, s'il concourt avec des frères ou sœurs légitimes ou descendans de ceux-ci, il n'y prend que le tiers de la portion qu'il aurait eue comme enfant légitime, et ce, en usufruit seulement.

68. S'il n'y a point de frères ou sœurs légitimes ou naturels reconnus, il prend le tiers de la succession en propriété; les deux autres tiers appartiennent aux ascendans ou parens collatéraux auxquels la succession eût été déférée, s'il n'y avait pas d'enfans naturels.

69. A défaut de parens de ses père et mère, l'enfant adultérin ou incestueux, ou ses descendans, ont droit à la moitié de la succession en propriété.

L'autre moitié est dévolue à l'époux survivant du père ou de la mère de l'enfant naturel; et, s'il n'y en a pas, à la république.

SECTION 2. *De ceux auxquels est dévolue la succession de l'enfant naturel reconnu.*

70. Le père ou la mère succède à leur enfant naturel par préférence aux frères et sœurs même légitimes, et par préférence aussi à la république.

A défaut du père ou de la mère de l'enfant naturel, ses frères et sœurs, légitimes ou naturels, lui succèdent aussi à l'exclusion de la république.

Ils lui succèdent chacun dans leur ligne, selon qu'ils sont consanguins ou utérins.

Les descendans desdits frères ou sœurs, dans le même cas, succèdent par représentation au lieu et place de leur auteur prédécédé. (1)

(1) N. B. Les trois derniers paragraphes de cet article sont étrangers au système qui n'admet pas les enfans naturels à la succession de leurs frères ou sœurs légitimes.

SECTION 3. *Des Enfans naturels non reconnus.*

71. L'enfant naturel non reconnu ne succède qu'à ses enfans ou aux descendans de ceux-ci décédés sans postérité.

Il n'a pour héritiers que ses enfans ou descendans d'eux : à leur défaut, l'époux survivant; et s'il n'y en a pas, la république.

SECTION 4. *Des Successions qui échoient à l'époux survivant ou à la république.*

72. Lorsque le défunt n'a laissé aucuns parens, la succession est déférée, pour le tout, à son époux survivant.

73. Lorsque le défunt ne laisse aucun des héritiers ci-dessus appelés par la loi, la succession appartient à la république.

74. Néanmoins si le défunt a laissé des enfans adultérins ou incestueux, ou des descendans d'eux, l'époux survivant, ou à son défaut, la république, n'a droit qu'à la moitié de la succession.

75. L'époux survivant qui prétend avoir droit de succéder à son époux prédécédé, à défaut de parens connus, doit présenter une pétition au juge de l'arrondissement dans lequel la succession s'est ouverte, et prendre une note des noms et demeures des parens du défunt qui ont assisté à son contrat de mariage, s'il y en a : sinon, de ceux desdits parens qu'il a pu connaître.

Sur cette pétition, et d'après les conclusions du commissaire du gouvernement, le tribunal rend un jugement qui envoie l'époux survivant en possession de l'hérédité, à la charge de faire inventaire, si fait n'a été, et de donner caution pour la restitution, en cas qu'il se représente quelques héritiers dans l'intervalle de trois ans, passé lequel temps la caution est déchargée.

L'époux qui n'a point rempli les formalités ci-dessus, est condamné envers les héritiers, s'il s'en représente, en des dommages-intérêts évalués au quart de sa succession.

76. La régie des domaines nationaux qui réclame, à titre de déshérence, une succession au nom de la nation, après avoir requis l'apposition des scellés et fait faire inventaire, présente au tribunal civil de première instance de l'arrondissement dans lequel le défunt avait son domicile, une pétition à l'effet de se faire envoyer en possession de l'hérédité; après trois publications faites et affiches apposées de quinzaine en quinzaine, contenant que, faute par aucun parent de se présenter et de justifier de sa qualité, la république sera déclarée héritière, et mise en possession de tous les biens et effets du défunt.

CHAPITRE V.

De l'Acceptation et de la Répudiation des successions.

SECTION 1re. *De l'acceptation.*

77. Nul n'est tenu d'accepter la succession qui lui est échue.

78. Ceux qui ne sont pas capables de s'obliger ne peuvent pas valablement accepter une succession.

79. Lorsque celui à qui une succession est déférée est décédé sans s'être expliqué sur l'acceptation ou la répudiation de cette succession, ses héritiers peuvent, de son chef, l'accepter ou la répudier.

80. Si ses héritiers ne sont pas d'accord entre eux on examine et on adopte ce qui aurait été le plus avantageux au défunt.

81. L'acceptation d'une succession peut être expresse ou tacite.

Elle peut être faite purement et simplement, ou sous le bénéfice d'inventaire.

82. L'acceptation est expresse toutes les fois que l'on prend le titre et la qualité d'héritier dans un écrit authentique, ou sous signature privée.

83. L'acceptation est tacite et légalement présumée, toutes les fois que l'héritier fait quelqu'acte qui suppose nécessairement son intention d'accepter l'hérédité.

Les actes purement conservatoires, de surveillance et d'administration provisoire ne sont pas des actes d'adition d'hérédité, si l'on n'y a pas pris le titre et la qualité d'héritier.

84. La donation, vente ou transport faits par l'un des héritiers à tous ou à quelques-uns de ses cohéritiers, emporte acceptation de la succession.

Il en est de même, 1°. de la renonciation, quoique gratuite, que fait l'héritier au profit d'un seul de ses cohéritiers;

2°. De la renonciation qu'il fait, même au profit de tous ses cohéritiers indistinctement, lorsqu'il reçoit un prix pour sa renonciation.

85. Celui contre lequel un créancier de la succession a obtenu jugement contradictoire, passé en force de chose jugée, qui le condamne comme héritier, est réputé avoir accepté la succession.

Si le jugement passé en force de chose jugée n'a été rendu que par défaut, la condamnation obtenue par un créancier seul ne profite point aux autres.

86. L'acceptation expresse ou tacite du majeur ne peut être revoquée, même sous le prétexte de lésion ; il ne peut répudier la succession ainsi acceptée, que dans le cas où elle aurait été la suite d'un dol pratiqué envers lui.

SECTION 2. *De la renonciation aux successions.*

87. La renonciation à une succession n'est jamais présumée.

Elle doit être faite au greffe du tribunal civil de première instance, dans l'arrondissement duquel la succession s'est ouverte.

Elle peut être faite aussi pardevant notaire, pourvu qu'il reste minute de l'acte et à la charge d'en déposer une expédition au greffe du tribunal, dans les dix jours de la date de l'acte de renonciation.

88. L'héritier qui renonce purement et simplement est censé n'avoir jamais été héritier.

89. La part du renonçant accroît à celui ou à ceux qui devaient concourir avec lui, et s'il est seul, elle est dévolue au degré subséquent.

90. On ne vient jamais par représentation de l'héritier du renonçant.

Mais si le renonçant est seul héritier dans sa ligne, ou si tous les cohéritiers égaux en degré renoncent, leurs enfans viennent de leur chef remplacer ceux dont la renonciation fait vaquer le degré.

91. Les créanciers de celui qui renonce en fraude et au préjudice de leurs droits, peuvent attaquer la renonciation et se faire autoriser en justice à accepter la succession du chef de leur débiteur et en son lieu et place.

Dans ce cas, la renonciation n'est annulée qu'en faveur des créanciers et jusqu'à concurrence seulement du montant de leurs créances; elle ne l'est pas au profit de l'héritier qui a renoncé.

92. La faculté d'accepter ou de répudier une succession ne se prescrit que par le laps de temps requis pour la prescription la plus longue des droits immobiliers.

93. Les héritiers qui ont renoncé, ont, pendant le même temps, le droit de reprendre la succession, pourvu toutefois qu'elle n'ait pas encore été acceptée par un autre héritier.

94. Cette faculté ne nuit pas aux droits ou hypothèques que des tiers pourraient avoir acquis, pendant ce temps, sur les biens de la succession par prescription, acquisition, ou autres actes valablement faits avec le curateur à la succession vacante.

95. On ne peut, même par contrat de mariage, renoncer à la succession d'un homme vivant, ni aliéner les droits éventuels qu'on peut y avoir.

SECTION 3. *Du bénéfice d'inventaire, de ses effets et des obligations de l'héritier bénéficiaire.*

§. 1er *Du bénéfice d'inventaire.*

96. Celui qui n'ayant point encore expressément ou tacitement, accepté la succession, veut se porter héritier bénéficiaire, doit en faire la déclaration au greffe du tribunal civil de première instance dans l'arrondissement duquel la succession s'est ouverte.

97. Il doit, avant ou après cette déclaration, faire procéder à un inventaire fidèle et exact des biens de la succession.

Les formes de l'inventaire, celles des oppositions et de leur main-levée, sont réglées par le Code de procédure civile.

98. L'héritier est déchu du bénéfice d'inventaire, s'il s'est rendu coupable de recelé, ou s'il a omis sciemment et de mauvaise foi de comprendre dans l'inventaire des effets de la succession.

99. L'héritier a trois mois pour faire inventaire, à compter du jour de l'ouverture de la succession.

100. L'héritier a de plus, pour délibérer sur son acceptation ou sur sa répudiation, un délai de quarante jours, qui commence à l'expiration des trois mois fixés pour l'inventaire, ou même du jour de sa clôture, s'il a été terminé avant les trois mois.

101. Pendant la durée de ces délais on ne peut pas obtenir de condamnation contre l'héritier, ni le contraindre à prendre qualité; et s'il renonce avant qu'ils soient expirés, les frais légitimement faits jusqu'à cette époque sont à la charge de la succession.

102. Quoique les délais soient expirés, l'héritier conserve

la faculté de faire inventaire et de se porter héritier bénéficiaire, pourvu qu'il n'ait pas fait acte d'héritier, ou qu'il ne soit pas intervenu de jugement contradictoire et passé en force de chose jugée, qui le condamne en qualité d'héritier pur et simple.

103. Il peut même, en cas de poursuite dirigée contre lui après l'échéance desdits délais, en demander un nouveau que le tribunal saisi de la contestation lui accorde selon les circonstances.

Mais les frais de ces poursuites, jusques et compris le jugement qui accorde le nouveau délai, sont à la charge de l'héritier sans répétition contre la succession, lorsque c'est par sa faute ou par sa négligence que l'inventaire n'a pas été fait dans les délais accordés par la loi.

104. Ces frais sont à la charge de la succession, si l'héritier justifie qu'il n'avait pas eu connaissance du décès, ou que les délais accordés par la loi étaient insuffisans à raison de la situation des biens ou des contestations et oppositions qui étaient survenues.

105. L'acceptation d'une succession échue au mineur ne peut se faire par son tuteur, ni par le mineur émancipé, et assisté de son curateur, que sous bénéfice d'inventaire.

§. 2. *Des Effets du bénéfice d'inventaire, et des obligations de l'héritier bénéficiaire.*

106. L'effet du bénéfice d'inventaire est de donner à l'héritier l'avantage,

1°. De n'être tenu du paiement des dettes de la succession qu'à concurrence de la valeur des biens qu'il a recueillis, et de pouvoir se décharger du paiement des dettes, en abandonnant tous les biens de la succession aux créanciers et aux légataires;

2°. De ne pas faire confusion de ses biens personnels avec ceux de la succession, contre laquelle il a le droit de réclamer le paiement de ses créances.

107. L'héritier bénéficiaire est chargé d'administrer les biens de la succession, et de rendre compte de son administration aux créanciers et aux légataires.

Il peut être contraint sur ses biens personnels, tant qu'il n'a point présenté son compte; après l'apurement du compte il ne peut être contraint sur ses biens personnels, que jusqu'à concurrence seulement des sommes dont il se trouve reliquataire.

108. Il n'est tenu que des fautes graves dans l'administration dont il est chargé.

109. L'héritier bénéficiaire qui vend les meubles de la succession, est tenu, sous peine de dommages et intérêts envers les créanciers, de les vendre aux enchères après affiches et publications dans les formes ordinaires.

110. Si ne les ayant pas vendus, il est en état de les représenter en nature, il n'est tenu que de la dépréciation ou détérioration causée par sa négligence.

111. L'héritier bénéficiaire ne peut vendre les immeubles qu'aux enchères après affiches et publications dans les formes ordinaires.

Il est tenu, sous sa responsabilité personnelle, d'en déléguer le prix aux créanciers hypothécaires, selon l'ordre de leurs inscriptions, s'il y en a.

112. Les créanciers et autres parties intéressées peuvent en outre exiger que l'héritier bénéficiaire donne une caution bonne et solvable, tant de la valeur des meubles compris dans l'inventaire, que de la portion du prix des immeubles excédant les délégations faites aux créanciers hypothécaires.

113. Faute par l'héritier bénéficiaire de donner caution, les meubles sont vendus, et leur prix, ainsi que ce qui reste du prix des immeubles, en sus des délégations en faveur des créanciers hypothécaires, est déposé pour être employé jusqu'à due concurrence au paiement des dettes et des charges de la succession.

114. S'il y a plusieurs créanciers opposans, l'héritier bénéficiaire ne peut payer, ou faire payer par le dépositaire, les dettes de la succession, que dans l'ordre qui est réglé par le juge : ce cas excepté, il paye ou fait payer les créanciers et légataires à mesure qu'ils se présentent.

115. Dans les cas compris aux trois précédens articles, les créanciers qui ne se présentent qu'après la reddition du compte et le paiement du reliquat, n'ont de recours à exercer que contre les légataires qui auraient été payés à leur préjudice.

116. Ce recours se prescrit par le laps de trois années, à compter du jour de la demande en délivrance du legs.

117. Les frais de l'inventaire, du scellé, s'il a été apposé, et ceux du compte, sont à la charge de la succession.

118. Le bénéfice d'inventaire ne peut pas être opposé à la république par l'héritier d'un comptable, il faut qu'il accepte ou qu'il renonce purement et simplement.

SECTION 4. *Des Successions vacantes.*

119. Lorsqu'une succession est vacante, le juge compétent lui nomme un curateur.

120. Cette nomination se fait d'office par le juge ou sur la réquisition du commissaire du gouvernement près l'administration de l'arrondissement communal ou sur celle de l'époux survivant ou des créanciers ou de tous autres ayant droit sur la succession.

121. Dans le cas où il y avait contestation entre le défunt et un tiers, le tribunal saisi de cette contestation peut nommer le curateur.

Si le créancier veut exercer une action nouvelle contre la succession, le curateur est nommé par le tribunal de première instance du lieu où la succession s'est ouverte.

122. Le curateur à la succession vacante en exerce et poursuit tous les droits.

Il répond aux demandes formées contre elle, les conteste ou les approuve, s'il y a lieu.

Il administre et rend compte comme le tuteur, mais sans recourir au conseil de famille.

CHAPITRE VI.

Du partage et des rapports.

SECTION PREMIÈRE. *De l'action en partage et de sa forme.*

123. On ne peut contraindre personne à demeurer dans l'indivision, quelque soit le temps qu'elle ait subsisté.

124. Le partage peut-être provoqué nonobstant toute prohibition contraire faite par le défunt, ou toute convention faite entre les cohéritiers.

Néanmoins la convention de suspendre le partage pendant un temps limité est valable.

125. Il y a lieu à l'action en partage dans le cas même où l'un des cohéritiers aurait joui séparément de tout ou de partie des biens de la succession, si ce cohéritier ne rapporte aucun acte de partage, ou s'il n'est en état de justifier d'une possession séparée, paisible et non interrompue, pendant le temps nécessaire pour opérer la prescription.

126. L'action en partage à l'égard des co-héritiers mineurs, absens ou interdits peut-être exercée par leurs tuteurs ou curateurs autorisés, spécialement par un conseil de famille, dans lequel les cohéritiers des mineurs, absens, ou interdits ne sont point admis.

127. Le mari peut sans le concours de sa femme, provoquer les cohéritiers de celle-ci au partage des meubles de la succession, et des biens meubles et immeubles qui tombent dans la communauté.

128. Il ne peut, sans sa femme, provoquer un partage définitif des immeubles de la succession à elle échue; mais il peut en provoquer un provisionnel.

Les cohéritiers de la femme, ne peuvent provoquer le partage définitif, qu'en mettant en cause et la femme et son mari.

129. Lorsque les héritiers sont tous présens, tous majeurs, et qu'ils sont d'accord, il n'est pas nécessaire de faire apposer les scellés sur les effets de la succession; ils peuvent opérer entre eux le partage en la forme et par tel acte qu'ils trouvent à propos.

130. S'il y a des héritiers mineurs, absens, ou interdits, le scellé doit être apposé dans le plus bref délai, soit à la poursuite des héritiers présens, soit à la diligence du commissaire du gouvernement près l'arrondissement communal.

131. Les créanciers ont aussi le droit de faire apposer le scellé en vertu d'un titre exécutoire ou de la permission du juge.

132. Quand le scellé a été mis sur la demande des héritiers ou d'un créancier, les autres créanciers peuvent s'opposer au scellé.

Alors on ne peut, ni le lever, ni procéder à l'inventaire, sans y appeler tous les opposans.

133. Si l'un des cohéritiers refuse de consentir au partage, ou n'est pas d'accord sur sa forme, le juge ordonne qu'il y sera procédé, et renvoie les parties devant un notaire qu'il commet spécialement pour procéder au partage et à toutes les opérations qu'il exige.

134. Ces opérations consistent, 1°. dans l'estimation des biens meubles et immeubles délaissés par le défunt, ou dont le prix doit être rapporté à la succession;

2°. dans le compte mobilier que les cohéritiers se doivent respectivement des sommes dont chacun d'eux est obligé de compter à ses co-héritiers, ou dont ceux-ci doivent lui faire raison;

3°. Dans la licitation des immeubles qui ne peuvent pas être partagés;

4°. Enfin dans la formation, composition et choix des lots.

135. L'estimation des immeubles se fait par des experts choisis à l'amiable par les parties intéressées, sinon nommés d'office par le notaire devant lequel le partage doit être fait.

Cette estimation est rédigée par écrit, et doit être affirmée en justice, s'il y a des cohéritiers mineurs.

136. Le procès-verbal des experts doit contenir en détail la valeur de l'objet estimé, indiquer s'il peut être commodément partagé, et de quelle manière; fixer enfin, en cas de division, la valeur de chacune des parts qu'on en peut former.

137. L'estimation des meubles, s'il n'y en a pas eu de prisée faite dans un inventaire régulier doit être fait par gens à ce connaissant.

138. Chacun des cohéritiers peut demander à avoir sa part en nature des meubles et des immeubles de la succession.

Néanmoins, s'il y a des créanciers saisissans ou opposans, aucun des co-héritiers ne peut empêcher que les meubles ne soient vendus publiquement en la forme ordinaire.

139. Si, n'y ayant pas de créanciers saisissans et opposans, la vente des meubles est jugée nécessaire pour l'acquittement des dettes et charges de la succession, chacun des cohéritiers peut s'opposer à la vente de sa part dans lesdits meubles, en offrant deniers suffisans pour payer sa portion desdites dettes et charges.

140. Si l'un des immeubles ne peut pas se partager, aucun des co-héritiers ne peut s'opposer à ce qu'il soit procédé à la licitation de cet immeuble devant le notaire commis pour le partage.

141. La licitation se fait publiquement, avec les formes ordinaires; et les étrangers y sont admis, si un seul des cohéritiers l'exige.

142. Dans la formation et composition des lots, on doit

éviter, autant que possible, de morceler les héritages et de diviser les exploitations.

143. On fait entrer, autant qu'on le peut, dans chacun des lots, la même quantité de meubles et d'immeubles.

144. L'inégalité des lots en nature est compensée par un retour, soit en rente, soit en argent.

145. Les lots sont faits par l'un des cohéritiers et choisis successivement par les autres.

Le sort désigne celui qui doit former les lots et l'ordre dans lequel ils doivent être choisis.

Le lot non choisi demeure à celui qui les a faits.

146. Chaque héritier a droit, avant le choix des lots, de se plaindre de leur composition, de demander, soit à l'amiable, soit en justice, qu'ils soient réformés.

147. Toutes les fois que dans le nombre des copartageans, il se trouve un ou plusieurs mineurs absens ou interdis, ou même un mineur émancipé, le partage doit être fait conformément aux règles prescrites au titre *des mineurs*.

148. Lorsqu'il y a plusieurs mineurs, qui ont des intérêts opposés dans le partage, il doit leur être donné à chacun un curateur spécial et particulier.

S'il résulte du procès-verbal des experts qu'il y a lieu à liciter quelques-uns des immeubles, la licitation doit être faite en justice, avec les formalités prescrites pour l'aliénation des biens des mineurs, et les étrangers y sont toujours admis.

149. Les partages ainsi faits, soit par les mineurs émancipés, assistés de leurs curateurs, soit par les tuteurs et curateurs des mineurs, des absens et des interdits, sont définitifs; autrement ils ne sont que provisionnels.

150. Tout individu, même parent du défunt qui n'est pas son successible et auquel un cohéritier aurait cédé son droit à la succession, peut être écarté du partage, en lui remboursant le prix de la cession.

SECTION 2. *Des rapports.*

§. 1ᵉʳ. *Par qui le rapport est dû.*

151. Tout héritier venant à la succession doit rapporter tout ce qu'il a reçu du défunt par donation entre-vifs, directement ou indirectement, et ne peut réclamer le legs à lui fait par le défunt, à moins que ces dons ou legs ne lui aient été faits expressément par préciput et hors part; ou avec dispense du rapport.

152. Dans le cas même où le don et le legs ont été faits avec dispense du rapport, l'héritier qui vient à partage ne peut les retenir que jusqu'à concurrence de la quotité disponible; ce qui excède cette quotité est toujours sujet au rapport.

153. Les dispositions des deux articles précédens ont lieu en toute succession directe ou collatérale, la loi établissant la même égalité entre tous les héritiers quelconques qui viennent au partage d'une même succession.

154. L'héritier présomptif qui renonce à la succession, peut retenir le don entre-vifs, ou réclamer le legs à lui fait, ainsi qu'un étranger pourrait le faire, jusqu'à concurrence de la portion disponible.

155. Le don ou le legs fait au parent qui n'est point héritier présomptif, est valable à concurrence de la portion disponible; mais si tel donataire se trouve successible au jour de l'ouverture de la succession, ce don ou legs est rapportable, à moins qu'il n'ait été fait avec dispense de rapport pour le cas où il viendrait à la succession.

156. L'héritier n'est tenu de rapporter que le don qui lui a été fait personnellement.

157. Le père ne rapporte point le don fait à son fils non successible; mais, dans ce cas, le fils ne peut plus recevoir de son père la portion disponible; et si elle lui a été donnée, il en doit le rapport à la succession du père, encore que le don lui ait été fait avec dispense du rapport.

158. Le fils qui vient de son chef à la succession du donateur, ne rapporte point le don fait à son père, soit qu'il ait accepté la succession de celui-ci, soit qu'il y ait renoncé.

159. Mais le fils qui ne vient que par représentation de son père, rapporte ce qui a été donné à celui-ci par le défunt, encore qu'il ait renoncé à la succession de son père.

160. Il n'y a pas lieu au rapport par une branche au profit de l'autre branche.

Ainsi, par exemple, si les descendans de deux frères viennent à la succession par représentation des auteurs de leur branche, les héritiers d'une branche ne doivent point aux héritiers de l'autre branche le rapport du don qui a été fait par le défunt à l'un des héritiers de la branche qui a renoncé à la succession.

161. Le don fait conjointement à l'époux et à l'épouse, lorsque l'un des deux se trouve parent successible du donateur, étant censé fait à chacun d'eux par moitié, est rapportable pour cette moitié par l'époux ou par l'épouse qui vient à la succession du donateur.

Le don fait seulement à celui des deux époux qui n'est pas successible, n'est point rapportable par l'autre époux, si leur contrat de mariage n'a point fait entrer en communauté les donations qui seraient faites aux conjoints.

S'il y a eu pareille stipulation, le don n'est rapportable pour moitié par l'époux successible que dans le cas où il y a eu acceptation de la communauté.

Si la communauté est encore subsistante lors du partage de la succession, ce rapport n'a lieu que provisoirement.

§. 2. *A quelle Succession doit se faire le rapport.*

162. Le rapport ne se fait qu'à la succession du donateur.

163. La dot constituée aux enfans communs du même mariage se rapporte pour le tout ou pour portion à la succession du père ou de la mère qui a pris à sa charge la

donation, ainsi qu'il est expliqué au titre *de la communauté*.

164. Le fils ne rapporte point à la succession de son père le don qui lui a été fait par l'aïeul ; mais, en ce cas, le fils ne peut plus recevoir de son père la portion disponible ; et si elle lui a été donnée par le père, elle est rapportable, encore que le don ait été fait avec dispense du rapport.

§. 3. *A qui le Rapport est dû.*

165. Le rapport n'est dû que par le cohéritier à son cohéritier.

166. Il n'est point dû aux légataires, ni aux créanciers de la succession.

167. Lorsqu'un époux, qui a convolé en secondes noces, a donné à son second époux une part d'enfant le moins prenant, les enfans doivent rapporter à la succession de l'époux qui a assuré cette part les dons qu'ils en ont reçus, et qui n'ont point été faits avec dispense du rapport.

§. 4. *De ce qui est sujet à Rapport.*

168. Ce qui a été employé pour l'établissement d'un des cohéritiers, ou pour le paiement de ses dettes, doit être rapporté.

169. On ne rapporte ni les frais de nourriture, d'entretien, d'éducation ou d'apprentissage, ni les frais de noces et les présens d'usage.

170. Il n'y a pas lieu au rapport des profits que l'héritier a pu retirer des conventions passées avec le défunt, si elles ne présentaient aucun bénéfice réel et actuel au moment où elles ont été faites.

171. Il en est de même pour les associations faites sans fraude entre le père et le fils, lorsque les conditions en ont été réglées par un acte authentique, et que l'état des biens respectifs a été constaté par un inventaire préalable.

172. La vente faite à l'un des cohéritiers par le défunt

est considérée comme avantage indirect sujet à rapport, s'il n'est pas fait mention dans l'acte de vente de la destination du prix de la chose vendue, et si l'héritier ne justifie pas que l'emploi a été fait conformément à cette destination.

173. La même règle a lieu à l'égard du prêt fait au défunt par son héritier présomptif.

174. Les fruits et les intérêts des choses sujettes à rapport ne sont dûs qu'à compter du jour de l'ouverture de la succession.

§. 5. *De la manière dont les Rapports doivent être faits.*

175. Le rapport se fait ou en nature, ou en moins prenant.

176. Il peut être exigé en nature à l'égard des immeubles, toutes les fois qu'il n'y a pas dans la succession des immeubles de pareilles nature, valeur et bonté, dont on puisse former des lots à peu près égaux pour les autres cohéritiers.

177. Le rapport n'a lieu qu'en moins prenant toutes les fois que le donataire a aliéné l'immeuble avant l'ouverture de la succession.

Dans ce cas, le prix à rapporter doit être fixé, eu égard à la valeur de l'immeuble, au jour du partage.

178. Soit que le rapport de l'immeuble se fasse en nature ou en moins prenant, il doit être tenu compte au donataire des impenses qui ont amélioré la chose, eu égard à ce dont sa valeur se trouve augmentée au jour du partage.

179. Il doit être également tenu compte au donataire des impenses nécessaires qu'il a faites pour la conservation de la chose, encore qu'elles n'aient point amélioré le fonds.

180. Réciproquement, le donataire doit tenir compte des dégradations et détériorations qui ont diminué la valeur de l'immeuble par son fait, ou par sa faute et sa négligence.

181. Il doit être tenu compte au donataire des impenses qui ont produit des améliorations, et il doit tenir compte des dégradations et détériorations, encore que ces impenses

aient été faites, ou que ces dégradations aient été commises par le tiers auquel il avait aliéné l'immeuble.

182. Lorsque le rapport se fait en nature, les biens se réunissent à la masse de la succession, francs et quittes de toutes charges et hypothèques créés par le donataire.

Mais le créancier de l'héritier donataire peut intervenir au partage pour s'opposer à ce que le rapport se fasse en nature, en fraude de ses droits.

183. Lorsque le don d'un immeuble fait au successible avec dispense du rapport, excède la portion disponible, si cet immeuble est divisible de manière qu'on puisse en retrancher commodément pour la valeur de cet excédant, le rapport s'en fait en nature.

Lorsque l'immeuble n'est pas commodément divisible, si l'excédant à rapporter est de plus de moitié de la valeur totale de l'immeuble, le donataire est obligé de le rapporter en nature et en totalité, sauf à prélever sur la masse de la succession, la valeur de la portion disponible.

Dans le cas contraire et où le retranchement n'excède pas la moitié de la valeur de l'immeuble, le donataire peut le retenir en totalité, sauf à moins prendre et à récompenser ses cohéritiers en argent ou autrement.

184. Le cohéritier qui fait à la succession le rapport en nature de l'immeuble, peut en retenir la possession jusqu'au remboursement effectif des sommes qui lui sont dues pour impenses ou améliorations.

185. Le rapport du mobilier ne se fait qu'en moins prenant.

Il se fait sur le pied de la valeur que le mobilier avait lors de la donation, d'après l'estimation portée en l'acte, s'il y a eu un état estimatif annexé, sinon d'après l'estimation qui en est faite par experts.

186. A l'égard de l'argent donné, le rapport s'en fait en moins prenant sur ce qui reste dans la masse du numéraire,

ou du prix du mobilier, prélèvement fait des frais de scellé, inventaire et partage.

En cas d'insuffisance du numéraire et du mobilier existant, le donataire peut se dispenser de rapporter du numéraire, en offrant d'abandonner jusqu'à due concurrence, sa part des immeubles de la succession.

SECTION 3. *Du paiement des dettes.*

187. Les cohéritiers contribuent au paiement des dettes et charges de la succession chacun dans la proportion de la quotité qu'ils y prennent.

Le légataire à titre universel, y contribue avec les héritiers au prorata de son émolument, sauf ce qui est dit à l'égard des legs, au titre des *Donations*, section 5, §. 2.

Le légataire particulier n'est pas tenu des dettes et charges de la succession, sauf l'action hypothécaire sur les immeubles compris dans son lot.

188. Lorsqu'un immeuble de la succession est grevé d'une rente foncière, il doit être estimé, déduction faite du capital de la rente ; et l'héritier dans le lot duquel il tombe, demeure seul chargé du service de la rente, et d'en garantir les autres cohéritiers.

189. Les héritiers sont tenus des dettes et charges de la succession à l'égard des créanciers, personnellement pour leur part et portion virile, et hypothécairement pour le tout. sauf leur recours contre le légataire universel à raison de la part pour laquelle celui-ci doit y contribuer.

190. Dans aucun cas les créanciers ne peuvent exercer de poursuites contre l'héritier personnellement avant d'avoir fait déclarer exécutoires contre lui les titres qu'ils avaient contre le défunt.

191. Le légataire particulier qui, par l'effet de l'hypothèque, a acquitté la dette de la succession, devient le créancier des héritiers et autres successeurs à titre universel.

192. A l'égard du cohéritier ou successeur à titre uni-

versel, qui, par le même effet de l'hypothèque, a été contraint de payer au-delà de sa part de la dette commune, il n'a de recours contre ses cohéritiers ou successeurs à titre universel, dans le cas même où il se serait fait subroger aux droits des créanciers, que pour la part que chacun des cohéritiers en doit personnellement supporter.

193. Si l'un des cohéritiers ou des légataires à titre universel est devenu insolvable, sa part dans la dette hypothécaire est répartie sur tous les autres au marc le franc.

194. Les créanciers du défunt peuvent demander la séparation de son patrimoine d'avec celui de l'héritier.

Ils peuvent former cette demande contre tous les créanciers de l'héritier, quels qu'ils soient, même contre la république.

195. Ce droit cesse lorsque le créancier a fait novation de la créance qu'il avait contre le défunt, en acceptant l'héritier pour débiteur.

196. Cette action relativement aux meubles se prescrit par le laps de trois années.

Elle ne peut s'exercer même dans ce délai, si les créanciers ont laissé confondre les meubles du défunt avec ceux de l'héritier.

A l'égard des immeubles, cette action a lieu tant qu'ils existent dans la main de l'héritier.

197. Les créanciers chirographaires ont à cet égard le même droit que les créanciers hypothécaires, contre les créanciers de l'héritier, sauf l'exercice du droit que les créanciers du défunt peuvent avoir les uns à l'égard des autres.

198. Les créanciers de l'héritier ne sont point admis à demander la séparation des patrimoines contre les créanciers de la succession.

199. Les créanciers hypothécaires d'un copartageant, pour éviter que le partage ne soit fait en fraude de leurs droits, peuvent y intervenir, s'opposer à ce qu'il y soit

procédé hors leur présence, et l'attaquer après qu'il a été fait, s'il y a été procédé sans eux au préjudice de leur opposition.

SECTION 4. *Des effets du partage et de la garantie des lots.*

200. Chaque cohéritier est censé avoir succédé seul et immédiatement à tous les effets compris dans son lot, et n'avoir jamais eu la propriété d'aucun de ceux compris dans le lot des autres.

Néanmoins le partage des immeubles ne produit cet effet relativement à des tiers, qu'après que l'acte de partage a été transcrit dans les registres du conservateur de hypothèques de l'arrondissement dans lequel ces immeubles se trouvent situés.

201. Les immeubles échus à chacun des cohéritiers sont assujétis par privilège à toutes les obligations résultantes du partage.

202. Cette hypothèque privilégiée n'a lieu, qu'autant que le partage a été fait par acte public ou qu'il a été reconnu, soit en justice, soit devant notaire, et qu'il a été transcrit au registre du conservateur des hypothèques.

203. Les cohéritiers sont respectivement garans les uns envers les autres des troubles et évictions qui procèdent d'une cause antérieure au partage, et non d'une cause survenue depuis.

La garantie cesse,

1°. Si c'est par sa faute que le cohéritier a souffert l'éviction;

2°. Si l'espèce d'éviction soufferte a été exceptée par une clause particulière et expresse de l'acte de partage.

204. Chacun des cohéritiers est personnellement obligé d'indemniser son cohéritier de la perte que lui a causée l'éviction, et ce, à concurrence seulement de la part héréditaire qui advient à chacun d'eux.

205. Si quelqu'un des cohéritiers contre lequel l'action en garantie est dirigée, se trouve insolvable, la perte qui

résulte de cette insolvabilité est répartie par égales portions entre le garanti et tous ses cohéritiers solvables.

206. La garantie de la solvabilité des débiteurs de rentes ne s'étend jamais au-delà du terme ordinaire de la prescription; mais les parties peuvent en fixer la durée à un terme plus court.

SECTION 5. *De la rescision en matière de partage.*

207. Les partages peuvent être rescindés comme tous les autres actes pour cause de violence, de dol, ou d'erreur de fait.

208. Il y a encore lieu à la rescision du partage, si quelqu'un des cohéritiers, même majeur, établit qu'à son égard il y a eu lésion de plus du quart.

209. L'action en rescision est également admise contre tout acte qui a pour objet de faire cesser l'indivision entre cohéritiers, quelque soit la qualification de vente, d'échange ou autre, qui ait été donnée à cet acte.

210. Néanmoins l'action rescisoire n'a pas lieu contre la vente de droits successifs, faite sans fraude à l'un des cohéritiers, à ses risques et périls, par ses autres cohéritiers ou par l'un d'eux.

211. Pour juger s'il y a eu lésion, on estime les objets compris dans le partage, suivant leur valeur à l'époque même du partage.

212. L'action en rescision, lors qu'elle est jugée fondée, ne produit point l'effet de détruire le partage, si celui-ou ceux, contre lesquels elle a été dirigée offrent au demandeur le supplément de sa portion héréditaire, soit en numéraire, soit en nature.

Ce choix appartient au défendeur.

213. L'action en rescision n'est pas admise contre le partage fait à titre de transaction, pourvu qu'il existât, lors de l'acte, des difficultés de nature à donner lieu à une contestation sérieuse.

Mais si la transaction contenue en l'acte de partage n'a porté que sur une difficulté ou question particulière, le partage n'est irrévocable que quant à ce, et il peut être attaqué pour le surplus des opérations, s'il en est résulté une lésion de plus du quart.

SECTION 6 ET DERNIÈRE. *Disposition générale.*

214. Toutes les règles établies dans le présent chapitre, relativement au partage, ne dérogent point à ce qui a été réglé au titre *des Donations,* section 6, relativement aux partages faits par les père et mère.

TITRE ......

Des Droits respectifs des Époux. (1)

CHAPITRE PREMIER.

Dispositions générales.

ART. 1er. Les époux règlent librement les conditions de leur union.

Néanmoins ils ne peuvent stipuler qu'elles seront réglées suivant aucune des lois, statuts, coutumes et usages qui ont régi jusqu'à ce jour les diverses parties du territoire de la république : toute disposition ainsi conçue est nulle.

2. Toute convention qui tendrait à déroger aux droits que la loi donne au mari, et aux privilèges qu'elle accorde à la femme, est nulle.

3. Toute convention ou renonciation faite par les époux ou par l'un d'eux, dont l'objet serait de changer l'ordre légal des successions, soit de leurs enfans ou descendans

---

(1) La communauté légale, devant, d'après le projet, devenir le droit commun de tout le territoire de la république, pour tous les cas où il n'y aurait pas de stipulation contraire, on a cru, pour l'instruction des pays dans lesquels ce droit était jusqu'ici totalement inconnu, devoir donner à ce titre plus d'étendue et de développement que cela n'eût peut-être paru nécessaire si la loi avait pu ne concerner que les pays coutumiers, où cet usage était familier.

entre eux, soit des conjoints dans la succession de leurs enfans ou descendans, est nulle, sans préjudice des donations entre-vifs, ou à cause de mort, qui sont autorisées par la loi.

4. Toutes conventions matrimoniales doivent être rédigées par acte authentique et devant notaire : l'usage des contrats de mariage sous seing-privé est abrogé.

5. Les conventions peuvent être changées avant la célébration du mariage, sous les conditions ci-après expliquées.

Elles ne peuvent plus l'être après la célébration.

6. L'époux qui n'a point atteint l'âge de vingt-cinq ans accomplis, ne peut, même avant la célébration du mariage, faire aucun changement auxdites conventions hors la présence et sans le consentement de ceux des ascendans ou des parens composant le conseil de famille, dont le consentement est requis pour le mariage, lorsque ceux-ci ont assisté au contrat et l'ont signé.

L'époux majeur le peut, si les ascendans ou les parens se sont contentés d'autoriser le mariage, et n'ont point assisté au contrat qui contient les conventions.

7. Toute contre-lettre donnée par l'un des deux époux hors la présence de l'autre, soit à ceux de ses parens qui l'ont doté, soit à ceux des parens de l'autre époux, qui ont doté celui-ci, soit aux étrangers qui ont concouru à la dotation, est nulle, et ne peut décharger en tout ou partie celui qui a doté, des obligations qu'il a contractées.

8. Toute contre-lettre à un contrat de mariage, dans les cas où elle est autorisée, est nulle à l'égard des tiers, si elle n'a été rédigée à la suite de la minute du contrat auquel elle déroge, si l'expédition n'en est point délivrée à la suite de celle du contrat, et s'il n'en a point été fait mention sur le registre de l'enregistrement, en marge de l'article qui contient l'enregistrement du contrat.

9. Le mineur habile à contracter mariage est habile à consentir toutes les conventions dont le contrat est suscep-

tible; et les conventions et donations qu'il y a faites sont valables, pourvu qu'il ait été assisté, dans le contrat, par ceux de ses parens dont le consentement est nécessaire pour la validité du mariage.

10. Au défaut de contrat de mariage et de conventions spéciales, les droits des époux sont déterminés par les règles contenues au chapitre suivant.

CHAPITRE II.

De la Communauté légale.

SECTION 1re. *Quand et comment la communauté légale se forme.*

11. A défaut de conventions entre les époux, il y a communauté de biens.

12. La communauté a lieu de plein droit : elle se forme à l'instant de la célébration du mariage; elle n'a point lieu, encore qu'elle ait été stipulée par le contrat, si le mariage ne s'en est pas ensuivi.

13. Les parts des époux dans la communauté sont égales, soit quant aux profits, soit quant aux pertes, sauf les exceptions relatives à la femme, qui seront ci-après expliquées.

SECTION 2. *De ce qui compose la communauté activement et passivement.*

14. La communauté se compose activement,

1°. De tout le mobilier que les époux possédaient au jour de la célébration du mariage, ensemble de tout le mobilier qui leur échoit pendant le mariage, à titre de succession;

2°. De tous les fruits, revenus, intérêts et arrérages, de quelque nature qu'ils soient, échus ou perçus pendant le mariage, et provenant des biens qui appartenaient aux époux lors de sa célébration, ou de ceux qui leur sont échus pendant le mariage, à quelque titre que ce soit;

3°. De tous les immeubles qui sont acquis pendant le mariage.

15. Tout immeuble dont la propriété n'est point prouvée avoir appartenue à l'un des conjoints antérieurement au mariage, ou lui être échue pendant le mariage, est présumé avoir été acquis pendant icelui, et forme un conquet de communauté.

16. Les coupes qui se font, pendant le mariage, des bois taillis qui avaient acquis l'âge de vingt-sept ans au jour de la célébration, ne sont pas réputées fruits ni mobilier quant à la communauté ; et le conjoint, sur le fonds duquel étaient ces bois, a la reprise de leur prix, lors de la dissolution de la communauté.

Il en est de même à l'égard des bois de haute futaie, à moins qu'ils n'aient été mis en coupe réglée, avant le mariage, par celui des deux époux qui en était propriétaire, ou par ses auteurs.

Il en est de même encore des baliveaux de réserve sur les taillis qui existaient au jour du mariage, et qui sont coupés après qu'ils ont acquis l'âge auquel la loi en permet la coupe, à moins que le propriétaire du fonds ne fût, par lui ou par ses auteurs, dans l'usage d'en couper une certaine quantité avec le taillis, à l'âge où la disposition en est permise.

A l'égard des mêmes baliveaux qui ont été réservés sur les coupes faites pendant le mariage, ils ne tombent en communauté qu'autant qu'ils ont atteint pendant son cours l'âge auquel ils pouvaient être coupés.

17. Les immeubles que les conjoints possèdent au jour de la célébration du mariage, ou qui leur échoient pendant son cours à titre de succession, n'entrent point en communauté.

Néanmoins si l'un des conjoints, depuis le contrat de mariage par lequel il aurait consenti la communauté, avait acquis à prix d'argent un immeuble avant le jour de la célébration, cet immeuble entrerait en communauté, à moins que l'acquisition n'eût été faite en exécution de quelque clause du contrat de mariage : auquel cas, elle serait réglée suivant la convention.

18. Les donations soit d'immeubles, soit de mobilier, qui ne sont faites pendant le mariage qu'à l'un des deux époux, ne tombent point en communauté, et appartiennent au donataire seul, à moins que la donation ne contienne expressément que le profit en appartiendra à la communauté.

19. L'immeuble abandonné ou cédé par père, mère ou autre ascendant à l'un des deux époux, soit pour le remplir de ce qu'il lui doit, soit à la charge de payer les dettes du donateur à des étrangers, n'entre point en communauté, sauf la récompense ou l'indemnité dont il sera parlé ci-après.

20. L'immeuble acquis pendant le mariage, à titre d'échange contre l'immeuble appartenant à l'un des deux époux, n'entre point en communauté ; et est subrogé au lieu et place de celui qui a été aliéné, sauf la récompense, s'il y a soulte.

21. L'immeuble acquis par licitation sur une succession échue à l'un des conjoints, et dont le dernier était propriétaire par indivis, ne forme point un conquêt, sauf à indemniser la communauté de la somme qu'elle a fournie pour cette acquisition.

Néanmoins l'immeuble acquis par licitation et dans lequel la femme avait un droit indivis, tombe en communauté, si la femme a procédé seule dans la licitation, comme autorisée en justice au refus du mari, et si, en ce cas, le mari s'est rendu seul adjudicataire en son nom personnel.

22. La communauté se compose passivement, et elle est chargée,

1°. De toutes les dépenses relatives au ménage ;

2°. De l'éducation et entretien des enfans ;

3°. Des réparations usufructuaires de tous les immeubles qui n'entrent point en communauté;

4°. De l'acquit de tous les arrérages et intérêts des rentes et dettes passives, tant de celles de la communauté que de celles personnelles aux époux;

5°. Des capitaux des dettes contractées par le mari pendant la communauté;

6°. Des capitaux des dettes contractées par la femme du consentement du mari, ou en vertu de sa procuration, sauf la récompense dans les cas où elle à lieu;

7°. Des capitaux de toutes les dettes dont les conjoints étaient grevés au jour de la célébration du mariage, ou dont étaient chargées les successions mobilières qui leur sont échues pendant son cours sous les modifications ci-après expliquées.

23. La communauté n'est pas tenue des dettes mobilières contractées avant le mariage par la femme, si elles ne résultent d'un acte authentique antérieur au mariage ou ayant reçu une date certaine par l'enregistrement.

Le créancier de la femme en vertu d'un acte sous seing-privé, ne peut en poursuivre contre elle le paiement que sur la nue-propriété de ses immeubles personnels.

Le mari, qui prétendrait avoir payé pour la femme une dette de cette nature, n'en peut demander la récompense, ni à sa femme, ni à ses héritiers.

24. Les dettes des successions purement mobilières qui sont échues aux conjoints pendant le mariage, sont, pour le tout, à la charge de la communauté.

25. Les dettes d'une succession purement immobilière qui échoit à l'un des époux pendant le mariage, ne sont point à la charge de la communauté, sauf le droit des créanciers de poursuivre leur paiement sur les immeubles de ladite succession.

Néanmoins les créanciers de la succession échue au mari

peuvent poursuivre leur paiement indistinctement sur tous les biens du mari et sur ceux de la communauté.

Les créanciers de la succession échue à la femme peuvent poursuivre leur paiement sur les biens personnels de la femme, si elle a accepté la succession, du consentement du mari.

Si la succession n'a été acceptée par la femme qu'autorisée en justice au refus du mari, les créanciers, en cas d'insuffisance des immeubles de la succession, ne peuvent se pourvoir que sur la nue-propriété des autres biens personnels de la femme.

26. Si la succession échue à l'époux est en partie mobilière, en partie immobilière, les dettes dont elle est grevée ne sont à la charge de la communauté que jusqu'à concurrence de la portion contributoire au marc le franc que le mobilier de cette succession devrait supporter dans les dettes, eu égard à la valeur de ce mobilier, comparée à celle de l'immobilier, d'après l'inventaire qui doit être fait en ce cas des effets de la succession.

Faute par le conjoint auquel la succession est échue, ou par le mari à l'égard de la succession échue à la femme, d'avoir fait faire cet inventaire, les créanciers peuvent poursuivre leur paiement sur les biens de la communauté.

Néanmoins après la dissolution de la communauté, le conjoint survivant qui y a intérêt, ou ses héritiers, peuvent être admis à faire preuve, soit par titres et d'après les papiers domestiques, soit par commune renommée, de la valeur du mobilier qui dépendait de la succession, à l'effet d'obtenir la récompense de ce que la communauté a payé au-delà de la portion contributoire, ou de fixer la quotité dont elle doit être tenue à raison de cette portion, si les dettes n'ont point été payées en tout ou en partie.

27. Si la succession en partie mobilière et en partie immobilière est échue au mari, les créanciers peuvent, nonobstant l'inventaire, poursuivre leur paiement sur les

biens de la communauté, sauf la récompense due à l'autre conjoint.

Il en est de même de la succession échue à la femme, si elle l'a acceptée du consentement du mari.

Si elle n'a été acceptée par la femme que comme autorisée en justice, au refus du mari, et s'il y a eu inventaire, les créanciers ne peuvent suivre leur paiement sur les biens de la communauté que jusqu'à concurrence de la portion contributoire que le mobilier devrait supporter dans les dettes, et ils ne peuvent suivre ce paiement que sur la nue-propriété des biens personnels de la femme, autres que ceux dépendans de la succession.

28. Les créanciers peuvent poursuivre le paiement des dettes que la femme a contractées avec le consentement du mari, tant sur tous les biens de la communauté que sur ceux du mari ou de la femme, sauf la récompense due à la communauté, ou l'indemnité due à l'un des deux conjoints, ainsi qu'il sera ci-après expliqué.

29. Toute dette, qui n'est contractée par la femme qu'en vertu de la procuration spéciale ou générale du mari, est à la charge de la communauté, et le créancier n'en peut poursuivre le paiement ni contre la femme, ni sur ses biens personnels.

SECTION 3. *De l'administration de la communauté, et de l'effet des actes faits par l'un ou l'autre époux relativement à la société conjugale.*

30. Le mari administre seul les biens de la communauté. Il les peut vendre, aliéner, hypothéquer.

31. Il ne peut disposer entre-vifs, à titre gratuit, des immeubles de la communauté, si ce n'est pour l'établissement des enfans communs.

32. La donation à cause de mort, faite par le mari, ne peut excéder sa part dans la communauté.

S'il a donné pour cause de mort un effet de la communauté, le donataire ne peut le réclamer en nature qu'autant que l'effet, par l'événement du partage, tombe au lot des héritiers. Si l'effet ne tombe point au lot des héritiers, le légataire a la récompense de la valeur totale de l'effet donné sur la part des héritiers du mari dans la communauté et sur les biens personnels de ce dernier.

33. Les amendes encourues par le mari pour crime capital, peuvent se poursuivre sur les biens de la communauté, sauf la récompense due à la femme : celles encourues par la femme ne peuvent s'exécuter que sur la nue-propriété de ses biens personnels, tant que dure la communauté.

34. La confiscation prononcée contre l'un des deux époux pour délit emportant mort civile, ne frappe que sa part dans la communauté et ses biens personnels.

35. Les actes faits par la femme, sans le consentement du mari, n'engagent point les biens de la communauté, si ce n'est lorsqu'elle contracte comme marchande publique et pour le fait de son commerce.

36. Elle ne peut s'obliger même pour tirer son mari de prison, ni pour l'établissement de ses enfans, en cas d'absence du mari, qu'après s'être fait autoriser par justice.

Celui qui a fourni, en l'absence du mari, des alimens à la femme et aux enfans, ou qui a prêté pour les dépenses indispensables du ménage, n'en peut poursuivre le paiement sur les biens de la communauté, si le mari avait remis à sa femme les fonds nécessaires avant son départ. Le mari en est cru, à cet égard, sur son affirmation.

37. Le mari a l'administration de tous les biens personnels de la femme.

Il peut exercer seul toutes les actions mobilières qui appartiennent à la femme.

Il ne peut aliéner les immeubles personnels de sa femme sans son consentement.

38. Le mari ne peut faire des baux des immeubles appartenans à sa femme, qui excèdent neuf ans.

Ceux faits au-delà de ce terme ne lient pas la femme ou ses héritiers, qui peuvent en demander la nullité pour le temps qui en reste à courir après la dissolution de la communauté.

Il en est de même des baux faits par anticipation, c'est-à-dire plus de trois ans avant l'expiration du bail subsistant, à moins que le fermier ou locataire n'en ait commencé la jouissance avant l'expiration de la communauté.

39. La femme qui s'oblige solidairement avec le mari pour les affaires de la communauté ou du mari, n'est réputée, à l'égard de celui-ci, s'être obligée que comme caution; elle doit être indemnisée de l'obligation qu'elle a contractée.

40. Le mari qui garantit solidairement ou autrement la vente que la femme a faite d'un immeuble personnel, a pareillement un recours contre elle, soit sur sa part dans la communauté, soit sur ses biens personnels, s'il est inquiété.

41. S'il est vendu un immeuble appartenant à l'un des deux époux, et dont le prix ait été versé dans la communauté, le conjoint en a la reprise ou récompense sur la communauté, s'il n'en a pas été fait un remploi.

S'il a été fait un remploi, l'immeuble acquis appartient au conjoint du chef duquel l'aliénation a été faite, et cet immeuble demeure à ses risques ou à son bénéfice du jour du remploi.

42. Le remploi est censé fait à l'égard du mari toutes les fois que, lors de l'acquisition, il a déclaré qu'elle était faite des deniers provenus de l'aliénation de l'immeuble qui lui était personnel, et pour lui tenir lieu de remploi.

43. La simple déclaration faite par le mari, que l'acquisition est faite des deniers provenus de l'immeuble vendu par la femme, et pour lui servir de remploi, ne suffit point, si ce remploi n'a été formellement accepté par la femme. L'immeuble ainsi acquis ne forme qu'un conquêt de commu-

nauté ; et la femme, qui ne peut être forcée de le reprendre lors de la dissolution de la communauté, n'a pas non plus le droit de le réclamer comme sa propriété, sauf la récompense qui lui est due pour le prix de son immeuble.

44. Le remploi du prix de l'immeuble vendu par le mari ne s'exerce que sur la masse de la communauté.

Celui de l'immeuble vendu par la femme s'exerce sur les biens personnels du mari, en cas d'insuffisance de ceux de la communauté.

45. Toutes les fois qu'il est pris sur la communauté une somme de deniers, soit pour acquitter une dette ou charge personnelle à l'un des époux, soit pour le recouvrement ou l'amélioration de ses biens personnels, et généralement toutes les fois qu'un des époux a tiré un profit personnel des biens de la communauté, il en doit une récompense à la communauté.

46. Le remploi qui est dû au conjoint dont l'immeuble est aliéné, n'a lieu que jusqu'à concurrence du prix qui en a été versé dans la communauté, quelle que fût la valeur réelle de l'immeuble qui a été vendu.

47. Il en est de même des récompenses que le conjoint doit à la communauté pour les causes énoncées en l'article 45 ci-dessus.

Cette récompense n'est pas toujours de ce qu'il en a coûté à la communauté ; elle n'est due que jusqu'à concurrence de ce dont le conjoint a profité, à raison de la dépense faite par la communauté.

48. La dot constituée par le mari seul à l'enfant commun, en effets de la communauté, est à la charge de la communauté ; et dans le cas où elle est acceptée par la femme, elle en doit supporter la moitié, à moins que le mari n'ait déclaré expressément qu'il s'en chargeait pour le tout ou pour une portion plus forte que la moitié.

49. Si le père et la mère ont doté conjointement l'enfant commun, sans exprimer la portion pour laquelle ils enten-

daient y contribuer, ils sont censés avoir doté chacun pour moitié, soit que la dot ait été fournie ou promise en effets de la communauté, ou en biens personnels à l'un des deux conjoints.

Au second cas, le conjoint, dont l'immeuble ou l'effet personnel a été constitué en dot, a contre l'autre une action d'indemnité de la moitié de ladite dot, eu égard à la valeur de l'effet donné au temps de la donation.

Si le père et la mère ont déclaré vouloir doter inégalement, l'indemnité n'est due à celui qui a fourni la dot que jusqu'à concurrence de la portion pour laquelle l'autre conjoint a déclaré vouloir contribuer à la dotation.

SECTION 4. *De la Dissolution de la Communauté.*

PRÉLIMINAIRE.

50. La communauté se dissout par les mêmes causes qui dissolvent le mariage.

Elle se dissout en outre par la séparation de biens qui est obtenue par la femme avant la dissolution du mariage.

§. 1er. *De la Dissolution de la communauté par la dissolution du mariage.*

51. Il n'y a point de continuation de communauté entre le survivant et les héritiers du prédécédé, encore que lesdits héritiers soient des enfans ou descendans du mariage, que tous lesdits enfans ou aucun d'eux fussent mineurs, et que le survivant ait négligé de faire inventaire.

52. Si le père ou la mère survivant n'a point fait procéder, dans les trois mois, à l'inventaire, et n'a point fait nommer un subrogé-tuteur à ses enfans mineurs, ainsi qu'il y est obligé par l'article 5 du titre des *tutelles*, il est déchu de la garde desdits enfans, et de la jouissance de leurs revenus.

Si, lors de la dissolution de la communauté, il existe des petits-enfans mineurs représentant un enfant du mariage prédécédé, le conjoint survivant, qui a été leur tuteur, et a négligé de faire l'inventaire, est déchu de la tutelle desdits mineurs, et est privé à leur profit de la moitié de la part qui lui serait revenue dans le partage de la communauté.

53. Après l'expiration des trois mois dans lesquels l'époux survivant aurait dû faire procéder à l'inventaire, les parens des mineurs désignés dans l'art. 23 du titre des tutelles, et sous la responsabilité établie par les art. 24 et 25 du même titre, sont tenus de provoquer la convocation de l'assemblée de famille, à l'effet de faire nommer un tuteur.

Au défaut des parens, le juge de paix, sur la dénonciation qui peut lui en être faite par quelque personne que ce soit, doit, d'office, convoquer le conseil de famille, et faire apposer provisoirement les scellés.

54. Le tuteur doit, immédiatement après sa nomination, faire procéder à l'inventaire, au compte ou au partage de la communauté, si les mineurs sont dans le cas de l'accepter.

55. Le tuteur peut suivant les circonstances demander que l'inventaire du mobilier soit fait d'après les renseignemens résultans des titres, registres et papiers domestiques, et même d'après la commune renommée.

56. La dissolution de la communauté, opérée par la mort civile de l'un des conjoints, ne donne point ouverture aux gains de survie en faveur de l'autre conjoint. Celui-ci n'a que la faculté de conserver ses droits éventuels pour le cas où ils s'ouvriraient par la mort naturelle de l'autre conjoint.

§. 2. *De la séparation des biens demandée par la femme pendant le mariage.*

57. La femme peut, pendant le mariage, former contre le mari une demande en séparation de biens, toutes les fois que sa dot est mise en péril par la mauvaise conduite du mari, et que le désordre de ses affaires, fait craindre que

ses biens ne soient point suffisans pour remplir les droits et reprises de la femme.

58. La séparation des biens doit être demandée et ordonnée en justice, en connaissance de cause.

Toute séparation volontaire est nulle tant à l'égard des tiers qu'à l'égard des conjoints entre eux.

59. La séparation de biens quoique prononcée en justice, est nulle, si elle n'a point été exécutée par une vente sérieuse et effective du mobilier du mari, ou par un paiement réel des droits et reprises de la femme, exécuté par un acte authentique, jusqu'à la concurrence des biens du mari ou au moins par des poursuites sérieuses et non interrompues pour procurer le paiement.

60. La séparation de biens obtenue par la femme du marchand, banquier ou commerçant, doit être en outre publiée à l'audience du tribunal de commerce de l'arrondissement dans lequel le mari est domicilié, et elle doit être inscrite sur un tableau affiché dans la chambre d'assemblée de la commune du domicile du mari.

61. La femme qui a obtenu sa séparation de biens, peut néanmoins accepter la communauté qui a existé jusqu'à cette époque, si elle y a un intérêt.

62. Le jugement qui prononce la séparation remonte, quand à ses effets, au jour de la demande.

63. La séparation de biens ne donne point ouverture aux droits de survie de la femme; mais elle conserve la faculté de les exercer dans le cas de mort naturelle de son mari.

64. Les créanciers personnels de la femme ne peuvent, sans son consentement, demander la séparation de biens.

65. Les créanciers du mari peuvent intervenir dans l'instance sur les demandes en séparation et s'y opposer, si elle est provoquée en fraude de leurs droits.

66. La femme qui a obtenu sa séparation de biens, doit

contribuer aux frais du ménage proportionnellement à ses facultés et à celles du mari.

Elle doit les supporter entièrement, s'il ne reste rien au mari.

Il en est de même des frais d'inventaire, et d'éducation des enfans communs.

67. La femme qui a obtenu sa séparation de biens en reprend la libre administration.

Elle peut disposer de son mobilier et l'aliéner.

Elle ne peut aliéner ses immeubles sans le consentement du mari, ou sans être autorisée en justice, à son refus.

68. Le mari n'est point garant du défaut d'emploi ou de remploi du prix de l'immeuble que la femme séparée a aliéné sous l'autorisation de la justice, à moins qu'il n'ait concouru au contrat ou qu'il ne soit prouvé que les deniers ont été reçus par lui, ou ont tourné à son profit.

Il est garant du défaut d'emploi ou remploi, si la vente a été faite en sa présence et de son consentement.

69. Dans les cas où le mari est garant du défaut d'emploi ou remploi, la femme a hypothèque légale sur les biens du mari, conformément à ce qui est prescrit au titre du régime hypothécaire.

70. La communauté dissoute par un jugement de séparation peut être rétablie du consentement des deux parties.

Elle ne peut l'être que par un acte authentique passé devant notaire et avec minute.

En ce cas, la communauté rétablie reprend son effet du jour du mariage; les choses sont remises au même état que s'il n'y avait point eu de séparation, sans préjudice néanmoins de l'exécution des actes d'administration qui ont pu être faits par la femme dans cet intervalle.

Toute convention par laquelle les époux rétabliraient leur communauté sous des conditions différentes de celles qui la réglaient antérieurement est nulle.

SECTION 5. *Du droit qu'a la femme d'accepter la communauté ou d'y renoncer, et des conditions de sa renonciation.*

71. Après la dissolution de la communauté, la femme ou ses héritiers et ayant cause ont la faculté de l'accepter ou d'y renoncer.

72. Les héritiers de la femme peuvent se diviser dans l'exercice de la même faculté.

73. La femme survivante, qui s'est immiscée dans les biens de la communauté, ne peut plus y renoncer; il en est de même, si elle a pris dans un acte la qualité de commune.

74. Elle ne peut se faire restituer contre la qualité de commune qu'elle a prise étant majeure, quand même elle l'aurait prise avant d'avoir fait inventaire, s'il n'y a eu fraude de la part des héritiers du mari.

75. La femme qui veut renoncer à la communauté doit, dans les trois mois du jour du décès du mari, faire faire un inventaire fidèle et complet de tous les biens de la communauté contradictoirement avec les héritiers du mari, ou eux duement appelés.

Cet inventaire doit être par elle affirmé sincère et véritable lors de sa clôture devant l'officier public qui l'a reçu.

76. Trois mois et quarante jours après le décès du mari, la femme doit faire sa renonciation par un acte reçu au greffe du tribunal de première instance, dans l'arrondissement duquel le mari avait son domicile.

Elle peut aussi faire cette renonciation par acte devant un notaire public avec minute; mais en ce cas, il en doit être déposé une expédition au greffe du tribunal civil, dans les dix jours de la date de l'acte.

77. La femme peut, suivant les circonstances, demander au tribunal civil une prorogation du délai prescrit par l'article précédent pour sa renonciation, en le faisant par elle

ordonner contradictoirement avec les héritiers du mari, ou eux duement appelés.

78. La femme qui n'a point fait sa renonciation dans le délai ci-dessus prescrit, n'est pas déchue de la faculté de renoncer, si elle ne s'est point immiscée et si elle a fait inventaire, elle peut seulement être poursuivie comme commune jusqu'à ce qu'elle ait renoncé, et elle doit les frais faits contre elle jusqu'à sa renonciation.

Elle peut être également poursuivie avant l'expiration des trois mois et quarante jours, si l'inventaire a été clos avant les trois mois.

79. La veuve survivante, qui a diverti ou recélé quelques effets de la communauté, est déclarée commune nonobstant sa renonciation; et elle est en outre privée de sa portion dans les effets divertis ou recélés.

80. Les héritiers de la femme doivent, dans le même délai faire leur renonciation à la communauté; et leur renonciation faite en la forme ci-dessus doit être signifiée au moins dans la huitaine de sa date.

Il n'est point nécessaire pour la validité de leur renonciation vis-à-vis les créanciers, qu'il y ait eu inventaire; et ils sont admis à renoncer encore après le délai ci-dessus expiré, tant qu'ils ne se sont pas immiscés.

81. Les héritiers de la femme, qui ont diverti ou recélé quelques effets de la communauté, ou qui ont favorisé les recélés ou divertissemens faits par le mari, sont, nonobstant leur renonciation, déclarés communs vis-à-vis des créanciers.

Ils sont privés de leur part dans les effets qu'ils ont recélés ou divertis, s'ils ont commis seuls les recélés ou divertissemens.

82. Les créanciers de la femme pourront attaquer la renonciation qui a été faite par elle ou par ses héritiers en fraude de leurs créances, et accepter de leur chef la communauté.

SECTION 6. *De l'acceptation faite par la femme ou ses heritiers, et du partage de la communauté.*

83. L'acceptation de la communauté qui est faite par la femme survivante ou par ses héritiers, leur donne droit à la moitié de l'actif de la communauté, et les soumet au paiement de toutes les dettes communes aussi pour moitié.

§. 1er. *Du Partage de l'actif.*

84. Chacun des deux époux, ou ses héritiers, doivent rapporter à la masse des biens existans, tout ce dont ils sont débiteurs envers la communauté, à titre de récompense ou d'indemnité, d'après les règles ci-dessus prescrites section 3 du présent titre.

85. Chaque époux, ou son héritier, rapporte également les sommes qui ont été tirées de la communauté, ou la valeur des immeubles que l'époux y a pris pour doter un enfant d'un autre lit, ou l'enfant commun.

86. Sur la masse ainsi composée, chaque époux ou son héritier prélève,

1°. Ses immeubles qui ne sont point entrés en communauté, s'ils existent en nature, ou ceux qui ont été acquis en remploi ;

2°. Le prix de ses immeubles qui ont été aliénés pendant la communauté, et dont il n'a point été fait remploi : le tout dans le cas et suivant les règles ci-dessus prescrites à cet égard.

3°. Les indemnités qui lui sont dues par la communauté.

87. Les prélèvemens de la femme s'exercent avant ceux du mari.

Ils s'exercent pour les sommes en deniers, d'abord sur les deniers comptans, ensuite sur le mobilier, et subsidiairement sur les immeubles de la communauté, au choix de la femme et de ses héritiers.

88. Le mari ne peut exercer ses reprises que sur les biens de la communauté.

La femme, en cas d'insuffisance de la communauté, les exerce sur les immeubles personnels du mari.

89. Les remplois et récompenses dûs par la communauté aux conjoints, et les récompenses et indemnités par eux dues à la communauté, emportent des intérêts de plein droit du jour de la dissolution de la communauté.

90. Après que tous les prelèvemens des deux conjoints ont été exécutés sur la masse, le surplus se partage par moitié entre le conjoint survivant et les héritiers du prédécédé.

91. Si les héritiers de la femme se sont divisés en sorte que l'un ait accepté la communauté à laquelle l'autre a renoncé, celui qui a accepté ne peut prendre que sa portion virile héréditaire, dans les biens qui échoient au lot de la femme.

Le surplus reste au mari, qui demeure chargé envers l'héritier renonçant des droits que la femme renonçante aurait pu exercer, mais jusqu'à concurrence seulement de la portion virile héréditaire de l'héritier qui renonce.

92. Au surplus, le partage de la communauté, quant à ce qui concerne sa forme, la licitation des immeubles impartables, ses effets, la garantie qui en résulte, et les soultes, est soumis à toutes les mêmes règles qui sont établies au titre *des successions*, pour les partages entre héritiers.

93. Après le partage consommé, si l'un des deux conjoints est créancier personnel de l'autre, comme lorsque le prix de son bien personnel a été employé à payer une dette personnelle de l'autre conjoint, ou pour toute autre cause, il exerce cette créance sur la part qui est échue à celui-ci dans la communauté, ou sur ses biens personnels.

94. Les créances personnelles, que les conjoints ont à

exercer l'un contre l'autre, ne portent intérêt que du jour de la demande en justice.

95. Les donations que l'un des conjoints a pu faire à l'autre, ne s'exécutent que sur la part du donateur dans la communauté ou sur ses biens personnels.

96. Les frais de scellés, inventaire, vente du mobilier, licitation ou partage se supportent en commun : mais le deuil de la femme est aux frais des héritiers du mari prédécédé.

§. 2. *Du Paiement des dettes de la communauté.*

97. Chacun des deux époux, ou son héritier, est tenu des dettes de la communauté pour moitié.

Mais la femme ou son héritier, n'en est tenu soit vis-à-vis du mari ou de son héritier, soit vis-à-vis des créanciers, que jusqu'à concurrence de son émolument, pourvu qu'il y ait eu inventaire, et en rendant compte du contenu en cet inventaire, et de ce qui lui en est échu par le partage.

98. Le mari ou son héritier est tenu indistinctement et pour la totalité des dettes de la communauté qui ont été par lui contractées, sauf son recours contre la femme ou son héritier, jusqu'à concurrence de son émolument seulement.

99. Le mari n'est tenu que pour moitié des dettes de la succession échue à la femme, qui sont tombées à la charge de la communauté.

100. La femme, ou son héritier, peut être poursuivie pour la totalité des dettes qui procèdent de son chef, sauf son recours contre le mari ou son héritier, pour la moitié qui était à la charge de la communauté.

101. Elle ne peut être poursuivie que pour moitié par les créanciers, à raison des dettes de la communauté auxquelles elle s'est obligée, lorsque l'obligation n'est pas solidaire.

102. La femme, ou son héritier, qui a payé une dette de a communauté au-delà de sa moitié, n'a point de répéti-

tion contre le créancier pour l'excédant, à moins que la quittance n'exprime que ce qu'elle a payé était pour sa moitié.

103. La femme, ou son héritier peut être poursuivie sur ses biens personnels, à raison des dettes de la communauté, pour la moitié, jusqu'à concurrence de son émolument dans la communauté.

Elle peut en outre être poursuivie pour la totalité des dettes de la communauté, par l'effet de l'hypothèque sur les immeubles de la communauté, qui lui sont échus par le partage.

104. Toutes les fois que l'un des deux époux a payé des dettes de la communauté au-delà de la portion dont il est tenu, il y a lieu au recours de celui qui a trop payé contre l'autre.

105. Tout ce qui est dit ci-dessus à l'égard du mari ou de la femme a lieu en faveur des héritiers de l'un ou de l'autre, lesquels peuvent exercer les mêmes droits que le conjoint qu'ils représentent.

SECTION 7. *De l'effet de la Renonciation de la femme.*

106. La femme qui renonce perd toute espèce de droit sur les biens de la communauté, et même sur le mobilier qui y est tombé de son chef.

Elle a seulement droit de reprendre sur les effets de la communauté les linges et hardes à son usage.

107. La femme renonçante a le droit de reprendre :

1°. Les immeubles à elle appartenant qui ne sont point entrés en communauté, lorsqu'ils existent en nature, ou l'immeuble qui a été acquis en remploi;

2°. Le prix de ses immeubles aliénés qui a été versé dans la communauté, dont le remploi n'a point été fait;

3°. Toutes les indemnités qui peuvent lui être dues par la communauté.

108. Elle a droit d'être nourrie et ses domestiques aux

dépens de la communauté pendant le délai de trois mois et quarante jours, qui lui est accordé pour faire inventaire et délibérer.

Elle ne doit aucun loyer à raison de l'habitation qu'elle a pu faire pendant ce délai dans une maison dépendante de la communauté, ou appartenante aux héritiers du mari.

109. Elle est déchargée de toute contribution aux dettes de la communauté, tant vis-à-vis du mari que vis-à-vis des créanciers : elle reste néanmoins tenue envers les créanciers seulement, pour raison des dettes auxquelles elle s'est obligée conjointement avec son mari, et pour raison des dettes provenantes de son chef, qui sont devenues dettes de la communauté, sauf son recours contre le mari ou ses héritiers.

110. Elle peut exercer toutes les actions et reprises ci-dessus détaillées, tant sur les biens de la communauté que sur les biens personnels du mari.

111. La femme a pour la répétition de ses reprises, soit en cas de renonciation, soit en cas d'acceptation, hypothèque tant sur les immeubles de la communauté, que sur ceux personnels du mari, conformément à ce qui est prescrit au titre *du régime hypothécaire*.

112. Tout ce qui a été dit ci-dessus à l'égard de la femme, a lieu à l'égard de son héritier qui renonce, à l'exception de ce qui est porté du second alinéa de l'article 106 et en l'article 108.

CHAPITRE III.

Des diverses conventions par lesquelles les conjoints dérogent à leurs droits légaux, et de l'effet de ces conventions.

113. Les conjoints peuvent, par leur contrat de mariage, ou exclure totalement la communauté légale, ou la modifier, augmenter ou restreindre.

SECTION Ire. *Des Conventions exclusives de toute communauté.*

114. La convention par laquelle les conjoints se contentent de déclarer qu'il n'y aura pas entre eux de communauté, ne donne point à la femme le droit d'administrer ses biens, ni d'en percevoir les fruits.

Ces fruits sont censés apportés au mari pour soutenir les charges du mariage.

Il conserve l'administration des biens meubles et immeubles de la femme, et par suite, le droit de percevoir tout le mobilier qu'elle apporte en dot, ou qui lui échoit pendant le mariage, sauf la restitution qu'il doit faire des capitaux après la dissolution de la communauté.

115. La femme qui ne stipule qu'une simple exclusion de communauté, peut néanmoins convenir qu'elle touchera annuellement, sur ses seules quittances, certaine portion de ses revenus pour son entretien et ses besoins personnels.

116. Lorsque les conjoints, par leur contrat de mariage, outre l'exclusion de la communauté, stipulent qu'ils seront séparés de tous biens, la femme conserve l'entière administration de ses biens meubles et immeubles, et la jouissance libre de ses revenus.

117. En ce cas, chacun des deux époux doit contribuer aux charges du mariage, suivant les conventions qu'ils ont faites à cet égard par leur contrat.

Si le contrat ne contient point de conventions particulières à cet égard, le mari est réputé avoir voulu se charger seul des frais du mariage, sauf ce qui concerne l'entretien personnel de la femme.

118. La femme non commune, celle même qui est séparée de biens contractuellement, ne peut aliéner ses immeubles sans le consentement spécial de son mari, ou sans y être autorisée par justice à son refus.

Toute autorisation générale d'aliéner les immeubles, donnée à la femme soit par le contrat de mariage, soit depuis, est nulle.

119. Le mari n'est garant du défaut de remploi du prix des immeubles vendus par la femme non commune ou séparée contractuellement, que dans les mêmes cas où il l'est à l'égard de la femme séparée par justice.

SECTION 2. *Des Conventions qui modifient la communauté légale, ou de la communauté conventionnelle.*

120. Les époux modifient la communauté légale, soit en stipulant que leur mobilier, présent ou futur, n'entrera point en communauté pour le tout ou pour partie, soit en y faisant entrer leurs immeubles présens ou futurs, soit en stipulant qu'ils paieront séparément leurs dettes antérieures, soit en accordant à la femme la faculté de reprendre son apport franchement ou quittement, en cas de renonciation; soit en stipulant un préciput au profit du survivant; soit en assignant à chacun des conjoints des parts inégales; soit en stipulant une communauté universelle de tous leurs biens présens et futurs; soit par toute autre convention non contraire aux bonnes mœurs et à l'article 2 du présent titre.

§. 1er. *De la clause qui exclut de la communauté le mobilier en tout ou partie.*

121. Lorsque les conjoints stipulent qu'ils mettront en communauté une telle somme déterminée, ils sont censés par cela seul exclure de leur communauté tout le surplus de leur mobilier présent et futur.

122. Cette clause rend le conjoint débiteur, envers la communauté, de la somme qu'il a promis y mettre et l'oblige à justifier de cet apport.

123. L'apport est suffisamment justifié, quant au mari,

par la déclaration portée au contrat de mariage que son mobilier est de telle valeur.

Il est suffisamment justifié, à l'égard de la femme, par la quittance que le mari lui en donne, ou à ceux qui l'ont dotée.

124. Chaque conjoint a le droit de reprendre, lors de la dissolution de la communauté, la valeur de ce dont le mobilier qu'il a apporté lors du mariage, ou qui lui est échu depuis, excédait sa mise en communauté.

125. Le mobilier qui échoit à chacun des deux époux, pendant le mariage, doit être constaté par un inventaire : faute de quoi, le conjoint survivant ne peut reprendre, lors de la dissolution de la communauté, que ce qu'il justifie par titre lui être échu.

Néanmoins, s'il est prédécédé, ses héritiers, lorsqu'il y a lieu de croire que l'inventaire n'a été omis que dans la vue de procurer à l'autre conjoint un avantage indirect, sont admis à faire preuve, par commune renommée, de la valeur du mobilier qui lui est échu.

§. 2. *De la clause d'ameublissement.*

126. Il est permis aux conjoints de faire entrer en communauté tout ou partie de leurs immeubles présens ou futurs; et cette clause s'appelle *ameublissement*.

127. L'ameublissement peut être déterminé ou indéterminé.

Il est déterminé quand le conjoint a déclaré ameublir et mettre en communauté un tel immeuble, en tout ou jusqu'à concurrence d'une certaine somme.

Il est indéterminé quand le conjoint a simplement déclaré apporter en communauté ses immeubles, jusqu'à concurrence d'une certaine somme.

128. L'effet de l'ameublissement déterminé est de rendre l'immeuble ou les immeubles qui en sont frappés, effets de

la communauté, de les soumettre à ses risques comme à son bénéfice.

Le mari en peut disposer comme des autres effets de la communauté, et les aliéner en totalité, lorsqu'ils sont ameublis en totalité.

Si l'immeuble n'est ameubli que pour une certaine somme, le mari ne peut l'aliéner qu'avec le consentement de la femme; mais il peut l'hypothéquer sans son consentement, jusqu'à concurrence seulement de la portion ameublie.

129. L'ameublissement indéterminé ne rend point la communauté propriétaire des immeubles qui en sont frappés; son effet se réduit à obliger le conjoint qui l'a consenti à comprendre dans la masse, lors de la dissolution et partage de la communauté, quelques-uns de ses immeubles, jusqu'à concurrence de la somme par lui promise.

130. Le conjoint qui a ameubli un héritage a, lors du partage, la faculté de le retenir, en le précomptant sur sa part, pour le prix qu'il vaut alors; et ses héritiers ont le même droit.

§. 3. *De la clause de séparation des dettes.*

131. La clause par laquelle les conjoints stipulent qu'ils payeront séparément leurs dettes antérieures au mariage, a toujours son effet entre eux et leurs héritiers, encore qu'il n'y ait point eu d'inventaire; elle les oblige, lors de la dissolution de la communauté, de se faire respectivement raison des dettes qui sont justifiées avoir été acquittées par la communauté, à la décharge de celui qui en était débiteur.

Mais la clause est sans effet à l'égard des créanciers qui peuvent suivre leur paiement sur les biens de la communauté, si, lors du contrat de mariage, il n'y a point eu d'inventaire, ou d'état annexé au contrat du mobilier apporté par les époux, et s'il n'y a point eu d'inventaire fait pendant le mariage du mobilier qui leur est échu depuis.

132. La clause par laquelle les conjoints ont déclaré

n'apporter dans la communauté qu'une somme certaine ou quelque corps certain, emporte la convention tacite de l'exclusion des dettes antérieures au mariage qui diminueraient l'apport promis.

133. La clause de séparation de dettes n'empêche pas que la communauté ne soit chargée des intérêts et arrérages qui en ont couru depuis le mariage.

134. Lorsque le père ou la mère, ou autre parent de l'un des conjoints, en le mariant, le déclare franc et quitte de toutes dettes antérieures au mariage, il s'oblige envers l'autre conjoint à l'indemniser de tout le préjudice que pourront lui causer les dettes de celui qui a été déclaré franc et quitte.

Ainsi, lorsque c'est le mari qui a été déclaré franc et quitte, la femme, en cas d'insuffisance des biens du mari, a un recours de garantie contre les parens de ce dernier, à raison de la diminution du bénéfice qu'elle retire de la communauté, résultant des dettes du mari, qui ont été acquittées pendant le mariage; 2°. elle a de même un recours contre les parens du mari, en cas d'insuffisance des biens de celui-ci, tant pour la remplir de sa dot et autres reprises, que des donations que le mari a pu lui faire, soit par le contrat de mariage, soit depuis.

Lorsque c'est la femme qui a été déclarée franche et quitte, le mari a de même un recours contre les parens de sa femme; 1°. à raison des dettes pour lesquelles il est poursuivi pendant le mariage; 2°. pour l'exercice de ses reprises personnelles, en cas d'insuffisance de la communauté, jusqu'à concurrence des dettes de la femme qui ont été acquittées; 3° pour raison des donations que la femme a pu lui faire, soit par le contrat de mariage, soit depuis.

135. L'époux qui a été déclaré franc et quitte, ni ses créanciers, n'ont pas le droit de forcer les parens qui ont fait cette déclaration, de payer les dettes qui en font l'objet. L'action qui en résulte, n'appartient qu'à l'époux au

profit duquel la déclaration a été faite, et à ses héritiers.

136. Les parens qui ont fait la déclaration ont le choix ou de payer les dettes, ou d'indemniser l'époux du préjudice qu'il en a pu recevoir.

§. 4. *De la faculté accordée à la femme de reprendre franchement et quittement son apport.*

137. La clause par laquelle la femme stipule qu'elle pourra, au cas de renonciation, reprendre franchement et quittement tout ou partie de ce qu'elle aura apporté soit lors du mariage, soit depuis, est de droit étroit, et ne peut s'étendre, ni au-delà des choses exprimées, ni au profit d'autres personnes que celles dénommées.

138. La faculté de reprendre le mobilier que la femme a apporté en mariage, ne s'étend point à celui qui lui est échu pendant le mariage.

139. La faculté accordée à la femme ne s'étend point aux enfans; celle accordée à la femme et aux enfans ne s'étend point aux héritiers ascendans ou collatéraux.

140. La faculté accordée à la femme et à ses héritiers peut être exercée par les créanciers de la femme, ou par ceux de ses héritiers qui en ont été saisis.

§. 5. *Du préciput conventionnel.*

141. La clause par laquelle le conjoint survivant est autorisé à prélever, avant partage, une certaine somme ou une certaine quantité d'effets mobiliers en nature, ne donne droit à ce prélèvement qu'au cas où il y a acceptation de la communauté de la part de la femme ou de ses héritiers.

Néanmoins la femme survivante a droit au préciput, lorsque le contrat de mariage le lui accorde, même en renonçant.

142. Le préciput n'est point regardé comme un avantage

sujet aux formalités des donations, mais comme une convention de mariage.

143. Le préciput n'a lieu qu'en faveur du conjoint survivant, et dans le cas où le mariage est dissous par la mort naturelle de l'un des deux époux.

144. Lorsqu'il n'a été stipulé que pour le cas d'acceptation de la communauté, il ne s'exerce que par prélèvement sur la masse partageable, et sans aucun recours de la part du conjoint survivant contre les héritiers de l'autre, dans le cas où la masse de la communauté est insuffisante pour le fournir en tout ou en partie.

145. Le préciput ne peut s'exercer au préjudice des créanciers de la communauté, qui ont le droit de faire vendre les effets compris dans le préciput, sauf le recours du conjoint pour leur valeur dans le partage de la communauté.

Néanmoins lorsqu'il est accordé à la femme renonçante, il devient une créance qu'elle peut exercer à l'hypothèque de son contrat de mariage.

§. 6. *Des clauses par lesquelles on assigne à chacun des conjoints des parts inégales dans la communauté.*

146. Les conjoints peuvent déroger au partage égal établi par la loi soit en ne donnant à l'époux survivant ou à ses héritiers dans la communauté qu'une part moindre que la moitié, soit en ne lui donnant qu'une somme fixe pour tout droit de communauté, soit en stipulant que la communauté entière, en certains cas, restera à l'époux survivant.

147. Lorsqu'il a été stipulé que l'époux ou ses héritiers n'auront qu'une certaine part dans la communauté, comme le tiers ou le quart, l'époux ainsi réduit, ou ses héritiers, ne supportent les dettes de la communauté que proportionnellement à la part qu'ils prennent dans l'actif.

La convention est nulle, si elle oblige l'époux ainsi réduit, ou ses héritiers, à supporter une plus forte part, ou si elle le dispense de supporter une part dans les dettes, égale à celle qu'il prend dans l'actif.

148. Lorsqu'il est stipulé que l'un des époux, ou ses héritiers ne pourront prétendre qu'une certaine somme pour tout droit de communauté, la clause est un forfait qui oblige l'autre époux, ou ses héritiers, à payer à la femme, ou à ses héritiers, la somme convenue, soit que la communauté soit bonne ou mauvaise, suffisante, ou non, pour acquitter la somme.

149. Si la clause n'établit le forfait que contre les héritiers de l'époux, celui-ci, dans le cas où il survit, a droit au partage légal, par moitié, contre les héritiers du prédécédé.

150. Le mari, ou ses héritiers, qui retiennent, en vertu de la clause, la totalité de la communauté, sont obligés d'en acquitter toutes les dettes.

Les créanciers n'ont aucune action contre la femme ni contre ses héritiers.

Si c'est la femme survivante qui a droit de retenir toute la communauté contre les héritiers du mari, elle a le choix ou de leur payer cette somme en demeurant obligée à toutes les dettes envers les créanciers, ou de renoncer à la communauté, et d'en abandonner aux héritiers du mari les biens et les charges.

151. Il est permis aux époux d'établir la communauté sous la condition que la totalité appartiendra au survivant, au cas où il n'y aurait point d'enfant du mariage.

Telle stipulation n'est point réputée un avantage sujet aux règles relatives aux donations, soit quant aux fonds soit quant à la forme, mais simple convention de mariage et entre associés.

§. 7. *De la communauté de tous biens présens et à venir.*

152. Les époux peuvent établir par contrat de mariage

une communauté universelle de tous leurs biens présens et à venir : telle convention est valable, excepté dans les trois cas suivans :

1°. Elle ne peut être faite lorsque les deux époux ou l'un d'eux est mineur ;

2°. Lorsque l'un des époux ayant enfans ou descendans d'un premier lit, convole en secondes noces, ou autres subséquentes ;

3°. Dans le cas où l'époux divorcé ne peut rien donner à son second époux.

153. Dans le cas où les époux ont établi une communauté universelle de tous leurs biens présens et à venir, il n'y a lieu à aucun prélèvement en faveur de l'un ou l'autre des deux conjoints; toute la masse des biens existans se partage par moitié.

La femme renonçante n'a aucune reprise à exercer ; elle est seulement déchargée de l'obligation de contribuer au paiement des dettes.

§. 8. *Disposition commune aux sept paragraphes précédens.*

La communauté conventionnelle reste soumise à toutes les règles de la communauté légale, pour tous les cas où la convention ne contient point une dérogation spéciale.

DISCOURS PRÉLIMINAIRE

PRONONCÉ

LORS DE LA PRÉSENTATION DU PROJET

DE LA COMMISSION DU GOUVERNEMENT. (1)

Un arrêté des consuls, du 24 thermidor dernier, a chargé le ministre de la justice de nous réunir chez lui, pour « comparer l'ordre suivi dans la rédaction des projets de » Code Civil, publiés jusqu'à ce jour ; déterminer le plan » qu'il nous paraîtrait le plus convenable d'adopter, et » discuter ensuite les principales bases de la législation en » matière civile. »

Cet arrêté est conforme au vœu manifesté par toutes nos assemblées nationales et législatives.

Nos conférences sont terminées.

Nous sommes comptables à la patrie et au gouvernement, de l'idée que nous sommes formée de notre importante mission, et de la manière dont nous avons cru devoir la remplir.

La France, ainsi que les autres grands états de l'Europe, s'est successivement agrandie par la conquête et par la réunion libre de différens peuples.

Les peuples conquis et les peuples demeurés libres ont toujours stipulé, dans leurs capitulations et dans leurs traités, le maintien de leur législation civile. L'expérience prouve que les hommes changent plus facilement de domination que de lois.

De là cette prodigieuse diversité de coutumes que l'on

---

(1) Le projet se trouve placé en tête du tome 2 de ce recueil.

rencontrait dans le même empire : on eut dit que la France n'était qu'une société de sociétés. La patrie était commune, et les états particuliers et distincts. Le territoire était un, et les nations diverses.

Des magistrats recommandables avaient, plus d'une fois, conçu le projet d'établir une législation uniforme. L'uniformité est un genre de perfection qui, selon le mot d'un auteur célèbre, *saisit quelquefois les grands esprits et frappe infailliblement les petits.*

Mais comment donner les mêmes lois à des hommes qui, quoique soumis au même gouvernement, ne vivaient pas sous le même climat et avaient des habitudes si différentes ? Comment extirper des coutumes auxquelles on était attaché comme à des privilèges; et que l'on regardait comme autant de barrières contre les volontés mobiles d'un pouvoir arbitraire ? On eut craint d'affaiblir ou même de détruire, par des mesures violentes, les liens communs de l'autorité et de l'obéissance.

Tout-à-coup une grande révolution s'opère. On attaque tous les abus ; on interroge toutes les institutions. A la simple voix d'un orateur, les établissemens, en apparence les plus inébranlables, s'écroulent ; ils n'avaient plus de racine dans les mœurs ni dans l'opinion. Ces succès encouragent ; et bientôt la prudence qui tolérait tout, fait place au désir de tout détruire.

Alors on revient aux idées d'uniformité dans la législation, parce qu'on entrevoit la possibilité de les réaliser.

Mais un bon code civil pouvait-il naître au milieu des crises politiques qui agitaient la France ?

Toute révolution est une conquête. Fait-on des lois dans le passage de l'ancien gouvernement au nouveau ? Par la seule force des choses, ces lois sont nécessairement hostiles, partiales, éversives. On est emporté par le besoin de rompre toutes les habitudes, d'affaiblir tous les liens, d'écarter tous les mécontens. On ne s'occupe plus des relations privées des hommes entre eux : on ne voit que l'objet politique et général ; on cherche des confédérés plutôt que des concitoyens. Tout devient droit public.

Si l'on fixe son attention sur les lois civiles, c'est moins pour les rendre plus sages ou plus justes, que pour les rendre plus favorables à ceux auxquels il importe de faire goûter le régime qu'il s'agit d'établir. On renverse le pouvoir des pères, parce que les enfans se prêtent davantage aux nouveautés. L'autorité maritale n'est pas respectée, parce que c'est par une plus grande liberté donnée aux femmes, que l'on parvient à introduire de nouvelles formes et un nouveau ton dans le commerce de la vie. On a besoin de bouleverser tout le système des successions, parce qu'il est expédient de préparer un nouvel ordre de citoyens par un nouvel ordre de propriétaires. A chaque instant, les changemens naissent des changemens ; et les circonstances, des circonstances. Les institutions se succèdent avec rapidité, sans qu'on puisse se fixer à aucune ; et l'esprit révolutionnaire se glisse dans toutes. Nous appelons *esprit révolutionnaire*, le désir exalté de sacrifier violemment tous les droits à un but politique, et de ne plus admettre d'autre considération que celle d'un mystérieux et variable intérêt d'état.

Ce n'est pas dans un tel moment que l'on peut se promettre de régler les choses et les hommes, avec cette sagesse qui préside aux établissemens durables, et d'après les principes de cette équité naturelle dont les législateurs humains ne doivent être que les respectueux interprètes.

Aujourd'hui la France respire ; et la constitution, qui garantit son repos, lui permet de penser à sa prospérité.

De bonnes lois civiles sont le plus grand bien que les hommes puissent donner et recevoir ; elles sont la source des mœurs, le *palladium* de la propriété, et la garantie de toute paix publique et particulière : si elles ne fondent pas le gouvernement, elles le maintiennent ; elles modèrent la puissance, et contribuent à la faire respecter, comme si elle était la justice même. Elles atteignent chaque individu, elles se mêlent aux principales actions de sa vie, elles le suivent partout; elles sont souvent l'unique morale du peuple, et toujours elles font partie de sa liberté : enfin, elles consolent chaque citoyen des sacrifices que la loi politique lui commande pour la cité, en le protégeant, quand il le faut, dans sa personne et dans ses biens, comme s'il était, lui seul, la cité toute entière. Aussi, la rédaction du Code civil a d'abord fixé la sollicitude du héros que la nation a établi son premier magistrat, qui anime tout par son génie, et qui croira toujours avoir à travailler pour sa gloire, tant qu'il lui restera quelque chose à faire pour notre bonheur.

Mais quelle tâche que la rédaction d'une législation civile pour un grand peuple! L'ouvrage serait au-dessus des forces humaines, s'il s'agissait de donner à ce peuple une institution absolument nouvelle, et si, oubliant qu'il occupe le premier rang parmi les nations policées, on dédaignait de profiter de l'expérience du passé, et de cette tradition de bon sens, de règles et de maximes, qui est parvenue jusqu'à nous, et qui forme l'esprit des siècles.

Les lois ne sont pas de purs actes de puissance; ce sont des actes de sagesse, de justice et de raison. Le législateur exerce moins une autorité qu'un sacerdoce. Il ne doit point perdre de vue que les lois sont faites pour les hommes, et non les hommes pour les lois; qu'elles doivent être adaptées au caractère, aux habitudes, à la situation du peuple pour lequel elles sont faites; qu'il faut être sobre de nouveautés en matière de législation, parce que s'il est possible, dans une institution nouvelle, de calculer les avantages que la théorie nous offre, il ne l'est pas de connaître tous les inconvéniens que la pratique seule peut découvrir; qu'il faut laisser le bien, si on est en doute du mieux; qu'en corrigeant un abus, il faut encore voir les dangers de la correction même; qu'il serait absurde de se livrer à des idées absolues de perfection, dans des choses qui ne sont susceptibles que d'une bonté relative; qu'au lieu de changer les lois, il est presque toujours plus utile de présenter aux citoyens de nouveaux motifs de les aimer; que l'histoire nous offre à peine la promulgation de deux ou trois bonnes lois dans l'espace de plusieurs siècles; qu'enfin, *il n'appartient de proposer des changemens, qu'à ceux qui sont assez heureusement nés pour pénétrer, d'un coup de génie, et par une sorte d'illumination soudaine, toute la constitution d'un état.*

Le consul *Cambacérès* publia, il y a quelques années, un Projet de code dans lequel les matières se trouvent classées avec autant de précision que de méthode. Ce magistrat, aussi sage qu'éclairé, ne nous eût rien laissé à faire, s'il eût pu donner un libre essor à ses lumières et à ses principes, et si des circonstances impérieuses et passagères n'eussent érigé en axiomes de droit, des erreurs qu'il ne partageait pas.

Après le 18 brumaire, une commission, composée d'hommes que le vœu national a placés dans diverses autorités constituées, fût établie pour achever un ouvrage déjà trop souvent repris et abandonné. Les utiles travaux de cette commission ont dirigé et abrégé les nôtres.

A l'ouverture de nos conférences, nous avons été frappés de l'opinion, si généralement répandue, que, dans la rédaction d'un Code civil, quelques textes bien précis sur chaque matière peuvent suffire, et que le grand art est de tout simplifier en prévoyant tout.

Tout simplifier, est une opération sur laquelle on a besoin de s'entendre. *Tout prévoir*, est un but qu'il est impossible d'atteindre.

Il ne faut point de lois inutiles; elles affaibliraient les lois nécessaires; elles compromettraient la certitude et la majesté de la législation. Mais un grand État comme la France, qui est à la fois agricole et commerçant, qui renferme tant de professions différentes, et qui offre tant de genres divers d'industrie, ne saurait comporter des lois aussi simples que celles d'une société pauvre ou plus réduite.

Les lois des douze Tables sont, sans cesse, proposées pour modèle : mais peut-on comparer les institutions d'un peuple naissant, avec celles d'un peuple parvenu au plus haut degré de richesse et de civilisation? Rome, *née pour la grandeur, * et destinée, pour ainsi dire, *à être la ville éternelle,* tarda-t-elle à reconnaître l'insuffisance de ses premières lois? Les changemens survenus insensiblement dans ses mœurs, n'en produisirent-ils pas dans sa législation? ne commença-t-on pas bientôt à distinguer le droit écrit du droit non écrit? ne vit-on pas naître successivement les sénatus-consultes, les plébiscites, les édits des préteurs, les ordonnances des consuls, les règlemens des édiles, les réponses ou les décisions des jurisconsultes, les pragmatiques-sanctions, les rescrits, les édits, les novelles des empereurs? L'histoire de la législation de Rome est, à peu près, celle de la législation de tous les peuples.

Dans les États despotiques, où le prince est propriétaire de tout le territoire, où tout le commerce se fait au nom du chef de l'État et à son profit, où les particuliers n'ont ni liberté, ni volonté, ni propriété, il y a plus de juges et de bourreaux que de lois : mais partout où les citoyens ont des biens à conserver et à défendre; partout où ils ont des droits politiques et civils; partout où l'honneur est compté pour quelque chose, il faut nécessairement un certain nombre de lois pour faire face à tout. Les diverses espèces de biens, les divers genres d'industrie, les diverses situations de la vie humaine, demandent des règles différentes. La sollicitude du législateur est obligée de se proportionner à la multiplicité et à l'importance des objets sur lesquels il faut statuer. De là, dans les Codes des nations policées, cette prévoyance scrupuleuse *qui multiplie les cas particuliers, et semble faire un art de la raison même.*

Nous n'avons donc pas cru devoir simplifier les lois, au point de laisser les citoyens sans règle et sans garantie sur leurs plus grands intérêts.

Nous nous sommes également préservés de la dangereuse ambition de vouloir tout régler et tout prévoir. Qui pourrait penser que ce sont ceux même auxquels un code paraît toujours trop volumineux, qui osent prescrire impérieusement au législateur, la terrible tâche de ne rien abandonner à la décision du juge?

Quoique l'on fasse, les lois positives ne sauraient jamais entièrement remplacer l'usage de la raison naturelle dans les affaires de la vie. Les besoins de la société sont si variés, la communication des hommes est si active, leurs intérêts sont si multipliés, et leurs rapports si étendus, qu'il est impossible au législateur de pourvoir à tout.

Dans les matières mêmes qui fixent particulièrement son attention, il est une foule de détails qui lui échappent, ou qui sont trop contentieux et trop mobiles pour pouvoir devenir l'objet d'un texte de loi.

D'ailleurs, comment enchaîner l'action du temps? comment s'opposer au cours des événemens, ou à la pente insensible des mœurs? comment connaître et calculer d'avance ce que l'expérience seule peut nous révéler? La prévoyance peut-elle jamais s'étendre à des objets que la pensée ne peut atteindre?

Un code, quelque complet qu'il puisse paraître, n'est pas plutôt achevé, que mille questions inattendues viennent s'offrir au magistrat. Car les lois, une fois rédigées, demeurent telles qu'elles ont été écrites. Les hommes, au contraire, ne se reposent jamais; ils agissent toujours: et ce mouvement, qui ne s'arrête pas, et dont les effets sont diversement modifiés par les circonstances, produit, à chaque instant, quelque combinaison nouvelle, quelque nouveau fait, quelque résultat nouveau.

Une foule de choses sont donc nécessairement abandonnées à l'empire de l'usage, à la discussion des hommes instruits, à l'arbitrage des juges.

L'office de la loi est de fixer, par de grandes vues, les maximes générales du droit; d'établir des principes féconds en conséquences, et non de descendre dans le détail des questions qui peuvent naître sur chaque matière.

C'est au magistrat et au jurisconsulte, pénétrés de l'esprit général des lois, à en diriger l'application.

De là, chez toutes les nations policées, on voit toujours se former, à côté du sanctuaire des lois, et sous la surveillance du législateur, un dépôt de maximes, de décisions et de doctrine qui s'épure journellement par la pratique et par le choc des débats judiciaires, qui s'accroît sans cesse de toutes les connaissances acquises, et qui a constamment été regardé comme le vrai supplément de la législation.

On fait à ceux qui professent la jurisprudence le reproche d'avoir multiplié les subtilités, les compilations et les commentaires. Ce reproche peut être fondé. Mais dans quel art, dans quelle science ne s'est-on pas exposé à le mériter ? Doit-on accuser une classe particulière d'hommes, de ce qui n'est qu'une maladie générale de l'esprit humain ? Il est des temps où l'on est condamné à l'ignorance, parce qu'on manque de livres; il en est d'autres où il est difficile de s'instruire, parce qu'on en a trop.

Si l'on peut pardonner à l'intempérance de commenter, de discuter et d'écrire, c'est surtout en jurisprudence. On n'hésitera point à le croire, si l'on réfléchit sur les fils innombrables qui lient les citoyens, sur le développement et la progression successive des objets dont le magistrat et le jurisconsulte sont obligés de s'occuper, sur le cours des événemens et des circonstances qui modifient de tant de manières les relations sociales, enfin sur l'action et la réaction continue de toutes les passions et de tous les intérêts divers. Tel blâme les subtilités et les commentaires, qui devient, dans une cause personnelle, le commentateur le plus subtil et le plus fastidieux.

Il serait, sans doute, désirable que toutes les matières pussent être réglées par des lois.

Mais à défaut de texte précis sur chaque matière, un usage ancien, constant et bien établi, une suite non interrompue de décisions semblables, une opinion ou une maxime reçue, tiennent lieu de loi. Quand on n'est dirigé par rien de ce qui est établi ou connu, quand il s'agit d'un fait absolument nouveau, on remonte aux principes du droit naturel. Car si la prévoyance des législateurs est limitée, la nature est infinie ; elle s'applique à tout ce qui peut intéresser les hommes.

Tout cela suppose des compilations, des recueils, des traités, de nombreux volumes de recherches et de dissertations.

Le peuple, dit-on, ne peut, dans ce dédale, démêler ce qu'il doit éviter ou ce qu'il doit faire pour avoir la sûreté de ses possessions et de ses droits.

Mais le code, même le plus simple, serait-il à la portée de toutes les classes de la société ? Les passions ne seraient-elles pas perpétuellement occupées à en détourner le vrai sens ? Ne faut-il pas une certaine expérience pour faire une sage application des lois ? Quelle est d'ailleurs la nation à laquelle des lois simples et en petit nombre aient long-temps suffi ?

Ce serait donc une erreur de penser qu'il pût exister un corps de lois qui eût d'avance pourvu à tous les cas possibles, et qui cependant fût à la portée du moindre citoyen.

Dans l'état de nos sociétés, il est trop heureux que la jurisprudence forme une science qui puisse fixer le talent, flatter l'amour-propre et réveiller l'émulation. Une classe entière d'hommes se voue dès-lors à cette science, et cette classe, consacrée à l'étude des lois, offre des conseils et des défenseurs aux citoyens qui ne pourraient se diriger et se défendre eux-mêmes, et devient comme le séminaire de la magistrature.

Il est trop heureux qu'il y ait des recueils, et une tradition suivie d'usages, de maximes et de règles, pour que l'on soit, en quelque sorte, nécessité à juger aujourd'hui, comme on a jugé hier. et qu'il n'y ait d'autres variations dans les jugemens publics, que celles qui sont amenées par le progrès des lumières et par la force des circonstances.

Il est trop heureux que la nécessité où est le juge, de s'instruire, de faire des recherches, d'approfondir les questions qui s'offrent à lui, ne lui permette jamais d'oublier que, s'il est des choses qui sont arbitraires à sa raison, il n'en est point qui le soient purement à son caprice ou à sa volonté.

En Turquie, où la jurisprudence n'est point un art, où le bacha peut prononcer comme il le veut, quand des ordres supérieurs ne le gênent pas, on voit les justiciables ne demander et ne recevoir justice qu'avec effroi. Pourquoi n'a-t-on pas les mêmes inquiétudes auprès de nos juges? c'est qu'ils sont rompus aux affaires, qu'ils ont des lumières, des connaissances, et qu'ils se croient sans cesse obligés de consulter celles des autres. On ne saurait comprendre combien cette habitude de science et de raison adoucit et règle le pouvoir.

Pour combattre l'autorité que nous reconnaissons dans les juges, de statuer sur les choses qui ne sont pas déterminées par les lois, on invoque le droit qu'a tout citoyen de n'être jugé que d'après une loi antérieure et constante.

Ce droit ne peut être méconnu. Mais, pour son application, il faut distinguer les matières criminelles d'avec les matières civiles.

Les matières criminelles, qui ne roulent que sur certaines actions, sont circonscrites : les matières civiles ne le sont pas. Elles embrassent indéfiniment toutes les actions et tous les intérêts compliqués et variables qui peuvent devenir un objet de litige entre des hommes vivant en société. Conséquemment, les matières criminelles peuvent devenir l'objet d'une prévoyance dont les matières civiles ne sont pas susceptibles.

En second lieu, dans les matières civiles, le débat existe toujours entre deux ou plusieurs citoyens. Une question de propriété, ou toute autre question semblable, ne peut rester indécise entre eux. On est forcé de prononcer ; de quelque manière que ce soit, il faut terminer le litige. Si les parties ne peuvent pas s'accorder elles-mêmes, que fait alors l'Etat ? dans l'impossibilité de leur donner des lois sur tous les objets, il leur offre, dans le magistrat public, un arbitre éclairé et impartial dont la décision les empêche d'en venir aux mains, et leur est certainement plus profitable qu'un litige prolongé, dont elles ne pourraient prévoir ni les suites ni le terme. L'arbitraire apparent de l'équité vaut encore mieux que le tumulte des passions.

Mais, dans les matières criminelles, le débat est entre le citoyen et le public. La volonté du public ne peut être représentée que par celle de la loi. Le citoyen dont les actions ne violent point la loi, ne saurait donc être inquiété ni accusé au nom du public. Non-seulement alors on n'est pas forcé de juger, mais il n'y a pas même matière à jugement.

La loi qui sert de titre à l'accusation, doit être antérieure à l'action pour laquelle on accuse. Le législateur ne doit point frapper sans avertir : s'il en était autrement, la loi, contre son objet essentiel, ne se proposerait donc pas de rendre les hommes meilleurs, mais seulement de les rendre plus malheureux ; ce qui serait contraire à l'essence même des choses.

Ainsi, en matière criminelle, où il n'y a qu'un texte formel et préexistant qui puisse fonder l'action du juge, il faut des lois précises et point de jurisprudence. Il en est autrement en matière civile ; là, il faut une jurisprudence parce qu'il est impossible de régler tous les objets civils par des lois, et qu'il est nécessaire de terminer, entre particuliers, des contestations qu'on ne pourrait laisser indécises, sans forcer chaque citoyen à devenir juge dans sa propre cause, et sans oublier que la justice est la première dette de la souveraineté.

Sur le fondement de la maxime que les juges doivent obéir aux lois et qu'il leur est défendu de les interpréter, les tribunaux, dans ces dernières années, renvoyaient par des référés les justiciables au pouvoir législatif, toutes les fois qu'ils manquaient de loi, ou que la loi existante leur paraissait obscure. Le tribunal de cassation a constamment réprimé cet abus, comme un déni de justice.

Il est deux sortes d'interprétations : l'une par voie de doctrine, et l'autre par voie d'autorité.

L'interprétation par voie de doctrine, consiste à saisir le vrai sens des lois, à les appliquer avec discernement, et à les suppléer dans les cas qu'elles n'ont pas réglés. Sans cette espèce d'interprétation pourrait-on concevoir la possibilité de remplir l'office de juge?

L'interprétation par voie d'autorité, consiste à résoudre les questions et les doutes, par voie de règlemens ou de dispositions générales. Ce mode d'interprétation est le seul qui soit interdit au juge.

Quand la loi est claire, il faut la suivre ; quand elle est obscure, il faut en approfondir les dispositions. Si l'on manque de loi, il faut consulter l'usage ou l'équité. L'équité est le retour à la loi naturelle, dans le silence, l'opposition ou l'obscurité des lois positives.

Forcer le magistrat de recourir au législateur, ce serait admettre le plus funeste des principes ; ce serait renouveler parmi nous, la désastreuse législation des rescrits. Car, lorsque le législateur intervient pour prononcer sur des affaires nées et vivement agitées entre particuliers, il n'est pas plus à l'abri des surprises que les tribunaux. On a moins à redouter l'arbitraire réglé, timide et circonspect d'un magistrat qui peut être réformé, et qui est soumis à l'action en forfaiture, que l'arbitraire absolu d'un pouvoir indépendant qui n'est jamais responsable.

Les parties qui traitent entre elles sur une matière que la loi positive n'a pas définie, se soumettent aux usages reçus, ou à l'équité universelle, à défaut de tout usage. Or, constater un point d'usage et l'appliquer à une contestation privée, c'est faire un acte judiciaire, et non un acte législatif. L'application même de cette équité ou de cette justice distributive, qui suit et qui doit suivre, dans chaque cas particulier, tous les petits fils par lesquels une des parties litigantes tient à l'autre, ne peut jamais appartenir au législateur, uniquement ministre de cette justice ou de cette équité générale, qui, sans égard à aucune circonstance particulière, embrasse l'universalité des choses et des personnes. Des lois intervenues sur des affaires privées, seraient donc souvent suspectes de partialités et toujours elles seraient rétroactives et injustes pour ceux dont le litige aurait précédé l'intervention de ces lois.

De plus, le recours au législateur entraînerait des longueurs fatales au justiciable; et, ce qui est pire, il compromettrait la sagesse et la sainteté des lois.

En effet, la loi statue sur tous : elle considère les hommes en masse, jamais comme particuliers ; elle ne doit point se mêler des faits individuels ni des litiges qui divisent les citoyens. S'il en était autrement, il faudrait journellement faire de nouvelles lois : leur multitude étoufferait leur dignité et nuirait à leur observation. Le jurisconsulte serait sans fonctions, et le législateur, entraîné par les détails, ne serait bientôt plus que jurisconsulte. Les intérêts particuliers assiégeraient la puissance législative ; ils la détourneraient, à chaque instant, de l'intérêt général de la société.

Il y a une science pour les législateurs, comme il y en a une pour les magistrats ; et l'une ne ressemble pas à l'autre. La science du législateur consiste à trouver dans chaque matière, les principes les plus favorables au bien commun : la science du magistrat est de mettre ces principes en action, de les ramifier, de les étendre, par une application sage et raisonnée, aux hypothèses privées ; d'étudier l'esprit de la loi quand la lettre tue ; et de ne pas s'exposer au risque d'être tour-à-tour, esclave et rebelle, et de désobéir par esprit de servitude.

Il faut que le législateur veille sur la jurisprudence ; il peut être éclairé par elle, et il peut, de son côté, la corriger ; mais il faut qu'il y en ait une. Dans cette immensité d'objets divers, qui composent les matières civiles, et dont le jugement, dans le plus grand nombre des cas, est moins l'application d'un texte précis, que la combinaison de plusieurs textes qui conduisent à la décision bien plus qu'ils ne la renferment, on ne peut pas plus se passer de jurisprudence que de lois. Or, c'est à la jurisprudence que nous abandonnons les cas rares et extraordinaires qui ne sauraient entrer dans le plan d'une législation raisonnable, les détails trop variables et trop contentieux qui ne doivent point occuper le législateur, et tous les objets que l'on s'efforcerait inutilement de prévoir, ou qu'une prévoyance précipitée ne pourrait définir sans danger. C'est à l'expérience à combler successivement les vides que nous laissons. Les codes des peuples *se font avec le temps* ; mais, à proprement parler, *on ne les fait pas*.

Il nous a paru utile de commencer nos travaux par un livre préliminaire, *Du droit et des lois en général*.

Le droit est la raison universelle, la suprême raison fondée sur la nature même des choses. Les lois sont ou ne doivent être que le droit réduit en règles positives, en préceptes particuliers.

Le droit est moralement obligatoire ; mais par lui-même il n'emporte aucune contrainte ; il dirige, les lois commandent ; il sert de *boussole*, et les lois de *compas*.

Les divers peuples entre eux ne vivent que sous l'empire du droit; les membres de chaque cité sont régis, comme hommes, par le droit, et comme citoyens, par des lois.

Le droit naturel et le droit des gens ne diffèrent point dans leur substance, mais seulement dans leur application. La raison, en tant qu'elle gouverne indéfiniment tous les hommes, s'appelle *droit naturel ;* et elle est appelée *droit des gens*, dans les relations de peuple à peuple.

Si l'on parle d'un droit des gens naturel et d'un droit des gens positif, c'est pour distinguer les principes éternels de justice que les peuples n'ont point faits, et auxquels les divers corps de nations sont soumis comme les moindres individus, d'avec les capitulations, les traités et les coutumes qui sont l'ouvrage des peuples.

En jetant les yeux sur les définitions que la plupart des jurisconsultes ont données de la loi, nous nous sommes aperçus combien ces définitions sont défectueuses. Elles ne nous mettent point à portée d'apprécier la différence qui existe entre un principe de morale et une loi d'État.

Dans chaque cité, la loi est une déclaration solennelle de la volonté du souverain sur un objet d'intérêt commun.

Toutes les lois se rapportent aux personnes ou aux biens, et aux biens pour l'utilité des personnes.

Il importe, même en traitant uniquement des matières civiles, de donner une notion générale des diverses espèces de lois qui régissent un peuple; car toutes les lois, de quelque ordre qu'elles soient, ont entre elles des rapports nécessaires. Il n'est point de question privée dans laquelle il n'entre quelque vue d'administration publique ; comme il n'est aucun objet public qui ne touche plus ou moins aux principes de cette justice distributive qui règle les intérêts privés.

Pour connaître les divers ordres de lois, il suffit d'observer les diverses espèces de rapports qui existent entre des hommes vivant dans la même société.

« Les rapports de ceux qui gouvernent avec ceux qui sont gouvernés, et de chaque citoyen avec tous, sont la matière des lois constitutionnelles et politiques.

Les lois civiles disposent sur les rapports naturels ou conventionnels, forcés ou volontaires, de rigueur ou de simple convenance, qui lient tout individu à un autre individu ou à plusieurs.

Le code civil est sous la tutelle des lois politiques ; il doit leur être assorti. Ce serait un grand mal qu'il y eût de la contradiction dans les maximes qui gouvernent les hommes.

Les lois pénales ou criminelles sont moins une espèce particulière de lois que la sanction de toutes les autres.

Elles ne règlent pas, à proprement parler, les rapports des hommes entre eux, mais ceux de chaque homme avec les lois qui veillent pour tous.

Les affaires militaires, le commerce, le fisc, et plusieurs autres objets, supposent des rapports particuliers qui n'appartiennent exclusivement à aucune des divisions précédentes.

Les lois, proprement dites, diffèrent des simples règlemens. C'est aux lois à poser, dans chaque matière, les règles fondamentales, et à déterminer les formes essentielles. Les détails d'exécution, les précautions provisoires ou accidentelles, les objets instantanés ou variables, en un mot, toutes les choses qui sollicitent bien plus la surveillance de l'autorité qui administre que l'intervention de la puissance qui institue ou qui crée, sont du ressort des règlemens. Les règlemens sont des actes de magistrature, et les lois des actes de souveraineté.

Les lois ne pouvant obliger sans être connues, nous nous sommes occupés de la forme de leur promulgation. Elles ne peuvent être notifiées à chaque individu. On est forcé de se contenter d'une publicité relative, qui, si elle ne peut produire à temps, dans chaque citoyen, la connaissance de la loi à laquelle il doit se conformer, suffit au moins pour prévenir tout arbitraire sur le moment où la loi doit être exécutée.

Nous avons déterminé les divers effets de la loi. Elle permet ou elle défend; elle ordonne, elle établit, elle corrige, elle punit ou elle récompense. Elle oblige indistinctement tous ceux qui vivent sous son empire; les étrangers même, pendant leur résidence, sont les sujets casuels des lois de l'État. Habiter le territoire, c'est se soumettre à la souveraineté.

Ce qui n'est pas contraire aux lois, est licite. Mais ce qui leur est conforme, n'est pas toujours honnête; car les lois s'occupent plus du bien politique de la société que de la perfection morale de l'homme.

En général, les lois n'ont point d'effet rétroactif. Le principe est incontestable. Nous avons pourtant limité ce principe aux lois nouvelles, nous ne l'avons point étendu à celles qui ne font que rappeler ou expliquer les anciennes lois. Les erreurs ou les abus intermédiaires ne font point droit, à moins que, dans l'intervalle d'une loi à l'autre elles n'aient été consacrées par des transactions, par des jugemens en dernier ressort, ou par des décisions arbitrales passées en force de chose jugée.

Les lois conservent leur effet, tant qu'elles ne sont point abrogées par d'autres lois, ou qu'elles ne sont point tombées en désuétude. Si nous n'avons pas formellement autorisé le mode d'abrogation par la désuétude ou le non-usage, c'est qu'il eût peut-être été dangereux de le faire. Mais peut-on se dissimuler l'influence et l'utilité de ce concert indélibéré, de cette puissance invisible, par laquelle, sans secousse et sans commotion, les peuples se font justice des mauvaises lois, et qui semblent protéger la société contre les surprises faites au législateur, et le législateur contre lui-même.

Le pouvoir judiciaire, établi pour apliquer les lois, a besoin d'être dirigé, dans cette application, par certaines règles. Nous les avons tracées : elles sont telles, que la raison particulière d'aucun homme ne puisse jamais prévaloir sur la loi, raison publique.

Après avoir rédigé le livre préliminaire *du droit et des lois en général*, nous avons passé aux objets que les lois civiles sont chargées de définir et de régler.

La France, autrefois divisée *en pays coutumiers* et en *pays de droit écrit*, était régie, en partie par des *coutumes*, et en partie par le *droit écrit*. Il y avait quelques ordonnances royales communes à tout l'empire.

Depuis la révolution, la législation française a subi, sur des points importans, des changemens considérables. Faut-il écarter tout ce qui est nouveau? Faut-il dédaigner tout ce qui est ancien?

Le droit écrit, qui se compose des lois romaines, a civilisé l'Europe. La découverte que nos aïeux firent de la Compilation de Justinien, fut pour eux une sorte de révélation. C'est à cette époque que nos tribunaux prirent une forme plus régulière, et que le terrible pouvoir de juger fut soumis à des principes.

La plupart des auteurs qui censurent le droit romain avec autant d'amertume que de légèreté, blasphêment ce qu'ils ignorent. On en sera bientôt convaincu, si, dans les collections qui nous ont transmis ce droit, on sait distinguer les lois qui ont mérité d'être appelées la *raison écrite*, d'avec celles qui ne tenaient qu'à des institutions particulières, étrangères à notre situation et à nos usages; si l'on sait distinguer encore les sénatus-consultes, les plébiscites, les édits des bons princes, d'avec les rescrits des empereurs, espèce de législation mendiée, accordée au crédit ou à l'importunité, et fabriquée dans les cours de tant de monstres qui ont désolé Rome, et qui vendaient publiquement les jugemens et les lois.

Dans le nombre de nos coutumes, il en est, sans doute,

qui portent l'empreinte de notre première barbarie; mais il en est aussi qui font honneur à la sagesse de nos pères, qui ont formé le caractère national, et qui sont dignes des meilleurs temps. Nous n'avons renoncé qu'à celles dont l'esprit a disparu devant un autre esprit, dont la lettre n'est qu'une source journalière de controverses interminables, et qui répugnent autant à la raison qu'à nos mœurs.

En examinant les dernières ordonnances royales, nous en avons conservé tout ce qui tient à l'ordre essentiel des sociétés, au maintien de la décence publique, à la sûreté des patrimoines, à la prospérité générale.

Nous avons respecté, dans les lois publiées par nos assemblées nationales sur les matières civiles, toutes celles qui sont liées aux grands changemens opérés dans l'ordre politique, ou qui, par elles-mêmes, nous ont paru évidemment préférables à des institutions usées et défectueuses. Il faut changer, quand la plus funeste de toutes les innovations serait, pour ainsi dire, de ne pas innover. On ne doit point céder à des préventions aveugles. Tout ce qui est ancien a été nouveau. L'essentiel est d'imprimer aux institutions nouvelles, ce caractère de permanence et de stabilité qui puisse leur garantir le droit de devenir anciennes.

Nous avons fait, s'il est permis de s'exprimer ainsi, une transaction entre le droit écrit et les coutumes, toutes les fois qu'il nous a été possible de concilier leurs dispositions, ou de les modifier les unes par les autres, sans rompre l'unité du système, et sans choquer l'esprit général. Il est utile de conserver tout ce qu'il n'est pas nécessaire de détruire : les lois doivent ménager les habitudes, quand ces habitudes ne sont pas des vices. On raisonne trop souvent comme si le genre humain finissait et commençait à chaque instant, sans aucune sorte de communication entre une génération et celle qui la remplace. Les générations, en se succédant, se mêlent, s'entrelacent et se confondent. Un législateur isolerait ses institutions de tout ce qui peut les naturaliser sur la terre, s'il n'observait avec soin les rapports naturels qui lient toujours, plus ou moins, le présent au passé, et l'avenir au présent, et qui font qu'un peuple, à moins qu'il ne soit exterminé, ou qu'il ne tombe dans une dégradation pire que l'anéantissement, ne cesse jamais, jusqu'à un certain point, de se ressembler à lui-même. Nous avons trop aimé, dans nos temps modernes, les changemens et les réformes; si, en matière d'institutions et de lois, les siècles d'ignorance sont le théâtre des abus, les siècles de philosophie et de lumières ne sont que trop souvent le théâtre des excès.

Le mariage, le gouvernement des familles, l'état des enfans, les tutelles, les questions de domicile, les droits des absens, la différente nature des biens, les divers moyens d'acquérir, de conserver ou d'accroître sa fortune, les successions, les contrats, sont les principaux objets d'un code civil. Nous devons exposer les principes qui ont motivé nos projets de loi sur ces objets importans, et indiquer les rapports que ces projets peuvent avoir avec le bien général, avec les mœurs publiques, avec le bonheur des particuliers, et avec l'état présent de toutes choses.

Ce n'est que dans ces derniers temps que l'on a eu des idées précises sur le mariage. Le mélange des institutions civiles et des institutions religieuses avait obscurci les premières notions. Quelques théologiens ne voyaient dans le mariage, que le *sacrement;* la plupart des jurisconsultes n'y voyaient que le *contrat civil.* Quelques auteurs faisaient du mariage une espèce d'acte mixte, qui renferme à la fois et un contrat civil et un contrat ecclésiastique. La loi naturelle n'était comptée pour rien dans le premier et le plus grand acte de la nature.

Les idées confuses que l'on avait sur l'essence et sur les caractères de l'union conjugale, produisaient des embarras journaliers dans la législation et dans la jurisprudence. Il y avait toujours conflit entre le sacerdoce et l'empire, quand il s'agissait de faire des lois ou de prononcer des jugemens sur cette importante matière. On ignorait ce que c'est que le mariage en soi, ce que les lois civiles ont ajouté aux lois naturelles, ce que les lois relieuses ont ajouté aux lois civiles, et jusqu'où peut s'étendre l'autorité de ces diverses espèces de lois.

Toutes ces incertitudes se sont évanouies, tous ces embarras se sont dissipés, à mesure que l'on est remonté à la véritable origine du mariage, dont la date est celle même de la création.

Nous nous sommes convaincus que le mariage, qui existait avant l'établissement du christianisme, qui a précédé toute loi positive, et qui dérive de la constitution même de notre être, n'est ni un acte civil, ni un acte religieux, mais un acte naturel qui a fixé l'attention des législateurs, et que la religion a sanctifié.

Les jurisconsultes romains, en parlant du mariage, ont souvent confondu l'ordre physique de la nature, qui est commun à tous les êtres animés, avec le droit naturel, qui régit particulièrement les hommes, et qui est fondée sur les rapports que des êtres intelligens et libres ont avec leurs semblables. De là on a mis en question s'il y avait quelque caractère de moralité dans le mariage considéré dans l'ordre purement naturel.

On conçoit que les êtres dépourvus d'intelligence, qui ne cèdent qu'à un mouvement ou à un penchant aveugle, n'ont entre eux que des rencontres fortuites, ou des rapprochemens périodiques, dénués de toute moralité. Mais chez les hommes, la raison se mêle toujours, plus ou moins, à tous les actes de leur vie, le sentiment est à côté de l'appétit, le droit succède à l'instinct, et tout s'épure ou s'ennoblit.

Sans doute, le désir général qui porte un sexe vers l'autre, appartient uniquement à l'ordre physique de la nature : mais le choix, la préférence; l'amour, qui détermine ce désir, et le fixe sur un seul objet, ou qui, du moins, lui donne, sur l'objet préféré, un plus grand degré d'énergie; les égards mutuels, les devoirs et les obligations réciproques qui naissent de l'union une fois formée, et qui s'établissent entre des êtres raisonnables et sensibles; tout cela appartient au droit naturel. Dès-lors, ce n'est plus une simple rencontre que nous apercevons, c'est un véritable contrat.

L'amour, ou le sentiment de préférence qui forme ce contrat, nous donne la solution de tous les problêmes proposés sur la pluralité des femmes ou des hommes, dans le mariage; car tel est l'empire de l'amour, qu'à l'exception de l'objet aimé, un sexe n'est plus rien pour l'autre. La préférence que l'on accorde, on veut l'obtenir; l'engagement doit être réciproque. Bénissons la nature, qui, en nous donnant des penchans irrésistibles, a placé dans notre propre cœur, la règle et le frein de ces penchans. On a pu dire que, sous certains climats et dans certaines circonstances, la polygamie est une chose moins révoltante que dans d'autres circonstances et sous d'autres climats. Mais, dans tous les pays, elle est inconciliable avec l'essence d'un engagement par lequel on se donne tout, le corps et le cœur. Nous avons donc posé la maxime, que le mariage ne peut être que l'engagement de deux individus, et que, tant qu'un premier mariage subsiste, il n'est pas permis d'en contracter un second.

Le rapprochement de deux sexes que la nature n'a faits si différens que pour les unir, a bientôt des effets sensibles. La femme devient mère : un nouvel instinct se développe, de nouveaux sentimens de nouveaux devoirs fortifient les premiers. La fécondité de la femme ne tarde pas à se manifester encore. La nature étend insensiblement la durée de l'union conjugale, en cimentant chaque année cette union par des jouissances nouvelles, et par de nouvelles obligations.

Elle met à profit chaque situation, chaque événement, pour en faire sortir un nouvel ordre de plaisir et de vertus.

L'éducation des enfans exige, pendant une longue suite d'années, les soins communs des auteurs de leurs jours. Les hommes existent long-temps avant de savoir vivre; comme, vers la fin de leur carrière, souvent ils cessent de vivre avant de cesser d'exister. Il faut protéger le berceau de l'enfance contre les maladies et les besoins qui l'assiègent. Dans un âge plus avancé, l'esprit a besoin de culture. Il importe de veiller sur les premiers développemens du cœur, de réprimer ou de diriger les premières saillies des passions, de protéger les efforts d'une raison naissante, contre toutes les espèces de séductions qui l'environnent, d'épier la nature pour n'en pas contrarier les opérations, afin d'achever avec elle le grand ouvrage auquel elle daigne nous associer.

Pendant tout ce temps, le mari, la femme, les enfans réunis sous le même toît et par les plus chers intérêts, contractent l'habitude des plus douces affections. Les deux époux sentent le besoin de s'aimer, et la nécessité de s'aimer toujours. On voit naître et s'affermir les plus doux sentimens qui soient connus des hommes, l'amour conjugal et l'amour paternel.

La vieillesse, s'il est permis de le dire, n'arrive jamais pour des époux fidèles et vertueux. Au milieu des infirmités de cet âge, le fardeau d'une vie languissante est adouci par les souvenirs les plus touchans, et par les soins si nécessaires de la jeune famille dans laquelle on se voit renaître, et qui semble nous arrêter sur les bords du tombeau.

Tel est le mariage, considéré en lui-même et dans ses effets naturels, indépendamment de toute loi positive. Il nous offre l'idée fondamentale d'un contrat proprement dit, et d'un contrat perpétuel par sa destination.

Comme ce contrat, d'après les observations que nous venons de présenter, soumet les époux, l'un envers l'autre, à des obligations respectives, comme il les soumet à des obligations communes envers ceux auxquels ils ont donné l'être, les lois de tous les peuples policés ont cru devoir établir des formes qui puissent faire reconnaître ceux qui sont tenus à ces obligations. Nous avons déterminé ces formes.

La publicité, la solennité des mariages, peuvent seules prévenir ces conjonctions vagues et illicites qui sont si peu favorables à la propagation de l'espèce.

Les lois civiles doivent interposer leur autorité entre les époux, entre les pères et les enfans ; elles doivent régler le gouvernement de la famille. Nous avons cherché dans les indications de la nature, le plan de ce gouvernement. L'autorité martiale est fondée sur la nécessité de donner, dans une société de deux individus, la voix pondérative à l'un des associés, et sur la prééminence du sexe auquel cet avantage est attribué. L'autorité des pères est motivée par leur tendresse, par leur expérience, par la maturité de leur raison, et par la faiblesse de celle de leurs enfans. Cette autorité est une sorte de magistrature à laquelle il importe surtout, dans les États libres, de donner une certaine étendue. Oui, on a besoin que les pères soient de vrais magistrats, partout où le maintien de la liberté demande que les magistrats ne soient que des pères.

Quand on connaît l'essence, les caractères et la fin du mariage, on découvre sans peine quels sont les empêchemens qui, par leur propre force, rendent une personne incapable de le contracter, et quels sont parmi ces empêchemens, ceux qui dérivent de la loi positive, et ceux qui sont établis par la nature elle-même. Dans ceux établis par la nature, on doit ranger le défaut d'âge. En général, le mariage est permis à tous ceux qui peuvent remplir le vœu de son institution. Il n'y a d'exception naturelle à cette règle de droit naturel, que pour les personnes parentes jusqu'à certains degrés. Le mariage doit être prohibé entre tous les ascendans et descendans en ligne directe : nous n'avons pas besoin d'en donner les raisons ; elles ont frappé tous les législateurs. Le mariage doit encore être prohibé entre frères et sœurs, parce que la famille est le sanctuaire des mœurs, et que les mœurs seraient menacées par tous les préliminaires d'amour, de désir et de séduction, qui précèdent et préparent le mariage. Quand la prohibition est étendue à des degrés plus éloignés, ce ne peut être que par des vues politiques.

Le défaut de liberté, le rapt, l'erreur sur la personne, sont pareillement des empêchemens naturels, parce qu'ils excluent l'idée d'un véritable consentement. L'intervention des pères, des tuteurs, n'est qu'une condition prescrite par la loi positive. Le défaut de cette intervention n'opère qu'une nullité civile. Le législateur peut, par des vues d'ordre public, établir tels empêchemens qu'il juge convenables ; mais ces empêchemens ne sont alors que de pur droit positif.

En pesant les empêchemens apposés au mariage, les formes et les conditions requises pour sa validité, nous avons marqué les cas où il est plus expédient de réparer le mal que de le punir, et nous avons distingué les occurrences dans lesquelles les nullités peuvent être couvertes par la conduite des parties ou par le seul laps du temps, d'avec celles où l'abus appelle toujours la vindicte des lois.

Il résulte de ce que nous avons dit, que le mariage est un contrat perpétuel par sa destination. Des lois récentes autorisent le divorce ; faut-il maintenir ces lois ?

En admettant le divorce, le législateur n'entend point contrarier le dogme religieux de l'indissolubilité, ni décider un point de conscience. Il suppose seulement que les passions les plus violentes, celles qui ont fait et qui font encore tant de ravages dans le monde, peuvent détruire l'harmonie qui doit régner entre deux époux ; il suppose que les excès peuvent être assez graves pour rendre à ces époux leur vie commune insupportable. Alors, s'occupant avec sollicitude de leur tranquillité, de leur sûreté et de leur bonheur présent, dont il est uniquement chargé, il s'abstient de les contraindre à demeurer inséparablement liés l'un à l'autre, malgré tous les motifs qui les divisent. Sans offenser les vues de la religion qui continue sur cet objet, comme sur tant d'autres, à gouverner les hommes dans l'ordre du mérite et de la liberté, le législateur n'emploie alors lui-même le pouvoir coactif que pour prévenir les désordres les plus funestes à la société, et prescrire des limites à des passions et à des abus dont on n'ose se promettre de tarir entièrement la source. Sous ce rapport, la question du divorce devient une pure question civile dont il faut chercher la solution dans les inconvéniens ou dans les avantages qui peuvent résulter du divorce même, considéré sous un point de vue politique.

On a compris, dans tous les temps, qu'il est aussi dangereux qu'inhumain d'attacher, sans aucune espèce de retour, deux époux accablés l'un de l'autre. De là, chez les peuples même où l'indissolubilité du mariage est consacrée par les lois civiles, l'usage des séparations qui relâchent le lien du mariage sans le rompre.

Les avantages et les inconvéniens du divorce ont été diversement présentés par les différens auteurs qui ont écrit sur cette matière.

On a dit, pour le divorce, qu'on ôte toute la douceur du mariage en déclarant son indissolubilité; que pour vouloir trop resserrer le nœud conjugal, on l'affaiblit; que les peines domestiques sont affreuses, quand on n'a rien de plus consolant devant les yeux que leur éternité; que la vie de deux époux qui ne s'entendent pas, et qui sont inséparablement unis, est perdue pour la postérité; que les mœurs sont compromises par des mariages mal assortis qu'il est impossible de rompre; qu'un époux, *dégoûté d'une femme éternelle, se livre à un commerce qui, sans remplir l'objet du mariage, n'en represente tout au plus que les plaisirs;* que les enfans n'ont pas plus à souffrir du divorce, que des discordes qui déchirent un mariage malheureux; qu'enfin, l'indissolubilité absolue est aussi contraire au bien réel des familles, qu'au bien général de l'État.

On répond, d'autre part, qu'il est dangereux d'abandonner le cœur à ses caprices et à son inconstance; que l'on se résigne à supporter les dégoûts domestiques, et que l'on travaille même à les prévenir, quand on sait que l'on n'a pas la faculté du divorce; qu'il n'y a plus d'autorité maritale, d'autorité paternelle, de gouvernement domestique, là où cette faculté est admise; que la séparation suffit pour alléger les désagrémens de la vie commune; que le divorce est peu favorable aux femmes et aux enfans; qu'il menace les mœurs, en donnant un trop libre essor aux passions; qu'il n'y a rien de sacré et de religieux parmi les hommes, si le lien du mariage n'est point inviolable; que la propagation régulière de l'espèce humaine est bien plus assurée par la confiance de deux époux fidèles, que par des unions que des goûts passagers peuvent rendre variables et incertaines; enfin, que la durée et le bon ordre de la société générale tiennent essentiellement à la stabilité des familles, qui sont les premières de toutes les sociétés, le germe et le fondement des empires.

Telles sont les considérations qui ont été proposées pour et contre le divorce. Il en résulte que c'est sur le danger et la violence des passions que l'on fonde l'utilité du divorce, et qu'il n'y a qu'une extrême modération dans les désirs, que la pratique des plus austères vertus, qui pourraient écarter, de l'indissolubilité absolue, les inconvéniens qu'on en croit inséparables.

Que doit faire le législateur? Ses lois ne doivent jamais être plus parfaites que les hommes à qui elles sont destinées ne peuvent le comporter. Il doit consulter les mœurs, le caractère, la situation politique et religieuse de la nation qu'il représente.

Y a-t-il une religion dominante? Quels sont les dogmes de cette religion? Ou bien tous les cultes sont-ils indistinctement autorisés? Est-on dans une société naissante ou dans une société vieillie? Quelle est la forme du gouvernement? Toutes ces questions influent, plus qu'on ne pense, sur celle du divorce.

N'oublions point qu'il ne s'agit pas de savoir si le divorce est bon en soi, mais s'il est convenable que les lois fassent intervenir le pouvoir coactif dans une chose qui est naturellement si libre, et à laquelle le cœur doit avoir tant de part.

Dans une société naissante, le mariage n'est guère con-considéré que dans ses rapports avec la propagation de l'espèce, parce qu'un peuple nouveau a besoin de croître et de se multiplier.

Il n'est point incommode à des hommes simples et grossiers d'avoir beaucoup d'enfans; ils craindraient de n'en avoir pas assez : on voit sans scandale une femme passer successivement dans les bras de plusieurs maris; on permet l'exposition des enfans faibles ou mal conformés; on interdit la faculté de se marier aux personnes qui, par leur âge, ne sont plus propres aux desseins de la nature. Le mariage est alors régi par quelques lois politiques, plutôt que par des lois civiles et par les lois naturelles. L'ancien usage qui autorisait un citoyen romain à prêter sa femme à un autre pour en avoir des enfans d'une meilleure espèce, était une loi politique.

Quand une nation est formée, on a assez de peuple; l'intérêt de la propagation devient moins sensible; on s'occupe plus des douceurs et de la dignité du mariage que de sa fin; on cherche à établir un ordre constant dans les familles, et à donner à l'amour un empire si réglé qu'il ne puisse jamais troubler cet ordre.

Alors la faculté du divorce est proscrite ou laissée, selon les mœurs et les idées reçues dans chaque pays, selon le plus ou le moins de liberté que l'on croit devoir laisser aux femmes, selon que les maris sont plus ou moins monarques, selon que l'on a intérêt de resserrer le gouvernement domestique ou de le rendre moins réprimant, de favoriser l'égalité des fortunes ou d'en empêcher la trop grande division.

Dans nos temps modernes, ce sont surtout les doctrines religieuses qui ont influé sur les lois du divorce.

Le divorce était admis chez les Romains : la religion chrétienne s'établit dans l'empire; le divorce eut encore lieu jusqu'au neuvième siècle; mais il céda aux nouveaux principes qui furent proclamés sur la nature du mariage.

Tant que la religion catholique a été dominante en France; tant que les institutions religieuses ont été inséparablement unies avec les institutions civiles, il était impossible que la loi civile ne déclarât pas indissoluble un engagement déclaré tel par la religion, qui était elle-même une loi de l'État : il faut nécessairement qu'il y ait de l'harmonie entre les principes qui gouvernent les hommes.

Aujourd'hui la liberté des cultes est une loi fondamentale; et la plupart des doctrines religieuses autorisent le divorce : la faculté du divorce se trouve donc liée parmi nous à la liberté de conscience.

Les citoyens peuvent professer diverses religions; mais il faut des lois pour tous.

Nous avons donc cru qu'il ne fallait pas prohiber le divorce parmi nous, parce que nos lois seraient trop formellement en contradiction avec les différens cultes qui l'autorisent, et qu'elles ne pourraient espérer, pour les hommes qui professent ces cultes, de faire du mariage un lien plus fort que la religion même.

D'ailleurs, indépendamment de la considération déduite de la diversité des cultes, la loi civile peut fort bien, dans la crainte des plus grands maux, ne pas user de coaction et de contrainte, pour obliger deux époux malheureux à demeurer réunis, ou à vivre dans un célibat forcé, aussi funeste aux mœurs qu'à la société.

La loi qui laisse la faculté du divorce à tous les citoyens indistinctement, sans gêner les époux qui ont une croyance contraire au divorce, est une suite, une conséquence de notre régime, c'est-à-dire, de la situation politique et religieuse de la France.

Mais le vœu de la perpétuité dans le mariage, étant le vœu même de la nature, il faut que les lois opposent un frein salutaire aux passions; il faut qu'elles empêchent que le plus saint des contrats ne devienne le jouet du caprice, de l'inconstance, ou qu'il ne devienne même l'objet de toutes les honteuses spéculations d'une basse avidité.

Depuis nos lois nouvelles, la simple allégation de l'incompatibilité d'humeur et de caractère pouvait opérer la dissolution du mariage.

Alléguer n'est pas prouver : l'incompatibilité d'humeur et de caractère n'est pas même susceptible d'une preuve rigoureuse et légale. Donc, en dernière analyse, autoriser le divorce sur un tel motif, c'est donner à chacun des époux le funeste droit de dissoudre le mariage à sa volonté. Existe-t-il un seul contrat dans le monde, qu'un seul des contractans puisse arbitrairement et capricieusement dissoudre, sans l'aveu de la partie avec laquelle il a traité ?

On observe que l'allégation de l'incompatibilité d'humeur et de caractère peut cacher des causes très-réelles dont la discussion publique serait la honte des familles, et deviendrait un scandale pour la société. On ajoute que la vie commune de deux époux peut devenir insupportable par une multitude de procédés hostiles, de reproches amers, de mépris journaliers, de contradictions suivies, piquantes et opiniâtres, en un mot, par une foule d'actes dont aucun ne peut être réputé grave, et dont l'ensemble fait le malheur et le tourment de l'époux qui les souffre.

Tout cela peut être ; mais il est également vrai que la simple allégation de l'incomptabilité d'humeur et de caractère peut ne cacher que l'absence de tout motif raisonnable. Qui nous garantira qu'il existe des causes suffisantes de divorce, dans un cas où l'on n'en exprime aucune ?

Le mariage n'est point une situation, mais un état. Il ne doit point ressembler à ces unions passagères et fugitives que le plaisir forme, qui finissent avec le plaisir, et qui ont été reprouvées par les lois de tous les peuples policés.

Il est nécessaire, dit-on, de venir au secours de deux époux mal assortis. On accuse nos mœurs et nos usages de favoriser les mauvais mariages. On trouve l'unique remède à ces maux dans la facilité du divorce.

Il n'est que trop vrai que deux époux s'unissent souvent sans se connaître, et sont condamnés à vivre ensemble sans s'aimer. Il n'est que trop vrai que des vues d'ambition et de fortune et souvent les fantaisies et la légèreté, président à la formation des alliances et à la destinée des familles. Les convenances morales et naturelles sont ordinairement sacrifiées aux convenances civiles.

Mais ces abus doivent-ils en appeler d'autres ? Faut-il ajouter la corruption des lois à celle des hommes ? De ce qu'il y a des mariages mal assortis, en conclura-t-on qu'il ne doit point y en avoir de sacrés et d'inviolables ? Quand les abus ne sont que l'ouvrage des passions, ils peuvent être corrigés par les lois ; mais quand ils sont l'ouvrage des lois, *le mal est incurable, parce qu'il est dans le remède même.*

Les lois font tout ce qui est en leur pouvoir pour prévenir, dans les mariages, des erreurs et des méprises qui pourraient être irréparables ; elles garantissent aux contractans la plus grande liberté ; elles donnent la plus grande publicité au contrat ; elles exigent le consentement des pères, consentement si bien motivé par la considération touchante que la prudence paternelle, éclairée par les plus tendres sentimens, est au-dessus de tout autre prudence. Si, malgré ces précautions, les lois n'atteignent pas toujours l'objet qu'elles se proposent, n'en accusons que les faiblesses inséparables de l'humanité.

Dans quel moment vient-on réclamer l'extrême facilité du divorce, en faveur des mariages mal assortis ? lorsque les mariages vont devenir plus libres que jamais, lorsque l'égalité politique ayant fait disparaître l'extrême inégalité des conditions, deux époux pourront céder aux douces inspirations de la nature, et n'auront plus à lutter contre les préjugés de l'orgueil, contre toutes ces vanités sociales *qui mettaient, dans les alliances et dans les mariages, la gêne, la nécessité, et, nous osons le dire, la fatalité du destin même.*

Ce qu'il faut craindre aujourd'hui, c'est que la licence des mœurs ne remplace l'ancienne gêne des mariages, et que par la trop grande facilité des divorces, un libertinage, pour ainsi dire, régulier, fruit d'une inconstance autorisée, ne soit mis à la place du mariage même.

Mais, dit-on, si on ne laisse pas subsister la simple allégation de l'incompatibilité d'humeur et de caractère, on ôte au divorce tous ses avantages. Nous disons, au contraire, qu'on ne fait que multiplier et aggraver les abus du divorce, si on laisse subsister le moyen déduit de l'incompatibilité d'humeur et de caractère.

L'allégation de cette incompatibilité sera le moyen de tous ceux qui n'en ont point. Le plus important, le plus auguste des contrats, n'aura aucune consistance, et n'obtiendra aucune sorte de respect; les mœurs seront sans cesse violées par les lois.

Le divorce pouvait encore être opéré par le consentement mutuel, sur le fondement que le mariage est une société, et qu'une société ne saurait être éternelle.

Mais peut-on assimiler le mariage aux sociétés ordinaires?

Le mariage est une société, mais la plus naturelle, la plus sainte, la plus inviolable de toutes.

Le mariage est nécessaire; les autres contrats de société ne le sont pas.

Les objets qui deviennent la matière des sociétés ordinaires, sont déterminés arbitrairement par la volonté de l'homme; l'objet du mariage est déterminé par la nature même.

Dans les sociétés ordinaires, il ne s'agit guère que de la communication plus ou moins limitée des biens ou de l'industrie. Les biens n'entrent que par accident dans le mariage : l'essence de ce contrat est l'union des personnes.

Dans les sociétés ordinaires, on stipule pour soi, sur des intérêts obscurs et privés, et comme arbitre souverain de sa propre fortune. Dans le mariage, on ne stipule pas seulement pour soi, mais pour autrui; on s'engage à devenir comme la providence de la nouvelle famille à laquelle on va donner l'être; on stipule pour l'état, on stipule pour la société générale du genre humain.

Le public est donc toujours partie dans les questions de mariage; et, indépendamment du public, il y a toujours des tiers qui méritent la plus grande faveur, et dont on ne peut avoir ni la volonté ni le pouvoir de faire le préjudice. La société conjugale ne ressemble donc à aucune autre.

Le consentement mutuel ne peut donc dissoudre le mariage, quoiqu'il puisse dissoudre toute autre société.

Les maladies, les infirmités, ne nous ont pas paru, non plus, pouvoir fournir des causes légitimes de divorce. Les deux époux ne sont-ils pas associés à leur bonne comme à leur mauvaise fortune? doivent-ils s'abandonner, lorsque tout leur impose l'obligation de se secourir? les devoirs finissent-ils avec les agrémens et avec les plaisirs? Selon la belle expression des lois romaines, le mariage n'est-il pas une société entière et parfaite, qui suppose, entre deux époux, la participation aux biens et aux maux de la vie, la communication de toutes les choses divines et humaines.

L'infirmité de l'époux que l'on voudrait être autorisé à répudier, a peut-être été contractée dans le mariage même : comment pourrait-elle devenir une occasion raisonnable de divorce? La pitié, la reconnaissance, ne doivent-elles pas alors devenir les auxiliaires de l'amour?

La nature, qui a distingué les hommes par le sentiment et par la raison, a voulu que, chez eux, les obligations qui naissent de l'union des deux sexes, fussent toujours dirigées par la raison et par le sentiment.

On a prétendu, dans certains écrits, que tout ce qui autorise la séparation de biens, doit autoriser le divorce, et que l'une de ces deux choses ne doit pas marcher sans l'autre. Pourquoi donc les moyens qui peuvent légitimer la séparation de biens, pourraient-ils dissoudre le mariage ? Le mariage n'est que l'union des personnes; les époux sont libres de ne pas engager leur fortune. Pourquoi donc faire dépendre le mariage d'une chose qui lui est proprement étrangère ?

La séparation de corps entraînait autrefois la séparation de biens, mais la séparation de biens n'avait jamais entraîné celle de corps.

Un homme peut être un mauvais administrateur, sans être un mauvais mari. Il peut avoir des droits à l'attachement de son épouse, sans en avoir, sur certains objets, à sa confiance. Cette épouse sera-t-elle donc forcée de faire violence à son cœur, pour conserver son patrimoine, ou d'abandonner son patrimoine, pour suivre les mouvemens de son cœur?

En général, le divorce ne doit point être prononcé sans cause. Les causes du divorce doivent être des infractions manifestes du contrat. De là, nous n'admettons, pour causes légales, que la mort civile, qui imite la mort naturelle, et les crimes ou délits dont un époux peut se plaindre contre l'autre. Nous n'avons pas cru qu'il fût tolérable de rendre le divorce plus facile que ne l'étaient autrefois les séparations.

Les questions de divorce étaient attribuées à des conseils de famille ; nous les avons rendues aux tribunaux. L'intervention de la justice est indispensable, lorsqu'il s'agit d'objets de cette importance. Un conseil de famille, communément formé de personnes préparées d'avance à consentir à tout ce qu'on exigeait d'elles, n'offrait qu'une troupe d'affidés ou de complaisans toujours prêts à colluder avec les époux contre les lois. Des parens peuvent d'ailleurs être facilement soupçonnés d'amour ou de haine contre l'une ou l'autre partie : leur intérêt influe beaucoup sur leur opinion. Ils conservent rarement, dans des affaires que les coteries traitent avec tant de légèreté, la gravité qui est commandée par la morale dans tout ce qui touche au mœurs. Une triste expérience a trop bien démontré que des amis ou des alliés, que l'on assemblait pour un divorce, ne croient pouvoir mieux remplir la mission qu'ils reçoivent, qu'en signant une délibération rédigée à leur insu, et en se montrant indifférens à tout ce qui se passe.

De plus, tout ce qui intéresse l'état civil des hommes, leurs conventions et leurs droits respectifs, appartient essentiellement à l'ordre judiciaire.

Si le divorce ne peut plus être prononcé que sur des causes, il faut que ces causes soient vérifiées. On sent que les points de fait et les points de droit que cette vérification peut entraîner, ne peuvent être sérieusement discutés que dans un tribunal.

Pour écarter le danger des discussions, nous avons tracé une forme particulière de procéder, capable de les rendre solides et suffisantes, sans les rendre publiques. Toutes les questions de divorce doivent être traitées à huis clos, si l'on veut qu'elles le soient sans scandale.

Nous avons laissé toutes les issues convenables à la réconciliation, au rapprochement des époux.

L'époux qui obtient le divorce, doit conserver, à titre d'indemnité, quelques-uns des avantages stipulés dans le contrat de mariage. Car nous supposons qu'il ne peut l'obtenir que pour des causes fondées; et dès-lors son action, en mettant un terme à ses maux, lui ôte pourtant son état, et laisse conséquemment un grand préjudice à réparer. Il n'y a point à balancer entre la personne qui fait prononcer le divorce, et celle qui l'a rendu nécessaire.

Nous avons cru, pour l'honnêteté publique, devoir ménager un intervalle entre le divorce et un second mariage.

Le juge a le droit de n'ordonner qu'une séparation momentanée, s'il a l'espoir du rétablissement de la paix dans le ménage. Il exhorte, il invite tant qu'il n'est pas forcé de prononcer.

En général, notre but, dans les lois projetées sur le divorce, a été d'en prévenir l'abus, et de défendre le mariage contre le débordement des mœurs. On va au mal par une pente rapide; on ne retourne au bien qu'avec effort.

Les familles se forment par le mariage, et elles sont la pépinière de l'État. Chaque famille est une société particulière et distincte dont le gouvernement importe à la grande famille qui les comprend toutes.

D'autre part, d'après les idées que nous avons données du contrat de mariage, il est évident que c'est le consentement des parties qui constitue ce contrat. C'est la fidélité, c'est la foi promise, qui mérite à la compagne qu'un homme s'associe, la qualité d'épouse, qualité si honorable, que, suivant l'expression des anciens, ce n'est point la volupté, mais la vertu, l'honneur même qui la fait appeler de ce nom. Mais il est également évident que l'on avait besoin d'être rassuré sur la véritable intention de l'homme et de la femme qui s'unissent, par des conditions et des formes qui pussent faire connaître la nature et garantir les effets de cette union. De là toutes les précautions dont nous avons déjà parlé, et qui ont été prises pour l'honnêteté et la certitude du mariage.

Par ces précautions, les époux sont connus. Leur engagement est mis sous la protection des lois, des tribunaux, de tous les gens de bien. On apprend à distinguer l'incontinence d'avec la foi conjugale, et les écarts des passions d'avec l'usage réglé des droits les plus précieux de l'humanité.

Les opérations de la nature dans le mystère de la génération, sont impénétrables ; il nous serait impossible de soulever le voile qui nous les dérobe : sans un mariage public et solennel, toutes les questions de filiation resteraient dans le nuage ; la maternité pourrait être certaine, la paternité ne le serait jamais. Y a-t-il un mariage en forme, avoué par la loi, et reconnu par la société ? Le père est fixé : c'est celui que le mariage démontre. La présomption de la loi, fondée sur la cohabitation des époux, sur l'intérêt et la surveillance du mari, sur l'obligation de supposer l'innocence de la femme plutôt que son crime, fait cesser toutes les incertitudes du magistrat, et garantit l'état des personnes et la tranquillité des familles.

La règle que le père est celui qui est démontré par le mariage, est si favorable, qu'elle ne peut céder qu'à la preuve évidente du contraire.

Les enfans qui naissent d'un mariage régulier, sont appelés légitimes, parce qu'ils sont le fruit d'un engagement dont la légitimité et la validité ne peuvent être incertaines aux yeux des lois.

Dans le cas d'un mariage nul, mais contracté avec bonne foi par les deux conjoints ou par l'un d'eux, l'état des enfans n'est pas compromis. Les lois positives, qui ne s'écartent jamais entièrement de la loi naturelle, et qui, lorsqu'elles paraissent s'en éloigner, ne le font que pour mieux assortir les vues de cette loi aux besoins de la société, ont rendu hommage au principe naturel que l'essence du mariage consiste dans la foi que les époux se donnent. De là, quoique régulièrement le seul mariage fait dans les formes prescrites et conformément au droit établi, soit capable de légitimer les enfans, on avoue cependant pour enfans légitimes, ceux nés d'un mariage putatif, c'est-à-dire, d'un mariage que les conjoints ont cru légitime, qui a été contracté librement entre les parties, dans l'intention de remplir les devoirs inséparables de leur état, et de vivre avec suite, sous les auspices de la vertu et dans la pureté de l'amour conjugal.

Deux motifs principaux ont fait adopter ce principe : le premier est la faveur attachée au nom du mariage, nom si puissant que son ombre même suffit pour purifier, dans le enfans, le principe de leur naissance. Le second est la bonne foi de ceux qui ont contracté un semblable engagement : la patrie leur tient compte de l'intention qu'ils avaient de lui donner des enfans légitimes. Ils ont formé un engagement honnête; ils ont cru suivre l'ordre prescrit par la loi, pour laisser une postérité légitime. Un empêchement secret, un événement imprévu trompe leur prévoyance : on ne laisse pas de récompenser en eux, le vœu, l'apparence, le nom de mariage, et on regarde moins ce que les enfans sont, que ce que les pères et mères avaient voulu qu'ils fussent.

On a porté si loin la faveur du droit commun, qu'on a jugé que la bonne-foi d'un seul des contractans suffit pour légitimer les enfans qui naissent de leur mariage. Quelques anciens jurisconsultes avaient bien pensé que, dans ce cas, les enfans devaient être légitimes par rapport à l'un des conjoints, et illégitimes par rapport à l'autre; mais on a rejeté leur opinion, sur le fondement que l'état des hommes est indivisible, et que, dans le concours, il fallait se décider entièrement pour la légitimité.

On a mis en question si le mariage subséquent doit

légitimer les enfans nés avant le mariage. Les lois anglaises n'admettent point la légitimation par mariage subséquent; elles regardent cette sorte de légitimation comme capable de favoriser la licence des mœurs, et de troubler l'ordre des familles. En France, on a plus consulté l'équité naturelle, qui parlait en faveur des enfans, que cette raison d'Etat qui sacrifie tout à l'intérêt de la société générale. Nos lois présument que les pères et les mères, qui se marient après avoir vécu dans un commerce illicite, ont toujours eu l'intention de s'engager par les liens d'un mariage solennel; elles supposent que le mariage a été contracté, au moins de vœu et de désir, dès le temps de la naissance des enfans; et, par une fiction équitable, elles donnent un effet rétroactif au mariage.

Nous n'avons pas cru devoir changer cette disposition que l'équité de nos pères semble nous avoir recommandée : mais nous avons rappelé les précautions qui l'empêchent de devenir dangereuse.

L'état des enfans nés hors le mariage est toujours plus ou moins incertain, parce que, n'étant aidé d'aucune présomption de droit, il ne repose que sur des faits obscurs dont la preuve est souvent impossible. Il arrivait qu'à la faveur de la légitimation par mariage subséquent, des êtres mystérieux, qui ne pouvaient se dissimuler le vice de leur origine, venaient, par des réclamations artificieuses, compromettre la tranquillité des familles. Ces réclamations, qui n'étaient presque toujours formées, qu'après la mort de tous ceux qui auraient pu efficacement les repousser, faisaient retentir les tribunaux de discussions dont le scandale et le danger ébranlaient la société entière.

Ces inconvéniens seront prévenus, si la loi n'applique la légitimation par mariage subséquent, qu'à des enfans légalement reconnus dans le moment même du mariage.

La loi ne présumant rien, et ne pouvant rien présumer pour des enfans nés d'une conjonction qu'elle n'avoue pas, il faut que ces enfans soient reconnus par les auteurs de leurs jours, pour pouvoir réclamer des droits. S'il en était autrement, l'honneur des femmes, la paix des ménages, la fortune des citoyens, seraient continuellement en péril. Les lois nouvelles ont pourvu au mal, et nous conservons, à cet égard, les dispositions de ces lois.

La possession a été la première, et pendant long-temps, l'unique preuve de l'état des hommes. Celui-là était réputé époux, enfant, qui vivait publiquement, sous l'un ou l'autre de ces rapports, dans une famille déterminée. Depuis la découverte de l'écriture, tout a changé : les mariages, les naissances, les décès sont constatés par des registres. En conséquence, la preuve la plus légitime dans les questions d'état, est celle qui se tire des registres publics. Ce principe est une espèce de droit des gens commun à toutes les nations policées.

Mais cette preuve, quelque authentique et quelque légitime qu'elle puisse paraître, n'est pas néanmoins la seule; et comme il n'est pas juste que la négligence des parens, la prévarication de ceux qui conservent les registres publics, les malheurs et l'injure des temps, puissent réduire un homme à l'impossibilité de prouver son état, il est de l'équité de la loi d'accorder, en tous ces cas, une autre preuve qui puisse suppléer le défaut et réparer la perte des registres; et cette preuve ne peut être que celle qui se tire des autres titres, et de la déposition des témoins.

Observons pourtant que, dans les questions d'état, la preuve testimoniale ne doit point être admise sans précaution; elle ne l'a jamais été sans un commencement de preuve par écrit. On a besoin d'être rassuré contre un genre de preuve qui inspire tant de méfiance : des témoins peuvent être corrompus ou séduits ; leur mémoire peut les tromper; ils peuvent, à leur propre insu, se laisser entraîner par des inspirations étrangères. Tout nous avertit qu'il faut se tenir en garde contre de simples témoignages.

Ce serait mal raisonner que d'argumenter, dans les matières d'état, de la facilité avec laquelle la preuve par témoins est accueillie dans les matières criminelles.

En matière criminelle, la loi se mettrait dans l'impuissance de connaître le crime qu'elle veut réprimer, si elle n'admettait la preuve testimoniale ; car les crimes sont des faits dans lesquels l'écriture n'intervient que par accident, et bien rarement : or, les purs faits ne peuvent se prouver que par témoins. L'accueil que l'on fait à la preuve testimoniale dans la recherche et l'instruction des crimes, dérive donc de la nécessité.

La même nécessité ne se rencontre point dans les questions d'état. La loi veut que l'état des hommes soit constaté par des monumens publics : elle est plus occupée des familles que des individus ; le sort obscur d'un citoyen qui peut être injustement compromis dans son état, la touche moins que le danger dont la société entière serait menacée, si avec quelques témoignages mendiés ou suspects, on pouvait naturaliser dans une famille, des êtres obscurs qui ne lui appartiennent pas.

En second lieu, dans la recherche d'un crime, il s'agit d'un fait qui ne remonte pas à une époque reculée, et qui est, pour ainsi dire, sous nos yeux. Or, la preuve testimoniale est la preuve naturelle des fait récens. Ce genre de preuve est moins convenable dans des affaires dont l'origine se perd presque toujours dans des temps éloignés, et qui, par les circonstances dont elles se compliquent, n'offrent communément ni certitude ni repos à l'esprit.

Enfin, dans l'instruction d'un crime, la preuve par témoins est épurée par la contradiction, par les reproches de l'accusé, et par toutes les formes qui garantissent à cet accusé le droit de se défendre : au lieu que dans les questions d'état, le litige ne s'engage presque jamais qu'après le décès des personnes qui pourraient éclaircir le mystère, ou repousser la calomnie : on n'a aucune des ressources qui, en matière criminelle, servent si bien à déjouer le mensonge et l'imposture.

Nous avons donc consacré la maxime que, dans les questions d'état, la preuve par témoins n'est admissible qu'autant qu'elle est soutenue par un commencement de preuve plus imposante, c'est-à-dire par des documens domestiques, par des écrits de personnes décédées et non suspectes, par des lettres missives envoyées et reçues dans un temps opportun, enfin, par un certain concours de faits qui aient laissé des traces permanentes que l'on puisse recueillir avec succès pour l'éclaircissement de la vérité.

Après avoir fixé les preuves qui garantissent l'état civil des personnes, nous sommes entrés dans les détails du gouvernement de la famille. Le mari est le chef de ce gouvernement. La femme ne peut avoir d'autre domicile que celui du mari. Celui-ci administre tout, il surveille tout, les biens et les mœurs de sa compagne. Mais l'administration du mari doit être sage, et sa surveillance modérée; l'influence du mari se résout bien plus en protection qu'en autorité ; c'est le plus fort qui est appelé à défendre et à soutenir le plus faible. Un empire illimité sur les femmes, tel que nous le trouvons établi dans certaines contrées, répugnerait autant au caractère de la nation qu'à la douceur de nos lois. Nous souffrons dans un sexe aimable, des indiscrétions et des légèretés qui sont des graces; et sans encourager les actions qui pourraient troubler l'ordre et offenser la décence, nous écartons toute mesure qui serait incompatible avec la liberté publique.

Les enfans doivent être soumis au père ; mais celui-ci ne doit écouter que la voix de la nature, la plus douce et la plus tendre de toutes les voix. Son nom est à la fois un nom d'amour, de dignité et de puissance ; et sa magistrature, qui a été si religieusement appelée *piété paternelle*, ne comporte d'autre sévérité que celle qui peut ramener le repentir dans un cœur égaré, et qui a moins pour objet d'infliger une peine que de faire mériter le pardon.

Avec la majorité des enfans, la puissance des pères cesse; mais elle ne cesse que dans ses effets civils : le respect et la reconnaissance continuent à exiger des égards et des devoirs que le législateur ne commande plus ; et la déférence des enfans pour les auteurs de leurs jours est alors l'ouvrage des mœurs plutôt que celui des lois.

Dans le cours de la révolution, la majorité a été fixée à vingt-un ans. Nous n'avons pas cru devoir réformer cette fixation, que tant de raisons peuvent motiver. Dans notre siècle, mille causes concourent à former plutôt la jeunesse; trop souvent même elle tombe dans la caducité au sortir de l'enfance. L'esprit de société et l'esprit d'industrie, aujourd'hui si généralement répandus, donnent un ressort aux âmes, qui supplée aux leçons de l'expérience, et qui dispose chaque individu à porter plutôt le poids de sa propre destinée. Cependant, malgré ces considérations, nous avons prorogé jusqu'à vingt-cinq ans la nécessité de rapporter le consentement paternel pour le mariage. Un acte tel que le mariage décide du bonheur de toute la vie : il serait peu sage, quand il s'agit d'une chose qui tient de si près à l'empire des passions les plus terribles, de trop abréger le temps pendant lequel les lois associent la prudence des pères aux résolutions des enfans.

La tutelle est, dans le gouvernement domestique, une sorte de magistrature subsidiaire, dont nous avons déterminé la durée et les fonctions d'après des règles qui sont presque communes à toutes les nations policées. Un tuteur est préposé à la personne et aux biens ; il doit être choisi par la famille et dans la famille : car il faut qu'il ait un intérêt réel à conserver les biens, et un intérêt d'honneur et d'affection à veiller sur l'éducation et le salut de la personne. Il ne peut aliéner sans cause et sans forme le patrimoine confié à ses soins; il doit administrer avec intelligence, et gérer avec fidélité; il est comptable, puisqu'il est administrateur; il répond de sa conduite; il ne peut mal faire, sans être tenu de réparer le mal qu'il fait. Voilà toute la théorie des tutelles.

Les questions de domicile sont, pour la plupart, liées aux questions sur l'état des personnes. Ainsi, comme le domicile de la femme est celui du mari, le domicile des enfans mineurs est celui de leur père ou de leur tuteur.

Le domicile civil n'a rien de commun avec le domicile politique. L'un peut exister sans l'autre; car les femmes et les mineurs ont un domicile civil, sans avoir un domicile politique. Cette dernière sorte de domicile est une dépendance du droit de cité, puisqu'elle désigne le lieu dans lequel, en remplissant les conditions prescrites par les lois constitutionnelles, on est autorisé à exercer les droits politiques attachés à la qualité de citoyen.

Le domicile civil est le lieu où l'on a transporté le siège de ses affaires, de sa fortune, de sa demeure habituelle. La simple absence n'interrompt pas le domicile. On peut changer de domicile quand on veut. Toute question de domicile est mêlée de droit et de fait. Nous avons fixé les règles d'après lesquelles on peut juger du vrai domicile d'un homme, parce que, dans toutes les actions judiciaires, et même dans le commerce ordinaire de la vie, il importe de savoir où une personne est domiciliée, pour pouvoir l'atteindre.

L'absence est une situation momentanée. On peut être absent pour son intérêt propre, ou pour celui de la république. Les absens, et surtout ceux qui le sont pour cause publique, ont des droits particuliers à la protection des lois: nous avons déterminé ces droits. Il a fallu déterminer encore la vie présumée d'un absent dont on n'a point de nouvelles, pour ne pas laisser les familles et les propriétés dans une funeste incertitude. Nous avons confronté les diverses jurisprudences sur les différens points qui concernent les absens, et nous avons opté pour les principes qui nous ont paru les plus équitables, et les moins susceptibles d'inconvéniens.

On verra que, dans tous les projets de loi, relatifs à l'état des personnes, nous nous sommes uniquement occupés de l'état civil; l'état politique des hommes est fixé par la constitution. Nous avons pourtant parlé des étrangers, pour marquer jusqu'à quel point ils peuvent, dans les choses civiles, être assimilés aux Français, et jusqu'à quel point ils en diffèrent.

Il faut convenir qu'anciennement les divers peuples communiquaient peu entre eux; qu'il n'y avait point de relations entre les États, et que l'on ne se rapprochait que par la guerre, c'est-à-dire, pour s'exterminer. C'est à ces époques que l'auteur de l'Esprit des lois fait remonter l'origine *des droits insensés d'aubaine et de naufrage. Les hommes, dit-il, pensèrent que les étrangers ne leur étant unis par aucune communication du droit civil, ils ne leur devaient, d'un côté, aucune sorte de justice; et, de l'autre, aucune sorte de pitié.*

Le commerce, en se développant, nous a guéris des préjugés barbares et destructeurs; il a uni et mêlé les hommes de tous les pays et de toutes les contrées. La boussole ouvrit l'univers; le commerce l'a rendu sociable.

Alors les étrangers ont été traités avec justice et avec humanité. Les rapports entre les peuples se sont multipliés; et on a compris que si, comme citoyen, on ne peut appartenir qu'à une société particulière, on appartient comme homme à la société générale du genre humain. En conséquence, si les institutions politiques continuent d'être propres aux membres de chaque état, les étrangers sont admis à participer plus ou moins aux institutions civiles qui affectent bien plus les droits privés de l'homme, que l'état public du citoyen.

Après avoir parcouru tout ce qui est relatif aux personnes, nous nous sommes occupés des biens.

Il est diverses espèces de biens ; il est diverses manières de les acquérir et d'en disposer.

Les biens se divisent en meubles et immeubles. C'est la division la plus générale et la plus naturelle.

Les immeubles de chaque pays sont communément possédés par ses habitans. Jusqu'ici la plupart des États ont eu des lois qui dégoûtaient les étrangers de l'acquisition de leurs terres ; il n'y a même que la présence du maître qui les fasse valoir : ce genre de richesse appartient donc à chaque État en particulier. Mais les effets mobiliers, comme l'argent, les billets, les lettres-de-change, les actions dans les banques ou sur les compagnies, les vaisseaux, toutes les marchandises, appartiennent au monde entier, qui, dans ce rapport, ne compose qu'un seul État dont toutes les sociétés sont les membres. Le peuple qui possède le plus de ces effets mobiliers, est le plus riche. Chaque État les acquiert par l'exportation de ses denrées, par le travail de ses manufactures, par l'industrie et les découvertes de ses négocians, par le hasard même.

La distinction des immeubles et des richesses mobilières, nous donne l'idée des choses purement civiles et des choses commerciales. Les richesses mobilières sont le partage du commerce ; les immeubles sont particulièrement du ressort de la loi civile.

Il est pourtant des effets mobiliers qui sont réputés immeubles, parce qu'on peut les regarder comme des dépendances ou des accessoires des fonds et autres objets civils.

Dans l'ancien régime, la distinction des personnes privilégiées ou non privilégiées, nobles ou roturières, entraînait, par rapport aux biens, une foule de distinctions qui ont disparu et qui ne peuvent plus revivre.

On peut dire que les choses étaient classées comme les personnes mêmes. Il y avait des biens féodaux et non féodaux, des biens servans et des biens libres. Tout cela n'est plus : nous n'avons conservé que les servitudes urbaines et rurales que le rapprochement des hommes rend indispensables, et qui dérivent des devoirs et des égards qui seuls peuvent rendre la société possible.

En parlant des différentes natures des biens, nous avons distingué le simple usage d'avec l'usufruit, et l'usufruit d'avec la propriété. Nous avons énuméré les diverses espèces de rentes et de droits qui peuvent entrer dans le patrimoine d'un particulier.

Les règles que nous avons posées sur ces différens objets, et dont il serait inutile de présenter ici le détail, sont conformes à ce qui s'est pratiqué dans tous les temps. Nous n'avons changé ou modifié que celles qui n'étaient plus assorties à l'ordre actuel des choses, ou dont l'expérience avait montré les inconvéniens.

Les contrats et les successions sont les grands moyens d'acquérir ce qu'on n'a point encore, et de disposer de ce que l'on a.

En traitant des contrats, nous avons d'abord développé les principes de droit naturel qui sont applicables à tous.

Nous avons ensuite parlé des formes dans lesquelles ils doivent être rédigés.

L'écriture est, chez toutes les nations policées, la preuve naturelle des contrats. Cependant, en nous conformant à toutes les lois précédentes, nous autorisons la preuve par témoins dans les cas où il existe un commencement de preuve par écrit. Ce commencement de preuve par écrit n'est pas même nécessaire dans les affaires mercantiles, qui se consomment souvent à la Bourse, sur la place publique, ou dans une conversation imprévue.

En général, les hommes doivent pouvoir traiter librement sur tout ce qui les intéresse. Leurs besoins les rapprochent ; leurs contrats se multiplient autant que leurs besoins. Il n'y a point de législation dans le monde qui ait pu déterminer le nombre et fixer la diversité des conventions dont les affaires humaines sont susceptibles. De là, cette foule de contrats connus, dans les lois romaines, sous le titre de contrats *innommés*. La liberté de contracter ne peut être limitée que par la justice, par les bonnes mœurs, par l'utilité publique.

Mais c'est précisément lorsqu'il s'agit de fixer ces limites, que les difficultés naissent de toutes parts.

Il est des objets sur lesquels la justice se manifeste clairement. Un associé, par exemple, veut partager tous les profits d'une société, sans en partager les risques : la prétention est révoltante; il ne faut pas chercher hors d'un tel pacte une iniquité consommée par la lettre même de ce pacte. Mais il est des choses sur lesquelles la question de justice se complique avec d'autres questions, souvent étrangères à la jurisprudence. Ainsi, c'est dans nos connaissances acquises sur l'agriculture, que nous devons chercher la justice ou l'injustice, l'utilité ou le danger de certaines clauses ou de certains pactes stipulés dans les baux à ferme. Ce sont nos connaissances commerciales qui ont terminé nos interminables discussions sur le prêt à intérêt, sur le monopole, sur la légitimité des conditions apposées dans les contrats maritimes, et sur plusieurs objets semblables. On s'est aperçu que, dans ces matières, la question de droit ou de morale se trouve subordonnée à la question de calcul ou d'administration.

L'argent est le signe de toutes les valeurs; il procure tout ce qui donne des profits ou des fruits : pourquoi donc celui qui a besoin de ce signe, n'en paierait-il pas l'usage, comme il paie l'usage de tous les objets dont il a besoin ? A l'instar de toutes les autres choses, l'argent peut être donné, prêté, loué, vendu. La rente à fonds perdu est une aliénation; le prêt à intérêt est un acte de louage; l'usage gratuit que l'on cède d'une somme d'argent est un simple prêt; la libéralité sans stipulation d'intérêt et sans espoir de retour, est un don. Le don et le prêt sont des actes généreux; mais le louage et l'aliénation ne sont point des actes injustes.

Pour que les affaires de la société puissent aller, il faut que l'argent ait un prix; sans cela, il n'y a point de prêteurs, ou, pour mieux dire, il y en a, mais qui savent se venger de l'ineptie des lois par des stipulations simulées, et en faisant payer très-chèrement le péril de la contravention. Jamais les usures n'ont été plus effroyables que lorsque l'intérêt a été prohibé. En défendant une chose honnête et nécessaire, on ne fait qu'avilir ceux qui la font, et les rendre mal-honnêtes gens.

S'il faut que l'argent ait un prix, il faut aussi que ce prix soit peu considérable. L'intérêt modéré de l'argent encourage toutes les entreprises utiles; il donne aux propriétaires de terre qui veulent se livrer à de nouvelles cultures, l'espoir fondé d'obtenir des secours à un prix raisonnable; il met les négocians et les manufacturiers à portée de lutter, avec succès, contre l'industrie étrangère.

Les rapports qui déterminent le prix de l'argent sont indépendans de l'autorité; les gouvernemens ne peuvent jamais espérer de le fixer par des lois impérieuses. Cependant on a toujours adopté un intérêt légal pour les contrats d'hypothèques et pour tous les actes publics. On n'a pas cru, dans les affaires civiles ordinaires, dont les rapports peuvent être appréciés avec une certaine fixité, devoir abandonner le cours de l'intérêt aux écarts de l'avarice, aux combinaisons particulières et à la licence des prêteurs. Mais indépendamment de l'intérêt légal qui régit l'ordre civil, il existe dans le commerce un intérêt courant qui ne peut devenir l'objet d'une loi constante et précise.

Nous n'avons pas touché à la fixation de l'intérêt légal. Cette fixation ne peut appartenir qu'au gouvernement; et les mesures que le gouvernement peut prendre à cet égard, ne doivent pas être précipitées.

L'intérêt légal ne peut être respecté qu'autant qu'il se trouve en harmonie avec le taux de l'argent dans le commerce. Dans le moment actuel, mille causes connues rompent cette harmonie. La paix, en donnant un nouvel essor au commerce, en diminuant les dépenses de l'Etat, et en mettant un terme aux opérations forcées du Gouvernement, rétablira l'équilibre, et fera rentrer les affaires dans le sein de la probité.

Les lois civiles peuvent pourtant préparer cette heureuse révolution, en donnant aux prêteurs une sûreté capable de les engager à se contenter d'une rétribution modérée. Ainsi, des institutions qui puissent inspirer de la confiance, de bons règlemens sur les obligations solidaires ou non solidaires des cautions, des lois sages qui assurent la stabilité des hypothèques, et qui, simplifiant l'action des créanciers contre leurs débiteurs, la rendent plus rapide et moins dispendieuse, sont bien propres à maintenir cette activité de circulation dont l'influence est si grande sur le taux de l'intérêt et sur la prospérité nationale.

Ce qui est certain, c'est que le taux de l'intérêt est le pouls de l'État : il marque toutes les maladies du corps politique. La modération dans ce taux est le signe le moins équivoque de la véritable richesse et du bonheur public.

L'argent règle le prix de toutes les autres choses tant mobilières qu'immobilières. Ce prix est fondé sur la comparaison de l'abondance et de la rareté relative de l'argent, avec la rareté ou l'abondance relative des objets ou des marchandises que l'on achète. Il ne peut être fixé par des règlemens. Le grand principe sur ces matières est de s'abandonner à la concurrence et à la liberté.

Avant l'usage de la monnaie, toutes les affaires de la société se faisaient par simple prêt ou par échange. Depuis l'usage de la monnaie, on procède par ventes, par achats, et par une multitude d'actes qui constituent ce que nous appelons le commerce de la vie civile, et auxquels nous avons assigné les principales règles qui les gouvernent.

Le commerce ordinaire de la vie civile, uniquement réduit aux engagemens contractés entre des individus que leurs besoins mutuels et certaines convenances rapprochent, ne doit pas être confondu avec le commerce proprement dit, dont le ministère est de rapprocher les nations et les peuples, de pourvoir aux besoins de la société universelle des hommes. Cette espèce de commerce, dont les opérations sont presque toujours liées aux grandes vues de l'administration et de la politique, doit être régie par des lois particulières, qui ne peuvent entrer dans le plan d'un Code civil.

L'esprit de ces lois diffère essentiellement de l'esprit des lois civiles.

Sans doute, en matière civile comme en matière commerciale, il faut de la bonne-foi, de la réciprocité et de l'égalité dans les contrats; mais, pour garantir cette bonne-foi, cette égalité et cette réciprocité dans les engagemens, on aurait tort de raisonner sur les affaires civiles comme sur les affaires de commerce.

On fait très-sagement, par exemple, d'écarter des affaires de commerce les actions revendicatoires, parce que ces sortes d'affaires roulent sur des objets mobiliers qui circulent rapidement, qui ne laissent aucune trace, et dont il serait presque toujours impossible de vérifier et de reconnaître l'identité; mais on ne pourrait, sans injustice et sans absurdité, refuser d'admettre les actions revendicatoires dans les affaires civiles, presque toutes relatives à des immeubles qui ont une assiette fixe, que l'on peut suivre, en quelques mains qu'ils passent, et qui, par leur permanence, rendent possibles et même faciles toutes les discussions que l'intérêt de la justice peut exiger.

Jamais on n'a admis, dans le commerce, l'action rescisoire pour lésion d'outre moitié du juste prix, parce que la mobilité des objets commerciaux, les risques, les incertitudes, les cas fortuits qui environnent les opérations du commerce, ne sauraient comporter cette action. C'est même avec raison que, dans le temps du papier-monnaie et de la dégradation plus ou moins précipitée de ce papier, on avait aboli l'action rescisoire, même dans les matières civiles, puisque, pendant ce temps, on rencontrait, dans ces matières, la même mobilité et les mêmes incertitudes que dans les matières commerciales; mais aujourd'hui nous avons cru devoir la rétablir, parce que la justice peut, sans inconvéniens, reprendre ses droits, et que les contrats privés ne sont plus menacés, comme ils l'étaient, par le désordre des affaires publiques.

Dans le commerce, où les plus grandes fortunes sont souvent invisibles, on suit plutôt la personne que les biens. De là le gage, l'hypothèque, sont des choses presque inconnues au commerce. Mais dans les matières civiles, où l'on suit plutôt les biens que la personne, il faut des lois hypothécaires, c'est-à-dire, il faut des lois qui puissent donner sur les biens toute la sûreté que l'on cherche. Il ne faut pourtant pas outrer les précautions. Nos dernières lois sur cet objet sont extrêmes; et le bien politique, comme le bien moral, se trouve toujours entre deux limites.

On gouverne mal, quand on gouverne trop. Un homme qui traite avec un autre homme, doit être attentif et sage; il doit veiller à son intérêt, prendre les informations convenables, et ne pas négliger ce qui est utile. L'office de la loi est de nous protéger contre la fraude d'autrui, mais non pas de nous dispenser de faire usage de notre propre raison. S'il en était autrement, la vie des hommes, sous la surveillance des lois, ne serait qu'une longue et honteuse minorité; et cette surveillance dégénérerait elle-même en inquisition.

C'est un autre principe, que les lois, faites pour prévenir ou pour réprimer la méchanceté des hommes, doivent montrer une certaine franchise, une certaine candeur. Si l'on part de l'idée qu'il faut parer à tout le mal et à tous les abus dont quelques personnes sont capables, tout est perdu. On multipliera les formes à l'infini, on n'accordera qu'une protection ruineuse aux citoyens ; et le remède deviendra pire que le mal. Quelques hommes sont si méchans, que, pour gouverner la masse avec sagesse, il faut supposer les plus mauvais d'entre les hommes, meilleurs qu'ils ne sont.

On paraît avoir entièrement oublié ces principes en rédigeant nos dernières lois sur les hypothèques.

Sans doute, il ne faut pas que les hommes puissent se tromper mutuellement, en traitant ensemble ; mais il faut laisser quelque latitude à la confiance et à la bonne foi. Des formes inquiétantes et indiscrètes perdent le crédit, sans éteindre les fraudes ; elles accablent sans protéger. Nous nous sommes effectivement convaincus que nos dernières lois sur cette matière ne pouvaient contribuer qu'à paralyser toutes les affaires de la société, à fatiguer toutes les parties intéressées, par des procédures ruineuses, et qu'avec le but apparent de conserver l'hypothèque, elles n'étaient propres qu'à la compromettre. Nous avons cru devoir revenir à un régime moins soupçonneux et plus modéré.

Nous ne pouvons nous faire illusion sur la véritable origine des lois relatives à la conservation des hypothèques : cette origine est toute fiscale, comme celle des lois du contrôle ou de l'enregistrement des divers actes civils. Nous savons que la finance peut faire une sage alliance avec la législation, et que l'intérêt du fisc peut être utilement combiné avec celui de la police ; mais prenons-y garde, craignons toujours que, dans ces combinaisons, l'intérêt de la législation ou de la police ne soit sacrifié à celui du fisc. L'enregistrement, par exemple, est une de ces institutions fiscales qui offrent à la fois et le bien de la finance et celui des citoyens : il assure la vérité des contrats et des actes entre particuliers ; mais il cesse d'être utile, il devient même funeste, quand il devient excessif. L'excès des droits fait que les hommes, toujours plus frappés d'un bénéfice présent que d'un danger à venir, deviennent confians par avarice, et compromettent leur sûreté par des conventions verbales ou cachées qui sont incapables de la garantir. C'est un grand mal encore quand les droits d'enregistrement, indépendamment de leur modération ou de leur excès, sont perçus d'une manière trop contentieuse ; c'est-à-dire, quand la levée de ces droits est liées aux questions les plus épineuses de la jurisprudence, et que le régisseur ou le fermier peut, à la faveur de cette mystérieuse obscurité, exercer le plus dangereux de tous les pouvoirs. Ce que nous disons de l'enregistrement, s'applique au code hypothécaire. Dans toutes ces institutions, évitons les subtilités, ne multiplions pas les précautions onéreuses ; cherchons à concilier l'intérêt du fisc avec celui de la législation. L'expérience démontre que, dans les matières dont il s'agit, l'excès des droits en diminue la perception, et que le fisc ne peut faire le préjudice du citoyen sans faire le sien propre.

Nous avons maintenu les réformes salutaires qui, depuis la révolution, ont été opérées dans les ventes d'immeubles. Ces ventes ne sont plus entravées par cette foule de droits, de rachats statutaires qui avaient le terrible inconvénient de laisser, pendant une ou plusieurs années, le bien vendu sans propriétaire assuré : ce qui était très-nuisible à l'agriculture. Mais nous avons pensé qu'on avait été trop loin, quand, sous prétexte d'effacer jusqu'aux moindres traces de la féodalité, on avait proscrit le bail emphytéotique et le bail à rente foncière, qui n'ont jamais été un contrat féodal, qui encourageaient les défrichemens, qui engageaient les grands propriétaires à vendre les fonds qu'ils ne pouvaient cultiver avec soin, et qui donnaient à des cultivateurs laborieux, dont les bras faisaient toute la richesse, les moyens faciles de devenir propriétaires. Cependant, nous n'avons pu nous dissimuler les grands inconvéniens qui seraient attachés à une législation toute particulière et très-compliquée, qu'ont toujours exigée ces sortes de contrats, et nous avons abandonné à la sagesse du gouvernement la question de savoir s'il est convenable d'en provoquer le rétablissement.

Les contrats de mariage occupent une place particulière dans le projet du Code civil.

Nous avons laissé la plus grande latitude à ces contrats, qui lient les familles, qui en forment de nouvelles, et qui contribuent tant à la propagation des hommes.

Le régime des dots était celui des pays de droit écrit. La communauté était en usage dans les pays coutumiers.

Les époux auront la liberté de se former, à cet égard, par leurs conventions, telle loi particulière qu'ils jugeront à propos.

Quand il n'y aura point de convention particulière, les époux seront communs en biens.

Nous avons réglé les avantages qu'ils peuvent se faire l'un à l'autre; nous avons suivi l'esprit de la société conjugale, qui est la plus douce et la plus nécessaire de toutes les sociétés.

Quant aux autres contrats, nous nous sommes réduits à retracer les règles communes. Sur cette matière, nous n'irons jamais au-delà des principes qui nous ont été transmis par l'antiquité, et qui sont nés avec le genre humain.

La partie du Code civil qui est destinée à fixer l'ordre des successions, ne nous a pas paru la moins importante.

Le droit de succéder a-t-il sa base dans la loi naturelle, ou simplement dans les lois positives? De la solution de ce grand problème dépend le système que l'on doit établir.

L'homme naît avec des besoins; il faut qu'il puisse se nourrir et se vêtir : il a donc droit aux choses nécessaires à sa subsistance et à son entretien. Voilà l'origine du droit de propriété.

Personne n'aurait planté, semé ni bâti, si les domaines

n'avaient été séparés, et si chaque individu n'eût été assuré de posséder paisiblement son domaine.

Le droit de propriété en soi est donc une institution directe de la nature, et la manière dont il s'exerce est un accessoire, un développement, une conséquence du droit lui-même.

Mais le droit de propriété finit avec la vie du propriétaire : conséquement, après la mort du propriétaire, que deviendront ses biens, rendus vacans par son décès ?

Le bon sens, la raison, le bien public, ne permettent pas qu'ils soient abandonnés ; il y a de puissans motifs de convenance et d'équité de les laisser à la famille du propriétaire : mais, à parler exactement, aucun membre de cette famille ne peut les réclamer à titre rigoureux de propriété. Comment le partage sera-t-il fait entre les enfans, et, à défaut d'enfans, entre les proches ? Accordera-t-on plus de faveur à un sexe qu'à un autre ? Attachera-t-on quelque préférence à la primogéniture ? Traitera-t-on également les enfans naturels et les enfans légitimes ? S'il n'y a point d'enfans, appellera-t-on indistinctement tous les collatéraux, à quelque degré qu'ils soient ? La faculté de tester sera-t-elle admise, sera-t-elle proscrite, ou se contentera-t-on de la limiter ?

Dans toutes ces questions, l'intervention de l'État est indispensable ; car il faut donner et garantir à quelqu'un le droit de succéder, et il faut fixer le mode de partage. Sur des biens rendus vacans par la mort du propriétaire, on ne voit d'abord d'autre droit proprement dit que le droit même de l'État. Mais que l'on ne s'y méprenne pas ; ce droit n'est et ne peut être un droit d'hérédité ; c'est un simple droit d'administration et de gouvernement. Jamais le droit de succéder aux fortunes privées n'a fait partie des prérogatives attachées à la puissance publique ; et l'on peut voir, dans la vie d'Agricola par Tacite, que l'on a toujours maudit comme des tyrans ces empereurs romains que l'on était obligé d'instituer héritiers dans une partie du bien que l'on laissait, pour les engager à ne pas devenir usurpateurs de l'autre. L'État ne succède donc pas; il n'est établi que pour régler l'ordre des successions.

Il est nécessaire qu'un tel ordre existe, comme il est nécessaire qu'il y ait des lois. Le droit de succéder en général est donc d'institution sociale. Mais tout ce qui regarde le mode du partage dans les successions, n'est que de droit politique ou civil.

La loi politique, qui ne s'arrête point aux convenances particulières quand elle entrevoit un point de vue plus général, se conduit plutôt par la raison d'État que par un principe d'équité. La loi civile, au contraire, dont l'office principal est de régler les droits et les convenances entre particuliers, incline plutôt vers l'équité que vers la raison d'État.

Les premiers règlemens des Romains sur les successions furent dirigés par le droit politique : aussi ces règlemens renferment des dispositions qui nous paraissent étranges. On avait fait un partage égal des terres ; on voulait, autant qu'il était possible, maintenir l'égalité de ce partage. De là, les filles destinées à passer, par le mariage, dans des familles étrangères, ne pouvaient rien recueillir dans leurs propres familles. Une fille unique n'héritait même pas. Ces règlemens sont injustes et révoltans, quand on les juge d'après la raison civile.

C'est pareillement le droit politique qui avait inspiré nos anciennes coutumes françaises, toutes relatives à l'esprit de la monarchie, qui veut partout des distinctions, des privilèges et des préférences.

Les dernières lois de Rome, qui ont été recueillies dans la Compilation de Justinien, sont entièrement rédigées dans des vues de convenance et d'équité naturelle. La succession des pères et mères est dévolue par égale part à tous les enfans, sans distinction de sexe; et, à défaut d'enfans, aux plus proches.

A moins qu'une nation ne trouve dans sa situation particulière de puissans motifs pour suivre la raison politique, elle fera sagement de se diriger par la raison civile, qui ne choque personne, qui prévient les rivalités et les haines dans les familles, qui propage l'esprit de fraternité et de justice, et qui maintient plus solidement l'harmonie générale de la société.

Dans ces derniers temps, on a beaucoup déclamé contre la faculté de tester; et, dans le système de nos nouvelles lois françaises, cette faculté avait été si restreinte, qu'elle n'existait presque plus.

Nous convenons qu'aucun homme n'a, par un droit naturel et inné, le pouvoir de commander après sa mort, et de se survivre pour ainsi dire à lui-même par un testament. Nous convenons que c'est aux lois à établir l'ordre ou la manière de succéder, et qu'il serait dérisoire et dangereux de laisser à chaque particulier la faculté illimitée de renverser arbitrairement l'ouvrage des lois.

Mais les lois, qui ne peuvent gouverner que par des principes généraux, constans et absolus, ne doivent-elles pas, pour les circonstances variables de la vie, laisser quelque chose à l'arbitrage du citoyen? Le pouvoir qu'un testateur tient de la loi n'est-il pas le pouvoir de la loi même?

Est-il convenable de priver un homme, dans ses derniers momens, du doux commerce des bienfaits? Un collatéral vieux et infirme, ne languira-t-il pas sans secours et sans ressource, si ceux dont il pourrait s'entourer sont sans espérance? Que deviendra le lien de la parenté dans des degrés éloignés, s'il n'est fortifié par d'autres liens? L'intérêt, qui divise si souvent les hommes, ne doit-il pas être mis à profit, quand on le peut, pour les rapprocher et pour les unir?

Ne faut il pas une sanction aux vertus domestiques, à

l'autorité paternelle, au gouvernement de famille? Si l'on craint qu'il y ait des pères injustes, pourquoi ne craindrait-on pas qu'il y eût des fils dénaturés? Suivant la position dans laquelle se trouve une famille, le partage égal des biens entre les enfans ne deviendrait-il pas lui-même la source des plus monstrueuses inégalités? Dans les classes laborieuses de la société, quel est l'enfant qui se résignera à confondre son travail avec celui des auteurs de ses jours, s'il n'entrevoit aucune récompense à ses peines, et s'il est menacé d'être dépouillé du fruit de sa propre industrie? Et que deviendront les artisans, les cultivateurs, si, dans leur vieillesse, ils sont abandonnés par tous ceux auxquels ils ont donné l'être? De plus, n'y a-t-il pas des fortunes dont le partage a besoin d'être dirigé par la sage destination du père de famille?

Sans doute on a bien fait, pour la liberté de la circulation et pour le bien de l'agriculture, de proscrire ces substitutions absurdes qui subordonnent les intérêts du peuple vivant aux caprices du peuple mort, et dans lesquelles, par la volonté de la génération qui n'est plus, la génération qui est se trouve constamment sacrifiée à celle qui n'est point encore. Il est prudent de soumettre à des règles la faculté de tester, et de lui donner des bornes. Mais il faut la conserver et lui laisser une certaine latitude : lorsque la loi, sur des objets qui tiennent d'aussi près que celui-ci à toutes les affections humaines, ne laisse aucune liberté aux hommes, les hommes, de leur côté, ne travaillent qu'à éluder la loi. Les libéralités déguisées, les simulations remplaceront les testamens, si la faculté de tester est interdite ou trop restreinte; et les plus horribles fraudes auront lieu dans les familles, même les plus honnêtes.

Dans la succession *ab intestat*, la représentation des collatéraux, poussée trop loin, est une chose contraire au bon sens. Elle appelle des inconnus, au préjudice des plus proches ; elle étend les relations de libéralité au-delà de tous les rapports présumés d'affection; elle entraîne des litiges interminables sur la qualité des personnes, et des morcellemens ridicules dans le partage des biens : elle blesse toutes les idées de justice, de convenance et de raison.

La faveur du mariage, le maintien des bonnes mœurs, l'intérêt de la société, veulent que les enfans naturels ne soient pas traités à l'égal des enfans légitimes. Il est d'ailleurs contre l'ordre des choses que le droit de succéder, qui est considéré par toutes les nations policées, non comme un droit de cité, mais comme un droit de famille, puisse compéter à des êtres qui sont sans doute membres de la cité, mais que la loi, qui établit les mariages, ne peut reconnaître comme membres d'aucune famille. Il faut seulement leur garantir, dans une mesure équitable, les secours que l'humanité sollicite pour eux. Vainement réclame-t-on en leur faveur les droits de la nature ; la successibilité n'est point un droit naturel : ce n'est qu'un droit social qui est entièrement réglé par la loi politique ou civile, et qui ne doit point contrarier les autres institutions sociales.

Telles sont les principales bases d'après lesquelles nous sommes partis dans la rédaction du projet de Code civil. Notre objet a été de lier les mœurs aux lois, et de propager l'esprit de famille, qui est si favorable, quoiqu'on en dise, à l'esprit de cité. Les sentimens s'affaiblissent en se généralisant : il faut une prise naturelle pour pouvoir former des liens de convention. Les vertus privées peuvent seules garantir les vertus publiques ; et *c'est par la petite patrie, qui est la famille, que l'on s'attache à la grande;* ce sont les bons pères, les bons maris, les bons fils qui font les bons citoyens. Or, il appartient essentiellement aux institutions civiles de sanctionner et de protéger toutes les affections honnêtes de la nature. Le plan que nous avons tracé de ces institutions remplira-t-il le but que nous nous sommes proposé ? Nous demandons quelque indulgence pour nos faibles travaux, en faveur du zèle qui les a soutenus et encouragés. Nous resterons au-dessous, sans doute, des espérances honorables que l'on avait conçues du résultat de notre mission; mais ce qui nous console, c'est que nos erreurs ne sont point irréparables; une discussion solennelle, une discussion éclairée les corrigera; et la nation française, qui a su conquérir la liberté par les armes, saura la conserver et l'affermir par les lois.

Signé PORTALIS, TRONCHET, BIGOT-PRÉAMENEU, MALEVILLE.

FIN DU TOME PREMIER

DES TRAVAUX PRÉPARATOIRES.